ŒUVRES DE PASCAL

LETTRES ÉCRITES

A

UN PROVINCIAL

NOUVELLE ÉDITION

AVEC UNE INTRODUCTION GÉNÉRALE, UNE NOTICE SUR L'OUVRAGE
LES VARIANTES DES ÉDITIONS ORIGINALES
DES NOTES D'HISTOIRE ET DE PHILOLOGIE, UN COMMENTAIRE
SUR LE FOND DU LIVRE ET LA BIBLIOGRAPHIE

PAR

L. DEROME

Édition ornée des portraits des personnages importants de Port-Royal
gravés sur acier par Delannoy.

TOME DEUXIÈME

PARIS
GARNIER FRÈRES, LIBRAIRES-ÉDITEURS
6, RUE DES SAINTS-PÈRES, 6

CHEFS-D'ŒUVRE

DE LA

LITTÉRATURE

FRANÇAISE

55

LETTRES ÉCRITES

A

UN PROVINCIAL

TOME DEUXIÈME

MESSIRE JEAN DUVERGER DE HAURANNE

abbé de St Cyran né en 1581 mort en 1643

d'après le portrait de Philippe de Champagne.

Garnier frères, Editeurs

ŒUVRES DE PASCAL

LETTRES ÉCRITES

A

UN PROVINCIAL

NOUVELLE ÉDITION

AVEC UNE INTRODUCTION GÉNÉRALE, UNE NOTICE SUR L'OUVRAGE
LES VARIANTES DES ÉDITIONS ORIGINALES
DES NOTES D'HISTOIRE ET DE PHILOLOGIE, UN COMMENTAIRE
SUR LE FOND, ET LA BIBLIOGRAPHIE

PAR

L. DEROME

Édition ornée des portraits des personnages importants de Port-Royal
gravés sur acier par Delannoy.

TOME DEUXIÈME

PARIS
GARNIER FRÈRES, LIBRAIRES-ÉDITEURS
6, RUE DES SAINTS-PÈRES,

M DCCC LXXXVI

AVERTISSEMENT

Si les notes qui accompagnent le texte n'ont été jusqu'ici l'objet d'aucun examen qui mérite d'être discuté, les commentaires n'ont pas manqué à l'*Introduction* aux *OEuvres* de Pascal, placée en tête du tome Ier. Dans le numéro de l'*Athenæum britannique* du 5 septembre dernier (1885), un écrivain anonyme signale plusieurs omissions ou inexactitudes de faits, dont un au moins a quelque importance. Il est aujourd'hui établi, dit-il, que la matière des *Provinciales* est tirée de la *Théologie morale des Jésuites*, publiée en 1644, sous les auspices d'Antoine Arnauld. Cette *Théologie morale des Jésuites* a reparu en 1667, sous le nom de la *Morale des Jésuites*. Il n'est pas indifférent que l'ouvrage soit de 1644 ou de 1667. S'il est de 1667, l'auteur a puisé dans les *Provinciales*; s'il est de 1644, c'est Pascal qui a puisé dans la *Théologie morale*. Or, remarque le rédacteur de l'*Athenæum*, dans les *Provinciales* et dans la *Théologie morale*, « les mêmes citations sont produites exactement, presque dans le même ordre, avec le seul contraste d'une sèche nomenclature de textes dans la *Théologie morale*, et de la brillante exposition de Pascal. L'assertion de Garasse que la vanité est une chose innocente en elle-même, les expédients de Cellot sur les Restitutions, les moyens par lesquels Bauny essaye de justifier les Occasions Prochaines et autres paradoxes des Casuistes, familiers aux lecteurs de Pascal, s'y trouvent cités et réfutés un à un. La différence des deux méthodes (talent d'exposition à part) consiste en ceci : que les opinions extraordinaires d'Ayrault (l'Héreau de Pascal) sur le droit de légitime défense, qui justifie l'emploi de tous les moyens propres à prévenir une injure, est seulement citée dans la *Théologie morale*, tandis que Pascal l'a réservée habilement comme péroraison à sa 14ᵉ Lettre sur l'Homicide. » L'écrivain anonyme de l'*Athenæum* conclut à l'inconscience absolue de Pascal sur la question du *tien* et du *mien* en matière littéraire ; il prend, comme Molière, son bien où il le trouve, et n'avertit pas. Ceci est notre justification. Mais nous en avons une autre. Elle vient de Sainte-Beuve, qui écrit [1] : « Je ne suivrai pas la série des attaques directes de Port-Royal contre les Jésuites dans les volumes intitulés : la *Morale des Jésuites, extraite fidèlement de leurs livres* (1667), la *Morale pratique des Jésuites* (1669-1694), etc., qu'empilèrent successivement le docteur Perrault [2], Varet, Pontchâteau, Arnauld, Nicole. Après la victoire décisive des *Provinciales*, cela me fait l'effet du gros train et des fourgons qui, en traversant le champ de bataille, achèvent les blessés et broient sous leurs roues les morts. » Sainte-Beuve était persuadé que la *Morale des Jésuites*, qu'il ne savait pas être une réimpression de la *Théologie morale*, était de 1667. Elle est réellement de 1644, et désignée en ces termes au *Dictionnaire des anonymes*, de Barbier : *Théologie morale des Jésuites*, extraite fidèlement de leurs livres, contre la morale chrétienne en général (par Antoine Arnauld, à la sollicitation de M. Hallier, alors son ami, ou par M. Hallier lui-même). Paris, 1644, in-8° de 64 pages.

Ailleurs, l'écrivain anonyme de l'*Athenæum* trouve incroyable qu'il soit consacré moins de trois pages à la bibliographie des œuvres de Pascal, qu'il n'y soit pas

---

1. *Histoire de Port-Royal*, t. III, p. 246 de la 4ᵉ édition.
2. Le frère de l'homme aux *Contes de fées*.

même fait mention de l'édition in-4° des *Provinciales*, publiée en 1867, par M. Lesieur, d'après le texte in-4° de 1656. L'édition Lesieur aura sa place dans la bibliographie des œuvres qui n'est pas faite et avec laquelle le rédacteur de l'*Athenæum* a le tort de confondre la bibliographie des ouvrages relatifs à la vie de Pascal, annexée à l'*Introduction*. Il se plaint aussi de ne pas trouver dans cette courte nomenclature la monographie de Dreydorf (1870), ni l'étude insérée, par Hagenbach, au tome V de sa *Kirchengeschichte*. Il pourrait ajouter à cette liste l'article Pascal, de G. Saintsbury, inséré au tome XVIII de l'*Encyclopædia britannica*, le *Pascal physicien et philosophe* de M. *Nourrisson*[1], et d'autres travaux, quelques-uns considérables. Nous n'avons voulu indiquer que les principaux et en particulier ceux qui nous avaient servi.

Dans le numéro de la *Revue des Deux Mondes* du 1er septembre 1885, M. Ferdinand Brunetière indique de plus, comme ayant dû être consulté, le *Roman de Pascal*, de M. Gazier[2]. Pascal a-t-il aimé Mlle de Roannez? La tradition le prétend; M. Gazier essaye d'établir que non, dans l'intérêt de la mémoire de Pascal, qui n'a guère à en souffrir, et à l'aide de textes qui ne peuvent fournir que des conjectures. Celles que peuvent fournir les fragments de Lettres dont plusieurs ont été mis au jour, pour la première fois, par Victor Cousin, demeurent entières, et le fait que ce sont des fragments de Lettres est plus propre à les fortifier qu'à les contredire.

Il y aurait encore plus d'un point à contester dans les griefs sur le fond de l'*Introduction* formulés par l'écrivain anonyme de l'*Athenæum* : il y régnerait un ton de polé-

1. 1 vol. in-12, Paris, Émile Perrin, 1885, et que nous aurions pu mentionner, car il avait paru auparavant dans le *Correspondant*.
2. Le *Roman de Pascal*, par M. A. Gazier, article inséré dans la *Revue politique et littéraire* du 24 novembre 1877. M. Gazier, dépositaire des papiers de *Port-Royal* et de l'ancienne *Boîte à Perrette,* est un auteur grave, comme diraient les Casuistes du xviie siècle. Son témoignage est digne d'une confiance absolue quand il rapporte des faits. Dans la discussion, il vaut ce que ses raisons valent.

mique qui sied mal à la critique scientifique. Quant à l'assertion que Pascal a introduit la raillerie dans les choses de la Théologie, elle est de Sainte-Beuve. Il ne s'agit pas de la raillerie faite en latin, lourde et acrimonieuse d'allure, qui est aussi vieille que la controverse théologique et ne sortait point des écoles, mais de la raillerie mondaine distillée en français littéraire, accessible à tout le monde, introduite par Molière au théâtre, reprise par Voltaire et les Encyclopédistes du xviiie siècle. La principale objection de l'écrivain anonyme de l'*Athenæum* est que nous avons entrepris de séparer Pascal de Port-Royal. Eh bien! non. Il y avait à montrer Pascal tel qu'il fut, sans dessein de le rapprocher ou de l'éloigner de Port-Royal plus qu'il ne lui a convenu à lui-même. Il n'y a pas davantage lieu de s'arrêter sur le mal fondé de l'affirmation énoncée par nous que les « Huguenots » et « la noblesse huguenote » penchaient vers le nihilisme. La chose est acquise. Est-ce que les « politiques » et les « libertins », beaux esprits, poètes, grands seigneurs, huguenots d'origine ou huguenots convertis en apparence et par intérêt, n'étaient pas des nihilistes? Il suffira de citer en dehors de l'entourage de Pascal, durant la courte période de sa vie mondaine, les Miton, les Desbarreaux, les Roannez, quelques noms de la période immédiatement antérieure ; Henri IV, qui dit d'Élisabeth morte : « Elle était vierge comme je suis catholique » ; ses amis, y compris Sully, qui achève de vieillir sur les pages inachevées d'une chronique comparable à celle de Brantôme ; le cardinal Duperron, huguenot converti, et après eux, les deux Condé : le père, protecteur de Théophile, le héros de Garasse et huguenot converti ; le fils, le grand Condé, tenant école d'athéisme à Bruxelles, pendant la Fronde, avec Mme Des Houlières sa maîtresse. L'entourage de Richelieu était presque exclusivement composé de Libertins et de Huguenots convertis, à commencer par Boisrobert et à finir par Tallemant, l'Homère de la confrérie. L'écrivain anonyme de l'*Athenæum* a l'air de croire que nous ne savons pas à qui appartiennent les noms du cata-

logue des Casuistes et nous reproche de l'avouer. Il veut
bien nous indiquer où nous pourrons les connaître, afin de
mieux orthographier leurs noms. Il y a d'abord l'ortho-
graphe de Pascal à respecter ; puis nous avouons ne pas
les connaître dans le sens où Pascal avoue aussi ne pas
les connaître quand il demande : « Tous ces noms-là,
mon père, appartiennent-ils à des Chrétiens? » La critique d'érudition est ainsi faite ; elle est impuissante et
stérile ; elle n'examine pas un livre par où il vaut ; quand
elle n'est pas à ruminer durant trois volumes sur un
hémistiche de Virgile, elle gratte des points et des vir-
gules dans le volume d'à côté. Elle est étrangère à cette
critique que les Allemands appellent *Esthétique*, qu'Addi-
son a pratiquée avec tant de supériorité en Angleterre et
qu'Isaac d'Israëli a définie dans la langue de l'écrivain
anonyme de l'*Athenæum* : « Æsthetic critics fathom the
depths, or run with the current of an author's thoughts,
and the sympathies of such a critic offer a supplement to
the genius of the original writer. » L'Esthétique descend
dans l'esprit d'un auteur, entre dans le courant de sa
pensée, et la Sympathie qu'elle lui montre est un supplé-
ment à son œuvre.

Pour être souvent dure, la critique de M. Brunetière a
plus d'ampleur et se rapproche de la définition d'Isaac
d'Israëli. Suivant lui, l'*Introduction* aux *OEuvres* de Pascal est pleine de confusion ; elle a des prétentions à l'originalité, et « à force d'y prétendre », elle y atteint « quelquefois ». M. Brunetière ajoute : « Sur bien des choses,
qui n'ont d'ailleurs avec Pascal et ses œuvres que des rapports assez lointains, M. Derôme a ce que l'on appelle des
vues, les unes singulières, les autres ingénieuses ; et sur
Pascal même, sur les *Provinciales* et sur les *Pensées*, il ne
s'est pas contenté de répéter ce qu'en savait tout le
monde. » M. Brunetière est peu disposé à croire que
Pascal ait pu songer un moment à devenir homme politique et précepteur royal, malgré le dire formel de Nicole,
qui était à même de le savoir et dont chaque expression
est à peser. Néanmoins, c'est une supposition plausible,

admet M. Brunetière, et si l'on veut, « on peut s'y arrêter ». On le peut d'autant mieux que, sur la personne comme sur l'origine des idées de Pascal, on est le plus souvent réduit à des suppositions.

C'est en particulier le cas de son Pessimisme. En bas comme en haut de la société, le Pessimisme entre de plus en plus avant dans la vie moderne; on le conteste volontiers. Les esprits superficiels en parlent avec une désinvolture qui fait sourire. Ils n'en entendent ni le sens, ni l'étendue, ni la cause. M. Brunetière leur donne une leçon qu'ils feront bien de méditer. « Ceux qui croient faire merveille, dit-il, en se moquant agréablement de tout ce qu'il — le Pessimisme — représente, sont évidemment ceux qui le comprennent le moins. Si l'on déclare en termes généraux que « la vie est mauvaise », ils s'imaginent qu'il n'y a d'autres issues du Pessimisme « que la destruction de la vie ». Ils se trompent du tout au tout; et l'on dit uniquement que la vie de ce monde n'a pas son but en elle-même, ce qui mène uniquement à placer la fin de l'homme en dehors et au delà de la vie de ce monde; laquelle croyance est si peu le principe de désespoir, de découragement et d'inertie, qu'ils y voient, qu'au contraire, c'est elle qu'on trouve à la racine des Grandes Religions qui se partagent l'humanité. Le Bouddhisme est né de l'impossibilité même de porter le poids de la vie sans y être aidé par quelques secours extérieurs. Voilà le Pessimisme de Pascal, et voici maintenant le fond de ses *Pensées*. Si la vie est mauvaise, et elle l'est, puisqu'elle ne peut ni contenter notre désir de bonheur, ni notre soif de science, ni notre rêve de vertu; cependant nous ne pouvons pas en accuser l'auteur même de la vie, puisque cet auteur, s'il existe, ne peut rien avoir fait que de bon. Que reste-t-il donc, sinon de nous en accuser nous-mêmes? Et c'est l'explication de « l'énigme incompréhensible » ou de « l'amas de contradictions » que nous sommes; c'est le dogme du Péché Originel, qui nous rend également raison de notre misère et de notre grandeur. Ici se place le mystère de la Rédemption, qui ne serait pas « mystère », s'il ne choquait pas rudement notre intelligence. Aussi *n'est-ce pas à l'intelligence, mais à la volonté qu'il faut demander de le croire :* « Travaillez, non pas à vous convaincre par l'augmentation des preuves de Dieu, mais par la diminution de vos passions », et « en suivant les gens qui savent ce chemin, vous guérirez du mal dont vous voulez guérir » : c'est la voie du Salut et c'est le dogme de la Grâce. Or ces dogmes et ces mystères, une religion les enseigne et il n'y en a qu'une... Était-ce exagérer tout à l'heure que de dire qu'il ne serait pas sans fruit, après avoir tant parlé du « Pyrrhonisme » de Pascal, d'examiner un peu son Pessimisme; et croyez-vous que Vinet se trompât quand il y voulait voir la doctrine ou du moins l'une des bases de la doctrine des *Pensées?* Disons-le donc avec lui : le Pyrrhonisme de Pascal n'est qu'une des formes ou une des faces de son Pessimisme; et de l'insuffisance de nos moyens de connaître, la conviction que tirent les *Pensées* n'est pas tant celle de notre impuissance à trouver la vérité que celle de notre corruption et de notre déchéance d'un état où nous peuvent seules remettre la religion et la vie chrétienne. Quelques mots de M. Derôme dans la dernière partie de son *Introduction* donneraient à penser que s'il n'a pas démêlé très nettement, du moins a-t-il entrevu quelque chose de tout cela. Nous ne saurions, pour notre compte, affecter la prétention, en quelques lignes ou en quelques pages, de l'éclaircir autant qu'il le faudrait pour l'avoir démontré. Mais il y a là certainement une recherche à faire, une recherche intéressante, et puisque ce n'est pas moi qui m'en suis avisé, j'ose dire qu'elle serait féconde en résultats heureux. » Ce n'est pas nous, non plus, qui pouvions traiter un si vaste sujet dans une *Introduction* aux *Œuvres* de Pascal, nécessairement limitée, et où ce sujet, si vaste qu'il soit, n'est qu'un incident. Mais il est parfaitement clair à nos yeux que le Pyrrhonisme et le Pessimisme de Pascal vont ensemble, ne peuvent pas être séparés; il est clair aussi que Pascal n'est pas seul dans cet état d'esprit au xviie siècle. Ses contemporains ont beaucoup souffert de son mal. Retz et La Rochefoucauld en sont affectés presque au même degré; Saint-Cyran en est mort après avoir dit à Lancelot à qui il demandait son âge et qui lui répondait qu'il avait vingt-neuf ans : « Je ne vous les envie pas ; je ne voudrais pas avoir à refaire le chemin que j'ai fait. » Cette disposition intérieure de Saint-Cyran a fait écrire au père Le Moyne le portrait de son *Fou mélancolique*, qui est un des grands morceaux de littérature du temps, et qui peut s'appliquer indifféremment à Saint-Cyran et à tous les adhérents de Port-Royal, non pas seulement à eux, mais à tout le *parti des gens de bien*, dont Richelieu était. Richelieu avait des heures d'angoisse où il criait à ses familiers : « Réjouissez-moi si vous en avez le secret. » Ils ne l'avaient pas, et le Cardinal se rejetait avec violence à sa besogne terrible, qui au moins était une dérivation à son mal. Ce mal était le Pessimisme ; il encombre le xvie et le xviie siècle. Il a la même intensité chez Machiavel et chez Hobbes. Il résulte de l'introduction des idées nihilistes de la décadence romaine par les Humanistes de la Renaissance, car la vraie Renaissance qu'il y eut au xvie siècle est la Renaissance du *mal à l'âme* dont le monde classique est mort. Le Christianisme avait été un refuge contre lui ; dès qu'on quitte l'abri du Christianisme, on y retombe, et le Pessimisme ou mal à l'âme de la décadence romaine grandit dans l'Europe moderne à mesure qu'on sort davantage du Christianisme. Pascal en avait l'intuition, quoique l'histoire du *mal à l'âme* ne lui fût pas familière. Il ne nous est pas indifférent de voir que M. Brunetière a mis le doigt du premier coup sur ce fond noir des *Pensées*, qui n'est pas particulier à Pascal, mais qui a arraché à sa douleur un livre immortel.

L. DERÔME.

LETTRES ÉCRITES

A

UN PROVINCIAL

LETTRE XI[1]

Qu'on peut réfuter par des railleries les erreurs ridicules. Précautions avec lesquelles on le doit faire; qu'elles ont été observées par Montalte, et qu'elles ne l'ont point été par les Jésuites. Bouffonneries impies du père Le Moine et du père Garasse[2].

Du 18 août 1656.

MES RÉVÉRENDS PÈRES,

J'ai vu les Lettres que vous débitez contre celles que

---

1. « Écrite par l'Auteur des Lettres au Provincial aux Révérends Pères Jésuites », lit-on dans le texte in-4°. Ainsi, dans l'intention primitive de Pascal, une série finissait là ; il en commençait une autre. « La Onzième, dit Sainte-Beuve (*Port-Royal*, t. III, p. 146 de la 4ᵉ édition) des *Provinciales* a pour objet de justifier la raillerie en matière sérieuse. C'est le même sujet qu'Arnauld a traité dans sa *Réponse à la Lettre d'une Personne de Condition*, dans laquelle il défendait les *Enluminures;* c'est le même mot de Tertullien commenté : *Rien n'est plus dû à la vanité que la risée;* ce sont les mêmes matériaux qu'Arnauld aura fournis à Pascal. Mais quelle mise en œuvre incomparable! quelle raison supérieure que celle qui maintient et démontre les droits de l'enjouement sans l'écraser, et le pousse encore au même moment et le fait jouer devant elle! On peut mesurer au juste, en lisant la Lettre d'Arnauld et celle de Pascal, en quel sens il est vrai que le grand docteur a contribué et aidé aux *Provinciales*. Cette Onzième Lettre pourrait servir de préface justificative au *Tartufe*. Pascal y dit d'après Tertullien : « Ce que j'ai fait n'est qu'un jeu avant un véritable combat. J'ai montré les blessures qu'on vous peut faire, plutôt que je ne vous en ai fait. » Et vraiment il semble, à la nouveauté et à la fraîcheur des coups, que le combat seulement commence. »

2. Sous-titre de Nicole.

j'ai écrites à un de mes amis sur le sujet de votre Morale, où l'un des principaux points de votre défense est que je n'ai point parlé assez sérieusement de vos maximes : c'est ce que vous répétez dans tous vos Écrits, et que vous poussez jusqu'à dire : « Que j'ai tourné les choses saintes en raillerie. »

Ce reproche, mes pères, est bien surprenant et bien injuste ; car en quel lieu trouvez-vous que je tourne les choses saintes en raillerie ? Vous marquez en particulier « le contrat Mohatra, et l'histoire de Jean d'Alba. » Mais est-ce cela que vous appelez des choses saintes ? Vous semble-t-il que le Mohatra soit une chose si vénérable, que ce soit un blasphème de n'en pas parler avec respect ? Et les leçons du père Bauny, pour le Larcin, qui portèrent Jean d'Alba à le pratiquer contre vous-mêmes, sont-elles si sacrées, que vous ayez droit de traiter d'impies ceux qui s'en moquent ?

Quoi ! mes pères, les imaginations de vos Auteurs[a] passeront pour les vérités de la Foi, et on ne pourra se moquer des passages d'Escobar, et des décisions si fantasques et si peu chrétiennes de vos autres auteurs, sans qu'on soit accusé de rire de la Religion ? Est-il possible que vous ayez osé redire si souvent une chose si peu raisonnable ? et ne craignez-vous point, en me blâmant de m'être moqué de vos égarements, de me donner un nouveau sujet de me moquer de ce reproche, et de le faire retomber sur vous-mêmes, en montrant que je n'ai pris sujet de rire que de ce qu'il y a de ridicule dans vos livres ; et qu'ainsi, en me moquant de votre Morale, j'ai été aussi éloigné de me moquer des choses saintes, que

---

[a] Textes in-4º et in-12 : « écrivains », au lieu d' « auteurs ».

LETTRE XI.

la doctrine de vos Casuistes est éloignée de la Doctrine sainte de l'Évangile?

En vérité, mes pères, il y a bien de la différence entre rire de la Religion, et rire de ceux qui la profanent par leurs opinions extravagantes. Ce seroit une impiété de manquer de respect pour les vérités que l'esprit de Dieu a révélées : mais ce seroit une autre impiété de manquer de mépris pour les faussetés que l'esprit de l'homme leur oppose.

Car, mes pères, puisque vous m'obligez d'entrer en ce discours, je vous prie de considérer que, comme les vérités chrétiennes sont dignes d'amour et de respect, les erreurs qui leur sont contraires sont dignes de mépris et de haine, parce qu'il y a deux choses dans les vérités de notre religion, une beauté divine qui les rend aimables, et une sainte majesté qui les rend vénérables; et qu'il y a aussi deux choses dans les erreurs : l'impiété qui les rend horribles, et l'impertinence qui les rend ridicules. C'est pourquoi [a] comme les Saints ont toujours pour la Vérité ces deux sentiments d'amour et de crainte, et que leur sagesse est toute comprise entre la crainte qui en est le principe, et l'amour qui en est la fin, les Saints ont aussi pour l'erreur ces deux sentiments de haine et de mépris, et leur zèle s'emploie également à repousser avec force la malice des impies, et à confondre avec risée leur égarement et leur folie.

Ne prétendez donc pas, mes pères, de faire accroire au monde que ce soit une chose indigne d'un chrétien de traiter les erreurs avec moquerie, puisqu'il est aisé de faire connoître à ceux qui ne le sauroient pas que cette pratique

---

[a] Textes in-4º et in-12 : « *et* c'est pourquoi ».

est juste, qu'elle est commune aux Pères de l'Église, et qu'elle est autorisée par l'Écriture, par l'exemple des plus grands saints, et par celui de Dieu même[a] [1].

Car ne voyons-nous pas que Dieu hait et méprise les Pécheurs tout ensemble, jusque-là même qu'à l'heure de

---

[a] Textes in-4° et in-12 : « *Et* par l'exemple des plus grands saints *et* de Dieu même ».

---

1. Les arguments qui vont suivre, jusqu'à la fin de la Onzième Provinciale, sont extraits de la Lettre d'Arnauld (1654) dont il a été question tout à l'heure et intitulée : *Réponse à la Lettre d'une Personne de Condition, touchant les règles de la conduite des Saints Pères dans la composition de leurs ouvrages pour la défense des vérités combattues ou de l'innocence calomniée* (Voir Œuvres d'Arnauld, t. XXVII, au commencement). A la fin de 1653, les Jésuites, dont l'habileté ne manquait aucune occasion de se produire, et qui connaissaient par expérience le pouvoir de l'*imagerie* sur les imaginations populaires, avaient publié un almanach intitulé : *La déroute et la confusion des Jansénistes*. Ils voulaient triompher du succès que leur avait assuré la bulle d'Innocent X contre les cinq propositions de Jansénius. Dans une estampe placée en tête de leur almanach figuraient le Pape, assis sous une colombe représentant le Saint-Esprit, entre la Religion armée d'une croix et la Puissance de l'Église armée d'un casque. Le Pape lançait sa sentence aux Jansénistes. Jansénius, couvert de ses ornements pontificaux et orné de deux ailes de diable, se sauvait vers Calvin, occupé à recevoir une dame en lunettes qui avait l'air d'une religieuse de Port-Royal. Ganière, libraire des Jésuites, avait écoulé seize mille exemplaires de l'almanach des Jésuites. Sacy avait répondu par une brochure intitulée : *Les Enluminures de l'Almanach des Jésuites* (janvier 1654). Les Jésuites avaient accompagné leur estampe de quatrains explicatifs. L'ignorance supposée des Jansénistes avait, dans l'estampe des Jésuites, la forme d'un idiot portant des oreilles d'âne. A cela, Sacy répliquait que les Jansénistes n'étaient pas seuls à porter des oreilles d'âne; ils savaient dans tous les cas allonger celles des Jésuites :

> Qui ne sait qu'en leurs doctes veilles,
> Ils vous tirent tant les oreilles
> Qu'à vous peindre, vous en auriez
> Depuis la tête jusqu'aux pieds ?

Plusieurs amis de Port-Royal avaient été choqués du pamphlet de Sacy, le seul, du reste, qu'il ait commis dans sa vie laborieuse. Arnauld, dans sa *Réponse*, défend Sacy; on a bien le droit de rire : *Misericorditer irride*, dit saint Augustin. Pascal, dans la Onzième Provinciale, reprend la thèse d'Arnauld.

leur mort, qui est le temps où leur état est le plus déplorable et le plus triste, la sagesse divine joindra la moquerie et la risée à la vengeance et à la fureur qui les condamnera à des supplices éternels : *In interitu vestro ridebo et subsannabo?* Et les Saints, agissant par le même esprit, en useront de même, puisque, selon David, quand ils verront la punition des Méchants, « ils en trembleront et en riront en même temps : *Videbunt justi et timebunt : et super eum ridebunt* ». Et Job en parle de même : *Innocens subsannabit eos.*

Mais c'est une chose bien remarquable sur ce sujet, que, dans les premières paroles que Dieu a dites à l'homme depuis sa chute, on trouve un discours de moquerie, et *une ironie piquante*, selon les Pères. Car, après qu'Adam eut désobéi, dans l'espérance que le Démon lui avoit donnée d'être fait semblable à Dieu, il paroît par l'Écriture que Dieu, en punition, le rendit sujet à la mort, et qu'après l'avoir réduit à cette misérable condition qui étoit due à son péché, il se moqua de lui en cet état par ces paroles de risée : « Voilà l'homme qui est devenu comme l'un de nous : *Ecce Adam quasi unus ex nobis :* » Ce qui est *une ironie sanglante et sensible* dont Dieu le *piquoit vivement*, selon saint Chrysostôme et les interprètes. *Adam*, dit Rupert, « méritoit d'être raillé par cette ironie, et on lui faisoit sentir sa folie bien plus vivement par cette expression ironique que par une expression sérieuse. » Et Hugues de Saint-Victor, ayant dit la même chose, ajoute « que cette ironie étoit due à sa sotte crédulité; et que cette espèce de raillerie est une action de justice, lorsque celui envers qui on en use l'a méritée [1]. »

1. Ce n'est pas la doctrine définitive de Pascal. L'auteur des *Pensées* ne rira plus, condamnera la dérision comme une infirmité de l'âme. La déri-

Vous voyez donc, mes pères, que la moquerie est quelquefois plus propre à faire revenir les hommes de leurs égarements, et qu'elle est alors une action de justice ; parce que, comme dit Jérémie, « les actions de ceux qui errent sont dignes de risée, à cause de leur vanité : *vana sunt et risu digna.* » Et c'est si peu une impiété de s'en rire [1], que c'est l'effet d'une sagesse divine, selon cette parole de saint Augustin : « Les sages rient des insensés, parce qu'ils sont sages, non pas de leur propre sagesse,

---

sion des *Provinciales* est une arme de guerre. Dans cette affaire de l'*Almanach* des Jésuites et des *Enluminures*, Sacy, Arnauld et Pascal sont engagés dans un mauvais chemin. Ils cèdent à l'entraînement des circonstances. Ils vont contre leur humeur ordinaire. Le traducteur des Livres Saints n'est pas un Scarron ; ce n'est pas non plus l'occupation habituelle de l'Auteur de la *Fréquente communion*. Pascal y a plus de propension ; mais c'est une mièvrerie de jeunesse qui lui passera vite. En réalité, la dérision, à n'en parler qu'au point de vue littéraire, est un genre inférieur. Il n'y a que les pamphlétaires, c'est-à-dire les faibles, qui ont recours à la dérision. Ils rient par impuissance. La force est grave ; la vertu l'est également. « Il est rare, dit La Bruyère, que ceux qui réussissent à nous faire rire se fassent estimer. » Ce n'est pas chrétien non plus. « Si animé qu'on puisse se figurer un ciel chrétien, dit Sainte-Beuve (*Port-Royal*, t. II, p. 335 de l'éd. cit.), qui n'était guère chrétien, mais qui se piquait d'entendre ce qu'est le Christianisme, on n'y conçoit pas le rire ; il le faut laisser aux dieux d'Homère en leur Olympe, où il est inextinguible comme leurs désordres et leurs adultères. De Maistre, en regrettant, dans son Anti-Bacon, que Molière n'ait pas employé plus chrétiennement son talent, et en citant Destouches comme plus moral, oublie trop cela. — De Maistre n'est chrétien qu'à ses heures ; — c'est étonnant de sa part. Arnauld ne va pas si à fond. Il ramasse les exemples de raillerie de l'Écriture et des Pères. — Il n'y en a ni dans l'Évangile ni dans saint Paul. — Il fait un chapitre intitulé : *Application des règles des Pères à l'Almanach ;* et il ne s'aperçoit pas qu'en tout cet attirail manque précisément le *festivitas* dont parle Tertullien : *Vanitati proprie festivitas cedit:* il n'y a rien qui soit mieux dû à la vanité des hommes que d'être raillée. Arnauld controversant pour la plaisanterie de M. de Sacy, et la corroborant, c'est deux fois trop. » Et ce serait aussi deux fois trop chez Pascal, si ce n'était pas une condescendance, de sa part, au besoin d'intéresser les gens du monde à des choses sérieuses.

1. « S'en rire » ne se dit plus.

mais de cette sagesse divine qui rira de la mort des Méchants. »

Aussi les Prophètes remplis de Dieu ont usé de ces moqueries, comme nous voyons par les exemples de Daniel et d'Élie. Enfin il s'en trouve des exemples dans les discours de Jésus-Christ même ᵃ ; et saint Augustin remarque que, quand il voulut humilier Nicodème, qui se croyoit habile dans l'intelligence de la Loi : « Comme il le voyoit enflé d'orgueil par sa qualité de docteur des Juifs, il exerce et étonne sa présomption par la hauteur de ses demandes, et l'ayant réduit à l'impuissance de répondre : Quoi ! lui dit-il, vous êtes maître en Israël, et vous ignorez ces choses ? Ce qui est le même que s'il eût dit : Prince superbe, reconnoissez que vous ne savez rien. » Et saint Chrysostôme et saint Cyrille disent sur cela qu'il méritoit d'être joué de cette sorte.

Vous voyez, donc, mes pères, que, s'il arrivoit aujourd'hui que des personnes qui feroient les maîtres envers les Chrétiens, comme Nicodème et les Pharisiens envers les Juifs, ignoroient les principes de la Religion, et soutenoient, par exemple, « qu'on peut être sauvé sans avoir jamais aimé Dieu en toute sa vie ᵇ ¹, » on suivroit en cela

---

ᵃ Textes in-4º et in-12 : « Enfin les discours de Jésus-Christ même n'en sont pas sans exemple. »

ᵇ Les éditions modernes ont toutes : « Vous voyez donc, mes pères, que s'il arrivoit aujourd'hui que des personnes qui feroient les maîtres envers les Chrétiens, comme Nicodème et les Pharisiens envers les juifs, *ignorassent* les principes de la Religion, et *soutinssent*. » Les textes contemporains, parmi lesquels ceux qui ont été revus par Pascal, ont uniformément *ignoroient* et *soutenoient*, ce qui était correct et demeure correct. L'abus de l'imparfait du subjonctif, introduit par les petits-maîtres du xviiie siècle, est une de ces innovations contre lesquelles la critique tend à réagir. Quoi qu'on en pense, du reste, la syntaxe de Pascal a le droit d'être respectée.

---

1. « Qui a soutenu cela ? » demande l'abbé Maynard. Les Casuistes cités par l'Auteur dans la Dixième Provinciale.

l'exemple de Jésus-Christ, en se jouant de leur vanité et de leur ignorance.

Je m'assure, mes pères, que ces exemples sacrés suffisent pour vous faire entendre que ce n'est pas une conduite contraire à celle des Saints de rire des erreurs et des égarements des hommes : autrement il faudroit blâmer celle des plus grands docteurs de l'Église qui l'ont pratiquée, comme saint Jérôme dans ses Lettres et ses Écrits contre Jovinien, Vigilance, et les Pélagiens; Tertullien, dans son Apologétique contre les folies des idolâtres; saint Augustin contre les religieux d'Afrique, qu'il appelle les *Chevelus*; saint Irénée contre les Gnostiques; saint Bernard et les autres Pères de l'Église, qui, ayant été les imitateurs des Apôtres, doivent être imités par les Fidèles dans toute la suite des temps, puisqu'ils sont proposés, quoi qu'on en dise, comme le véritable modèle des Chrétiens, mêmes d'aujourd'hui [1].

1. L'insistance de Pascal a quelque chose de pénible. On dirait qu'il a des remords. Il sait à merveille que la besogne qu'il fait n'est pas héroïque. Les circonstances l'excusent. Sa générosité naturelle y répugne, bien qu'il ne l'avoue pas. Il cherche de mauvaises raisons; il invoque l'exemple des Apôtres qui, dans un milieu hostile, se défendaient comme ils pouvaient :

C'est par les bons côtés qu'il les faut imiter.

L'auteur des *Provinciales* n'est pas seul en cause; il a la conduite fréquente des Jansénistes à justifier. « Ces messieurs, écrivait le ministre protestant Jurieu (*Esprit de M. Arnauld,* t. Ier), sous prétexte de venger Dieu des outrages qu'on lui fait, satisfont leurs passions particulières. Nous pouvons dire que, de tous les saints, il n'y en a jamais eu de plus désespérément vindicatifs que les Jansénistes. Car, pourvu qu'ils n'emploient ni le feu ni le poison, à cela près, ils croient que tout leur est permis contre leurs ennemis. » C'est le mauvais côté du Jansénisme. Il est vrai que cela tient à ce qu'il était persécuté. Sa colère et son amour de la vengeance trouvent des arguments dans les Livres Saints; on y trouve toujours ce qu'on cherche. En réalité, Pascal plaide les circonstances atténuantes. Il ne mord pas les Casuistes par esprit d'imitation. On n'a jamais

LETTRE XI.

Je n'ai donc pas cru faillir en les suivant. Et, comme je pense l'avoir assez montré, je ne dirai plus sur ce sujet que ces excellentes paroles de Tertullien, qui rendent raison de tout mon procédé. « Ce que j'ai fait n'est qu'un jeu avant un véritable combat. J'ai plutôt montré les blessures qu'on vous peut faire que je ne vous en ai fait[a]. Que s'il se trouve des endroits où l'on soit excité à rire, c'est parce que les sujets mêmes y portoient. Il y a beaucoup de choses qui méritent d'être moquées et jouées de la sorte, de peur de leur donner du poids en les combattant sérieusement. Rien n'est plus dû à la vanité que la risée ; et c'est proprement à la vérité qu'il[b] appartient de rire, parce qu'elle est gaie, et de se jouer de ses ennemis, parce qu'elle est assurée de la victoire. Il est vrai qu'il faut prendre garde que les railleries ne soient pas basses et indignes de la Vérité. Mais, à cela près, quand on pourra s'en servir avec adresse, c'est un devoir que d'en user. » Ne trouvez-vous pas, mes pères, que ce passage est bien juste à notre sujet ? « Les Lettres que j'ai faites jusqu'ici ne sont qu'un jeu avant un véritable combat[c]. » Je n'ai fait encore que me jouer, « et vous montrer plutôt les blessures qu'on vous peut faire que je ne vous en ai fait. » J'ai exposé simplement vos passages sans y faire presque

---

[a] Textes in-4° et in-12 : « j'ai montré les blessures qu'on vous peut faire *plutôt* que je ne vous en ai fait. »

[b] Au lieu de « qu'il », leçon moderne, il y a dans tous les textes du temps « à qui il » dont « qu'il », à la vérité, n'est que la contraction.

[c] Textes in-4° et in-12 : « Ce que j'ai fait n'est qu'un jeu avant un véritable combat », au lieu de : « Les Lettres que j'ai faites jusqu'ici ».

été moins imitateur que lui. Il aurait volontiers dit comme l'auteur de la *Ballade d'Escobar:*

> Quelques imitateurs, sot bétail, je l'avoue,
> Suivent en vrais moutons le pasteur de Mantoue.

Lui n'est ni un imitateur ni un mouton.

de réflexion. « Que si on y a été excité à rire, c'est parce que les sujets y portoient d'eux-mêmes. » Car, qu'y a-t-il de plus propre à exciter à rire que de voir une chose aussi grave que la Morale chrétienne remplie d'imaginations aussi grotesques que les vôtres? On conçoit une si haute attente de ces maximes, qu'on dit « que Jésus-Christ a lui-même révélées à des pères de la Société, » que quand on y trouve « qu'un prêtre qui a reçu de l'argent pour dire une messe peut, outre cela, en prendre d'autres personnes, en leur cédant toute la part qu'il a au sacrifice ; qu'un religieux n'est pas excommunié pour quitter son habit lorsque c'est pour danser, pour filouter, ou pour aller incognito en des lieux de débauche; et qu'on satisfait au précepte d'ouïr la messe en entendant quatre quarts de messe à la fois de différents prêtres : » lors, dis-je, qu'on entend ces décisions et autres semblables, il est impossible que cette surprise ne fasse rire, parceque rien n'y porte davantage qu'une disproportion surprenante entre ce qu'on attend et ce qu'on voit. Et comment auroit-on pu traiter autrement la plupart de ces matières, puisque ce seroit « les autoriser que de les traiter sérieusement, » selon Tertullien?

Quoi! faut-il employer la force de l'Écriture et de la Tradition pour montrer que c'est tuer son ennemi en trahison que de lui donner des coups d'épée par derrière, et dans une embûche ; et que c'est acheter un Bénéfice que de donner de l'argent comme un motif pour se le faire résigner? il y a donc des matières qu'il faut mépriser, et « qui méritent d'être jouées et moquées ». Enfin ce que dit cet ancien auteur, « que rien n'est plus dû à la vanité que la risée, » et le reste de ses paroles s'applique ici avec tant de justesse, et avec une force si convaincante,

LETTRE XI.

qu'on ne sauroit plus douter qu'on peut bien rire des erreurs sans blesser la bienséance.

Et je vous dirai aussi, mes pères, qu'on en peut rire sans blesser la Charité, quoique ce soit une des choses que vous me reprochez encore dans vos Écrits. « Car la Charité oblige quelquefois à rire des erreurs des hommes, pour les porter eux-mêmes à en rire et à les fuir, selon cette parole de saint Augustin : *Hoc tu misericorditer irride, ut eis ridenda ac fugienda commendes.* » Et la même Charité oblige aussi quelquefois à les repousser avec colère, selon cette autre parole de saint Grégoire de Nazianze : « L'esprit de charité et de douceur a ses émotions et ses colères. » En effet, comme dit saint Augustin, « qui oseroit dire que la Vérité doit demeurer désarmée contre le mensonge, et qu'il sera permis aux ennemis de la Foi d'effrayer les Fidèles par des paroles fortes, et de les réjouir par des rencontres d'esprit agréables ; mais que les Catholiques ne doivent écrire qu'avec une froideur de style qui endorme les lecteurs ? »

Ne voit-on pas que, selon cette conduite, on laisseroit introduire dans l'Église les erreurs les plus extravagantes et les plus pernicieuses, sans qu'il fût permis de s'en moquer avec mépris, de peur d'être accusé de blesser la bienséance, ni de les confondre avec véhémence, de peur d'être accusé de manquer de Charité ?

Quoi ! mes pères, il vous sera permis de dire « qu'on peut tuer pour éviter un soufflet et une injure, » et il ne sera pas permis de réfuter publiquement une erreur publique d'une telle conséquence ? Vous aurez la liberté de dire « qu'un juge peut en conscience retenir ce qu'il a « reçu pour faire une injustice, » sans qu'on ait la liberté de vous contredire ? Vous imprimerez, avec privilège et approbation de vos docteurs, « qu'on peut être sauvé sans jamais avoir aimé Dieu, » et vous fermerez la bouche à ceux qui défendront la vérité de la Foi, en leur disant qu'ils blesseroient la Charité de frères en vous attaquant, et la modestie de Chrétiens en riant de vos maximes? Je doute, mes pères, qu'il y ait des personnes à qui vous ayez pu le faire accroire; mais néanmoins, s'il s'en trouvoit qui en fussent persuadés, et qui crussent que j'aurois blessé la Charité que je vous dois, en décriant votre Morale, je voudrois bien qu'ils examinassent avec attention d'où naît en eux ce sentiment. Car encore qu'ils s'imaginent qu'il [a] part de leur zèle, qui n'a pu souffrir sans scandale de voir accuser leur prochain; je les prierois de considérer qu'il n'est pas impossible qu'il vienne d'ailleurs, et qu'il est même assez vraisemblable qu'il vient du déplaisir secret et souvent caché à nous-mêmes, que le malheureux fonds qui est en nous ne manque jamais d'exciter contre ceux qui s'opposent au Relâchement des Mœurs. Et pour leur donner une règle qui leur en fasse reconnoître le véritable principe, je leur demanderai si, en même temps qu'ils se plaignent de ce qu'on a traité de la sorte des Religieux [1],

[a] Les éditions modernes ont « imaginassent »; les éditions du temps sont d'accord à donner « imaginent », qui est le texte authentique.

1. Dans le monde religieux qui n'était ni inféodé à la politique des Jésuites ni attaché à la cause de Port-Royal, les *Provinciales* avaient excité du scandale. Sans doute, disait-on, la Morale des Casuistes était relâchée, la vengeance de l'Auteur des *Provinciales* légitime. En réalité, on se battait sur le dos des croyances. C'étaient elles qui payeraient les frais de la guerre; il n'y avait qu'à voir avec quelle joie les *libertins*, qui étaient en nombre, se frottaient les mains. Aux yeux des Catholiques désintéressés, Pascal n'était pas loin de ressembler à l'ours du fabuliste. Sous le spécieux prétexte de tuer une mouche, il menaçait la Piété, le respect dû à des choses qu'on n'avait pas l'habitude de discuter ainsi dans la rue. Pascal manquait au moins à la Charité. C'est à ce nombreux public qu'il

LETTRE XI.

ils se plaignent encore davantage de ce que des Religieux ont traité la Vérité de la sorte. Que s'ils sont irrités non seulement contre les Lettres, mais encore plus contre les maximes qui y sont rapportées, j'avouerai qu'il se peut

répond; c'est à ce nombreux public qui n'était pas suffisamment persuadé que Nicole s'adresse longuement, longtemps après la lutte, dans les notes à la Onzième Lettre de sa traduction latine publiée en 1658 sous le nom de Wendrock. Nicole établit d'abord, avec une joie qu'il ne parvient pas à dissimuler, que les Jésuites ont été atteints à fond par les railleries de Pascal. Il reproduit les plaintes exhalées par eux dans l'*Apologie des Casuistes* : « Les plus cruels supplices, disait l'Apologiste, ne sont pas toujours ceux que l'on souffre dans les bannissements, sur les gibets et sur les roues. Le supplice que l'on a fait souffrir à des martyrs que l'on frottoit de miel pour après les exposer aux piqûres des guêpes et bourdons, a été plus cruel que beaucoup d'autres, qui semblent plus horribles et qui font plus de compassion. La persécution qu'ont soufferte les Jésuites par les bouffonneries de Port-Royal a quelque chose de semblable ; leurs tyrans ont fait l'instrument de leur supplice, des douceurs empoisonnées d'un enjouement cruel, et le monde les a abandonnés et laissés exposés aux piqûres sanglantes de la calomnie. »

C'est à merveille, dit Nicole : « C'étoit ainsi qu'on devoit traiter ces sortes de gens. L'orgueil étoit leur plus grand mal ; rien ne l'abaisse ni ne le mortifie davantage que la raillerie. Quand on reproche aux Jésuites qu'ils sont emportés, qu'ils sont cruels, qu'ils oppriment l'Église par une injuste domination, qu'ils séduisent les peuples par leurs flatteries, qu'ils gagnent la faveur des Rois par leurs complaisances, et qu'ils préviennent par leurs calomnies l'esprit du Pape contre leurs adversaires : ces plaintes ont quelque chose qui leur plaît. Cette image de puissance et de crédit sur laquelle elles sont fondées flatte leur amour-propre. Mais, plus ils ont de vanité, moins ils veulent passer pour ridicules. On ne peut donc assez louer la sagesse de Montalte d'avoir choisi le remède dont ils avoient le plus besoin. » De sorte que les plaintes du public religieux, étranger aux deux partis, sont mal fondées. Pascal, non seulement avait le droit de faire ce qu'il a fait, comme l'attestent les exemples tirés par lui de l'Écriture et des Pères. Bien plus, il n'a pas seulement satisfait au précepte de la justice, il n'a pas manqué non plus à celui de la Charité, comme on l'en accuse. Qui aime bien, châtie bien. C'est par amour des Jésuites qu'il leur a administré cette correction mémorable des *Provinciales*. « Comme son but, dit Nicole, étoit de guérir les Jésuites, et non pas de se venger, il a ménagé avec tant de sagesse le sel de ses railleries et il a tellement tempéré ses corrections, que non seulement on n'y peut rien trouver de faux, mais même qu'il n'y a rien d'outré. Tout y est pesé avec une circonspection merveilleuse. Il ne retranche point de partie saine pour des parties malades.

faire que leur ressentiment parte ᵃ de quelque zèle, mais peu éclairé; et alors les passages qui sont ici suffiront pour les éclaircir. Mais s'ils s'emportent seulement contre les répréhensions, et non pas contre les choses qu'on a reprises, en vérité, mes pères, je ne m'empêcherai jamais de leur dire qu'ils sont grossièrement abusés, et que leur zèle est bien aveugle.

Étrange zèle qui s'irrite contre ceux qui accusent des fautes publiques, et non pas contre ceux qui les commet-

---

ᵃ Textes in-4º et in-12 : « part ».

Il n'enfonce point le fer plus avant qu'il n'est utile au malade, selon l'avis que saint François de Sales donne (*Introduction à la Vie Dévote*) à ceux qui sont obligés de reprendre les autres. On ne voit dans ses Lettres aucune marque d'un esprit emporté. On n'y trouve rien d'inconsidéré, rien qui ne convienne aux choses dont il parle; mais on y trouve partout une justesse et un rapport admirable des termes dont il se sert avec les choses qu'il traite. C'est donc faire un jugement téméraire et injuste de ces Lettres que croire que Montalte n'y ait point eu d'autre but que de tourner les Jésuites en ridicule et de s'attirer, par d'ingénieuses satires, l'attention des peuples. Il a eu un dessein plus important et plus saint; il n'a eu en vue que l'utilité de l'Église et celle des Jésuites, car les opinions corrompues de leurs docteurs ne leur sont pas moins pernicieuses qu'elles le sont à toute l'Église. Voulant donc leur être utile aussi bien qu'à l'Église, il n'a pas cru pouvoir choisir une voie plus sûre. Il voyoit que le goût du siècle étoit tel, qu'on négligeoit presqu'entièrement les Écrits Théologiques et sérieux, et qu'à peine étoient-ils lus par un petit nombre de savants; et que cependant les opinions des Jésuites se répandoient tous les jours de plus en plus. Il falloit donc aborder un genre d'écrire qui, par sa nouveauté, son agrément et son élégance, excitât la curiosité même des plus indolents; ce qui lui a tellement réussi, qu'il s'est attiré l'attention de tout le monde. Un seul homme a combattu contre toute la puissance des Jésuites et il a triomphé de tous leurs efforts. Il les a contraints de jeter ces tristes plaintes qui sont encore plus un témoignage de leur orgueil que de leur douleur. Au reste, Montalte n'est point redevable de ce succès à des railleries recherchées, mais à l'adresse avec laquelle il a exposé aux yeux des lecteurs les dogmes des Jésuites, de manière qu'ils en peuvent voir tout le ridicule. De sorte que les Jésuites ne peuvent se plaindre que de ce qu'il a été aussi heureux à représenter les impertinences de leurs Auteurs, qu'ils l'ont été eux-mêmes à les inventer. »

tent! Quelle nouvelle Charité qui s'offense de voir confondre des erreurs manifestes ᵃ et qui ne s'offense point de voir renverser la Morale par ces erreurs! Si ces personnes étoient en danger d'être assassinées, s'offenseroient-elles de ce qu'on les avertiroit de l'embûche qu'on leur dresse; et au lieu de se détourner de leur chemin pour l'éviter, s'amuseroient-elles à se plaindre du peu de Charité qu'on auroit eu de découvrir le dessein criminel de ces assassins? S'irritent-elles lorsqu'on leur dit de ne manger pas d'une viande, parcequ'elle est empoisonnée, ou de n'aller pas dans une ville, parcequ'il y a de la peste?

D'où vient donc qu'ils[1] trouvent qu'on manque de Charité quand on découvre des maximes nuisibles à la Religion, et qu'ils croient au contraire qu'on manqueroit de Charité, si on ne leur découvroit pas ᵇ les choses nuisibles à leur santé et à leur vie, sinon parceque l'amour qu'ils ont pour la vie leur fait recevoir favorablement tout ce qui contribue à la conserver, et que l'indifférence qu'ils ont pour la Vérité fait que non seulement ils ne prennent aucune part à sa défense, mais qu'ils voient même avec peine qu'on s'efforce de détruire le mensonge?

Qu'ils considèrent donc devant Dieu combien la Morale que vos Casuistes répandent de toutes parts est honteuse et pernicieuse à l'Église; combien la licence qu'ils introduisent dans les Mœurs est scandaleuse et déme-

---

ᵃ A la suite de « voir confondre des erreurs manifestes », il y a dans les textes in-4º et in-12 : « par la seule exposition que l'on en fait », incidente retranchée dans le texte in-8º.

ᵇ Textes in-4º et in-12 : « de ne pas découvrir », au lieu de : « si on ne leur découvroit pas ».

---

1. Pascal emploie alternativement « qu'ils » ou « qu'elles » se rapportant à « personnes ». L'exemple est consacré. Tout au plus pourrait-on lui reprocher de ne pas faire un choix entre « qu'ils » et « qu'elles », au moins quand il a plusieurs fois à y revenir de suite.

surée ; combien la hardiesse avec laquelle vous les soutenez est opiniâtre et violente. Et s'ils ne jugent qu'il est temps de s'élever contre de tels désordres, leur aveuglement sera aussi à plaindre que le vôtre, mes pères, puisque et vous et eux avez un pareil sujet de craindre cette parole de saint Augustin sur celle de Jésus-Christ dans l'Évangile : « Malheur aux aveugles qui conduisent ! malheur aux aveugles qui sont conduits ! *væ cæcis ducentibus ! væ cæcis sequentibus !* »

Mais afin que vous n'ayez plus lieu de donner ces impressions aux autres, ni de les prendre vous-mêmes, je vous dirai, mes pères (et je suis honteux de ce que vous m'engagez à vous dire ce que je devrois apprendre de vous), je vous dirai donc quelles marques les Pères de l'Église nous ont données pour juger si les répréhensions partent d'un esprit de Piété et de Charité, ou d'un esprit d'Impiété et de Haine.

La première de ces règles est que l'Esprit de Piété porte toujours à parler avec vérité et sincérité ; au lieu que l'Envie et la Haine emploient le mensonge et la calomnie : *splendentia et vehementia, sed rebus veris*, dit saint Augustin, *De Doc. chr.*, liv. IV, c. xxviii. Quiconque se sert du mensonge agit par l'Esprit du Diable. Il n'y a point de Direction d'Intention qui puisse rectifier la Calomnie : et quand il s'agiroit de convertir toute la terre, il ne seroit pas permis de noircir des personnes innocentes ; parce qu'on ne doit pas faire le moindre mal pour faire réussir le plus grand bien, et « que la Vérité de Dieu n'a pas besoin de notre mensonge, » selon l'Écriture, *Job*, xiii, 7. « Il est du devoir des défenseurs de la Vérité, dit saint Hilaire, *Cont. Const.*, de n'avancer que des choses vraies[a]. »

---
[a] Textes in-4º et in-12 : « véritables ».

Aussi, mes pères, je puis dire devant Dieu qu'il n'y a rien que je déteste davantage que de blesser tant soit peu la Vérité; et que j'ai toujours pris un soin très particulier non seulement de ne pas falsifier, ce qui seroit horrible, mais de ne pas altérer ou détourner le moins du monde le sens d'un passage. De sorte que, si j'osois me servir, en cette rencontre, des paroles du même saint Hilaire, je pourrois bien vous dire avec lui : « Si nous disons des choses fausses, que nos discours soient tenus pour infâmes; mais si nous montrons que celles que nous produisons sont publiques et manifestes, ce n'est point sortir de la modestie et de la liberté apostolique de les reprocher. »

Mais ce n'est pas assez, mes pères, de ne dire que des choses vraies [a], il faut encore ne pas dire toutes celles qui sont vraies [b], parce qu'on ne doit rapporter que les choses qu'il est utile de découvrir, et non pas celles qui ne pourroient que blesser sans apporter aucun fruit. Et ainsi, comme la première règle est de parler avec Vérité, la seconde est de parler avec Discrétion. « Les Méchants, dit saint Augustin, Ép. VIII, persécutent les Bons en suivant l'aveuglement de la passion qui les anime; au lieu que les Bons persécutent les Méchants avec une sage Discrétion : de même que les Chirurgiens considèrent ce qu'ils coupent, au lieu que les Meurtriers ne regardent point où ils frappent. » Vous savez bien, mes pères, que je n'ai pas rapporté, des maximes de vos Auteurs, celles qui vous auroient été les plus sensibles, quoique j'eusse pu le faire, et même sans pécher contre la Discrétion, non plus que de savants hommes et très catholiques, mes pères,

---

[a] Textes in-4º et in-12 : « véritables ».
[b] *Ibid.*

qui l'ont fait autrefois ; et tous ceux qui ont lu vos Auteurs, savent aussi bien que vous combien en cela je vous ai épargnés : outre que je n'ai parlé en aucune sorte contre ce qui vous regarde chacun en particulier ; et je serois fâché d'avoir rien dit des fautes secrètes et personnelles, quelque preuve que j'en eusse. Car je sais que c'est le propre de la haine et de l'animosité, et qu'on ne doit jamais le faire, à moins qu'il n'y[a] en ait une nécessité bien pressante pour le bien de l'Église. Il est donc visible que je n'ai manqué en aucune sorte à la Discrétion, dans ce que j'ai été obligé de dire touchant les maximes de votre Morale, et que vous avez plus de sujet de vous louer de ma retenue que de vous plaindre de mon indiscrétion[1].

La troisième règle, mes pères, est que quand on est obligé d'user de quelques railleries, l'Esprit de Piété porte à ne les employer que contre les erreurs, et non pas contre les choses saintes ; au lieu que l'Esprit de Bouffon-

---

[a] « Qu'il y en ait », sans négation dans les textes du temps. L'usage veut maintenant que le texte ainsi rectifié soit seul correct.

---

1. L'assertion de Pascal qu'il a épargné les Jésuites et mis de la discrétion à les citer peut ressembler à un comble. Il a raison, néanmoins ; il ne s'en prend qu'à leurs Casuistes, à leur Morale relâchée, à leur ambition politique. Encore y met-il de la retenue. Il ne leur reproche ni de gouverner ni de confesser les rois. Même au XIXe siècle, où les Jésuites ne sont plus que l'ombre d'eux-mêmes, les Écrivains Catholiques ont eu moins de retenue : « Les Jésuites, dit Ballanche, professent l'obéissance passive qui est l'abolition de l'homme. » Il est certain que Pascal n'approuvait pas le *perinde ac cadaver*. Il s'est abstenu de le dire. Le secret qui n'a cessé de planer sur leur conduite générale offusquait Chateaubriand : « Un mystérieux nuage couvre toujours les affaires des Jésuites, » écrit-il. Ce mystérieux nuage a dû frapper les yeux de Pascal ; il s'est tu. Il était chrétien : Quels que fussent leurs défauts, il voyait en eux les champions du Christianisme. Un instinct secret plaidait leur cause dans son cœur. L'aveu qu'il fait de sa discrétion, de sa retenue, n'est donc pas une ironie nouvelle. Il est d'une sincérité qui défie le soupçon.

nerie, d'Impiété et d'Hérésie, se rit de ce qu'il y a de plus sacré. Je me suis déjà justifié sur ce point; et on est bien éloigné d'être exposé à ce vice quand on n'a qu'à parler des opinions que j'ai rapportées de vos Auteurs.

Enfin, mes pères, pour abréger ces règles, je ne vous dirai plus que celle-ci, qui est le principe et la fin de toutes les autres : c'est que l'Esprit de Charité porte à avoir dans le cœur le désir du salut de ceux contre qui on parle, et à adresser ses prières à Dieu en même temps qu'on adresse ses reproches aux hommes. « On doit toujours, dit saint Augustin, Ép. v, conserver la Charité dans le cœur, lors même qu'on est obligé de faire au dehors des choses qui paroissent rudes aux hommes, et de les frapper avec une âpreté dure, mais bienfaisante, leur utilité devant être préférée à leur satisfaction. » Je crois, mes pères, qu'il n'y a rien dans mes Lettres qui témoigne que je n'aie pas eu ce désir pour vous ; et ainsi la Charité vous oblige à croire que je l'ai eu en effet, lorsque vous n'y voyez rien de contraire. Il paroît donc par là que vous ne pouvez montrer que j'aie péché contre cette règle, ni contre aucune de celles que la Charité oblige de suivre ; et c'est pourquoi vous n'avez aucun droit de dire que je l'aie blessée en ce que j'ai fait.

Mais si vous voulez, mes pères, avoir maintenant le plaisir de voir en peu de mots une conduite qui pèche contre chacune de ces règles, et qui porte véritablement le caractère de l'Esprit de Bouffonnerie, d'Envie et de Haine, je vous en donnerai des exemples ; et, afin qu'ils vous soient plus connus et plus familiers, je les prendrai de vos Écrits mêmes.

Car, pour commencer, par la manière indigne dont vos Auteurs parlent des Choses Saintes, soit dans leurs railleries, soit dans leurs galanteries, soit dans leurs discours sérieux, trouvez-vous que tant de contes ridicules de votre père Binet, dans sa *Consolation des malades*[1] soient fort propres aux desseins qu'il avoit pris de consoler chrétiennement ceux que Dieu afflige? Direz-vous que la manière si profane et si coquette dont votre père Le Moine a parlé de la Piété dans sa *Dévotion Aisée,* soit plus propre à donner du respect que du mépris pour l'idée qu'il forme de la Vertu chrétienne? Tout son livre des *Peintures Morales* respire-t-il autre chose, et dans sa prose et dans ses vers, qu'un esprit plein de la vanité et des folies du monde? Est-ce une pièce digne d'un prêtre que cette ode du Septième Livre intitulée : « Éloge de la pudeur, où il est montré que toutes les belles choses sont rouges, ou sujettes à rougir?» C'est ce qu'il fit pour consoler une dame, qu'il appelle Delphine[2], de ce qu'elle rougissoit souvent. Il dit donc, à chaque stance, que quelques-unes des choses les plus estimées sont rouges, comme les roses, les grenades, la bouche, la langue; et c'est parmi ces galanteries, honteuses à un Religieux, qu'il ose mêler insolemment ces

---

1. Le titre exact du livre du P. Binet est : *Consolation et réjouissance pour les malades et personnes affligées.* Il y a de la réjouissance. Binet veut distraire ses clients. C'est d'ailleurs un homme en *us* qui a lu Plutarque, cite Pline le Naturaliste et entend qu'on sache qu'il ne manque pas d'érudition. Les recettes médicales puisées dans les praticiens du moyen âge abondent sous sa plume. Il se moque des Médecins. Il y a là-dessus une tradition qu'il continue et qui remonte beaucoup plus haut que Molière. Il a des contes quelquefois grossiers. Là encore, il sacrifie à la tradition; c'est l'esprit des Jésuites. Les contes populaires n'étaient souvent pas délicats : « Les aises de la vie, l'abondance, le calme d'une grande prospérité font que les Princes ont de la joie de reste pour rire d'un nain, d'un singe, d'un imbécile et d'un mauvais conte, », dit La Bruyère. Binet le savait, et la grossièreté du temps lui permettait de croire que ses lecteurs étaient encore moins difficiles que les Princes.

2. C'est Mme de Pontchateau.

esprits bienheureux qui assistent[1] devant Dieu, et dont les Chrétiens ne doivent parler qu'avec vénération :

> Les Chérubins, ces glorieux,
> Composés de tête et de plume,
> Que Dieu de son esprit allume,
> Et qu'il éclaire de ses yeux;
> Ces illustres faces volantes
> Sont toujours rouges et brûlantes,
> Soit du feu de Dieu, soit du leur,
> Et dans leurs flammes mutuelles
> Font du mouvement de leurs ailes
> Un éventail à leur chaleur.
> Mais la rougeur éclate en toi,
> DELPHINE[2] avec plus d'avantage,
> Quand l'honneur est sur ton visage
> Vêtu de pourpre comme un roi, etc.

Qu'en dites-vous, mes pères. Cette préférence de la rougeur de Delphine à l'ardeur de ces esprits qui n'en ont point d'autre que la Charité ; et la comparaison d'un éventail avec ces ailes mystérieuses vous paroît-elle fort chrétienne dans une bouche qui consacre le Corps adorable de Jésus-Christ ? Je sais qu'il ne l'a dit que pour faire le galant et pour rire ; mais c'est cela qu'on appelle rire des Choses Saintes. Et n'est-il pas vrai [a] que, si on lui faisoit justice, il ne se garantiroit pas d'une censure ? quoique, pour s'en défendre, il se servît de cette raison,

---

[a] Textes in-4° et in-12 : « véritable ».

---

1. « assistent devant Dieu » : sont assis devant Dieu. L'expression est tombée en désuétude, mais elle était magnifique.
2. Dans la grande édition de 1672 (1 vol. in-folio) des poésies du P. Le Moyne, il y a Lucrèce au lieu de Delphine. Le P. Le Moyne venait de mourir (1671). Ses confrères auraient-ils transformé Delphine en Lucrèce, afin qu'on ne confondit point Lucrèce avec la Delphine des *Provinciales?* L'artifice serait misérable. On attribue d'ailleurs l'édition de 1672 au neveu du P. Le Moyne.

qui n'est pas elle-même moins censurable, qu'il rapporte au Livre Premier : « Que la Sorbonne n'a point de juridiction sur le Parnasse, et que les erreurs de ce pays-là ne sont sujettes ni aux censures, ni à l'Inquisition, » comme s'il n'étoit défendu d'être blasphémateur et impie qu'en prose. Mais au moins on n'en garantiroit pas par là cet autre endroit de l'avant-propos du même Livre : « Que l'eau de la rivière au bord de laquelle il a composé ses vers est si propre à faire des poètes, que, quand on en feroit de l'eau bénite, elle ne chasseroit pas le Démon de la poésie [1] : » non plus que celui-ci de votre père Garasse

1. « Il ne tient pas à Pascal, dit l'abbé Maynard (t. II, p. 63 de son édition des *Provinciales*), que nous ne regardions le P. Le Moyne comme un poète ridicule, un faiseur de madrigaux et petits poèmes galants de la famille des Sarrazin, des Voiture et autres habitués de l'hôtel de Rambouillet. Mais non; Le Moyne laissait cette gloire aux bons amis de Pascal, aux Arnauld, qui crurent devoir apporter leur fleur à la fameuse guirlande de Julie. » Le P. Le Moyne a apporté plus qu'une fleur à la guirlande de Julie : il a fourni toute une guirlande. Sa Julie est Mlle d'Agenois. La pièce qu'il lui dédie est aux pages 330-331 de l'édition de 1672 de ses poésies. Elle est intitulée : *Guirlande immortelle à Mademoiselle d'Agenois*. Il lui présente une guirlande faite de la main des Muses, et composée de fleurs du Parnasse, qui ne sont point sujettes aux injures de l'air, et sont les mêmes en toutes saisons :

> Nymphe au nom d'Agenois, que l'illustre duchesse [1],
> Qui fait du grand Armand refleurir la sagesse,
> Soutient de son exemple et sur ses pas conduit
> A la sphère éternelle où la vertu reluit,
> Aujourd'hui qu'on a vu venir à votre fête
> Les heures sœurs du jour, la guirlande à la tête,
> Et que de ses cheveux mêlés avec des rais,
> L'aube vous a tissu de lumineux bouquets;
> Souffrez qu'avec les fleurs qui naissent du Parnasse,
> Un cercle de ma main, sur votre front se fasse.
> Elles vous pareront, vous les embellirez;
> Du feu de votre esprit, vous les purifierez;
> Et malgré les saisons, aux Grâces si cruelles,
> Les Grâces sous la vôtre, en seront éternelles.
> La rose, la première, offre pour être à vous,
> Un teint noble et modeste, un air pudique et doux;
> Elle s'est à vos yeux d'épines désarmée.
> Du souffle des zéphyrs, elle s'est parfumée,

1. Mme d'Aiguillon.

LETTRE XI.

dans sa Somme des Vérités Capitales de la Religion, p. 649, où il joint le blasphème à l'Hérésie, en parlant du mystère sacré de l'Incarnation en cette sorte : « La personnalité humaine a été comme entée ou mise à cheval sur la personnalité du Verbe. » Et cet autre endroit du même auteur, page 510, sans en rapporter beaucoup d'autres, où il dit

> Et sitôt que ses feux sur vous éclateront,
> Après vous, par essaims, les amours voleront.
> De sa robe à fond d'or, la Tulipe hautaine,
> Si vous la recevez, en deviendra plus vaine,
> Que si l'aube en paroît l'habit des nouveaux jours,
> Quand brillant et pompeux, ils rentrent dans leur cours.
> De Flore et du printemps, la fleur avant-courière
> Prendra de vous l'esprit, l'odeur et la lumière;
> Et belle des beautés que vous lui donnerez,
> Ne fleurira qu'autant que vous l'éclairerez.
> Le Lys noble et royal, le noble et beau Narcisse,
> L'un de l'autre rivaux, en cet heureux office,
> Feron', à qui sur vous, de plus loin se verra,
> A qui de plus d'argent, de plus d'or brillera :
> L'un prisera ce rang, plus que toutes les marques
> Qu'il donne et qu'il reçoit sur le front des monarques.
> L'autre par un plus juste et plus beau changement,
> Cessera de s'aimer et sera votre amant.
> Sans regret le Jasmin, cette étoile musquée,
> Verra de votre teint, sa blancheur offusquée;
> Et le jaune Souci, sans regret ôtera
> Son amour au soleil et vous le donnera.
> La Violette même, à qui la modestie
> Fut avec la douceur par Flore départie,
> Glorieuse d'entrer dans un si riche atour,
> Voudra se faire voir et cherchera le jour.
> L'Anémone jadis une aimable bergère,
> Fière de sa beauté, sur les bords de l'Ibère,
> Et le beau Martagon, qui par elle outragé,
> Fut au nombre des fleurs avec elle rangé,
> Tirant de votre front un surcroît de lumière,
> N'auront plus de regret à leur forme première;
> Et paroîtront au feu de ce nouvel amour
> Des rubis détachés du char qui fait le jour.
> La Jonquille, l'Œillet, l'Iris, la Campanelle,
> La Flambe qui naquit du bûcher d'une belle,
> Et cent autres encor qui vous couronneront,
> Laisseront le soleil, vers vous se tourneront;
> Et pour comble à ces fleurs, pour vous plaire amassées,
> Cléon ajoutera ses plus belles pensées.

Le P. Le Moyne était un vrai poète ; il a plus de talent que Sarrazin ou Voiture, mais il était de la même famille d'écrivains de ruelle. Il s'était fourvoyé dans la Compagnie de Jésus, ce qui lui ôtait l'occasion de trop montrer sa verve galante et épicurienne; c'est à ce titre que Pascal le raille. Il sent en lui un tempérament hostile à sa profession religieuse.

sur le sujet du nom de Jésus, figuré ordinairement ainsi IHS : « Que quelques-uns en ont ôté la croix pour prendre les seuls caractères en cette sorte, IHS, qui est un Jésus dévalisé [1]. »

C'est ainsi que vous traitez indignement les vérités de la Religion, contre la règle inviolable qui oblige à n'en parler qu'avec révérence, mais vous ne péchez pas moins contre celle qui oblige à ne parler qu'avec Vérité et Discrétion. Qu'y a-t-il de plus ordinaire dans vos Écrits que la Calomnie? Ceux du père Brisacier [2] sont-ils sincères? Et

La muse tragique de la vie apparaissait quelquefois au P. Le Moyne comme dans les vers suivants :

> Quel spectacle de voir sur de funestes chars
> Les femmes, les maris, les jeunes, les vieillards,
> Les artisans, les rois, les charlatans, les sages,
> Toutes sortes d'états, de sexes, de visages;
> Et la mort au-dessus, la faulx noire à la main
> Qui traine en herbe, en graine, en fleur, le genre humain.

Ce sont des visions qui traversent rarement son imagination d'optimiste, parente de celle d'Ovide ou de Catulle, à la langue près, car il est diffus et négligé. Il n'a jamais pu discipliner ses rêves de poète.

1. Il n'y a là ni blasphème ni hérésie; il y a un trait à la façon du P. Garasse, qui a l'humeur rabelaisienne. C'est, au fond, cette humeur rabelaisienne que la délicatesse de Pascal ne lui pardonne pas.

2. Brisacier (Jean de), jésuite et pamphlétaire, né à Blois en 1603, mort dans cette ville en 1668. Il avait quelque mérite d'orateur et de polémiste. Les Jésuites lui confièrent des emplois importants. Ce fut lui qu'ils députèrent à Rome, afin d'y solliciter la condamnation du livre d'Arnauld intitulé : *De la fréquente communion* (1643). Son écrit le plus connu est *Le Jansénisme confondu* (1651). Le P. Brisacier avait parlé contre un réfugié irlandais, du nom de Callaghan ou Mac Callaghan, que la duchesse d'Aumont avait pourvu d'une cure (Cour-Chiverny) dans ses terres. Le P. Brisacier avait attaqué le prêtre irlandais parce qu'il le savait ami de Port-Royal. « On avait répondu, car on répondait toujours, dit Sainte-Beuve (*Port-Royal*, t. III, p. 8 de l'éd. cit.), par un écrit *en quatre parties* ou sermon en *quatre points* du P. Brisacier, lequel ne resta pas en arrière, et dans un vrai libelle intitulé : *Le Jansénisme confondu dans l'avocat du sieur Callaghan* passa toutes limites; il y traitait les Religieuses de Port-Royal de *vierges folles, impénitentes, asacramentaires, incommuniantes, phantastiques;* ayant tout épuisé, il finissait par les appeler *callaghanes*. La mère Angélique, informée par Mme d'Aumont de ces infamies et ayant

parle-t-il avec vérité quand il dit, 4ᵉ part., pag. 24 et 25, que les Religieuses de Port-Royal ne prient pas les Saints, et qu'elles n'ont point d'images dans leur église? Ne sont-ce pas des faussetés bien hardies, puisque le contraire paroît

lu quelque chose du libelle, crut devoir en demander justice à l'archevêque, M. de Gondi (oncle de Retz), par une lettre pleine de modération et de dignité (17 décembre 1651). L'archevêque, pressé d'ailleurs par Mᵐᵉ d'Aumont, rendit une censure. »

Ce à quoi ni Sainte-Beuve ni Pascal ne font allusion, c'est l'origine de l'animosité du P. Brisacier contre Callaghan. Le P. Brisacier vengeait son Ordre. Callaghan, nu et sans ressource, était venu frapper à la porte des Jésuites du collège de Quimper. Il était, disait-il, de haute naissance et persécuté dans sa patrie à cause de son attachement à la foi catholique. Les Jésuites l'avaient accueilli. Il avait exercé chez eux l'office de valet, de balayeur, puis de correcteur. « Il a vécu dans ces emplois avec tant d'honneur, dit le P. Brisacier dans son *Jansénisme confondu*, et s'y est rendu si célèbre que son nom, par analogie, est demeuré à ses successeurs, qu'on appelle encore aujourd'hui Callaghans, comme on faisait autrefois les Césars et les Pharaons. » Le Jésuite exagère. Ses confrères trouvèrent de si belles dispositions chez Callaghan qu'ils l'instruisirent, lui donnèrent le moyen d'arriver à la prêtrise et au doctorat. Callaghan les quitta par ambition, les *trahit*, dit le père Brisacier. Il ambitionnait un évêché qu'il n'obtint pas. Il se contenta de l'emploi de janséniste et de curé de village. En chaire, Callaghan ne ménageait pas ses anciens protecteurs. Ceux-ci n'étaient pas endurants. Ils ripostèrent. Arnauld prit Callaghan sous sa protection. De là le *Jansénisme confondu* où, comme la colère de Pascal permet de le supposer, plusieurs coups avaient porté; celui-ci, par exemple : « Oui, s'écriait le P. Brisacier, vous êtes des sectaires, parce que vous abolissez le culte de la Vierge et des Saints... Je sais d'original que les commissaires députés pour instruire le procès du fameux abbé de Saint-Cyran, ont rapporté que dans tout le Port-Royal, qu'ils visitèrent exactement, ils ne trouvèrent pas une image de la Vierge ni des Saints. Je sais par des témoins irréprochables qui ont conversé parmi eux pour pénétrer dans leurs mystères, qu'ils en sont sortis très mal édifiés du peu de cas qu'on y fait du culte de la sainte Vierge et du chapelet. Je sais certainement que le sieur Callaghan, depuis son séjour dans ce pays, n'a parlé de la Vierge qu'avec beaucoup d'indifférence; que, dans les jours les plus solennels consacrés à sa mémoire, il l'a mise à quartier pour traiter tout autre sujet moins important; qu'il a ruiné ses confréries et ses messes, et que, s'il les a rétablies, c'est malgré lui et par commandement auquel il n'a pu résister, non pas tant par obéissance à son supérieur, que par la crainte du peuple irrité sur ce point... Je sais que, depuis qu'il est docteur et qu'il a conversé avec les Jansénistes, il a souvent dit qu'il était beau-

à la vue de tout Paris ? Et parle-t-il avec Discrétion, quand il déchire l'innocence de ces filles, dont la vie est si pure et si austère, quand il les appelle des « filles impénitentes, asacramentaires, incommuniantes, des vierges folles, fantastiques, calaganes, désespérées, et tout ce qu'il vous plaira, » et qu'il les noircit par tant d'autres médisances, qui ont mérité la censure de feu M. l'archevêque de Paris ? Quand il calomnie des prêtres dont les mœurs sont irréprochables, jusqu'à dire, 1re part., p. 22 : « Qu'ils pratiquent des Nouveautés dans les confessions, pour attraper les belles et les innocentes ; et qu'il auroit horreur de rapporter les crimes abominables qu'ils commettent », n'est-ce pas une témérité insupportable d'avancer des impostures si noires, non seulement sans preuve, mais sans la moindre ombre et sans la moindre apparence ? Je ne m'étendrai pas davantage sur ce sujet, et je remets à vous en parler plus au long une autre fois : car j'ai à vous entretenir sur cette matière, et ce que j'ai dit suffit pour vous faire voir combien vous péchez contre la Vérité et la Discrétion tout ensemble.

Mais on dira peut-être que vous ne péchez pas au moins contre la dernière règle, qui oblige d'avoir le désir du salut de ceux qu'on décrie, et qu'on ne sauroit vous en accuser sans violer le secret de votre cœur, qui n'est

---

coup meilleur et plus glorieux à Dieu de s'adresser immédiatement à lui dans nos prières qu'aux Saints ou à la Vierge ; *que cela sentoit l'idolâtrie.* »

C'était assez grave et, de plus, c'était vrai. Les Jansénistes avaient une tendance marquée vers la Réforme, hostile à la Vierge, aux Saints, aux pratiques extérieures du culte, aux images, toutes choses païennes, disait-elle, introduites à tort dans le sein du Christianisme, en vue de rallier les paysans — pagani — de l'empire, attachés aux souvenirs et aux cérémonies de l'ancien culte, dont les images — idoles — et les dieux locaux — patrons, saints — étaient les deux points essentiels.

LETTRE XI.

connu que de Dieu seul. C'est une chose étrange, mes pères, qu'on ait néanmoins de quoi vous en convaincre ; que, votre haine contre vos Adversaires ayant été jusqu'à souhaiter leur perte éternelle, votre aveuglement ait été jusqu'à découvrir un souhait si abominable ; que, bien loin de former en secret des désirs de leur salut, vous ayez fait en public des vœux pour leur damnation ; et qu'après avoir produit ce malheureux souhait dans la ville de Caen avec le scandale de toute l'Église, vous ayez osé depuis soutenir encore à Paris, dans vos livres imprimés, une action si diabolique [1]. Il ne se peut rien ajouter à ces excès contre la Piété : railler et parler indignement des choses les plus sacrées ; calomnier les vierges et les prêtres faussement et scandaleusement ; et enfin former des désirs et des vœux pour leur damnation. Je ne sais, mes pères, si vous n'êtes point confus, et comment vous avez pu avoir la pensée de m'accuser d'avoir manqué de Charité, moi qui n'ai parlé qu'avec tant de vérité et de retenue, sans faire de réflexion sur les horribles violements de la Charité, que vous faites vous-mêmes par de si déplorables emportements [a].

[a] Textes in-4º et in-12 : « excès », au lieu d' « emportement ».

---

1. En 1653, un Jésuite de Caen ou un élève du collège qu'ils avaient dans cette ville, avait composé une pièce de vers latins, dans laquelle était exprimé, sous forme de prière à la sainte Vierge, le vœu que Jésus-Christ ne fût pas le rédempteur de ceux qui niaient qu'il fût mort pour tous les hommes. Les partisans de la Grâce, selon saint Paul et saint Augustin, professaient en effet que la Grâce est un pur don de Dieu et qu'il l'accorde à qui il veut. Dans quels livres imprimés les Jésuites avaient-ils réédité le vœu? Le P. Brisacier n'est pas si féroce. Il écrit dans la 4ᵉ partie du *Jansénisme confondu* : « Si j'ai du sentiment au cœur de voir naître un rejeton, — le Jansénisme, — de la vieille hérésie de Calvin, qui ne nous peut apporter de meilleurs fruits, est-ce un bon argument que je manque de Charité? J'avoue que j'en suis si vivement touché, que je ne regarde

Enfin, mes pères, pour conclure, par un autre reproche que vous me faites, de ce qu'entre un si grand nombre de vos maximes que je rapporte, il y en a quelques-unes qu'on vous avoit déjà objectées, sur quoi vous vous plaignez de ce que « je redis contre vous ce qui avoit été dit[a], » je réponds que c'est au contraire parce que vous n'avez pas profité de ce qu'on vous l'a déjà dit, que je vous le redis encore : car quel fruit a-t-il paru de ce que de savants docteurs et l'Université entière vous en ont repris par tant de livres? Qu'ont fait vos pères Annat, Caussin, Pinthereau et Le Moine, dans les réponses qu'ils y ont faites, sinon de couvrir d'injures ceux qui leur avoient donné ces avis salutaires? Avez-vous supprimé les Livres où ces méchantes maximes sont enseignées? En avez-vous réprimé les Auteurs? En êtes-vous devenus plus circonspects? Et n'est-ce pas depuis ce temps-là qu'Escobar a tant été imprimé de fois en France et au Pays-Bas[1]; et que vos pères Cellot, Bagot[2], Bauny, Lamy, Le Moine et les autres, ne cessent de publier tous les jours les mêmes choses, et de nouvelles aussi licencieuses que jamais? Ne

---

[a] Textes in-4º et in-12 : « ce qui avoit *déjà* été dit ».

---

jamais cette funeste nue, grosse de tempêtes et de désordres, que je ne tâche d'apaiser Dieu par mes prières et détourner l'orage par mes larmes. » Les anges sont témoins des pleurs qu'il verse, des soupirs qu'il jette; si on l'exige, il offre de verser le sang de ses veines, afin que Dieu convertisse Messieurs de Port-Royal.

1. Ce sont les *Provinciales* qui font réimprimer Escobar.
2. Bagot, jésuite et controversiste, né à Reims en 1580, mort en 1664 à Paris, directeur de la maison professe que la Société y avait. Il avait été auparavant, à Rome, censeur des livres et théologien du Général des Jésuites. On a de lui une *Apologétique*, des *Dissertations théologiques sur la pénitence*, deux ouvrages contre Jansénius, enfin un *Traité de la juridiction des évêques*, d'abord composé en français, mais qu'on l'empêcha de publier en France, où les doctrines qu'il enseignait n'étaient pas admises. Il le traduisit en latin et alla l'éditer à Rome (1659).

vous plaignez donc plus, mes pères, ni de ce que je vous ai reproché des maximes que vous n'avez point quittées, ni de ce que je vous en ai objecté de nouvelles, ni de ce que j'ai ri de toutes. Vous n'avez qu'à les considérer pour y trouver votre confusion et ma défense. Qui pourra voir, sans en rire, la décision du père Bauny pour celui qui fait brûler une grange : celle du père Cellot, pour la Restitution : le règlement de Sanchez en faveur des Sorciers : la manière dont Hurtado fait éviter le péché du Duel en se promenant dans un champ, et y attendant un homme : les compliments[1] du père Bauny pour éviter l'Usure : la manière d'éviter la Simonie par un Détour d'Intention, et celle d'éviter le Mensonge, en parlant tantôt haut, tantôt bas, et le reste des opinions de vos docteurs les plus graves[2] ? En faut-il davantage, mes pères, pour me justifier ? Et y a-t-il rien de mieux « dû à la vanité et à la foiblesse de ces opinions que la risée, » selon Tertullien ? Mais, mes pères, la corruption des Mœurs que vos maximes apportent est digne d'une autre considération, et nous pouvons bien faire cette demande avec le même Tertullien, *Ad Nat.* L. XI, c. XII : « Faut-il rire de leur folie, ou déplorer leur aveuglement ? *Rideam vanitatem, an exprobrem cæcitatem ?* » Je crois, mes pères, qu'on peut en rire et en pleurer à son choix : « *Hæc tolerabilius vel ridentur, vel flentur,* » dit saint Augustin, *Cont. Faust.* L. XX, c. VI. Reconnoissez donc « qu'il y a un temps de rire et un temps de pleurer, » selon l'Écriture. Et je souhaite, mes pères, que je n'éprouve pas en vous la vérité de ces paroles des Pro-

---

1. *Compliments :* vaines paroles.
2. Ces répétitions fréquentes, qui nous semblent presque fastidieuses, répondent à des controverses qu'il faudrait avoir sous les yeux pour s'en rendre compte.

verbes : « Qu'il y a des personnes si peu raisonnables, qu'on n'en peut avoir de satisfaction, de quelque manière qu'on agisse avec eux [1], soit qu'on rie, soit qu'on se mette en colère. »

P. S. En achevant cette Lettre, j'ai vu un écrit que vous avez publié, où vous m'accusez d'imposture sur le sujet de six de vos maximes que j'ai rapportées, et d'intelligence avec les Hérétiques : j'espère que vous y verrez une réponse exacte, et dans peu de temps, mes pères, ensuite de laquelle je crois que vous n'aurez pas envie de continuer cette sorte d'accusation [2].

1. « Eux », nouvel exemple du masculin se rapportant à personnes.
2. Ce post-scriptum, imprimé en plus petits caractères dans les éditions in-4°, a été retranché dans l'édition in-8°.

LETTRE XII[1]

Réfutation des chicanes des Jésuites sur l'Aumône et sur la Simonie[2].

Du 9 septembre 1656.

Mes révérends pères,

J'étois prêt à vous écrire sur le sujet des injures que vous me dites depuis si longtemps dans vos Écrits, où vous m'appelez « impie, bouffon, ignorant, farceur, imposteur, calomniateur, fourbe, hérétique, calviniste déguisé, disciple de Du Moulin[3], « possédé d'une légion de diables, » et tout ce qu'il vous plaît. Je voulois faire entendre au monde pourquoi vous me traitez de la sorte, car je serois fâché qu'on crût tout cela de moi; et j'avois résolu de me plaindre de vos Calomnies et de vos Impostures, lorsque j'ai vu vos réponses, où vous m'en accusez moi-même. Vous m'avez obligé par là de changer mon dessein, et néanmoins [a]

---

[a] Textes in-4º et in-12 : « Et néanmoins, *mes pères* ».

---

1. « Douzième Lettre écrite par l'Auteur des Lettres au Provincial aux révérends pères Jésuites (textes in-4º et in-12) ». Il y a dans l'in-8º : « Douzième Lettre aux révérends pères Jésuites. »

2. Sous-titre de Nicole.

3. Le Du Moulin dont il s'agit est le célèbre ministre réformé, Pierre Du Moulin, né dans le Vexin en 1568, mort à Sedan en 1658, auteur d'un grand nombre d'ouvrages à la fois mystiques et violents, très répandus au xviie siècle, parmi lesquels on n'en lit plus guère qu'un, l'Anatomie de la Messe : « *Anatomie de la messe où il est montré par l'Écriture sainte et par les témoignages de l'Ancienne Église que la Messe est contraire à la parole de Dieu*, Genève, 1636, 2 vol. in-8º, complétée par : *Deuxième partie de l'Anatomie de la Messe*, Sedan, 1639, 1 vol. in-12. »

je ne laisserai pas de le continuer en quelque sorte, puisque j'espère, en me défendant, vous convaincre de plus d'Impostures véritables que vous ne m'en avez imputé de fausses. En vérité, mes pères, vous en êtes plus suspects que moi; car il n'est pas vraisemblable qu'étant seul comme je suis[1], sans force et sans aucun appui humain contre un si Grand Corps, et n'étant soutenu que par la Vérité et la Sincérité, je me sois exposé à tout perdre, en m'exposant à être convaincu d'Imposture[a]. Il est trop aisé de découvrir les faussetés dans les questions de fait comme celle-ci. Je ne manquerois pas de gens pour m'en accuser, et la justice ne leur en seroit pas refusée. Pour vous, mes pères, vous n'êtes pas en ces termes; et vous pouvez dire contre moi ce que vous voulez, sans que je trouve à qui m'en plaindre[2]. Dans cette différence de nos conditions, je

---

[a] Commentaire de ce passage « seul comme je suis » non inséré dans les éditions du temps, mais découvert par M. Faugère dans le Manuscrit Autographe des *Pensées:* « Je suis seul contre trente mille? point. Gardez, vous la Cour, vous l'Imposture, moi la Vérité : c'est toute ma force; si je la perds, je suis perdu. Je ne manquerai pas d'accusations et de persécutions. Mais j'ai la Vérité, et nous verrons qui l'emportera. Je ne mérite pas de défendre la Religion, mais vous ne méritez pas de défendre l'erreur et l'injustice. Que Dieu dans sa miséricorde, n'ayant pas égard au mal qui est en moi, et ayant égard au bien qui est en vous, nous fasse à tous la grâce que la Vérité ne succombe pas entre mes mains et que le Mensonge ne... » Le morceau est évidemment contemporain des *Pensées,* alors que Pascal sorti de la lutte, mais n'ayant aucun regret de l'avoir menée si vivement, est enfoncé dans son *Apologie du Christianisme.*

---

1. Est-il vraiment seul? Oui, mais on a vu (Introduction) dans quel sens. Il est au delà et bien loin de Port-Royal. Au point de vue de l'entreprise qu'il poursuit contre la Morale des Jésuites, il n'est pas seul. Il ne pourrait suffire à la tâche. Il y a autour de lui un parti actif et puissant dans l'État, sinon par le nombre, au moins par le rang et la qualité de ses membres, qui veille à l'impression des *Provinciales,* les prône, en assure le débit, assure aussi la sécurité de sa personne, lui fournit de quoi continuer son œuvre. Si la supériorité de son caractère et l'indépendance de ses opinions l'isole au milieu des Jansénistes, au point de vue pratique, il reçoit d'eux un secours efficace et quotidien.

2. Il y avait le public, à qui il avait l'art de s'en plaindre avec une éloquence suffisante pour qu'on l'entendît dans la postérité.

ne dois pas être peu retenu, quand d'autres considérations ne m'y engageroient pas. Cependant vous me traitez comme un imposteur insigne, et ainsi vous me forcez à repartir : mais vous savez que cela ne peut se faire sans exposer de nouveau, et même sans découvrir plus à fond les points de votre Morale ; en quoi je doute que vous soyez bons Politiques. La guerre se fait chez vous et à vos dépens[1] ; et quoique vous ayez pensé qu'en embrouillant les questions par des termes d'École, les réponses en seroient si longues, si obscures, si épineuses, qu'on en perdroit le goût, cela ne sera peut-être pas tout à fait ainsi ; car j'essaierai de vous ennuyer le moins qu'il se peut en ce genre d'écrire. Vos maximes ont je ne sais quoi de divertissant qui réjouit toujours le monde. Souvenez-vous au moins que c'est vous qui m'engagez d'entrer dans cet éclaircissement, et voyons qui se défendra le mieux.

La Première de vos Impostures est sur « l'Opinion de Vasquez touchant l'Aumône. » Souffrez donc que je l'explique nettement, pour ôter toute obscurité de nos disputes. C'est une chose assez connue, mes pères, que, selon l'Esprit de l'Église, il y a deux préceptes touchant l'Aumône ; « l'un, de donner de son Superflu dans les nécessités ordinaires des Pauvres ; l'autre, de donner même de ce qui est Nécessaire, selon sa condition, dans les nécessités extrêmes. » C'est ce que dit Cajetan[2], après saint Tho-

---

1. Certes ; et les Jésuites lui auraient volontiers accordé la paix s'il avait consenti à se taire.
2. Le Cajetan en question, car il y en a quatre ou cinq parmi lesquels Octave Cajetan, Jésuite, né à Syracuse en 1566, mort à Palerme en 1600, est Thomas de Vio, dit Cajetan, parce qu'il était de Caïette (Gaëte) où il naquit en 1470. Il mourut en 1534. Il était dominicain. Ce fut lui que Léon X envoya en 1517 à Luther, dont on espérait à Rome obtenir la soumission ; on a de lui plusieurs ouvrages. Celui dont Pascal donne un extrait est le *Commentaire sur la Somme de saint Thomas* (Anvers, 1577).

mas : de sorte que, pour faire voir l'Esprit de Vasquez touchant l'Aumône, il faut montrer comment il a réglé, tant celle qu'on doit faire du Superflu, que celle qu'on doit faire du Nécessaire.

Celle du Superflu, qui est le plus ordinaire secours des Pauvres, est entièrement abolie par cette seule maxime *De El.* c. IV, n. 14, que j'ai rapportée dans mes Letires. « Ce que les gens du monde gardent pour relever leur Condition et celle de leurs parents n'est pas appelé Superflu. Et ainsi à peine trouvera-t-on qu'il y ait jamais de Superflu dans les gens du monde, et non pas même dans les Rois. » Vous voyez bien, mes pères, que, par cette définition[a], tous ceux qui auront de l'Ambition n'auront point de Superflu ; et qu'ainsi l'Aumône en est anéantie à l'égard de la plupart du monde. Mais, quand il arriveroit même qu'on en auroit, on seroit encore dispensé d'en donner dans les nécessités communes, selon Vasquez, qui s'oppose à ceux qui veulent y obliger les Riches. Voici ses termes, Chap. I, d. 4, n. 32 : « Corduba[1], dit-il, enseigne que, « lorsqu'on a du Superflu, on est obligé d'en donner à ceux qui sont dans une nécessité ordinaire, au moins une partie, afin d'accomplir le précepte en quelque chose ; MAIS CELA NE ME

---

[a] Textes in-4° et in-12 : « par cette définition, que », au lieu de : « que, par cette définition ».

---

1. Corduba ou mieux Cordova (Antoine), Casuiste et Théologien espagnol de l'ordre des Frères Mineurs, vivait dans la seconde moitié du XVIᵉ siècle. Il a beaucoup écrit. Ses ouvrages relatifs à la Casuistique sont : *Annotationes in Dominum Cotum; De ratione tegendi et detegendi secretum; De detractatione et famæ restitutione*, Alcala, 1553, in-4°; *Commentaria in quatuor libris magistri scientiarum*, Alcala, 1569; *Tratado de caso de conscientia*, Toledo, 1575; *Quæstionarium theologicum, Sive Silva casuum conscientiæ*, Toleti, 1578. Il a passé une grande partie de sa vie dans un couvent d'Alcala de Henarès.

LETTRE XII.

PLAIT PAS : *sed hoc non placet :* CAR NOUS AVONS MONTRÉ LE CONTRAIRE contre Cajetan et Navarre. » Ainsi, mes pères, l'obligation de cette Aumône est absolument ruinée, selon ce qu'il plaît à Vasquez.

Pour celle du Nécessaire, qu'on est obligé de faire dans les nécessités extrêmes et pressantes, vous verrez, par les conditions qu'il apporte pour former cette obligation, que les plus Riches de Paris peuvent n'y être pas engagés une seule fois en leur vie. Je n'en rapporterai que deux : l'une, « QUE L'ON SACHE que le pauvre ne sera secouru d'aucun autre : *hæc intelligo et cætera omnia, quando* scio *nullum alium opem laturum,* » Chap. I, n. 28. Qu'en dites-vous, mes pères ? arrivera-t-il souvent que dans Paris, où il y a tant de gens charitables, on puisse savoir qu'il ne se trouvera personne pour secourir un Pauvre qui s'offre à nous ? Et cependant, si on n'a pas cette connoissance, on pourra le renvoyer sans secours, selon Vasquez. L'autre condition [a] est que la nécessité de ce pauvre soit telle, « qu'il soit menacé de quelque accident mortel, ou de perdre sa réputation, » N. 24 et 26, ce qui est bien peu commun. Mais ce qui en marque encore la rareté, c'est qu'il dit, Num. 45, que le Pauvre qui est en cet état où il dit qu'on est obligé à lui donner l'Aumône, « peut voler le Riche en conscience ». Et ainsi il faut que cela soit bien extraordinaire, si ce n'est qu'il veuille qu'il soit ordinairement permis de voler. De sorte qu'après avoir détruit l'obligation de donner l'Aumône du Superflu, qui est la plus grande source des charités, il n'oblige les Riches d'assister les Pauvres de leur Nécessaire que lorsqu'il permet aux Pauvres de voler les Riches. Voilà la Doctrine de Vasquez,

---

[a] « Condit on » est ajouté dans le texte in-8°.

où vous renvoyez les lecteurs pour leur édification[1].

Je viens maintenant à vos Impostures. Vous vous étendez d'abord sur l'obligation que Vasquez impose aux Ecclésiastiques de faire l'Aumône ; mais je n'en ai point parlé, et j'en parlerai quand il vous plaira ; il n'en est donc pas question ici. Pour les Laïques, desquels seuls il s'agit, il semble que vous vouliez faire entendre que Vasquez ne parle en l'endroit que j'ai cité que selon le sens de Cajetan, et non pas selon le sien propre ; mais comme il n'y a rien de plus faux, et que vous ne l'avez pas dit nettement, je veux croire pour votre honneur que vous ne l'avez pas voulu dire.

[1]. Les Casuistes, qui épluchaient si minutieusement le précepte évangélique de l'Aumône, obéissaient à la tendance générale à légitimer un *minimum* de Christianisme. L'Aumône fut sainte aussi longtemps que la Foi régna en souveraine. On n'en discutait ni le principe ni l'application. La pauvreté elle-même était sainte. A mesure que la Foi diminue, la légitimité de l'Aumône diminue, le respect de la Pauvreté s'en va. La décadence du Christianisme en est venue à ce point que l'Aumône n'est plus un devoir qu'on accomplit, mais une faveur qu'on accorde. La Pauvreté est maintenant un délit légal. Le peu d'estime que les Lois lui témoignent est cependant loin d'être en rapport avec le mépris dont elle est l'objet de la part des mœurs. Aux yeux de celles-ci, le Pauvre est un Criminel ; misère et méchanceté sont à peu près synonymes. On est estimé à proportion qu'on est riche. Cet état de choses s'aggrave à mesure qu'on s'éloigne du Christianisme, c'est-à-dire de la Charité, car les deux mots Christianisme et Charité sont équivalents. Le progrès qui aspire à supprimer le paupérisme trahit à son insu la pensée qui l'inspire, celle de voir le jour où il n'y aura plus de Christianisme en circulation. Ce jour-là, on sera revenu à l'état de nature, c'est-à-dire à l'état scientifique, où l'homme ne sera plus qu'une force chimique. On n'y est pas encore. On y était moins qu'aujourd'hui au XVIIe siècle, où néanmoins on était déjà sur la pente qu'on descend :

> La vertu sans argent est un meuble inutile,

écrivait Boileau. C'est un aveu. Le mot de Mazarin est aussi un aveu : *coglioni a mille franchi*, disait-il des employés qui lui avaient mal rédigé une dépêche diplomatique. Il estimait les gens au prix qu'ils lui coûtaient. Les Casuistes, qui avaient pris à tâche d'établir un compromis entre le Monde et le Christianisme, travaillaient de leur mieux à *relâcher* l'obligation de l'Aumône.

LETTRE XII.

Vous vous plaignez ensuite hautement de ce qu'après avoir rapporté cette maxime de Vasquez : « A peine se trouvera-t-il que les gens du monde, et même les Rois, aient jamais de Superflu, *j'en ai conclu* que les Riches sont donc à peine obligés de donner l'Aumône de leur Superflu. » Mais que voulez-vous dire, mes pères? S'il est vrai que les Riches n'ont presque jamais de Superflu, n'est-il pas certain qu'ils ne seront presque jamais obligés de donner l'Aumône de leur Superflu? Je vous en ferois un argument en forme, si Diana, qui estime tant Vasquez, qu'il l'appelle *le phénix des esprits*, n'avoit tiré la même conséquence du même principe; car, après avoir rapporté cette maxime de Vasquez, il en conclut : « Que dans la question, savoir si les Riches sont obligés de donner l'Aumône de leur Superflu, quoique l'opinion qui les y oblige fût véritable, il n'arriveroit jamais, ou presque jamais, qu'elle obligeât[a] dans la pratique, P. 11, tr. 15, res. 32. » Je n'ai fait que suivre mot à mot tout ce discours. Que veut donc dire ceci, mes pères? quand Diana rapporte avec éloge les sentiments de Vasquez, quand il les trouve Probables, *et très commodes pour les Riches*[1], comme il le dit au même lieu, il n'est ni calomniateur ni faussaire, et vous ne vous plaignez point qu'il lui impose : au lieu que, quand je représente ces

---

[a] Textes in-4º et in-12 : « oblige », au lieu d' « obligeât ».

---

1. Il ne dit pas « très commodes pour les Riches » mais « très commodes pour les Confesseurs des Riches », ce qui vaut encore mieux. Le Casuiste n'est pas indifférent aux Riches, mais il l'est encore moins *à l'art de les gouverner*. Il ne convient pas de les astreindre à des obligations trop lourdes, car ils pourraient secouer le joug. C'est conforme à la méthode ordinaire des Casuistes. Dans la chaire, on exhorte les Riches à donner largement, *ad large præbendum*. Les fidèles sont là qui écoutent; dans le confessionnal et dans les entretiens de *direction*, on transige. De cette façon, tout le monde est content.

mêmes sentiments de Vasquez, mais sans le traiter de *phénix*, je suis un imposteur, un faussaire et un corrupteur de ses maximes. Certainement, mes pères, vous avez sujet de craindre que la différence de vos traitements envers ceux qui ne diffèrent pas dans le rapport, mais seulement dans l'estime qu'ils font de votre Doctrine, ne découvre le fond de votre cœur, et ne fasse juger que vous avez pour principal objet de maintenir le crédit et la gloire de votre Compagnie[1] ; puisque, tandis que votre Théologie accommodante passe pour une sage condescendance, vous ne désavouez point ceux qui la publient, et au contraire vous les louez[a] comme contribuant à votre dessein. Mais quand on la fait passer pour un Relâchement pernicieux, alors le même intérêt de votre Société vous engage à désavouer des maximes qui vous font tort dans le monde : et ainsi vous les reconnoissez ou les renoncez, non pas selon la Vérité qui ne change jamais, mais selon les divers changements des temps, suivant cette parole d'un Ancien : *omnia pro tempore, nihil pro veritate.* Prenez-y garde, mes pères ; et afin que vous ne puissiez plus m'accuser d'avoir tiré du principe de Vasquez une conséquence qu'il eût désavouée, sachez qu'il l'a tirée[b] lui-même, C. I, n. 27 : « A peine est-on obligé de donner l'Aumône, quand on n'est obligé de la donner que de son Superflu, selon l'opinion de Cajetan ET SELON LA MIENNE, *et secundum nostram.* » Confessez donc, mes pères, par le propre témoi-

---

[a] Textes in-4º et in-12 : « et vous les louez au contraire ».
[b] Textes in-4º et in-12 : « sachez qu'il *la tire* ».

---

1. C'est cela ; on a en vue de maintenir le crédit et la gloire de la Compagnie. Dans la chaire, on les maintient aux yeux du public, en imposant aux Riches de larges aumônes ; dans le confessionnal, on les maintient aux yeux des Riches, en rabattant de la sévérité déployée dans la chaire.

LETTRE XII.

gnage de Vasquez, que j'ai suivi exactement sa pensée ; et considérez avec quelle conscience vous avez osé dire, « que si l'on alloit à la source, on verroit avec étonnement qu'il y enseigne tout le contraire. »

Enfin, vous faites valoir par-dessus tout ce que vous dites, que si Vasquez n'oblige pas les Riches de donner l'Aumône de leur Superflu, il les oblige en récompense[1] de la donner de leur Nécessaire. Mais vous avez oublié de marquer l'assemblage des conditions qu'il déclare être nécessaires pour former cette obligation, lesquelles j'ai rapportées, et qui la restreignent si fort, qu'elles l'anéantissent presque entièrement : et au lieu d'expliquer ainsi sincèrement sa doctrine, vous dites généralement, qu'il oblige les Riches à donner même ce qui est nécessaire à leur Condition[a]. C'est en dire trop, mes pères : la règle de l'Évangile ne va pas si avant : ce seroit une autre erreur, dont Vasquez est bien éloigné. Pour couvrir son Relâchement, vous lui attribuez un excès de sévérité qui le rendroit répréhensible, et par là vous vous ôtez la créance de l'avoir rapporté fidèlement. Mais il n'est pas digne de ce reproche, après avoir établi, comme je l'ai fait voir[b], que les Riches ne sont pas obligés, ni par Justice, ni par Charité, de donner de leur Superflu, et encore moins du Né-

---

[a] Tout ce paragraphe depuis : « enfin, vous faites valoir » est le texte in-8º. Il y avait dans les textes in-4º et in-12 : « Enfin, vous faites valoir par-dessus tout ce que vous dites, que *Vasquez a obligé en récompense les riches de donner l'aumône de leur nécessaire. Mais vous avez oublié de marquer l'assemblage des conditions nécessaires* (répétition du mot nécessaire) *pour former cette obligation, et vous dites généralement qu'il oblige les riches à donner même ce qui est nécessaire* (deuxième répétition du mot nécessaire) *à leur condition* ».

[b] Textes in-4º et in-12 : « comme il a fait par un si visible renversement de l'Évangile », au lieu de : « comme je l'ai fait voir » qui est la leçon in-8º.

---

1. « En récompense » est tombé en désuétude. On dirait maintenant : « en revanche », ou « au contraire »

cessaire dans tous les besoins ordinaires des Pauvres, et qu'ils ne sont obligés de donner du Nécessaire qu'en des rencontres si rares, qu'elles n'arrivent presque jamais.

Vous ne m'objectez rien davantage ; de sorte qu'il ne me reste qu'à faire voir[a] combien est faux ce que vous prétendez, que Vasquez est plus sévère que Cajetan ; et cela sera bien facile, puisque ce cardinal enseigne « qu'on est obligé par Justice de donner l'Aumône de son Superflu, même dans les communes nécessités des Pauvres : parce que, selon les Saints Pères, les Riches sont seulement dispensateurs de leur Superflu, pour le donner à qui ils veulent d'entre ceux qui en ont besoin. » Et ainsi, au lieu que Diana dit des maximes de Vasquez qu'elles seront « bien commodes et bien agréables aux Riches et à leurs Confesseurs, » ce cardinal, qui n'a pas une pareille consolation à leur donner, déclare, *De Eleem.*, c. 6, « qu'il n'a rien à dire aux Riches que ces paroles de Jésus-Christ : Qu'il est plus facile qu'un chameau passe par le trou d'une aiguille[1], que non pas qu'un riche entre dans le ciel ; et à leurs Confesseurs : si un aveugle en conduit un autre, ils tomberont tous deux dans le précipice ; » tant il a trouvé cette obligation indispensable ! Aussi c'est ce que les Pères et tous les Saints ont établi comme une vérité constante. « Il y a deux cas, dit saint Thomas, 2, 2, q. 118, art. 4, ad. 2, où l'on est obligé de donner l'Aumône par un devoir

---

[a] La correction de tout à l'heure introduit encore ici une répétition que l'Auteur n'avait pas faite d'abord.

---

1. « Qu'un chameau passe par le trou d'une aiguille ». On sait combien cette traduction de l'Évangile est défectueuse. *Camelus* en latin signifie à la fois *chameau* et *câble*. Le sens évident est : « qu'il est plus facile à un câble de passer par le trou d'une aiguille qu'à un riche d'entrer dans le ciel. »

de Justice, *ex debito legali* : l'un quand les Pauvres sont en danger, l'autre quand nous possédons des Biens Superflus. Et Q. 87, a. 1, ad. 4 : Les troisièmes décimes[1] que les Juifs devoient manger avec les Pauvres ont été augmentées dans la Loi Nouvelle, parce que Jésus-Christ veut que nous donnions aux Pauvres, non seulement la Dixième partie, mais tout notre Superflu. » Et cependant il ne plaît pas à Vasquez qu'on soit obligé d'en donner une partie seulement, tant il a de complaisance pour les Riches, de dureté pour les Pauvres, d'opposition à ces sentiments de Charité qui font trouver douce la vérité de ces paroles de saint Grégoire, laquelle paroît si rude aux Riches du monde : « Quand nous donnons aux Pauvres ce qui leur est nécessaire, nous ne leur donnons pas tant ce qui est à nous que nous ne leur rendons ce qui est à eux : et c'est un devoir de Justice plutôt qu'une œuvre de Miséricorde[2], » *Reg. Past.* p. 3, ad. 22.

C'est de cette sorte que les Saints recommandent aux

---

1. « Troisièmes décimes ». Décime, décimes, dîme. « Décime, au singulier, dit Littré, — Dictionnaire, — c'est une taxe qui était levée extraordinairement sur les revenus ecclésiastiques pour quelque affaire jugée importante. Décimes au pluriel est ce que les Bénéfices payaient annuellement à l'État sur leurs revenus. Dîme est la portion des fruits des biens laïcs donnée annuellement à l'Église par les fidèles, ou aux seigneurs par leurs vassaux. Ces trois mots avaient ordinairement signifié un dixième ; mais depuis longtemps ils avaient perdu ce sens fixe et ils désignaient différentes parties aliquotes du revenu. » Pascal emploie ici le mot dans un sens indéterminé.

2. Ces doctrines, souvenir des premiers âges du Christianisme, émises à une époque où il avait essayé de la communauté des biens, dont depuis il avait dû faire la perfection, n'en pouvant faire une réalité sociale, étaient bonnes à opposer aux Casuistes. Elles leur montraient à quelle distance ils étaient du premier idéal évangélique. Elles n'avaient que l'avantage de gêner les Jésuites, en les mettant en présence des théories de l'ancienne Église. Elles n'avaient aucune chance d'être goûtées d'une société comme celle du xvııe siècle.

Riches de partager avec les Pauvres les biens de la terre, s'ils veulent posséder avec eux les biens du ciel. Et au lieu que vous travaillez à entretenir dans les hommes l'Ambition, qui fait qu'on n'a jamais de Superflu, et l'Avarice, qui refuse d'en donner quand on en auroit, les Saints ont travaillé au contraire à porter les hommes à donner leur Superflu, et à leur faire connoître qu'ils en auront beaucoup, s'ils le mesurent non par la Cupidité, qui ne souffre point de bornes, mais par la Piété, qui est ingénieuse à se retrancher pour avoir de quoi se répandre dans l'exercice de la Charité. « Nous aurons beaucoup de Superflu, dit saint Augustin, si nous ne gardons que le Nécessaire : mais si nous recherchons les choses vaines, rien ne nous suffira. Recherchez, mes frères, ce qui suffit à l'ouvrage de Dieu, » c'est-à-dire à la nature ; « et non pas ce qui suffit à votre cupidité, » qui est l'ouvrage du Démon : « et souvenez-vous que le Superflu des Riches est le Nécessaire des Pauvres. » *In Ps.* 147.

Je voudrois bien, mes pères, que ce que je vous dis servît non seulement à me justifier, ce seroit peu, mais encore à vous faire sentir et abhorrer ce qu'il y a de corrompu dans les maximes de vos Casuistes, afin de nous unir sincèrement dans les saintes règles de l'Évangile, selon lesquelles nous devons tous être jugés.

Pour le second point, qui regarde la Simonie[1], avant

1. Simonie. Elle est ainsi nommée de Simon le Magicien, qui voulut acheter de saint Pierre le don de conférer le Saint-Esprit. La Simonie était une vieille histoire dans l'Église. « Se les cozes saintes sont bailliées à loier, ce est Simonie », dit Beaumanoir (XXXVIII, 14). « Simonie et lignages, prières et servises, donnent hui (aujourd'hui) dignités, provendes et yglises », dit Jean de Meung (test. 513). « Es estaz de ce monde, tant de Simonie a, d'envie, d'avarice, plus qu'on ne vous dira » (Guesel, 11751). C'était un des griefs de la Réforme contre l'Église romaine : « Les ambitieux, les avaritieux, les Symoniaques, les paillards, les incestes et tous

que de répondre aux reproches que vous me faites, je commencerai par l'éclaircissement de votre Doctrine sur ce sujet. Comme vous vous êtes trouvés embarrassés entre les canons de l'Église qui imposent d'horribles peines aux Simoniaques, et l'Avarice de tant de personnes qui recherchent cet infâme trafic, vous avez suivi votre méthode ordinaire, qui est d'accorder aux hommes ce qu'ils désirent, et de[a] donner à Dieu des paroles et des apparences. Car qu'est-ce que demandent les Simoniaques, sinon d'avoir de l'argent en donnant leurs Bénéfices ? Et c'est cela que vous avez exempté de Simonie. Mais parce qu'il faut que le nom de Simonie demeure, et qu'il y ait un sujet où il soit attaché, vous avez choisi pour cela une idée imaginaire, qui ne vient jamais dans l'esprit des Simoniaques, et qui leur seroit inutile, qui est d'estimer l'argent considéré en lui-même autant que le bien spirituel considéré en lui-même. Car qui s'aviseroit de comparer des choses si disproportionnées et d'un genre si différent? Et cependant, pourvu qu'on ne fasse pas cette comparaison métaphysique, on peut donner son Bénéfice à un autre, et en recevoir de l'argent sans Simonie, selon vos Auteurs.

C'est ainsi que vous vous jouez de la Religion pour

---

[a] « *De* » est une addition moderne. On ne le trouve dans aucune édition du temps. Il n'ajoute pas à la correction du texte; il a en vue de le rendre plus clair.

---

meschants », dit Calvin (Instit. Chrét. 909). La Simonie n'était pas en bonne réputation. Elle avait occasionné des guerres civiles. La querelle des Investitures, entre le Pape et l'Empereur, était au fond une affaire de Simonie. Il est vrai que la plupart de ceux qui se plaignaient de la Simonie le faisaient par regret de ne pouvoir être eux-mêmes coupables de Simonie. En un temps où les Bénéfices ecclésiastiques étaient une si grande part de la richesse, on se les disputait comme les Politiciens modernes se disputent les sinécures et les emplois, sous prétexte du bien public, dont ils se soucient comme d'une écaille de noix.

suivre la passion des hommes ; et voyez néanmoins avec quelle gravité votre père Valentia débite ses songes à l'endroit cité dans mes Lettres, T. III, disp. 6, q. 16, part. 3, p. 2044 : « On peut, dit-il, donner un bien [a] temporel pour un spirituel en deux manières : l'une en prisant davantage le temporel que le spirituel, et ce seroit Simonie : l'autre en prenant le temporel comme le motif et la fin qui porte à donner le spirituel, sans que néanmoins on prise le temporel plus que le spirituel ; et alors ce n'est point Simonie. Et la raison en est, que la Simonie consiste à recevoir un temporel comme le juste prix d'un spirituel. Donc, si on demande le temporel, *si petatur temporale*, non pas comme le prix, mais comme le motif qui détermine à le conférer, ce n'est point du tout Simonie, encore qu'on ait pour fin et attente principale la possession du temporel : *minime erit simonia, etiamsi temporale principaliter intendatur et expectetur* [1]. » Et votre grand Sanchez n'a-t-il pas eu une pareille révélation, au rapport d'Escobar, Tr. 6, ex. 2, n. 40 ? Voici ses mots : « Si on donne un bien temporel pour un bien spirituel, non pas comme PRIX, mais comme un MOTIF qui porte le collateur à le donner, ou comme une reconnoissance, si on l'a déjà reçu, est-ce Simonie ? » Sanchez assure que non, *Opusc.* T. II, l. II, c. 3, d. 23, n. 7. Vos thèses de Caen, de 1644 : « C'est une opinion probable, enseignée par plusieurs catholiques, que ce n'est pas Simonie de donner un bien temporel pour un spirituel, quand on ne le donne pas comme prix. » Et quant

---

[a] Les textes in-4º et in-12 n'ont pas « bien » ajouté dans l'in-8º. On disait, comme on dit encore : le temporel, le spirituel, pour bien temporel, bien spirituel.

---

1. Il n'y a pas d'explication raisonnable ; c'est de l'hypocrisie cynique cachée sous des mots qui trompent seulement ceux qui veulent bien être trompés

à Tannerus, voici sa Doctrine, pareille à celle de Valentia, qui fera voir combien vous avez tort de vous plaindre de ce que j'ai dit qu'elle n'est pas conforme à celle de saint Thomas ; puisque lui-même l'avoue au lieu cité dans ma Lettre, T. III, disp. 5, p. 1519 : « Il n'y a point, dit-il, proprement et véritablement de Simonie, sinon à prendre un bien temporel comme le prix d'un spirituel ; mais, quand on le prend comme un motif qui porte à donner le spirituel, ou comme en reconnoissance de ce qu'on l'a donné, ce n'est point Simonie, au moins en conscience. » Et un peu après : « Il faut dire la même chose, encore qu'on regarde le temporel comme sa fin principale, et qu'on le préfère même au spirituel : quoique saint Thomas et d'autres semblent dire le contraire, en ce qu'ils assurent que c'est absolument Simonie de donner un bien spirituel pour un temporel, lorsque le temporel en est la fin. »

Voilà, mes pères, votre Doctrine de la Simonie enseignée par vos meilleurs Auteurs, qui se suivent en cela bien exactement. Il ne me reste donc qu'à répondre à vos Impostures. Vous n'avez rien dit sur l'opinion de Valentia, et ainsi sa Doctrine subsiste après votre réponse. Mais vous vous arrêtez sur celle de Tannerus, et vous dites qu'il a seulement décidé que ce n'étoit pas une Simonie de droit divin, et vous voulez faire croire que j'ai supprimé de ce passage ces paroles *de droit divin,* sur quoi[a] vous n'êtes pas raisonnables, mes pères ; car ces termes, *de droit divin,* ne furent jamais dans ce passage. Vous ajoutez ensuite que Tannerus déclare que c'est une Simonie *de droit positif.* Vous vous trompez, mes pères :

---

[a] Dans les textes in-4º et in-12, après ces mots : « de droit divin », la phrase était finie et une autre recommençait : « Vous n'êtes pas raisonnables, mes pères ». Dans l'in-8º, on a continué la phrase en ajoutant : « sur quoi ».

il n'a pas dit cela généralement, mais sur des cas particuliers, *in casibus a jure expressis*, comme il le dit en cet endroit. En quoi il fait une exception de ce qu'il avoit établi en général dans ce passage, « que ce n'est pas Simonie en conscience; » ce qui enferme que ce n'en est pas aussi une de droit positif, si vous ne voulez faire Tannerus assez impie pour soutenir qu'une Simonie de droit positif n'est pas Simonie en conscience. Mais vous recherchez à dessein ces mots de « droit divin, droit positif, droit naturel, tribunal intérieur et extérieur, cas exprimés dans le droit, présomption externe, » et les autres qui sont peu connus, afin d'échapper sous cette obscurité, et de faire perdre la vue de vos égarements. Vous n'échapperez pas néanmoins, mes pères, par ces vaines subtilités, car je vous ferai des questions si simples, qu'elles ne seront point sujettes au *distinguo*.

Je vous demande donc, sans parler de *droit positif*, ni de *présomption externe*, ni de *tribunal extérieur*[a], si un Bénéficier sera Simoniaque, selon vos Auteurs, en donnant un Bénéfice de quatre mille livres de rente, et recevant dix mille francs argent comptant, non pas comme prix du Bénéfice, mais comme un motif qui le porte à le donner. Répondez-moi nettement, mes pères; que faut-il conclure sur ce cas, selon vos Auteurs? Tannerus ne dira-t-il pas formellement « que ce n'est pas Simonie en conscience, puisque le Temporel n'est point le prix du Bénéfice, mais seulement le motif qui le fait donner? » Valentia, vos thèses de Caen, Sanchez et Escobar, ne décideront-ils pas

---

[a] Dans toutes les éditions du temps : « Je vous demande donc, sans parler de droit positif ni de présomption de tribunal extérieur ». Les deux mots « externe, ni » qui n'ont été ajoutés ni par Nicole ni par Mlle de Joncoux, sont tout à fait modernes. L'édition de 1709 (Mlle de Joncoux) porte encore « ni de présomption de tribunal extérieur. »

de même, « que ce n'est pas Simonie » par la même raison? En faut-il davantage pour excuser ce Bénéficier de Simonie? Et oseriez-vous le traiter de Simoniaque dans vos confessionnaux, quelque sentiment que vous en ayez par vous-mêmes, puisqu'il auroit droit de vous fermer la bouche, ayant agi selon l'avis de tant de docteurs graves[a]? Confessez donc qu'un tel Bénéficier est excusé de Simonie, selon vous; et défendez maintenant cette Doctrine, si vous le pouvez.

Voilà, mes pères, comment il faut traiter les questions pour les démêler, au lieu de les embrouiller, ou par des termes d'École, ou en changeant l'état de la question, comme vous faites dans votre dernier reproche en cette sorte. Tannerus, dites-vous, déclare au moins qu'un tel échange est un grand péché; et vous me reprochez d'avoir supprimé malicieusement cette circonstance, *qui le justifie entièrement*, à ce que vous prétendez. Mais vous avez tort, et en plusieurs manières. Car, quand ce que vous dites seroit vrai[b], il ne s'agissoit pas, au lieu où j'en parlois, de savoir s'il y avoit en cela du péché, mais seulement s'il y avoit de la Simonie. Or, ce sont deux questions fort séparées; les péchés n'obligent qu'à se confesser, selon vos maximes; la Simonie oblige à restituer; et il y a des personnes à qui cela paroîtroit assez différent. Car vous avez bien trouvé des expédients pour rendre la confession douce; mais[c] vous n'en avez point trouvé pour rendre la Restitution agréable[1]. J'ai à vous dire de plus que le cas

[a] Quelques exemplaires in-4º et le texte in-12 portent : « *oserez-vous* le traiter *autrement* dans vos confessionnaux, quelque sentiment que vous en ayez par vous-mêmes, puisqu'il auroit le droit de vous y *obliger*, ayant agi selon l'avis de tant de docteurs graves ? ».

[b] Textes in-4º et in-12 : « véritable ». L'édition in-8º remplace « véritable » par « vrai » dans un grand nombre de passages.

[c] Les textes in-4º et in-12 ont « au lieu que » à la place de « mais ».

---

1. Voilà le point sur lequel Pascal n'insiste pas suffisamment. La mé-

que Tannerus accuse de péché n'est pas simplement celui où l'on donne un bien spirituel pour un temporel, qui en est le motif même principal ; mais il ajoute encore « que l'on prise plus le temporel que le spirituel, » ce qui est ce cas imaginaire dont nous avons parlé. Et il ne fait pas de [a] mal de charger celui-là de péché, puisqu'il faudroit être bien méchant ou bien stupide, pour ne vouloir pas éviter un péché par un moyen aussi facile qu'est celui de s'abstenir de comparer les prix de ces deux choses, lorsqu'il est permis de donner l'une pour l'autre. Outre que Valentia, examinant, au lieu déjà cité, s'il y a du péché à donner un bien spirituel pour un temporel, qui en est le motif principal[b], rapporte les raisons de ceux qui disent que oui, en ajoutant : *sed hoc non videtur mihi satis certum;* cela ne me paroît pas assez certain.

Mais, depuis, votre père Érade Bille, professeur de cas de conscience à Caen, a décidé qu'il n'y a en cela[c] aucun péché, car les opinions probables vont toujours en mûrissant. C'est ce qu'il déclare dans ses écrits de 1644, contre lesquels M. Dupré, docteur et professeur à Caen, fit cette belle harangue imprimée, qui est assez connue. Car, quoique ce père Érade Bille reconnoisse que la Doctrine de Valentia, suivie par le père Malhard, et condamnée en Sorbonne, « soit contraire au sentiment commun, suspecte de Simonie en plusieurs choses, et punie en justice, quand la pratique en est découverte, » il ne laisse pas de

---

[a] « De » est ajouté dans l'in-8°.
[b] « Principal » manque dans quelques exemplaires in-4° et dans les textes in-12.
[c] « En cela » est ajouté dans le texte in-8°.

---

thode accommodante des Casuistes consiste à substituer partout *la correction de l'esprit à la correction de la volonté;* mais dans le cas de Restitution, ils restent court, car là, il faut bien que la volonté s'exécute.

dire que c'est une Opinion Probable, et par conséquent sûre en conscience, et qu'il n'y a en cela ni Simonie ni péché. « C'est, dit-il, une Opinion Probable et enseignée par beaucoup de docteurs catholiques, qu'il n'y a aucune Simonie, NI AUCUN PÉCHÉ à donner de l'argent, ou une autre chose temporelle pour un Bénéfice, soit par forme de reconnoissance, soit comme un Motif sans lequel on ne le donneroit pas, pourvu qu'on ne le donne pas comme un prix égal au Bénéfice. » C'est là tout ce qu'on peut désirer. Et selon toutes ces maximes vous voyez, mes pères, que la Simonie sera si rare, qu'on en auroit exempté Simon même le Magicien, qui vouloit acheter le Saint-Esprit, en quoi il est l'image des Simoniaques qui achètent; et Giezi, qui reçut de l'argent pour un Miracle, en quoi il est la figure des Simoniaques qui vendent. Car il est sans doute, que, quand Simon, dans les Actes[1], *offrit de l'argent aux Apôtres pour avoir leur puissance*, il ne se servit ni des termes d'acheter, ni de vendre, ni de prix, et qu'il ne fit autre chose que d'offrir de l'Argent, comme un Motif pour se faire donner ce bien spirituel. Ce qui étant exempt de Simonie, selon vos Auteurs, il se fût bien garanti de l'anathème de saint Pierre, s'il eût été instruit de vos maximes[a]. Et cette ignorance fit aussi grand tort à Giezi, quand il fut frappé de la lèpre par Élisée ; car, n'ayant reçu de l'argent de ce Prince guéri miraculeusement que comme une reconnoissance, et non pas comme un prix égal à la vertu divine qui avoit opéré ce Miracle, il eût obligé Élisée à le guérir, sur peine de péché mortel, puisqu'il auroit agi selon tant de docteurs graves, et qu'en

---

Textes in-4º et in-12 : « s'il eût su vos maximes ».

---

1. Actes des apôtres ch. VIII, vers. 18-20.

pareil cas vos Confesseurs sont obligés d'absoudre leurs Pénitents[a] et de les laver de la lèpre spirituelle, dont la corporelle n'est que la figure.

Tout de bon, mes pères, il seroit aisé de vous tourner là-dessus en ridicule ; je ne sais pourquoi vous vous y exposez. Car je n'aurois qu'à rapporter vos autres maximes, comme celle-ci d'Escobar dans *La Pratique de la Simonie selon la Société de Jésus*, Tr. 6, ex. 2, n. 44 : « Est-ce Simonie, lorsque deux Religieux s'engagent l'un à l'autre en cette sorte : Donnez-moi votre voix pour me faire élire Provincial, et je vous donnerai la mienne pour vous faire Prieur ? Nullement. » Et cet autre, Tr. 6, n. 14 : « Ce n'est pas Simonie de se faire donner un Bénéfice en promettant de l'Argent, quand on n'a pas dessein de payer en effet ; parce que ce n'est qu'une Simonie feinte, qui n'est non plus vraie que du faux or n'est pas vrai or[b]. » C'est par cette subtilité de conscience qu'il a trouvé le moyen, en ajoutant la Fourbe à la Simonie, de faire avoir des Bénéfices sans Argent et sans Simonie[1]. Mais je n'ai pas le loisir d'en dire davantage ; car il faut que je pense à me défendre contre votre Troisième Calomnie sur le sujet des Banqueroutiers.

Pour celle-ci, mes pères, il n'y a rien de plus grossier. Vous me traitez d'Imposteur sur le sujet d'un sentiment

---

[a] Textes in-4º et in-12 : « Et que vos confesseurs sont obligés d'absoudre leurs pénitents en pareils cas ».

[b] Textes in-4º et in-12 : « qui n'est pas non plus *véritable* que du faux or n'est pas du *véritable* or ».

---

1. « Escobar, dit ici l'abbé Maynard, n'est pas le seul à parler ainsi. Soto, Cajetan et bien d'autres théologiens étrangers à la Compagnie ont soutenu la même doctrine. » C'est que la plupart des Casuistes d'alors avaient le naturel du melon :

> Il faut en essayer cinquante
> Avant d'en rencontrer un bon.

de Lessius, que je n'ai point cité de moi-même, mais qui se trouve allégué par Escobar, dans un passage que j'en rapporte; et ainsi, quand il seroit vrai[a] que Lessius ne seroit pas de l'avis qu'Escobar lui attribue, qu'y a-t-il de plus injuste que de s'en prendre à moi? Quand je cite Lessius et vos autres Auteurs de moi-même, je consens d'en répondre. Mais comme Escobar a ramassé les opinions de Vingt-quatre de vos Pères, je vous demande si je dois être garant d'autre chose que de ce que je cite de lui; et s'il faut, outre cela, que je réponde des citations qu'il fait lui-même dans les passages que j'en ai pris. Cela ne seroit pas raisonnable. Or, c'est de quoi il s'agit en cet endroit. J'ai rapporté dans ma Lettre ce passage d'Escobar, Tr. 3, ex. 2, n. 163, traduit fort fidèlement, et sur lequel aussi vous ne dites rien : « Celui qui fait Banqueroute peut-il en sûreté de conscience retenir de ses biens autant qu'il est nécessaire pour vivre avec honneur, *ne indecore vivat?* » Je réponds que oui avec Lessius, *cum Lessio assero posse,* etc. Sur cela vous me dites que Lessius n'est pas de ce sentiment. Mais pensez un peu où vous vous engagez. Car, s'il est vrai qu'il en est, on vous appellera Imposteurs, d'avoir assuré le contraire; et s'il n'en est pas, Escobar sera l'Imposteur : de sorte qu'il faut maintenant, par nécessité, que quelqu'un de la Société soit convaincu d'Imposture. Voyez un peu quel scandale! Aussi vous ne savez[b] prévoir la suite des choses. Il vous semble qu'il n'y a qu'à dire des injures aux personnes[c], sans penser sur qui elles retombent. Que ne faisiez-vous savoir votre difficulté à Escobar, avant de la publier? il vous eût

---

[a] Textes in-4º et in-12 : « véritable ».
[b] « Pas » dans les textes in-4º et in-12.
[c] « Au monde », au lieu de « aux personnes », dans les textes in-4º et in-12.

satisfait. Il n'est pas si malaisé d'avoir des nouvelles de Valladolid, où il est en parfaite santé, et où il achève sa grande Théologie Morale en six volumes, sur les premiers desquels je vous pourrai dire un jour quelque chose. On lui a envoyé les Dix Premières Lettres ; vous pouviez aussi lui envoyer votre objection, et je m'assure qu'il eût bien répondu[1] : car il a vu sans doute dans Lessius ce passage, d'où il a pris le *ne indecore vivat.* Lisez-le bien, mes pères, et vous l'y trouverez comme moi, Lib. II, ch. XVI, n. 45 : *Idem colligitur aperte ex juribus citatis, maxime quoad ea bona quæ post cessionem acquirit, de quibus is qui debitor est etiam ex delicto, potest retinere quantum necessarium est, ut pro sua conditione* NON INDECORE VIVAT. *Petes an leges id permittant de bonis quæ tempore instantis cessionis habebat? Ita videtur colligi ex DD*[2].

1. On croirait que Pascal a quelque remords d'avoir tant maltraité l'Auteur du poème épique intitulé : *Istoria de la Virgen madre de Dios.* En réalité, il a fait à Escobar une réputation qu'il ne mérite pas. Le tort du bonhomme est d'être optimiste, trop facile, de croire qu'

> En paradis allant au petit pas,
> On y parvient quoique Arnauld nous en die.

On lit dans une note anonyme à une édition des *Provinciales* publiée au xviiie siècle : « Par tout ce qu'Alegambe — Alegambe était un Jésuite belge, mort à Rome en 1652; il a passé une partie de sa vie à augmenter la *Bibliothèque* des écrivains de sa Compagnie, publiée par le P. Ribadeneira en 1608 — rapporte du père Antoine Escobar, il paroît que c'étoit un bonhomme laborieux, et dévot à sa façon. On assure que quand il apprit combien il étoit cité dans les *Lettres Provinciales,* il en conçut une joie extrême; il s'en estimoit beaucoup plus, et croyoit valoir plus qu'auparavant. Nous avons son portrait qui est singulier et qui le représente comme un homme qui ne doutoit de rien, tant il avoit l'air résolu et décisif. » Le portrait d'Escobar se trouve dans une traduction anglaise des *Provinciales* publiée à Londres en 1658.

2. Ces deux D majuscules ont l'air de vouloir dire : *ex doctoribus.* Il y a dans Lessius : *ex dicta lege* et la loi à laquelle il renvoie est celle du *Corpus juris* intitulée: *Qui bonis,* T. III, *De cessione bonorum.* Elle accorde une pension alimentaire aux faillis.

LETTRE XII.

Je ne m'arrêterai pas à vous montrer que Lessius, pour autoriser cette maxime, abuse de la loi qui n'accorde que le simple vivre aux Banqueroutiers, et non pas de quoi subsister avec honneur. Il suffit d'avoir justifié Escobar contre une telle accusation; c'est plus que je ne devois faire. Mais vous, mes pères, vous ne faites pas ce que vous devez : car il est question de répondre au passage d'Escobar, dont les décisions sont commodes[1], en ce qu'étant indépendantes du devant et de la suite, et toutes renfermées en de petits articles, elles ne sont pas sujettes à vos distinctions. Je vous ai cité son passage entier, qui permet « à ceux qui font cession de retenir de leurs biens, quoique acquis injustement, pour faire subsister leur famille avec honneur. » Sur quoi je me suis écrié dans mes Lettres : « Comment! mes pères, par quelle étrange charité voulez-vous que les Biens appartiennent plutôt à ceux qui les ont mal acquis qu'aux créanciers légitimes? » C'est à quoi il faut répondre : mais c'est ce qui vous met dans un fâcheux embarras, que vous essayez en vain d'éluder en détournant la question, et citant d'autres passages de Lessius, desquels il ne s'agit point. Je vous demande donc si cette maxime d'Escobar peut être suivie en conscience par ceux qui font Banqueroute? Et prenez garde à ce que vous direz. Car si vous répondez que non, que deviendra votre docteur, et votre Doctrine de la Probabilité? Et si vous dites que oui, je vous renvoie au Parlement.

Je vous laisse dans cette peine, mes pères; car je n'ai plus ici de place pour entreprendre l'Imposture suivante

---

1. Il est, en effet, très commode à Pascal, qui en use beaucoup. Escobar écrit au jour le jour. Il n'y a ni le « devant ni la suite », c'est-à-dire qu'il n'a pas d'esprit de suite, ne s'inquiète souvent pas d'être d'accord avec lui-même, ce qui permet à Pascal de l'amener si fréquemment sur son théâtre.

sur le passage de Lessius touchant l'Homicide; ce sera pour la première fois, et le reste ensuite.

Je ne vous dirai rien cependant sur les avertissements pleins de faussetés scandaleuses par où vous finissez chaque Imposture : je repartirai à tout cela dans la Lettre où j'espère montrer la source de vos Calomnies. Je vous plains, mes pères, d'avoir recours à de tels remèdes. Les injures que vous me dites n'éclairciront pas nos différends, et les menaces que vous me faites en tant de façons ne m'empêcheront pas de me défendre. Vous croyez avoir la Force et l'Impunité, mais je crois avoir la Vérité et l'Innocence. C'est une étrange et longue guerre que celle où la Violence essaie d'opprimer la Vérité. Tous les efforts de la Violence ne peuvent affoiblir la Vérité, et ne servent qu'à la relever davantage. Toutes les lumières de la Vérité ne peuvent rien pour arrêter la Violence, et ne font que l'irriter encore plus. Quand la force combat la force, la plus puissante détruit la moindre : quand on oppose les discours aux discours, ceux qui sont véritables et convaincants confondent et dissipent ceux qui n'ont que la vanité et le mensonge : mais la Violence et la Vérité ne peuvent rien l'une sur l'autre. Qu'on ne prétende pas de là néanmoins que les choses soient égales : car il y a cette extrême différence, que la Violence n'a qu'un cours borné par l'ordre de Dieu, qui en conduit les effets à la gloire de la Vérité qu'elle attaque : au lieu que la Vérité subsiste éternellement, et triomphe enfin de ses ennemis, parce qu'elle est éternelle et puissante comme Dieu même [1].

---

1. « La Douzième Lettre s'engage par la défensive, mais une défensive qui ne fait souffrir que les attaquants et que les ravager plus au cœur : — Cependant vous me traitez comme un imposteur insigne et ainsi vous me forcez à repartir; mais vous savez que cela ne se peut faire sans exposer

de nouveau, et même sans découvrir plus à fond les points de votre Morale ; en quoi je doute que vous soyez bons politiques. *La guerre se fait chez vous et à vos dépens.* — La péroraison de cette Douzième est mémorable : à sa dialectique véridiquement passionnée Pascal mêle des développements glorieux qui tout à coup s'élèvent ; l'orateur éclate en lui : — Je vous plains, mes pères, d'avoir recours à de tels remèdes... c'est une étrange et longue guerre que celle où la violence essaye d'opprimer la vérité. — Et ce qui termine. Non, si Pascal n'avait pas cru profondément à la vérité de sa cause, il n'aurait jamais trouvé de tels accents. » Sainte-Beuve : *Port-Royal*, t. III, p. 147 de l'éd. cit. »

Il est aussi sincère que passionné : Si vis me flere..., dit Horace.

RÉFUTATION[1]

DE LA RÉPONSE A LA DOUZIÈME LETTRE

Monsieur,

Qui que vous soyez qui avez entrepris de défendre les Jésuites contre les Lettres qui découvrent si clairement le déréglement de leur Morale, il paroît, par le soin que vous prenez de les secourir, que vous avez bien connu leur foiblesse, et en cela on ne peut blâmer votre jugement. Mais si vous aviez pensé de pouvoir[3] les justifier en effet, vous ne seriez pas excusable. Aussi j'ai meilleure opinion de vous, et je m'assure que votre dessein est seulement de détourner l'Auteur des Lettres par cette diversion artifi-

---

1. Avertissement de Nicole : « La Lettre suivante a été donnée au public par un Auteur Inconnu et insérée entre la Douzième et la Treizième Lettre de Montalte. — On la trouve déjà dans les éditions in-4°, où elle forme huit pages de texte comme la Douzième Provinciale. — Elle examine en détail quelques chicanes des Jésuites, auxquelles Montalte n'auroit pu s'arrêter sans faire tort au public qui attendoit de lui tout autre chose. Il est vrai qu'elle est fort éloignée de la beauté des autres parce qu'elle traite une matière tout à fait difficile. Mais comme elle a néanmoins son prix et son utilité, nous avons jugé à propos de l'insérer ici et de la faire servir de première note à la Douzième Lettre. » Cela ne voudrait-il pas dire que cette *Réfutation* est de Nicole ? Elle pourrait être aussi de Sacy ou d'Arnauld. Dans tous les cas, elle est de l'un de *Messieurs de Port-Royal*.

2. Le titre de l'édition in-8° est : *Défense de la Douzième Lettre*.

3. *Penser de pouvoir*, locution usitée au xviie siècle :

   Pensez de vous résoudre à soulager ma peine (Malherbe).

Mme de Sévigné l'emploie encore. Ce n'est pas du style de Pascal.

cieuse. Vous n'y avez pourtant pas réussi ; et j'ai bien de la joie de ce que la Treizième vient de paroître, sans qu'il ait reparti à ce que vous avez fait sur la Onzième et sur la Douzième, et sans avoir seulement pensé à vous. Cela me fait espérer qu'il négligera de même les autres. Vous ne devez pas douter, monsieur, qu'il ne lui eût été bien facile de vous pousser. Vous voyez comment il mène la Société entière : qu'eût-ce donc été, s'il vous eût entrepris en particulier ? Jugez-en par la manière dont je vas vous répondre sur ce que vous avez écrit contre sa Douzième Lettre[1].

Je vous laisserai, monsieur, toutes vos injures. L'Auteur des Lettres a promis d'y satisfaire, et je crois qu'il le fera de telle sorte, qu'il ne vous restera que la honte et le repentir. Il ne lui sera pas difficile de couvrir de confusion de simples particuliers comme vous et vos Jésuites, qui, par un attentat criminel, usurpent l'Autorité de l'Église pour traiter d'Hérétiques ceux qu'il leur plaît, lorsqu'ils se voient dans l'impuissance de se défendre contre les justes reproches qu'on leur fait de leurs méchantes maximes. Mais, pour moi, je me resserrerai dans la réfutation des nouvelles Impostures que vous employez pour la justification de ces Casuistes. Commençons par le grand Vasquez.

Vous ne répondez rien à tout ce que l'Auteur des Lettres a rapporté pour faire voir sa mauvaise Doctrine touchant l'Aumône; et vous l'accusez seulement en l'air de quatre faussetés, dont la première est qu'il a supprimé du passage de Vasquez, cité dans la Sixième Lettre, ces paroles, *Statum quem licite possunt acquirere;* et qu'il a dissimulé le reproche qu'on lui en fait.

Je vois bien, monsieur, que vous avez cru sur la foi des

---

[1]. Pascal n'aurait pas manqué de modestie à ce point.

Jésuites, vos chers amis, que ces paroles-là sont dans le passage qu'a cité l'Auteur des Lettres ; car si vous eussiez su qu'elles n'y sont pas, vous eussiez blâmé ces Pères de lui avoir fait ce reproche, plutôt que de vous étonner de ce qu'il n'avoit pas daigné répondre à une objection si vaine. Mais ne vous fiez pas tant à eux, vous y seriez souvent attrapé. Considérez vous-même dans Vasquez le passage que l'Auteur en a rapporté. Vous le trouverez *De Eleem.*, ch. IV, n. 14 ; mais vous n'y verrez aucune de ces paroles qu'on dit qu'il en a supprimées, et vous serez bien étonné de ne les trouver que quinze pages auparavant. Je ne doute point qu'après cela vous ne vous plaigniez de ces bons pères, et que vous ne jugiez bien que, pour accuser cet Auteur d'avoir supprimé ces paroles de ce passage, il faudroit l'obliger de rapporter des passages de quinze pages *in-folio* dans une Lettre de huit pages *in-4°*, où il a accoutumé d'en rapporter trente ou quarante, ce qui ne seroit pas raisonnable.

Ces paroles ne peuvent donc servir qu'à vous convaincre vous-même d'Imposture, et elles ne servent pas aussi davantage pour justifier Vasquez. On a accusé ce jésuite d'avoir ruiné ce précepte de Jésus-Christ qui oblige les Riches de faire l'Aumône de leur Superflu, en soutenant « que ce que les Riches gardent pour relever leur Condition, ou celle de leurs parents, n'est pas Superflu ; et qu'ainsi à peine en trouvera-t-on dans les gens du monde, et non pas même dans les Rois. » C'est cette conséquence, « qu'il n'y a presque jamais de Superflu dans les gens du monde », qui ruine l'obligation de donner l'Aumône, puisqu'on en conclut, par nécessité, que, n'ayant point de Superflu[a],

---

[a] Textes in-4° et in-12 : « que n'en ayant point », au lieu de « que, n'ayant point de superflu ».

ils ne sont pas obligés de le donner. Si c'étoit l'Auteur des Lettres qui l'eût tirée, vous auriez quelque sujet de prétendre qu'elle n'est pas enfermée dans ce principe, « que ce que les Riches gardent pour relever leur Condition, ou celle de leurs parents, n'est pas appelé Superflu. » Mais il l'a trouvée toute tirée dans Vasquez. Il y a lu ces paroles, si éloignées de l'Esprit de l'Évangile et de la modération chrétienne : « Qu'à peine trouvera-t-on du Superflu dans les gens du monde, et non pas même dans les Rois. » Il y a lu encore cette dernière conclusion rapportée dans la Douzième Lettre : « À peine est-on obligé de donner l'Aumône quand on n'est obligé à la donner que de son Superflu ; » et ce qui est remarquable, c'est qu'elle se voit au même lieu que[a] ces paroles, *Statum quem licite possunt acquirere*, par lesquelles vous prétendez l'éluder. Vous chicanez donc inutilement sur le principe, lorsque vous êtes obligé de vous taire sur les conséquences qui sont formellement dans Vasquez, et qui suffisent pour anéantir le précepte de Jésus-Christ, comme on l'a accusé de l'avoir fait. Si Vasquez les avoit mal tirées de son principe, il auroit joint une faute de jugement avec[b] une erreur dans la Morale ; et il n'en seroit pas plus innocent, ni le précepte de Jésus-Christ moins anéanti. Mais il paroîtra, par la réfutation de la seconde fausseté, que vous reprochez à l'Auteur des Lettres, que ces mauvaises conséquences sont bien tirées du mauvais principe que Vasquez établit au même lieu ; et que ce jésuite n'a pas péché contre les règles du raisonnement, mais contre celles de l'Évangile.

Cette seconde fausseté que vous dites qu'il a *dissimulée* après en avoir été *convaincu*, et qu'il a omis ces pa-

---

[a] Texte in-8º : « de », au lieu de : « que », ce qui n'est pas incorrect, mais inusité.
[b] Il faudrait « à » au lieu d' « avec ».

roles par un dessein outrageux, pour corrompre la pensée de ce père, et en tirer cette conclusion scandaleuse : « Qu'il ne faut, selon Vasquez, qu'avoir beaucoup d'Ambition pour n'avoir point de Superflu. » Sur cela, monsieur, je vous pourrois dire, en un mot, qu'il n'y eut jamais d'accusation moins raisonnable que celle-là. Les Jésuites ne se sont jamais plaints de cette conséquence. Et cependant vous reprochez à l'Auteur des Lettres de n'avoir pas répondu à une objection qu'on ne lui avoit pas encore faite. Mais si vous croyez avoir été en cela plus clairvoyant que toute cette Compagnie [a], il sera aisé de vous guérir de cette vanité, qui seroit injurieuse à ce Grand Corps. Car comment pouvez-vous nier que de ce principe de Vasquez, « ce que l'on garde pour relever sa Condition, ou celle de ses parents, n'est pas appelé Superflu », on ne conclue nécessairement qu'il ne faut qu'avoir beaucoup d'Ambition pour n'avoir point de Superflu ? Je vous permets de bon cœur d'y ajouter encore la condition qu'il exprime en un autre endroit, qui est que l'on ne veuille relever son État que par des voies légitimes : *Statum quem licite possunt acquirere.* Cela n'empêchera pas la vérité de la conséquence que vous accusez de fausseté.

Il est vrai, monsieur, qu'il y a quelques riches qui peuvent relever leur Condition par des voies légitimes. L'utilité publique en peut quelquefois justifier le désir, pourvu qu'ils ne considèrent pas tant leur propre honneur et leur propre intérêt que l'honneur de Dieu et l'intérêt du public ; mais il est très rare que l'Esprit de Jésus-Christ, sans lequel il n'y a point d'intentions pures, inspire ces sortes de désirs aux Riches du monde : il les

---

[a] Textes in-4º et in-12 : « ensemble » après « compagnie ».

porte bien plutôt à diminuer ce poids inutile qui les empêche de s'élever vers le ciel et à craindre ces paroles de son Évangile, *que celui qui s'élève sera abaissé* [1]. Ainsi ces désirs que l'on voit dans la plupart des hommes du siècle, de monter toujours à une Condition plus haute, et d'y faire monter leurs parents, quoique par des voies légitimes, ne sont pour l'ordinaire que des effets d'une cupidité terrestre et d'une véritable ambition [2]. Car c'est, monsieur, une erreur grossière de croire qu'il n'y ait point d'Ambition à désirer de relever sa Condition que lorsqu'on se veut servir de moyens injustes; et c'est cette erreur que saint Augustin condamne dans le livre De la Patience, ch. III, lorsqu'il dit : « L'amour de l'argent et le désir de la gloire sont des folies que le monde croit permises; et on s'imagine que l'avarice, l'ambition, le luxe, les divertissements des spectacles sont innocents, lorsqu'ils ne nous font point tomber dans quelque crime ou quelque désordre que les Lois défendent. » L'ambition consiste à désirer l'élèvement pour l'élèvement, et l'honneur pour l'honneur, comme l'avarice à aimer les richesses pour les richesses. Si vous y joignez les moyens injustes, vous la rendez plus criminelle ; mais, en substituant des moyens légitimes, vous ne la rendez pas inno-

---

1. « Celui qui s'élève sera abaissé ». Les Casuistes répondent : ceci est *de conseil*, non *de précepte*. Chaque fois qu'une assertion de l'Écriture ou des Pères les gêne, ils emploient cet argument commode : ceci est de conseil, non de précepte. C'est par cette voie qu'on sort pas à pas du Christianisme. On donne comme *de conseil* ou *de perfection* le précepte qu'on veut éluder.

2. La remarque est vraie, conforme à l'esprit évangélique. Il est aisé de la faire dans un écrit anonyme, dont l'auteur n'a pas de responsabilité à encourir. Mais un Casuiste, confesseur de roi, directeur dans une famille de noblesse, de bourgeoisie où l'ambition règne, ne la ferait pas sans courir le risque d'être congédié sur-le-champ.

cente[1]. Or, Vasquez ne parle pas de ces occasions dans lesquelles quelques gens de bien désirent de changer de Condition, et sont *dans l'attente probable de le faire*, comme dit le cardinal Cajetan. S'il en parloit, il auroit été ridicule d'en conclure, comme il a fait, que l'on ne trouve presque jamais de Superflu dans les gens du monde; puisque des occasions très rares, qui ne peuvent arriver qu'une ou deux fois dans la vie, et qui ne se rencontrent que dans un très petit nombre de Riches, à qui Dieu fait connoître qu'ils ne se nuiront pas à eux-mêmes en s'élevant pour servir les autres, ne peuvent pas empêcher que la plupart des Riches n'aient beaucoup de Superflu. Mais il parle d'un désir vague et indéterminé de s'agrandir, il parle d'un désir de s'élever sans aucunes bornes; puisque, s'il étoit borné, les Riches commenceroient d'avoir du Superflu lorsqu'ils y seroient arrivés.

Et enfin il croit que ce désir est si généralement per-

1. C'est toujours la même chose. Pascal et son collaborateur d'occasion, tous deux partisans de *la voie étroite*, abusent un peu des textes qu'ils ont sous la main. Ils suivent leur chef saint Cyran disant à saint Vincent-de-Paul : « Il n'y a plus d'Église et cela depuis plus de cinq ou six cents ans : auparavant l'Église étoit comme un grand fleuve qui avoit ses eaux claires; mais maintenant, ce qui nous semble l'Église, n'est plus que bourbe : le lit de cette belle rivière est encore le même, mais ce ne sont plus les mêmes eaux. » M. Vincent ne l'ignore pas; néanmoins, il fronce le sourcil. On est à moitié sorti du Christianisme. Faut-il retourner au désert? Non; il faut prendre le monde comme il est. M. Vincent, qui fut le précepteur de Retz, fait ainsi, sans se croire un plus mauvais chrétien que saint Cyran. En ce qui touche à l'ambition, l'anonyme de la réponse à la Douzième Provinciale abuse de son irresponsabilité. Ce qu'il enseigne est d'accord avec la tradition rigoureuse de l'âge où le Christianisme montait à l'assaut de la Société romaine et condamnait même l'exercice d'une fonction politique. Dans un état social où il a encore une part prépondérante au Gouvernement, il ne peut pas condamner l'ambition d'une manière absolue. Les Casuistes ont adopté une moyenne, et c'était nécessaire. Il était aisé de les trouver en défaut; il l'eût été moins de faire mieux qu'eux. C'est parce que les Jansénistes sont persécutés qu'on les excuse de faire ainsi flèche de tout bois.

mis qu'il empêche tous les Riches d'avoir presque jamais du Superflu.

C'est, monsieur, afin que vous l'entendiez, cette prétention de s'agrandir et de s'élever toujours dans le siècle à une Condition plus haute, quoique par des moyens légitimes, *Ad statum quem licite possunt acquirere*, que l'Auteur des Lettres a appelée du nom d'Ambition ; parce que c'est le nom que les Pères lui donnent, et qu'on lui donne même dans le monde. Il n'a pas été obligé d'imiter une des plus ordinaires adresses de ces mauvais Casuistes, qui est de bannir les noms des vices, et de retenir les vices mêmes sous d'autres noms. Quand donc ces paroles, *Statum quem licite possunt acquirere*, auroient été dans le passage qu'il a cité, il n'auroit pas eu besoin de les retrancher pour le rendre criminel. C'est en les y joignant qu'il a droit d'accuser Vasquez, que, selon lui, il ne faut qu'avoir de l'Ambition pour n'avoir point de Superflu. Il n'est pas le premier qui a tiré cette conséquence de cette doctrine. M. Du Val[1] l'avoit fait avant lui en termes formels, en combattant cette mauvaise maxime, Tome II[2],

---

1. Duval ou Du Val (André), théologien français, né à Pontoise en 1564, mort à Paris en 1638. Protégé du cardinal Duperron, il fut nommé par l'intermédiaire du cardinal à une chaire de théologie créée par Henri IV à son intention. Il est mort *sénieur* de Sorbonne et doyen de la Faculté de théologie de Paris. C'était un politicien très ambitieux et sans scrupule. Après la mort de Duperron, il avait obtenu en se faisant ultramontain la faveur du nonce à Paris, Maffei Barberini, depuis Urbain VIII, puis celle de Richelieu et du père Joseph. Un de ses tours est digne de Richelieu. On avait à faire signer à Richer, syndic de la Faculté de théologie, des pièces dont Richelieu avait besoin ; Duval attira le pauvre Richer chez le père Joseph où l'on introduisit pour l'effrayer des assassins le poignard levé sur lui. Richer signa ce qu'on voulut. Parmi les nombreux ouvrages de Du Val, on peut citer ses : *In secundam partem summæ D. Thomas commentarii*, 2 vol. in-folio, Paris, 1636, dédiés à Richelieu.

2. Des *Commentarii*. En matière d'ambition, la compétence de Du Val n'est pas ordinaire.

q. 8, p. 576. « Il s'ensuivroit, dit-il, que celui qui desireroit une plus haute dignité, c'est-à-dire qui auroit une plus grande Ambition, n'auroit point de Superflu, quoiqu'il eût beaucoup plus qu'il ne lui faut selon sa Condition présente : Sequeretur *eum qui hanc dignitatem cuperet, seu qui* majori ambitione duceretur, *habendo plurima supra decentiam sui status, non habiturum superflua.* »

Vous avez donc fort mal réussi, monsieur, dans les deux premières faussetés que vous reprochez à l'Auteur des Lettres. Voyons si vous serez mieux fondé dans les deux autres que vous l'accusez d'avoir faites en se défendant. La première est qu'il assure que Vasquez n'oblige point les Riches de donner de ce qui est nécessaire à leur Condition. Il est bien aisé de vous répondre sur ce point : car il n'y a qu'à vous dire nettement que cela est faux, et qu'il a dit tout le contraire. Il n'en faut point d'autre preuve que le passage même que vous produisez trois lignes après, où il rapporte que Vasquez « oblige les Riches de donner du Nécessaire en certaines occasions. »

Votre dernière plainte n'est pas moins déraisonnable. En voici le sujet. L'Auteur des Lettres a repris deux décisions dans la Doctrine de Vasquez : l'une, « que les Riches ne sont point obligés, ni par Justice, ni par Charité, de donner de leur Superflu, et encore moins du Nécessaire dans tous les besoins ordinaires des Pauvres. » L'autre, « qu'ils ne sont obligés de donner du Nécessaire qu'en des rencontres si rares qu'elles n'arrivent presque jamais. » Vous n'aviez rien à répondre sur la première de ces décisions, qui est la plus méchante. Que faites-vous là-dessus? Vous les joignez ensemble, et, apportant quelque mauvaise défaite sur la dernière, vous voulez faire croire que vous avez répondu sur toutes les deux. Ainsi, pour démêler ce que vous voulez embarrasser à dessein, je vous demande à vous-même s'il n'est pas vrai que Vasquez enseigne que les Riches ne sont jamais obligés de donner ni du Superflu, ni du Nécessaire, ni par Charité, ni par Justice, dans les nécessités ordinaires des Pauvres. L'Auteur des Lettres ne l'a-t-il pas prouvé par ce passage formel de Vasquez : « Corduba enseigne que lorsqu'on a du Superflu, on est obligé d'en donner à ceux qui sont dans une nécessité ordinaire, au moins une partie, afin d'accomplir le précepte en quelque chose? » Remarquez qu'il ne s'agit point en cet endroit si on y est obligé par Justice ou par Charité, mais si on y est obligé absolument. Voyons donc quelle sera la décision de votre Vasquez : « Mais cela ne me plaît pas, SED HOC NON PLACET; car nous avons montré le contraire contre Cajetan et Navarre. » Voilà à quoi vous ne répondez point, laissant ainsi vos Jésuites convaincus d'une erreur si contraire à l'Évangile.

Et quant à la seconde décision de Vasquez, qui est que les Riches ne sont obligés de donner du Nécessaire à leur Condition qu'en des rencontres si rares qu'elles n'arrivent presque jamais, l'Auteur des Lettres ne l'a pas moins clairement prouvé par l'assemblage des conditions que ce jésuite demande pour former cette obligation : savoir, « que l'on sache que le pauvre qui est dans la nécessité urgente ne sera assisté de personne que nous; et que cette nécessité le menace de quelque accident mortel, ou de perdre sa réputation. » Il a demandé sur cela si ces rencontres étoient fort ordinaires dans Paris; et enfin il a pressé les Jésuites par cet argument : Que Vasquez permettant aux Pauvres de voler les Riches dans les mêmes circonstances où il oblige les Riches d'assister les Pauvres, il faut qu'il ait cru, ou que ces occasions étoient fort rares, ou qu'il étoit ordinairement permis de voler. Qu'avez-vous répondu à cela, monsieur? Vous avez dissimulé toutes ces preuves, et vous vous êtes contenté de rapporter trois passages de Vasquez, où il dit dans les deux premiers que les Riches sont obligés d'assister les Pauvres dans les nécessités urgentes, ce que l'Auteur des Lettres reconnoît expressément; mais vous vous êtes bien gardé d'ajouter qu'il y apporte[a] des restrictions, qui font que ces nécessités urgentes n'obligent presque jamais à donner l'Aumône, qui est ce dont il s'agit.

Le troisième de vos passages dit simplement que les Riches ne sont pas obligés de donner seulement l'Aumône dans les nécessités extrêmes, c'est-à-dire quand un homme est près de mourir, parce qu'elles sont trop rares; d'où vous concluez qu'il est faux que les occasions où Vasquez oblige à donner l'Aumône soient fort rares. Mais vous vous moquez, monsieur : vous n'en pouvez conclure autre chose, sinon que Vasquez ôte le nom de *très rares* aux occasions de donner l'Aumône, qu'il rend très rares en effet par les conditions qu'il y apporte. En quoi il n'a fait que suivre la conduite de sa Compagnie. Ce jésuite avoit à satisfaire tout ensemble les Riches, qui veulent qu'on ne les oblige que très rarement à donner l'Aumône, et l'Église, qui y oblige très souvent ceux qui ont du Superflu. Il a donc voulu contenter tout le monde, selon la méthode de sa Société, et il y a fort bien réussi. Car il exige, d'une part, des conditions si rares en effet, que les plus avares en doivent être satisfaits; et il leur ôte, de l'autre, le nom de *rares*, pour satisfaire l'Église en apparence. Il n'est donc pas question de savoir si Vasquez a

---

[a] Texte in-4º « rapporte » au lieu d' « apporte ».

donné le nom de *rares* aux rencontres où il oblige de donner l'Aumône. On ne l'a jamais accusé de les avoir appelées rares. Il étoit trop habile jésuite pour appeler ainsi les mauvaises choses par leur nom. Mais il est question de savoir si elles sont rares en effet, par les restrictions qu'il y apporte ; et c'est ce que l'Auteur des Lettres a si bien montré, qu'il ne vous est resté sur cela que cette réponse générale, qui ne vous manque jamais, qui est la Dissimulation et le Silence.

Tout ce que vous ajoutez ensuite de la subtilité de l'esprit de Vasquez dans les divers sens qu'il donne aux mots de *Nécessaire* et de *Superflu* est une pure illusion. Il ne les a jamais pris qu'en deux sens, aussi bien que tous les autres Théologiens. Il y a, selon lui, « nécessaire à la Nature, et nécessaire à la Condition : Superflu à la Nature, Superflu à la Condition. » Mais, afin qu'une chose soit Superflue à la Condition, il veut qu'elle soit non seulement à l'égard de la Condition présente, mais aussi à l'égard de celle que les Riches peuvent acquérir ou pour eux ou pour leurs parents, par des moyens légitimes. Ainsi, selon Vasquez, tout ce que l'on garde pour relever sa Condition est appelé simplement Nécessaire à la Condition, et Superflu seulement à la Nature ; et on n'est obligé d'en faire l'Aumône que dans les occasions que l'Auteur des Lettres a fait voir être si rares, qu'elles n'arrivent presque jamais.

Il n'est pas besoin de rien ajouter, touchant la comparaison de Vasquez et de Cajetan, à ce que l'Auteur des Lettres en a dit. Je vous avertirai seulement, en passant, que vous imposez[1] à ce cardinal, aussi bien que Vasquez,

---

1. *Imposer* dans le sens d'imputer, attribuer à tort. Ce sens a vieilli. Pascal s'en sert souvent : « Leur *imposant* faussement qu'ils soutenoient ces propositions. » — (XV⁰ Provinciale.)

lorsque vous soutenez « que, contre ce qu'il avoit dit dans le Traité de l'Aumône, il enseigne, en Celui des Indulgences, que l'Obligation de donner le Superflu ne passe point le péché véniel. » Lisez-le, monsieur, et ne vous fiez pas tant aux Jésuites, ni morts, ni vivants. Vous trouverez que Cajetan y enseigne formellement le contraire ; et qu'après avoir dit qu'il n'y a que les Nécessités extrêmes, sous lesquelles il comprend aussi la plupart de celles que Vasquez appelle urgentes, qui obligent à péché mortel[1], il y ajoute cette exception, « si ce n'est qu'on n'ait des Biens Superflus : SECLUSA SUPERFLUITATE BONORUM. »

Je passe donc avec vous à la Doctrine de la Simonie. L'Auteur des Lettres n'a eu autre dessein que de montrer que la Société tient cette maxime : Que ce n'est pas une Simonie en conscience de donner un bien spirituel pour un temporel, pourvu que le temporel n'en soit que le motif même principal, et non pas le prix ; et, pour le prouver, il a rapporté le passage de Valentia tout au long dans la Douzième, qui le dit si clairement, que vous n'avez rien à y répondre, non plus que sur Escobar, Érade Bille, et les autres, qui disent tous la même chose. Il suffit que tous ces Auteurs soient de cette opinion pour montrer que, selon toute la Compagnie qui tient la Doctrine de la Probabilité, elle est sûre en conscience, après tant d'Auteurs graves qui l'ont soutenue, et tant de Provinciaux graves qui l'ont approuvée. Confessez donc, qu'en laissant subsister, comme vous faites, le sentiment de tous ces autres jésuites, et vous arrêtant au seul Tannerus, vous ne faites rien contre le dessein de l'Auteur des Lettres que vous attaquez, ni pour la justification de la Société que vous défendez.

1. « Péché mortel » : Sous peine de péché mortel.

Mais, afin de vous donner une entière satisfaction sur ce sujet, je vous soutiens que vous avez tort aussi bien sur Tannerus que sur les autres. Premièrement, vous ne pouvez nier qu'il ne dise généralement « qu'il n'y a point de Simonie en conscience, *in foro conscientiæ*, à donner un bien spirituel pour un temporel, lorsque le temporel n'en est que le motif même principal, et non pas le prix. » Et quand il dit qu'il n'y a point de Simonie en conscience, il entend qu'il n'y en a point, ni de Droit Divin ni de Droit Positif. Car la Simonie de Droit Positif est une Simonie en conscience. Voilà la règle générale à laquelle Tannerus rapporte une exception, qui est que « dans les cas exprimés par le Droit, c'est une Simonie de Droit Positif, ou une Simonie présumée. » Or, comme une exception ne peut pas être aussi étendue que la règle, il s'ensuit par nécessité que cette maxime générale, que « ce n'est point Simonie en conscience de donner un bien spirituel pour un temporel, qui n'en est que le Motif, et non pas le Prix, » subsiste en quelque espèce des choses spirituelles; et qu'ainsi il y a[a] des choses spirituelles qu'on peut donner sans Simonie de Droit Positif pour des biens temporels, en changeant le mot de Prix en celui de Motif.

L'Auteur des Lettres a choisi l'espèce des Bénéfices, à laquelle il réduit la Doctrine de Valentia et de Tannerus. Mais il lui importe peu néanmoins que vous en substituiez une autre, et que vous disiez que ce n'est pas[1] les Bénéfices, mais les Sacrements, ou les Charges ecclésiastiques[2],

---

[a] Tous les textes contemporains ont « ait » au lieu de « a », ce qui est incorrect.

---

1. « Ce n'est pas » pour « ce ne sont pas » n'est pas précisément incorrect, mais aujourd'hui l'expression est hors d'usage.

2. La manière d'acquérir et de posséder les biens ecclésiastiques était

qu'on peut donner pour de l'argent. Il croit tout cela également impie, et il vous en laisse le choix. Il semble, monsieur, que vous l'ayez voulu faire, et que vous ayez

une question brûlante dans l'Église. Pascal n'y touche qu'avec une extrême discrétion. Le cas de Simonie, dans la cession des Bénéfices, était tout à fait particulier ; celui de l'emploi des revenus soit d'un Bénéfice, soit d'une fonction ecclésiastique était beaucoup plus important. Le respect des choses de l'Église a empêché Pascal d'y toucher. L'envie de faire échec aux Casuistes de la Compagnie de Jésus a déterminé Nicole à n'avoir pas tant de retenue. L'Apologiste des Jésuites, dit-il, — note à la 12ᵉ provinciale, — avoit extrêmement fait valoir l'obligation que Vasquez impose aux Ecclésiastiques de donner leur Superflu aux Pauvres. Mais Montalte, qui ne vouloit pas s'écarter de son dessein en se jetant dans de nouvelles disputes, méprise ces vaines déclamations et se contente de répondre qu'il n'a point parlé des Ecclésiastiques, mais que néanmoins si les Jésuites vouloient entrer dans cette question, il est prêt d'en parler quand il leur plaira.
Afin donc de faire voir qu'il n'y a rien que de véritable dans cette menace de Montalte, je crois devoir faire ici ce qu'il n'a pas dû faire, et marquer en passant, divers relâchements de la Morale des Jésuites sur l'emploi des Biens Ecclésiastiques.
Il n'y a rien de plus certain dans la Doctrine des Pères, des Conciles et des anciens Scolastiques, que les Ecclésiastiques ne sont point maîtres de leurs revenus, mais qu'ils n'en sont que les économes et les dispensateurs, ce qui fait dire au jésuite Comitolus : — que les Anciens Docteurs et les Meilleurs Auteurs des siècles passés, et même du nôtre, n'ont jamais mis en question si ceux qui ont des Bénéfices sont les maîtres des revenus et des fruits de ces Bénéfices. — Tant il était certain qu'ils ne l'étoient pas ! Et afin qu'on ne s'imagine pas que cela n'a lieu qu'à l'égard des premiers siècles, le dernier Concile général, — sect. 25, *de Réform.* c. 1, — a déclaré conformément à ce sentiment commun que les biens des évêques (ce qu'on doit aussi entendre de ceux des ministres inférieurs) appartiennent à Dieu ; et ainsi il leur défend de les dissiper, et de les donner à leurs parents... Néanmoins, ajoute Comitolus, certains Auteurs Modernes, disciples de Dominique Soto, ont tâché, après quinze siècles, d'introduire dans l'Église une opinion nouvelle et pernicieuse, savoir que les Bénéficiers sont véritablement les maîtres des revenus de leurs Bénéfices. » Voilà comme parle ce jésuite, bien éloigné en cela des maximes de la Société. Car ces Casuistes à qui il suffit, pour embrasser les opinions les plus relâchées, qu'elles soient appuyées sur la moindre raison ou quelque autorité qui ne soit pas tout à fait méprisable, ont tous donné dans l'opinion de Soto, et Vasquez, entre autres (*De Redit. eccl.*, c. 1, doub. 1, n. 27). Ainsi ceux qui entretiennent leurs familles des biens de l'Église ou qui les emploient à nourrir des chiens ne sont point obligés, selon ces Auteurs, à restituer, et

voulu donner à entendre que ce n'est pas Simonie de dire la messe, ayant pour motif principal d'en recevoir de l'argent. C'est la pensée qu'on peut avoir en lisant ce que

ils peuvent, par conséquent, obtenir l'Absolution de cette dissipation et rentrer en grâce avec Dieu en se confessant et en faisant un acte d'attrition qui est toujours en leur pouvoir. Non seulement Vasquez rend les Biens de l'Église propres aux Ecclésiastiques, mais n'ayant pas osé nier qu'ils ne fussent obligés de donner au moins leur Superflu aux Pauvres, il décharge de cette obligation ceux qui ne sont pas titulaires des Bénéfices et qui ont seulement des pensions. « Je ne vois, dit-il (*Eleem.*, c. 4, d. ult , n. 22), aucun auteur qui oblige ceux qui ont des pensions sur les Bénéfices à faire des aumônes plus abondantes que les séculiers qui, selon le même Vasquez, ne sont point obligés à faire l'Aumône de leur Superflu, si ce n'est dans les nécessités pressantes et extrêmes, » et encore avec les exceptions que Montalte a rapportées.

Mais quand ce qu'il dit seroit vrai, qu'il n'a trouvé Aucun Auteur qui oblige ceux qui ont des pensions sur les Bénéfices, à faire des aumônes plus abondantes que les séculiers, ce seroit pour une autre raison et pour un motif très éloigné de sa prétention. Car puisqu'il est évident que ces pensions font véritablement partie du Bien de l'Église et des Pauvres, il est naturel que les Auteurs ne les aient point distinguées des autres Biens ecclésiastiques. Pourquoi en effet les en distinguer, puisqu'elles n'ont rien de particulier, sinon que l'usage en est tout nouveau, qu'elles sont sujettes à beaucoup d'abus, qu'elles ont toujours quelque chose d'odieux et qui ressent la Simonie, à moins que l'utilité de l'Église ou quelque raison importante ne les rendent nécessaires?

De ces principes, les autres Jésuites qui ont un génie merveilleux pour étendre les opinions relâchées, qu'ils regardent comme des faveurs qu'on ne doit point resserrer; de ces principes, dis-je, ils ont tiré diverses conséquences qui déshonorent la dignité et la sainteté du Sacerdoce et de l'État ecclésiastique.

Hurtado de Mendoza (in 2, 2, vol. 2, disp. 160, sect. 15, § 105 *usque ad* 120), cité par Diana (5ᵉ part., tr. 8, rep. 37) enseigne qu'un évêque qui dans les nécessités ordinaires donne le tiers de son revenu aux Pauvres, et donne une grande partie du reste à sa Famille, ne pèche point. « Supposons, dit-il, un évêque qui ait trente mille livres de rente; il en distribue dix mille en œuvres pieuses : il n'y a personne qui puisse l'accuser d'avarice ou de dureté envers les Pauvres, ou se scandaliser avec raison de ce qu'il dépense les vingt mille qui lui restent pour l'entretien de sa maison, ou comme il lui plaît, pourvu que ce ne soit point en des usages profanes, *quand même il les répandroit abondamment sur sa famille,.... ce qu'il peut faire sans aucuns scrupules.* »

Sanchez assure que ce que l'on donne aux prêtres pour administrer les

vous rapportez de la coutume de l'Église de Paris. Car si vous aviez voulu dire simplement que les Fidèles peuvent offrir des biens temporels à ceux dont ils reçoivent les spi-

sacrements et pour entendre les confessions, doit être regardé comme un bien de Patrimoine, et que par conséquent ils ne sont point absolument obligés d'en donner même le Superflu aux Pauvres. Il prétend que cette maxime a lieu à l'égard de ceux mêmes qui sont obligés par leur emploi à exercer ces fonctions sans aucune rétribution. C'est ce qu'Escobar renferme dans ce peu de mots : « Les prêtres, demande-t-il (Tr. 5, ex. 5, c. 6 (*in praxi*), sont-ils obligés de faire des Aumônes du Superflu de ce qu'ils reçoivent pour les fonctions de leur ministère, comme par exemple pour dire la messe, prêcher, assister aux convois, administrer les sacrements, etc. ? J'assure, répond-il, que selon la doctrine de Sanchez, ils n'y sont point obligés, quand même leur emploi les forceroit d'exercer ces fonctions gratuitement, parce qu'on doit regarder ces biens comme des biens de Patrimoine. » Comme si les prêtres pouvoient espérer de leur ministère quelque chose de temporel qui leur tienne lieu de récompenses ! Le même Sanchez autorise l'avarice la plus sordide des Ecclésiastiques. « Quand les Ecclésiastiques, dit-il (Concl. mor., l. 2., c. 2, dub. 43), vivent avec une telle épargne qu'ils ne dépensent pas des Revenus de leurs Bénéfices, ce qui, au jugement d'un homme de bien, est nécessaire pour vivre honnêtement dans leur État, peuvent-ils disposer de cette épargne comme d'un bien de Patrimoine, ou sont-ils obligés de le donner aux Pauvres comme un Bien Superflu ? » Il y a là-dessus deux opinions. La première, qu'ils doivent le donner aux Pauvres, parce que les biens de l'Église ne sont donnés aux Ecclésiastiques qu'autant qu'ils leur sont nécessaires et que le reste doit être distribué aux Pauvres. Or, dans ce cas, le Nécessaire est devenu Superflu par l'épargne de l'Ecclésiastique, donc, etc.... La seconde opinion tient le contraire. Ma conclusion est qu'il est plus probable que les Ecclésiastiques peuvent user comme d'un bien de Patrimoine de ce qu'ils ont épargné sur leur Nécessaire. Et la raison sur laquelle je me fonde est que ce Nécessaire est accordé aux Ecclésiastiques à cause de leur travail ; en sorte qu'ils en peuvent disposer comme il leur plaît. Ils peuvent donc sans scrupule disposer comme d'un bien de Patrimoine de ce qu'ils ont amassé par leur épargne. C'est le sentiment de Navarre. »

Escobar est du même avis, Sanchez qu'on peut faire fortune. Nicole n'y tient pas : « On ne peut, dit-il, trouver de termes assez forts pour détester une Doctrine si abominable et si injurieuse à Jésus-Christ et à l'Église. Je dis donc hardiment que quiconque tire des Fonctions Ecclésiastiques au-delà de ce qui est nécessaire pour vivre honnêtement, selon les règles du Christianisme, non seulement il déshonore son ministère, mais il s'en acquitte avec un esprit simoniaque et mercenaire : car c'est vendre les fonctions de son ministère et non pas les exercer gratuitement, que d'en

rituels, et que les Prêtres qui servent à l'Autel peuvent vivre de l'Autel, vous auriez dit une chose dont personne ne doute, mais qui ne touche point aussi notre question. Il s'agit de savoir si un prêtre qui n'auroit pour motif principal, en offrant le sacrifice, que l'argent qu'il en reçoit ne seroit pas devant Dieu coupable de Simonie. Vous l'en devez exempter selon la Doctrine de Tannerus; mais le pouvez-vous selon les principes de la Piété chrétienne? « Si la Simonie, dit Pierre Le Chantre[1], l'un des plus grands ornements de l'Église de Paris, est si honteuse et si[a] damnable dans les choses jointes aux Sacrements, combien l'est-elle plus dans la substance même des Sacrements, et principalement dans l'Eucharistie, où on prend Jésus-Christ tout entier, la source et l'origine de toutes les Grâces! Simon le Magicien, dit encore ce saint homme, ayant été rejeté par Simon Pierre, lui eût pu dire : Tu me rebutes, mais je triompherai de toi et du Corps entier de l'Église ; j'établirai le siège de mon empire sur les Autels ; et lorsque les Anges seront assemblés en un coin de l'Autel pour adorer le Corps de Jésus-Christ, je serai à l'autre coin pour faire que le ministre de l'Autel, ou plutôt le mien, le forme pour de l'argent. » Et cependant cette Simonie, que ce pieux théologien condamne si fortement, ne consiste que

---

[a] « Et damnable » dans le texte in-8°, qui retranche le « si ».

---

exiger quelque chose comme récompense. » C'étaient là de la bouche de Nicole des colères gratuites et des propos inutiles. Sous l'Ancien Régime, sous celui de Nicole, il était évident que le Haut Clergé celui des évêchés et des abbayes opulentes, recruté parmi les cadets de famille qui les obtenaient comme un héritage, se moquaient un peu de la Morale de Nicole.

1. Pierre le Chantre, docteur de l'Université, chantre de l'Église de Paris, mort en 1197. Il avait composé, outre divers traités, un Commentaire sur les douze petits prophètes et un Dictionnaire théologique. L'amour de la retraite lui fit quitter le monde. Il mourut moine de Citeaux, à l'Abbaye de Long-Pont en Picardie.

dans la *cupidité* qui fait que, dans l'administration des choses spirituelles, on met sa fin principale dans l'utilité temporelle qui en revient, et c'est ce qui lui fait dire généralement, c. xxv, « que les ministères saints, qu'il appelle les ouvrages de la droite, étant exercés par l'amour de l'argent, forment la Simonie : *Opus dexteræ operatum causa pecuniæ acquirendæ parit simoniam.* » Qu'auroit-il donc dit, s'il avoit ouï parler de cette horrible maxime des Casuistes que vous défendez : « Qu'il est permis à un prêtre de renoncer pour un peu d'argent à tout le fruit spirituel qu'il peut prétendre du sacrifice? »

Vous voyez donc, monsieur, que, si c'est là tout ce vous avez à dire pour la défense de Tannerus, vous ne ferez que le rendre coupable d'une plus grande impiété. Mais vous ne prouverez pas encore par là qu'il y ait, selon lui[a], Simonie de Droit Positif à recevoir de l'Argent comme Motif pour donner des Bénéfices. Car remarquez, s'il vous plaît, qu'il ne dit pas simplement, que c'est une Simonie de donner un bien spirituel pour un temporel comme Motif, et non comme Prix, mais qu'il y ajoute une alternative, en disant que c'est « ou une Simonie de Droit Positif, ou une Simonie présumée. » Or une Simonie présumée, n'est pas une Simonie devant Dieu ; elle ne mérite aucune peine dans le tribunal de la conscience. Et ainsi dire, comme fait Tannerus, que c'est une Simonie de Droit Positif, ou une Simonie présumée, c'est dire en effet que c'est une Simonie, ou que ce n'en est pas une. Voilà à quoi se réduit l'exception de Tannerus, que l'Auteur des Lettres n'a pas dû rapporter dans sa Sixième Lettre ; parce que, ne citant aucunes paroles de ce jésuite, il y dit

---

[a] « Selon lui » est ajouté dans le texte in-8º.

simplement qu'il est de l'avis de Valentia ; mais il la rapporteᵃ, et il y répond expressément dans sa Douzième, quoique vous l'accusiez faussement de l'avoir dissimulée.

Ç'a été pour éviter l'embarras de toutes ces distinctions que l'Auteur des Lettres avoit demandé aux Jésuites si c'étoit Simonie en conscience, selon leurs Auteurs, de donner un Bénéfice de quatre mille livres de rente en recevant dix mille francs comme Motif, et non comme Prix. » Il les a pressés sur cela de lui donner réponse précise sans parler de Droit Positif, c'est-à-dire sans se servir de ces termes que le monde n'entend pas, et non pas sans y avoir égard, comme vous l'avez pris contre toutes les lois de la grammaire. Vous y avez donc voulu satisfaire, et vous répondez, en un mot, « qu'en ôtant le Droit Positif, il n'y auroit point de Simonie comme il n'y auroit point de péché à n'entendre point la messe un jour de fête, si l'Église ne l'avoit point commandé ; » c'est-à-dire que ce n'est une Simonie que parce que l'Église l'a voulu, et que sans ses Lois Positives ce seroit une action indifférente. Sur quoi j'ai à vous repartir :

Premièrement, que vous répondez fort mal à la question qu'on a faite. L'Auteur des Lettres demandoit s'il y avoit Simonie, *selon les Auteurs Jésuites qu'il avoit cités*, et vous nous dites de vous-même qu'il n'y a que Simonie de Droit Positif. Il n'est pas question de savoir votre opinion ; elle n'a pas d'Autorité. Prétendez-vous être un docteur grave? Cela seroit fort disputable. Il s'agit de Valentia, Tannerus, Sanchez, Escobar, Érade Bille, qui sont indubitablement graves[1]. C'est selon leur sentiment qu'il faut

ᵃ Texte in-8º : « il l'a rapportée » au lieu de « il la rapporte ».

1. Pascal n'auroit pas avancé cette niaiserie même en ce qui concerne

répondre. L'Auteur des Lettres prétend que vous ne sauriez dire, selon tous ces jésuites, qu'il y ait en cela Simonie en conscience. Pour Valentia, Sanchez, Escobar et les autres, vous les quittez. Vous le disputez[1] un peu sur Tannerus ; mais vous avez vu que c'étoit sans fondement : de sorte qu'après tout il demeure constant que la Société enseigne qu'on peut, sans Simonie, en conscience, donner un bien spirituel pour un temporel, pourvu que le temporel n'en soit que le Motif principal, et non pas le Prix. C'est tout ce qu'on demandoit.

Et en second lieu, je vous soutiens que votre réponse contient une impiété horrible. Quoi, monsieur ! vous osez dire que, sans les lois de l'Église, il n'y auroit point de Simonie de donner de l'argent, avec ce Détour d'Intention, pour entrer dans les charges de l'Église ; qu'avant les canons qu'elle a fait de la Simonie, l'Argent étoit un moyen permis pour y parvenir, pourvu qu'on ne le donnât pas comme Prix, et qu'ainsi saint Pierre fut téméraire de condamner si fortement Simon le Magicien, puisqu'il ne paroissoit point qu'il lui offrît de l'argent plutôt comme Prix que comme Motif !

A quelle *École* nous renvoyez-vous pour y apprendre cette Doctrine ? Ce n'est pas à celle de Jésus-Christ, qui a toujours ordonné à ses disciples de donner gratuitement ce qu'ils avoient reçu gratuitement, et qui exclut par ce mot, comme remarque Pierre le Chantre, *In verb. abb.* c. XXXVI, « toute attente de présents ou [a] services, soit avec

---

[a] Textes in-4º et in-12 : « ou *des* services ».

Sanchez, quoiqu'il eût également évité d'avancer qu'ils n'étaient pas graves. Son suppléant n'a pas le sens critique.
1. « Disputez » est une faiblesse de style qui frise l'incorrection.

pacte, soit sans pacte ; parce que Dieu voit dans le cœur. »
Ce n'est pas à l'École de l'Église, qui traite non-seulement
de Criminels, mais d'Hérétiques, tous ceux qui emploient
de l'Argent pour obtenir les Ministères Ecclésiastiques, et
qui appelle ce trafic, de quelque artifice qu'on le pallie,
non un violement d'une de ses Lois Positives, mais une
Hérésie, *simoniacam hæresim*.

Cette *École* donc en laquelle on apprend toutes ces
maximes, ou que ce n'est qu'une Simonie de Droit Positif,
ou que ce n'en est qu'une présumée, ou qu'il n'y a même
aucun péché à donner de l'Argent pour un Bénéfice comme
Motif, et non comme Prix, ne peut être que celle de Giézi
et de Simon le Magicien. C'est dans cette *École* où ces
deux premiers trafiqueurs[1] des choses saintes, qui sont exécrables partout ailleurs, doivent être tenus pour innocents ;
et, où, laissant à la cupidité ce qu'elle désire, et ce qui la
fait agir, on lui enseigne à éluder la Loi de Dieu par le
changement d'un terme qui ne change point les choses.
Mais que les disciples de cette *École* écoutent de quelle
sorte le grand pape Innocent III, dans sa Lettre à l'archevêque de Cantorbéry[2], de l'an 1199, a foudroyé toutes les
damnables subtilités de ceux « qui, étant aveuglés par
le désir du gain, prétendent pallier la Simonie sous un nom
honnête : *simoniam sub honesto nomine palliant*. Comme
si ce changement de nom pouvoit faire changer et la nature
du crime et la peine qui lui est due. Mais on ne se moque
pas de Dieu, ajoute ce pape ; et quand ces sectateurs de

---

1. Les bons écrivains n'emploient pas l'expression « trafiqueur », pas plus au xviie siècle qu'aujourd'hui.

2. Tous les textes du temps ont « Cantorbie » au lieu de « Cantorbéry ». On n'était pas difficile au xviie siècle sur les noms de lieux non plus que sur les noms d'hommes. Dans ses *Mémoires*, La Rochefoucauld écrit toujours « le Duc de Bouquinquan » pour le « Duc de Buckingham. »

Simon pourroient éviter en cette vie la punition qu'ils méritent, ils n'éviteront point en l'autre le supplice éternel que Dieu leur réserve. Car l'honnêteté du nom n'est pas capable de pallier la malice de ce péché, ni le déguisement d'une parole empêcher qu'on n'en soit coupable : Cum *nec honestas nominis criminis malitiam palliabit, nec vox poterit abolere reatum.* »

Le dernier point, monsieur, est sur le sujet des Banqueroutes. Sur quoi j'admire votre hardiesse. Les Jésuites, que vous défendez, avoient rejeté la question d'Escobar sur[a] Lessius très mal à propos ; car l'Auteur des Lettres n'avoit cité Lessius que sur la foi d'Escobar, et n'avoit attribué qu'à Escobar seul ce dernier point dont ils se plaignent, savoir que les Banqueroutiers peuvent retenir de leurs Biens pour vivre honnêtement, *quoique ces Biens eussent été gagnés par des injustices et des crimes connus de tout le monde.* C'est aussi sur le sujet du seul Escobar qu'il les a pressés, ou de désavouer publiquement cette maxime, ou de déclarer qu'ils la soutiennent ; et en ce cas, il les renvoie au Parlement. C'étoit à cela qu'il falloit répondre, et non pas dire simplement que Lessius, dont il ne s'agit pas, n'est pas de l'avis d'Escobar, duquel seul il s'agit. Pensez-vous donc qu'il n'y ait qu'à détourner les questions pour les résoudre ? Ne le prétendez pas, monsieur. Vous répondrez sur Escobar avant qu'on parle de Lessius. Ce n'est pas que je refuse de le faire. Et je vous promets de vous expliquer bien nettement la Doctrine de Lessius sur la Banqueroute, dont je m'assure que le Parlement ne sera pas moins choqué que la Sorbonne. Je vous tiendrai parole avec l'aide de Dieu, mais ce sera après que vous

---

[a] « A » au lieu de « sur » dans les textes in-4º et in-12.

aurez répondu au point contesté touchant Escobar. Vous satisferez à cela précisément, avant que d'entreprendre de nouvelles questions. Escobar est le premier en date ; il passera devant, malgré vos fuites. Assurez-vous qu'après cela Lessius le suivra de près.

LETTRE XIII[1]

Que la doctrine de Lessius sur l'Homicide est la même que celle de Victoria. Combien il est facile de passer de la Spéculation à la Pratique. Pourquoi les Jésuites se sont servis de cette vaine distinction, et combien elle est inutile pour les justifier[2].

Du 30 septembre 1656.

Mes révérends pères,

Je viens de voir votre dernier Écrit, où vous continuez vos Impostures jusqu'à la Vingtième, en déclarant que vous finissez par-là cette sorte d'accusation, qui faisoit votre première partie, pour en venir à la seconde, où vous devez prendre une nouvelle manière de vous défendre, en montrant qu'il y a bien d'autres Casuistes que les vôtres qui sont dans le Relâchement, aussi bien que vous. Je vois donc maintenant, mes pères, à combien d'Impostures j'ai à répondre : et puisque la Quatrième où nous en sommes demeurés est sur le sujet de l'Homicide, il sera à propos, en y répondant, de satisfaire en même temps aux[a] 11, 13, 14, 15, 16, 17 et 18ᵉ, qui sont sur le même sujet.

Je justifierai donc, dans cette Lettre, la vérité de mes citations contre les faussetés que vous m'imposez[3]. Mais

---

[a] Texte in-8º : « à la » au lieu de « aux ».

---

1. Texte in-4º et in-12 : « Treizième Lettre écrite par l'Auteur des *Lettres au Provincial*, aux révérends pères Jésuites. » Texte in-8º : « Treizième Lettre aux révérends pères Jésuites. »
2. Sous-titre de Nicole.
3. « M'imposez » pour m'imputez.

LETTRE XIII.

parce que vous avez osé avancer dans vos Écrits, « que les sentiments de vos Auteurs sur le Meurtre sont conformes aux décisions des Papes et des Lois ecclésiastiques, » vous m'obligerez à détruire [a], dans ma Lettre suivante, une proposition si téméraire et si injurieuse à l'Église. Il importe de faire voir qu'elle est exempte [b] de vos corruptions, afin que les Hérétiques ne puissent pas se prévaloir de vos égarements pour en tirer des conséquences qui la déshonorent. Et ainsi, en voyant d'une part vos pernicieuses maximes, et de l'autre les Canons de l'Église qui les ont toujours condamnées, on trouvera tout ensemble, et ce qu'on doit éviter, et ce qu'on doit suivre.

Votre Quatrième Imposture est sur une maxime touchant le Meurtre, que vous prétendez que j'ai faussement attribuée à Lessius. C'est celle-ci : « Celui qui a reçu un Soufflet peut poursuivre à l'heure même son ennemi, et même à coups d'épée, non pas pour se venger, mais pour réparer son Honneur. » Sur quoi vous dites que cette opinion-là est du casuiste Victoria [1]. Et ce n'est pas encore là [c] le sujet de la dispute, car il n'y a point de répugnance à dire qu'elle soit tout ensemble de Victoria et de Lessius, puisque Lessius dit lui-même qu'elle est aussi de Navarre et de votre père Henriquez, qui enseignent « que celui qui a reçu un

---

[a] « Détruire » est la leçon in-8°. Les textes in-4° et in-12 ont « renverser ».
[b] Textes in-4° et in-12 : « pure ».
[c] « Là » est ajouté dans le texte in-8°.

---

1. Victoria (Francisco de), né à Vittoria (Navarre), d'où il tire son nom : théologien et casuiste dominicain, mort à Salamanque, où il professait la Théologie, en 1546. Son principal ouvrage (*Theologicæ prælectiones* XII) publié après sa mort en un vol. in-folio contient douze traités parmi lesquels celui *de Homicidio*, et un autre intitulé : *De Simonia*. On a encore de lui une *Somma sacramentorum Ecclesiæ* et une *Somma confessionaria*. Voir Moreri, t. II de l'édition de 1698, au mot *François de Victoria*.

Soufflet peut à l'heure même poursuivre son homme, et lui donner autant de coups qu'il jugera nécessaire pour réparer son Honneur. » Il est donc seulement question de savoir si Lessius est [a] du sentiment de ces Auteurs, aussi bien que son confrère. Et c'est pourquoi vous ajoutez : « Que Lessius ne rapporte cette opinion que pour la réfuter ; et qu'ainsi je lui attribue un sentiment qu'il n'allègue que pour le combattre, qui est l'action du monde la plus lâche et la plus honteuse à un écrivain. » Or [b] je soutiens, mes pères, qu'il ne la rapporte que pour la suivre. C'est une question de fait qu'il sera bien facile de décider. Voyons donc comment vous prouvez ce que vous dites, et vous verrez ensuite comment je prouve ce que je dis.

Pour montrer que Lessius n'est pas de ce sentiment, vous dites qu'il en condamne la Pratique : et pour prouver cela, vous rapportez un de ses passages, Liv. II, c. IX, n. 82, où il dit ces mots : « J'en condamne la Pratique. » Je demeure d'accord que si on cherche ces paroles dans Lessius, au nombre 82, où vous les citez, on les y trouvera. Mais que dira-t-on, mes pères, quand on verra en [c] même temps qu'il traite en cet endroit d'une question toute différente de celle dont nous parlons, et que l'opinion, dont il dit en ce lieu-là qu'il en condamne la Pratique, n'est en aucune sorte celle dont il s'agit ici, mais une autre toute séparée? Cependant il ne faut, pour en être éclairci, qu'ouvrir le livre [d] même où vous renvoyez ; car on y trouvera toute la suite de son discours en cette manière.

Il traite la question, « savoir si on peut tuer pour un

---

[a] Textes in-4º et in-12 : « est *aussi* du sentiment ».
[b] Textes in-4º et in-12 : « et » au lieu de « or ».
[c] Textes in-4º· et in-12 : « au » au lieu de « en ».
[d] Textes in-4º et in-12 : « *au lieu* même » au lieu de « même ». L'auteur vient d'écrire « en ce lieu là ». Afin de ne pas se répéter immédiatement, il supprime « au lieu » dans l'in-8º

LETTRE XIII.

Soufflet, » au nombre 79, et il la finit au nombre 80, sans qu'il y ait en tout cela un seul mot de condamnation[1]. Cette question étant terminée, il en commence une nouvelle en l'art. 81, « savoir si on peut tuer pour des Médisances. » Et c'est sur celle-là qu'il dit, au n. 82, ces paroles que vous avez citées : « J'en condamne la Pratique. »

N'est-ce donc pas une chose honteuse, mes pères, que vous osiez produire ces paroles, pour faire croire que Lessius condamne l'opinion qu'on peut tuer pour un Soufflet, et que, n'en ayant rapporté en tout que cette seule preuve, vous triomphiez là-dessus, en disant, comme vous faites : « Plusieurs personnes d'honneur dans Paris ont déjà reconnu cette insigne fausseté par la lecture de Lessius, et ont appris par-là quelle créance on doit avoir à ce Calomniateur ? » Quoi ! mes pères, est-ce ainsi que vous abusez de la créance que ces personnes d'honneur ont en vous ? Pour leur faire entendre que Lessius n'est pas d'un sentiment, vous leur ouvrez son livre en un endroit où il en condamne un autre ; et comme ces personnes n'entrent pas en défiance de votre bonne foi, et ne pensent pas à examiner s'il s'agit en ce lieu-là de la question contestée, vous trompez ainsi leur crédulité. Je m'assure, mes pères, que, pour vous garantir d'un si honteux mensonge, vous avez eu recours à votre Doctrine des Équivoques, et que, lisant ce passage *tout haut*, vous disiez *tout bas* qu'il s'y agissoit d'une autre matière. Mais je ne sais si cette raison, qui

---

[1]. Il ne condamne pas en théorie la Doctrine qu'on peut tuer pour un Soufflet. On remarquera néanmoins que s'abstenir de combattre une opinion, ce n'est pas l'approuver. Lessius se prononce d'ailleurs en disant qu' « il ne faut pas en permettre facilement la pratique », puis jugeant du Meurtre pour cause de Calomnie, il ajoute : *hæc quoque sententia* — celle qui autorise le Meurtre pour Calomnie — *non est sequenda*; ce *hæc quoque* préjuge de son avis réel dans le cas précédent.

suffit bien pour satisfaire votre conscience, suffira pour satisfaire la plus juste plainte que vous feront ces gens d'honneur quand ils verront que vous les avez joués de cette sorte[1].

Empêchez-les donc bien, mes pères, de voir mes Lettres, puisque c'est le seul moyen qui vous reste pour conserver encore quelque temps votre crédit. Je n'en use pas ainsi des vôtres ; j'en envoie à tous mes amis ; je souhaite que tout le monde les voie ; et je crois que nous avons tous raison. Car enfin, après avoir publié cette Quatrième Imposture avec tant d'éclat, vous voilà décriés, si on vient à savoir que vous y avez supposé un passage pour un autre.

---

1. Les Casuistes n'avaient guère de ressource que l'Équivoque. Dans la circonstance, Pascal abuse de leur embarras. Il s'agit du Duel. Il est aisé à un spéculatif désintéressé comme lui de montrer que le Duel est condamné par l'ensemble du témoignage de la tradition chrétienne. Le fait est si banal que Pascal n'ose pas l'invoquer. Il jouit de l'empêchement où se trouvent les Casuistes. Ils ont à juger au point de vue pratique, à prescrire une conduite aux confesseurs. Que faire? L'Église proscrit le Duel, les Mœurs l'admettent. La difficulté est de concilier les Mœurs qui ne céderont pas, avec les décisions de l'Église qui sont formelles. Comment un Casuiste soucieux de l'enseignement consacré dans l'Église peut-il autoriser qu'on se tue pour un soufflet donné ou reçu, après avoir par exemple relu ces deux canons du Concile de Valence (855) ? « Nous ordonnons, suivant les anciennes observances de la discipline ecclésiastique, que quiconque se sera rendu coupable dans un pareil combat — le Duel — d'homicides ou de blessures graves, soit banni, comme un perfide assassin, de l'assemblée des fidèles, jusqu'à ce qu'il ait expié son crime par une juste pénitence. Nous voulons également que celui qui aura succombé soit considéré comme ayant volontairement attenté à sa propre vie, que son nom ne soit pas prononcé dans la célébration des saints mystères, et que son corps, conformément aux anciens décrets de l'Église, soit conduit à la sépulture, sans chant de psaumes et sans prières. » Comment, d'autre part, se dérober à une situation où, selon les paroles de La Bruyère, «le Duel est le triomphe de la mode? » Il faudra donc se brouiller avec le monde, que l'on confesse, dont on est le Directeur spirituel? ce serait se réduire à la condition de vilain et l'on a de plus hautes ambitions; on a donc recours, et c'était une belle occasion, aux *Restrictions mentales*, à la *Direction d'Intention*, à la *Doctrine des Équivoques*.

On jugera facilement que si vous eussiez trouvé ce que vous demandiez au lieu même où Lessius traite[a] cette matière, vous ne l'eussiez pas été chercher ailleurs ; et que vous n'y avez eu recours que parce que vous n'y voyiez rien qui fût favorable à votre dessein. Vous vouliez faire trouver dans Lessius ce que vous dites dans votre Imposture, p. 10, l. 12, « Qu'il n'accorde pas que cette opinion soit Probable dans la Spéculation ; » et Lessius dit expressément en sa conclusion, n. 80 : « cette opinion, qu'on peut tuer pour un Soufflet reçu, est Probable dans la Spéculation. » N'est-ce pas là mot à mot le contraire de votre discours ? Et qui peut assez admirer avec quelle hardiesse vous produisez en propres termes, le contraire d'une Vérité de Fait ? de sorte qu'au lieu que vous concluiez, de votre passage supposé, que Lessius n'étoit pas de ce sentiment, il se conclut fort bien, de son véritable passage, qu'il est de ce même sentiment.

Vous vouliez encore faire dire à Lessius « qu'il en condamne la Pratique. » Et comme je l'ai déjà dit, il ne se trouve pas une seule parole de condamnation en ce lieu-là ; mais il parle ainsi : « Il semble qu'on n'en doit pas FACILEMENT permettre la Pratique : *in praxi non videtur* FACILE PERMITTENDA. » Est-ce là, mes pères[b], le langage d'un homme qui *condamne* une maxime ? Diriez-vous[c] qu'il ne faut pas *permettre facilement*, dans la Pratique, les adultères ou les incestes ? Ne doit-on[d] pas conclure au contraire que, puisque Lessius ne dit autre chose, sinon que la Pratique n'en doit pas être facilement permise, son sentiment est

---

[a] Textes in-4º et in-12 : « traitoit ».

[b] « Mes pères » est une adjonction au texte in-8º.

[c] Textes in-4º et in-12 : « diriez-vous, *mes pères* ». On a supprimé ici « mes pères » dans l'in-8º afin de le reporter à la phrase précédente qui ne l'avait pas, et la suppression n'a en vue que d'écarter une répétition.

[d] Textes in-4º et in-12 : « Ne doit-on pas conclure, au contraire, puisque Lessius ne dit autre chose, sinon que la pratique n'en doit pas être facilement permise, que la pratique même en peut être quelquefois permise, quoique rarement ? »

que cette Pratique peut être quelquefois permise, quoique rarement[1]? Et comme s'il eût voulu apprendre à tout le monde quand on la doit permettre, et ôter aux personnes offensées les scrupules qui les pourroient troubler mal à propos, ne sachant en quelles occasions il leur est permis de tuer dans la Pratique, il a eu soin de leur marquer ce qu'ils doivent éviter pour pratiquer cette Doctrine en conscience. Écoutez-le, mes pères. « Il semble, dit-il, qu'on ne doit pas le permettre facilement, A CAUSE du danger qu'il y a qu'on agisse en cela par haine, ou par vengeance, ou avec excès, ou que cela ne causât trop de Meurtres[2]. » De sorte qu'il est clair que ce meurtre restera tout à fait permis[a] dans la Pratique, selon Lessius, si on évite ces inconvénients, c'est-à-dire si l'on peut agir sans haine, sans vengeance, et dans des circonstances qui n'attirent pas beaucoup de meurtres. En voulez-vous un exemple, mes pères? En voici un assez nouveau; c'est celui du Soufflet de Compiègne. Car vous avouerez que celui qui l'a reçu a témoigné, par la manière dont il s'est conduit, qu'il étoit assez maître des mouvements de haine et de vengeance. Il ne lui restoit donc qu'à éviter un trop grand nombre de Meurtres; et vous savez, mes pères, qu'il est si rare que des Jésuites donnent des Soufflets aux officiers de la maison

---

[a] Textes in-4º et in-12 : « tout permis » au lieu de : « tout à fait permis ».

---

1. Pascal possède l'art de presser un texte et de lui faire rendre tout ce qu'il veut dire.
2. Eh bien oui. S'il y avait trop de Meurtres, les États se dépeupleraient. C'est une considération d'économie politique. Là où le Christianisme ne serait pas admis, l'économie politique est invoquée. Les Casuistes sont des politiciens qui réduisent le Christianisme à la dose qu'ils espèrent faire accepter. Le tort de l'argumentation de Pascal est de laisser croire qu'ils professent la légitimité du duel : ils le tolèrent, ils ne professent pas qu'il est bon.

du roi, qu'il n'y avoit pas à craindre qu'un Meurtre en cette occasion en eût tiré[1] beaucoup d'autres en conséquence. Et ainsi vous ne sauriez nier que ce jésuite ne fût tuable en sûreté de conscience, et que l'offensé ne pût en cette rencontre pratiquer envers lui[a] la Doctrine de Lessius. Et peut-être, mes pères, qu'il l'eût fait, s'il eût été instruit dans votre École, et s'il eût appris d'Escobar « qu'un homme qui a reçu un Soufflet est réputé sans Honneur jusqu'à ce qu'il ait tué celui qui le lui a donné. » Mais vous avez sujet de croire que les instructions fort contraires qu'il a reçues d'un curé que vous n'aimez pas trop, n'ont pas peu contribué en cette occasion à sauver la vie à un jésuite[2].

Ne nous parlez donc plus de ces inconvénients qu'on peut éviter en tant de rencontres, et hors lesquels le Meurtre est permis, selon Lessius, dans la Pratique même. C'est ce qu'ont bien reconnu vos Auteurs, cités par Escobar dans la *Pratique de l'Homicide selon votre Société*, Tr. 1, ex. 7, n. 48. « Est-il permis, dit-il, de tuer celui qui a donné un Soufflet ? Lessius dit que cela est permis dans la Spéculation, mais qu'on ne le doit pas conseiller dans la Pratique, *non consulendum in praxi*, à cause du danger de la haine ou des Meurtres nuisibles à l'État qui en pour-

---

[a] Textes in-4º et in-12 : « en son endroit » au lieu d' « envers lui ».

---

1. « Tirer des meurtres en conséquence » n'est pas un modèle de style, mais c'en est un de l'effort continuel que les *Provinciales* ont coûté à leur auteur.
2. L'officier de la maison du roi, qui aurait reçu à Compiègne un soufflet de la main d'un jésuite, s'appellait Guille. L'aventure eut un grand retentissement. Le P. Pirot, dans son *Apologie pour les Casuistes*, nie le soufflet. Le P. Nouet, professeur de rhétorique aux Jésuites de Paris, plus tard confesseur de Bussy-Rabutin, et auteur de huit sermons contre la *Fréquente communion* d'Arnauld, nie également le soufflet de Compiègne. L'assertion de Pascal serait *un soufflet à la vérité*. L'officier de la maison du roi aurait démenti lui-même qu'il eût reçu un soufflet.

roient arriver. MAIS LES AUTRES ONT JUGÉ QU'EN ÉVITANT CES INCONVÉNIENTS CELA EST PERMIS ET SUR DANS LA PRATIQUE : *in praxi probabilem et tutam judicarunt Henriquez*, etc. » Voilà comment les opinions s'élèvent peu à peu jusqu'au comble de la Probabilité. Car vous y avez porté celle-ci, en la permettant enfin sans aucune distinction de Spéculation ni de Pratique, en ces termes : « Il est permis, lorsqu'on a reçu un Soufflet, de donner incontinent un coup d'épée, non pas pour se venger, mais pour conserver son Honneur. » C'est ce qu'ont enseigné vos Pères à Caen, en 1644, dans leurs Écrits publics, que l'Université produisit au Parlement lorsqu'elle y présenta sa troisième requête contre votre Doctrine de l'Homicide, comme il se voit en la page 339 du Livre qu'elle en fit alors imprimer[a].

Remarquez donc, mes pères, que vos propres Auteurs ruinent d'eux-mêmes cette vaine distinction de Spéculation et de Pratique que l'Université avoit traitée de ridicule, et dont l'invention est un secret de votre Politique qu'il est bon de faire entendre. Car, outre que l'intelligence en est nécessaire pour les Quinze, Seize, Dix-sept et Dix-huitième Impostures, il est toujours à propos de découvrir peu à peu les principes de cette Politique mystérieuse.

Quand vous avez entrepris de décider les cas de conscience d'une manière favorable et accommodante, vous en avez trouvé où la Religion seule étoit intéressée, comme les questions de la Contrition, de la Pénitence, de l'Amour de Dieu, et de toutes celles qui ne touchent que l'intérieur des consciences. Mais vous en avez trouvé[b] d'autres où

---

[a] Textes in-4º et in-12 : « C'est ce qu'ont enseigné vos Pères à Caen, en 1644, dans leurs Écrits publics, que l'Université produisit au Parlement *dans* sa troisième requête contre votre doctrine de l'Homicide, comme il se voit en la page 339 du livre qu'elle en fit alors imprimer ».

[b] Textes in-4º et in-12 : « rencontré » au lieu de « trouvé »

l'État a intérêt aussi bien que la Religion, comme sont celles de l'Usure, des Banqueroutes, de l'Homicide, et autres semblables ; et c'est une chose bien sensible à ceux qui ont un véritable amour pour l'Église, de voir qu'en une infinité d'occasions où vous n'avez eu que la Religion à combattre, vous en avez renversé les Lois sans réserve, sans distinction et sans crainte, comme il se voit dans vos opinions si hardies contre la Pénitence et l'Amour de Dieu, parce que vous saviez que ce n'est pas ici le lieu où Dieu exerce visiblement sa justice. Mais dans celles où l'État est intéressé aussi bien que la Religion, l'appréhension que vous avez eue de la justice des hommes vous a fait partager vos décisions, et former deux questions sur ces matières [a] : l'une que vous appelez *de Spéculation*, dans laquelle, en considérant ces crimes en eux-mêmes, sans regarder à l'intérêt de l'État, mais seulement à la Loi de Dieu qui les défend, vous les avez permis, sans hésiter, en renversant ainsi la Loi de Dieu qui les condamne ; l'autre, que vous appelez *de Pratique*, dans laquelle, en considérant le dommage que l'État en recevroit, et la présence des Magistrats qui maintiennent la sûreté publique, vous n'approuvez pas toujours dans la Pratique ces Meurtres et ces Crimes que vous trouvez permis dans la Spéculation, afin de [b] vous mettre par-là à couvert du côté des Juges. C'est ainsi, par exemple, que, sur cette question, « s'il est permis de tuer pour des Médisances, » vos Auteurs, Filiutius, Tr. 29, cap. III, n. 52 ; Reginaldus, L. XXI, cap. V, n. 63, et les autres répondent :

[a] Textes in-4º et in-12 : « Et c'est une chose bien sensible à ceux qui ont un véritable amour pour l'Église, de voir que dans une infinité d'occasions, où vous n'avez eu que la Religion à combattre, *comme ce n'est pas ici le lieu où Dieu exerce visiblement sa justice, vous en avez renversé les lois sans aucune crainte, sans réserve et sans distinction, comme il se voit dans vos opinions si hardies contre la Pénitence et l'Amour de Dieu. Mais dans celles où la Religion et l'État ont part, vous avez partagé vos décisions et formé* deux questions sur ces matières. »

[b] Textes in-4º et in-12 : « pour » au lieu de « afin de ».

« Cela est permis dans la Spéculation, *ex probabili opinione licet*; mais je n'en approuve pas la Pratique, à cause du grand nombre de Meurtres qui en arriveroient et feroient tort à l'État, si on tuoit tous les Médisants; et qu'ainsi on en seroit puni en justice en tuant pour ce sujet. » Voilà de quelle sorte vos opinions commencent à paroître sous cette distinction, par le moyen de laquelle vous ne ruinez que la Religion, sans blesser encore sensiblement l'État. Par-là vous croyez être en assurance. Car vous vous imaginez que le crédit que vous avez dans l'Église empêchera qu'on ne punisse vos attentats contre la Vérité; et que les précautions que vous apportez pour ne mettre pas facilement ces permissions en pratique, vous mettront à couvert de la part des Magistrats, qui, n'étant pas juges des cas de conscience, n'ont proprement intérêt qu'à la Pratique extérieure. Ainsi une opinion qui seroit condamnée sous le nom de Pratique se produit en sûreté sous le nom de Spéculation[1]. Mais cette base étant affermie, il n'est pas difficile d'y élever le reste de vos maximes. Il y avoit une distance infinie entre la défense que Dieu a faite de tuer, et la permission spéculative que vos Auteurs en ont donnée. Mais la distance est bien petite de cette permission à la Pratique. Il ne reste seulement qu'à montrer que ce qui est permis dans la Spéculative l'est bien aussi dans la Pratique. On ne manquera pas de raisons pour cela[a]. Vous en avez bien trouvé en des cas plus difficiles. Voulez-vous voir, mes pères, par où l'on y arrive? suivez ce raisonnement d'Escobar, qui l'a décidé

---

[a] Texte in-8° : « *or*, on ne manquera pas de raisons pour cela ».

1. Nous avons déjà eu l'occasion de remarquer que par le mot *spéculation*, les Théologiens entendent le *droit naturel*, et par le mot *pratique*, le *droit positif*. Les Casuistes en jouent volontiers, mais Pascal exagère à dessein, afin de rendre leurs décisions odieuses.

LETTRE XIII.

nettement dans le premier des six tomes de sa grande Théologie Morale, dont je vous ai parlé, où il est tout autrement éclairé que dans ce Recueil qu'il avoit fait de vos Vingt-quatre Vieillards ; car, au lieu qu'il avoit pensé en ce temps-là qu'il pouvoit y avoir des opinions Probables dans la Spéculation qui ne fussent pas sûres dans la Pratique, il a connu le contraire depuis, et l'a fort bien établi dans ce dernier ouvrage : tant la Doctrine de la Probabilité en général reçoit d'accroissement par le temps, aussi bien que chaque opinion probable en particulier. Écoutez-le donc *In præloq.* c. III, n. 15. « Je ne vois pas, dit-il, comment il se pourroit faire que ce qui paroît permis dans la Spéculation ne le fût pas dans la Pratique, puisque ce qu'on peut faire dans la Pratique dépend de ce qu'on trouve permis dans la Spéculation, et que ces choses ne diffèrent l'une de l'autre que comme l'effet de la cause. Car la Spéculation est ce qui détermine à l'action. D'où IL S'ENSUIT QU'ON PEUT EN SURETÉ DE CONSCIENCE SUIVRE DANS LA PRATIQUE LES OPINIONS PROBABLES DANS LA SPÉCULATION, et même avec plus de sûreté que celles qu'on n'a pas si bien examinées spéculativement. »

En vérité, mes pères, votre Escobar raisonne assez bien quelquefois. Et en effet, il y a tant de liaison entre la Spéculation et la Pratique, que, quand l'une a pris racine, vous ne faites plus difficulté de permettre l'autre sans déguisement. C'est ce qu'on a vu dans la permission de tuer pour un Soufflet, qui de la simple Spéculation, a été portée hardiment par Lessius à une Pratique *qu'on ne doit pas facilement accorder*, et de là par Escobar *à une Pratique facile ;* d'où vos pères de Caen l'ont conduite à une permission pleine, sans distinction de Théorie et de Pratique, comme vous l'avez déjà vu.

C'est ainsi que vous faites croître peu à peu vos opinions. Si elles paroissoient tout à coup dans leur dernier excès, elles causeroient de l'horreur; mais ce progrès lent et insensible y accoutume doucement les hommes, et en ôte le scandale. Et par ce moyen la permission de tuer, si odieuse à l'État et à l'Église, s'introduit premièrement dans l'Église, et ensuite de l'Église dans l'État.

On a vu un semblable succès de l'opinion de tuer pour des Médisances. Car elle est aujourd'hui arrivée à une permission pareille sans aucune distinction. Je ne m'arrêterois pas à vous en rapporter les passages de vos Pères, si cela n'étoit nécessaire pour confondre l'assurance que vous avez eue de dire deux fois dans votre Quinzième Imposture, p. 26 et 30, « qu'il n'y a pas un jésuite qui permette de tuer pour des Médisances ». Quand vous dites cela, mes pères, vous devriez empêcher que je ne le visse, puisqu'il m'est si facile d'y répondre. Car, outre que vos Pères Reginaldus, Filiutius, etc., l'ont permis dans la Spéculation, comme je l'ai déjà dit, et que de là le principe d'Escobar nous mène sûrement à la Pratique, j'ai à vous dire de plus que vous avez plusieurs Auteurs qui l'ont permis en mots propres, et entre autres le père Héreau dans ses leçons publiques, ensuite desquelles le Roi le fit mettre en arrêt en votre maison pour avoir enseigné, outre plusieurs erreurs, « que quand celui qui nous décrie devant des gens d'honneur continue après l'avoir averti de cesser, il nous est permis de le tuer; non pas véritablement[a] en public, de peur de scandale, mais en cachette, SED CLAM ».

Je vous ai déjà parlé du père Lamy, et vous n'ignorez pas que sa Doctrine sur ce sujet a été censurée en 1649

---

[a] « Véritablement » est ajouté dans l'in-8º.

par l'Université de Louvain[1]. Et néanmoins il n'y a pas encore deux mois que votre père Des Bois a soutenu à Rouen cette Doctrine censurée du père Lamy, et a enseigné « qu'il est permis à un Religieux de défendre l'Honneur

[1]. Lami avait fait imprimer à Douai, en 1640, un cours de Théologie scolastique où il enseignait que les gens d'Église avaient le droit de se défaire de ceux qui attaquaient leur honneur ou leur considération : « les Ecclésiastiques et les Religieux, disait-il, en gardant la modération d'une juste défense, pourront au moins défendre cet honneur qui vient de la vertu et de la sagesse, en tuant même ceux qui le leur veulent ravir. Je dis plus, qu'ils semblent même être obligés, au moins par la Loi de la Charité, à se défendre quelquefois de cette sorte; comme lorsque tout un Ordre seroit déshonoré s'ils venoient à perdre leur réputation, d'où il s'en suit qu'il sera permis à un Ecclésiastique ou à un Religieux de tuer un calomniateur qui menace de publier de grands crimes de lui ou de son Ordre, quand il n'y a que ce seul moyen de l'empêcher, comme il semble qu'il n'y en a point d'autre, si ce calomniateur est près d'en accuser cet Ordre ou ce Religieux publiquement et devant des personnes de considération. » Le Casuiste ajoute qu'il propose cela, comme un cas à discuter, non comme une doctrine à suivre. Dans une réimpression d'Anvers, faite en 1649, il déclare qu'il avait proposé cette doctrine de son chef, mais que depuis, il l'a trouvée soutenue par Navarre (L. II, de rat. c. 3, n° 371-372) et dans Sayrus. Le conseil souverain de Brabant, à la requête du procureur général, après avoir demandé et obtenu la censure de cette doctrine à l'archevêque de Malines et à la Faculté de Théologie de Louvain, défendit de publier l'édition, à moins qu'on ne retranchât le passage relatif à cette affaire. Les Jésuites, par l'organe de l'imprimeur, firent présenter au Conseil des considérations où il était dit : « on peut considérer deux sortes d'honneur dont l'homme est capable, l'un qui vient d'un bien spirituel, soit des vertus intellectuelles comme sont la sagesse, la prudence, la science, etc., soit des vertus qui résident dans la volonté comme sont toutes les vertus. Car l'homme est honoré et mérite de l'être à cause de ces biens de l'âme, non seulement parmi les sages, mais parmi ceux qui ne le sont pas. L'autre sorte d'honneur est celui qui vient des biens du corps, comme de la force, de la santé, de la beauté, etc. On pourroit donc dire qu'il n'est pas permis indifféremment de tuer pour défendre toute sorte d'honneur, mais seulement pour celui du premier genre qui est le véritable honneur et celui qui mérite par lui-même d'être désiré, et ainsi il ne seroit permis de tuer pour défendre l'honneur de la seconde espèce que lorsqu'il est nécessaire ou utile pour acquérir d'autres biens; excepté ce cas, il ne seroit pas permis de le faire... C'est de ce dernier cas qu'il faut entendre Covarruvias (3. p. rel. de homicid. 87, n° 4) lorsqu'il dit qu'il n'est pas permis de tuer pour défendre son honneur. Car s'il parloit de l'honneur qui naît

qu'il a acquis par sa vertu, MÊME EN TUANT celui qui attaque sa réputation, ETIAM CUM MORTE INVASORIS ». Ce qui a causé un tel scandale en cette ville-là, que tous les Curés se sont unis pour lui faire imposer silence, et l'obli-

> même des biens de l'esprit, ou du second, dans le cas où il est nécessaire pour acquérir d'autres biens, tous les Casuistes conviennent qu'il est permis de le défendre en tuant celui qui l'attaque. Car c'est de cet honneur qu'il est écrit : *Ayez soin de conserver votre réputation*. Et ailleurs : *La bonne réputation vaut mieux que les grandes richesses*. S'il est donc permis pour la défense des biens temporels de tuer celui qui nous les veut enlever, à plus forte raison sera-t-il permis de tuer pour cet honneur qui, comme nous l'avons dit, n'est pas vain et frivole, mais solide et nécessaire à tout le monde. Sayrus, de l'ordre de Saint-Benoît, homme très docte, enseigne la même chose et Innocent IV *in cap. dilectio de sent. excom.*, l. VI, approuve l'action du doyen d'Orléans. Il étoit permis, dit-il, à ce doyen, si le baillif le vouloit dépouiller injustement de ses biens, de repousser la force par la force. Et ce que nous venons de dire n'a pas seulement lieu à l'égard des Laïques, mais aussi à l'égard des Ecclésiastiques. Car ce principe : il est permis de repousser la force par la force, a lieu aussi à l'égard des Ecclésiastiques et leur donne le même droit de défendre leurs biens qu'aux Laïques. Lessius (L. II, cap. 9, n° 47) explique ce même cas et en improuve avec raison la pratique, comme je fais aussi, quoique Duval, docteur en Sorbonne et professeur royal en théologie pousse plus avant (Tr. de char. quœst. 17, art. 1), où il dit que si quelqu'un devoit infailliblement perdre la vie, sa réputation et sa fortune, ou si toute une famille devoit être certainement ruinée par des crimes qu'un calomniateur imposeroit devant des juges : comme par exemple, si quelqu'un étoit faussement accusé par de faux témoins de crime de lèze-majesté; cet homme dans ces circonstances pourroit tuer en cachette celui qui auroit formé cette calomnie contre lui, s'il ne s'en pouvoit garantir autrement. Mais j'ai témoigné ci-dessus (n° 3) que je croyois ce cas métaphysique en ce qu'il suppose qu'il n'y ait aucun autre moyen d'échapper de ce danger. »

Lami consentit à quelques retranchements qui n'infirmaient pas son opinion. Pendant qu'on y était, on lui découvrit d'autres misères sur le même sujet. Il professait qu'il n'était pas seulement permis de tuer pour défendre les Biens qu'on possède actuellement, mais pour défendre ceux auxquels on a *un droit commencé* et qu'on espère posséder dans l'avenir. Ainsi il est permis à un Héritier ou à un Légataire de se défendre en tuant ceux qui les empêchent d'hériter ou d'entrer en possession d'un legs. Il en est de même de ceux qui ont droit à une chaire ou à une prébende. Le tout fut censuré (1649). La guerre dura de longues années. La plupart des Casuistes de l'Europe y prirent part. En réalité, les Casuistes, après les

ger à rétracter sa Doctrine, par les voies canoniques. L'affaire en est à l'Officialité.

Que voulez-vous donc dire, mes pères? Comment entreprenez-vous de soutenir après cela « qu'aucun jésuite n'est d'avis qu'on puisse tuer pour des Médisances? » Et falloit-il autre chose pour vous en convaincre que les opinions mêmes de vos Pères que vous rapportez, puisqu'ils ne défendent pas spéculativement de tuer, mais seulement dans la Pratique, « à cause du mal qui en arriveroit à l'État? » Car je vous demande sur cela, mes pères, s'il s'agit dans nos disputes d'autre chose, sinon d'examiner si vous avez renversé la Loi de Dieu qui défend l'Homicide. Il n'est pas question de savoir si vous avez blessé l'État, mais la Religion. A quoi sert-il donc, dans ce genre de dispute, de montrer que vous avez épargné l'État, quand vous faites voir en même temps que vous avez détruit la Religion, en disant, comme vous faites, p. 28, l. III, « que le sens de

---

Théologiens du moyen âge, continuaient la tâche des écoles grecques de l'antiquité qui ont créé la Morale en Occident. Les Casuistes proprement dits la continuaient au sein du Christianisme et dans un cadre chrétien. Comme les Jésuites les laïques dans l'enceinte du droit romain, les moralistes indépendants, Montaigne, au XVIe siècle, La Rochefoucauld et Hobbes au XVIIe, la continuaient dans un autre champ. Au contact des Casuistes, Pascal lui-même est devenu Casuiste. Sans les *Provinciales*, on n'aurait pas les *Pensées*.

Dans la question de l'Homicide, tout l'avantage est de son côté. Il est spéculatif; les Casuistes sont des praticiens qui essayent d'ajuster le Christianisme aux mœurs du temps. Lui qui regarde de son coin n'aspire qu'à un succès d'opinion, se tient volontiers sur le terrain du Christianisme. Les Casuistes, qui ont à concilier le Christianisme avec les exigences du moment, ont recours au Droit Naturel; c'est ce qu'ils appellent la Spéculation. Dans le droit de nature, tout est permis. L'état de société ou droit positif le tempère. L'état de société, c'est le pouvoir civil, laïc. Les Casuistes l'admettent, c'est là où Pascal triomphe. Il n'admet point le droit laïc; celui-ci tolère par exemple le Duel, le droit de légitime defense. Tout de suite, Pascal invoque le Décalogue : *non occides, homicide point ne seras.*

Reginaldus sur la question de tuer pour des Médisances, est qu'un particulier a droit d'user de cette sorte de défense, la considérant simplement en elle-même? » Je n'en veux pas davantage que cet aveu pour vous confondre. « Un particulier, dites vous, a droit d'user de cette défense, » c'est-à-dire de tuer pour des Médisances, « en considérant la chose en elle-même, » et par conséquent, mes pères, la Loi de Dieu qui défend de tuer est ruinée par cette décision.

Et il ne sert de rien de dire ensuite, comme vous faites, « que cela est illégitime et criminel, même selon la Loi de Dieu, à raison des Meurtres et des désordres qui en arriveroient dans l'État, parce qu'on[a] est obligé, selon Dieu, d'avoir égard au bien de l'État. » C'est bien sortir de la question. Car, mes pères, il y a deux lois à observer : l'une qui défend de tuer, l'autre qui défend de nuire à l'État[1]. Reginaldus n'a pas peut-être violé la Loi qui défend de nuire à l'État, mais il a violé certainement celle qui défend de tuer. Or, il ne s'agit ici que de celle-là seule. Outre que vos autres Pères, qui ont permis ces Meurtres dans la Pratique, ont ruiné l'une aussi bien que l'autre. Mais allons plus avant, mes pères. Nous voyons bien que vous défendez quelquefois de nuire à l'État, et vous dites que votre dessein en cela est d'observer la Loi de Dieu qui oblige à le maintenir. Cela peut être véritable, quoiqu'il ne soit pas certain ; puisque vous pourriez faire la même chose

---

[a] Textes in-4º et in-12 : « et qu'on » au lieu de « parce qu'on ».

---

1. Il n'y a rien dans le Christianisme qui ait trait à l'obligation de la défense de l'État. Le Christianisme est né en dehors de l'État et contre lui. On a plus tard associé sa cause à celle de l'État. Ce caractère lui a été conféré par la Politique et au IVe siècle.

par la seule crainte des Juges. Examinons donc, je vous prie, de quel principe part ce mouvement.

N'est-il pas vrai, mes pères, que si vous regardiez véritablement Dieu, et que l'observation de sa Loi fût le premier et principal objet de votre pensée, ce respect régneroit uniformément dans toutes vos décisions importantes, et vous engageroit à prendre dans toutes ces occasions l'intérêt de la Religion? Mais si l'on voit au contraire que vous violez en tant de rencontres les ordres les plus saints que Dieu ait imposés aux hommes, quand il n'y a que sa Loi à combattre ; et que, dans les occasions mêmes dont il s'agit, vous anéantissez la Loi de Dieu, qui défend ces actions comme criminelles en elles-mêmes[1], et ne témoignez craindre de les approuver dans la Pratique que par la crainte des Juges, ne nous donnez-vous pas sujet de juger que ce n'est point Dieu que vous considérez dans cette crainte ; et que, si en apparence vous maintenez sa Loi en ce qui regarde l'obligation de ne pas nuire à l'État, ce n'est pas pour sa Loi même, mais pour arriver à vos fins, comme ont toujours fait les moins religieux politiques[2].

1. « Mais l'Homicide n'est pas criminel en soi », objecte l'abbé Maynard. Non, puisque dans le Droit de Nature tout est permis, et que, même dans l'État de Société, l'Homicide est souvent permis, comme en témoignent le Droit de guerre et celui que s'attribue la Société de prononcer la peine de mort. Mais, comme on l'a déjà vu, Pascal ne connaît ni le Droit de Nature, ni le Droit Social. Il ne connaît que les Livres Saints et ils disent : *Non occides*.

2. Les Casuistes et les Jésuites en particulier se sont faits les serviteurs de la *Raison d'État*, pratiquée jadis à Rome par les Patriciens de la République et par l'Empire, formulée par Polybe, Tacite et les Stoïciens, abolie par l'Église et par le Moyen âge, reconstruite au XVIe siècle par Machiavel et Guichardin, devenue depuis une Doctrine commune à toutes les formes de gouvernement. Pascal, comme les Jansénistes, sans en méconnaître la valeur pratique, la hait au nom de la liberté morale, du droit individuel, de « la liberté chrétienne » des Pères de l'Église. Le fond de ses griefs contre les Casuistes et les Jésuites est qu'ils en sont les agents, par

Quoi, mes pères ! vous nous direz qu'en ne regardant que la Loi de Dieu qui défend l'Homicide, on a droit de tuer pour des Médisances ª ? Et après avoir ainsi violé la Loi de Dieu, vous croirez lever le scandale que vous avez causé, et nous persuader de votre respect envers Lui en ajoutant que vous en défendez la Pratique pour des considérations d'État, et par la crainte des Juges ? N'est-ce pas au contraire exciter un scandale nouveau ? non pas par le respect que vous témoignez en cela pour les Juges ; car ce n'est pas cela que je vous reproche, et vous vous jouez ridiculement là-dessus, page 29. Je ne vous reproche pas de craindre les Juges, mais de ne craindre que les Juges ᵇ. C'est cela que je blâme ; parce que c'est faire Dieu moins ennemi des crimes que les hommes. Si vous disiez qu'on peut tuer un Médisant selon les hommes, mais non pas selon Dieu, cela seroit moins insupportable ; mais quand vous prétendez ᶜ que ce qui est trop criminel pour être souf-

---

ª Textes in-4º et in-12 : « quoi, mes pères, vous nous direz qu'on a droit de tuer pour des médisances, en ne regardant que la loi de Dieu qui défend l'homicide ? »
ᵇ Textes in-4º et in-12 : « Je ne vous reproche pas de craindre les juges, mais de ne craindre que les juges, et non pas le Juge des Juges. »
ᶜ « Quand vous prétendez » est ajouté dans l'in-8º.

---

système et par ambition, au détriment de l'Esprit évangélique qu'ils lui sacrifient. En ce qui concerne l'État, comme dans l'intérieur de leur Société, ils obéissent à leur formule : *Perinde ac cadaver*. Ils sont autoritaires; ils se sont arrogé le monopole du Principe d'Autorité, au nom du Pape et du Roi. Le principe de Pascal, qui est aussi le principe de la Réforme, est le principe opposé, celui de l'indépendance personnelle : Sus à un maître ; Dieu seul est roi. On ne le professe pas ouvertement. Il est l'arme de la résistance des Jansénistes à l'Autorité du Saint-Siège et à l'Autorité politique. Il forme chez eux ce qu'était dans le Christianisme primitif la *Doctrine du Secret*. C'était la doctrine de la Grâce, de l'inspiration libre : *Spiritus flat ubi vult*. Saint Cyran l'avait inoculée à Port-Royal. C'est ce qui faisait dire à Richelieu répondant à M. le Prince, — le père du grand Condé, — qui lui demandait de faire sortir saint Cyran du donjon de Vincennes : « Savez-vous bien de quel homme vous me parlez ? *Il est plus dangereux que six armées.* » Il était l'ennemi de la Raison d'État.

fert par les hommes soit innocent et juste aux yeux de Dieu qui est la justice même, que faites-vous[a] autre chose, sinon montrer à tout le monde que, par cet horrible renversement si contraire à l'Esprit des Saints, vous êtes hardis contre Dieu, et timides envers les hommes? Si vous aviez voulu condamner sincèrement ces Homicides, vous auriez laissé subsister l'ordre de Dieu qui les défend ; et si vous aviez osé permettre d'abord ces Homicides, vous les auriez permis ouvertement, malgré les Lois de Dieu et des hommes. Mais, comme vous avez voulu les permettre insensiblement, et surprendre les Magistrats qui veillent à la sûreté publique, vous avez agi finement en séparant vos maximes, et proposant d'un côté « qu'il est permis, dans la spéculative, de tuer pour des Médisances » (car on vous laisse examiner les choses dans la spéculation), et produisant d'un autre côté cette maxime détachée, « que ce qui est permis dans la Spéculation l'est bien aussi dans la Pratique. » Car quel intérêt l'État semble-t-il avoir dans cette proposition générale et métaphysique? Et ainsi, ces deux principes peu suspects étant reçus séparément, la vigilance des Magistrats est trompée; puisqu'il ne faut plus que rassembler ces maximes pour en tirer cette conclusion où vous tendez, qu'on peut donc tuer dans la Pratique pour de simples Médisances.

Car c'est encore ici, mes pères, une des plus subtiles adresses de votre Politique, de séparer dans vos Écrits les maximes que vous assemblez dans vos avis. C'est ainsi que vous avez établi à part votre Doctrine de la Probabilité, que j'ai souvent expliquée. Et ce principe général étant affermi, vous avancez séparément des choses qui, pou-

---

[a] « Que faites-vous » est substitué par l'in-8º à « qu'est-ce faire » qu'il y a dans les éditions précédentes.

vant être innocentes d'elles-mêmes, deviennent horribles étant jointes à ce pernicieux principe. J'en donnerai pour exemple ce que vous avez dit, page 11, dans vos Impostures, et à quoi il faut que je réponde : « Que plusieurs théologiens célèbres sont d'avis qu'on peut tuer pour un Soufflet reçu. » Il est certain, mes pères, que, si une personne qui ne tient point à la Probabilité avoit dit cela, il n'y auroit rien à reprendre, puisqu'on ne feroit alors qu'un simple récit qui n'auroit aucune conséquence. Mais vous, mes pères, et tous ceux qui tiennent[a] cette dangereuse Doctrine : « Que tout ce qu'approuvent des Auteurs célèbres est probable et sûr en conscience, » quand vous ajoutez à cela, « que plusieurs Auteurs célèbres sont d'avis qu'on peut tuer pour un Soufflet », qu'est-ce faire autre chose, sinon de mettre à tous les Chrétiens le poignard à la main pour tuer ceux qui les auront offensés, en leur déclarant qu'ils le peuvent faire en sûreté de conscience, parce qu'ils suivront en cela l'avis de tant d'Auteurs graves?

Quel horrible langage qui, en disant que des Auteurs tiennent une opinion damnable, est en même temps une décision en faveur de cette opinion damnable, et qui autorise en conscience tout ce qu'il ne fait que rapporter! On l'entend, mes pères, ce langage de votre École. Et c'est une chose étonnante que vous ayez le front de le parler si haut, puisqu'il marque votre sentiment si à découvert, et vous convainc de tenir pour sûre en conscience cette opinion, « qu'on peut tuer pour un Soufflet », aussitôt que vous nous avez dit que plusieurs Auteurs célèbres la soutiennent.

Vous ne pouvez vous en défendre, mes pères, non plus

---

[a] « Tiennent » est la leçon in-4º et in-12; le texte in-8º lui substitue « tenez ».

que vous prévaloir des passages de Vasquez et de Suarez que vous m'opposez, où ils condamnent ces Meurtres que leurs confrères approuvent. Ces témoignages, séparés du reste de votre Doctrine, pourroient éblouir ceux qui ne l'entendent pas assez. Mais il faut joindre ensemble vos principes et vos maximes. Vous dites donc ici que Vasquez ne souffre point les Meurtres. Mais que dites-vous d'un autre côté, mes pères? « Que la Probabilité d'un sentiment n'empêche pas la Probabilité du sentiment contraire. » Et en un autre lieu, qu'il est permis de suivre l'opinion la moins probable et la moins sûre, en quittant l'opinion la plus probable et la plus sûre. » Que s'ensuit-il de tout cela ensemble, sinon que nous avons une entière liberté de conscience pour suivre celui qui nous plaira de tous ces avis opposés? Que devient donc, mes pères, le fruit que vous espériez de toutes ces citations? Il disparoît, puisqu'il ne faut, pour votre condamnation, que rassembler ces maximes que vous séparez pour votre justification. Pourquoi produisez-vous donc ces passages de vos Auteurs que je n'ai point cités, pour excuser ceux que j'ai cités, puisqu'ils n'ont rien de commun? Quel droit cela vous donne-t-il de m'appeler *Imposteur?* Ai-je dit que tous vos Pères sont dans un même dérèglement? Et n'ai-je pas fait voir au contraire que votre principal intérêt est d'en avoir de tous avis pour servir à tous vos besoins? A ceux qui voudront tuer on présentera Lessius; à ceux qui ne voudront pas tuer [a] on produira Vasquez, afin que personne ne sorte malcontent, et sans avoir pour soi un Auteur grave. Lessius parlera en païen de l'Homicide, et peut-être en Chrétien de l'Aumône : Vasquez parlera en païen de l'Au-

---

[a] Textes in-4º et in-12 : « à ceux qui ne *le voudront pas* ».

mône, et en chrétien de l'Homicide. Mais par le moyen de la Probabilité que Vasquez et Lessius tiennent, et qui rend toutes vos opinions communes, ils se prêteront leurs sentiments les uns aux autres, et seront obligés d'absoudre ceux qui auront agi selon les opinions que chacun d'eux condamne. C'est donc cette variété qui vous confond davantage. L'uniformité seroit plus supportable : et il n'y a rien de plus contraire aux ordres exprès de saint Ignace et de vos premiers Généraux que ce mélange confus de toutes sortes d'opinions[1]. Je vous en parlerai peut-être quelque

1. Il est constant que cette confusion d'opinions est peu d'accord avec les règles que saint Ignace promulguait en mourant sous forme de Testament : — 1° Dès que je serai entré en Religion, mon premier soin sera de m'abandonner entièrement à la conduite de mon Supérieur ; 2° il serait à souhaiter que je tombasse entre les mains d'un Supérieur qui entreprît de dompter mon jugement et qui s'y attachât tout à fait ; 3° dans toutes les choses où il n'y a point de péché, il faut que je suive le jugement de mon Supérieur et non pas le mien ; 4° il y a trois manières d'obéir : la première, quand nous faisons ce qu'on nous commande en vertu de cette obéissance, et cette manière est bonne ; la seconde, qui est meilleure, quand nous obéissons sur un simple mot ; la troisième et la plus parfaite de toutes, quand nous n'attendons pas l'ordre du Supérieur, mais que nous prévenons et que nous devinons sa volonté ; 5° il me faut obéir indifféremment à toutes sortes de Supérieurs, sans distinguer le premier d'avec le second ni même d'avec le dernier ; mais je dois regarder en tous également notre Seigneur dont ils tiennent tous la place, et me souvenir que l'Autorité se communique au dernier par ceux qui sont au-dessus de lui ; 6° si le Supérieur juge que ce qu'il me commande est bon, et que je croie ne pouvoir obéir sans offenser Dieu, à moins que cela ne me soit évident, il me faut obéir. Si néanmoins j'y ai de la peine par quelque scrupule, je consulterai deux ou trois personnes de bon sens, et je m'en tiendrai à ce qu'elles me diront : que si je ne me rends pas après cela, je suis bien éloigné de la perfection que l'excellence de l'État Religieux demande ; 7° enfin, je ne dois point être à moi, mais à mon créateur, et à celui sous la conduite duquel il m'a placé. Je dois être entre les mains de mon Supérieur comme une cire molle, qui prend la forme qu'on veut, et faire tout ce qu'il lui plaît ; par exemple, écrire des lettres ou n'en écrire point, parler à une personne ou ne lui parler pas, et autres choses semblables ; 8° je dois me regarder comme un corps mort, — *perinde ac cadaver,* — qui n'a de lui-même aucun mouvement, et comme le bâton dont se sert un vieillard, qu'il prend

jour, mes pères : et on sera surpris de voir combien vous êtes déchus du premier Esprit de votre Institut, et que vos propres Généraux ont prévu que le déréglement de votre Doctrine dans la Morale pourroit être funeste non-seulement à votre Société, mais encore à l'Église universelle[1].

Je vous dirai cependant que vous ne pouvez[a] tirer aucun avantage de l'opinion de Vasquez. Ce seroit une chose étrange si, entre tant de Jésuites qui ont écrit, il n'y en avoit pas un ou deux qui eussent dit ce que tous les Chrétiens confessent. Il n'y a point de gloire à soutenir qu'on ne peut pas tuer pour un Soufflet, selon l'Évangile ; mais il y a une horrible honte à le nier. De sorte que cela vous justifie si peu qu'il n'y a rien qui vous accable davantage ; puisque, ayant eu parmi vous des docteurs qui vous ont dit la vérité, et que vous avez mieux aimé les ténèbres que la lumière. Car vous avez appris de Vasquez « que c'est une opinion païenne, et non pas chrétienne, de dire qu'on puisse donner un coup de bâton à celui qui a donné un Soufflet ; que c'est ruiner le Décalogue et l'Évangile de dire qu'on puisse tuer pour ce sujet, et que les plus scélérats d'entre les hommes le reconnoissent. » Et cependant vous avez souffert que, contre ces vérités

ou qu'il quitte selon sa commodité, en sorte que la Religion se serve de moi suivant qu'elle jugera que je lui suis utile. »

On était donc en décadence ? Non ; la confusion, comme dit Pascal, n'était qu'apparente. Les Casuistes sont Probabilistes, c'est-à-dire, opinent à leur goût, mais suivant un mot d'ordre uniforme, dans un esprit connu d'avance, dans un cercle d'idées limité, d'accord avec la direction secrète de la Compagnie à laquelle ils appartiennent.

1. M. Faugère a découvert, dans le Manuscrit Autographe des *Pensées*, quelques fragments d'une Provinciale Projetée, et qui paraissent se rapporter au dessein annoncé ici par Pascal.

[a] Tous les textes du temps ont : « que vous ne pouvez *pas* »

connues, Lessius, Escobar et les autres aient décidé que toutes les défenses que Dieu a faites de l'Homicide, n'empêchent point qu'on ne puisse tuer pour un Soufflet. A quoi sert-il donc maintenant de produire ce passage de Vasquez contre le sentiment de Lessius, sinon pour montrer que Lessius est un *païen et un scélérat,* selon Vasquez? et c'est ce que je n'oserois dire. Qu'en peut-on conclure, si ce n'est que Lessius *ruine le Décalogue et l'Évangile;* qu'au dernier jour Vasquez condamnera Lessius sur ce point, comme Lessius condamnera Vasquez sur un autre, et que tous vos Auteurs s'élèveront en jugement les uns contre les autres pour se condamner réciproquement dans leurs effroyables excès contre la Loi de Jésus-Christ?

Concluons donc, mes pères, que puisque votre Probabilité rend les bons sentiments de quelques-uns de vos Auteurs inutiles à l'Église, et utiles seulement à votre Politique, ils ne servent qu'à nous montrer, par leur contrariété, la duplicité de votre cœur, que vous nous avez parfaitement découverte, en nous déclarant d'une part que Vasquez et Suarez sont contraires à l'Homicide; et de l'autre, que plusieurs Auteurs célèbres sont pour l'Homicide : afin d'offrir deux chemins aux hommes, en détruisant la simplicité de l'Esprit de Dieu, qui maudit ceux qui sont doubles de cœur, et qui se préparent deux voies, *væ duplici corde, et ingredienti duabus viis!* (Eccl., ii, 14.)

LETTRE XIV[1]

On réfute par les saints Pères les maximes des Jésuites sur l'Homicide. On répond en passant à quelques-unes de leurs calomnies, et on compare leur Doctrine avec la forme qui s'observe dans les jugements criminels[2].

Du 23 octobre 1656.

Mes révérends pères,

Si je n'avois qu'à répondre aux Trois Impostures qui restent sur l'Homicide, je n'aurois pas besoin d'un long discours; et vous les verrez ici réfutées en peu de mots : mais comme je trouve bien plus important de donner au monde l'horreur de vos opinions sur ce sujet que de justifier la fidélité de mes citations, je serai obligé d'employer la plus grande partie de cette Lettre à la réfutation de vos maximes, pour vous représenter combien vous êtes éloignés des sentiments de l'Église, et même de la nature. Les permissions de tuer, que vous accordez en tant de rencontres, font paroître qu'en cette matière vous avez tellement oublié la Loi de Dieu, et tellement éteint les lumières naturelles, que vous avez besoin qu'on vous remette dans les principes les plus simples de la Religion et du sens commun; car qu'y a-t-il de plus naturel que ce sentiment « qu'un particulier n'a pas droit sur la vie d'un autre? »

---

1. « Quatorzième Lettre écrite par l'Auteur des Lettres au Provincial, aux révérends pères Jésuites. » Dans l'in-8° : « Quatorzième Lettre aux révérends pères Jésuites. »
2. Sous-titre de Nicole.

Nous en sommes tellement instruits de nous-mêmes, dit saint Chrysostôme, que, quand Dieu a établi le précepte de ne point tuer, il n'a pas ajouté que c'est à cause que l'Homicide est un mal; parce, dit ce père, que la Loi suppose qu'on a déjà appris cette vérité de la Nature. »

Aussi ce commandement a été imposé aux hommes dans tous les temps. L'Évangile a confirmé celui de la Loi, et le Décalogue n'a fait que renouveler celui que les hommes avoient reçu de Dieu avant la Loi, en la personne de Noé, dont tous les hommes devoient naître; car dans ce renouvellement du monde, Dieu dit à ce patriarche : « Je demanderai compte aux hommes de la vie des hommes, et au frère de la vie de son frère. Quiconque versera le sang humain, son sang sera répandu ; parce que l'homme est créé à l'image de Dieu[1]. »

---

1. Les adversaires actuels de la peine de mort, sans invoquer ce passage de la *Genèse,* ni être inspirés par la même pensée, car la plupart n'ont en vue que de faire échec à l'Autorité sociale, n'ont guère d'autre argument à produire que celui des moralistes chrétiens. L'homme, disent ces derniers, créé à l'image de Dieu, n'a le droit de disposer ni de sa propre vie ni de celle d'un autre homme. C'est un factionnaire mis par Dieu à un poste, dont Dieu se réserve de le relever lui-même. S'il le quitte de son gré, il manque au précepte ; si on le lui fait quitter, on commet un crime. Mais c'est un meurtrier, dit-on. — Eh bien, en le privant de la vie, la Loi, ou la Société qui est derrière la Loi, commet un deuxième meurtre. Le libre penseur, hostile à la peine de mort, est illogique ; ce serait la Société qui s'interdirait, en effet, le droit de prononcer la peine de mort. Alors qu'elle donne l'exemple : qu'elle supprime le droit de guerre. Les mœurs ne le permettent pas, répond-elle. Eh bien ! ce sont également les mœurs qui interdisent de supprimer la peine de mort. Il faut toujours en revenir au droit que possède la Société de veiller à sa conservation. Elle y pourvoit au dehors par la guerre, au dedans par la peine de mort. Il n'y a pas à sortir de là, à moins de lui fournir d'autres moyens de conservation, et l'on n'en a pas à lui offrir. *Primo vivere* a toujours été et continuera d'être son mot d'ordre, quoi qu'on dise ou qu'on fasse. Mais que fait-on de la théorie du Christianisme ? Il est en dehors et au-dessus de la Société, né hors de la Société qu'il a rencontrée à son origine et contre elle. Il est, à plusieurs égards, un idéal dont il désire qu'on approche le plus qu'on peut. Tous les hommes sont frères : il a comme symbole un agneau. Il tend à la suppres-

LETTRE XIV.

Cette défense générale ôte aux hommes tout pouvoir sur la vie des hommes; et Dieu se l'est tellement réservé à lui seul que, selon la vérité chrétienne, opposée en cela aux fausses maximes du Paganisme, l'homme n'a pas même pouvoir sur sa propre vie. Mais parce qu'il a plu à sa Providence de conserver la Société des hommes, et de punir les Méchants qui la troublent, il a établi lui-même des Lois pour ôter la vie aux criminels[1]; et ainsi ces Meurtres, qui seroient des attentats punissables sans son ordre, deviennent des punitions louables par son ordre, hors duquel il n'y a rien que d'injuste. C'est ce que saint Augustin a représenté admirablement au livre I de *La Cité de Dieu*, ch. XXI : « Dieu, dit-il, a fait lui-même quelques exceptions à cette défense générale de tuer, soit par les Lois qu'il a établies pour faire mourir les Criminels, soit par les ordres particuliers qu'il a donnés quelquefois pour faire mourir quelques personnes. Et quand on tue en ces cas-là, ce n'est pas l'homme qui tue, mais Dieu, dont l'homme n'est que l'instrument, comme une épée entre les mains de celui qui s'en sert. Mais si on excepte ces cas, quiconque tue se rend coupable d'Homicide. »

Il est donc certain, mes pères, que Dieu seul a le droit d'ôter la vie, et que néanmoins, ayant établi des Lois pour faire mourir les Criminels, il a rendu les Rois ou les Républiques dépositaires de ce pouvoir; et c'est ce que saint Paul nous apprend, lorsque, parlant du Droit que les Sou-

---

sion de la guerre, comme de la peine de mort, comme à ôter de la réalité le fait commun : *Homo homini lupus*. Désirer n'est pas ordonner, on n'a pas le droit d'ordonner ce qu'on n'est pas en état d'obtenir.

1. Pascal n'en est pas bien sûr. Il demandera plus tard, dans les *Pensées* : « Faut-il tuer pour empêcher qu'il n'y ait des Méchants? C'est en faire deux au lieu d'un : *Vince in bono malum*, Saint Augustin. » (Man. Aut., p. 419.)

verains ont de faire mourir les hommes, il le fait descendre du ciel en disant « que ce n'est pas en vain qu'ils portent l'épée, parce qu'ils sont ministres de Dieu pour exécuter ses vengeances contre les coupables. » (Rom., xiii, 14.)

Mais comme c'est Dieu qui leur a donné ce Droit, il les oblige à l'exercer ainsi qu'il le feroit lui-même, c'est-à-dire avec justice, selon cette parole de saint Paul au même lieu : « Les Princes ne sont pas établis pour se rendre terribles aux Bons, mais aux Méchants. Qui veut n'avoir point sujet de redouter leur puissance n'a qu'à bien faire ; car ils sont ministres de Dieu pour le bien. » (Ibid., iii.) Et cette restriction rabaisse si peu leur puissance qu'elle la relève au contraire beaucoup davantage ; parce que c'est la rendre semblable à celle de Dieu, qui est impuissant pour faire le mal, et tout-puissant pour faire le bien ; et que c'est la distinguer de celle des Démons, qui sont impuissants pour le bien, et n'ont de puissance que pour le mal. Il y a seulement cette différence entre Dieu et les Souverains, que Dieu étant la justice et la sagesse même, il peut faire mourir sur-le-champ qui il lui plaît, quand il lui plaît[a], et en la manière qu'il lui plaît ; car, outre qu'il est le Maître souverain de la vie des hommes, il est sans doute qu'il ne la leur ôte jamais, ni sans cause, ni sans connoissance, puisqu'il est aussi incapable d'injustice que d'erreur[b]. Mais les Princes ne peuvent pas agir de la sorte, parce qu'ils sont tellement ministres de Dieu qu'ils sont hommes néanmoins, et non pas dieux. Les mauvaises impressions les pourroient surprendre, les faux soupçons les pourroient aigrir, la passion les pourroit emporter ; et c'est

[a] L'in-8° retranche « quand il lui plaît ».
[b] Textes in-4° et in-12 : « car outre qu'il est le maître souverain de la vie des hommes, *il ne peut la leur ôter ni sans cause ni sans connoissance,* puisqu'il est aussi incapable d'injustice que d'erreur ».

LETTRE XIV.

ce qui les a engagés eux-mêmes à descendre dans les moyens humains, et à établir dans leurs États des juges auxquels ils ont communiqué ce pouvoir, afin que cette autorité que Dieu leur a donnée ne soit employée que pour la fin pour laquelle ils l'ont reçue[1].

Concevez donc, mes pères, que, pour être exempt d'Homicide, il faut agir tout ensemble et par l'Autorité de Dieu, et selon la Justice de Dieu ; et que, si ces deux conditions ne sont jointes, on pèche, soit en tuant avec son Autorité, mais sans Justice ; soit en tuant avec Justice, mais sans son Autorité. De la nécessité de cette union il arrive, selon saint Augustin, « que celui qui, sans Autorité tue un criminel, se rend criminel lui-même, par cette raison principale qu'il usurpe une Autorité que Dieu ne lui a pas donnée ; » et les Juges au contraire, qui ont cette Autorité, sont néanmoins Homicides, s'ils font mourir un innocent contre les Lois qu'ils doivent suivre.

Voilà, mes pères, les principes du repos et de la sûreté publique qui ont été reçus dans tous les temps et dans tous les lieux, et sur lesquels tous les législateurs du monde, sacrés et profanes, ont établi leurs Lois, sans que jamais les Païens mêmes aient apporté d'exception à cette règle,

1. Pascal descend un instant de son nuage ; il consent à entrer dans les moyens humains. Il ne croira pas toujours à la Justice des Juges. « J'ai passé longtemps de ma vie, écrit-il dans les *Pensées* (t. II, p. 129 de l'éd. Faugère), en croyant qu'il y avoit une Justice, et en cela je ne me trompois pas, car il y en a une selon que Dieu nous l'a voulu révéler. Mais je ne le prenois pas ainsi et c'est en quoi je me trompois, car je croyois que notre Justice étoit essentiellement juste et que j'avois de quoi la connoître et en juger. Mais je me suis trouvé tant de fois en faute de jugement droit, qu'enfin je suis entré en défiance de moi, et puis des autres. J'ai vu tous les pays et hommes changeants ; et ainsi après bien des changements de jugement touchant la véritable Justice, j'ai connu que notre nature n'étoit qu'un continuel changement et je n'ai plus changé depuis, et si je changeois, je confirmerois mon opinion. »

sinon lorsqu'on ne peut autrement éviter la perte de la Pudicité ou de la Vie ; parce qu'ils ont pensé « qu'alors, comme dit Cicéron, les Lois mêmes semblent offrir leurs armes à ceux qui sont dans une telle nécessité ».

Mais que, hors cette occasion, dont je ne parle point ici, il y ait jamais eu de loi qui ait permis aux particuliers de tuer, et qui l'ait souffert, comme vous faites, pour se garantir d'un Affront, et pour éviter la perte de l'Honneur ou du Bien, quand on n'est point en même temps en péril de la vie ; c'est, mes pères, ce que je soutiens que jamais les Infidèles mêmes n'ont fait. Ils l'ont au contraire défendu expressément ; car la loi des douze Tables de Rome portoit « qu'il n'est pas permis de tuer un voleur de jour qui ne se défend point avec des armes ». Ce qui avoit déjà été défendu dans l'Exode, c. XXII. Et la loi *Furem, ad Legem Corneliam*, qui est prise d'Ulpien, « défend de tuer même les voleurs de nuit qui ne nous mettent pas en péril de mort ». Voyez-le dans Cujas, *In tit. dig. de Justit. et Jure, ad Leg.* 3.

Dites-nous donc, mes pères, par quelle Autorité vous permettez ce que les Lois divines et humaines défendent ; et par quel droit Lessius a pu dire, L. II, c. IX, n. 66 et 72 : « L'Exode défend de tuer les voleurs de jour, qui ne se défendent pas avec des armes, et on punit en justice ceux qui tueroient de cette sorte. Mais néanmoins on n'en seroit pas coupable en conscience, lorsqu'on n'est pas certain de pouvoir recouvrer ce qu'on nous dérobe, et qu'on est en doute, comme dit Sotus ; parce qu'on n'est pas obligé de s'exposer au péril de perdre quelque chose pour sauver un voleur. Et tout cela est encore permis aux Ecclésiastiques mêmes. » Quelle étrange hardiesse ! La Loi de Moïse punit ceux qui tuent les voleurs, lorsqu'ils n'attaquent pas notre vie, et la Loi de l'Évangile, selon vous, les absoudra! Quoi! mes pères, Jésus-Christ est-il venu pour détruire la Loi, et non pas pour l'accomplir? « Les Juges puniroient, dit Lessius, ceux qui tueroient en cette occasion ; mais on n'en seroit pas coupable en conscience. » Est-ce donc que la Morale de Jésus-Christ est plus cruelle et moins ennemie du Meurtre que celle des Païens, dont les Juges ont pris ces Lois civiles qui les condamnent? Les Chrétiens font-ils plus d'état des biens de la terre, ou font-ils moins d'état de la vie des hommes que n'en ont fait les Idolâtres et les Infidèles? Sur quoi vous fondez-vous, mes pères? Ce n'est sur aucune loi expresse ni de Dieu, ni des hommes, mais seulement sur ce raisonnement étrange : « Les Lois, dites-vous, permettent de se défendre contre les voleurs et de repousser la force par la force. Or la défense étant permise, le Meurtre est aussi réputé permis, sans quoi la défense seroit souvent impossible. »

Cela[a] est faux, mes pères, que la défense étant permise, le Meurtre soit aussi permis. C'est cette cruelle manière de se défendre qui est la source de toutes vos erreurs, et qui est appelée, par la Faculté de Louvain, UNE DÉFENSE MEURTRIÈRE, *defensio occisiva*, dans leur censure[b] de la Doctrine de votre père Lamy sur l'Homicide. Je vous soutiens donc qu'il y a tant de différence, selon les Lois, entre tuer et se défendre, que, dans les mêmes occasions où la défense est permise, le Meurtre est défendu quand on n'est point en péril de mort. Écoutez-le, mes pères, dans Cujas, au même lieu : « Il est permis de repousser celui qui vient pour s'emparer de notre possession, MAIS IL N'EST PAS PERMIS DE LE TUER. » Et encore : « Si quelqu'un vient pour

---

[a] Textes in-4° et in-12 : « *il* est faux ».
[b] Textes in-4° et in-12 : « dans *la* censure ».

nous frapper, et non pas pour nous tuer, il est bien permis de le repousser, MAIS IL N'EST PAS PERMIS DE LE TUER. »

Qui vous a donc donné le pouvoir de dire, comme font Molina, Reginaldus, Filiutius, Escobar, Lessius et les autres : « Il est permis de tuer celui qui vient pour nous frapper? » Et ailleurs : « Il est permis de tuer celui qui veut nous faire un Affront, selon l'avis de tous les Casuistes, *ex sententia omnium,* » comme dit Lessius[1], n. 78? Par quelle Autorité, vous qui n'êtes que des Particuliers, donnez-vous ce pouvoir de tuer aux Particuliers et aux Religieux mêmes? Et comment osez-vous usurper ce droit de vie et de mort qui n'appartient essentiellement qu'à Dieu, et qui est la plus glorieuse marque de la puissance souveraine? C'est sur cela qu'il falloit répondre; et vous pensez y avoir satisfait en disant simplement dans votre Treizième Imposture, « que la valeur pour laquelle Molina permet de tuer un voleur qui s'enfuit sans nous faire aucune violence n'est pas aussi petite que j'ai dit, et qu'il faut qu'elle soit plus grande que six ducats ». Que cela est foible, mes pères! Où voulez-vous la déterminer? A quinze ou seize ducats? Je ne vous en ferai pas moins de reproches. Au moins vous ne sauriez dire qu'elle passe la valeur d'un cheval; car Lessius, Liv. II, c. IX, n. 74, décide nettement « qu'il est permis de tuer un voleur qui s'enfuit avec notre cheval ». Mais je vous dis de plus, que selon Molina, cette valeur est déterminée à six ducats, comme je l'ai rapporté : et si vous n'en voulez pas demeurer d'accord, prenons un arbitre que vous ne puissiez refuser. Je choisis donc pour cela votre père Reginaldus, qui, expliquant ce même lieu de Molina, L. XXI, n. 68, déclare « que Molina y DÉTER-

---

1. « Il dit quelque chose de plus : *Verum hæc sententia non est sequenda.*» (Note de l'abbé Maynard.)

MINE la valeur pour laquelle il n'est pas permis de tuer, à trois, ou quatre, ou cinq ducats¹ ». Et ainsi, mes pères, je n'aurai pas seulement Molina, mais encore Reginaldus.

Il ne me sera pas moins facile de réfuter votre Quatorzième Imposture touchant la permission de « tuer un voleur qui nous veut ôter un écu, » selon Molina. Cela est si constant, qu'Escobar vous le témoignera, Tr. 1, ex. 7, n. 44, où il dit que « Molina détermine régulièrement la valeur pour laquelle on peut tuer, à un écu ». Aussi vous me reprochez seulement, dans la Quatorzième Imposture, que j'ai supprimé les dernières paroles de ce passage : « Que l'on doit garder en cela la modération d'une juste défense. » Que ne vous plaignez-vous donc aussi de ce qu'Escobar ne les a point exprimées? Mais que vous êtes peu fins! Vous croyez qu'on n'entend pas ce que c'est, selon vous, que se défendre. Ne savons-nous pas que c'est user *d'une défense meurtrière?* Vous voudriez ᵃ faire entendre que Molina a voulu dire par-là que quand on se trouve en péril de la vie en gardant son écu, alors on peut tuer, puisque c'est pour défendre sa vie. Si cela étoit vrai, mes pères, pourquoi Molina diroit-il, au même lieu, *qu'il est contraire en cela à Carrerus*² *et Baldellus* ³, qui permettent

---

ᵃ Textes in-4º et in-12 : « vous *voulez* ».

---

1. Il ne dit pas que six suffiraient.
2. Carrero (Alexandre), jurisconsulte italien, né à Padoue en 1548, mort en 1626. Il avait été dans sa jeunesse curé de la paroisse de Saint-André, à Padoue. Il quitta l'Église, afin de se livrer plus librement à la Jurisprudence, carrière dans laquelle il acquit une grande renommée. Il est l'auteur de : *De sponsalibus et matrimonio libri V,* d'un autre ouvrage intitulé : *Defensio pro liberis suis.* Son *De gestis patavinorum, libri X,* est resté manuscrit.
3. Baldello (Nicolas), jésuite et casuiste italien, né à Cortone en 1573, mort à Rome en 1655. On a de lui deux volumes in-folio de Théologie morale.

de tuer pour sauver sa vie? Je vous déclare donc qu'il entend simplement que, si l'on peut sauver[a] son écu sans tuer le voleur, on ne doit pas le tuer; mais que, si l'on ne peut le sauver[b] qu'en tuant, encore même qu'on ne coure nul risque de la vie, comme si le voleur n'a point d'armes, qu'il est permis d'en prendre et de le tuer pour sauver[c] son écu; et qu'en cela on ne sort point, selon lui, de la modération d'une juste défense[1]. Et pour vous le montrer, laissez-le s'expliquer lui-même, T. IV, tr. 3, d. 11, n. 5 : « On ne laisse pas de demeurer dans la modération d'une juste défense, quoiqu'on prenne des armes contre ceux qui n'en ont point, ou qu'on en prenne de plus avantageuses qu'eux[2]. Je sais qu'il y en a qui sont d'un sentiment contraire : mais je n'approuve point leur opinion, même dans le tribunal extérieur. »

Aussi, mes pères, il est constant que vos Auteurs permettent de tuer pour la défense de son Bien et de son Honneur, sans qu'on soit en aucun péril de sa vie. Et c'est par ce même principe qu'ils autorisent les Duels[3], comme

[a] Textes in-4° et in-12 : « garder » au lieu de « sauver ».
[b] Textes in-4° et in-12 : « garder ».
[c] Textes in-4° et in-12 : « garder ».

---

1. Le passage de Molina est susceptible d'une interprétation différente. Il prévoit le cas de résistance de la part du voleur, une lutte qui s'engage. On ne défend plus seulement son écu : on défend sa vie.

2. On peut encore supposer, à la décharge de Molina, qu'il a voulu dire : *dans le cas où on serait le plus faible.*

3. Ce à quoi Pascal revient continuellement, et qui est l'objet de toute sa polémique contre les Casuistes de la Compagnie de Jésus, c'est qu'ils sacrifient par politique la Doctrine de l'Église à la mode et aux mœurs du jour : « Peut-ce être autre chose que la complaisance du monde qui vous fait trouver les choses probables? Nous ferez-vous accroire que ce soit la vérité, et que si la mode du Duel n'étoit point, vous trouveriez probable qu'on se pût battre en regardant la chose en elle-même? » Man. Aut. des *Pensées*, p. 440.

je l'ai fait voir par tant de passages sur lesquels vous n'avez rien répondu. Vous n'attaquez dans vos Écrits qu'un seul passage de votre père Layman, qui le permet, « lorsque autrement on seroit en péril de perdre sa Fortune ou son Honneur : » et vous dites que j'ai supprimé ce qu'il ajoute, *que ce cas-là est fort rare*. Je vous admire, mes pères ; voilà de plaisantes Impostures que vous me reprochez. Il est bien question de savoir si ce cas-là est rare ! il s'agit de savoir si le Duel y est permis. Ce sont deux questions séparées. Layman, en qualité de Casuiste, doit juger si le Duel y est permis, et il déclare que oui. Nous jugerons bien sans lui si ce cas-là est rare, et nous lui déclarerons qu'il est fort ordinaire. Et si vous aimez mieux[a] en croire votre bon ami Diana, il vous dira *qu'il est fort commun*, Part. 5, tract. 14, *misc.* 2, *resol.* 99. Mais qu'il soit rare ou non, et que Layman suive en cela Navarre, comme vous le faites tant valoir, n'est-ce pas une chose abominable qu'il consente à cette opinion : Que, pour conserver un faux Honneur, il soit permis en conscience d'accepter un Duel, contre les Édits de tous les États chrétiens, et contre tous les Canons de l'Église, sans que vous ayez encore ici pour autoriser toutes ces maximes diaboliques, ni Lois, ni Canons, ni Autorités de l'Écriture ou des Pères, ni exemple d'aucun saint, mais seulement ce raisonnement impie : « L'Honneur est plus cher que la Vie ; or, il est permis de tuer pour défendre sa Vie : donc il est permis de tuer pour défendre son Honneur ? » Quoi ! mes pères, parce que le dérèglement des hommes leur a fait aimer ce faux Honneur plus que la Vie que Dieu leur a donnée pour le servir, il leur sera permis de tuer pour le conserver ! C'est cela même qui est un

---

[a] Le texte in-8º omet « mieux ».

mal horrible, d'aimer cet Honneur-là plus que la Vie. Et cependant cette attache vicieuse, qui seroit capable de souiller les actions les plus saintes, si on les rapportoit à cette fin, sera capable de justifier les plus criminelles, parce qu'on les rapporte à cette fin!

Quel renversement, mes pères! et qui ne voit à quels excès il peut conduire? Car enfin il est visible qu'il portera jusqu'à tuer pour les moindres choses, quand on mettra son Honneur à les conserver; je dis même jusqu'à tuer *pour une pomme.* Vous vous plaindriez de moi, mes pères, et vous diriez que je tire de votre Doctrine des conséquences malicieuses, si je n'étois appuyé sur l'Autorité du grave Lessius, qui parle ainsi, n. 68 : « Il n'est pas permis de tuer pour conserver une chose de petite valeur, comme pour un écu, ou POUR UNE POMME, AUT PRO POMO, si ce n'est qu'il nous fût honteux de la perdre. Car alors on peut la reprendre et même tuer, s'il est nécessaire, pour la ravoir, *et si opus est, occidere;* parce que ce n'est pas tant défendre son Bien que son Honneur. » Cela est net, mes pères. Et pour finir votre Doctrine par une maxime qui comprend toutes les autres, écoutez celle-ci de votre père Héreau, qui l'avoit prise de Lessius : « Le droit de se défendre s'étend à tout ce qui est nécessaire pour nous garder de toute injure. »

Que d'étranges suites sont enfermées [a] dans ce principe inhumain! et combien tout le monde est-il obligé de s'y opposer, et surtout les personnes publiques! Ce n'est pas seulement l'intérêt général qui les y engage, mais encore le leur propre, puisque vos Casuistes cités dans mes Lettres étendent leurs permissions de tuer jusqu'à eux. Et

---

[a] Textes in-4º et in 12 : « que d'étranges suites enfermées » au lieu de : « *sont* enfermées ».

LETTRE XIV.

ainsi les factieux qui craindront la punition de leurs attentats, lesquels ne leur paroissent jamais injustes, se persuadant aisément qu'on les opprime par violence, croiront en même temps « que le droit de se défendre s'étend à tout ce qui leur est nécessaire pour se garder de toute injure ». Ils n'auront plus à vaincre les remords de la conscience, qui arrêtent la plupart des crimes dans leur naissance, et ils ne penseront plus qu'à surmonter les obstacles du dehors.

Je n'en parlerai point ici, mes pères, non plus que des autres Meurtres que vous avez permis[a], qui sont encore plus abominables et plus importants aux États que tous ceux-ci, dont Lessius traite si ouvertement dans les Doutes[1]

---

[a] « Je n'en parlerai point ici, mes pères, non plus que des autres Meurtres que vous avez permis » est la leçon in-12. La leçon in-4° est : « Je ne parlerai point ici, mes pères, des Meurtres que vous avez permis ». L'in-12 suit la leçon in-4°.

---

1. Dans le *Doute* quatre, Lessius discute la question depuis longtemps fameuse du Tyrannicide. Les tyrans italiens de la Renaissance et la mêlée terrible du XVIe siècle l'avaient plus spécialement remise à l'ordre du jour. Le tyrannicide était de droit commun chez les Grecs et les Romains de la décadence. Au Ve siècle, Honorius et Arcadius l'avaient proscrit par une loi. Il convient de s'entendre : ils en avaient proscrit l'enseignement dans les Écoles et la défense dans les Livres. Ceux qui auraient eu envie de l'exercer contre eux se seraient passés de leur autorisation. L'Église, sans y être favorable, n'y était pas hostile. Saint Thomas d'Aquin, saint Bonaventure, saint Antonin, archevêque de Florence, saint Bernard, saint Raymond de Penafort, général des Dominicains, ensuite Gerson, le doux Gerson dont on a voulu faire l'auteur de *l'Imitation*, l'avaient sinon professé, du moins admis en théorie. Ils distinguaient entre le tyran d'usurpation, celui que Machiavel nomme un prince nouveau, et le tyran d'administration, c'est-à-dire héréditaire ou ayant reçu un mandat régulier. Ils autorisaient le premier venu à tuer le tyran d'usurpation. Ils n'admettaient pas l'inviolabilité de l'autre, mais ils n'autorisaient pas le premier venu à le tuer. Ils étaient en gros de l'avis de Trajan disant à Licinius, en lui ceignant l'épée de préfet du prétoire : — Je te donne cette épée pour me défendre si je suis un bon empereur, et pour me tuer, si j'en suis un méchant.

C'est aux époques de guerre civile que le Tyrannicide a des adversaires

quatre et dix aussi bien que tant d'autres de vos Auteurs. Il seroit à désirer que ces horribles maximes ne fussent jamais sorties de l'Enfer, et que le Diable, qui en est le premier auteur, n'eût jamais trouvé des hommes assez

et des partisans. Durant la querelle des Armagnacs et des Bourguignons, l'assassinat du duc d'Orléans par les Bourguignons fournit à Jean Petit, docteur en théologie et agent du duc de Bourgogne, l'occasion de justifier publiquement le Tyrannicide. Sa justification fut condamnée par le Concile de Constance (1416), à la requête de Gerson. Le pour et le contre affluent au xvie siècle. Ce qui fait que l'Église, au Moyen âge, est engagée si avant en faveur du Tyrannicide, c'est qu'elle considère son autorité comme supérieure à celle des Princes. Elle a donc à l'occasion le droit de les considérer comme des tyrans et d'en permettre la destruction comme celle d'animaux nuisibles. Le point de vue de l'Église n'avait pas été admis en France où on ne reconnaissait pas d'autorité supérieure à celle du roi. La Ligue signalée par l'invasion des idées romaines et espagnoles en France, modifia profondément la situation. La doctrine du Tyrannicide, admise par un grand nombre d'écrivains catholiques, appliquée par des fanatiques aux Grands et aux Princes, au duc de Guise tué par Poltrot, à Henri III, à Henri IV, s'acclimata chez nous, pas chez les Jésuites de France néanmoins. Ils se pliaient partout aux mœurs du pays. En France, le Tyrannicide n'était pas admis, quoique l'étude de l'antiquité l'eût remis en honneur chez les Humanistes. L'apologie du meurtre du duc de Guise (1588) par Henri III, puis du meurtre d'Henri III lui-même et plus tard du meurtre d'Henri IV, vint du dehors. C'est un jésuite flamand, Clarus Bonascius qui, sous le nom de Carolus Saribanus, anagramme de son nom, provoque à l'assassinat d'Henri III, et ses fureurs sont pleines de la lecture de Plutarque : « S'il advient qu'un Denys, un Machanidas, ou un Aristotimas, monstres des Siciles, oppriment la France, le Pape ne pourra-t-il encourager contre lui quelque Dion, quelque Timoléon, ou quelque Philopœmen? Nul ne prendra-t-il les armes contre cette bête, nul pontife ne pourra-t-il tirer notre royaume de dessous la cognée ? » L'Église se tient sur la réserve. Bellarmin, dans un écrit contre le roi d'Angleterre, condamne la Conspiration des poudres, mais il réserve au Saint-Siège le droit de délier les sujets du serment de fidélité ; Tolet (*Livre de l'instruction des prêtres*) approuve le droit de violer la foi jurée à un prince excommunié, par suite le droit de s'en défaire par le meurtre : il s'agissait d'Henri III. Un évêque portugais, dans un livre spécial (Traité de *l'Institution d'un Prince*), admire Jacques Clément, un pauvre moine, d'avoir réussi à l'aide d'un petit couteau (coltello) dans le grand dessein de tuer ce diable d'Henri III. « O excellente assurance ! O fait mémorable ! » s'écrie en même temps Mariana à propos du même événement. Il célèbre la constance de Jacques Clément, mis en morceaux par les gentilshommes d'Henri III : « Parmi les

LETTRE XIV.

dévoués à ses ordres pour les publier parmi les Chrétiens.

Il est aisé de juger par tout ce que j'ai dit jusqu'ici combien le Relâchement de vos opinions est contraire à la sévérité des Lois civiles, et même païennes. Que sera-ce

coups et les plaies qu'il recevait, il était néanmoins plein de joie d'avoir racheté avec son sang la liberté de sa patrie et de sa nation. Ayant tué le roi, il s'est acquis une fort grande réputation, et un meurtre a été expié par un autre, et par le sang royal a été faite l'expiation de la mort du duc de Guise perfidement tué. » Que Henri IV prenne garde à lui : « S'il pervertit la religion du pays, ou s'il attire dans le pays les ennemis publics, celui qui pour favoriser les vœux de la nation tâchera de le tuer, je n'estimerai pas qu'il fasse injustement. » Mariana permet d'empoisonner le tyran. Cependant il importe d'empêcher « qu'en empoisonnant la viande ou le breuvage, on ne force le roi à être le meurtrier de lui-même. Je voudrois, en ce doute, ne point contraindre celui que l'on fait mourir, d'avaler lui-même le poison, mais que quelqu'autre mette ce poison, sans que celui qu'on veut faire mourir y aide aucunement ; ce qui se fait quand le poison est si violent que la chair ou l'habit en étant atteints, il le puisse faire mourir. » Quatorze Jésuites, tous étrangers à la France, à l'heure sombre de la Ligue, introduisirent le Tyrannicide dans la Théologie, comme étant de *Droit naturel*. Un seul est célèbre ; c'est Mariana, auteur de l'*Histoire d'Espagne*, qui le professa dans son *De rege et regis institutione*, écrite à l'intention de don Carlos, fils de Philippe II, et imprimé seulement en 1598. L'âpre et sauvage éloquence de Mariana a remué les hommes de cette époque. Comme ses confrères et ses prédécesseurs, il se cacha derrière les souvenirs antiques. Harmodius et Aristogiton, Thrasybule, les deux Brutus, Chéréas qui tua Caligula, les assassins de Domitien et de Caracalla, lui servent d'enseigne. « Qui a jamais, dit-il (liv. 1er ch. 6), condamné leur hardiesse, ou plutôt ne l'a jugée digne de toutes sortes de louanges ? C'est là en effet le sens commun, qui comme une voix de la nature, est inné, ingéré dans nos âmes, loi résonnant à nos oreilles, par laquelle nous discernons ce qui est honnête de ce qui est défendu. »

Le livre de Mariana ne fut condamné en France qu'après l'assassinat d'Henri IV. La Sorbonne fut l'instrument de la vengeance nationale. Elle renouvela la sentence prononcée en 1413 par l'Université de Paris contre Jean Petit et confirmée trois ans plus tard (1416) par le Concile de Constance. Dans l'intervalle de la publication du *De rege* et de sa condamnation par la Sorbonne, Acquaviva, général des Jésuites, l'avait fait modifier ; mais les Protestants avaient eu soin d'en rétablir le texte intégral, lorsqu'Acquaviva, par un décret du 6 juillet 1610, interdit formellement aux membres de la Compagnie de Jésus de professer la Doctrine du Tyrannicide. Cette défense n'avait pas eu le privilège de faire taire Lessius dénoncé par Pascal.

A première vue, cette doctrine du Tyrannicide, professée dans l'Église,

donc si on les compare avec les Lois ecclésiastiques, qui doivent être incomparablement plus saintes, puisqu'il n'y a que l'Église qui connoisse et qui possède la véritable

surtout depuis le xiie siècle, reprise avec tant d'ensemble au xvie, paraît extraordinaire. On ne la professe point hors de l'Église, sinon par accident. Les historiens n'expliquent pas le phénomène. Qu'on interroge Machiavel et Guichardin, Mariana et de Thou, Mezeray, Bossuet et parmi les historiens du xixe siècle, Lingard ou Macaulay, en Angleterre, Cantu en Italie, en France, Augustin Thierry, Guizot, Sismondi, Michelet, Henri Martin, on ne trouvera rien chez eux. On ne trouvera rien non plus dans les publicistes, dans Machiavel, dans Hobbes, dans Montesquieu, dans de Maistre. Il y a pourtant une cause au fait que les Écrivains Ecclésiastiques et les Moralistes Catholiques professent le Tyrannicide, et qu'on ne le professe pas hors de l'Église. Il serait trop long de l'examiner en détail. Il suffira de l'énoncer. Depuis Grégoire VII et Innocent III, la Féodalité laïque, sous l'influence croissante des idées décorées en Italie du nom de Renaissance, avait entrepris de soustraire la Société européenne à la domination du Christianisme et de la reconstruire sur le Modèle Romain. Les chefs de cette immense aventure, particulièrement en Italie, étaient des gens de sac et de corde dont Machiavel a donné la formule dans son livre du *Prince,* écrit en vue d'expliquer non le droit qu'ils avaient d'agir comme ils ont fait, mais les procédés à l'aide desquels ils avaient réussi. Ce fut contre les Tyrans qui avaient pris à tâche de soustraire la Société issue des invasions germaniques à l'Empire des mœurs chrétiennes, que l'Église a évoqué la vieille théorie grecque du Tyrannicide. Voilà pourquoi le monopole de l'enseignement du Tyrannicide depuis l'origine de la Renaissance, c'est-à-dire du xiie siècle jusqu'au xviie, paraît lui appartenir d'une manière à peu près exclusive. A partir de là, le Régime Monarchique et Laïque a gagné sa cause en Europe. L'Église jette l'arme qu'elle avait à la main depuis le Moyen âge. Cette arme, abandonnée par l'Église, a été bientôt ramassée par les Nihilistes d'en bas contre les Sociétés monarchiques issues de la crise du xvie siècle. Pascal, à qui l'histoire n'est pas familière, s'abstient de rechercher d'où vient que les Jésuites ont enseigné la doctrine du Tyrannicide. Il le constate simplement.

Au *Doute* dix que Pascal se contente de signaler, Lessius traite une question de Théologie Médicale très scabreuse : *utrum ad conservationem matris liceat præbere pharmacum quo proles putetur moritura ?* — Non, répond-il ; *nam non licet ad vitandam mortem exquirere pollutionem ; ad fortiori abortum.* — Mais à supposer que la mort des deux soit certaine et qu'on puisse espérer que le médicament sauvera la mère ? — *Non refert,* dit encore Lessius. Cependant si la mère est en danger de mort, on peut lui donner un remède qui tende *directement* à sa guérison : *abortio tunc permissa, non procurata.*

LETTRE XIV.

sainteté? Aussi cette chaste épouse du fils de Dieu qui, à l'imitation de son époux, sait bien répandre son sang pour les autres, a pour le Meurtre une horreur toute particulière[a], et proportionnée aux lumières particulières que Dieu lui a communiquées. Elle considère les hommes non seulement comme hommes, mais comme images du Dieu qu'elle adore. Elle a pour chacun d'eux un saint respect qui les lui rend tous vénérables, comme rachetés d'un prix infini, pour être faits les temples du Dieu vivant. Et ainsi elle croit que la mort d'un homme que l'on tue sans l'ordre de son Dieu n'est pas seulement un Homicide, mais un Sacrilège qui la prive d'un de ses membres; puisque, soit qu'il soit fidèle, soit qu'il ne le soit pas, elle le considère toujours, ou comme étant l'un de ses enfants, ou comme étant capable de l'être.

Ce sont, mes pères, ces raisons toutes saintes qui, depuis que Dieu s'est fait homme pour le salut des hommes, ont rendu leur condition si considérable à l'Église, qu'elle a toujours puni l'Homicide qui les détruit comme un des plus grands attentats qu'on puisse commettre contre Dieu. Je vous en rapporterai quelques exemples non pas dans la pensée que toutes ces sévérités doivent être gardées, je sais que l'Église peut disposer diversement de cette discipline extérieure, mais pour faire entendre quel est son Esprit immuable sur ce sujet. Car les pénitences qu'elle ordonne pour le Meurtre peuvent être différentes selon la diversité des temps; mais l'horreur qu'elle a pour le Meurtre ne peut jamais changer par le changement des temps.

L'Église a été longtemps à ne réconcilier qu'à la mort

---

[a] Textes in-4º et in-12 : « a une horreur toute particulière pour le Meurtre ».

ceux qui étoient coupables d'un Homicide volontaire, tels que sont ceux que vous permettez. Le célèbre Concile d'Ancyre les soumet à la Pénitence durant toute leur vie : et l'Église a cru depuis être assez indulgente envers eux en réduisant ce temps à un très grand nombre d'années. Mais, pour détourner encore davantage les Chrétiens des Homicides volontaires, elle a puni très sévèrement ceux mêmes qui étoient arrivés par imprudence, comme on peut voir dans saint Basile, dans saint Grégoire de Nysse, dans les Décrets du pape Zacharie et d'Alexandre II. Les Canons rapportés par Isaac, évêque de Langres, T. II, ch. XIII, « ordonnent sept ans de Pénitence pour avoir tué en se défendant ». Et on voit que saint Hildebert, évêque du Mans, répondit à Yves de Chartres : « Qu'il a eu raison d'interdire un prêtre pour toute sa vie, qui pour se défendre, avoit tué un voleur d'un coup de pierre[a][1]. »

N'ayez donc plus la hardiesse de dire que vos décisions sont conformes à l'Esprit et aux Canons de l'Église. On vous défie d'en montrer aucun[2] qui permette de tuer pour défendre son Bien seulement : car je ne parle pas des occasions où l'on auroit à défendre aussi sa Vie, *se suaque liberando* : vos propres Auteurs confessent qu'il n'y en a point comme, entre autres, votre père Lamy, Tr. 5, disp. 36, numéro 136 : « Il n'y a, dit-il, aucun Droit Divin ni Humain qui permette expressément de tuer un Voleur qui ne se

---

[a] Textes in-4° et in-12 : « qui avoit tué un voleur pour se défendre ».

---

1. Le prêtre qui a tué un voleur d'un coup de pierre n'est pas coupable : il est *irrégulier*. L'irrégularité canonique est indépendante de toute culpabilité. Dans le cas présent, l'interdiction est de droit.

2. « Aucun » est matériellement incorrect. On voit bien qu'il se rapporte à *canons*. A ne consulter que le texte, il pourrait se rapporter également à *esprit*.

défend pas ». Et c'est néanmoins ce que vous permettez expressément. On vous défie d'en montrer aucun qui permette de tuer pour l'Honneur, pour un Soufflet, pour une Injure et une Médisance. On vous défie d'en montrer aucun qui permette de tuer les Témoins, les Juges et les Magistrats, quelque injustice qu'on en appréhende. L'Esprit de l'Église[a] est entièrement éloigné de ces maximes séditieuses qui ouvrent la porte aux Soulèvements auxquels les peuples sont si naturellement portés. Elle a toujours enseigné à ses enfants qu'on ne doit point rendre le mal pour le mal : qu'il faut céder à la colère : ne point résister à la violence : rendre à chacun ce qu'on lui doit, honneur, tribut, soumission : obéir aux Magistrats et aux Supérieurs, même injustes; parce qu'on doit toujours respecter en eux la puissance de Dieu qui les a établis sur nous[1]. Elle leur défend encore plus fortement que les Lois civiles de se faire justice eux-mêmes; et c'est par son Esprit que les Rois Chrétiens ne se la font pas dans les crimes mêmes de lèse-majesté au premier chef, et qu'ils remettent les criminels entre les mains des Juges pour les faire punir selon les Lois et dans les formes de la Justice, qui sont si contraires à votre conduite, que l'opposition qui s'y trouve vous fera rougir. Car, puisque ce discours m'y porte, je vous prie de suivre cette comparaison entre la manière dont on peut tuer ses ennemis, selon vous, et celle dont les Juges font mourir les Criminels.

[a] Textes in-4º et in-12 : « *son* esprit » au lieu de « l'esprit de l'Église ».

1. Les deux points de vue opposés sont constamment les mêmes. Celui de Pascal est théorique, celui des Casuistes, pratique. Sans doute l'Église conseille de faire comme dit Pascal; mais quand on n'a pas tenu compte de ses conseils, il y a un droit positif chargé de statuer, de punir; et quand ce n'est pas l'Église qui intervient, il y a l'autorité civile qui s'en charge.

Tout le monde sait, mes pères, qu'il n'est jamais permis aux Particuliers de demander la mort de personne; et que, quand un homme nous auroit ruinés, estropiés, brûlé[1] nos maisons, tué notre père, et qu'il se disposeroit encore à nous assassiner et à nous perdre d'honneur, on n'écouteroit point en justice la demande que nous ferions de sa mort; de sorte qu'il a fallu établir des personnes publiques qui la demandent de la part du Roi, ou plutôt de la part de Dieu. A votre avis, mes pères, est-ce par grimace et par feinte que les Juges chrétiens ont établi ce règlement? Et ne l'ont-ils pas fait pour proportionner les Lois civiles à celles de l'Évangile; de peur que la pratique extérieure de la Justice ne fût contraire aux sentiments intérieurs que des Chrétiens doivent avoir? On voit assez combien ce commencement des voies de la Justice vous confond; mais le reste vous accablera.

Supposez donc, mes pères, que ces personnes publiques demandent la mort de celui qui a commis tous ces crimes; que fera-t-on là-dessus? Lui portera-t-on incontinent le poignard dans le sein? Non, mes pères; la vie des hommes est trop importante, on y agit avec plus de respect: les Lois ne l'ont pas soumise à toutes sortes de personnes, mais seulement aux Juges dont on a examiné la Probité et la Naissance. Et croyez-vous qu'un seul suffise pour condamner un homme à mort? Il en faut Sept pour le moins, mes pères. Il faut que de ces Sept il n'y en ait aucun qui ait été offensé par le Criminel, de peur que la passion n'altère ou ne corrompe son jugement. Et vous savez, mes pères, qu'afin que leur Esprit soit aussi plus pur, on observe encore de donner les heures du matin à

1. La répétition de « quand il auroit » ajouterait ici à la correction du texte, sans nuire à l'éclat du style.

ces fonctions : tant on apporte de soin pour les préparer à une action si grande, où ils tiennent la place de Dieu, dont ils sont les ministres, pour ne condamner que ceux qu'il condamne lui-même.

C'est pourquoi, afin d'y agir comme fidèles dispensateurs de cette Puissance Divine, d'ôter la vie aux hommes, ils n'ont la liberté de juger que selon les dépositions des témoins[1], et selon toutes les autres formes qui leur sont prescrites; ensuite desquelles ils ne peuvent en conscience prononcer que selon les Lois, ni juger dignes de mort que ceux que les Lois y condamnent. Et alors, mes pères, si l'ordre de Dieu les oblige d'abandonner au supplice le[a] corps de ces misérables, le même ordre de Dieu les oblige de prendre soin de leurs âmes criminelles; et c'est même parce qu'elles sont criminelles qu'ils sont plus obligés à en prendre soin; de sorte qu'on ne les envoie à la mort qu'après leur avoir donné moyen de pourvoir à leur conscience. Tout cela est bien pur et bien innocent; et néanmoins l'Église abhorre tellement le sang, qu'elle juge encore incapables du ministère de ses autels ceux qui auroient assisté[2] à un arrêt de mort, quoique accompagné de toutes ces circonstances si religieuses : par où il est aisé de concevoir quelle idée l'Église a de l'Homicide.

Voilà, mes pères, de quelle sorte, dans l'ordre de la

[a] Textes in-4º et in-12 : « *les* corps » au lieu de « *le* corps », qui est la leçon in-8º.

1. L'institution du jury a aboli l'obligation de ne juger que « selon les dépositions des témoins ».

2. « Assisté à un arrêt de mort », c'est-à-dire « pris part à un arrêt de mort », siégé parmi les juges. C'est encore une application du principe qui exclut des fonctions sacerdotales celui qui a versé le sang de quelqu'un, ne fût-ce que par imprudence. Le Droit canonique n'examine pas s'il est coupable ou non : il le déclare *irrégulier*.

justice, on dispose de la Vie des hommes ª. Voyons maintenant comment vous en disposez. Dans vos nouvelles Lois, il n'y a qu'un Juge, et ce Juge est celui-là même qui est offensé. Il est tout ensemble le Juge, la Partie et le Bourreau. Il se demande à lui-même la mort de son ennemi, il l'ordonne, il l'exécute sur-le-champ ; et sans respect ni du corps, ni de l'âme de son frère, il tue et damne celui pour qui Jésus-Christ est mort ; et tout cela pour éviter un Soufflet ou une Médisance, ou une Parole outrageuse, ou d'autres offenses semblables pour lesquelles un Juge, qui a l'autorité légitime, seroit criminel d'avoir condamné à la mort ceux qui les auroient commises, parce que les Lois sont très éloignées de les y condamner. Et enfin, pour comble de ces excès, on ne contracte ni péché, ni irrégularité, en tuant de cette sorte sans Autorité et contre les Lois, quoiqu'on soit Religieux et même Prêtre. Où en sommes-nous, mes pères ? Sont-ce des Religieux et des Prêtres qui parlent de cette sorte ? sont-ce des Chrétiens, sont-ce des Turcs ? sont-ce des Hommes ? sont-ce des Démons ? et sont-ce là des *mystères révélés par l'Agneau à ceux de sa Société,* ou des abominations suggérées par le Dragon à ceux qui suivent son parti [1] ?

Car enfin, mes pères, pour qui voulez-vous qu'on vous prenne ? pour des enfants de l'Évangile, ou pour des ennemis de l'Évangile ? On ne peut être que d'un parti ou de l'autre, il n'y a point de milieu. « Qui n'est point avec Jé-

---

ª Textes in-4º et in-12 . « Voilà, mes pères, de quelle sorte *on dispose en justice, de la vie des hommes* ».

---

1. « L'Agneau, le Dragon », antithèse tirée de l'Apocalypse. Sous la plume de saint Jean, l'Agneau est le symbole de Jésus « le Bon », et le Dragon, le symbole du Démon, « le Méchant. » Pascal suggère que par leurs doctrines sur l'Homicide, les Jésuites, au lieu d'être de la *Compagnie de Jésus,* seraient plutôt de la *Compagnie du Diable.*

LETTRE XIV.

sus-Christ est contre lui ». Ces deux genres d'hommes partagent tous les hommes. Il y a deux peuples et deux mondes répandus sur toute la terre, selon saint Augustin : le monde des enfants de Dieu, qui forme un Corps dont Jésus-Christ est le Chef et le Roi; et le monde ennemi de Dieu, dont le Diable est le Chef et le Roi. Et c'est pourquoi Jésus-Christ est appelé le Roi et le Dieu du monde; parce qu'il a partout des sujets et des adorateurs, et que[a] le Diable est aussi appelé dans l'Écriture le Prince du monde et le Dieu de ce siècle, parce qu'il a partout des suppôts et des esclaves. Jésus-Christ a mis dans l'Église, qui est son empire, les Lois qu'il lui a plu, selon sa sagesse éternelle; et le Diable a mis dans le monde, qui est son royaume, les Lois qu'il a voulu y établir. Jésus-Christ a mis l'Honneur à souffrir; le Diable à ne point souffrir. Jésus-Christ a dit à ceux qui reçoivent un Soufflet, de tendre l'autre joue; et le Diable a dit à ceux à qui on veut donner un Soufflet, de tuer ceux qui voudront leur faire cette injure. Jésus-Christ déclare heureux ceux qui participent à son ignominie, et le Diable déclare malheureux ceux qui sont dans l'ignominie. Jésus-Christ dit : Malheur à vous, quand les hommes diront du bien de vous! et le Diable dit : Malheur à ceux dont le monde ne parle pas avec estime[1]!

Voyez donc maintenant, mes pères, duquel de ces deux royaumes vous êtes. Vous avez ouï le langage de la ville de paix, qui s'appelle Jérusalem mystique, et vous avez ouï le langage de la ville de trouble, que l'Écriture

---

[a] « Que » est la leçon in-8º; il manque dans l'in-4º et dans l'in-12.

---

1. Le parallèle continue entre la *Compagnie de Jésus* et la *Compagnie du Diable*. Pascal insiste sur le fait que les Jésuites sont de la Compagnie du Diable.

appelle *la spirituelle Sodome* : lequel de ces deux langages entendez-vous? lequel parlez-vous? Ceux qui sont à Jésus-Christ ont les mêmes sentiments que Jésus-Christ, selon saint Paul; et ceux qui sont enfants du Diable, *ex patre diabolo*, qui a été Homicide dès le commencement du monde, suivent les maximes du Diable, selon la parole de Jésus-Christ. Écoutons donc le langage de votre École, et demandons à vos Auteurs : Quand on nous donne un Soufflet, doit-on l'endurer plutôt que de tuer celui qui le veut donner? ou bien est-il permis de tuer pour éviter cet affront? *Il est permis*, disent Lessius, Molina, Escobar, Reginaldus, Filiutius, Baldellus, et autres jésuites, *de tuer celui qui nous veut donner un Soufflet*. Est-ce là le langage de Jésus-Christ? Répondez-nous encore. Seroit-on sans Honneur en souffrant un Soufflet, sans tuer celui qui l'a donné? « N'est-il pas véritable, dit Escobar, que, tandis qu'un homme laisse vivre celui qui lui a donné un Soufflet, il demeure sans Honneur? » Oui, mes pères, *sans cet Honneur* que le Diable a transmis de son Esprit superbe en celui de ses superbes enfants. C'est cet Honneur qui a toujours été l'idole des hommes possédés par l'Esprit du monde. C'est pour se conserver cette gloire, dont le Démon est le véritable distributeur, qu'ils lui sacrifient leur Vie par la fureur des Duels à laquelle ils s'abandonnent, leur Honneur par l'ignominie des supplices auxquels ils s'exposent, et leur salut par le péril de la damnation auquel ils s'engagent, et qui les fait priver de la sépulture même par les Canons ecclésiastiques. Mais on doit louer Dieu de ce qu'il a éclairé l'Esprit du Roi par des lumières plus pures que celles de votre Théologie. Ses Édits si sévères sur ce sujet n'ont pas fait que le Duel fût un Crime; ils n'ont fait que punir le Crime qui est inséparable du Duel. Il a arrêté, par la crainte de la rigueur de sa Justice, ceux qui n'étoient pas arrêtés par la crainte de la Justice de Dieu ; et sa Piété lui a fait connoître que l'Honneur des Chrétiens consiste dans l'observation des ordres de Dieu et des règles du Christianisme, et non pas dans ce fantôme d'Honneur que vous prétendez, tout vain qu'il soit, être une excuse légitime pour les Meurtres. Ainsi vos décisions meurtrières sont maintenant en aversion à tout le monde, et vous seriez mieux conseillés de changer de sentiments, si ce n'est par principe de Religion, au moins par maxime de Politique. Prévenez, mes pères, par une condamnation volontaire de ces opinions inhumaines, les mauvais effets qui en pourroient naître, et dont vous seriez responsables. Et pour concevoir[a] plus d'horreur de l'Homicide, souvenez-vous que le premier crime des hommes corrompus a été un Homicide en la personne du premier juste ; que leur plus grand crime a été un Homicide en la personne du chef de tous les Justes ; et que l'Homicide est le seul crime qui détruit tout ensemble l'État, l'Église, la Nature et la Piété[1].

[a] « Recevoir », au lieu de « concevoir », dans l'in-8º, qui est la leçon définitive.

1. L'Apologiste des Jésuites, qui n'avait pas la prudence biblique du serpent, avait répondu étourdiment aux objurgations passionnées de Pascal : « Faites-nous voir que Dieu veut qu'on épargne la Vie des Voleurs et des Insolents, qui outragent indignement un homme d'Honneur. Faites-nous voir que cette permission de tuer n'est pas un précepte qui est né avec nous, et que nous ne devons pas nous conduire par la lumière naturelle, pour discerner quand il est permis ou quand il est défendu de tuer son prochain. » Nicole n'a pas de peine à le prendre là-dessus. « Ce seul passage, dit-il (note à la Quatorzième Provinciale), suffit pour abolir tous les commandements de Dieu. Car qu'y a-t-il de si clair et de si évident, qu'on ne puisse facilement éluder par cette exception ? Dieu fait un commandement général de ne point commettre d'adultère. *Vous ne commettrez point d'adultère,* dit le Décalogue ; c'est-à-dire, *vous n'en commettrez point s'il n'y a une cause légitime,* dira un homme instruit dans la Morale des Jésuites. Dieu fait de même un commandement général de ne point

P.-S. Je viens de voir la réponse de votre Apologiste à ma[a] Treizième Lettre. Mais s'il ne répond pas mieux à

[a] Textes in-4º et in-12 : « à *la* » au lieu de « à *ma* ».

---

adorer les idoles (les statues et les images); mais si on admet l'exception des Jésuites, on dira malgré cette défense que les Chrétiens qu'on obligeoit par la crainte de la mort, de présenter de l'encens aux Idoles, le pouvoient faire sans crime, parce que le commandement de ne point rendre d'Honneur aux Idoles se doit entendre de ne le point faire sans cause légitime, dont, selon l'Apologiste, il appartient à la raison de juger. Or il est certain qu'elle jugera facilement que la nécessité de sauver sa Vie en est une cause assez légitime. Car nous voyons que non seulement les plus sages d'entre les Païens en ont été persuadés, comme saint Augustin le remarque de Socrate; que non seulement plusieurs Hérétiques ont enseigné depuis que cela étoit permis et ont été condamnés pour cela par l'Église ; mais que les Jésuites mêmes ont porté les Chinois à faire la même chose ainsi que le rapporte Hurtado et M. l'évêque d'Angelopolis en sa Lettre au pape Innocent X..... Mais pour revenir au commandement de ne point tuer puisqu'il suffit pour s'en dispenser que la raison juge qu'il y a une cause légitime de tuer, en combien d'occasions ne s'en croira-t-on pas dispensé? Combien d'Homicides ne sera-t-il pas permis de commettre quelquefois même de l'avis des Jésuites, quelquefois aussi malgré eux, mais toujours conformément à leurs principes? Il est permis, disent-ils, de tuer celui qui me veut donner un Soufflet, parce que la raison juge qu'un Soufflet est une cause légitime pour tuer un homme. Donc il est aussi permis de venger un Soufflet qu'on a donné à mon ami par la mort de celui qui le lui a donné : et ceux qui (les témoins des duellistes) offrent pour cela leurs services à d'autres, ne se rendent point criminels. Il est permis, disent encore les Jésuites, de tuer un Calomniateur ou un Voleur. Donc, à plus forte raison, est-il permis de tuer les ennemis de la Religion, ceux qui nuisent au salut des autres, qui les portent à pécher, soit par leurs mauvaises Doctrines, soit par leur mauvais exemple, ou de quelque autre manière que ce soit. Car quelle cause plus légitime peut-on avoir de tuer? Quand la maxime des Jésuites aura-t-elle lieu, sinon dans ces rencontres? S'il est permis de tuer pour conserver sa vie, combien le doit-il être davantage pour conserver la vie de l'âme, qui est infiniment plus considérable que celle du corps? »

Ici la bonne foi de Nicole, comme celle de Pascal, n'est pas entière. Il n'est pas douteux que la facilité des Casuistes en matière de Meurtre est une concession faite à l'esprit du monde, plus qu'une doctrine. Ce sont des mondains qui veulent se concilier la bienveillance de la société aristocratique, des gens à la mode. Les Jansénistes abusent de cette condescendance. Nicole pousse à l'absurde la permission de tuer professée par les Casuistes. « Mais que de Meurtres permis, s'écrie-t-il, par cette seule excep-

LETTRE XIV.

celle-ci, qui satisfait à la plupart de ses difficultés, il ne méritera pas de réplique. Je le plains de le voir sortir à toute heure hors du sujet pour s'étendre en des Calomnies et des Injures contre les Vivants et contre les Morts. Mais, pour donner créance aux Mémoires que vous lui fournissez, vous ne deviez pas lui faire désavouer publiquement une chose aussi publique qu'est le Soufflet de Compiègne. Il est constant, mes pères, par l'aveu de l'offensé, qu'il a reçu sur sa joue un coup de la main d'un Jésuite; et tout ce qu'ont pu faire vos Amis a été de mettre en doute s'il l'a reçu de l'avant-main ou de l'arrière-main, et d'agiter la question si un coup de revers de la main sur la joue doit être appelé Soufflet ou non. Je ne sais à qui il appartient d'en décider; mais je croirois cependant que c'est au moins un Soufflet *probable*. Cela me met en sûreté de conscience.

tion, à quiconque s'en voudra servir! Si une femme paroît avec un habit immodeste et qu'elle porte les hommes au péché; si un évêque ou un curé scandalise son peuple par sa mauvaise conduite, par sa négligence ou par sa doctrine; si on croit qu'une personne fait quelque préjudice à la Religion : qui doute que le principe des Jésuites ne fournisse des raisons pour tuer en conscience tous ces gens-là? Qui est-ce qui mit le poignard à la main de Clément et de Ravaillac, ces détestables parricides de deux Rois de France, sinon ces cruelles opinions? Quel intérêt les Ministres des Rois, que les peuples regardent toujours comme les Auteurs de leurs misères, n'ont-ils pas d'en arrêter le cours? Que n'ont-ils point à craindre de cette doctrine des Jésuites? Leur Vie ne dépend plus des Lois et des Princes; elle est entre les mains de quelque Dévôt Meurtrier qui aura appris des Jésuites que le commandement de Dieu ne défend autre chose sinon de tuer sans cause légitime, et que chacun peut discerner par la lumière naturelle, s'il y a ou s'il n'y a pas une cause légitime de tuer.

« Après cela Montalte n'avoit-il pas raison d'appréhender pour sa Vie, comme il le marque dans sa Septième Lettre avec tant d'esprit, et de ne se pas fier à l'humanité de Caramouël, qui n'épargnoit la vie des Jansénistes que parce qu'il supposoit qu'ils ne pouvoient nuire à la réputation des Jésuites? » Eh! eh! dit Nicole, il ne leur auroit pas déplu de se défaire de Montalte.

LETTRE XV[1]

Que les Jésuites ôtent la Calomnie du nombre des Crimes, et qu'ils ne font point de scrupule de s'en servir pour décrier leurs ennemis[2].

Du 25 novembre 1656.

Mes révérends pères,

Puisque vos Impostures croissent tous les jours, et que vous vous en servez pour outrager si cruellement toutes les personnes de Piété qui sont contraires à vos erreurs, je me sens obligé, pour leur intérêt et pour celui de l'Église, de découvrir un mystère de votre Conduite, que j'ai promis il y a longtemps, afin qu'on puisse reconnoître par vos propres maximes quelle foi l'on doit ajouter à vos accusations et à vos injures.

Je sais que ceux qui ne vous connoissent pas assez, ont peine à se déterminer sur ce sujet, parcequ'ils se trouvent dans la nécessité, ou de croire les crimes incroyables dont vous accusez vos ennemis, ou de vous tenir pour des Imposteurs, ce qui leur paroît aussi incroyable. Quoi! disent-ils, si ces choses-là n'étoient, des Religieux les publiroient-ils? et voudroient-ils renoncer à leur conscience, et

---

1. « Quinzième Lettre écrite par l'Auteur des Lettres au Provincial aux Révérends pères Jésuites.» Dans l'in-8º : « Quinzième Lettre aux Révérends pères Jésuites. »
2. Sous-titre de Nicole.

LETTRE XV.

se damner par ces Calomnies? Voilà la manière dont ils raisonnent ; et ainsi les preuves visibles par lesquelles on ruine vos faussetés, rencontrant l'Opinion qu'ils ont de votre sincérité, leur esprit demeure en suspens entre l'évidence et la vérité qu'ils ne peuvent démentir, et le devoir de la Charité qu'ils appréhendent de blesser. De sorte que, comme la seule chose qui les empêche de rejeter vos Médisances est l'estime qu'ils ont de vous, si on leur fait entendre que vous n'avez pas de la Calomnie l'idée qu'ils s'imaginent que vous en avez[a], et que vous croyez pouvoir[b] faire votre salut en Calomniant vos ennemis, il est sans doute que le poids de la vérité les déterminera incontinent à ne plus croire vos Impostures. Ce sera donc, mes pères, le sujet de cette Lettre.

Je ne ferai pas voir seulement que vos Écrits sont remplis de Calomnies, je veux passer plus avant. On peut bien dire des choses fausses en les croyant véritables, mais la qualité de menteur enferme l'Intention de mentir. Je ferai donc voir, mes pères, que votre Intention est de Mentir et de Calomnier ; et que c'est avec connoissance et avec dessein que vous imposez à vos ennemis des crimes dont vous savez qu'ils sont innocents ; parce que vous croyez le pouvoir faire sans déchoir de l'état de Grâce. Et quoique vous sachiez aussi bien que moi ce point de votre Morale, je ne laisserai pas de vous le dire, mes pères, afin que personne n'en puisse douter, en voyant que je m'adresse à vous pour vous le soutenir à vous-mêmes, sans que vous puissiez avoir l'assurance de le nier, qu'en confirmant par ce désaveu même le reproche que je vous en fais. Car c'est une Doctrine si commune dans vos Écoles que vous

---

[a] « Que vous en avez » est ajouté dans l'in-8°.
[b] « Pouvoir » est ajouté dans l'in-8°.

l'avez soutenue non seulement dans vos Livres, mais encore dans vos Thèses publiques, ce qui est de[a] la dernière hardiesse; comme entre autres dans vos Thèses de Louvain de l'année 1645, en ces termes : « Ce n'est qu'un péché véniel de Calomnier et d'imposer de faux crimes pour ruiner de créance ceux qui parlent mal de nous. *Quidni non nisi veniale sit, detrahentis autoritatem magnam, tibi noxiam, falso crimine elidere*[1] ? » Et cette Doctrine est si constante parmi vous, que quiconque ose l'attaquer, vous le traitez d'ignorant et de téméraire.

C'est ce qu'a éprouvé depuis peu le père Quiroga, capucin allemand, lorsqu'il voulut s'y opposer. Car votre père Dicastillus[2] l'entreprit incontinent, et il parle de cette dispute en ces termes, *De Just.*, Livr. II. tr. 2, disp. 12, n. 404 : « Un certain Religieux grave, pieds nus et encapuchonné, *cucullatus, gymnopoda*, que je ne nomme point, eut la témérité de décrier cette opinion parmi des femmes et des ignorants, et de dire qu'elle étoit pernicieuse et scandaleuse, contre les bonnes mœurs, contre la paix des

---

[a] « De » n'est dans aucune des éditions du temps. Il a été introduit plus tard dans l'intérêt de la correction du texte, que son absence ne rendait pas incorrect au xviie siècle.

---

1. Cette façon de ruiner l'autorité d'autrui n'est pas nouvelle. En pratique, elle était moins fréquente qu'elle n'est devenue depuis. Voltaire en a fait un axiome de la science polémique : « Mentez, dit-il ; il en restera toujours quelque chose. » Avant lui et les Thèses de Louvain, on le faisait souvent sans que ce fût un principe admis. On l'admet aujourd'hui couramment d'après un autre axiome qui tend à remplacer avantageusement la guerre privée :

Gladius ferit corpus, animos oratio.

2. Dicastillo (Jean de), jésuite d'origine espagnole, né à Naples en 1585, mort à Ingolstadt en 1653. Il a enseigné la Casuistique à Tolède, à Murcie et à Vienne (Autriche) et laissé six vol. in-folio de Traités sur la Théologie morale. Il avait été prédicateur ordinaire de l'Impératrice, femme de Ferdinand III.

États et des Sociétés, et enfin contraire non seulement à tous les Docteurs catholiques, mais à tous ceux qui peuvent être catholiques. Mais je lui ai soutenu, comme je soutiens encore, que la Calomnie, lorsqu'on en use contre un Calomniateur, quoiqu'elle soit un mensonge, n'est point néanmoins un Péché Mortel, ni contre la Justice, ni contre la Charité ; et, pour le prouver, je lui ai fourni en foule nos Pères et les Universités entières qui en sont composées, que j'ai tous consultés, et entre autres le revérend père Jean Gans, confesseur de l'Empereur ; le révérend père Daniel Bastèle, confesseur de l'archiduc Léopold ; le père Henri, qui a été précepteur de ces deux Princes ; tous les professeurs publics et ordinaires de l'Université de Vienne (toute composée de Jésuites) ; tous les professeurs de l'Université de Gratz (toute de Jésuites) ; tous les professeurs de l'Université de Prague (dont les Jésuites sont les maîtres) : de tous lesquels j'ai en main les approbations de mon opinion, écrites et signées de leur main : outre que j'ai encore pour moi le père de Pennalossa, jésuite, prédicateur de l'Empereur et du roi d'Espagne, le père Pillicerolli, jésuite, et bien d'autres qui avoient tous jugé cette Opinion Probable avant notre dispute ». Vous voyez bien, mes pères, qu'il y a peu d'Opinions que vous ayez pris si à tâche d'établir, comme il y en avoit peu dont vous eussiez tant de besoin. Et c'est pourquoi vous l'avez tellement autorisée que les Casuistes s'en servent comme d'un principe indubitable. « Il est constant, dit Caramuel, N. 1151, que c'est une Opinion Probable qu'il n'y a point de Péché Mortel à Calomnier faussement pour conserver son Honneur. Car elle est soutenue par plus de vingt docteurs graves, par Gaspard Hurtado et Dicastillus, jésuites, etc. ; de sorte que, si cette Doctrine n'étoit Probable, à peine y en auroit-il aucune qui le fût en toute la Théologie[1]. »

O Théologie abominable et si corrompue en tous ses chefs que si, selon ses maximes[a], il n'étoit probable et sûr en conscience qu'on peut Calomnier sans crime pour conserver son Honneur, à peine y auroit-il aucune de ses décisions qui fût sûre[b] ? Qu'il est vraisemblable, mes pères,

[a] « Selon ses maximes » est ajouté dans le texte in-8°.
[b] Textes in-4° et in-12 : « qui le fût » au lieu de « qui fût sûre ».

---

1. La calomnie publique et privée depuis l'ère des guerres civiles et la découverte de l'imprimerie, allait croissant. Elle n'était pas parvenue à son plein développement comme elle y est arrivée au xviii[e] siècle où Beaumarchais qui l'avait pratiquée avec éclat, disait d'elle : — « La Calomnie ! Monsieur, vous ne savez guère ce que vous dédaignez ; j'ai vu les plus honnêtes gens près d'en être accablés ; croyez qu'il n'y a pas de plate méchanceté, pas d'horreurs, pas de conte absurde qu'on ne fasse adopter aux oisifs d'une grande ville, en s'y prenant bien... D'abord un bruit léger rasant le sol, comme une hirondelle avant l'orage... telle bouche le recueille et *piano, piano*, vous le glisse en l'oreille adroitement ; le mal est fait : il germe, il rampe, il chemine, et, *rinforzando*, de bouche en bouche, il va le diable, puis tout à coup, on ne sait comment, vous voyez la Calomnie se dresser, siffler, s'enfler, grandir à vue d'œil ; elle s'élance, étend son vol, tourbillonne, enveloppe, arrache, entraîne, éclate et tonne, et devient un cri général, un *crescendo*, un chorus universel de haine et de proscription. » *Barbier de Séville*, acte II, s. 8. Après la Révolution qui en fit une institution sociale, Beaumarchais aurait ajouté quelques touches à son esquisse. A l'époque où elle préoccupait les Casuistes, elle n'avait pas acquis cette ampleur souveraine ; mais elle était déjà une force dans l'État. Les Casuistes habitués à s'incliner devant les Puissances d'où qu'elles vinssent, ne pouvaient manquer de lui faire bon accueil. La querelle engagée entre le jésuite Dicastillo et le capucin Quiroga, que Dicastillo appelle élégamment *cucullatus* et *gymnopoda* — va-nu-pieds — avait ameuté les Casuistes de toute provenance. Quiroga invoquait en sa faveur le crédit de trois casuistes en vogue, dont deux jésuites, Lessius et Filiucci. Dicastillo en invoquait d'autres. Quoi qu'en dise Pascal, Caramuel n'est guère à ranger parmi ces derniers. S'il admet comme une opinion probable qu'il n'y a point de péché mortel à défendre son Honneur par la Calomnie, il ajoute : His non obstantibus, dico non posse hominem vitam, non posse divitias, non posse honorem mendaciis et calomniis defendere : — « Néanmoins, je n'estime pas qu'on puisse défendre sa vie, sa fortune, son honneur par le mensonge et la calomnie. » Il n'est pas si noir qu'on l'imaginerait après avoir lu Pascal.

LETTRE XV.

que ceux qui tiennent ce principe le mettent quelquefois en pratique! L'inclination corrompue des hommes s'y porte d'elle-même avec tant d'impétuosité qu'il est incroyable qu'en levant l'obstacle de la conscience, elle ne se répande avec toute sa véhémence naturelle. En voulez-vous un exemple? Caramuel vous le donnera au même lieu : « Cette maxime, dit-il, du père Dicastillus, jésuite, touchant la Calomnie, ayant été enseignée par une comtesse d'Allemagne aux filles de l'Impératrice, la créance qu'elles eurent de ne pécher au plus que véniellement par des Calomnies en fit tant naître en peu de jours, et de Médisances, et tant de faux rapports, que cela mit toute la Cour en combustion et en alarme. Car il est aisé de s'imaginer l'usage qu'elles en surent faire : de sorte que, pour apaiser ce tumulte, on fut obligé d'appeler un bon père capucin d'une vie exemplaire, nommé Quiroga (et ce fut sur quoi le père Dicastillus le querella tant), qui vint leur déclarer que cette maxime étoit très pernicieuse, principalement parmi les femmes; et il eut un soin particulier de faire que l'Impératrice en abolît tout à fait l'usage [1] ». On ne doit pas être surpris des mauvais effets que causa cette Doctrine. Il faudroit admirer au contraire qu'elle ne produisît pas cette licence. L'amour-propre nous persuade toujours assez que c'est avec injustice qu'on nous attaque; et à vous principalement, mes pères, que la vanité aveugle de telle sorte, que vous voulez faire croire en tous vos Écrits que c'est blesser l'Honneur de l'Église que de blesser celui de votre Société. Et ainsi, mes pères, il y auroit lieu de trouver étrange que vous ne missiez pas[a] cette maxime en pratique.

---

[a] « Pas » est ajouté dans l'in-8º.

---

1. On voit l'origine du conflit élevé entre Quiroga et Dicastillo. Il s'agit

Car il ne faut plus dire de vous comme font ceux qui ne vous connoissent pas : Comment ces bons pères[a] voudroient-ils Calomnier leurs ennemis, puisqu'ils ne le pourroient faire que par la perte de leur salut? Mais il faut dire au contraire : comment ces bons pères[b] voudroient-ils perdre l'avantage de décrier leurs ennemis, puisqu'ils le peuvent faire sans hasarder leur salut? Qu'on ne s'étonne donc plus de voir les Jésuites Calomniateurs : ils le sont en sûreté de conscience[1], et rien ne les en peut empêcher; puisque, par le crédit qu'ils ont dans le monde, ils peuvent Calomnier sans craindre la Justice des hommes, et que, par celui qu'ils se sont donné sur les Cas de Conscience, ils ont établi des maximes pour le pouvoir faire sans craindre la Justice de Dieu.

Voilà, mes pères, la source d'où naissent tant de noires Impostures. Voilà ce qui en a fait répandre à votre père Brisacier, jusqu'à s'attirer la censure de feu M. l'archevêque de Paris[2]. Voilà ce qui a porté votre père d'Anjou

---

[a] « Ces bons pères » est aussi une adjonction à l'in-8°.
[b] « Ces bons pères » est ajouté comme précédemment dans l'in-8°.

---

moins de part et d'autre d'une opinion à soutenir que d'une querelle à vider.

1. « En sûreté de conscience » est beaucoup dire. Les Casuistes n'enseignaient pas qu'il n'y avait pas de péché à calomnier un calomniateur. Ils n'y voyaient qu'un péché véniel. Ils avaient du reste un argument qui n'est pas tout à fait sans force : c'est que l'Honneur d'un calomniateur ne lui appartient plus; on en peut disposer, c'est-à-dire le calomnier à son tour. On prendra cet argument pour ce qu'il peut valoir.

2. « Le cardinal de Retz! s'écrie l'abbé Maynard. Mais une censure venant de là est presque honorable. Retz avait de bonnes raisons pour censurer ceux qui osaient déchirer le voile qui pouvait couvrir des turpitudes. » Cette remarque vient assez mal à propos. Pascal ne parle pas du cardinal de Retz, mais bien de son oncle, Jean-François de Gondi, premier archevêque de Paris, mort seulement le 21 mars 1654. Retz, cardinal depuis deux ans, n'était que le coadjuteur de son oncle lors de la censure du P. Brisacier, censure qui ne fut pas prononcée par lui. Elle est de la

à décrier en pleine chaire, dans l'église de Saint-Benoît, à Paris [a], le 8 mars 1655, les personnes de qualité qui recevoient les Aumônes pour les pauvres de Picardie et de Champagne, auxquelles ils contribuoient tant eux-mêmes ; et à [b] dire par un mensonge horrible et capable de faire tarir ces Charités, si on eût eu quelque créance en vos Impostures, « qu'il savoit de science certaine que ces personnes avoient détourné cet argent pour l'employer contre l'Église et contre l'État » : ce qui obligea le curé de cette paroisse, qui est un docteur de Sorbonne, de monter le lendemain en chaire pour démentir ces Calomnies[1]. C'est par ce même principe que votre père Crasset[2] a tant prêché d'Impostures dans Orléans, qu'il a fallu que M. l'évêque d'Orléans l'ait interdit comme un Imposteur public, par son mandement du 9 septembre dernier [c], où il déclare « qu'il défend à frère Jean Crasset, prêtre de la Compagnie de Jésus, de prêcher dans son diocèse ; et à tout

[a] « A Paris » est ajouté dans l'in-8º.
[b] « Et de dire » dans toutes les éditions du temps, ce qui est incorrect.
[c] « Dernier » est ajouté dans l'in-8º.

---

fin de l'année 1651 et accordée en réponse à une plainte (17 décembre 1651) de la mère Angélique Arnauld, de Port-Royal.

1. En l'absence de documents, il est difficile de contrôler ces dires. Le P. d'Anjou aurait accusé les Jansénistes d'avoir voulu employer aux besoins de leur cause des Aumônes destinées à soulager les maux de la guerre. Varin (*La vérité sur les Arnauld*, t. Ier, p. 207) énonce que les Jansénistes consultés par Rancé qui voulait quitter ses Bénéfices, lui conseillèrent de n'en rien faire, d'en réserver plutôt le revenu aux persécutés de Port-Royal, ce que le P. d'Anjou aurait appelé « détourner l'argent de l'Église pour l'employer contre l'Église et contre l'État. »

2. Crasset (Jean), jésuite, prédicateur, érudit, écrivain ascétique, né à Dieppe (Seine-Inférieure), en 1618, mort à Paris en 1692. Il avait quelque talent littéraire et une érudition de moraliste assez étendue. On lit encore ses *Méditations pour tous les jours de l'année*. Il a laissé quelques autres Écrits, une *Dissertation sur les Oracles des Sibylles* (1678), une *Histoire de l'Église du Japon* (2 vol. in-4º, 1689).

son peuple de l'ouïr, sous peine de se rendre coupable d'une désobéissance mortelle, sur ce qu'il a appris que ledit Crasset avoit fait un discours en chaire rempli de faussetés et de Calomnies contre les Ecclésiastiques de cette ville, leur imposant faussement et malicieusement qu'ils soutenoient ces propositions Hérétiques et impies : Que les Commandements de Dieu sont impossibles ; que jamais on ne résiste à la Grâce intérieure ; et que Jésus-Christ n'est pas mort pour tous les hommes, et autres semblables, condamnées par Innocent X. » Car c'est là, mes pères, votre Imposture ordinaire, et la première que vous reprochez à tous ceux qu'il vous est important de décrier. Et quoiqu'il vous soit aussi impossible de le prouver de qui que ce soit, qu'à votre père Crasset de ces Ecclésiastiques d'Orléans[1], votre conscience néanmoins demeure en repos : « parce que vous croyez que cette manière de Calomnier ceux qui vous attaquent est si certainement permise, » que vous ne craignez point de le déclarer publiquement et à la vue de toute une ville.

En voici un insigne témoignage dans le démêlé que vous eûtes avec M. Puys, curé de Saint-Nisier, à Lyon ; et comme cette histoire marque parfaitement votre Esprit, j'en rapporterai les principales circonstances. Vous savez, mes pères, qu'en 1649, M. Puys traduisit en françois un excellent Livre d'un autre père[a] capucin, « touchant le devoir des Chrétiens à leur paroisse contre ceux qui les en

---

[a] « Pere » est ajouté dans l'in-8°.

---

1. Le P. Nouet (réponse à la Quinzième Provinciale) déclare que le P. Crasset s'était borné à prêcher contre les Jansénistes. Il y a lieu de supposer qu'il y en avait plusieurs dans le Clergé d'Orléans et que le P. Crasset ne l'ignorait pas, ce qui explique la mesure prise contre lui par l'évêque.

détournent, » sans user d'aucune invective, et sans désigner aucun Religieux, ni aucun Ordre en particulier. Vos Pères néanmoins prirent cela pour eux; et, sans avoir aucun respect pour un ancien pasteur, juge en la Primatie de France, et honoré de toute la ville, votre père Alby fit un Livre sanglant contre lui, que vous vendîtes vous-mêmes dans votre propre église, le jour de l'Assomption, où il l'accusoit de plusieurs choses, et entre autres de « s'être rendu scandaleux par ses Galanteries, et d'être suspect d'impiété, d'être Hérétique, excommunié, et enfin digne du feu ». A cela M. Puys répondit, et le père Alby soutint, par un second Livre, ses premières accusations. N'est-il donc pas vrai, mes pères, ou que vous étiez des Calomniateurs, ou que vous croyiez tout cela de ce bon prêtre; et qu'enfin il falloit que vous le vissiez hors de ses erreurs pour le juger digne de votre amitié? Écoutez donc ce qui se passa dans l'accommodement qui fut fait en présence d'un grand nombre des premières personnes de la ville, dont les noms sont au bas de cette page[1], comme ils sont marqués dans l'acte qui en fut dressé le 25 septembre 1650. Ce fut en présence de tout ce monde que M. Puys ne fit autre chose que déclarer « que ce qu'il avoit écrit ne s'adressoit point aux Pères Jésuites; qu'il avoit parlé en général contre ceux qui éloignent les Fidèles des paroisses, sans avoir pensé en cela attaquer la Société, et qu'au contraire il l'honoroit avec amour ». Par ces seules paroles, il

1. M. de Villa, vicaire général de M. le cardinal de Lyon; M. Scarron, chanoine et curé de Saint-Paul; M. Margat, chantre; MM. Bouvaud, Sève, Aubert et Derviеu, chanoines de Saint-Nisier; M. du Gué, président des trésoriers de France; M. Groslier, prévôt des marchands; M. de Fléchère, président et lieutenant général; MM. de Boissat, de Saint-Romain et de Bartoly, gentilshommes; M. Bourgeois, premier avocat du roi au bureau des trésoriers de France; MM. de Cotton père et fils; M. Boniel, qui ont tous signé à l'original de la déclaration, avec M. Puys et le père Alby.

revint[a] de son apostasie, de ses scandales et de son excommunication, sans rétractation et sans absolution ; et le père Alby lui dit ensuite ces propres paroles : « Monsieur, la créance que j'ai eue que vous attaquiez la Compagnie, dont j'ai l'honneur d'être, m'a fait prendre la plume pour y répondre; et j'ai cru que la manière dont j'en ai usé m'étoit permise. Mais, connoissant mieux votre intention, je viens vous déclarer qu'il n'y a plus rien qui me puisse empêcher de vous tenir pour un homme d'esprit, très éclairé, de doctrine profonde et orthodoxe, de mœurs irrépréhensibles, et en un mot pour digne pasteur de votre église. C'est une déclaration que je fais avec joie, et je prie ces messieurs de s'en souvenir[1]. »

Ils s'en sont souvenus, mes pères ; et on fut plus scandalisé de la réconciliation que de la querelle. Car qui n'admireroit ce discours du père Alby ? Il ne dit pas qu'il vient se rétracter, parce qu'il a appris le changement des Mœurs et de la Doctrine de M. Puys ; mais seulement « parce que, connoissant que son intention n'a pas été d'attaquer votre Compagnie, il n'y a plus rien qui l'empêche de le tenir pour catholique ». Il ne croyoit donc pas qu'il fût Hérétique en effet ? Et néanmoins, après l'en avoir accusé contre sa connoissance, il ne déclare pas qu'il a failli, mais il ose dire[b], au contraire, « qu'il croit que la manière dont il en a usé lui étoit permise[2] ».

[a] Texte in-4º : « revient ».
[b] Textes in-4º et in-12 : « et il ose dire ».

---

1. « Quand vous croyiez M. Puys ennemi de la Société, il étoit indigne pasteur de son église, ignorant, hérétique, de mauvaise foi et mœurs. Depuis, il est digne pasteur, de bonne foi et mœurs. » (Note extraite du Man. autographe des *Pensées*. Voir l'édit. Faugère, t. Ier, p. 305.)

2. Dès la troisième page de son second livre, le P. Alby déclare que « *c'est à tort qu'on l'accuse d'avoir appelé ce pasteur (M. Puys) héré-*

A quoi songez-vous, mes pères, de témoigner ainsi publiquement que vous ne mesurez la Foi et la Vertu des hommes que par les sentiments qu'ils ont[a] pour votre Société ? Comment n'avez-vous point appréhendé de vous faire passer vous-mêmes, et par votre propre aveu, pour des Imposteurs ou des Calomniateurs ? Quoi ! mes pères, un même homme, sans qu'il se passe aucun changement en lui, selon que vous croyez qu'il honore ou qu'il attaque votre Compagnie, sera « pieux *ou* impie, irrépréhensible *ou* excommunié, digne pasteur de l'Église, *ou* digne d'être mis au feu, et enfin catholique *ou* hérétique ? » C'est donc une même chose dans votre langage d'attaquer votre Société et d'être Hérétique ? Voilà une plaisante Hérésie, mes pères ; et ainsi, quand on voit dans vos Écrits que tant de personnes catholiques y sont appelées Hérétiques, cela ne veut dire autre chose, sinon « que vous croyez qu'ils vous attaquent[1]. » Il est bon, mes pères, qu'on entende cet étrange

---

[a] Textes in-4º et in-12 : « que par l'intention qu'on a » au lieu de « que par les sentiments qu'ils ont ».

---

tique ; qu'il n'y a personne de jugement qui examinant les termes de sa première apologie, ne juge que cette glose est trop violente et cette plainte fort délicate. » Note de l'abbé Maynard. Les réflexions de Pascal subsistent.

[1]. Les Jésuites avaient au plus haut degré l'Esprit de Faction. Ils l'avaient puisé au contact des guerres civiles du XVIᵉ siècle. Ils n'en avaient pas le monopole, mais leur situation dans l'Église leur avait donné un orgueil immense. Ils s'étaient identifiés avec elle. Toucher à eux, ou à l'opinion de l'un d'entre eux, c'était attaquer l'Évangile lui-même. Comme écrit Pascal, ils avaient « assez bonne opinion d'eux-mêmes pour croire qu'il est utile et comme nécessaire au bien de la Religion que leur crédit s'étende partout. » Dès qu'on les regardait de travers, on était un hérétique. Ce n'était que de l'Esprit de Corps, à le bien prendre, mais poussé à outrance et dangereux à quiconque avait des intérêts contraires à cet Esprit de Corps. On meurt comme on vit de l'Esprit de Corps. Les Jésuites en sont morts après en avoir longtemps vécu. L'exclusivisme d'une corporation finit par ameuter tout le monde contre elle. Il n'y en a pas qui ne trouve un Pascal, au bout de la plus glorieuse carrière.

langage, selon lequel il est sans doute que je suis un grand Hérétique. Aussi c'est en ce sens que vous me donnez si souvent ce nom. Vous ne me retranchez de l'Église que parce que vous croyez que mes Lettres vous font tort; et ainsi il ne me reste pour devenir catholique, ou que d'approuver les excès de votre Morale, ce que je ne pourrois faire sans renoncer à tout sentiment de Piété ; ou de vous persuader que je ne recherche en cela que votre véritable bien ; et il faudroit que vous fussiez bien revenus de vos égarements pour le reconnoître. De sorte que je me trouve étrangement engagé dans l'Hérésie, puisque la pureté de ma Foi étant inutile pour me retirer de cette sorte d'erreur, je n'en puis sortir, ou qu'en trahissant ma conscience, ou qu'en réformant la vôtre. Jusque-là je serai toujours un Méchant ou un Imposteur, et quelque fidèle que j'aie été à rapporter vos passages, vous irez crier partout : « qu'il faut être organe du Démon pour vous imputer *des choses dont il* n'y a marque ni vestige dans vos Livres ; » et vous ne ferez rien en cela que de conforme à votre maxime et à votre pratique ordinaire, tant le privilège que vous avez de mentir, a d'étendue. Souffrez que je vous en donne un exemple que je choisis à dessein, parce que je répondrai en même temps à la Neuvième de vos Impostures ; aussi bien elles ne méritent d'être réfutées qu'en passant.

Il y a dix à douze ans qu'on vous reprocha cette maxime du père Bauny : « Qu'il est permis de rechercher directement, PRIMO ET PER SE, une occasion prochaine de pécher pour le bien spirituel ou temporel de nous ou de notre prochain, » Part. I, tr. 4. q. 14, p. 94, dont il apporte pour exemple : « Qu'il est permis à chacun d'aller en des Lieux Publics pour convertir des Femmes Perdues, encore qu'il soit vraisemblable qu'on y péchera, pour avoir déjà expérimenté souvent qu'on est accoutumé de se laisser aller au péché par les caresses de ces femmes. » Que répondit à cela votre père Caussin en 1644, dans son Apologie pour la Compagnie de Jésus, page 128 ? « Qu'on voie l'endroit du père Bauny, qu'on lise la page, les marges, les avant-propos, les suites, tout le reste, et même tout le Livre, on n'y trouvera pas un seul vestige de cette sentence, qui ne pourroit tomber que dans l'âme d'un homme extrêmement perdu de conscience, et qui semble ne pouvoir être supposée que par l'organe du Démon [1]. » Et votre père Pinthereau, en même style, première partie, page 94 : « Il faut être bien perdu de conscience pour enseigner une si détestable Doctrine ; mais il faut être pire qu'un Démon pour l'attribuer au père Bauny. Lecteur, il n'y en a ni marque ni vestige dans tout son Livre [2]. » Qui ne croiroit que des gens qui parlent de ce ton-là eussent sujet de se plaindre, et qu'on auroit en effet imposé au père Bauny ? Avez-vous rien assuré contre moi en de plus forts termes ? Et comment oseroit-on s'imaginer qu'un passage fût en mots propres au lieu même où l'on le cite, quand on dit « qu'il n'y en a ni marque ni vestige dans tout le Livre ? »

1. Texte du père Caussin : « Sur cela, on va voir l'endroit qu'il cite, on lit la page et les marges, les antécédents et les conséquents ; on court tout le Traité et même tout le Livre ; on n'y trouve pas un seul vestige de cette sentence qui ne pouvoit tomber que dans l'âme d'un homme extrêmement perdu de conscience, et qui ne semble pouvoir être supposée que par l'organe d'un Démon. »

2. Texte complet du père Pinthereau : « Il faudroit être bien perdu de conscience, pour enseigner une si détestable Doctrine ; mais il faut être pire qu'un Démon pour l'imposer à la personne du père Bauny. Lecteur, il n'y en a ni marque ni vestige dans tout son Livre. Voyez, s'il vous plaît, l'endroit, non seulement où vous adresse la marge qu'il vous cite, mais encore tout le Livre du Père ; vous n'y verrez ni marque ni vestige de cette Calomnie et vous découvrirez le contraire en plus de cent endroits. »

En vérité, mes pères, voilà le moyen de vous faire croire jusqu'à ce qu'on vous réponde; mais c'est aussi le moyen de faire qu'on ne vous croie jamais plus, après qu'on vous aura répondu. Car il est si vrai que vous mentiez alors, que vous ne faites aujourd'hui aucune difficulté de reconnoître dans vos réponses que cette maxime est dans le père Bauny, au lieu même où on l'avoit citée; et, ce qui est admirable, c'est qu'au lieu qu'elle étoit *détestable* il y a douze ans, elle est maintenant si innocente que, dans votre Neuvième Imposture, page 10, vous m'accusez « d'ignorance et de malice, de quereller le père Bauny sur une opinion qui n'est point rejetée dans l'École ». Qu'il est avantageux, mes pères, d'avoir affaire à ces gens qui disent le pour et le contre! Je n'ai besoin que de vous-mêmes pour vous confondre. Car je n'ai à montrer que deux choses : l'une, que cette maxime ne vaut rien ; l'autre, qu'elle est du père Bauny. Et je prouverai l'un et l'autre par votre propre confession. En 1644, vous avez reconnu qu'elle est *détestable*, et en 1656 vous avouez qu'elle est du père Bauny. Cette double reconnoissance me justifie assez, mes pères; mais elle fait plus, elle découvre l'Esprit de votre Politique. Car dites-moi, je vous prie, quel est le but que vous vous proposez dans vos Écrits? Est-ce de parler avec sincérité? Non, mes pères, puisque vos réponses s'entre-détruisent. Est-ce de suivre la Vérité de la Foi? Aussi peu, puisque vous autorisez une maxime qui est *détestable* selon vous-mêmes. Mais considérons que, quand vous avez dit que cette maxime est *détestable*, vous avez nié en même temps qu'elle fût du père Bauny; et ainsi il étoit innocent. Et, quand vous avouez qu'elle est de lui, vous soutenez en même temps qu'elle est bonne ; et ainsi il est innocent encore. De sorte que, l'innocence de ce père étant la seule chose commune à vos deux réponses, il est visible que c'est aussi la seule chose que vous y recherchez, et que vous n'avez pour objet que la défense de vos Pères, en disant d'une même maxime qu'elle est dans vos Livres et qu'elle n'y est pas; qu'elle est bonne et qu'elle est mauvaise, non pas selon la Vérité, qui ne change jamais, mais selon votre Intérêt, qui change à toute heure. Que ne pourrois-je vous dire là-dessus ! car vous voyez bien que cela est convaincant. Cependant rien ne vous est plus ordinaire[a]; et, pour en omettre une infinité d'exemples, je crois que vous vous contenterez que je vous en rapporte encore un.

On vous a reproché en divers temps une autre proposition du même père Bauny, Tr. 4, quest. 22, p. 100 : « On ne doit dénier ni différer l'Absolution à ceux qui sont dans les habitudes de crimes contre la Loi de Dieu, de[b] Nature et de l'Église, encore qu'on n'y voie aucune espérance d'amendement : *etsi emendationis futuræ spes nulla appareat* ». Je vous prie sur cela, mes pères, de me dire lequel y a le mieux répondu, selon votre goût, ou de votre père Pinthereau, ou de votre père Brisacier, qui défendent le père Bauny en vos deux manières : l'un en condamnant cette proposition, mais en désavouant aussi qu'elle soit du père Bauny; l'autre en avouant qu'elle est du père Bauny, mais en la justifiant en même temps. Écoutez-les donc discourir. Voici le père Pinthereau, page 18 : « Qu'appelle-t-on franchir les bornes de toute pudeur, et passer au delà de toute impudence, sinon d'imputer au père Bauny, comme un chose avérée, une si damnable Doctrine? Jugez, lecteur, de l'indignité de cette Calomnie, et

---

[a] « Cependant rien ne vous est plus ordinaire » est la leçon in-8º. Les éditions in-4º et in-12 ont : « cependant cela vous est tout ordinaire ».
[b] Textes in-4º et in-12 : « de *la* nature ».

voyez à qui les Jésuites ont affaire, et si l'Auteur d'une si noire supposition ne doit pas passer désormais pour le truchement du Père des mensonges ». Et voici maintenant votre père Brisacier, 4ᵉ p., p. 21 : « En effet, le père Bauny dit ce que vous rapportez » (C'est démentir le père Pinthereau bien nettement); « mais, ajoute-t-il, pour justifier le père Bauny, vous qui reprenez cela, attendez, quand un Pénitent sera à vos pieds, que son ange gardien hypothèque tous les droits qu'il a au ciel pour être sa caution. Attendez que Dieu le père jure par son chef que David a menti quand il a dit, par le Saint-Esprit, que tout homme est menteur, trompeur et fragile ; et que ce Pénitent ne soit plus menteur, fragile, changeant, ni pécheur comme les autres; et vous n'appliquerez le sang de Jésus-Christ sur personne [1]. »

Que vous semble-t-il, mes pères, de ces expressions extravagantes et impies, que, s'il falloit attendre *qu'il y*

1. Texte complet du père Brisacier : « En effet, le père Bauny dit ce que vous rapportez. Mais vous qui reprenez cela, attendez quand *vous verrez* un pénitent à vos pieds, que son ange gardien hypothèque tous les droits qu'il a *dans* le ciel pour être sa caution : que Dieu le père jure par son chef que David a menti, quand il a dit par le *transport du* Saint-Esprit, que tout homme est trompeur *dans ses promesses*, menteur *en ses paroles* et *frêle, c'est-à-dire sujet à se démentir dans ses résolutions*, et que ce pénitent n'est plus *homme, ni* fragile, *ni* menteur, ni changeant, ni pécheur comme les autres, et vous n'appliquerez *jamais* le sang de Jésus-Christ sur personne; *c'est ce que vous prétendez pour moi. Je suivrai la pratique de l'Église; je les obligerai de détruire leur péché par la douleur, de combattre l'habitude tous les jours par les moyens que je présenterai, et leur donnerai l'absolution pour les fortifier par le sacrement dans ce combat où ils succomberont toujours si la Grâce ne les assiste.* » Ceci est un des exemples les plus mémorables qu'on ait allégués de l'infidélité des citations de Pascal. Ce qu'il cite du père Brisacier est foncièrement exact, sinon tout à fait conforme à la lettre. Il abrège un peu. Le style du père Brisacier ne lui inspire pas le respect qu'on accorde à celui d'Homère. Il lui suffit d'en prendre le sens et il le prend exactement. Quant au complément que ne cite point Pascal, c'est un commentaire de ce que vient d'avancer le père Brisacier. Pascal n'est pas obligé d'entrer dans ses raisons.

LETTRE XV.

eût quelque espérance d'amendement dans les pécheurs pour les absoudre, il faudroit attendre *que Dieu le père jurât par son chef* qu'ils ne tomberoient jamais plus? Quoi ! mes pères, n'y a-t-il point de différence entre l'*espérance* et la *certitude?* Quelle injure est-ce faire à la Grâce de Jésus-Christ de dire qu'il est si peu possible que les Chrétiens sortent jamais des crimes contre la Loi de Dieu, de[a] Nature et de l'Église, qu'on ne pourroit l'espérer *sans que le Saint-Esprit eût menti :* de sorte que, selon vous, si on ne donnoit l'Absolution à ceux *dont on n'espère aucun amendement,* le sang de Jésus-Christ demeureroit inutile, et on ne l'*appliqueroit jamais sur personne!* A quel état, mes pères, vous réduit le désir immodéré de conserver la gloire de vos Auteurs, puisque vous ne trouvez que deux voies pour les justifier, l'Imposture ou l'Impiété ; et qu'ainsi la plus innocente manière de vous défendre est de désavouer hardiment les choses les plus évidentes !

De là vient que vous en usez si souvent. Mais ce n'est pas encore là tout ce que vous savez faire. Vous forgez des Écrits pour rendre vos ennemis odieux, comme *la Lettre d'un ministre à M. Arnauld,* que vous débitâtes dans tout Paris, pour faire croire que le Livre de la *Fréquente Communion,* approuvé par tant d'Évêques et tant de Docteurs[b], mais qui, à la vérité, vous étoit un peu contraire, avoit été fait par une intelligence secrète avec les Ministres de Charenton. Vous attribuez d'autres fois à vos Adversaires ces Écrits d'impiété, comme *la Lettre circulaire des Jansénistes,* dont le style impertinent rend cette

---

[a] « De *la* nature » dans les textes in-4º et in-12.

[b] Textes in-4º et in-12 : « tant de docteurs et tant d'évêques » au lieu de : « tant d'évêques et tant de docteurs ». La correction n'est pas indifférente. On accusait volontiers les Jansénistes de faire passer leurs sentiments (ceux des docteurs) avant ceux de l'autorité ecclésiastique. Pascal se met en règle avec le Clergé : les Docteurs ne viennent qu'après les Évêques.

Fourbe trop grossière, et découvre trop clairement la malice ridicule de votre père Meynier, qui ose s'en servir, page 28, pour appuyer ses plus noires Impostures. Vous citez quelquefois des Livres qui ne furent jamais au monde, comme *Les Constitutions du Saint-Sacrement*, d'où vous rapportez des passages que vous fabriquez à plaisir, et qui font dresser les cheveux sur la tête des simples, qui ne savent pas quelle est votre hardiesse à inventer et publier les mensonges : car il n'y a sorte de Calomnie que vous n'ayez mise en usage. Jamais la maxime qui l'excuse ne pouvoit être en meilleure main [a].

Mais celles-là sont trop aisées à détruire ; et c'est pourquoi vous en avez de plus subtiles, où vous ne particularisez rien [1], afin d'ôter toute prise et tout moyen d'y

---

[a] « Meilleure main » est la leçon in-8°. Les textes in-4° et in-12 ont : « meilleures mains ».

---

1. Il y a, par exemple, le P. Pirot qui écrit dans son *Apologie pour les Casuistes* (p. 171) : « Le secrétaire (Pascal) a donné un juste sujet de croire qu'il n'est pas si chaste qu'étoit Joseph, et que s'il n'avoit été dépouillé d'une autre façon que ce patriarche, peut-être qu'il n'auroit pas fait tant d'invectives contre les Casuistes, de ce qu'ils n'obligent pas les femmes à restituer à ceux qu'elles ont dévalisés par leurs cajolleries. »

Ailleurs (p. 145), le bon Pirot écrit encore de l'Auteur des *Lettres Provinciales :* « Si nous n'avions pas pour vous plus de discrétion et de charité que vous n'en avez pour les Casuistes, vous savez bien qu'il ne nous seroit pas malaisé de tirer un rideau qui découvriroit bien des choses. »

Il avait déjà dit (p. 76) que l'adresse des Jansénistes « pour avoir de quoi fournir aux frais de la secte, est plus raffinée et plus connue que n'a pas été celle de Calvin... Je ne veux pas, ajoute-t-il, raconter en détail les bons tours que les Jansénistes ont faits pour duper les personnes de qualité et pour disposer de leur bourse ; je dirai seulement qu'à entendre parler quelques-uns de ceux qui ont passé par les mains de leur grand directeur (Arnauld), qui fait tant le désintéressé, il est merveilleusement habile en l'art d'amasser des Aumônes. Et ceux-là même croient que si l'argent et la bonne chère manquoient tant soit peu à ce prédicateur apostolique et directeur des âmes choisies, il donneroit bientôt un avertissement à son auditoire, pareil à celui que donna le ministre de Montréal au sien. Cet homme voulant paroître désintéressé et contrefaire l'homme apos-

répondre; comme quand le père Brisacier dit « que ses ennemis commettent des crimes abominables, mais qu'il ne les veut pas rapporter ». Ne semble-t-il pas qu'on ne peut convaincre d'Imposture un reproche si indéterminé ? Un

tolique, fit mine quelque temps de ne pas prêcher pour la rétribution. Le peuple, se contentant de louer sa vertu, ne se mit pas en peine de lui donner la récompense accoutumée; de quoi, ce prédicateur se lassa bientôt et dit publiquement en chaire : *Messieurs, il y a assez longtemps que je souffre; si je ne suis payé de mes appointements, ne pensez pas que je retourne ici faire la bête.* »

La dignité et la modération du langage sont, en définitive, du côté des Jansénistes et de Pascal. La véhémence de l'Auteur des *Provinciales* ne l'empêche pas d'avoir de la retenue. Cela tient sans doute à la hauteur de son caractère. Cela tient aussi à la foi profonde qui l'anime. Son indignation se borne à flétrir les opinions de ses Adversaires; il ne touche ni à leurs mœurs ni à leur conduite. On a vu tout à l'heure ce que l'Apologiste des Casuistes insinue à propos de la Restitution, des mœurs de Pascal. Il n'épargne pas davantage les Religieuses de Port-Royal.

« Ce qui a donné, dit-il (p. 185), en partie à nosseigneurs les prélats occasion d'exiger cette profession de foi, — le Formulaire — et de s'assurer de la Doctrine de ceux à qui on confie des monastères de filles, c'est qu'ils prévoyoient que le Diable feroit avec le temps plus de dégâts dans ces maisons par ces austérités affectées, que Luther n'en a fait par ses débauches scandaleuses. Quand cet apostat débaucha une religieuse, il fut longtemps sans l'épouser, parce que tout le monde et même le duc de Saxe, son protecteur, improuvèrent cette action sacrilège. Mais le Diable se prépare maintenant à faire un ravage bien plus horrible. Car si on le laissoit faire, il changeroit en un instant un monastère de vierges chastes en sérail de filles impures, sans que personne s'en aperçût et sans qu'on y pût remédier. »

En ce qui concerne les mœurs, il n'y a pas d'accusations formelles; il n'y a que des insinuations. Quant aux croyances, l'Apologiste des Casuistes se gêne beaucoup moins : « M. Arnauld (p. 13) a dessein d'abroger la confession auriculaire; » il méprise les Bulles des papes; il réclame un Concile plus général que celui de Trente; le secrétaire des Jansénistes « avoue qu'il est entièrement ignorant en théologie; » les Jansénistes prétendent « exterminer le Sacrement de l'Autel et celui de la Pénitence; » ils veulent abolir la Messe et l'Eucharistie; il est à craindre « que ces réformateurs n'aient dessein, comme autrefois Luther et Calvin, d'*ôter le célibat des prêtres.* » Quelques-unes de ces imputations ne sont pas tout à fait gratuites; mais l'Apologiste des Casuistes exagère à plaisir une tendance qui n'est en réalité qu'une réaction non particulière à Port-Royal, contre le penchant des Jésuites à réduire le Christianisme à des pratiques purement extérieures.

habile homme néanmoins[a] en a trouvé le secret ; et c'est encore un Capucin, mes pères. Vous êtes aujourd'hui malheureux en Capucins, et je prévois qu'une autre fois vous le pourriez bien être en Bénédictins. Ce Capucin s'appelle le père Valérien, de la maison des comtes de Magnis. Vous apprendrez par cette petite histoire comment il répondit à vos Calomnies. Il avoit heureusement réussi à la conversion du prince Ernest, landgrave de Hesse-Rheinsfeld[1]. Mais vos Pères, comme s'ils eussent eu quelque peine de voir convertir un Prince Souverain sans les y appeler, firent incontinent un Livre contre lui (car vous persécutez les gens de bien partout), où falsifiant un de ses passages, ils lui imputent une Doctrine *Hérétique*[b]. Ils firent aussi courir une Lettre contre lui, où ils lui disoient : « Oh ! que nous avons de choses à découvrir, *sans dire quoi*, dont vous serez bien affligé ! Car, si vous n'y donnez ordre, nous serons obligés d'en avertir le Pape et les Cardinaux. » Cela n'est pas maladroit ; et je ne doute point, mes pères, que vous ne leur parliez ainsi de moi : mais prenez garde de quelle sorte il y répond dans son Livre imprimé à Prague l'année dernière, pag. 112 et suiv. « Que ferai-je, dit-il, contre ces injures vagues et indéterminées ? Comment convaincrai-je[2] des reproches qu'on n'explique point ? En voici néanmoins le moyen : c'est que je déclare hautement

---

[a] Textes in-4º et in-12 : « Mais néanmoins un habile homme ».
[b] Les textes in-4º et in-12 ajoutent : « Et certes vous aviez grand tort, car il n'avoit pas attaqué votre Compagnie ». Il n'y a pas de raison de ne pas réintégrer cette plaisanterie dans le texte.

---

1. Il y a, dans toutes les éditions du temps, « à la conversion du landgrave de Darmstadt ». C'était une erreur de nom ; le prince Ernest, landgrave de Hesse, n'était pas de la maison de Hesse-Darmstadt. Il était fils de Maurice, landgrave de Hesse.

2. « Convaincre des reproches » pour « répondre à des reproches » est une locution incorrecte.

et publiquement à ceux qui me menacent que ce sont des Imposteurs insignes, et de très habiles et très impudents menteurs[a], s'ils ne découvrent ces crimes à toute la terre. Paroissez donc, mes accusateurs, et publiez ces choses sur les toits, au lieu que vous les avez dites à l'oreille, et que vous avez menti en assurance en les disant à l'oreille. Il y en a qui s'imaginent que ces disputes sont scandaleuses. Il est vrai que c'est exciter un scandale horrible que de m'imputer un crime tel que l'Hérésie, et de me rendre suspect de plusieurs autres. Mais je ne fais que remédier à ce scandale en soutenant mon innocence. »

En vérité, mes pères, vous voilà malmenés, et jamais homme n'a été mieux justifié. Car il a fallu que les moindres apparences de crime vous aient manqué contre lui, puisque vous n'avez point répondu à un tel défi. Vous avez quelquefois de fâcheuses rencontres à essuyer, mais cela ne vous rend pas plus sages. Car quelque temps après vous l'attaquâtes encore de la même sorte sur un autre sujet, et il se défendit aussi de même, page 154, en ces termes : « Ce genre d'hommes qui se rend insupportable à toute la Chrétienté aspire, sous le prétexte des bonnes œuvres, aux Grandeurs et à la Domination, en détournant à leurs fins presque toutes les Lois divines, humaines, positives et naturelles. Ils attirent, ou par leur Doctrine, ou par la crainte, ou par espérance, tous les Grands de la terre, de l'autorité desquels ils abusent pour faire réussir leurs détestables intrigues. Mais leurs attentats, quoique si criminels, ne sont ni punis, ni arrêtés : ils sont récompensés au contraire, et ils les commettent avec la même hardiesse que s'ils rendoient un service à Dieu.

---

[a] Textes in-4º et in-12 : « et *de* très impudents menteurs ».

Tout le monde le reconnoît, tout le monde en parle avec exécration; mais il y en a peu qui soient capables de s'opposer à une si puissante Tyrannie. C'est ce que j'ai fait néanmoins. J'ai arrêté leur impudence, et je l'arrêterai encore par le même moyen. Je déclare donc qu'ils ont menti très impudemment, MENTIRIS IMPUDENTISSIME. Si les choses qu'ils m'ont reprochées sont véritables, qu'ils les prouvent[a], ou qu'ils passent pour convaincus d'un mensonge plein d'impudence. Leur procédé sur cela découvrira qui a raison. Je prie tout le monde de l'observer, et de remarquer cependant que ce genre d'hommes qui ne souffrent pas la moindre des injures qu'ils peuvent repousser, font semblant de souffrir très patiemment celles dont ils ne peuvent se défendre, et couvrent d'une fausse vertu leur véritable impuissance. C'est pourquoi j'ai voulu irriter plus souvent leur pudeur, afin que les plus grossiers reconnoissent que, s'ils se taisent, leur patience ne sera pas un effet de leur douceur, mais du trouble de leur conscience[1]. »

Voilà ce qu'il dit, mes pères, et il finit[b] ainsi : « Ces gens-là, dont on sait les histoires par tout le monde, sont si évidemment injustes et si insolents dans leur impunité, qu'il faudroit que j'eusse renoncé à Jésus-Christ et à son Église, si je ne détestois leur conduite, et même publiquement, autant pour me justifier que pour empêcher les simples d'en être séduits. »

[a] « Donc » dans l'in-4º et les in-12.
[b] « Il finit » est omis dans l'in-8º.

---

1. Magni (Valeriano), de la famille milanaise des comtes de Magni, théologien, physicien et controversiste, né à Milan en 1587, mort à Saltzbourg en 1661. Il prit le nom de Valeriano en entrant dans l'Ordre des Capucins. Ce n'était pas un sujet ordinaire. Il eut tout de suite les premières fonc-

LETTRE XV.

Mes révérends pères, il n'y a plus moyen de reculer. Il faut passer pour des Calomniateurs convaincus, et recourir à votre maxime, que cette sorte de Calomnie n'est pas un crime. Ce père a trouvé le secret de vous fermer

tions de son Ordre. Urbain VIII le nomma chef des missions du Nord, c'est-à-dire missionnaire apostolique en Allemagne, en Hongrie, en Bohême, en Pologne. Ce fut à son instigation qu'en 1631 le saint-siège abolit l'Ordre des *Jésuitines*, ce qui est sans doute l'origine de la haine que les Jésuites lui témoignèrent.

Le père Valerien, contemporain du père Joseph, joua les père Joseph en Allemagne pour le compte de Ferdinand II, de Ferdinand III, de Ladislas, roi de Pologne, qui ne réussirent pas à lui obtenir le chapeau de cardinal. Attribua-t-il cet échec aux Jésuites et devint-il aussi leur ennemi parce qu'ils l'avaient empêché d'être cardinal, ou l'empêchèrent-ils d'être cardinal parce qu'il était déjà leur ennemi? Ce serait un point à éclaircir. Il a laissé un assez grand nombre d'Écrits, parmi lesquels les *Acta rhenis feldentia* (Cologne, 1652), recueil de controverses qu'alimenta quelque temps sa polémique avec les Jésuites, et le *De atheismo Aristotelis* (Varsovie, 1647), dédié au P. Mersenne, et dans lequel il s'attribue sans scrupule les travaux de Torricelli et de Pascal sur la pesanteur de l'air, plagiat que n'eut pas de peine à démontrer M. de Roberval, au nom de Pascal. « L'édition de ce livre, l'*Athéisme d'Aristote*, dit Baillet (*Vie de Descartes*, t. II, p. 329), étoit postérieure non seulement à l'imprimé de M. Pascal, mais encore à la mort de Torricelli. Quoique le père capucin n'eût fait autre chose que répéter l'expérience de Torricelli, sans y rien ajouter de nouveau, il ne laissa pas de se l'attribuer, comme si elle lui eût été propre dans le récit qu'il en fit imprimer l'année suivante, sans reconnoître qu'elle eût été faite en Italie et en France avant lui. L'écrit du P. Valérien surprit les connoisseurs qui découvrirent son usurpation, et sa prétention fut repoussée incontinent par M. de Roberval, qui se servit de l'imprimé de M. Pascal comme d'une preuve indubitable contre lui. Il le convainquit de n'avoir même fait son expérience que sur l'énonciation qu'il en avoit vue dans l'Écrit que M. Pascal en avoit fait envoyer en Pologne comme dans le reste de l'Europe, et la Lettre latine qu'il (Roberval) lui en écrivit, lui ayant été remise par l'entremise de M. de Noyers, secrétaire des commandements de la reine de Pologne, ce bon père ne fit point de réponse et l'on prit son silence pour un désistement de son usurpation. »

Non contents de l'empêcher d'arriver au cardinalat, les Jésuites l'auraient fait mettre en prison, d'où il sortit, du reste, grâce à l'assistance de l'empereur Ferdinand III; il aurait eu aussi des démêlés pécuniaires avec eux, à cause de pièges qu'ils avaient tendus à une veuve, parente du père Valérien, qu'ils voulaient dépouiller au préjudice d'un pupille. Il écrit à ce propos (In comment. de homine infami personato, apud Daunhaw, in

la bouche : c'est ainsi qu'il faut faire toutes les fois que vous accusez les gens sans preuves. On n'a qu'à répondre à chacun de vous comme le père Capucin, *mentiris impudentissime*. Car que répondroit-on autre chose, quand votre père Brisacier dit, par exemple, que ceux contre qui il écrit « sont des portes d'enfer, des Pontifes du Diable, des gens déchus de la Foi, de l'Espérance et de la Charité, qui bâtissent le trésor de l'Antechrist? Ce que je ne dis pas (ajoute-t-il) par forme d'injure, mais par la force de la vérité[a] ». S'amuseroit-on à prouver qu'on n'est pas « porte d'enfer, et qu'on ne bâtit pas le trésor de l'Antechrist[1]? »

Que doit-on répondre de même à tous les discours va-

[a] Texte du p. Brisacier (IVᵉ partie, p. 24) : « Vous êtes, en vérité, nonobstant toutes vos oppositions, des sectaires, des prélats du démon et des portes d'enfer. Ce sont des titres que je ne vous donne pas par forme d'injures, mais par nécessité. Vous m'y obligez; en sorte que je ne saurois vous ôter cette qualité par ma réponse et ma défense, sans faire injure à la vérité, si vous êtes opiniâtres. »

vale triumphali, p. 136; voir Bayle, à l'article *Magni*) : « est quoddam genus hominum grave et intolerabile orbi christiano, viduis vero piis specialiter exitiale... neminem nomino, sed do in argumentum veritatis si nemo omnium sit qui non intelligat quos designo : si nemo eorum sit, qui me postulet reum detractionis apud judicem competentem. Huic genti, eorumque mancipiis imputo, quæ sub nomine meæ clarissimæ cognatæ fiunt. Hos enim nec postulante, vir omni exceptione major, ex meo scripto monuit, frustra tamen, de omnibus, quæ iniquissime perpetrantur velut ex sententia vidua, in quam pravis artibus conantur devolvere jura hæredis minorennis futuri hæredes ipsius viduæ, in præmium quod eam irretierint iis artibus. »

Il paraît plus probable que la prison qu'il eut à subir lui fut occasionnée par les partisans d'Aristote, dont c'était souvent alors la manière d'argumenter.

Pascal et le P. Valérien étaient de vieilles connaissances. La pesanteur de l'air les avait séparés, mais la haine commune des Jésuites les avait rapprochés.

1. Les Jésuites justifiaient ces cuistreries par le fait qu'elles sont empruntées aux Pères de l'Église : Saint Jérôme qualifie les Hérétiques d'*Antechrists;* saint Grégoire de Nazianze, de *courtiers du démon;* Théodoret et saint Cyprien, de *machines et de pontifes de Satan;* saint Grégoire le Grand, de *portes et de dents du diable*. Qu'on dise encore que les Jésuites ne lisent pas les Pères de l'Église. Ils n'ont pas lu le Décalogue à l'endroit

gues de cette sorte, qui sont dans vos Livres et dans vos Avertissements sur mes Lettres? par exemple : « Qu'on s'applique les Restitutions, en réduisant les créanciers dans la pauvreté ; qu'on a offert des sacs d'argent à de savants Religieux qui les ont refusés ; qu'on donne des Bénéfices pour faire semer des Hérésies contre la Foi[1] ; qu'on a des pensionnaires parmi les plus illustres Ecclésiastiques et dans les Cours Souveraines; que je suis aussi pensionnaire de Port-Royal, et que je faisois des Romans avant mes Lettres », moi qui n'en ai jamais lu aucun, et qui ne sais pas seulement le nom de ceux qu'a faits votre Apologiste[2]?

où il dit : *Vous ne porterez point de faux témoignages ;* ils n'ont pas lu saint Paul à l'endroit où il dit : *Les médisants n'entreront point dans le royaume de Dieu.* Mais le père Brisacier a lu saint Grégoire le Grand à l'endroit où il dit que les Jansénistes sont « des portes d'enfer. » Il a bien le droit de choisir son érudition. Au fait, Arnauld, dans sa *Réponse à la Lettre d'une Personne de Condition*, n'enseigne-t-il pas « qu'on peut quelquefois, sans injure et très saintement, se servir d'expressions injurieuses? » Tout à l'heure, Pascal n'a-t-il pas traité les Jésuites de *Turcs?*

1. C'est une allusion du P. Brisacier aux faveurs et aux Bénéfices que les Jansénistes obtiennent souvent de la Cour où ils ont de puissants protecteurs, parmi lesquels le Coadjuteur, qui, devenu archevêque de Paris (1654) par la mort de son oncle, emplit les cures de Paris de titulaires Jansénistes, ceux-là même qui publieront des *Factums* à l'appui des *Provinciales*. A cet égard, les reproches du P. Brisacier ont quelque chose de fondé.

2. Cet apologiste est Desmarets de Saint-Sorlin (Jean) (1595-1676), jadis poète favori de Richelieu, depuis détracteur de Port-Royal, celui dont Boileau écrit :

> Racine, plains ma destinée :
> C'est demain la triste journée
> Où le prophète Desmarets,
> Armé de cette même foudre
> Qui mit le Port-Royal en poudre,
> Va me percer de mille traits.
> C'en est fait, mon heure est venue ;
> Non que ma muse soutenue
> De tes judicieux avis
> N'ait assez de quoi le confondre,
> Mais, cher ami, pour lui répondre,
> Hélas! il faut lire *Clovis.*

Clovis est un poème épique en vingt-six chants (1657).
A côté des romans de Desmarets il y avait ses pièces de théâtre, une

Qu'y a-t-il à dire à tout cela, mes pères, sinon *mentiris impudentissime*, si vous ne marquez toutes ces personnes, leurs paroles, le temps, le lieu? Car il faut se taire, ou rapporter et prouver toutes les circonstances, comme je fais quand je vous conte les histoires du père Alby et de Jean d'Alba[a]. Autrement, vous ne ferez que vous nuire à vous-mêmes. Toutes[b] vos fables pouvoient peut-être vous servir avant qu'on sût vos principes; mais à présent que tout est découvert, quand vous penserez dire à l'oreille « qu'un homme d'honneur, qui désire cacher son nom, vous a appris de terribles choses de ces gens-là », on vous fera souvenir incontinent du *mentiris impudentissime* du bon père Capucin. Il n'y a que trop longtemps que vous trompez le monde[1], et que vous abusez de la créance qu'on

[a] Textes in-4º et in-12 : « de Jean d'Alba et du père Alby ».
[b] Textes in-4º et in-12 : « toutes ces fables ».

entre autres, « Mirame », à laquelle Richelieu collabora, et à la première représentation de laquelle la reine Anne d'Autriche assista, « où l'on voyoit, dit Tallemant des Réaux, Buckingham plus aimé que lui (Richelieu), et le héros, — qui est Buckingham —, battu par le cardinal. »

1. Ils n'étaient pas seuls à faire ce métier-là; il était vieux et d'usage commun. Les Jésuites ont payé pour tout le monde par la plume de Pascal. « Ce que les autres, dit Sainte-Beuve (*Port-Royal*, t. III, p. 133 de l'éd. cit.), suivaient par routine et isolément, eux ils l'ont rajeuni à leur usage et y ont remis un vif esprit d'intention. En se mêlant activement à la Politique et aux affaires du monde, en cherchant l'oreille et le cœur des rois (j'entends le *cœur* au moral et sans épigramme), ils ont introduit l'adresse humaine sous l'Évangile et installé le Machiavélisme à l'ombre de la Croix. Pascal savait de leur conduite mille traits, mais épars, mais trop présents, mais impossibles à dénoncer ou à démontrer devant le monde d'alors, dont c'étaient trop les procédés et la couleur; qu'a-t-il fait? Il a rejeté, pour la rendre plus sensible, son accusation dans le passé. Cette Théologie d'Escobar, ce livre des *Vingt-quatre vieillards* et des *Quatre animaux*, a été entre ses mains comme un verre concentrant et grossissant, qui montrait à distance convenable, et sous forme de théorie distincte, ce qui était délié et disséminé dans la Morale courante des Jésuites du jour, et à l'instant chacun s'est récrié. — Mais ce livre était à peu près inconnu, dira-t-on, et avant lui, à moins d'être du métier et de la robe, on ne le

avoit en vos Impostures. Il est temps de rendre la réputation à tant de personnes calomniées. Car quelle innocence peut être si généralement reconnue, qu'elle ne souffre quelque atteinte par les Impostures si hardies d'une Compagnie répandue par toute la terre, et qui sous des Habits Religieux, couvre des Ames si Irréligieuses, qu'ils commettent des crimes tels que la Calomnie, non pas contre leurs maximes, mais selon leurs propres maximes? Ainsi l'on ne me blâmera point d'avoir détruit la créance qu'on pourroit avoir en vous; puisqu'il est bien plus juste de conserver à tant de personnes que vous avez décriées la réputation de Piété qu'ils ne méritent pas de perdre, que de vous laisser la réputation de sincérité que vous ne méritez pas d'avoir. Et comme l'un ne se pouvoit faire sans l'autre, combien étoit-il important de faire entendre qui vous êtes! C'est ce que j'ai commencé de faire ici ; mais il faut bien du temps pour achever. On le verra, mes pères, et toute votre Politique ne vous en peut garantir, puisque les efforts que vous pourriez faire pour l'empêcher ne serviroient qu'à faire connoître aux moins clairvoyants que vous avez eu peur, et que votre conscience vous reprochant ce que j'avois à vous dire, vous avez tout mis en usage pour le prévenir.

lisait guère ; il a été le déterrer de l'oubli (eh! non, c'était récent et entre les mains d'un grand nombre ; Escobar était là), de la poussière des écoles. — Oui, mais ils ne purent s'en plaindre, car ce livre, une fois en circulation, a été un équivalent commode, appréciable et juste, un signe *représentatif* pour toute cette multitude d'actes et de ruses qui fuyaient dans le présent, ou que, du moins, on ne pouvait faire toucher du doigt avec évidence. » Le *Mentiris impudentissime*, du P. Valérien, fit le même office dans un autre genre. Il sert d'exemple dans une foule de manœuvres impossibles à signaler ou à déconcerter.

LETTRE XVI[1]

Calomnies horribles des Jésuites contre de pieux Ecclésiastiques
et de saintes Religieuses[2].

Du 4 décembre 1656.

Mes révérends pères,

Voici la suite de vos Calomnies, où je répondrai d'abord à celles qui restent de vos *Avertissements*. Mais comme tous vos autres Livres en sont également remplis, ils me fourniront assez de matière pour vous entretenir sur ce sujet autant que je le jugerai nécessaire. Je vous dirai donc en un mot, sur cette fable que vous avez semée dans tous vos Écrits contre M. d'Ypres[3], que vous abusez malicieusement de quelques paroles ambiguës d'une de ses Lettres[4],

---

1. Seizième Lettre écrite par l'Auteur des « Lettres au Provincial, aux Révérends Pères Jésuites ». Dans l'in-8° : « Seizième Lettre aux Révérends Pères Jésuites. »
2. Sous-titre de Nicole.
3. Jansénius.
4. Ces Lettres avaient été saisies, en 1638, chez Saint-Cyran, par Laubardemont, qui ne s'en était pas servi. Après la mort de Laubardemont, elles furent demandées à une de ses filles, ursuline à Tours, par le père Rocoly, recteur du Collège que les Jésuites avaient dans cette ville. La fille de Laubardemont les obtint de sa mère et de son frère. Le P. Rocoly, absorbé par les occupations de sa charge, les remit au P. Pinthereau, qui les publia dans l'ouvrage intitulé : *La Naissance du Jansénisme découverte*, par le sieur de Préville (pseudonyme du P. Pinthereau), 1 vol. in-4°, 1654. Pinthereau les avait fait imprimer secrètement à Caen, dès 1653. Il ne les publia que l'année suivante, sous la rubrique de Louvain. Les originaux avaient été déposés à la Bibliothèque des Jésuites du collège de Cler-

LETTRE XVI.

qui, étant capables d'un bon sens, doivent être prises en bonne part, selon l'Esprit de l'Église, et ne peuvent être prises autrement que selon l'Esprit de votre Société[a]. Car pourquoi voulez-vous qu'en disant à son ami, « Ne vous mettez pas tant en peine de votre neveu, je lui fournirai ce qui est nécessaire de l'argent qui est entre mes mains, » il ait voulu dire par là qu'il prenoit cet argent pour ne le point rendre, et non pas qu'il l'avançoit seulement pour le remplacer? Mais ne faut-il pas que vous soyez bien imprudents d'avoir fourni[b] vous-mêmes la conviction de votre mensonge par les autres Lettres de M. d'Ypres, que vous avez imprimées, qui marquent visiblement[c] que ce n'étoit en effet que des *avances*, qu'il devoit remplacer? C'est ce qui paroît dans celle que vous rapportez, du 30 juillet 1619, en ces termes qui vous confondent : « Ne vous souciez pas DES AVANCES; il ne lui manquera rien tant qu'il sera ici. » Et par celle du 6 janvier 1620, où il dit : « Vous avez trop de hâte, et quand il seroit question de rendre compte, le peu de crédit que j'ai ici me feroit trouver de l'argent au besoin[1]. »

---

[a] Textes in-4º et in-12 : « Selon l'Esprit *charitable* de l'Église et ne peuvent être prises autrement que selon l'Esprit *malin* de votre Société ». *Charitable* et *malin* ont été supprimés dans l'édition in-8º.

[b] Textes in-4º et in 12 : « *puisque vous avez* fourni ».

[c] Textes in-4º et in-12 : « parfaitement » au lieu de « visiblement ».

---

mont (Louis-le-Grand). On les a réimprimées en 1702 (1 vol. in-12), sous le titre de : *Lettres de M. Cornelius Jansénius à M. Jean Duverger*, avec des remarques de François Duvivier (le Janséniste Gerberon).

1. Extrait d'une Lettre de Jansénius à Saint-Cyran, du 29 mars 1619 : « Quant à Barcos (neveu de Saint-Cyran)... vous vous mettez trop en peine du fournissement de ce qu'il aura besoin, et me semble que vous n'apportez pas en cela votre rondeur accoutumée. Car je vous ai tant de fois répété que cela ne m'incommode aucunement, et le dirois franchement, s'il en étoit autrement; non pas que j'aie tant de moyens de moi-même, qui n'ai rien, sinon ma vie; mais c'est l'argent du collège qui est entre mes mains qui permet bien cela et davantage; sans qu'aux comptes que je

Vous êtes donc des Imposteurs, mes pères, aussi bien sur ce sujet que sur votre conte ridicule du tronc de Saint-Merri. Car quel avantage pouvez-vous tirer de l'accusation qu'un de vos bons amis suscita à cet Ecclésiastique que vous voulez déchirer? Doit-on conclure qu'un homme est coupable parce qu'il est accusé? Non, mes pères. Des gens de Piété comme lui pourront toujours être accusés tant qu'il y aura au monde des Calomniateurs comme vous. Ce n'est donc pas par l'accusation, mais par l'arrêt qu'il faut en juger. Or, l'arrêt qui en fut rendu le 23 février 1656 le justifie pleinement ; outre que celui qui s'étoit engagé témérairement dans cette injuste procédure fut désavoué par ses collègues, et forcé lui-même à la rétracter. Et quant à ce que vous dites au même lieu de ce « fameux directeur qui se fit riche en un moment de neuf cent mille livres, » il suffit de vous renvoyer à MM. les Curés de Saint-Roch et de Saint-Paul, qui rendront témoignage à tout Paris de son parfait désintéressement dans cette affaire, et de votre malice inexcusable dans cette Imposture.

En voilà assez[a] pour des faussetés si vaines. Ce ne sont là que des coups d'essai de vos Novices, et non pas les coups d'importance de vos grands Profès. J'y viens donc, mes pères ; je viens à cette Calomnie, l'une des plus noires qui soient sorties de votre esprit. Je parle de cette audace insupportable avec laquelle vous avez osé imputer à de

[a] Textes in-4º et in-12 : « *c'en est* assez ».

---

rends toutes les années, personne du monde en sache rien. Je ferai tout de même à l'endroit d'Aiguebel (autre neveu de Saint-Cyran), quand il sera besoin. » Les Jésuites, avec leur charité ordinaire, concluaient de l'extrait qui précède, que Jansénius détournait les fonds du collège qui lui étaient confiés. « Il empruntait », répondent les Jansénistes. — Mais, puisqu'il n'avait rien, sinon sa vie, — articulent encore les Jésuites. Il n'était plus

saintes Religieuses et à leurs[a] directeurs « de ne pas croire le Mystère de la Transsubstantiation, ni la Présence Réelle de Jésus-Christ dans l'Eucharistie ». Voilà, mes pères, une Imposture digne de vous. Voilà un Crime que Dieu seul est capable de punir, comme vous seuls êtes capables de le commettre. Il faut être aussi humble que ces humbles Calomniées pour le souffrir avec patience ; et il faut être aussi méchant que de si méchants Calomniateurs pour le croire. Je n'entreprends donc pas de les en justifier; elles n'en sont point suspectes. Si elles avoient besoin de défenseurs, elles en auroient de meilleurs que moi. Ce que j'en dirai ici ne sera pas pour montrer leur innocence, mais pour montrer votre malice. Je veux seulement vous en faire horreur à vous-mêmes, et faire entendre à tout le monde qu'après cela il n'y a rien dont vous ne soyez capables.

Vous ne manquerez pas néanmoins de dire que je suis de Port-Royal; car c'est la première chose que vous dites à quiconque combat vos excès : comme si on ne trouvoit qu'à Port-Royal des gens qui eussent assez de zèle pour défendre contre vous la pureté de la Morale chrétienne[1]. Je sais, mes pères, le mérite de ces pieux Solitaires qui s'y étoient retirés, et combien l'Église est redevable à leurs ouvrages si édifiants et si solides. Je sais combien ils ont de Piété et de Lumières; car, encore que je n'aie jamais eu d'établissement avec eux, comme vous le voulez faire croire, sans que vous sachiez qui je suis, je ne laisse pas d'en con-

---

[a] Texte in-8º : « docteurs » au lieu de « directeurs ».

---

là pour se défendre, mais sa Lettre du 6 janvier 1620 répond suffisamment : « Le peu de crédit que j'ai ici me feroit trouver de l'argent au besoin. »

1. Pascal insiste sur le fait qu'il n'est pas de Port-Royal, afin de ne paraître point à la galerie suspect de partialité en faveur de Port-Royal.

noître quelques-uns et d'honorer la Vertu de tous. Mais Dieu n'a pas renfermé dans ce nombre seul tous ceux qu'il veut opposer à vos désordres. J'espère avec son secours, mes pères, de vous le faire sentir; et s'il me fait la grâce de me soutenir dans le dessein qu'il me donne d'employer pour lui tout ce que j'ai reçu de lui, je vous parlerai de telle sorte que je vous ferai peut-être regretter de n'avoir pas affaire à un homme de Port-Royal. Et pour vous le témoigner, mes pères, c'est qu'au lieu que ceux que vous outragez par cette insigne Calomnie se contentent d'offrir à Dieu leurs gémissements pour vous en obtenir le pardon, je me sens obligé, moi qui n'ai point de part à cette injure, de vous en faire rougir à la face de toute l'Église, pour vous procurer cette confusion salutaire dont parle l'Écriture, qui est presque l'unique remède d'un endurcissement tel que le vôtre : *Imple facies eorum ignominia, et quærent nomen tuum, Domine.*

Il faut arrêter cette insolence, qui n'épargne point les lieux les plus saints. Car qui pourra être en sûreté après une Calomnie de cette nature? Quoi! mes pères, afficher vous-mêmes dans Paris un Livre si scandaleux avec le nom de votre père Meynier à la tête, et sous cet infâme titre : « Le Port-Royal et Genève d'intelligence contre le très saint Sacrement de l'Autel », où vous accusez de cette apostasie non seulement M. l'abbé de Saint-Cyran[a] et M. Arnauld, mais aussi la mère Agnès sa sœur, et toutes les Religieuses de ce monastère, dont vous dites (page 96) « que leur Foi est aussi suspecte touchant l'Eucharistie que celle de M. Arnauld, » lequel vous soutenez (p. 4) être « effectivement calviniste! » Je demande là-dessus à tout le monde s'il y a dans l'Église des personnes sur qui vous puissiez

---

[a] Textes in-4º et in-12 : « M. de Saint-Cyran ».

faire tomber un si abominable reproche avec moins de vraisemblance. Car, dites-moi, mes pères, si ces Religieuses et leurs directeurs étoient « d'intelligence avec Genève contre le très Saint-Sacrement de l'Autel » (ce qui est horrible à penser), pourquoi auroient-elles pris pour le principal objet de leur piété ce Sacrement qu'elles auroient en abomination? Pourquoi auroient-elles joint à leur Règle l'Institution du Saint-Sacrement? Pourquoi auroient-elles pris l'habit du Saint-Sacrement, pris le nom de Filles du Saint-Sacrement, appelé leur église l'Église du Saint-Sacrement? Pourquoi auroient-elles demandé et obtenu de Rome la confirmation de cette Institution, et le pouvoir de dire tous les jeudis l'Office du Saint-Sacrement, où la Foi de l'Église est si parfaitement exprimée, si elles avoient conjuré avec Genève d'abolir cette Foi de l'Église? Pourquoi se seroient-elles obligées, par une Dévotion Particulière, approuvée aussi par le Pape, d'avoir sans cesse, nuit et jour, des Religieuses en présence de cette sainte Hostie, pour réparer, par leurs adorations perpétuelles envers ce sacrifice perpétuel, l'impiété de l'Hérésie qui l'a voulu anéantir? Dites-moi donc, mes pères, si vous le pouvez, pourquoi de tous les Mystères de notre Religion elles auroient laissé ceux qu'elles croient pour choisir celui qu'elles ne croient pas; et pourquoi elles se seroient dévouées d'une manière si pleine et si entière à ce Mystère de notre Foi, si elles le prenoient, comme les Hérétiques, pour le Mystère d'Iniquité? Que répondez-vous, mes pères, à des témoignages si évidents, non pas seulement de paroles, mais d'actions; et non pas de quelques actions particulières, mais de toute la suite d'une vie entièrement consacrée à l'Adoration de Jésus-Christ résidant sur nos Autels? Que répondez-vous de même aux Livres que vous appelez de Port-Royal, qui sont tous remplis des[a] termes les plus précis dont les Pères et les Conciles se soient servis pour marquer l'essence de ce mystère? C'est une chose ridicule, mais horrible, de vous y voir répondre dans tout votre Libelle en cette sorte : M. Arnauld, dites-vous, parle bien de *Transsubstantiation;* mais il entend peut-être *Transsubstantiation significative.* Il témoigne bien croire la *Présence Réelle;* mais qui nous a dit qu'il ne l'entend pas *d'une Figure vraie et réelle?* Où en sommes-nous, mes pères? et qui ne ferez-vous point passer pour Calviniste quand il vous plaira, si on vous laisse la licence de corrompre les expressions les plus canoniques et les plus saintes par les malicieuses subtilités de vos nouvelles équivoques? Car qui s'est jamais servi d'autres termes que de ceux-là, et surtout dans de simples discours de piété, où il ne s'agit point de controverses? Et cependant l'amour et le respect qu'ils ont pour ce Saint Mystère leur en a tellement fait remplir tous leurs Écrits, que je vous défie, mes pères, quelque artificieux que vous soyez, d'y trouver ni la moindre apparence[b] d'ambiguïté, ni la moindre convenance avec les sentiments de Genève.

Tout le monde sait, mes pères, que l'Hérésie de Genève consiste essentiellement, comme vous le rapportez vous-mêmes, à croire que Jésus-Christ n'est point enfermé dans ce Sacrement; qu'il est impossible qu'il soit en plusieurs lieux; qu'il n'est vraiment que dans le Ciel, et que ce n'est que là où on le doit adorer, et non pas sur l'Autel; que la Substance du Pain demeure; que le Corps de Jésus-Christ n'entre point dans la bouche ni dans la poitrine; qu'il n'est mangé que par la Foi, et qu'ainsi les Méchants ne le

---

[a] Textes in-4º et in-8º : « tous remplis de termes ».
[b] Textes in-4º et in-12 : « d'y trouver la moindre *ombre* d'ambiguïté *et de* convenance ».

mangent point; et que la Messe n'est point un Sacrifice, mais une Abomination. Écoutez donc, mes pères, de quelle manière « Port-Royal est d'intelligence avec Genève dans ses Livres ». On y lit, à votre confusion : « Que la Chair et le Sang de Jésus-Christ sont contenus sous les Espèces du Pain et du Vin », 2ᵉ lettre de M. Arnauld, p. 259 (œuvres, t. XIX, p. 546) : « Que le Saint des Saints est présent dans le Sanctuaire, et qu'on l'y doit adorer », *ibid.*, p. 243 : Que Jésus-Christ « habite dans les Pécheurs qui communient, par la Présence Réelle et véritable de son Corps dans leur poitrine, quoique non par la Présence de son Esprit dans leur cœur, » Fréq. Com., 3ᵉ part., chap. XVI : « Que les cendres mortes des Corps des Saints tirent leur principale dignité de cette semence de Vie qui leur reste de l'attouchement de la Chair immortelle et vivifiante de Jésus-Christ, » 1ʳᵉ part., ch. XL: « Que ce n'est par aucune puissance naturelle, mais par la Toute-Puissance de Dieu, à laquelle rien n'est impossible, que le Corps de Jésus-Christ est renfermé sous l'Hostie et sous la moindre partie de chaque Hostie, » Théolog. fam., leç. XV[1] : « Que la vertu divine est présente pour produire l'effet que les paroles de la Consécration signifient, » *ibid.* : « Que Jésus-Christ, qui est rabaissé et couché sur l'Autel, est en même temps élevé dans sa gloire; qu'il est, par lui-même et par sa puissance ordinaire, en divers lieux en même temps, au milieu de l'Église triomphante, et au milieu de l'Église militante et voyagère, » *De la Suspension*[2], rais. XXI : « Que les Espèces Sacramentales demeurent suspendues, et subsistent extraordinairement sans être appuyées d'aucun sujet; et que le

---

1. Ouvrage posthume de Saint-Cyran.
2. *La Suspension* est le titre d'un petit traité de Saint-Cyran qui fait partie de sa *Théologie familière*.

Corps de Jésus-Christ est aussi suspendu sous les Espèces; qu'il ne dépend point d'elles, comme les Substances dépendent des Accidents, *ibid.*, XXIII : Que la Substance du pain se change en laissant les Accidents immuables, » Heures dans la prose du Saint-Sacrement : « Que Jésus-Christ repose dans l'Eucharistie avec la même gloire qu'il a dans le Ciel », Lettres de M. de Saint-Cyran, tom. 1er, let. XCIII (éd. de 1648, in-8°, p. 666): « Que son Humanité glorieuse réside dans les Tabernacles de l'Église, sous les espèces du Pain qui le couvrent visiblement; et que, sachant que nous sommes grossiers, il nous conduit ainsi à l'adoration de sa Divinité présente en tous lieux par celle de son Humanité présente en un lieu particulier, » *ibid.* : « Que nous recevons le Corps de Jésus-Christ sur la langue, et qu'il la sanctifie par son divin attouchement, » Lettres XXXII : « Qu'il entre dans la bouche du prêtre, » Lettre LXXII : « Que, quoique Jésus-Christ se soit rendu accessible dans le saint Sacrement par un effet de son amour et de sa clémence, il ne laisse pas d'y conserver son inaccessibilité comme une condition inséparable de sa Nature Divine; parce que, encore que le seul Corps et le seul Sang y soient par la vertu des paroles, *vi verborum*, comme parle l'École, cela n'empêche pas que toute sa Divinité, aussi bien que toute son Humanité, n'y soit pas une conjonction nécessaire[a], » Défense du chapelet du saint Sacrement, p. 217: Et enfin, « que l'Eucharistie est tout ensemble Sacrement et Sacrifice, » Théol. fam., leç. XV : « Et qu'encore que ce Sacrifice soit une commémoration de celui de la Croix, toutefois il y a cette différence, que celui de la Messe n'est offert que pour l'Église seule et pour les Fidèles qui sont dans sa Com-

---

[a] Textes in-4° et in-12 : « n'y soit *par une suite et* une conjonction nécessaires ».

munion, au lieu que celui de la Croix a été offert pour tout le monde, comme l'Écriture parle », *ibid.*, p. 153. Cela suffit, mes pères, pour faire voir clairement qu'il n'y eut peut-être jamais une plus grande impudence que la vôtre. Mais je veux encore vous faire prononcer cet arrêt à vous-mêmes contre vous-mêmes. Car que demandez-vous, afin d'ôter toute apparence qu'un homme soit d'intelligence avec Genève ? « Si M. Arnauld, dit votre père Meynier, page 83, eût dit qu'en cet adorable mystère il n'y a aucune Substance du Pain sous les Espèces, mais seulement la Chair et le Sang de Jésus-Christ, j'eusse avoué qu'il se seroit déclaré entièrement contre Genève ». Avouez-le donc, Imposteurs, et faites-lui une réparation publique de cette injure publique[a]. Combien de fois l'avez-vous vu dans les passages que je viens de citer ! Mais, de plus, la *Théologie familière* de M. de Saint-Cyran étant approuvée par M. Arnauld, elle contient les sentiments de l'un et de l'autre. Lisez donc toute la Leçon xv, et surtout l'Article Second, et vous y trouverez les paroles que vous demandez encore plus formellement que vous-mêmes ne les exprimez. « Y a-t-il du Pain dans l'Hostie, et du Vin dans le Calice ? Non ; car toute substance du Pain et celle[b] du Vin sont ôtées pour faire place à celle du Corps et du Sang de Jésus-Christ, laquelle y demeure seule couverte des Qualités et des Espèces du Pain et du Vin ».

Eh bien, mes pères ! direz-vous encore que le Port-Royal n'enseigne rien *que Genève ne reçoive,* et que M. Arnauld n'a rien dit, dans[c] sa Seconde Lettre, *qui ne pût être dit par un ministre* de Charenton ? Faites donc parler

---

[a] « De cette injure publique » est omis dans le texte in-8º.
[b] « Celle » est omis dans le texte in-8º.
[c] Texte in-12 : « *en* sa Seconde Lettre », au lieu de « *dans* sa Seconde Lettre ».

Mestrezat[1] comme parle M. Arnauld dans cette Lettre, p. 237 et suiv. Faites-lui dire : « Que c'est un mensonge infâme de l'accuser de nier la Transsubstantiation ; qu'il prend pour fondement de ses Livres la Vérité de la Présence réelle du fils de Dieu, opposée à l'Hérésie des Calvinistes ; qu'il se tient heureux d'être en un lieu où l'on adore continuellement le Saint des Saints présent [a] dans le Sanctuaire, » ce qui est beaucoup plus contraire à la créance des Calvinistes que la Présence Réelle même ; puisque, comme dit le cardinal de Richelieu, dans ses Controverses[2], p. 536 : « Les nouveaux ministres de France s'étant unis avec les Luthériens qui croient la Présence Réelle de Jésus-Christ dans l'Eucharistie[b], ils ont déclaré qu'ils ne demeurent séparés de l'Église, touchant ce mystère, qu'à cause de l'Adoration que les Catholiques rendent à l'Eucharistie. » Faites signer à Genève tous les passages que je vous ai rapportés des Livres de Port-Royal, et non pas seulement les passages, mais les Traités entiers touchants ce mystère, comme le Livre de la Fréquente Communion, l'Explication des Cérémonies de la messe, l'Exercice durant la messe,

[a] « Présent » est omis dans le texte in-8º.
[b] Textes in-4º et in-12 : « Les nouveaux ministres de France s'étant unis avec les Luthériens *qui la croient* », au lieu de : « les nouveaux ministres de France s'étant unis avec les Luthériens *qui croient la présence réelle de Jésus-Christ dans l'Eucharistie* », qui est la leçon in-8º.

---

1. Mestrezat (Jean), célèbre ministre protestant, attaché au temple réformé de Charenton, né à Genève et mort en 1657. Il a exercé une grande autorité parmi les siens, par son éloquence de sermonnaire et ses ouvrages de théologie. (Traité de l'Écriture Sainte, Traité de l'Église, etc.)
2. Le titre du livre de Richelieu est : *Les principaux points de la foy de l'Église catholique défendus contre l'escrit adressé au roy, par les quatre ministres de Charenton*, Poitiers, 1617. On ne le lit pas plus aujourd'hui que son *Instruction du chrétien* (1619). Richelieu était un homme d'action plus qu'un théologien ou un écrivain, quoiqu'il eût des prétentions littéraires et théologiques.

les Raisons de la suspension du saint Sacrement, la Traduction des hymnes dans les Heures de Port-Royal, etc. Et enfin faites établir à Charenton cette Institution sainte d'adorer sans cesse Jésus-Christ, enfermé dans l'Eucharistie, comme on fait à Port-Royal, et ce sera le plus signalé service que vous puissiez rendre à l'Église, puisque alors le Port-Royal ne sera pas *d'intelligence avec Genève*, mais Genève d'intelligence avec le Port-Royal et toute l'Église.

En vérité, mes pères, vous ne pouviez plus mal choisir que d'accuser le Port-Royal de ne pas croire l'Eucharistie; mais je veux faire voir ce qui vous y a engagés. Vous savez que j'entends un peu votre Politique. Vous l'avez bien suivie en cette rencontre. Si M. l'abbé de Saint-Cyran[a] et M. Arnauld n'avoient fait que dire ce qu'on doit croire touchant ce Mystère, et non pas ce qu'on doit faire pour s'y préparer, ils auroient été les meilleurs catholiques du monde, et il ne se seroit point trouvé d'équivoques dans leurs termes de *Présence Réelle* et de *Transsubstantiation*. Mais, parce qu'il faut que tous ceux qui combattent vos relâchements soient Hérétiques, et dans le point même où ils les combattent, comment M. Arnauld ne le seroit-il pas sur l'Eucharistie, après avoir fait un Livre exprès contre les profanations que vous faites de ce Sacrement? Quoi, mes pères! il auroit dit impunément : « Qu'on ne doit point donner le Corps de Jésus-Christ à ceux qui retombent toujours dans les mêmes Crimes, et auxquels on ne voit aucune espérance d'amendement; et qu'on doit les séparer quelque temps de l'Autel, pour se purifier par une Pénitence sincère, afin de s'en approcher ensuite avec fruit! » Ne souffrez pas qu'on parle ainsi, mes pères; vous n'auriez pas tant de

---

Textes in-4° et in-12 : « Si M. de Saint-Cyran »

gens dans vos Confessionnaux. Car votre père Brisacier dit « que si vous suiviez cette méthode vous n'appliqueriez le Sang de Jésus-Christ sur personne. » Il vaut bien mieux pour vous qu'on suive la Pratique de votre Société, que votre père Mascarenhas[1] rapporte dans un Livre approuvé par vos Docteurs, et même par votre Révérend Père Général, qui est : « Que toute sorte de personnes, et même les prêtres, peuvent recevoir le Corps de Jésus-Christ le jour même qu'ils se sont souillés par des péchés abominables ; que, bien loin qu'il y ait de l'irrévérence en ces communions, on est louable au contraire d'en user de la sorte ; que les Confesseurs ne les en doivent point détourner, et qu'ils doivent au contraire conseiller à ceux qui viennent de commettre ces Crimes de communier à l'heure même, parce que encore que l'Église l'ait défendu, cette défense est abolie par la Pratique universelle de toute la terre » ; Mascar. Tr. 4, disp. 5, n. 284.

Voilà ce que c'est, mes pères, d'avoir des Jésuites par toute la terre. Voilà la Pratique universelle que vous y avez introduite et que vous y voulez maintenir. Il n'importe que les tables de Jésus-Christ soient remplies d'Abominations, pourvu que vos églises soient pleines de monde. Rendez donc ceux qui s'y opposent Hérétiques sur le Saint Sacrement : il le faut, à quelque prix que ce soit. Mais comment le pourrez-vous faire après tant de témoignages invincibles qu'ils ont donnés de leur Foi ? N'avez-vous point de peur que je rapporte les quatre grandes preuves que vous donnez de leur Hérésie ? Vous le devriez, mes pères,

---

1. Mascarenhas (Emmanuel), Jésuite et théologien portugais, né à Lisbonne en 1568, mort en 1654. On a de lui un ouvrage posthume (1 vol. in-folio) sur les *Sacrements en général* et le *Sacrifice de la messe*. La citation de Pascal est exacte en substance, mais il résume la pensée de Mascarenhas et on lui en a fait un grief.

et je ne dois point vous en épargner la honte. Examinons donc la première.

« M. de Saint-Cyran, dit le père Meynier, en consolant un de ses Amis sur la Mort de sa Mère, t. Ier, Lettre XIV, dit que le plus agréable sacrifice qu'on puisse offrir à Dieu dans ces rencontres est celui de la Patience : donc il est Calviniste [1]. » Cela est bien subtil, mes pères, et je ne sais si personne en voit la raison. Apprenons-la donc de lui : « Parce, dit ce grand controversiste, qu'il ne croit donc pas le sacrifice de la messe. Car c'est celui-là qui est le plus agréable à Dieu de tous. » Que l'on dise maintenant que les Jésuites ne savent pas raisonner. Ils le savent de telle sorte, qu'ils rendront Hérétique tout ce qu'ils voudront[a], et même [2] l'Écriture sainte. Car ne seroit-ce pas

[a] Textes in-4° et in-12 : « qu'ils rendront hérétiques *tels discours* qu'ils voudront. »

---

1. Texte de Saint-Cyran : « Il n'y a pas de plus puissant moyen d'assister ces âmes (les âmes des morts) que d'offrir à Dieu pour elles le *Sacrifice de la patience*, que Dieu aime autant en cette occasion que celui de la miséricorde. Tout autre soulagement qu'on pourroit leur désirer, n'est rien pour elles ni pour nous en comparaison de celui qui *procède de nous* (les regrets) et de l'oblation que nous faisons à Dieu des plus sensibles douleurs de notre cœur, afin qu'il nous donne la paix en la donnant à ceux que nous aimons et pour qui nous gémissons ». A la douleur des parents et des amis, les Casuistes préfèrent la commande de trois cents messes. Saint-Cyran parle comme auroit pu faire Bossuet. Il y a en lui le fond austère et dur du Christianisme. Il tient au fond du Christianisme ; il accorde peu d'importance à la forme, aux pratiques extérieures du culte. Le fragment qui précède le caractérise. Il est mystique, moraliste, sévère à lui-même et à autrui. C'est par là qu'il a touché le cœur de Pascal, dont il fut le seul maître en matière religieuse, plus que saint Augustin et Port-Royal ; c'est par là aussi qu'il était en horreur aux Casuistes.

2. « M. Pascal avoit en vue sans doute le père Théophile Raynauld, jésuite savoyard, qui s'avisa de faire une censure du symbole des Apôtres, par laquelle il prétend prouver que cette première confession de foi du Christianisme est hérétique dans tous les chefs. Elle parut pour la première fois dans le Livre écrit en latin de ce jésuite, intitulé : *Erotemata de bonis ac malis libris*, in-4°, Lugduni, 1653, et a été réimprimée depuis comme une

une Hérésie [a] de dire, comme fait l'Ecclésiastique : « Il n'y a rien de pire que d'aimer l'argent, *nihil est iniquius quam amare pecuniam*; » comme si les Adultères, les Homicides et l'Idolâtrie n'étoient pas de plus grands crimes ? Et à qui n'arrive-t-il point de dire à toute heure des choses semblables; et que, par exemple, le sacrifice d'un cœur contrit et humilié est le plus agréable aux yeux de Dieu ; parce qu'en ces discours on ne pense qu'à comparer quelques vertus intérieures les unes aux autres, et non pas au Sacrifice de la Messe, qui est d'un ordre tout différent et infiniment plus relevé ? N'êtes-vous donc pas ridicules, mes pères, et faut-il, pour achever de vous confondre, que je vous représente les termes de cette même Lettre où M. de Saint-Cyran parle du Sacrifice de la Messe comme du *plus excellent* de tous, en disant : « Qu'on offre à Dieu tous les jours et en tous lieux le Sacrifice du Corps de son Fils, qui n'a point trouvé DE PLUS EXCELLENT MOYEN

---

[a] Textes in-4º et in-12 : « *n'est-ce* pas une hérésie de dire ».

---

impiété en plusieurs ouvrages. Je sais bien que c'est une raillerie du père Théophile Raynauld pour se moquer des censures de la Sorbonne. Mais pouvoit-il se permettre la raillerie sur un des actes les plus essentiels du Christianisme ? Voici le premier article de cette singulière censure : *Erotemata*, p. 294, in-4º : « Credo in Deum patrem omnipotentem, creatorem cœli et terræ. Primus iste articulus, si intelligatur, quasi solus pater sit Deus, et omnipotens et creator; Filius autem et Spiritus sanctus solum creaturæ sint. Ideoque nec Filius vere ac substantialiter dici possit Deus, et omnipotens et creator : similiterque Spiritus sanctus; propositio et blasphema, individuæ Trinitatis destructiva, et pridem in sacro et œcumenico Nicæno concilio trecentorum decem et octo episcoporum, adversus Arii impietatem, damnata. Quatenus autem soli Patri creationem attribuit, nova est, temeraria, erronea, contra communem Ecclesiæ patrum ac theologorum omnium sensum, probata; cum hactenus receptum sit tanquam inviolabile decretum, omnes Trinitatis actiones ad extra esse indivisibiliter toti Trinitati communes. » Le reste de la pièce est sur le même ton. »

(Note de l'édit. de 1812.)

que celui-là pour honorer son Père? » Et ensuite : « Que Jésus-Christ nous a obligés de prendre en mourant son Corps sacrifié, pour rendre plus agréable à Dieu le Sacrifice du nôtre, et pour se joindre à nous[a] lorsque nous mourons, afin de nous fortifier en sanctifiant par sa présence le dernier Sacrifice que nous faisons à Dieu de notre vie et de notre corps. » Dissimulez tout cela, mes pères, et ne laissez pas de dire qu'il détournoit de communier à la mort, comme vous faites, page 33, et qu'il ne croyoit pas le Sacrifice de la Messe : car rien n'est trop hardi pour des Calomniateurs de Profession.

Votre seconde preuve en est un grand témoignage. Pour rendre Calviniste feu M. de Saint-Cyran, à qui vous attribuez le Livre de *Petrus Aurelius*[1], vous vous servez

---

[a] Le texte in-8° n'a pas : « à nous ».

---

1. Le *Petrus Aurelius* était bien de Saint-Cyran, mais il ne l'avouait pas. On suppose qu'il le *dicta*, afin de pouvoir affirmer en conscience qu'il ne l'avait pas *écrit*. Cela l'autorisait à préconiser le *Petrus Aurelius* comme un livre *excellent*, le meilleur qu'on eût fait *depuis six cents ans*. Saint-Cyran n'aurait pas voulu *pour mille écus* qu'on n'eût pas fait ce tour aux Jésuites. Le *Petrus Aurelius* est une des grosses affaires de l'Église au XVIIe siècle et mérite qu'on s'y arrête un instant. Il se composait de cinq parties publiées successivement (1632-1633). L'assemblée générale du Clergé de France vota des fonds à l'imprimeur Morel, qui avait édité les cinq parties de l'ouvrage (1635). Il fit imprimer à ses frais l'édition de 1641, qui parut en un volume in-folio (1642) chez Vitré, portant sur le titre : *Jussu et impensis cleri gallicani*. Le frontispice est significatif : une main sort d'un nuage et présente le livre à l'Église (sponsæ Christi) figurée par une femme assise. Un ange couronne le nuage : *te coronat in occulto pater in occulto videns*. Des devises entourent l'image : *invisibilis invisibili militavit*. Il y a un serpent percé d'une flèche, avec ces mots : *incertum qua pulsa manu :* un soleil darde ses rayons sur des fleurs, avec l'inscription : *notus et ignotus*. Une autre Assemblée Générale du Clergé (1645-1646) fit réimprimer le *Petrus Aurelius* et chargea Godeau, évêque de Grasse, d'en faire un éloge magnifique, inséré en tête de l'édition. A cela, les Jésuites répondent que les évêques ne furent pas unanimes dans leur approbation; que l'impression de 1641 fut une surprise; que le roi, averti

d'un passage où Aurélius explique, page 89, de quelle manière l'Église se conduit à l'égard des Prêtres, et même des Évêques qu'elle veut déposer ou dégrader. « L'Église, dit-il, ne pouvant pas leur ôter la puissance de l'Ordre,

par son confesseur, Sirmond, Jésuite, de la façon dont plusieurs évêques, entre autres la cardinal de la Rochefoucauld, grand aumônier de France et agent de Richelieu dans l'Église, pensaient de l'ouvrage, donna l'ordre au chancelier d'arrêter M. Vitré, de saisir les exemplaires encore en sa possession ; que si l'Assemblée du Clergé de 1645 fit rééditer le *Petrus Aurelius*, celle de 1656 le répudia ; que MM. de Sainte-Marthe, en ayant loué Saint-Cyran, comme l'Auteur, au t. IV du *Gallia Christiana*, durent supprimer cet éloge.

Tout cela est vrai et témoigne d'une crise qui n'a pas abouti, qui, néanmoins, était sérieuse. L'idée du Livre en apparence est fort simple. Saint-Cyran enseigne que l'Église n'est pas une Monarchie absolue, mais une Monarchie parlementaire, comme on dirait aujourd'hui, dont le Pape n'est qu'un administrateur élu et les Évêques les chefs réels avec les Curés au second plan, dont on rapproche l'Autorité de celle des Évêques. Cette théorie n'a l'air de rien. Elle est pourtant le symptôme de la résistance à une révolution en train de s'accomplir.

Dans l'ordre civil et dans la plupart des États de l'Europe chrétienne, depuis le milieu du moyen âge, le Pouvoir Royal avait entrepris de se créer un personnel administratif qui lui appartînt en propre, dont les membres, nommés et révoqués par lui, payés par lui, fussent à sa discrétion, c'est-à-dire obéissants. C'était la revanche du système romain, de la Centralisation contre le Régime Féodal : le roi qui gouverne avec une administration ne dépendant que de lui, une armée, et pour nourrir cette administration et cette armée, des impôts et un budget. Le Régime Féodal, avec ses Fiefs tenant lieu de Traitement à ses membres, n'avait ni impôts, ni budget, ni armée, ni obéissance à fournir, ni Centralisation à subir. Ce système qui, sous le nom de monarchie administrative, est l'ancien régime des Césars, a prévalu en Europe.

Eh bien ! l'Église romaine, guidée par l'exemple des pouvoirs laïques, avait résolu aussi de fonder à son usage une Monarchie Administrative et Monacale qu'elle aurait substituée à l'Église séculière des Évêques et des Curés, qui était une véritable République chrétienne, aux trois quarts indépendante du Siège de Rome. Au Clergé Séculier, indépendant, vivant de son revenu, inamovible, elle avait résolu de donner, comme héritier, un Corps d'Employés ne dépendant que de la Cour de Rome, soumis à une obéissance absolue. Au xiiie siècle, les Dominicains en haut et les Franciscains en bas, avaient pourvu tant bien que mal à l'exécution de ce dessein. La Cour de Rome avait essayé de les affranchir de l'*Ordinaire*, c'est-à-dire des Évêques, souverains dans leurs diocèses, dans l'ordre des choses reli-

parce que le Caractère est ineffaçable, elle fait ce qui est en elle ; elle ôte de sa Mémoire ce Caractère qu'elle ne peut ôter de l'Ame de ceux qui l'ont reçu : elle les considère comme s'ils n'étoient plus Prêtres ou Évêques; de sorte que, selon le langage ordinaire de l'Église, on peut dire qu'ils ne le sont plus, quoiqu'ils le soient toujours quant au Caractère : *Ob indelebilitatem characteris.* » Vous voyez, mes pères, que cet Auteur, approuvé par Trois Assemblées Générales du Clergé de France, dit clairement que le Caractère de la Prêtrise est ineffaçable, et cependant vous lui faites dire tout au contraire, en ce lieu même, « que le Caractère de la Prêtrise n'est pas ineffaçable ». Voilà une insigne Calomnie, c'est-à-dire, selon vous, un petit péché véniel. Car ce Livre vous avoit fait tort, ayant réfuté les Hérésies de vos confrères d'Angleterre touchant

---

gieuses. Il y avait eu une résistance acharnée. En réalité, la tentative avait échoué.

Au lendemain de l'Insurrection luthérienne et calviniste, la Cour de Rome avait repris le projet d'Innocent III. Elle n'avait pas rejeté le concours des anciens Ordres qui avaient à peu près manqué le but, mais elle avait concentré son action dans la main des Jésuites.

Aussi était-ce contre les Jésuites, instruments du système romain, que Saint-Cyran avait dressé une embuscade dans le *Petrus Aurelius*. Il demandait la restauration de l'Ancienne République Chrétienne des Évêques et du Clergé séculier, contre les Moines et, en particulier, contre les Jésuites, instruments de la Centralisation religieuse rêvée par la Cour de Rome au détriment de l'ancien ordre de choses ecclésiastique. L'accueil fait au *Petrus Aurelius* par l'Assemblée Générale du Clergé de France, à trois reprises différentes, montre que les Évêques avaient compris l'intention de Saint-Cyran. Mais il y avait Richelieu, qui avait l'instinct de la Centralisation dans l'Église comme dans l'État, et qui s'opposa à l'entreprise ; puis vinrent Mazarin et Louis XIV. Le Jansénisme et le Gallicanisme sont deux nuances de l'Opinion qui veut résister, au nom de la Tradition, au dessein que poursuit la Cour de Rome, de fonder un Césarisme ecclésiastique, à l'instar de celui qui a triomphé dans l'ordre civil. Le Jansénisme et le Gallicanisme ont disparu, mais la cause du Christianisme n'y a pas gagné.

l'Autorité Épiscopale[1]. Mais voici une insigne extravagance[a]; c'est qu'ayant faussement supposé que M. de Saint-Cyran tient que ce Caractère est effaçable, vous en concluez qu'il ne croit donc pas la Présence Réelle de Jésus-Christ dans l'Eucharistie[2].

N'attendez pas que je vous réponde là-dessus, mes

[a] Textes in-4° et in-12 : « et un gros péché mortel contre la raison ».

---

1. La défense de l'autorité épiscopale, dans le cas de Richard Smith, fut l'occasion saisie par Saint-Cyran quand il écrivit le *Petrus Aurelius*. Voici l'incident raconté par Sainte-Beuve (*Port-Royal*, t. Ier, p. 314 de la 4e édition) : « Le pape Urbain VIII, mettant à profit la bonne volonté des Stuarts et la conjoncture prochaine du mariage d'Henriette de France avec Charles Ier, avait envoyé en Angleterre, à titre de vicaire apostolique, Richard Smith, Anglais, évêque *in partibus* de Chalcédoine. Cet évêque, reçu d'abord par les fidèles de sa communion avec beaucoup de respect et d'espérance, s'était mis bientôt en lutte avec les Moines et, en particulier, les Jésuites du pays (instruments du nouveau système), au sujet des droits épiscopaux, qu'il revendiquait dans toute leur force, et avec plus de rigueur peut-être qu'il n'était prudent sur un terrain aussi mal affermi : il abrogea les privilèges des Religieux et leur ôta, par exemple, le pouvoir de conférer les sacrements sans la permission de ses officiers (le Clergé séculier résistait au nouveau personnel administratif de la cour de Rome); mais le secret, souvent nécessaire en pays hérétique, ne s'accordait pas toujours avec ces formalités. Bref, il voulut être trop gallican (trop partisan de la tradition) en Angleterre, là où il suffisait d'être catholique à tout prix. On désobéit, on écrivit pour se justifier et l'on attaqua. L'évêque s'adressa à l'Assemblée du Clergé de France pour l'intéresser à sa cause. Richelieu, qui avait autrefois eu ce Richard Smith pour maître de controverse, quand, simple abbé, il suivait les cours de Sorbonne, l'appuyait avec un intérêt particulier. Les noms de deux religieux et docteurs français, qui se trouvaient mêlés, à titre d'approbateurs, aux écrits des Jésuites anglais contre l'évêque, amenèrent l'examen de la Sorbonne et de l'archevêque de Paris, qui censurèrent. C'est alors que les livres de *Petrus Aurelius* intervinrent à l'appui (de la censure contre les Jésuites), solides, érudits, pleins de feu, — le genre admis, — d'une invective grave, et soutenant les droits des évêques, de manière à les avoir à peu près tous de son côté. M. de Saint-Cyran visait là. » Sans doute. Il voulait maintenir l'Indépendance des Évêques et la Liberté Intérieure de l'Église contre les projets césariens de la Cour de Rome, dont les Jésuites et les Réguliers étaient les instruments.

2. Pascal ici prête aux Jésuites plus qu'il ne leur est dû. Ils ne tiraient pas la conclusion qu'il dit, mais une autre : Saint-Cyran enseignait qu'un

pères. Si vous n'avez point[a] de sens commun, je ne puis pas vous en donner. Tous ceux qui en ont se moqueront assez de vous aussi bien que de votre Troisième Preuve, qui est fondée sur ces paroles de la Fréq. Comm., 3ᵉ partie, chap. XI : « que Dieu nous donne dans l'Eucharistie LA MÊME VIANDE qu'aux Saints dans le Ciel, sans qu'il y ait d'autre différence, sinon qu'ici il nous en ôte la vue et le goût sensible, réservant l'un et l'autre pour le ciel ». En vérité, mes pères, ces paroles expriment si naïvement le sens de l'Église, que j'oublie à toute heure par où vous vous y prenez pour en abuser. Car je n'y vois autre, sinon ce que le Concile de Trente enseigne, Sess. 13, c. VIII, qu'il n'y a point d'autre différence entre Jésus-Christ dans l'Eucharistie et Jésus-Christ dans le ciel, sinon qu'il est ici Voilé, et non pas là. M. Arnauld ne dit pas qu'il n'y a point d'autre différence en la manière de recevoir Jésus-Christ, mais seulement qu'il n'y en a point d'autre en Jésus-Christ que l'on reçoit. Et cependant vous voulez, contre toute raison, lui faire dire par ce passage qu'on ne mange non plus ici Jésus-Christ de bouche que dans le ciel : d'où vous concluez son Hérésie.

Vous me faites pitié, mes pères. Faut-il vous expliquer cela davantage? Pourquoi confondez-vous cette nourriture divine avec la manière de la recevoir? Il n'y a qu'une seule différence, comme je le viens de dire, dans cette nourriture sur la terre et dans le ciel, qui est qu'elle est ici cachée sous des voiles qui nous en ôtent la vue et le goût

---

[a] « Pas » dans les textes in-4° et in-12 au lieu de « point ».

---

péché secret ôte le caractère sacerdotal au prêtre; alors on ne pouvait plus savoir si un prêtre était prêtre, puisque son état de conscience était inconnu.

sensible : mais il y a plusieurs différences dans la manière de la recevoir ici et là, dont la principale est que, comme dit M. Arnauld, 3ᵉ part., ch. XVI, « il entre ici dans la bouche et dans la poitrine et des Bons et des Méchants, » ce qui n'est pas dans le Ciel.

Et si vous ignorez la raison de cette diversité, je vous dirai, mes pères, que la cause pour laquelle Dieu a établi ces différentes manières de recevoir une même viande, est la différence qui se trouve entre l'état des Chrétiens en cette vie et celui des Bienheureux dans le Ciel. L'état des Chrétiens, comme dit le cardinal Du Perron après les Pères, tient le milieu entre l'état des Bienheureux et l'état des Juifs. Les Bienheureux possèdent Jésus-Christ réellement sans figure et sans Voile. Les Juifs n'ont possédé de Jésus-Christ que les figures et les Voiles, comme étoit la manne et l'agneau pascal. Et les Chrétiens possèdent Jésus-Christ dans l'Eucharistie véritablement et réellement, mais encore couvert de Voiles. « Dieu, dit saint Eucher[1], s'est fait trois Tabernacles : la Synagogue, qui n'a eu que les ombres sans vérité ; l'Église, qui a la vérité et les ombres ; et le Ciel où il n'y a point d'ombres, mais la seule vérité ». Nous sortirions de l'État où nous sommes, qui est l'État de Foi, que saint Paul oppose tant à la Loi qu'à la Claire Vision, et si nous ne possédions que les figures sans Jésus-Christ, parce que c'est le propre de la Loi de n'avoir que l'ombre, et non la substance des choses. Et nous en sortirions encore, si nous le possédions visiblement ; parce que la Foi, comme dit le

---

1. Saint Eucher, en latin *Eucherius*, père de l'Église et théologien gaulois, mort en 450. D'abord sénateur de l'empire, il avait quitté le monde en 410 et s'était retiré dans l'île de Lerins. Il eut deux fils évêques. L'Église célèbre sa fête le 16 novembre. On a une édition de ses œuvres publiée à Rome en 1564. On les a réimprimées dans plusieurs Collections des Pères et en dernier lieu dans la Patrologie latine de l'abbé Migne.

même Apôtre, n'est point des choses qui se voient. Et ainsi l'Eucharistie est parfaitement proportionnée à notre État de Foi, parce qu'elle enferme véritablement Jésus-Christ, mais Voilé. De sorte que cet État seroit détruit, si Jésus-Christ n'étoit pas réellement sous les Espèces du Pain et du Vin, comme le prétendent les Hérétiques : et il seroit détruit encore, si nous le recevions à découvert comme dans le Ciel; puisque ce seroit confondre notre État, ou[a] avec l'État du Judaïsme, ou avec celui de la Gloire.

Voilà, mes pères, la raison mystérieuse et divine de ce mystère tout divin. Voilà ce qui nous fait abhorrer les Calvinistes, comme nous réduisant à la Condition des Juifs; et ce qui nous fait aspirer à la Gloire des Bienheureux, qui nous donnera la pleine et éternelle jouissance de Jésus-Christ. Par où vous voyez qu'il y a plusieurs différences entre la manière dont il se communique aux Chrétiens et aux Bienheureux, et qu'entre autres on le reçoit ici de Bouche et non dans le Ciel ; mais qu'elles dépendent toutes de la seule différence qui est entre l'État de la Foi où nous sommes et l'État de la Claire Vision où ils sont. Et c'est, mes pères, ce que M. Arnauld a dit si clairement en ces termes : « qu'il faut qu'il n'y ait point d'autre différence entre la pureté de ceux qui reçoivent Jésus-Christ dans l'Eucharistie, et celle des Bienheureux, qu'autant qu'il y en a entre la Foi et la Claire Vision de Dieu, de laquelle seule dépend la différente manière dont on le mange sur la Terre et dans le Ciel. » Vous devriez, mes pères, avoir révéré dans ses paroles ces saintes vérités, au lieu de les corrompre pour y trouver une Hérésie qui n'y fut jamais, et qui n'y sauroit être ; qui est qu'on ne mange Jésus-

---

[a] « Ou » est ajouté dans l'in-8°.

Christ que par la Foi, et non par la Bouche, comme le disent malicieusement vos pères Annat et Meynier, qui en font le capital de leur accusation.

Vous voilà donc bien mal en preuves, mes pères ; et c'est pourquoi vous avez eu recours à un nouvel artifice, qui a été de falsifier le Concile de Trente, afin de faire que M. Arnauld n'y fût pas conforme, tant vous avez de moyens de rendre le monde Hérétique. C'est ce que fait le père Meynier en cinquante endroits de son Livre, et huit ou dix fois en la seule page 54, où il prétend que, pour s'exprimer en catholique, ce n'est pas assez de dire : Je crois que Jésus-Christ est présent réellement dans l'Eucharistie ; mais qu'il faut dire : « Je crois, AVEC LE CONCILE, qu'il y est présent d'une vraie PRÉSENCE LOCALE, ou localement. » Et sur cela il cite le Concile, Sess. 13, can. 4, can. 6. Qui ne croiroit en voyant le mot de *présence locale* cité de trois Canons d'un Concile Universel, qu'il y seroit effectivement ? Cela vous a pu servir avant ma Quinzième Lettre ; mais à présent, mes pères, on ne s'y prend plus. On va voir le Concile, et on trouve que vous êtes des Imposteurs ; car ces termes de *présence locale, localement, localité*, n'y furent jamais : et je vous déclare de plus, mes pères, qu'ils ne sont dans aucun autre lieu de ce Concile, ni dans aucun autre Concile précédent, ni dans aucun Père de l'Église. Je vous prie donc sur cela, mes pères, de dire si vous prétendez rendre suspects de Calvinisme tous ceux qui n'ont pas usé de ce terme ? Si cela est, le Concile de Trente en est suspect, et tous les Saints[a] Pères sans exception[b]. N'avez-vous point d'autre voie pour

---

[a] « Saints » est ajouté dans l'in-8º.

[b] On a retranché dans l'in-8º les paroles suivantes que portent les textes in-4º et in-12 : « Vous êtes trop équitables pour faire un si grand fracas dans l'Église pour une querelle particulière ».

rendre M. Arnauld Hérétique, sans offenser tant de gens qui ne vous ont point fait le mal, et entre autres saint Thomas, qui est un des plus grands défenseurs de l'Eucharistie, et qui s'est si peu servi de ce terme, qu'il l'a rejeté au contraire, 3ᵉ *p. quæst*, 76, *a*, où il dit : *Nullo modo corpus Christi est in hoc sacramento localiter*[1] *?* Qui êtes-vous donc, mes pères, pour imposer, de votre Autorité, de nouveaux termes, dont vous ordonnez de se servir pour bien exprimer sa Foi : comme si la profession de Foi dressée par les Papes, selon l'ordre du Concile, où ce terme ne se trouve point, étoit défectueuse, et laissoit une ambiguïté dans la créance des Fidèles, que vous seuls eussiez découverte? Quelle témérité de prescrire ces termes[a] aux Docteurs mêmes! quelle fausseté de les imposer à des Conciles généraux ! et quelle ignorance de ne savoir pas les difficultés que les Saints les plus éclairés ont fait de les recevoir ! *Rougissez*, mes pères, *de vos Impostures ignorantes,* comme dit l'Écriture aux imposteurs ignorants comme vous : *De mendacio ineruditionis tuæ confundere.*

N'entreprenez donc plus de faire les maîtres; vous n'avez ni le caractère ni la suffisance pour cela. Mais, si vous voulez faire vos propositions plus modestement, on pourra les écouter; car, encore que ce mot de *présence locale* ait été rejeté par saint Thomas, comme vous avez

---

[a] Textes in-12 : « de *les* prescrire », au lieu de « prescrire ces termes ».

---

1. Texte du Concile de Trente (session 13, ch. I) : « Il ne répugne pas que notre Sauveur, étant toujours assis à la Droite de son père, selon la manière d'être qui lui est naturelle, soit néanmoins présent sacramentellement par sa propre substance en plusieurs autres lieux, *multis aliis in locis* ».

Pascal ferme la bouche aux Jésuites, avec saint Thomas d'Aquin, qui possède une autorité canonique.

vu, à cause que le Corps de Jésus-Christ n'est pas en l'Eucharistie dans l'étendue ordinaire des corps en leur lieu, néanmoins ce terme a été reçu par quelques nouveaux Auteurs de Controverse, parce qu'ils entendent seulement par-là que le Corps de Jésus-Christ est vraiment sous les Espèces, lesquelles étant en un lieu particulier, le Corps de Jésus-Christ y est aussi. En ce sens M. Arnauld ne fera point de difficulté de l'admettre, puisque M. de Saint-Cyran et lui ont déclaré tant de fois que Jésus-Christ, dans l'Eucharistie, est véritablement en un lieu particulier, et miraculeusement en plusieurs lieux à la fois. Ainsi tous vos raffinements tombent par terre, et vous n'avez pu donner la moindre apparence à une accusation qu'il n'eût été permis d'avancer qu'avec des preuves invincibles.

Mais à quoi sert, mes pères, d'opposer leur innocence à vos Calomnies? Vous ne leur attribuez pas ces erreurs dans la croyance qu'ils les soutiennent, mais dans la croyance qu'ils vous nuisent[a]. C'en est assez, selon votre Théologie, pour les Calomnier sans crime; et vous pouvez, sans Confession ni Pénitence, dire la messe en même temps que vous imputez à des prêtres qui la disent tous les jours de croire que c'est une pure Idolâtrie : ce qui seroit un si horrible sacrilège, que vous-mêmes avez fait pendre en effigie votre propre père Jarrige [1], sur ce qu'il

---

[a] Textes in-4° et in-12 : « qu'ils vous *font tort* », au lieu de « qu'ils vous *nuisent* ».

---

1. Jarrige (Pierre), jésuite et controversiste français, né à Tulle en 1605, mort dans cette ville en 1660. Il était professeur de rhétorique au collège que les Jésuites avaient à Bordeaux lorsqu'il se fit protestant (1647). Menacé par ses anciens confrères, il se réfugia en Hollande, où il fut d'abord assez mal accueilli de ses nouveaux coreligionnaires. Cependant les États lui firent une pension et lui promirent l'emploi de pasteur. Dans l'intervalle (1648), sur les instances des Jésuites, on l'avait con-

avoit dit la messe *au temps où il étoit d'intelligence avec Genève* [a].

Je m'étonne donc, non pas de ce que vous leur imposez avec si peu de scrupule des crimes si grands et si faux, mais de ce que vous leur imposez avec si peu de prudence des crimes si peu vraisemblables : car vous disposez bien des péchés à votre gré ; mais pensez-vous disposer de même de la croyance des hommes ? En vérité, mes pères, s'il falloit que le soupçon de Calvinisme tombât sur eux ou sur vous, je vous trouverois en mauvais termes. Leurs discours sont aussi catholiques que les vôtres ; mais leur Conduite confirme leur Foi, et la vôtre la dément : car, si vous croyez aussi bien qu'eux que ce Pain est réellement changé au Corps de Jésus-Christ, pourquoi ne demandez-vous pas comme eux que le cœur de pierre et de glace de ceux à qui vous conseillez de s'en approcher [b] soit sincèrement changé en un cœur de chair et d'amour ? Si vous croyez que Jésus-Christ y est dans un État de mort, pour apprendre à ceux qui s'en approchent à mourir au monde, au péché et à eux-mêmes, pourquoi portez-vous à

[a] Textes in-4° et in-12 : « étant d'intelligence avec Genève », au lieu de : « au temps où il étoit d'intelligence avec Genève ».
[b] Textes in-4° et in-12 : « d'en approcher ».

---

damné en France « à faire amende honorable, teste et pieds nus, en chemise, la corde au col, devant la grand'porte et principale entrée de l'église de Saint-Barthélemy et celle des pères Jésuites de La Rochelle, et ensuite estre mené et conduit à la place publique du chasteau pour y estre pendu et estranglé à une potence. » Il répondit à cette condamnation par un livre : *Les Jésuites mis sur l'échafaud pour plusieurs crimes capitaux par eux commis dans la province de Guyenne* (Leyde, 1649, 1 vol. in-12). Néanmoins, les Jésuites parvinrent à le reconquérir. Il entra dans leur maison d'Anvers (1650) où il écrivit un nouveau livre : *Rétractation du père Pierre Jarrige, jésuite, retiré de sa double apostasie par la miséricorde de Dieu* (1 vol. in-12, Anvers, 1650). Il finit obscurément ses jours dans sa ville natale dix ans plus tard.

en approcher ceux en qui les vices et les passions criminelles sont encore toutes vivantes? Et comment jugez-vous dignes de manger le pain du Ciel ceux qui ne le seroient pas de manger celui de la Terre?

O grands vénérateurs de ce saint mystère, dont le zèle s'emploie à persécuter ceux qui l'honorent par tant de communions saintes, et à flatter ceux qui le déshonorent par tant de communions sacrilèges! Qu'il est digne de ces défenseurs d'un si pur et si adorable sacrifice de faire environner[a] la table de Jésus-Christ de pécheurs envieillis tout sortant de leur infamie, et de placer au milieu d'eux un Prêtre que son confesseur même envoie de ses impudicités à l'Autel, pour y offrir, en la place de Jésus-Christ, cette victime toute sainte au Dieu de sainteté, et la porter de ses mains souillées en ces bouches toutes souillées! Ne sied-il pas bien à ceux qui pratiquent cette conduite *par toute la terre*, selon des maximes approuvées de leur Propre Général d'imputer à l'Auteur de la Fréquente Communion et aux Filles du Saint-Sacrement de ne point croire[1] le saint Sacrement?

Cependant cela ne leur suffit pas encore; il faut, pour satisfaire leur passion, qu'ils les accusent enfin d'avoir renoncé à Jésus-Christ et à leur Baptême. Ce ne sont pas là, mes pères, des contes en l'air comme les vôtres; ce sont les funestes emportements par où vous avez comblé la mesure de vos Calomnies. Une si insigne fausseté n'eût pas été en des mains dignes de la soutenir en demeurant en celles de votre bon ami Filleau[2], par qui vous l'avez

---

[a] Textes in-4º et in-12 : « d'environner », au lieu de « faire environner ».

---

1. « Croire le saint Sacrement » est une locution tombée en désuétude.
2. Filleau, premier avocat du roi au présidial de Poitiers, est l'auteur d'un opuscule publié en 1654 sous le titre de : *Relation juridique de ce qui*

LETTRE XVI.

fait naître : votre Société se l'est attribuée ouvertement; et votre père Meynier vient de soutenir, *comme une vérité certaine*, que Port-Royal forme une cabale secrète depuis trente-cinq ans, dont M. de Saint-Cyran et M. d'Ypres

s'est passé à Poitiers touchant la Nouvelle Doctrine des Jansénistes. Cet opuscule est le récit de ce qu'on a appelé *Le projet de Bourg-Fontaine*. Ce projet aurait été concerté dans une conférence tenue en 1621 à Bourg-Fontaine, qui était une Chartreuse située dans la forêt de Villers-Cotterets. Auraient pris part à cette conférence, selon Filleau, qui dit tenir son récit d'un Ecclésiastique qu'il ne nomme pas : J. D. V. H. (Jean Duvergier de Hauranne, devenu ensuite l'abbé de Saint-Cyran); C. J. (Cornélius Jansénius); P. C. (Pierre Cospéan, plus tard évêque de Lisieux); P. C. (Pierre Camus, qui devait être évêque de Belley, avait été l'ami de saint François de Sales, et dont les œuvres littéraires trahissent une hostilité violente contre les Ordres religieux, instrument de la Centralisation romaine qu'on voulait substituer à l'ancienne église épiscopale); A. A. (Arnauld d'Andilly); S. V. (Simon Vigor, conseiller au grand conseil, disciple de Richer, auteur du *De ecclesiastica et politica potestate* (1 vol. in-4°, 1611, et 1612, 1 vol. in-8°). Ce fut Bayle dans son *Dictionnaire*, au mot *Arnauld*, qui traduisit les initiales données par Filleau. Le but de la Conférence de Bourg-Fontaine aurait été, suivant les Jésuites, la destruction du Christianisme, qu'on aurait remplacé par le Déisme. Ses membres auraient reconnu la difficulté de l'entreprise. Ils auraient alors résolu de procéder avec prudence, d'attaquer les Sacrements un à un et d'une manière détournée, surtout la Pénitence et l'Eucharistie, comme fit Arnauld dans son Livre de *La Fréquente Communion*. Le roman est ridicule. Les promoteurs de la Conférence de Bourg-Fontaine avaient en vue le maintien de l'Ancienne Église Épiscopale et des Mœurs Chrétiennes, contre les idées romaines de centralisation et leur principal instrument, la Compagnie de Jésus.

Filleau, dit-on, hésitait à publier sa *Relation*. Il s'y serait déterminé sur l'ordre de la régente Anne d'Autriche, derrière laquelle il n'est pas difficile d'apercevoir le nez des Jésuites. Arnauld répondit par la *Réfutation du roman diabolique de Bourg-Fontaine*.

La Conférence elle-même paraît avoir eu lieu, et avoir eu lieu sur l'initiative de Saint-Cyran, qui avait plus d'ambition que Richelieu, et rêvait en France une royauté spirituelle comparable à l'autorité politique du cardinal. Qu'a-t-on fait à cette Conférence? On n'en sait rien. « On a débité là-dessus, de part et d'autre, force injures et sottises, dit Sainte-Beuve (*Port-Royal*, t. Ier, p. 288 (en note de la 4e édition); on a entassé factums contre factums. Les Jansénistes triomphant d'une méprise de nom (on traduisait A. A. Arnauld d'Andilly par Antoine Arnauld, qui n'avait que neuf ans) se sont jetés de côté et ont poussé les hauts cris. Quant à moi, je le redis ici, le simple fait d'une Conférence à Bourg-Fontaine entre

ont été les chefs, « pour ruiner le Mystère de l'Incarnation, faire passer l'Évangile pour une histoire apocryphe, exterminer la Religion Chrétienne, et élever le Déisme sur les ruines du Christianisme ». Est-ce là tout, mes pères? Serez-vous satisfaits si l'on croit tout cela de ceux que vous haïssez? Votre animosité seroit-elle enfin assouvie, si vous les aviez mis en horreur non seulement à tous ceux qui sont dans l'Église, par *l'intelligence avec Genève*, dont vous les accusez, mais encore à tous ceux qui croient en Jésus-Christ, quoique hors l'Église, par le *Déisme* que vous leur imputez?

Mais à qui prétendez-vous persuader, sur votre seule parole, sans la moindre apparence de preuve, et avec toutes les contradictions imaginables, que des prêtres qui ne prêchent que la Grâce de Jésus-Christ, la pureté de l'Évangile et les obligations du Baptême, ont renoncé à leur Baptême, à l'Évangile et à Jésus-Christ[a]? Qui le croira, mes pères?

---

[a] Le passage se lit ainsi dans les textes in-4° et in-12 : « Mais *qui ne sera surpris de l'aveuglement de votre conduite?* car à qui prétendez-vous persuader, sur votre seule parole, sans la moindre apparence de preuve, et avec toutes les contradictions imaginables, que *des évêques* et des prêtres qui *n'ont fait autre chose que prêcher* la Grâce de Jésus-Christ, la pureté de l'Évangile et les obligations du Baptême, *avoient* renoncé à leur Baptême, à l'Évangile et à Jésus-Christ; *qu'ils n'ont travaillé que pour établir cette Apostasie et que le Port-Royal y travaille encore?* »

Jansénius, Saint-Cyran et (Arnauld d'Andilly) un ou deux autres peut-être, ne me paraît aucunement impossible ni même improbable à cette date. Il a dû se passer à Bourg-Fontaine ou ailleurs, en cette année, quelque chose comme cela. On a dû se réunir pour traiter de la Cause Religieuse, pour chercher à s'entendre et à se concerter sur une marche à suivre. Mais qu'a-t-on dit? Qu'a-t-on décidé? Que s'est-il passé positivement? Là commence la conjecture et, de la part des Jésuites, la *fable* de Bourg-Fontaine; une pure fable en effet, réfutée à diverses reprises et ruinée dans les principales circonstances qu'ils y dénonçaient, particulièrement insoutenable et absurde dans l'intention de Déisme — Les Jésuites appelaient Déisme le mépris de quelques dévotions niaises importées par eux d'Italie dans différents pays catholiques — qu'ils attribuaient et prêtaient contre toute

Le croyez-vous vous-mêmes, misérables que vous êtes[1] ? Et à quelle extrémité êtes-vous réduits, puisqu'il faut nécessairement ou que vous prouviez qu'ils ne croient pas en Jésus-Christ[a], ou que vous passiez pour les plus abandonnés Calomniateurs qui furent jamais ! Prouvez-le donc, mes pères. Nommez *Cet Ecclésiastique de Mérite*, que vous dites avoir assisté à cette Assemblée de Bourg-Fontaine en 1621, et avoir découvert à votre Filleau le dessein qui y fut pris de détruire la Religion chrétienne ; nommez ces six personnes que vous dites y avoir formé cette conspiration ; nommez *celui qui est désigné par ces lettres A. A.*, que vous dites, page 15, *n'être pas Antoine Arnauld*, parce qu'il vous a convaincus qu'il n'avoit alors que neuf ans, « mais un autre que vous dites être encore en vie, et trop bon ami[b] de M. Arnauld pour lui être inconnu ». Vous le connoissez donc, mes pères[2] ; et par conséquent, si vous n'êtes vous-mêmes sans Religion, vous êtes obligés de déférer cet impie au Roi et au Parlement, pour le faire punir comme il le

[a] Textes in-4° et in-12 : « ou que vous prouviez *cette accusation*, ou que vous passiez pour ».
[b] Textes in-4° et in-12 : « mais un autre *qui est* encore en vie et *qui est* trop bon ami ».

raison aux assistants; ils n'ont cessé pourtant de la remettre en circulation et de la reproduire, suivant cette observation très juste d'Arnauld : — Quand les Jésuites ont une fois avancé une Calomnie, ils ne la retirent jamais. »

1. « *Misérables* que vous êtes ! » dans le sens de Molière :

> ...... Je tiens tout homme *misérable*
> Qui ne quitte jamais sa mine redoutable,
> Et qu'au faîte des cieux on voit toujours guindé.

2. Eh! oui, ils le connaissent, et vous aussi : c'est Arnauld d'Andilly. Bayle l'a nommé et n'a pas été démenti, à une époque, il est vrai, où l'émotion provoquée par le pamphlet de Filleau était tombée. Dans la chaleur du débat, les Jésuites ne le nommèrent pas parce qu'il était encore là, qu'il n'y avait aucun moyen de lui prouver que c'était lui, que les méfaits dont on le chargeait étaient imaginaires. Ils obéissaient à une autre con-

mériteroit. Il faut parler, mes pères ; il faut le nommer, ou souffrir la confusion de n'être plus regardés que comme des Menteurs indignes d'être jamais crus. C'est en cette manière que le bon père Valérien nous a appris qu'il falloit *mettre à la gêne* et pousser à bout de tels Imposteurs. Votre silence là-dessus sera une pleine et entière conviction de cette Calomnie diabolique. Les plus aveugles de vos amis seront contraints d'avouer « que ce ne sera point un effet de votre vertu, mais de votre impuissance », et d'admirer que vous ayez été si méchants que de l'étendre jusqu'aux Religieuses de Port-Royal, et de dire, comme vous faites, page 14, que *le Chapelet secret du saint Sacrement*[1], composé par l'une d'elles, a été le premier fruit de cette Conspiration contre Jésus-Christ ; et dans la

sidération. Arn. d'Andilly avait été fonctionnaire et son fils Arnauld de Pomponne fut deux fois ministre des affaires étrangères de Louis XIV. Il était prudent de ne pas se commettre avec cette branche des Arnauld, qui était une puissance.

1. *Le Chapelet secret,* œuvre de la mère Agnès Arnauld, sœur d'Antoine Arnauld, était, dit Sainte-Beuve (*Port-Royal* t. Ier, p. 330 de la 4e édition), « une méditation en *seize* points, que la mère Agnès avait imaginés en l'honneur des *seize* siècles écoulés depuis l'Institution du saint Sacrement. Chaque point formait un attribut mystique : *Sainteté, vérité, suffisance, satiété, règne, possession, illumination,* etc.; à chaque article elle cherchait à approfondir une des vertus de Jésus-Christ dans le saint Sacrement. C'était, à vrai dire, aussi inintelligible qu'écrit de ce genre peut l'être ; mais la subtilité et la ferveur de l'âme pieuse l'éclaircissaient et s'y complaisaient. Il arriva qu'une copie de ce petit écrit destiné à elle seule, et composé déjà depuis plusieurs années, tomba aux mains de l'archevêque de Sens dans un moment où ce dernier voulait faire obstacle aux idées de M. Zamet (évêque de Langres, fils du financier) ; ce dernier avait approuvé le *Chapelet.* M. de Langres, au contraire, le jugea très propre à provoquer la condamnation par ce qu'il y avait d'outré et le donna à des docteurs de Sorbonne qui le censurèrent (1633) ; il l'envoya de plus à Rome, où après examen prudent et sans précisément le condamner, on le supprima. A Paris, on écrivait pour et contre avec une singulière vivacité : la Cour s'en mêla et le vent de la faveur tournant, les pauvres religieuses du Saint-Sacrement allaient passer pour *visionnaires,* quelques-uns disaient même déjà pour *sorcières.* Tout cela, en style Janséniste, s'appelle la tempête du *Chapelet secret.* » On

page 95, « qu'on leur a inspiré toutes les détestables maximes de cet Écrit, » qui est, selon vous, une instruction *de Déisme*. On a déjà ruiné invinciblement vos Impostures sur cet Écrit, dans la défense de la Censure de feu M. l'archevêque de Paris contre votre père Brisacier. Vous n'avez rien à y repartir; et vous ne laissez pas d'en abuser encore d'une manière plus honteuse que jamais, pour attribuer à des filles d'une piété connue de tout le monde le comble de l'impiété. Cruels et lâches persécuteurs[1], faut-il donc que les cloîtres les plus retirés ne soient pas des asiles contre vos Calomnies! Pendant que ces saintes vierges adorent nuit et jour Jésus-Christ au saint Sacrement, selon leur Institution, vous ne cessez nuit et jour de publier

finit par y intéresser Saint-Cyran qui l'examina, le trouva bon, et le fit approuver à Louvain, où on applaudit « à l'ivresse et à la sainte liberté de ce langage de l'amour. » On l'imprima pour la première fois en 1663 (1 vol. in-12).

1. Le morceau qui débute par ces mots : « Cruels et lâches persécuteurs » est célèbre. Pascal, nous le savons, écrit encore Sainte-Beuve (*Port-Royal*, t. III, p. 149 de la 4ᵉ édition), « était au château de Vaumurier chez le duc de Luynes, lorsqu'il l'écrivit (décembre 1656); l'esprit de la solitude, écouté de plus près, l'inspire. Il venge les calomniés, les victimes; il venge ouvertement M. d'Ypres et M. de Saint-Cyran; M. d'Ypres, dont, l'année précédente, on avait outrageusement arraché dans son église cathédrale l'épitaphe avec la pierre du tombeau; M. de Saint-Cyran dont, cette année même, l'Assemblée du Clergé de France venait d'arracher le feuillet d'éloge dans le *Gallia Christiana* de MM. de Sainte-Marthe. Il maintient en honneur leur cause et proclame leur mémoire. J'ai joie à lui entendre proférer avec respect les noms de ces hommes dont, en ce moment, il ressaisit l'esprit d'incorruptible vigueur et de sainte colère. Les voilà nettement accusés par le père Meynier d'avoir, il y a trente-cinq ans, formé une cabale, pour *ruiner le mystère de l'incarnation, faire passer l'évangile pour une histoire apocryphe, exterminer la Religion chrétienne, et élever le Déisme sur les ruines du Christianisme*. Plus tard, M. de Maistre (*De l'Église gallicane*, l. Iᵉʳ, chap. IV) fera un chapitre intitulé *Analogies de Hobbes et de Jansénius;* ce n'est plus le Déisme chez M. de Maistre, c'est quasi d'Athéisme, c'est de fanatisme brutal qu'il s'agit; il y a progrès sur le père Meynier en talent comme en injure. Pascal a d'avance répondu et nulle voix n'étouffera la sienne. »

qu'elles ne croient pas qu'il soit ni dans l'Eucharistie, ni même à la droite de son Père ; et vous les retranchez publiquement de l'Église pendant qu'elles prient dans le secret pour vous et pour toute l'Église. Vous Calomniez celles qui n'ont point d'oreilles pour vous ouïr, ni de bouche pour vous répondre. Mais Jésus-Christ, en qui elles sont cachées pour ne paroître qu'un jour avec lui, vous écoute, et répond pour elles. On l'entend aujourd'hui cette voix sainte et terrible qui étonne la Nature, et qui console l'Église[1]. Et

1. Allusion au *Miracle de la sainte Épine*. Port-Royal était à l'extrémité. Dans une Lettre du 6 avril (1656) à la reine de Pologne (Marie de Gonzague), la mère Angélique Arnauld écrivait : « Enfin la Reine a commandé à l'Assemblée du Clergé de nous pousser à bout, et leur a dit que c'étoit sa propre affaire. Je n'en ai nul ressentiment contre Sa Majesté ; je sais qu'elle croit faire un très bon œuvre, et qu'on lui persuade sans cesse qu'elle n'en sauroit faire un meilleur. Notre Seigneur a dit que ceux qui persécuteroient ses serviteurs, croiroient rendre service à Dieu. Tout ce que nous avons à désirer, est de souffrir en cette qualité ».

« C'est alors, dit Sainte-Beuve (*Port-Royal*, t. III, p. 173 de la 4ᵉ édition), c'est dans cette arrière-scène de Port-Royal de plus en plus obscurcie et désolée, et que n'ont pas dû nous dérober les brillantes et valeureuses excursions d'un soudain génie, c'est dans le profond de l'autel qu'un jour à l'improviste, le vendredi de la Samaritaine, le jour précisément où l'on chante à l'introït de la messe ces paroles du psaume LXXXV : *fac mecum signum in bonum*, — Seigneur, faites éclater un prodige en ma faveur, afin que mes ennemis le voient et qu'ils soient confondus, qu'ils voient, ô mon Dieu, que vous m'avez secouru et que vous m'avez consolé ; — c'est ce jour-là que Dieu sort de son secret et qu'on entend, — qu'on entendit tout près de soi cette *voix, voix sainte et terrible*... Le miracle de la *sainte Épine* fut le coup de tonnerre qui suspendit tout. »

Comme il est loin de faire sur nous aujourd'hui l'effet qu'il fit sur les intéressés et en général sur les contemporains, nous nous bornerons d'abord à écouter les témoins les plus fidèles. Dans ces Lettres de la mère Angélique où les *Provinciales* sont à peine mentionnées, le miracle tient une grande place.

La mère Angélique écrit à la reine de Pologne, au commencement de mai (1656) : « Je sais, madame, que la bonté de Votre Majesté pour nous, lui a fait prendre part à nos Persécutions et penser à nous dans les plus grandes douleurs... elle aura donc grande joie d'apprendre l'Espérance que Dieu nous donne qu'il nous protégera. Car à l'heure que tout le monde nous croyoit perdues sans ressource... il est arrivé qu'un très bon prêtre

je crains, mes pères, que ceux qui endurcissent leurs cœurs, et qui refusent avec opiniâtreté de l'ouïr quand il parle en Dieu, ne soient forcés de l'ouïr avec effroi quand il leur parlera en juge.

(Le Roy de la Poterie) qui est notre parent, qui depuis quelques années a en dévotion particulière de rechercher plusieurs saintes reliques pour les vénérer en sa chapelle (et Dieu a tellement agréé sa dévotion qu'il a inspiré grande quantité de personnes a lui en donner de très assurées, et depuis peu une Épine de la sainte Couronne de Notre Seigneur, laquelle, après l'avoir fait enchâsser, il nous l'envoya pour la voir et la révérer).... Nos sœurs de Paris la reçurent avec grande révérence et l'ayant mise au milieu du chœur, l'adorèrent l'une après l'autre. Comme ce vint aux pensionnaires, leur maîtresse qui les conduisoit, prit le reliquaire, de peur qu'elles ne le fissent tomber, et comme une petite de dix ans s'approcha (la nièce de Pascal, Margueritte Périer, fille de Mme Périer), qui avoit un ulcère lacrymal si grand qu'il lui avoit pourri l'os du nez, il vint à cette Religieuse une pensée de dire à cette enfant : — Ma fille, priez pour votre œil — et faisant toucher la relique, au même moment elle fut guérie. *A quoi on ne pensa point pour tout à l'heure* (c'est le point faible du miracle), chacune n'étant attentive qu'à la dévotion de la relique. Après (la cérémonie) cette enfant dit à une de ses petites sœurs : — Je pense que je suis guérie. — Ce qui se trouvoit si vrai qu'on ne pouvoit reconnoître auquel de ses yeux avoit été le mal. Dieu a circonstancié ce miracle de telle sorte que personne n'en a douté. Cette enfant appartient à un très honnête homme, Auvergnat (M. Périer, beau-frère de Pascal), qui l'a mise chez nous à cause de sa belle-sœur (Jacqueline Pascal), qui est religieuse. Elle avoit ce mal dès qu'il l'y mit, il y a plus de deux ans, étant venu à Paris, et la laissant afin qu'elle fût mieux traitée... Trois semaines avant sa guérison, on fit venir un chirurgien nommé Dalencé, qui est estimé le plus habile de Paris, qui l'avoit déjà vue, pour la revoir avec grande attention et faire son rapport pour l'envoyer au père. Il sonda le mal et trouva l'os carié... Il dit que le mal étoit incurable à son avis ; que s'il y avoit du remède, c'étoit le feu ; mais qu'il doutoit encore qu'il le pût guérir. On envoya ce rapport en Auvergne, et aussitôt le père partit pour venir voir ce qu'il pourroit faire pour cette enfant que Dieu guérit cependant. » M. Périer arrive ; on envoie chercher Dalencé à qui on présente l'enfant qui s'écrie sans regarder : « Mais que voulez-vous que je fasse ? Ne vous ai-je pas dit que le mal étoit incurable ? — On lui répliqua plusieurs fois : — Mais, monsieur, je vous prie, regardez-la encore. — Ce qu'ayant fait et la voyant guérie, il fut dans un extrême étonnement, et quand on lui eut dit la manière, il dit : — Il n'y eut jamais de miracle si ce n'en est pas un. »

La mère Angélique termine ainsi : « C'est une trêve que Dieu nous donne pour nous disposer à mieux souffrir quand il lui plaira que la tem-

Car enfin, mes pères, quel compte lui pourrez-vous rendre de tant de Calomnies lorsqu'il les examinera non sur les fantaisies de vos pères Dicastillus, Gans et Pennalossa, qui les excusent[a], mais sur les règles de sa vérité éternelle et sur les saintes ordonnances de son Église, qui, bien loin d'excuser ce crime, l'abhorre tellement qu'elle l'a puni de même qu'un Homicide volontaire? Car elle a différé aux Calomniateurs, aussi bien qu'aux Meurtriers, la Communion jusqu'à la mort, par le Premier et Deuxième Concile d'Arles. Le Concile de Latran a jugé indignes de l'État ecclésiastique ceux qui en ont été convaincus, quoiqu'ils s'en fussent corrigés. Les Papes ont même menacé ceux qui auroient Calomnié des Évêques, des Prêtres ou

---

[a] « Qui les excusent » est ajouté dans l'in-8°.

---

pête recommence. En attendant, nous continuerons à prier Dieu pour Votre Majesté. » (*Lettres de la mère Angélique*, t. III, pp. 228-232.)

L'attouchement de la relique avait eu lieu le 24 mars. Le recueil dit d'Utrecht (*Recueil de plusieurs pièces...* Utrecht, 1740, t. Ier, pp. 283 et suiv.) contient un grand nombre de documents relatifs à cette affaire, parmi lesquels, une Lettre de Jacqueline Pascal à Mme Périer, mère de la *miraculée*. La petite, qui s'appelait *Margot*, devint tout de suite *Margueritte* et un personnage dans le Port-Royal. Cela ne faisait pas le compte des Jésuites. Dans son *Rabat-joie des Jansénistes*, le père Annat conteste les faits. Dans tous les cas, c'est une invitation que Dieu fait aux Jansénistes de renoncer à l'Hérésie. Il y eut toute une littérature de la Sainte-Épine. L'abbé de Pont-Château, chargé par Port-Royal de recueillir les pièces constatant le miracle, reçut le nom de *Greffier de la Sainte-Épine*. « On a lieu de croire, lit-on dans le *Recueil d'Utrecht* (p. 449), que M. de Pont-Château est en partie auteur, peut-être avec M. Pascal, d'un excellent ouvrage qui parut au mois de novembre 1656 avec ce titre : *Réponse à un écrit publié au sujet des Miracles.* » Il est d'ailleurs à peu près sûr que les Pensées de Pascal sur les Miracles, publiées depuis dans le recueil général des *Pensées*, n'ont pas d'autre origine que le *Miracle de la Sainte-Épine*. Jacqueline Pascal, qui avait quitté la poésie depuis sa conversion et son entrée à Port-Royal sous le nom de sœur de sainte Euphémie, retrouva sa muse dans cette occasion. Voir dans Faugère (*Lettres opuscules et Mémoires de Jacqueline Pascal*, . 147) sa traduction de l'hymne : *Jesu nostra redemptio*.

des Diacres, de ne leur point donner la Communion à la mort. Et les Auteurs d'un Écrit diffamatoire, qui ne peuvent prouver ce qu'ils ont avancé, sont condamnés par le pape Adrien *à être fouettés*, mes révérends pères, *flagellentur*, tant l'Église a toujours été éloignée des erreurs de votre Société si corrompue qu'elle excuse d'aussi grands crimes que la Calomnie, pour les commettre elle-même avec plus de liberté.

Certainement, mes pères, vous seriez capables de produire par là beaucoup de maux, si Dieu n'avoit permis que vous ayez fourni vous-mêmes les moyens de les empêcher et de rendre toutes vos Impostures sans effet; car il ne faut que publier cette étrange maxime qui les exempte de crime, pour vous ôter toute créance. La Calomnie est inutile, si elle n'est jointe à une grande réputation de sincérité. Un Médisant ne peut réussir, s'il n'est en estime d'abhorrer la Médisance comme un crime dont il est incapable. Et ainsi, mes pères, votre propre principe vous trahit. Vous l'avez rempli pour assurer votre conscience ; car vous vouliez médire sans être damnés, et être *de ces Saints et Pieux Calomniateurs* dont parle saint Athanase. Vous avez donc embrassé, pour vous sauver de l'Enfer, cette maxime, qui vous en sauve sur la foi de vos Docteurs : mais cette maxime même, qui vous garantit, selon eux, des maux que vous craignez en l'autre vie, vous ôte en celle-ci l'utilité que vous en espériez : de sorte qu'en pensant éviter le vice de la Médisance vous en avez perdu le fruit : tant le mal est contraire à soi-même, et tant il s'embarrasse et se détruit par sa propre malice.

Vous Calomnierez donc plus utilement pour vous, en faisant profession de dire avec saint Paul que les simples Médisants, *maledici*, sont indignes de voir Dieu, puisque au moins vos Médisances en seroient plutôt crues, quoique à la vérité vous vous condamneriez vous-mêmes. Mais en disant, comme vous faites, que la Calomnie contre vos ennemis n'est pas un crime, vos Médisances ne seront point crues, et vous ne laisserez pas de vous damner : car il est certain, mes pères, et que vos Auteurs graves n'anéantiront pas la Justice de Dieu, et que vous ne pouviez donner une preuve plus certaine que vous n'êtes pas dans la Vérité qu'en recourant au mensonge. Si la Vérité étoit pour vous, elle combattroit pour vous, elle vaincroit pour vous ; et, quelques ennemis que vous eussiez, *la Vérité vous en délivreroit*, selon sa promesse. Vous n'avez recours au mensonge que pour soutenir les erreurs dont vous flattez les Pécheurs du monde, et pour appuyer les Calomnies dont vous opprimez les personnes de Piété qui s'y opposent. La Vérité étant contraire à vos fins, il a fallu mettre *votre confiance au mensonge*, comme dit un Prophète, *Isaï.*, XXVIII. Vous avez dit : « Les malheurs qui affligent les hommes ne viendront pas jusques à nous : car nous avons espéré au mensonge, et le mensonge nous protégera. » Mais que leur répond le Prophète, ch. xxx? « D'autant, dit-il, que vous avez mis votre espérance en la Calomnie et au tumulte, *sperastis in calumnia et in tumultu*, cette iniquité vous sera imputée, et votre ruine sera semblable à celle d'une haute muraille qui tombe d'une chute imprévue, et à celle d'un vaisseau de terre qu'on brise et qu'on écrase en toutes ses parties par un effort si puissant et si universel qu'il n'en restera pas un test[1] avec lequel on puisse[a] puiser un peu d'eau ou porter un peu de feu :

[a] Textes in-4º et in-12 : « *où l'on puisse* », au lieu de « *avec lequel* on puisse ».

1. Test ou têt, synonyme de tesson : « c'est de mon fumier que j'ai

parce que (comme dit un autre Prophète, *Ézéch.*, xiii) vous avez affligé le cœur du juste, que je n'ai point affligé moi-même ; et vous avez flatté et fortifié la malice des impies. Je retirerai donc mon peuple de vos mains, et je ferai connoître que je suis leur Seigneur et le vôtre. »

Oui, mes pères, il faut espérer que, si vous ne changez d'esprit, Dieu[a] retirera de vos mains ceux que vous trompez depuis si longtemps, soit en les laissant dans leurs désordres par votre mauvaise Conduite, soit en les empoisonnant par vos Médisances. Il fera concevoir aux uns que les fausses règles de vos Casuistes ne les mettront point à couvert de sa colère, et il imprimera dans l'esprit des autres la juste crainte de se perdre en vous écoutant et en ajoutant foi[b] à vos Impostures, comme vous vous perdez vous-mêmes en les inventant et en les semant dans le monde. Car il ne s'y faut pas tromper : on ne se moque point de Dieu, et on ne viole point impunément le commandement qu'il nous a fait dans l'Évangile, de ne point condamner notre prochain sans être bien assuré qu'il est coupable. Et ainsi, quelque profession de Piété que fassent ceux qui se rendent faciles à recevoir vos Mensonges, et sous quelque prétexte de Dévotion qu'ils le fassent, ils doivent appréhender d'être exclus du royaume de Dieu pour ce seul crime, d'avoir imputé d'aussi grands crimes que l'Hérésie et le Schisme à des Prêtres Catholiques et à de saintes Religieuses[c] sans autres preuves que des Impos-

---

[a] Textes in-4º et in-12 : « il », au lieu de « Dieu ».
[b] Textes in-4º et in-12 : « et en *donnant créance* », au lieu de : « et en *ajoutant foi* ».
[c] Textes in-4º et in-12 : « et à *des* Religieuses », au lieu de : « et à *de saintes* religieuses ».

---

l'honneur de vous écrire avec un *têt* de pot cassé. » Voltaire, *Lettre à M*^{me} *de Choiseul* (13 mars 1771).

tures aussi grossières que les vôtres. « Le Démon, dit M. de Genève[1], est sur la langue de celui qui médit, et dans l'oreille de celui qui l'écoute. Et la Médisance, dit saint Bernard, *Serm.* XXIV *incant.*, est un poison qui éteint la Charité en l'un et en l'autre. De sorte qu'une seule Calomnie peut être mortelle à une infinité d'âmes, puisqu'elle tue non seulement ceux qui la publient, mais encore tous ceux qui ne la rejettent pas. »

P.-S. Mes révérends pères, mes Lettres n'avoient pas accoutumé de se suivre de si près, ni d'être si étendues. Le peu de temps que j'ai eu a été cause de l'un et de l'autre. Je n'ai fait celle-ci plus longue que parce que je n'ai pas eu le loisir de la faire plus courte[2]. La raison qui m'a obligé de me hâter vous est mieux connue qu'à moi. Vos réponses vous réussissoient mal. Vous avez bien fait de changer de méthode ; mais je ne sais si vous avez bien choisi, et si le monde ne dira pas que vous avez eu peur des Bénédictins.

Je viens d'apprendre que celui que tout le monde faisoit Auteur[3] de vos Apologies les désavoue, et se fâche qu'on les lui attribue. Il a raison et j'ai eu tort de l'en avoir soupçonné; car, quelque assurance qu'on m'en eût donnée, je devois penser qu'il avoit trop de jugement pour croire vos Impostures, et trop d'Honneur pour les publier sans les croire. Il y a peu de gens du monde capables de

---

1. M. de Genève. Saint François de Sales, évêque et prince de Genève, était ainsi nommé avant sa canonisation, qui se fit en 1665.
2. Cette assertion de Pascal est devenue un proverbe littéraire. L'art d'être court est aujourd'hui mort :
   Les auteurs seraient neufs, s'ils savaient être courts.
   FR. DE NEUFCHATEAU.
3. Desmarets de Saint-Sorlin.

ces excès qui vous sont propres, et qui marquent trop votre Caractère, pour me rendre excusable de ne vous y avoir pas reconnus. Le bruit commun m'avoit emporté : mais cette excuse, qui seroit trop bonne pour vous, n'est pas suffisante pour moi, qui fais profession de ne rien dire sans preuve certaine, et qui n'en ai dit aucune que celle-là. Je m'en repens, je la désavoue, et je souhaite que vous profitiez de mon exemple [1].

1. Plusieurs exemplaires in-4° ont, intercalée entre la Seizième et la Dix-septième Provinciale, une « *Lettre* de quatre pages, *au R. P. Annat sur son écrit qui a pour titre : la Bonne foi des Jansénistes,* etc. » et datée du 15 janvier 1657. C'est une élucubration médiocre que rejette l'édition in-8°.

LETTRE XVII[1]

On fait voir, en levant l'Équivoque du sens de Jansénius, qu'il n'y a aucune Hérésie dans l'Église. On montre, par le Consentement Unanime de tous les Théologiens, et principalement des Jésuites, que l'Autorité des Papes et des Conciles œcuméniques n'est point infaillible dans les Questions de Fait [2].

Du 23 janvier 1657.

MON RÉVÉREND PÈRE [3],

Votre procédé m'avoit fait croire que vous désiriez que nous demeurassions en repos de part et d'autre, et je m'y

1. « Dix-Septième Lettre écrite par l'Auteur des Lettres au Provincial, au R. P. Annat, jésuite ». Texte in-8º : « Dix-Septième Lettre au R. P. Annat, jésuite. »
2. Sous-titre de Nicole.
3. Les Cinq Propositions extraites de Jansénius avaient fait, avec leurs discussions en Sorbonne, l'objet des Trois Premières Provinciales. Puis Pascal avait tourné court, s'était engagé dans l'examen de la Morale des Casuistes, ce qui avait été la matière des Treize Provinciales, dont la Seizième est la dernière. Dans l'intervalle, les Jésuites avaient beaucoup remué. Le P. Annat, qui était une autorité parmi eux, avait publié une brochure — *La Bonne foi des Jansénistes* — où il revenait copieusement sur les Cinq Propositions de Jansénius, concluait de leur condamnation par la cour de Rome et du fait que les Jansénistes les défendaient, que ceux-ci étaient désormais des Hérétiques avérés et Pascal un Hérétique comme eux. Aussi est-ce le P. Annat que Pascal interpelle dans la Dix-Septième Provinciale. On le condamne sur l'hypothèse qu'il est de Port-Royal et que Port-Royal est hérétique. Il réitère qu'il n'en est pas : « Je n'ai qu'à vous dire que je n'en suis pas et à vous renvoyer à mes Lettres, où j'ai dit *que je suis seul* et, en propres termes, que *je ne suis point de Port-Royal* ». Il n'en est pas en ce sens qu'il n'a pas d'engagement avec Messieurs de Port-Royal, qu'il ne demeure pas à Port-Royal, quoiqu'il y eût écrit ses Deux Premières Provinciales, y ait fait depuis divers séjours et retraites. Il en

étois disposé. Mais vous avez depuis produit tant d'Écrits en peu de temps, qu'il paroît bien qu'une paix n'est guère assurée quand elle dépend du silence des Jésuites. Je ne sais si cette rupture vous sera fort avantageuse ; mais pour moi, je ne suis pas fâché qu'elle me donne le moyen de détruire ce reproche ordinaire d'Hérésie dont vous remplissez tous vos Livres.

Il est temps que j'arrête une fois pour toutes cette hardiesse que vous prenez de me traiter d'Hérétique, qui s'augmente tous les jours. Vous le faites dans ce Livre que vous venez de publier d'une manière qui ne se peut plus souffrir, et qui me rendroit enfin suspect, si je ne vous y

est néanmoins par l'esprit, par la besogne qu'il fait, par ses rapports quotidiens avec Messieurs de Port-Royal, qui lui fournissent les documents dont il se sert, qui corrigent ses épreuves, font imprimer et répandent ses Lettres. Saint Gilles, factotum et agent de Port-Royal, dans l'impression des *Provinciales*, écrit à la date du 4 août 1656 : « M. Singlin nous a dit, en dînant avec nous, savoir avec M. Arnauld, M. Le Maître, M. Pascal, M. de Vaux Akakia[1] et moi, que les ennemis de Port-Royal étoient fort fâchés de ce grand concours de monde qui y venoient. » On y venait à cause de la Sainte-Épine. On voit qu'en prétendant n'être pas de Port-Royal Pascal ergote un peu, quoiqu'il n'en soit vraiment qu'un adepte libre, protégé de toute sujétion par l'indépendance absolue de son esprit et de son caractère. « Voilà, dit Sainte-Beuve (*Port-Royal*, t. III, p. 76 de la 4e édition), à propos de la citation de Saint-Gilles faite plus haut, le tous-les-jours de Pascal durant cette année : il dînait et vivait en compagnie de ces Messieurs. S'il se croit donc en droit de soutenir qu'il n'est pas de Port-Royal à la lettre, s'il ajoute d'un ton d'assurance qu'il est *sans attachement, sans liaison, sans relations*, cela ne se peut entendre, on l'avouera, qu'en un sens quelque peu jésuitique. Si toutes les *Provinciales* étaient vraies comme cette assertion-là, il ne faudrait pas trop s'étonner que De Maistre eût mis à côté du *Menteur* de Corneille, ce qu'il appelle les *Menteuses* de Pascal (dans les *Soirées de Saint-Pétersbourg*, 2e Entretien). »

1. Il y avait une tribu d'Akakia, à Port-Royal, quatre au moins : *Du Lac, De Vaux, Du Lis, Du Plessis*, tous solitaires et descendants du médecin du xvie siècle qui avait pris ce nom — *Akakia* (sans malice) — et dont Marot écrit :

> De trois jours l'un, viennent tâter mon pouls
> Messieurs Braillon, Lecoq, *Akakia*,
> Pour me garder d'aller jusqu'à *quia*.

répondois comme le mérite un reproche de cette nature. J'avois méprisé cette injure dans les Écrits de vos confrères, aussi bien qu'une infinité d'autres qu'ils y mêlent indifféremment. Ma Quinzième Lettre y avoit assez répondu; mais vous en parlez maintenant d'un autre air, vous en faites sérieusement le capital de votre défense; c'est presque la seule chose que vous y employez. Car vous dites « que, pour toute réponse à mes Quinze Lettres, il suffit de dire quinze fois que je suis Hérétique; et qu'étant déclaré tel, je ne mérite aucune créance ». Enfin vous ne mettez pas mon apostasie en question, et vous la supposez comme un principe ferme, sur lequel vous bâtissez hardiment. C'est donc tout de bon, mon père, que vous me traitez d'Hérétique; et c'est aussi tout de bon que je vous y vas répondre[a].

Vous savez bien, mon père, que cette accusation est si importante[1], que c'est une témérité insupportable de

---

[a] Les éditions modernes portent : « Je vais vous y répondre ». Tous les textes du temps ont : « Je vous y vas répondre ».

---

1. L'accusation d'Hérésie donne une grande émotion à Pascal. Le Manuscrit Autographe des *Pensées* contient des notes assez nombreuses, faites après coup et qui se rapportent aux *Provinciales*. Quelques-unes concernent cette accusation d'Hérésie : « Je ne suis point Hérétique, je n'ai point soutenu les Cinq Propositions. Vous le dites et ne le prouvez pas. Je dis que vous avez dit cela et je le prouve ». En marge : « Ex senatus consultis et plebiscitis. Demander des passages pareils. » Voir Faugère, *Pensées*, t. Ier, p. 305;

« Vous dites que je suis Hérétique. Cela est-il permis? Et si vous ne craignez pas que les hommes ne rendent justice, me craignez-vous pas que Dieu me la rende? » *Ibid.*, p. 307;

« Je suis seul contre trente mille? Point. Gardez vous la Cour, vous l'Imposture; moi la Vérité : c'est toute ma force; si je la perds, je suis perdu. Je ne manquerai pas d'accusations et de persécutions. Mais j'ai la Vérité et nous verrons qui l'emportera. Je ne mérite pas de défendre la Religion, mais vous ne méritez pas de défendre l'erreur et l'injustice.

l'avancer, si on n'a pas de quoi la prouver. Quand m'a-t-on vu à Charenton? Quand ai-je manqué à la Messe et aux devoirs des Chrétiens à leur paroisse? Quand ai-je fait quelque action d'union avec les Hérétiques, ou de Schisme avec l'Église? Quel Concile ai-je contredit? Quelle Constitution de Pape ai-je violée? Il faut répondre, mon père, ou... Vous m'entendez bien. Et que répondez-vous? Je prie tout le monde de l'observer. Vous supposez premièrement « que celui qui écrit les Lettres est de Port-Royal ». Vous dites ensuite que le Port-Royal est déclaré Hérétique; » d'où vous concluez « que celui qui écrit les Lettres est déclaré Hérétique ». Ce n'est donc pas sur moi, mon père, que tombe le fort de cette accusation, mais sur le Port-Royal; et vous ne m'en chargez que parce que vous supposez que j'en suis. Ainsi, je n'aurai pas grande peine à m'en défendre, puisque je n'ai qu'à vous dire que je n'en suis pas, et à vous renvoyer à mes Lettres, où j'ai dit « que je suis seul, » et en propres termes, « que je ne suis point de Port-Royal, » comme j'ai fait dans la Seizième Lettre qui a précédé votre Livre.

Prouvez donc d'une autre manière que je suis Hérétique, ou tout le monde reconnoîtra votre impuissance. Prouvez par mes Écrits que je ne reçois pas la Constitution[a]. Ils ne sont pas en si grand nombre; il n'y a que Seize Lettres à examiner, où je vous défie, et vous, et toute la

---

[a] Textes in-4° et in-12 : « prouvez que je ne reçois pas la Constitution par mes Écrits ».

Que Dieu, par sa miséricorde, n'ayant pas égard au mal qui est en moi, et ayant égard au bien qui est en vous, nous fasse à tous la Grâce que la Vérité ne succombe pas entre nos mains et que le mensonge ne... » Ceci finit une page du Manuscrit et le reste ne se trouve pas.

terre, d'en produire la moindre marque. Mais je vous y ferai bien voir le contraire. Car, quand j'ai dit, par exemple, dans la Quatorzième : « Qu'en tuant, selon vos maximes, ses frères en péché mortel, on damne ceux pour qui Jésus-Christ est mort, » n'ai-je pas visiblement reconnu que Jésus-Christ est mort pour ces Damnés, et qu'ainsi il est faux, « qu'il ne soit mort que pour les seuls Prédestinés, » ce qui est condamné dans la Cinquième Proposition? Il est donc sûr, mon père, que je n'ai rien dit pour soutenir ces Propositions impies, que je déteste de tout mon cœur. Et quand le Port-Royal les tiendroit, je vous déclare que vous n'en pouvez rien conclure contre moi, parce que, grâces à Dieu, je n'ai d'attaches sur la terre qu'à la seule Église catholique, apostolique et romaine, dans laquelle je veux vivre et mourir, et dans la Communion avec le Pape son Souverain chef, hors laquelle je suis très persuadé qu'il n'y a point de salut.

Que ferez-vous à une personne qui parle de cette sorte, et par où m'attaquerez-vous, puisque ni mes Discours ni mes Écrits ne donnent aucun prétexte à vos accusations d'Hérésie, et que je trouve ma sûreté contre vos menaces dans l'obscurité qui me couvre? Vous vous sentez frappé par une main invisible, qui rend vos égarements visibles à toute la terre; et vous essayez en vain de m'attaquer en la personne de ceux auxquels vous me croyez uni. Je ne vous crains ni pour moi, ni pour aucun autre[a], n'étant attaché ni à quelque Communauté, ni à quelque Particulier que ce soit. Tout le crédit que vous pouvez avoir est inutile à mon égard. Je n'espère rien du monde, je n'en appréhende rien, je n'en veux rien; je n'ai besoin, par la Grâce de

---

[a] « Autre » est omis dans le texte in-12.

LETTRE XVII. 205

Dieu, ni du Bien, ni de l'Autorité de personne[1]. Ainsi, mon père, j'échappe à toutes vos prises. Vous ne me sauriez prendre[a] de quelque côté que vous le tentiez. Vous pouvez bien toucher le Port-Royal, mais non pas moi. On a bien délogé des gens de Sorbonne, mais cela ne me déloge pas de chez moi. Vous pouvez bien préparer des Violences contre des Prêtres et des Docteurs, mais non pas contre moi, qui n'ai point ces qualités. Et ainsi peut-être n'eûtes-vous jamais affaire à une personne qui fût si hors de vos atteintes, et si propre à combattre vos erreurs, étant libre, sans engagement, sans attachement, sans liaison, sans relations, sans affaires ; assez instruit de vos maximes, et bien résolu de les pousser autant que je croirai que Dieu m'y engagera, sans qu'aucune considération humaine puisse arrêter ni ralentir mes poursuites.

A quoi vous sert-il donc, mon père, lorsque vous ne pouvez rien contre moi, de publier tant de Calomnies contre des personnes qui ne sont point mêlées dans nos différends,

---

[a] Textes in-4° et in-12 : « vous ne *pouvez me saisir* », au lieu de : « vous ne *me sauriez prendre* », qui est la leçon in-8°.

---

1.   L'indépendance sied très bien
        A ceux qui n'ont besoin de rien.

Depuis sa conversion, Pascal n'avait besoin de rien. Il exprime avec éloquence un état de l'âme qu'il a acquis récemment. Il est indépendant du côté des Sciences qu'il a reniées, du côté de l'Ambition et du côté du Monde qui ne lui ont pas donné ce qu'ils lui avaient promis. Son Christianisme est chez lui l'expression latente de cet affranchissement des intérêts et des passions du dehors. Il est même indépendant de Port-Royal, à qui il donne et dont il ne reçoit pas, la main qui donne étant au-dessus de celle qui reçoit. La part qu'il prend aux querelles religieuses du temps est pourtant un dernier assujettissement. Les Solitaires des premiers âges de notre ère n'en auraient pas voulu tel qu'il est, et d'esprit sinon de corps, car ses infirmités l'en empêchent, il fut sans doute l'homme le plus libre qui ait vécu au XVIIe siècle. Le Mysticisme lui-même ne lui était pas un joug : il lui servait de manteau contre les intempéries de l'air extérieur.

comme font tous vos Pères? Vous n'échapperez pas par ces fuites ; vous sentirez la force de la Vérité que je vous oppose^a. Je vous dis que vous anéantissez la Morale chrétienne en la séparant de l'Amour de Dieu, dont vous dispensez les hommes ; et vous me parlez de *la mort du père Mester*, que je n'ai vu de ma vie. Je vous dis que vos Auteurs permettent de tuer pour une pomme, quand il est honteux de la laisser perdre ; et vous me dites « qu'on a ouvert un tronc à Saint-Merri [b] ». Que voulez-vous dire de même, de me prendre tous les jours à partie sur le Livre *De la Sainte-Virginité* [1], fait par un père de l'Oratoire que

---

[a] Variante du Manuscrit Autographe des *Pensées* (Faugère, t. Ier, p. 307) : « vous sentirez la force de la Vérité et vous lui céderez ».
[b] Note du Manuscrit Autographe des *Pensées* (voir Faugère, t. Ier, p. 311) : « on ouvriroit tous les troncs de Saint-Merri sans que vous en fussiez moins innocents ».

---

1. C'est une traduction de saint Augustin, dont l'Auteur était le père Claude Séguenot, prêtre de l'Oratoire. La première édition est de 1638. Elle fut désavouée par M. de Gondren, général de l'Oratoire, et censurée par la Sorbonne. Ce sont les notes du Livre que la Sorbonne censura, et ces notes, aurait déclaré M. de Gondren au cardinal de Richelieu, étaient de Saint-Cyran, et auraient été insérées à l'insu du traducteur, ce qui est une défaite de celui-ci. Ces notes servirent de prétexte à l'arrestation de Saint-Cyran. C'était une manœuvre de Richelieu. Le roi Louis XIII avait lu l'ouvrage et, à propos d'un trait sur l'Amour de Dieu dans la Contrition, il lui aurait échappé : — Mon bon homme (le père Caussin, confesseur du roi, chassé par Richelieu) me le disoit bien aussi. — Le mot fut rapporté à Richelieu, fort ombrageux du côté du Roi. « Il hâta, d'une part (voir Sainte-Beuve, *Port-Royal*, t. Ier, p. 487 de la 4e édition), la condamnation du livre *Sur la Virginité*, déjà déféré en Sorbonne; de l'autre, il fit venir le P. de Gondren, général de l'Oratoire, et le pressa de questions sur le père Séguenot, alors à Saumur : Si ce père était seul l'Auteur de ce livre? quelles étaient ses liaisons, ses accointances de doctrine et de personnes? Le père de Gondren, pour couvrir quelqu'un de sa congrégation, et peut-être aussi pour aller au-devant de quelque pensée mal dissimulée du cardinal, eut la faiblesse de nommer M. de Saint-Cyran, qu'il supposait, disait-il, devoir connaître le père Séguenot par l'intermédiaire d'un ami commun (le père Maignard, également de l'Oratoire). Sur cette conjecture toute chimérique, il n'hésita pas à lui supposer la suggestion d'un livre qui, à part un ou deux hasards de rencontre, dans son ensemble bizarre et semi-

LETTRE XVII.   207

je ne vis jamais, non plus que son Livre? je vous admire, mon père, de considérer ainsi tous ceux qui vous sont contraires comme une seule personne. Votre haine les embrasse tous ensemble, et en forme comme un Corps de Réprouvés, dont vous voulez que chacun réponde pour les autres.

Il y a bien de la différence entre les Jésuites et ceux qui les combattent. Vous composez véritablement un Corps uni sous un seul chef ; et vos règles, comme je l'ai fait voir, vous défendent de rien imprimer sans l'aveu de vos Supérieurs, qui sont rendus responsables des erreurs de tous les particuliers, « sans qu'ils puissent s'excuser en disant qu'ils n'ont pas remarqué les erreurs qui y sont enseignées, parce qu'ils les doivent remarquer » selon vos ordonnances, et selon les Lettres de vos Généraux Aquaviva, Vittelleschi, etc. C'est donc avec raison qu'on vous reproche les égarements de vos confrères, qui se trouvent dans leurs ouvrages approuvés par vos Supérieurs et par les Théologiens de votre Compagnie. Mais quant à moi, mon père, il en faut juger autrement. Je n'ai pas souscrit le Livre *De la Sainte-Virginité*. On ouvriroit tous les troncs de Paris sans que j'en fusse moins catholique. Et enfin je vous déclare hautement et nettement que personne ne répond de mes

---

gnostique, répugnait plus que tout à la doctrine mâle et chaste de Port-Royal. » Saint-Cyran fut mis à Vincennes, et Séguenot à la Bastille. L'un et l'autre ne furent relâchés qu'après la mort de Richelieu.

Gondren refusa de témoigner contre Saint-Cyran, mais leur liaison fut rompue. On demandait à Saint-Cyran la véritable raison de cette rupture, rupture évidemment étrangère à l'affaire Séguenot : « Cela vient, dit Saint-Cyran, de ce que je lui (à Gondren) ai demandé en quelle conscience il peut donner l'absolution à Monsieur, qui passe sa vie dans des habitudes criminelles, et aussi de ce que j'ai soutenu que le mariage de Monsieur étoit indissoluble, et lui ai dit que je ne comprenois pas les raisons qu'il avoit d'en juger autrement. » C'est toujours la même chose : Saint-Cyran, Pascal et Port-Royal refusent de capituler, d'accommoder le Christianisme, comme les Casuistes, aux passions et aux vices des gens du monde.

Lettres que moi, et que je ne réponds de rien que de mes Lettres.

Je pourrois en demeurer là, mon père, sans parler de ces autres personnes que vous traitez d'Hérétiques pour me comprendre dans cette accusation. Mais, comme j'en suis l'occasion, je me trouve engagé en quelque sorte à me servir de cette même occasion pour en tirer trois avantages : car c'en est un bien considérable de faire paroître l'innocence de tant de personnes calomniées ; c'en est un autre, et bien propre à mon sujet, de montrer toujours les artifices de votre Politique dans cette accusation. Mais celui que j'estime le plus est que j'apprendrai par-là à tout le monde la fausseté de ce bruit scandaleux que vous semez de tous les côtés, « que l'Église est divisée par une Nouvelle Hérésie ». Et comme vous abusez d'une infinité de personnes en leur faisant accroire que les points sur lesquels vous essayez d'exciter un si grand orage sont essentiels à la Foi, je trouve d'une extrême importance de détruire ces fausses impressions, et d'expliquer ici nettement en quoi ils consistent, pour montrer qu'en effet il n'y a point d'Hérétiques dans l'Église.

Car n'est-il pas vrai[a] que, si l'on demande en quoi consiste l'Hérésie de ceux que vous appelez Jansénistes, on répondra incontinent que c'est en ce que ces gens-là disent « que les Commandements de Dieu sont impossibles ; qu'on ne peut résister à la Grâce, et qu'on n'a pas la Liberté de faire le Bien et le Mal ; que Jésus-Christ n'est pas mort pour tous les hommes, mais seulement pour les Prédestinés et enfin, qu'ils soutiennent les Cinq Propositions condamnées par le Pape ? » Ne faites-vous pas entendre que c'est pour

---

[a] « N'est-il pas *vrai* » est la leçon in-8°, qui corrige les leçons in-4°, et in-12 portant : « n'est-il pas *véritable* ».

LETTRE XVII.

ce sujet que vous persécutez vos Adversaires? N'est-ce pas ce que vous dites dans vos Livres, dans vos Entretiens, dans vos Catéchismes, comme vous fîtes encore les fêtes de Noël à Saint-Louis, en demandant à une de vos petites bergères : « Pour qui est venu Jésus-Christ, ma fille? Pour tous les hommes, mon père. — Eh quoi! ma fille, vous n'êtes donc pas de ces nouveaux Hérétiques qui disent qu'il n'est venu que pour les Prédestinés ». Les enfants vous croient là-dessus, et plusieurs autres aussi; car vous les entretenez de ces mêmes fables dans vos sermons, comme votre père Crasset à Orléans, qui en a été interdit. Et je vous avoue que je vous ai cru aussi autrefois. Vous m'aviez donné cette même idée de toutes ces personnes-là. De sorte que, lorsque vous les pressiez sur ces Propositions[a], j'observois avec attention quelle seroit leur réponse ; et j'étois fort disposé à ne les voir jamais, s'ils n'eussent déclaré qu'ils y renonçoient comme à des impiétés visibles. Mais ils le firent bien hautement. Car M. de Sainte-Beuve[1],

---

[a] Textes in-4° et in-12 : « quand vous commençâtes à les accuser de tenir ces Propositions.

---

1. Sainte-Beuve (Jacques de), théologien, casuiste, gallican, janséniste modéré. Il aima mieux renoncer à sa charge de Sorbonne que de prendre part à la condamnation d'Arnauld. Il fut le maître de Nicole, le directeur de M. et de Mme de Luynes, qui étaient des notabilités du monde janséniste. Il finit par s'éloigner de Port-Royal et mourut subitement en 1677.
L'illustre critique, dont il est un ancêtre présumé, lui a consacré, dans son *Histoire de Port-Royal*, un examen étendu qui fut l'occasion d'une petite aventure littéraire. L'historien de Port-Royal n'avait pas fait l'éloge du caractère mou qui avait engagé l'ancien docteur de Sorbonne à s'éloigner de Port-Royal. Mais un membre de la famille du docteur, qui existe encore, avait répondu par un Livre : *Jacques de Sainte-Beuve, docteur de Sorbonne et professeur royal, étude d'histoire privée contenant des détails inconnus sur le Premier Jansénisme* (Paris, 1865).
Sainte-Beuve, qui avait l'épiderme sensible sous son air de bonhomie, riposta dans une note mise en appendice au tome IV de son *Histoire de Port-Royal*. « L'anonyme sous lequel l'ouvrage a été publié, écrit-il, est

professeur du roi en Sorbonne, censura dans ses Écrits publics ces Cinq Propositions longtemps avant le Pape ; et ces docteurs firent paroître plusieurs Écrits, et entre autres celui *De la Grâce victorieuse,* qu'ils produisirent en même

transparent et laisse voir plus qu'il ne cache M. de Sainte-Beuve, magistrat du tribunal de la Seine. Dans ce Livre, qui, à travers ses airs modestes, n'est pas sans de grandes prétentions, l'Auteur, en m'accordant des éloges excessifs et que je voudrais moindres, m'accuse d'avoir fait envers la mémoire de son parent une rétractation insuffisante. C'est en effet à titre de parent que M. de Sainte-Beuve intervient dans la question ; il est lui-même d'une famille de Normandie qui tient à sa noblesse ; mais il veut bien reconnaître pour parente la branche parisienne de Sainte-Beuve (je parle comme lui), qui s'était faite marchande et qui était de pure bourgeoisie. Il est étrange — pour moi, du moins — de voir avec quelle susceptibilité personnelle, quel sentiment presque fébrile d'affection ou de vanité domestique, avec quel tressaillement chatouilleux l'Auteur entre dans son sujet. Il prodigue des détails qui sont de mode aujourd'hui, mais dont la postérité n'a que faire. La maison patrimoniale des Sainte-Beuve de Paris subsiste encore, à ce qu'il paraît, dans la rue Pavée, au coin de la rue Saint-André-des-Arts, *la maison du docteur Jacques,* comme l'appelle l'Auteur. On a, grâce à lui, les actes notariés ; on a les descriptions et désignations des lieux. Passe encore, quand il s'agit de la maison de Molière ; mais on se demande pourquoi toute cette *notairerie* compliquée de sentimentalité, à propos d'un honnête docteur de Sorbonne, fils d'un huissier au Parlement. L'auteur pousse si loin le culte et la superstition à cet égard, qu'il se propose, dit-il, lorsqu'on abattra la maison, ce qui ne peut tarder, de sauver *une plaque de la cheminée* fleurdelisée, qui a dû voir souvent les pieds vénérés du Docteur, quand il les posait sur ses chenets. Il oublie de nous dire s'il ne l'encadrera pas dans son salon ».

L'ironie de Sainte-Beuve est exquise et elle qualifie un travers moderne auquel il sacrifie lui-même en s'en moquant. Sans cette réclame, insérée dans l'*Histoire de Port-Royal,* personne n'aurait entendu dire que le magistrat avait écrit un Livre. Mais Sainte-Beuve avait une petite gloire à s'accorder à lui-même. « On m'a souvent demandé à moi-même, dit-il, si j'étais parent à quelque degré du docteur Sainte-Beuve. Je l'ignore. Ma généalogie est courte et des plus simples. Né à Boulogne-sur-Mer, le 22 décembre 1804, l'année même du mariage et de la mort de mon père, je n'ai pu recevoir de lui les traditions de famille du côté paternel : je naissais orphelin. Mon père, dont le nom était *Charles-François de Sainte-Beuve,* était né au bourg de Moreuil, en Picardie, le 6 novembre 1752, d'un père qui y était contrôleur des actes. Tous ses frères et sœurs, mes oncles et tantes de ce côté, qui étaient nombreux, y naquirent également. Le nom est donc identiquement le même que celui du docteur et de ses parents

temps, où ils rejettent ces Propositions et comme Hérétiques et comme Étrangères. Car ils disent, dans la préface, « que ce sont des Propositions Hérétiques et Luthériennes, fabriquées et forgées à plaisir, qui ne se trouvent ni dans Jansénius ni dans ses défenseurs; » ce sont leurs termes. Ils se plaignent de ce qu'on les leur attribue, et vous adressent pour cela ces paroles de saint Prosper, le premier disciple de saint Augustin, leur maître, à qui les Semi-Pélagiens de France en imputèrent de pareilles pour le rendre odieux. « Il y a, dit ce Saint, des personnes qui ont une passion si aveugle de nous décrier, qu'ils en ont pris un moyen qui ruine leur propre réputation. Car ils ont fabriqué à dessein de certaines propositions pleines d'impiétés et de blasphèmes, qu'ils envoient de tous côtés pour faire croire que nous les soutenons au même sens qu'ils ont exprimé par leur Écrit. Mais on verra, par cette réponse, et notre innocence et la malice de ceux qui nous ont imputé ces impiétés, dont ils sont les uniques inventeurs[1] ».

de Normandie. Je n'en sais pas plus long, n'ayant jamais songé à faire des recherches sur ce point. Si, pour mon compte, je n'ai pas pris, ni revendiqué la particule, quoiqu'elle appartienne à mon nom de famille, c'est qu'elle a été omise par la négligence des témoins sur mon acte de naissance et que, n'étant pas noble, j'ai tenu à éviter jusqu'à l'apparence de vouloir me donner pour ce que je n'étais pas ».

On pourrait demander à l'historien de Port-Royal, pourquoi il entre dans de si minutieux détails, pourquoi il revient une vingtaine de fois sur le docteur Jacques de Sainte-Beuve, qui a joué, au XVIIe siècle, un rôle fort médiocre, dont personne ne saurait le nom, si l'*Histoire de Port-Royal* ne s'était chargée de l'envoyer à la postérité? Pourquoi s'étendre si longuement, dans une *Histoire de Port-Royal*, « au sujet d'un personnage qui n'en fait point, d'ailleurs, essentiellement partie? » On a fait comme le juge au tribunal de la Seine, dont on raille la vanité domestique; on l'a fait à meilleur droit, du reste. Les lecteurs futurs de *Port-Royal* ne seront pas fâchés de rencontrer, dans un coin de l'ouvrage, une note biographique aussi précieuse que celle où Sainte-Beuve étale son humilité en face de la suffisance d'un magistrat obscur.

1. (Resp. ad cap. obj. vinc. præf.)

En vérité, mon père, lorsque je les ouïs parler de la sorte avant la Constitution; quand je vis qu'ils la reçurent ensuite avec tout ce qui se peut de respect ; qu'ils offrirent de la souscrire, et que M. Arnauld eut déclaré tout cela, plus fortement que je ne le puis rapporter, dans toute sa Seconde Lettre, j'eusse cru pécher de douter de leur Foi. Et en effet, ceux qui avoient voulu refuser l'Absolution à leurs Amis avant la Lettre de M. Arnauld ont déclaré depuis que, après qu'ils avoient si nettement condamné ces erreurs qu'on lui imputoit, il n'y avoit aucune raison de le retrancher, ni Lui ni ses Amis, de l'Église. Mais vous n'en avez pas usé de même; et c'est pourquoi je commençai à me défier que vous agissiez avec passion.

Car, au lieu que vous les aviez menacés de leur faire signer cette Constitution quand vous pensiez qu'ils résisteroient, lorsque vous vîtes qu'ils s'y portoient d'eux-mêmes, vous n'en parlâtes plus. Et, quoiqu'il semblât que vous dussiez après cela être satisfaits de leur conduite, vous ne laissâtes pas de les traiter encore d'Hérétiques; « parce, disiez-vous, que leur cœur démentoit leur main, et qu'ils étoient Catholiques extérieurement, et Hérétiques intérieurement », comme vous-même l'avez dit dans votre Rép. à quelques demandes, p. 27 et 47[1].

Que ce procédé me parut étrange, mon père ! Car de qui n'en peut-on pas dire autant! Et quel trouble n'exciteroit-on point par ce prétexte! « Si l'on refuse, dit saint Gré-

---

1. Il est inutile de revenir là-dessus : Arnauld et Port-Royal, comme on sait, condamnaient les Cinq Propositions prises dans leur sens calviniste, dans lequel on ne les accusait pas de les admettre; mais ils leur donnaient un sens catholique, qui faisait dire au P. Annat qu'ils étaient catholiques *extérieurement* et *intérieurement* hérétiques. C'est sur cette façon intérieure ou extérieure d'être catholique qu'on versait des flots d'encre.

goire, pape, de croire la Confession de Foi de ceux qui la donnent conforme aux sentiments de l'Église, on remet en doute la Foi de toutes les personnes catholiques », *Regist. L.* V, ep. xv. Je craignis donc, mon père, « que votre dessein ne fût de rendre ces personnes Hérétiques sans qu'ils le fussent », comme parle le même Pape sur une dispute pareille de son temps ; « parce, dit-il, que ce n'est pas s'opposer aux Hérésies, mais c'est faire une Hérésie que de refuser de croire ceux qui par leur Confession témoignent d'être dans la véritable Foi : *Hoc non est hæresim purgare, sed facere* », Ep. xvi. Mais je connus en vérité qu'il n'y avoit point en effet d'Hérétiques dans l'Église, quand je vis qu'ils s'étoient si bien justifiés de toutes ces Hérésies, que vous ne pûtes plus les accuser d'aucune erreur contre la Foi, et que vous en fûtes réduits à les entreprendre seulement sur des [a] Questions de Fait touchant Jansénius, qui ne pouvoient être matière d'Hérésie. Car vous les voulûtes obliger à reconnoître « que ces Propositions étoient dans Jansénius, mot à mot, toutes, et en propres termes », comme vous l'écrivîtes encore vous-mêmes [b] :

---

[a] « Les » dans les éditions in-12, au lieu de « des ».

[b] Note trouvée dans le Manuscrit Autographe des *Pensées* (voir Faugère, t. Ier, p. 308-309) : « Tout le monde déclare qu'elles le sont... (que les cinq propositions de Jansénius sont hérétiques). M. Arnauld et ses amis protestent qu'il (*sic*) les condamne en elles-mêmes, et en quelque lieu où elles se trouvent ; que si elles sont dans Jansénius, il les y condamne ; que quand même qu'elles n'y soient pas, si le sens hérétique de ces propositions que le Pape a condamné, se trouve dans Jansénius, qu'il condamne Jansénius. Mais vous n'êtes pas satisfaits de ces protestations : vous voulez qu'il assure que ces propositions sont mot à mot dans Jansénius. Il a répondu qu'il ne pouvoit pas l'assurer, ne sachant pas si cela est ; qu'il les y a cherchées et une infinité d'autres sans jamais les y trouver. Ils vous ont prié vous et tous les vôtres de citer en quelles pages elles sont ; jamais personne ne l'a fait. Et vous voulez néanmoins le retrancher de l'Église sur ce refus, quoiqu'il condamne tout ce qu'elle condamne, par cette seule raison qu'il n'assure pas que des paroles ou un sens, est dans un Livre où il ne l'a jamais trouvé et où personne ne le lui veut montrer. En vérité, mon père, ce prétexte est si vain, qu'il n'y eut peut-être jamais dans l'Église de procédé si étrange, si injuste et si téméraire que...

L'Église peut bien obliger... (barré.)

Il ne faut pas être Théologien pour voir que leur Hérésie ne consiste que dans

Singulares, individuœ, totidem verbis apud Jansenium contentœ, dans vos *Cavilli*, p. 39[1].

Dès lors votre dispute commença à me devenir indifférente. Quand je croyois que vous disputiez de la vérité ou de la fausseté des Propositions, je vous écoutois avec attention ; car cela touchoit la Foi : mais, quand je vis que vous ne disputiez plus que pour savoir si elles étoit *mot à mot* dans Jansénius ou non, comme la Religion n'y étoit plus intéressée, je ne m'y intéressois plus aussi. Ce n'est pas qu'il n'y eût bien de l'apparence que vous disiez vrai : car de dire que des paroles sont *mot à mot* dans un Auteur, c'est à quoi l'on ne peut se méprendre. Aussi je ne m'étonne pas que tant de personnes, et en France et à Rome, aient cru, sur une expression si peu suspecte, que Jansénius les avoit enseignées en effet. Et c'est pourquoi je ne fus pas peu surpris d'apprendre que ce même Point de

l'opposition qu'ils (les Jansénistes) vous font. Je l'éprouve en moi-même et on en voit l'épreuve générale en tous ceux qui vous ont attaqués.

Les curés de Rouen, Jansénistes.

Vous croyez vos desseins si honnêtes, que vous en faites matière de vœu.

Il y a deux ans que leur Hérésie (celle des Jansénistes) étoit la Bulle ; l'année passée, c'étoit l'Intérieur ; il y a six mois que c'étoit *totidem* (le mot à mot) ; à présent, c'est le Sens.

Ne vois-je pas bien que vous ne voulez que les rendre hérétiques ? — Saint Sacrement.

Je vous ai querellé en parlant pour les autres. Vous êtes bien ridicules de faire du bruit pour les Propositions. Ce n'est rien.

Il faut qu'on l'entende. »

---

1. Titre complet des *Cavilli* (bouffonneries) du père Annat : *Janseniorum Cavilli contra latam in ipsos a sede apostolica sententiam* (1654). Le jésuite y examine si les Cinq Propositions ont été fabriquées par les Docteurs de Sorbonne ou extraites de Jansénius, en quel sens elles ont été condamnées. Il déclare que le Souverain Pontife n'a pas entendu juger la Doctrine de saint Augustin, encore moins toucher à la question de la Grâce, que, depuis, en effet, le Saint-Siège a défendu d'agiter dans les Écoles et dans les Livres de controverse. Ce que le père Annat évite avec soin de dire, c'est que le texte des Cinq Propositions n'est pas dans l'*Augustinus* de Jansénius, quoiqu'elles soient le fond du Livre, au jugement de Bossuet, qui s'y connaissait, mais que sa prudence ordinaire a empêché de traiter le sujet.

Fait^a que vous aviez proposé comme si certain et si important étoit faux, et qu'on vous défia de citer les pages de Jansénius où vous aviez trouvé ces Propositions *mot à mot*, sans que vous l'ayez jamais pu faire^b.

Je rapporte toute cette suite parce qu'il me semble que cela découvre assez l'Esprit de votre Société en toute cette affaire, et qu'on admirera de voir que, malgré tout ce que je viens de dire, vous n'ayez pas cessé de publier qu'ils étoient toujours Hérétiques. Mais vous avez seulement changé leur Hérésie selon le temps. Car, à mesure qu'ils se justifioient de l'une, vos Pères en substituoient une autre, afin qu'ils n'en fussent jamais exempts. Ainsi, en 1653, leur Hérésie étoit sur la qualité des Propositions. Ensuite elle fut sur le *mot à mot*. Depuis vous la mîtes dans le cœur. Mais aujourd'hui on ne parle plus de tout cela; et l'on veut qu'ils soient Hérétiques, s'ils ne signent « que le sens de la Doctrine de Jansénius se trouve dans le sens de ces Cinq Propositions [1].

---

^a Textes in-4º et in-12 : « que ce Point de Fait même ».

^b Extrait du Manuscrit Autographe des *Pensées* (voir l'édit. Faugère, t. Ier, p. 311) :

« Le Pape n'a pas condamné deux choses. Il n'a condamné que le sens des Propositions. Direz-vous qu'il ne l'a pas condamné ? Mais le sens de Jansénius y est enfermé, dit le Pape ? Je vois bien que le Pape le pense à cause de vos *totidem*. Mais il ne l'a pas dit sur peine d'excommunication.

« Comment ne l'eût-il pas cru et les Évêques de France aussi ? Vous le disiez *totidem* et ils ne savoient pas que vous êtes en pouvoir de le dire encore que cela ne fût pas. Imposteurs, on n'avoit pas vu ma Quinzième Lettre.

« Comment le sens de Jansénius seroit-il dans des Propositions qui ne sont point de lui?

« Ou cela est dans Jansénius, ou non. Si cela y est, le voilà condamné en cela ; sinon pourquoi les voulez-vous faire condamner ?

« Que l'on condamne seulement une de vos Propositions du père Escobar, j'irai porter d'une main Escobar, de l'autre la censure et j'en ferai un argument en forme ».

---

1. Au point de vue historique, c'est à peu près le contraire qui eut lieu. Port-Royal, après Jansénius, professe d'abord le sens des Cinq Propositions. On condamne le sens : il se réfugie dans le Fait et comme le Fait manquait de forme et de précision, attendu qu'il n'était pas textuel dans l'*Augustinus*, mais dispersé dans la Doctrine générale du Livre, on était à l'aise pour se défendre.

Voilà le sujet de votre dispute présente. Il ne vous suffit pas qu'ils condamnent les Cinq Propositions, et encore tout ce qu'il y auroit dans Jansénius qui pourroit y être conforme et contraire à saint Augustin; car ils font tout cela. De sorte qu'il n'est pas question de savoir, par exemple, « si Jésus-Christ n'est mort que pour les Prédestinés »; ils condamnent cela aussi bien que vous, mais si Jansénius est de ce sentiment-là, oui ou non. Et c'est sur quoi je vous déclare plus que jamais que votre dispute me touche peu, comme elle touche peu l'Église. Car, encore que je ne sois pas docteur non plus que vous, mon père, je vois bien néanmoins qu'il n'y va point de la Foi, puisqu'il n'est question que de savoir quel est le sens de Jansénius. S'ils croyoient que sa Doctrine fût conforme au sens propre et littéral de ces Propositions, ils la condamneroient; et ils ne refusent de le faire que parce qu'ils sont persuadés qu'elle en est bien différente; ainsi, quand ils l'entendroient mal, ils ne seroient pas Hérétiques, puisqu'ils ne l'entendent qu'en un sens catholique.

Et, pour expliquer cela par un exemple, je prendrai la diversité de sentiments qui fut entre saint Basile et saint Athanase touchant les Écrits de saint Denis d'Alexandrie, dans lesquels saint Basile, croyant trouver le sens d'Arius contre l'Égalité du père et du fils, il les condamna comme Hérétiques : mais saint Athanase, au contraire, y croyant trouver le véritable sens de l'Église, il les soutint comme Catholiques. Pensez-vous donc, mon père, que saint Basile, qui tenoit ces Écrits pour Ariens, eût droit de traiter saint Athanase d'Hérétique, parce qu'il les défendoit? Et quel sujet en eût-il eu, puisque ce n'étoit pas l'Arianisme qu'Athanase [a]

---

[a] Tous les textes du temps ont « qu'il », quelques exemplaires in-4º : « qu'il y »; « qu'Athanase » est une leçon moderne destinée à faire disparaître l'amphibologie du sens.

défendoit, mais la Vérité de la Foi qu'il pensoit y être? Si ces deux saints fussent convenus du véritable sens de ces Écrits, et qu'ils y eussent tous deux reconnu cette Hérésie, sans doute saint Athanase n'eût pu les approuver sans Hérésie : mais, comme ils étoient en différend touchant ce sens, saint Athanase étoit catholique en les soutenant, quand même il les eût mal entendus ; puisque ce n'eût été qu'une erreur de Fait, et qu'il ne défendoit dans cette Doctrine que la Foi catholique qu'il y supposoit.

Je vous en dis de même, mon père. Si vous conveniez du sens de Jansénius, et que vos Adversaires fussent d'accord avec vous[a] qu'il tient, par exemple, *qu'on ne peut résister à la Grâce*, ceux qui refuseroient de le condamner seroient Hérétiques. Mais lorsque vous disputez de son sens, et qu'ils croient que, selon sa Doctrine, *on peut résister à la Grâce*, vous n'avez aucun sujet de les traiter d'Hérétiques, quelque Hérésie que vous lui attribuiez vous-même, puisqu'ils condamnent le sens que vous y supposez, et que vous n'oseriez condamner le sens qu'ils y supposent. Si vous voulez donc les convaincre, montrez que le sens qu'ils attribuent à Jansénius est Hérétique ; car alors ils le seront eux-mêmes. Mais comment le pourriez-vous faire, puisqu'il est constant, selon votre propre aveu, que celui qu'ils lui donnent n'est point condamné[1] ?

---

[a] Textes in-4° et in-12 : « qu'ils fussent d'accord avec vous », au lieu de : « que vos adversaires fussent d'accord avec vous ».

---

1. Non, mais il est suspect. On reconnaissait avec les Jansénistes que « la Grâce efficace par elle-même » des Thomistes n'avait pas été condamnée et ne pouvait pas l'être par respect de la Doctrine de saint Thomas. Ils admettaient, contrairement à l'opinion de Calvin, qu' « on a le pouvoir » de résister à la Grâce. Il est vrai qu'ils sous-entendaient « le pouvoir absolu, c'est-à-dire théorique et non le pouvoir relatif » ou pratique, le seul qui fût en cause.

Pour vous le montrer clairement, je prendrai pour principe ce que vous reconnoissez vous-même, « que la Doctrine de la Grâce efficace n'a point été condamnée, et que le Pape n'y a point touché par sa Constitution ». Et en effet, quand il voulut juger des Cinq Propositions, le point de la Grâce efficace fut mis à couvert de toute censure. C'est ce qui paroît parfaitement par les avis des Consulteurs auxquels le Pape les donna à examiner. J'ai ces avis entre mes mains, aussi bien que plusieurs personnes dans Paris, et entre autres M. l'évêque de Montpellier[1], qui les apporta de Rome. On y voit que leurs opinions furent partagées, et que les principaux d'entre eux, comme le Maître du sacré palais, le commissaire du Saint-office, le Général des Augustins, et d'autres, croyant que ces Propositions pouvoient être prises au sens de la Grâce efficace, furent d'avis qu'elles ne devoient point être censurées; au lieu que les autres, demeurant d'accord qu'elles n'eussent pas dû être condamnées si elles eussent eu ce sens, estimèrent qu'elles le devoient être, parce que selon ce qu'ils déclarent, leur sens propre et naturel en étoit très éloigné. Et c'est pourquoi le Pape les condamna; et tout le monde s'est rendu à son jugement.

Il est donc sûr, mon père, que la Grâce efficace n'a point été condamnée. Aussi est-elle si puissamment soutenue par saint Augustin, par saint Thomas et toute son École, par tant de Papes et de Conciles, et par toute la Tradition, que ce seroit une impiété de la taxer d'Hérésie. Or tous ceux que vous traitez d'Hérétiques déclarent qu'ils ne trouvent autre chose dans Jansénius que cette Doctrine de la Grâce efficace; et c'est la seule chose qu'ils ont soutenue

---

1. François du Bosquet, d'abord évêque de Lodève, nommé en 1655 évêque de Montpellier, mort en 1676.

dans Rome. Vous-même l'avez reconnu, *Cavill.*, p. 35, où vous avez déclaré « qu'en parlant devant le Pape ils ne dirent aucun mot des Propositions, *ne verbum quidem*, et qu'ils employèrent tout le temps à parler de la Grâce efficace[1] ». Et ainsi, soit qu'ils se trompent ou non dans cette

1. Le *ne verbum quidem* ne se trouve pas à la page 35 des *Cavilli*. Texte du père Annat : « Quum dicturi essent de quinque propositionibus, cœperunt dicere de Jesuitis, ducto ab illis verbis exordio : *Semi pelagiana jesuitarum societas;* tenuitque duas horas invectiva, pugnante in omnium auditorum animis cum indignatione patientia. Satiram illam excepit effusam in commendationem sancti Augustini et gratiæ per seipsam efficacis oratio, de quibus nulla erat controversia ; et post longa quatuor circiter horarum fastidia, compertum est nondum cœpisse dicere *de tribus capellis*. »
« Ayant à parler des Cinq Propositions, ils commencèrent à traiter des Jésuites en partant de ce point que *la Société de Jésus était semi-pélagienne.* Leur invective dura deux heures, tenant en échec l'indignation des assistants. A leur satire succéda l'éloge de saint Augustin et de la Grâce efficace par elle-même, ce qui n'était pas en cause ; et après quatre heures d'ennuis, ils n'avaient pas abordé l'affaire des trois chapitres. »
Le père Annat et les Jésuites s'attachaient à démontrer que la *Grâce efficace* n'était pas en cause. Elle constitue, au contraire, toute la Doctrine de Jansénius. Les députés Jansénistes étaient au cœur de la question ; c'est parce que les Jésuites n'en admettaient pas les effets qu'ils étaient à juste titre considérés comme Semi-Pélagiens. Ils l'étaient en Théologie comme en Morale ; en Théologie comme en Morale, ils s'efforcent de concilier le Christianisme avec les opinions courantes ; saint Augustin ni saint Paul ne leur importent plus que l'Évangile. Certes, ils n'osent pas dire de saint Paul ce qu'ils disent dans leurs chaires, quand on leur objecte le sentiment de saint Augustin : *transeat Augustinus*, mais ils en ont le même mépris. Cependant on finit par comprendre, en haut lieu, ce qu'avaient de cynique ces injures continuelles prodiguées à saint Augustin et derrière lui à saint Paul, l'un des deux fondateurs du Christianisme, et au point de vue purement théologique, le plus grand homme qu'il y ait jamais eu dans l'Église. C'est pourquoi la question de la Grâce, c'est-à-dire de l'Intervention de la Providence dans la vie, et la Direction de la Volonté, a été mise en interdit.
Au fort de la querelle sur la Grâce et le Libre Arbitre engagée par Calvin, saint François de Sales avait déjà la conviction profonde des dangers contenus dans la discussion du problème, et il l'esquive avec la dextérité qui fut sa qualité maîtresse : « Son *Traité de l'Amour de Dieu*, raconte Camus, l'ami du Saint, est une pièce fort étudiée et laborieuse, quoique rien n'y paroisse de travaillé, beaucoup moins de forcé, parce qu'il escrivoit avec une clarté et un jugement à ravir. Une fois, il lui arriva de me dire

supposition, il est au moins sans doute que le sens qu'ils supposent n'est point Hérétique, et que par conséquent ils

que quatorze lignes de ce Livre-là lui avoient causé la lecture de plus de douze cents pages de grand volume, c'est-à-dire en feuilles (in-folio). Ma curiosité me porta aussi tost à lui demander où elles étoient : mais il destourna ce propos destrement, me disant que je cognoistrois par là la foiblesse et pesanteur de son esprit. Nous parlions alors de la Grâce efficace; et il me renvoya au *Théotime*[1] pour y apprendre son sentiment : je lui dis que je m'efforçois de le suivre, mais que je ne l'y pouvois attraper : ce qui me laisse une conjecture que c'estoit cette matière qui l'avoit si fort porté à la lecture ». Eh bien ! oui. Luther et Calvin avaient levé ce lièvre de la Grâce qui courait si fort depuis un siècle dans l'Église. Ils avaient tous les deux mis les pieds dans le plat avec l'audace et l'irresponsabilité qui les distinguent. Luther avait dit crûment que l'homme est libre comme un cheval dans les jambes de son cavalier, Calvin que Dieu est en nous l'auteur « du vouloir et du faire ». C'étaient les propres expressions de saint Paul. Le Semi-Pélagianisme, réinstallé par les Jésuites et les Théologiens du xvie siècle au cœur de l'Église, ne pouvait décemment écarter saint Paul et saint Augustin. Saint-Cyran, Port-Royal, Pascal, Jansénius avaient repris saint Paul et saint Augustin. Afin de lutter contre le courant semi-pélagien et rationaliste introduit dans l'Église, ils avaient dû inventer une langue bizarre et obscure, *Grâce efficace, Grâce suffisante, pouvoir prochain, pouvoir éloigné, pouvoir absolu, pouvoir relatif*. Il y avait la Prédestination et la Providence à mettre d'accord avec le Libre-Arbitre. On s'était perdu dans une terminologie ridicule à laquelle les non-initiés ne comprenaient pas un mot. De là Jansénisme, Hérésie, accusation de Calvinisme, repoussée, objectée de nouveau. Il y avait hypocrisie de part et d'autre. Le tout signifiait qu'on était sorti du Christianisme, qu'on l'entendait encore, mais qu'on ne le jugeait plus compatible dans son intégrité avec l'état présent de la civilisation ; et il a fallu finir par où on aurait dû commencer, par le silence, par l'interdit mis sur la double question de la Grâce et du Libre Arbitre.

La paix une fois imposée, Bossuet se décide à intervenir (*Traités du Libre Arbitre et de la Concupiscence*, 1 vol. in-12, 1731), mais d'une manière discrète. Il se tient volontiers dans les nuages. Encore ne publie-t-il pas son ouvrage de son vivant. Eh ! oui, dit Bossuet ; le Libre Arbitre existe, mais son ennemi est la Concupiscence, c'est-à-dire le monde. C'est bien pourquoi les Jésuites Semi-Pélagiens et serviteurs de la Concupiscence de leur clientèle mondaine sont acharnés contre la Grâce de saint Paul, de saint Augustin, de Saint-Cyran, de Pascal, de Port-Royal, parce qu'elle met dans un état d'esprit qui n'est ni mondain ni confesseur des Grands, de ceux que Pascal définit « les hommes de chair ».

---

1. *Traité de l'Amour de Dieu*.

ne le sont point. Car, pour dire la chose en deux mots, ou Jansénius n'a enseigné que la Grâce efficace, et en ce cas il n'a point d'erreur; ou il a enseigné autre chose, et en ce cas il n'a point de défenseurs. Toute la question est donc de savoir si Jansénius a enseigné en effet autre chose que la Grâce efficace; et, si l'on trouve que oui, vous aurez la gloire de l'avoir mieux entendu : mais ils n'auront point le malheur d'avoir erré dans la Foi[1].

Il faut donc louer Dieu, mon père, de ce qu'il n'y a point en effet d'Hérésie dans l'Église, puisqu'il ne s'agit en cela que d'un Point de Fait qui n'en peut former; car l'Église décide les Points de la Foi avec une autorité divine, et elle retranche de son Corps tous ceux qui refusent de les recevoir. Mais elle n'en use pas de même pour les Choses de Fait; et la raison en est que notre salut est attaché à la Foi qui nous a été révélée, et qui se conserve dans l'Église par la Tradition, mais qu'il ne dépend point des autres Faits particuliers qui n'ont point été révélés de Dieu. Ainsi on est obligé de croire que les Commandements de Dieu ne sont pas impossibles; mais on n'est pas obligé de savoir ce que Jansénius a enseigné sur ce sujet. C'est pourquoi Dieu conduit l'Église, dans la détermination des Points de la Foi, par l'assistance de son esprit, qui ne peut errer; au lieu que, dans les Choses de Fait, il a laissé agir par les sens et par la raison, qui en sont naturellement les juges : car il n'y a que Dieu qui ait pu instruire l'Église de la Foi. Mais il n'y a qu'à lire Jansénius pour savoir si les Propositions sont dans son Livre; et de là vient que c'est une Hé-

---

1. Pascal louvoie. Il sait parfaitement à quoi s'en tenir sur le fond. Il l'écarte dans l'intérêt de l'Unité, le désir de ne point sortir de l'Unité étant un parti pris chez les Jansénistes. C'est de la politique de controverse. Quand il sera sorti de la controverse, revenu à Saint-Cyran, et qu'il écrira les *Pensées,* il ne s'arrêtera plus à ces misères de polémiste.

résie de résister aux Décisions de Foi, parce que c'est opposer son Esprit propre à l'Esprit de Dieu. Mais ce n'est pas une Hérésie, quoique ce puisse être une témérité, que de ne pas croire certains Faits particuliers, parce que ce n'est qu'opposer la raison, qui peut êre claire, à une autorité qui est grande, mais qui en cela n'est pas infaillible.

C'est ce que tous les Théologiens reconnoissent, comme il paroît par cette maxime du cardinal Bellarmin, de votre Société : « Les Conciles généraux et légitimes ne peuvent errer en définissant les Dogmes de la Foi ; mais ils peuvent errer en des Questions de Fait, » *De sum. Potent.*, lib. IV, c. XI. Et ailleurs : « Le Pape, comme Pape, et même à la tête d'un Concile universel, peut errer dans les Controverses particulières de Fait, qui dépendent principalement de l'information et du témoignage des hommes[1] », C. 2. Et le

---

1. Bellarmin est une autorité qui a disparu, sauf en Théologie. A l'époque des *Provinciales*, l'autorité de Bellarmin n'avait rien perdu de son poids. Elle était respectée et admise de tout le monde, hors de l'Église, comme dans l'Église, grâce à l'habileté, au savoir, à l'expérience, au rôle important joué par ce personnage, grâce aussi à la modération de caractère qui faisait dire à cet éminent homme d'État qu'une once de paix valait mieux qu'une livre de victoire. Bellarmin, né dans la patrie de Machiavel, à Monte-Pulciano, et de cette forte race florentine des Médicis et des Guicciardini, jésuite de plus, était un nom à invoquer contre les siens dans une circonstance où son crédit ne pouvait être contesté. Mais il a beaucoup écrit et dans des cas fort différents. Il est comme Bossuet et comme d'autres grands maîtres dans l'art de la controverse, — les controversistes ont été dans l'Église pendant de longs siècles ce que sont aujourd'hui les publicistes et les hommes de tribune dans la discussion des intérêts politiques — de ceux qu'il est aisé de mettre en contradiction avec eux-mêmes. Les citations de Pascal sont exactes ; mais, même dans les Questions de Fait, il y a d'autres passages où Bellarmin professe une opinion opposée : « Si nous détruisons, dit-il (*De Sacram.* lib. II, c. 25), l'autorité de l'Église présente et du Concile présent, on pourra révoquer en doute les Décrets de tous les autres Conciles et toute la Foi chrétienne..... car la certitude de tous les anciens Conciles et de tous les dogmes dépend de l'Église présente, puisque nous n'avons aucun autre témoignage infaillible qui assure ni que ces Conciles se soient assemblés, ni qu'ils aient été légitimes, ni

cardinal Baronius[1] de même : « Il faut se soumettre entièrement aux décisions des Conciles dans les Points de Foi; mais, pour ce qui concerne les Personnes et leurs Écrits, les Censures qui en ont été faites ne se trouvent pas avoir été gardées avec tant de rigueur, parce qu'il n'y a personne à qui il ne puisse arriver d'y être trompé, » *Adm.* 681, n. 39. C'est aussi pour cette raison que M. l'archevêque de Toulouse[2] a tiré cette règle de deux grands papes, saint Léon et Pélage II : « Que le propre objet des Conciles est la Foi, et tout ce qui s'y résout hors de la Foi peut être revu et examiné de nouveau; au lieu qu'on ne doit plus examiner ce qui a été décidé en matière de Foi, parce que, comme dit Tertullien, la Règle de la Foi est seule immobile et irrétractable. »

qu'ils aient pris telle ou telle décision, que celui de l'Église, qui subsiste maintenant, et qui peut se tromper, laquelle le croit et l'enseigne ainsi. Quoique certains historiens aient fait mention de ces Conciles, leurs témoignages ne peuvent fonder qu'une foi humaine, qui peut se trouver fausse. »

1. Baronius jouissait d'une autorité égale à celle de Bellarmin. Il avait été jésuite et cardinal, comme Bellarmin. L'argument devait toucher particulièrement les Jésuites. On objectait que Baronius comme Bellarmin ne visait que des Faits *personnels*, c'est-à-dire les erreurs possibles commises par une seule personne, par opposition aux Conciles et au Saint-Siège, dont les décisions sont censées avoir un caractère collectif. Le raisonnement était faux en droit : le jugement ou la décision d'une assemblée sont de même nature que ceux d'un individu. La décision collective d'une assemblée se compose d'autant de décisions personnelles qu'elle contient de membres. L'autorité de cette décision est de la même espèce. On comprend de reste les exceptions admises par Bellarmin et Baronius. Dans le monde de la controverse, les erreurs de Fait et les erreurs d'opinion étaient fréquentes. La Censure des Livres et celle des Personnes étaient organisées à Rome et dans les Facultés de Théologie, dans les Officialités précisément en vue de les redresser. On revenait souvent sur les Censures prononcées. Donc ceux qui les avaient prononcées n'étaient pas infaillibles. Les Conciles eux-mêmes redressaient les Conciles. Et puis comment édicter un jugement sans appel sur un Fait, si ce Fait vient à être démontré faux ?

2. M. de Marca (Pierre), né en Béarn (près de Pau) en 1594, mort en 1662. Il venait d'être appelé au siège de Paris, en remplacement du cardinal de Retz. Il mourut avant d'avoir pu en prendre possession.

De là vient qu'au lieu qu'on n'a jamais vu les Conciles Généraux et Légitimes contraires les uns aux autres dans les Points de Foi, « parce que, comme dit M. de Toulouse, il n'est pas seulement permis d'examiner de nouveau ce qui a été déjà décidé en matière de Foi, » on a vu quelquefois ces mêmes Conciles opposés sur des Points de Fait où il s'agissoit de l'intelligence du sens d'un Auteur, « parce que, » comme dit encore M. de Toulouse, après les Papes qu'il cite, « tout ce qui se résout dans les Conciles hors de la Foi peut être revu et examiné de nouveau. » C'est ainsi que le Quatrième et le Cinquième Concile paroissent contraires l'un à l'autre, en l'interprétation des mêmes Auteurs : et la même chose arriva entre deux Papes, sur une proposition de certains moines de Scythie ; car, après que le Pape Hormisdas l'eut condamnée en l'entendant en un mauvais sens, le Pape Jean II, son successeur, l'examinant de nouveau, et l'entendant en un bon sens, l'approuva et le déclara catholique[1]. Diriez-vous, pour cela, qu'un de ces Papes fut Hérétique ? Et ne faut-il donc pas avouer que, pourvu que l'on condamne le sens Hérétique qu'un Pape auroit supposé dans un Écrit, on n'est pas Hérétique pour ne pas condamner cet Écrit, en le prenant en un sens qu'il est certain que le Pape n'a pas condamné, puisque autrement l'un de ces deux Papes seroit tombé dans l'erreur ?

J'ai voulu, mon père, vous accoutumer à ces contrariétés qui arrivent entre les Catholiques sur des Questions

---

1. Les moines dont il s'agit proposaient d'ajouter à la formule du *Credo*, donnée par le Concile de Chalcédoine : *unum de Trinitate passum esse*. Il n'y eut pas de condamnation. La proposition fut écartée parce qu'on ne croyait pas nécessaire d'ajouter à la formule du Concile de Chalcédoine. Le pape Hormisdas se contenta de renvoyer les Moines en les traitant de brouillons. Sous Jean II, successeur d'Hormisdas, la proposition parut propre à opposer à l'Hérésie de Nestorius. Elle fut à ce titre déclarée *catholique*.

de Fait touchant l'intelligence du sens d'un Auteur, en vous montrant sur cela un Père de l'Église contre un autre, un Pape contre un Pape, et un Concile contre un Concile, pour vous mener de là à d'autres exemples d'une pareille opposition, mais plus disproportionnée ; car vous y verrez des Conciles et des Papes d'un côté, et des Jésuites de l'autre, qui s'opposeront à leurs Décisions touchant le sens d'un Auteur, sans que vous accusiez vos Confrères, je ne dis pas d'Hérésie, mais non pas même de témérité.

Vous savez bien, mon père, que les Écrits d'Origène furent condamnés par plusieurs Conciles et par plusieurs Papes, et même par le Cinquième Concile Général, comme contenant des Hérésies, et entre autres celle « de la Réconciliation des Démons au jour du Jugement. » Croyez-vous sur cela qu'il soit d'une nécessité absolue, pour être catholique, de confesser qu'Origène a tenu en effet ces erreurs, et qu'il ne suffise pas de les condamner sans les lui attribuer? Si cela étoit, que deviendroit votre père Halloix[1], qui a soutenu la pureté de la Foi d'Origène, aussi bien que plusieurs autres catholiques qui ont entrepris la même chose, comme Pic de la Mirande[2], et Genebrard[3], docteur

---

1. Halloix (Pierre), jésuite, théologien, érudit, né à Liège (Belgique) vers la fin du xvie siècle, mort à Liège en 1656. Il a soutenu l'orthodoxie d'Origène dans le Livre intitulé : *De Vita Origenis, Defensio item dogmatum ejus*. On a encore de lui : 1° *Illustrium Ecclesiæ orientalis scriptorum, qui primo Christi sæculo floruerunt, Vitæ et Documenta ;* 2° *Illustrium etc. qui II sæculo floruerunt;* 3° *Vitæ p. Camilli de Tellis, fundatoris Clericorum regularium infirmis ministrantium in Italia*. Voir sur lui Alegambe : *De Scriptoribus societatis Jesu*.

2. Pic de la Mirandole.

3. Genebrard (Gilbert), théologien, hébraïsant, controversiste, un des chefs de la Ligue, né à Riom (Auvergne), mort à Semur en 1599. Il fut disciple de Turnèbe et un des maîtres de saint François de Sales. Partisan ardent de la Ligue, ses coreligionnaires politiques lui procurèrent l'archevêché d'Aix en 1593. A Aix, il eut des déboires et se retira à Avignon, où il écrivit un pamphlet qui lui en occasionna davantage : *De Sacrarum*

de Sorbonne? Et n'est-il pas certain encore que ce même Cinquième Concile Général condamna les Écrits de Théodoret contre saint Cyrille, « comme impies, contraires à la vraie Foi, et contenant l'Hérésie Nestorienne? » Et cependant le père Sirmond, jésuite, n'a pas laissé de le défendre, et de dire, dans la vie de ce père, « que ces mêmes Écrits sont exempts de cette Hérésie Nestorienne[1]. »

Vous voyez donc, mon père, que, quand l'Église condamne des Écrits, elle y suppose une erreur qu'elle y condamne; et alors il est de Foi que cette erreur est condamnée, mais qu'il n'est pas de Foi que ces Écrits contiennent en effet l'erreur que l'Église y suppose. Je crois que cela est assez prouvé; et ainsi je finirai ces exemples par celui du pape Honorius, dont l'histoire est si connue. On sait

---

Electionum jure ad Ecclesiæ Romanæ reintegrationem. Le Livre, déféré au parlement d'Aix, fut condamné, et l'Auteur compris parmi les notabilités de la faction de la Ligue exilées par ordre d'Henri IV. On l'autorisa néanmoins à se retirer à Semur dans un couvent dont il était prieur. Il y mourut l'année suivante. On lit dans son épitaphe :

Urna capit cineres, nomen non orbe tenetur.

C'est une de ces gloires d'occasion qui naissent dans les guerres civiles et ne leur survivent pas.

Voir sur lui saint François de Sales : *Traité de l'Amour de Dieu*, l. II, ch. II.

1. Le père Sirmond fit comme le Concile de Chalcédoine : le Concile avait condamné la Doctrine et la Personne de Nestorius. Dans Théodoret, défenseur de Nestorius, il condamna les Écrits et non la Personne. L'infaillibilité des Conciles ressemble au Droit divin. On la surfait afin d'en rehausser le crédit. En réalité, l'infaillibilité des Conciles comme aujourd'hui celle du Pape, signifie simplement que, dans l'Église, comme dans l'État, il est nécessaire d'avoir un tribunal qui juge en dernier ressort. En matière civile, la Cour de cassation juge en dernier ressort. Est-ce à dire qu'elle est infaillible? Elle l'est de fait. C'est une fiction légale. Il faut bien qu'on en finisse. Il en est de même en matière de Foi. Il y faut un juge en dernier ressort. L'infaillibilité des Conciles et du Souverain Pontife est aussi une fiction juridique inventée en vue d'en finir, d'avoir la paix, qui est une bonne chose.

qu'au commencement du septième siècle, l'Église étant troublée par l'Hérésie des Monothélites[1], ce Pape, pour terminer le différend, fit un Décret qui sembloit favoriser ces Hérétiques, de sorte que plusieurs en furent scandalisés. Cela se passa néanmoins avec peu de bruit sous son pontificat : mais cinquante ans après, l'Église étant assemblée dans le Sixième Concile Général, où le pape Agathon présidoit par ses légats, ce Décret y fut déféré ; et après avoir été lu et examiné, il fut condamné comme contenant l'Hérésie des Monothélites, et brûlé en cette qualité en pleine assemblée, avec les autres Écrits de ces Hérétiques. Et cette Décision fut reçue avec tant de respect et d'uniformité dans toute l'Église, qu'elle fut confirmée ensuite par deux autres Conciles Généraux, et même par les Papes Léon II et Adrien II[a], qui vivoit deux cents ans après, sans que personne ait troublé ce consentement si universel et si paisible durant sept ou huit siècles. Cependant quelques Auteurs de ces derniers temps, et entre autres le cardinal Bellarmin, n'ont pas cru se rendre Hérétiques pour avoir soutenu, contre tant de Papes et de Conciles, que les Écrits d'Honorius sont exempts de l'erreur qu'ils avoient déclaré y être : « Parce, dit-il, que des Conciles Généraux pouvant errer dans les Questions de Fait, on peut dire en toute assurance que le Sixième Concile s'est trompé en ce Fait-là, et que, n'ayant pas bien entendu le sens des Lettres d'Hono-

---

[a] Textes in-4º et in-12 : « par les papes Léon II et *par* Adrien II », ce qui est incorrect.

---

1. Le Monothélisme était une doctrine qui admettait en Jésus-Christ deux natures distinctes, l'une divine et l'autre humaine, mais n'admettait en lui qu'une volonté, celle de la nature divine. « L'hérésie des Monothélites, qui par une bizarrerie presque inconcevable, en reconnoissant deux natures en Notre-Seigneur, n'y vouloit reconnoître qu'une seule volonté. » Bossuet, *Hist. universelle*, I, 11.

rius, il a mis à tort ce Pape au nombre des Hérétiques[1]. »
De sum. Pont., lib. IV, c. xi.

Remarquez donc bien, mon père, que ce n'est pas être Hérétique de dire que le pape Honorius ne l'étoit pas, en-

[1]. Honorius Ier, natif de Capoue, fils du consul Petronius, élu pape en 626, mort en 638. C'était un homme éminent, estimé des contemporains à cause de sa douceur et de son esprit de conciliation. L'Orient grec était troublé par l'Hérésie d'Eutychès, partisan d'une seule volonté en Jésus-Christ. L'empereur Héraclius favorisait la Doctrine d'Eutychès. Sergius, patriarche de Constantinople, soutenait les vues de l'Empereur et en écrivit au pape Honorius. Celui-ci, occupé à convertir l'Angleterre, ne voyait pas l'utilité de troubler la Chrétienté à propos d'une querelle théologique qu'il considérait comme sans importance pratique. Il acquiesça par Lettres à ce que lui demandaient Héraclius et Sergius. Le fait passa presque inaperçu. Mais quarante-trois ans après sa mort, au Sixième Concile Général, tenu à Constantinople (681), Honorius fut déclaré Hérétique comme fauteur du Monothélisme. Durant plusieurs siècles, les souverains pontifes, avant de prendre possession du Saint-Siège, furent contraints de prononcer un anathème contre les partisans d'Eutychès nominativement désignés, et notamment contre Honorius : *Auctores vero novi hæretici dogmatis, Sergium, Pyrrhum... una cum Honorio, qui gravis eorum assertionibus fomentum impendit... Simili etiam nos condemnatione percellimus anathemis.*

Au concile du Vatican (1869-1870), les adversaires de l'Infaillibilité pontificale signalèrent la condamnation de la mémoire du pape Honorius comme une preuve contre l'Infaillibilité du Pape. « La condamnation d'Honorius, disait le père Gratry, est et sera l'éternel obstacle à la Doctrine de l'Infaillibilité. » C'était une niaiserie. Si elle n'existait pas, le Concile pouvait la créer, puisqu'elle se résumait à fonder un tribunal de cassation qui n'existait pas auparavant. C'est au fond l'opinion de Bellarmin, qui essaye de justifier la mémoire d'Honorius, en déclarant qu'il s'est uniquement trompé sur une Question de Fait. « Voici, écrit-il (*De Romano Pont.*, liv. IV, chap. xi), une autre réponse qui est de Jean de Turrecremata. Il dit (lib. II, *De Ecclesia*, cap. 93) qu'il est vrai que les Pères du Sixième Concile ont condamné Honorius, mais par une fausse information, et que c'est ce qui les a trompés dans leur jugement, car encore qu'un Concile Général ne puisse point errer (émettre un jugement réformable par une autorité supérieure puisqu'il n'y en a pas), comme le Sixième n'a point effectivement erré en rendant des décrets sur les dogmes de la Foi, il peut néanmoins errer dans les Questions de Fait. Ainsi nous pouvons dire en sûreté que ces Pères ont été surpris par de faux bruits et que n'ayant pas compris les Lettres d'Honorius, ils l'ont mis sans fondement au nombre des Hérétiques. » C'est absolument la théorie de Pascal et des Jansénistes, d'ailleurs conforme au sens commun.

core que plusieurs Papes et plusieurs Conciles l'eussent déclaré, et même après l'avoir examiné. Je viens donc maintenant à notre question, et je vous permets de faire votre cause aussi bonne que vous le pourrez. Que direz-vous, mon père, pour rendre vos Adversaires Hérétiques? « Que le pape Innocent X a déclaré que l'erreur des Cinq Propositions est dans Jansénius? » Je vous laisse dire tout cela. Qu'en concluez-vous : « Que c'est être Hérétique de ne pas reconnoître que l'erreur des Cinq Propositions est dans Jansénius? » Que vous en semble-t-il, mon père? N'est-ce donc pas ici une Question de Fait de même nature que les précédentes? Le Pape a déclaré que l'erreur des Cinq Propositions est dans Jansénius, de même que ses prédécesseurs avoient déclaré que l'erreur des Nestoriens et des Monothélites étoit dans les Écrits de Théodoret et d'Honorius. Sur quoi vos Pères ont écrit qu'ils condamnent bien ces Hérésies, mais qu'ils ne demeurent pas d'accord que ces Auteurs les aient tenues : de même que vos Adversaires disent aujourd'hui qu'ils condamnent bien ces Cinq Propositions, mais qu'ils ne sont pas d'accord que Jansénius les ait enseignées. En vérité, mon père, ces cas-là sont bien semblables : et s'il s'y trouve quelque différence, il est aisé de voir combien elle est à l'avantage de la question présente, par la comparaison de plusieurs circonstances particulières qui sont visibles d'elles-mêmes, et que je ne m'arrête pas à rapporter. D'où vient donc, mon père, que, dans une même cause, vos Pères sont Catholiques, et vos Adversaires Hérétiques? Et par quelle étrange exception les privez-vous d'une liberté que vous donnez à tout le reste des Fidèles?

Que direz-vous sur cela, mon père? « Que le Pape a confirmé sa Constitution par un Bref? » Je vous répondrai que Deux Conciles Généraux et deux Papes ont confirmé la condamnation des Lettres d'Honorius. Mais quel fond prétendez-vous faire sur les paroles de ce Bref par lesquelles le Pape déclare « qu'il a condamné la Doctrine de Jansénius dans ces Cinq Propositions? » Qu'est-ce que cela ajoute à la Constitution? et que s'ensuit-il de là? sinon que comme le Sixième Concile condamna la Doctrine d'Honorius, parce qu'il croyoit qu'elle étoit la même que celle des Monothélites; de même le Pape a dit qu'il a condamné la Doctrine de Jansénius dans ces Cinq Propositions, parce qu'il a supposé qu'elle étoit la même que ces Cinq Propositions. Et comment ne l'eût-il pas cru? Votre Société ne publie autre chose; et vous-même, mon père, qui avez dit qu'elles y sont *mot à mot*, vous étiez à Rome au temps de la Censure; car je vous rencontre partout. Se fût-il défié de la sincérité ou de la suffisance de tant de Religieux Graves? Et comment n'eût-il pas cru que la Doctrine de Jansénius étoit la même que celle des Cinq Propositions, dans l'assurance que vous lui aviez donnée qu'elles étoient *mot à mot* de cet Auteur? Il est donc visible, mon père, que, s'il se trouve que Jansénius ne les ait pas tenues, il ne faudra pas dire, comme vos Pères ont fait dans leurs exemples, que le Pape s'est trompé en ce Point de Fait, ce qu'il est toujours fâcheux de publier : mais il ne faudra que dire que vous avez trompé le Pape ; ce qui n'apporte plus de scandale, tant on vous connoît maintenant.

Ainsi, mon père, toute cette matière est bien éloignée de pouvoir former une Hérésie. Mais comme vous voulez en faire une à quelque prix que ce soit, vous avez essayé de détourner la question du Point de Fait pour la mettre en un Point de Foi; et c'est ce que vous faites en cette sorte :
« Le Pape, dites-vous, déclare qu'il a condamné la Doctrine

de Jansénius dans ces Cinq Propositions : donc il est de Foi que la Doctrine de Jansénius touchant ces Cinq Propositions est Hérétique, telle qu'elle soit[1]. » Voilà, mon père, un Point de Foi bien étrange, qu'une Doctrine est Hérétique telle qu'elle puisse être. Eh quoi! si, selon Jansénius, *on peut résister à la Grâce intérieure*, et s'il est faux, selon lui, *que* Jésus-Christ *ne soit mort que pour les seuls Prédestinés*, cela sera-t-il aussi condamné, parce que c'est sa Doctrine? Sera-t-il vrai, dans la Constitution du Pape, *que l'on a la liberté de faire le bien et le mal?* et cela sera-t-il faux dans Jansénius? Et par quelle fatalité sera-t-il si malheureux, que la Vérité devienne Hérésie dans son Livre? Ne faut-il donc pas confesser qu'il n'est Hérétique qu'au cas qu'il soit conforme à ces erreurs condamnées? puisque la question du Pape est la règle à laquelle on doit appliquer Jansénius pour juger de ce qu'il est selon le rapport qu'il y aura; et qu'ainsi on résoudra cette Question, *savoir si sa Doctrine est Hérétique*, par cette autre question de Fait, *savoir si elle est conforme au sens de ces Propositions*, étant impossible qu'elle ne soit Hérétique, si elle y est conforme, et qu'elle ne soit Catholique, si elle y est contraire. Car enfin, puisque selon le Pape et les Évêques, *les Propositions sont condamnées en leur sens propre et naturel*, il est impossible qu'elles soient condamnées au sens de Jansénius, sinon au cas que le sens de Jansénius soit le même que le sens propre et naturel de ces Propositions, ce qui est un Point de Fait.

La question demeure donc toujours dans ce Point de Fait, sans qu'on puisse en aucune sorte l'en tirer pour la mettre dans le Droit. Et ainsi on n'en peut faire une ma-

---

[1]. « Telle qu'elle soit » ne se dit plus. On dirait maintenant : « quelle qu'elle soit ».

tière d'Hérésie ; mais vous en pourriez bien faire un prétexte de persécution, s'il n'y avoit sujet d'espérer qu'il ne se trouvera point de personnes qui entrent assez dans vos intérêts pour suivre un procédé si injuste, et qui veuillent contraindre de signer, comme vous le souhaitez, *que l'on condamne ces Propositions au sens de Jansénius*, sans expliquer ce que c'est que ce sens de Jansénius. Peu de gens sont disposés à signer une Confession de Foi en blanc. Or, ce seroit en signer une en blanc, que vous rempliriez ensuite de tout ce qu'il vous plairoit [a] : puisqu'il vous seroit libre d'interpréter à votre gré ce que c'est que ce sens de Jansénius qu'on n'auroit pas expliqué. Qu'on l'explique donc auparavant, autrement vous nous feriez encore ici un Pouvoir Prochain, *abstrahendo ab omni sensu*. Vous savez que cela ne réussit pas dans le monde [1]. On y hait l'ambi-

[a] Textes in-4º et in-12 : « or ce seroit en signer une que vous rempliriez ensuite de tout ce qu'il vous plairoit ». Texte in-8º : « or c'en seroit signer une en blanc qu'on rempliroit ensuite de tout ce qu'il vous plairoit ».

1. Voilà le point faible de Pascal : il veut réussir dans le monde; il y est arrivé sans peine, mais au détriment de la cause qu'il défendait, en changeant plusieurs fois de terrain et de tactique. Il le sentira lui-même avant de mourir. Ses amis de Port-Royal le sentiront de plus en plus, et en particulier Lancelot, qui écrit dans ses *Mémoires* commencés au mois d'octobre 1663 : « Peut-être aussi que la manière dont on a agi pour défendre la Vérité n'a pas été assez pure, et que les moyens qu'on y a employés ont été ou trop précipités, ou trop peu concertés, *ou même trop humains;* au lieu que l'on gâte quelquefois plus les affaires de Dieu en se remuant trop qu'en demeurant dans un humble repos, dans lequel on auroit plus de soin de relever sa confiance vers lui par de fréquentes prières. L'on peut aussi ajouter que l'on n'est pas même demeuré dans les termes marqués par M. de Saint-Cyran, en se contentant de faire voir que la doctrine que l'on suivoit n'étoit pas de M. d'Ypres, mais de saint Augustin. On a cru qu'il étoit plus sûr de se jeter dans *la distinction du Droit et du Fait, pour laquelle on a combattu durant dix ou douze ans* (cela reporte à environ l'an 1664 la composition de cette partie des *Mémoires* de Lancelot), y mêlant en même temps *les chimères des Thomistes* (c'est le cas de Pascal ici), que M. d'Ypres avoit voulu éviter; ce que M. de Barcos

guité, et surtout en matière de Foi, où il est bien juste d'entendre pour le moins ce que c'est que l'on condamne. Et comment se pourroit-il faire que des Docteurs, qui sont persuadés que Jansénius n'a point d'autre sens que celui de la Grâce efficace, consentissent à déclarer qu'ils condamnent sa Doctrine sans l'expliquer, puisque dans la créance qu'ils en ont, et dont on ne les retire point, ce ne seroit autre chose que condamner la Grâce efficace, qu'on ne peut condamner sans crime? Ne seroit-ce donc pas une étrange tyrannie de les mettre dans cette malheureuse nécessité, ou de se rendre coupables devant Dieu, s'ils signoient cette condamnation contre leur conscience, ou d'être traités d'Hérétiques, s'ils refusoient de le faire?

n'a jamais pu approuver, se croyant trop bien informé des intentions de M. d'Ypres et de son oncle pour les abandonner dans un point de cette importance. Ce n'est point à moi à me rendre juge entre de si grands hommes ; la postérité en jugera mieux que personne. Je raconte les faits comme un historien qui doit être fidèle pour rendre honneur à la vérité. J'avoue au moins qu'il est difficile de se persuader ou que M. d'Ypres, qui avoit lui-même pris ces mesures-là pour éviter toutes les contestations, n'eût pu juger de la véritable manière de soutenir son ouvrage, ou que M. de Saint-Cyran, qui avoit tant de lumières, eût manqué en ce point ou que nous eussions pu être réduits à un état moins favorable, en suivant cette voie-là, que de voir la *Signature* dans l'Église, le Livre de M. d'Ypres flétri à Rome, l'exclusion de la Faculté pour les Docteurs, et la perte de la Maison de Port-Royal (1659) de Paris ». *Mémoires* de Lancelot, t. Ier, p. 214 et suiv.

Ceci est le résumé de la guerre soutenue par Port-Royal et Pascal. L'histoire du Jansénisme est l'histoire de la défense de l'*Augustinus*. Jansénius et Saint-Cyran, qui ont amorcé le mouvement de la Grâce, étaient de grands maîtres. Les successeurs, y compris Pascal, sont des tirailleurs qui combattent au jour le jour, la plupart du temps à reculons. Pascal, entré par aventure dans une troupe au-dessous de ses moyens, finira par s'apercevoir qu'on lui a fait jouer un rôle au-dessous de son génie. Avant de mourir, il reviendra purement et simplement à Saint-Cyran, son maître spirituel, et laissera Port-Royal se tirer d'affaire comme il pourra. Quand il déclare, en présence de sa nièce Marguerite Périer, quelque temps avant sa mort, que s'il avait à refaire les *Provinciales*, il les ferait encore *plus fortes,* il se trompe : c'était *plus franches* qu'il les aurait faites.

Mais tout cela se conduit avec mystère. Toutes vos démarches sont politiques. Il faut que j'explique pourquoi vous n'expliquez pas ce sens de Jansénius. Je n'écris que pour découvrir vos desseins, et pour les rendre inutiles en les découvrant. Je dois donc apprendre à ceux qui l'ignorent que votre principal intérêt dans cette dispute étant de relever la Grâce suffisante de votre Molina, vous ne le pouvez faire sans ruiner la Grâce efficace, qui y est tout opposée. Mais comme vous voyez celle-ci [a] aujourd'hui autorisée à Rome, et parmi tous les savants de l'Église, ne la pouvant combattre en elle-même, vous vous êtes avisés de l'attaquer sans qu'on s'en aperçoive, sous le nom de la Doctrine de Jansénius [b]. Ainsi il a fallu que vous ayez recherché de faire condamner Jansénius sans l'expliquer [c]; et que, pour y réussir, vous ayez fait entendre que sa Doctrine n'est point celle de la Grâce efficace, afin qu'on croie pouvoir condamner l'une sans l'autre. De là vient que vous essayez aujourd'hui de le persuader à ceux qui n'ont aucune connoissance de cet Auteur. Et c'est ce que vous faites encore vous-même, mon père, dans vos *Cavill.*, p. 23, par ce fin raisonnement : « Le Pape a condamné la Doctrine de Jansénius ; or, le Pape n'a pas condamné la Doctrine de la Grâce efficace : donc la Doctrine de la Grâce efficace est différente de celle de Jansénius. » Si cette preuve étoit concluante, on montreroit de même qu'Honorius et tous ceux qui le soutiennent sont Hérétiques en cette sorte. Le Sixième Concile a condamné la Doctrine d'Honorius; or, le Concile n'a pas condamné la Doctrine de l'Église : donc

---

[a] Textes in-4º et in-12 : « Mais comme vous *la* voyez aujourd'hui. » *La* au lieu de *celle-ci*, celle-ci étant destinée à éviter toute confusion entre la Grâce efficace et la Grâce suffisante.

[b] Texte in-8º : « sous le nom de la doctrine de Jansénius *sans l'expliquer* ».

[c] Le texte in-8º omet : « aussi il a fallu que vous ayez recherché de faire condamner Jansénius sans l'expliquer ».

LETTRE XVII.

la Doctrine d'Honorius est différente de celle de l'Église ; donc tous ceux qui le défendent sont Hérétiques. Il est visible que cela ne conclut rien, puisque le Pape n'a condamné que la Doctrine des Cinq Propositions, qu'on lui a fait entendre être celle de Jansénius.

Mais il n'importe ; car vous ne voulez pas vous servir longtemps de ce raisonnement. Il durera assez, tout foible qu'il est, pour le besoin que vous en avez. Il ne vous est nécessaire que pour faire que ceux qui ne veulent pas condamner la Grâce efficace condamnent Jansénius sans scrupule. Quand cela sera fait, on oubliera bientôt votre argument, et les signatures demeurant en témoignage éternel de la condamnation de Jansénius, vous prendrez l'occasion d'attaquer[a] directement la Grâce efficace, par cet autre raisonnement bien plus solide, que vous formerez[b] en son temps : « La Doctrine de Jansénius, direz-vous, a été condamnée par les souscriptions universelles de toute l'Église ; or, cette Doctrine est manifestement celle de la Grâce efficace ; » et vous prouverez cela bien facilement : « Donc la Doctrine de la Grâce efficace est condamnée par l'aveu même de ses défenseurs[1]. »

[a] Textes in-4º et in-12 : « *pour* attaquer », au lieu « d'attaquer ».
[b] Textes in-4º et in-12 : « que vous *en* formerez ».

1. Pascal exagère à dessein. Il appuie trop sur la *Grâce efficace* des Jansénistes opposée à la *Grâce suffisante* de Molina. Ces arguties paraissent vieilles aujourd'hui. Elles n'étaient pas plus neuves au xvıı^e siècle. Cet argot de la Grâce efficace et de la Grâce suffisante était une enseigne derrière laquelle se cachait l'hostilité de deux partis à la fois religieux et politiques. Il y a le Jansénisme partisan du *Christianisme intérieur* et les Jésuites partisans du *Christianisme politique* qui se disputent la suprématie dans l'Église de France. En Italie, en Allemagne, en Espagne, dans les Pays-Bas, dans les contrées catholiques de l'Europe, il n'est question ni de Grâce efficace ni de Grâce suffisante. Tout au plus, un faible écho de ce qui se passe en France y arrive-t-il. Encore il n'est perceptible que dans quelques chaires de théologie.

Voilà pourquoi vous proposez de signer cette condamnation d'une Doctrine sans l'expliquer. Voilà l'avantage que vous prétendez tirer de ces souscriptions. Mais si vos Adversaires y résistent, vous tendez un autre piège à leur refus. Car ayant joint adroitement la Question de Foi à celle de Fait, sans vouloir permettre qu'ils l'en séparent, ni qu'ils signent l'une sans l'autre, comme ils ne pourront souscrire les deux ensemble, vous irez publier partout qu'ils ont refusé les deux ensemble. Et ainsi, quoiqu'ils ne refusent en effet que de reconnoître que Jansénius ait tenu ces Propositions qu'ils condamnent, ce qui ne peut faire d'Hérésie, vous direz hardiment qu'ils ont refusé de condamner les Propositions en elles-mêmes, et que c'est là leur Hérésie.

Voilà le fruit que vous tirerez de leur refus, qui ne vous sera pas moins utile que celui que vous tireriez[a] de leur consentement. De sorte que si on exige ces Signatures, ils tomberont toujours dans vos embûches, soit qu'ils signent, ou qu'ils ne signent pas; et vous aurez votre compte de part ou d'autre : tant vous avez eu d'adresse à mettre les choses en état de vous être toujours avantageuses, quelque pente qu'elles puissent prendre.

Que je vous connois bien, mon père! et que j'ai de douleur[b] de voir que Dieu vous abandonne, jusqu'à vous faire réussir si heureusement dans une conduite si malheureuse! Votre bonheur est digne de compassion, et ne peut être envié que par ceux qui ignorent quel est le vé-

---

[a] Texte in-8º : « Voilà le fruit que vous *tireriez* de leur refus, qui ne vous seroit pas moins utile que celui que vous *tireriez* de leur consentement ». Le futur des textes in-4º et in-12 est préférable parce qu'il continue le futur employé par l'Auteur dans la phrase précédente et dans la suivante.

[b] Textes in-4º et in-12 : « de regret », au lieu de « de douleur », qui est la leçon in-8º.

ritable bonheur. C'est être charitable que de traverser celui que vous recherchez en toute cette conduite; puisque vous ne l'appuyez que sur le mensonge, et que vous ne tendez qu'à faire croire l'une de ces deux faussetés : ou que l'Église a condamné la Grâce efficace, ou que ceux qui la défendent soutiennent les Cinq Erreurs condamnées.

Il faut donc apprendre à tout le monde, et que la Grâce efficace n'est pas condamnée par votre propre aveu, et que personne ne soutient ces erreurs; afin qu'on sache que ceux qui refuseroient de signer ce que vous voudriez qu'on exigeât d'eux ne le refusent qu'à cause de la Question de Fait; et qu'étant prêts à signer celle de Foi, ils ne sauroient être Hérétiques par ce refus; puisque enfin il est bien de Foi que ces Propositions sont Hérétiques, mais qu'il ne sera jamais de Foi qu'elles soient de Jansénius. Ils sont sans erreur, cela suffit. Peut-être interprètent-ils Jansénius trop favorablement; mais peut-être ne l'interprétez-vous pas assez favorablement. Je n'entre pas là-dedans. Je sais au moins que, selon vos maximes, vous croyez pouvoir sans crime publier qu'il est Hérétique contre votre propre connoissance; au lieu que, selon les leurs, ils ne pourroient sans crime dire qu'il est catholique, s'ils n'en étoient persuadés. Ils sont donc plus sincères que vous, mon père; ils ont plus examiné Jansénius que vous; ils ne sont pas moins intelligents que vous; ils ne sont donc pas moins croyables que vous. Mais quoi qu'il en soit de ce Point de Fait, ils sont certainement Catholiques, puisqu'il n'est pas nécessaire, pour l'être, de dire qu'un autre ne l'est pas, et que, sans charger personne d'erreur, c'est assez de s'en décharger soi-même.

Post-Scriptum des éditions in-4° et in-12 [1] :

Mon révérend père, si vous avez peine à lire cette Lettre, pour ne pas être en assez beau caractère, ne vous en prenez qu'à vous-même. On ne me donne pas des privilèges comme à vous. Vous en avez pour combattre jusqu'aux Miracles ; je n'en ai pas pour me défendre. On court sans cesse les imprimeries. Vous ne me conseillerez pas vous-même de vous écrire davantage dans cette difficulté ; car c'est un trop grand embarras d'être réduit à l'impression d'Osnabrück.

---

[1]. Tous les exemplaires in-4° que nous avons vus ont ici : « et dans la copie imprimée à Osnabrück, est en ce lieu ce qui suit ». Ainsi l'impression dite d'Osnabrück, en huit pages avec de petits et très mauvais caractères, serait l'édition originale de la xviie *Provinciale*. Mais on n'en connaît pas d'exemplaires, et on peut supposer qu'il n'y en a jamais eu. L'embarras de Pascal, réduit aux impressions d'Osnabrück, est une manière de se moquer du père Annat ; peut-être aussi veut-il dérouter les Jésuites. Les Jansénistes datent volontiers de Cologne ou d'Utrecht les Livres qu'ils impriment à Paris d'une manière clandestine. Osnabrück est évidemment dans le cas d'Utrecht et de Cologne.

LETTRE

AU RÉVÉREND PÈRE ANNAT, CONFESSEUR DU ROI [1]

SUR SON RÉCIT QUI A POUR TITRE

LA BONNE FOI DES JANSÉNISTES, ETC.

Du 15 janvier 1657.

Mon révérend père,

J'ai lu tout ce que vous dites dans votre Écrit, qui a pour titre : LA BONNE FOI DES JANSENISTES, etc. J'y ai remarqué que vous traitez vos Adversaires, c'est-à-dire Messieurs de [a] *Port-Royal*, d'Hérétiques, d'une manière si ferme et si constante, qu'il semble qu'il n'est plus permis d'en douter, et que vous faites un bouclier de cette accusation pour repousser les attaques de l'Auteur des LETTRES AU PROVIN-

---

[a] « *Du* Port-Royal » dans les exemplaires in-4º. Il est inutile de répéter cette variante. On trouve partout dans cette Lettre au père Annat : « *du* Port-Royal » au lieu de « de Port-Royal ».

---

1. Cette Lettre qui n'est pas de Pascal, mais qu'on attribue à Nicole, n'a pas été reproduite dans l'édition in-8º. On la trouve néanmoins dans les deux éditions in-12 de 1657 ainsi que dans plusieurs exemplaires in-4º. Nous en avons un de ces derniers sous les yeux, dans lequel elle est insérée avant la 17ᵉ lettre, et à juste titre, à ce qu'il semble, puisqu'elle porte la date du 15 janvier 1657 et que la 17ᵉ *Provinciale* porte la date du 23 janvier 1657. Dans cet exemplaire in-4º, elle est intitulée : « Lettre au r. p. Annat sur son Écrit qui a pour titre : *La Bonne Foi des Jansénistes*, etc. » Dans l'édition Bossut (1779), on l'a placée en tête du t. III, avec les pièces attribuées à Pascal et qui ont trait à l'affaire des *Provinciales*. Il est possible que Pascal y ait eu quelque part.

cial, que vous supposez être une personne de Port-Royal. Je ne sais s'il en est ou non, mon révérend père, et j'aime mieux croire qu'il n'en est pas sur sa parole que de croire qu'il en est sur la vôtre, puisque vous n'en donnez aucune preuve. Pour moi, je ne suis certainement ni Habitant ni Secrétaire de Port-Royal; mais je ne puis m'empêcher de vous proposer, sur cette qualité que vous leur donnez, quelques difficultés auxquelles, si vous me satisfaites nettement et sans équivoque, je me rangerai de votre côté, et je croirai qu'ils sont Hérétiques.

Vous savez, mon révérend père, que de dire à des gens qu'ils sont Hérétiques, c'est une accusation vague, et qui passe plutôt pour une injure que la passion inspire, que pour une vérité, si l'on ne montre en quoi et comment ils sont Hérétiques. Il faut alléguer les Propositions Hérétiques qu'ils défendent, et les Livres dans lesquels ils les défendent et les soutiennent comme des vérités orthodoxes.

Je vous demande donc en premier lieu, mon révérend père, en quoi Messieurs de Port-Royal sont Hérétiques. Est-ce parce qu'ils ne reçoivent pas la Constitution du Pape Innocent X, et qu'ils ne condamnent pas les Cinq Propositions qu'il a condamnées? Si cela est, je les tiens pour Hérétiques. Mais, mon révérend père, comment puis-je croire cela d'eux, puisqu'ils disent et écrivent clairement qu'ils reçoivent cette Constitution, et qu'ils condamnent ce que le Pape a condamné?

Direz-vous qu'ils la reçoivent extérieurement, mais que dans leur cœur ils n'y croient pas? Je vous prie, mon révérend père, ne faites point la guerre à leurs pensées: contentez-vous de la faire à leurs Paroles et à leurs Écrits; car cette façon d'agir est injuste, et marque une animosité étrange et qui n'est point chrétienne, et, si on la souffre, il n'y aura personne qu'on ne puisse faire Hérétique, et même Mahométan, si l'on veut, en disant qu'on ne croit dans le cœur aucun des mystères de la Religion chrétienne.

En quoi sont-ils donc Hérétiques ? Est-ce parce qu'ils ne veulent pas reconnoître que ces Cinq Propositions soient dans le Livre de Jansénius ? Mais je vous soutiens, mon révérend père, que ce ne fut jamais, et jamais ne sera matière d'Hérésie, de savoir si des Propositions condamnées sont dans un Livre ou non. Par exemple, quiconque dit que l'Attrition, telle que l'a décrite le sacré *Concile de Trente*, est mauvaise, et qu'elle est péché, il est Hérétique; mais, si quelqu'un doutoit que cette Proposition condamnée fût dans Luther ou Calvin, il ne seroit pas pour cela Hérétique. De même, celui qui soutiendroit comme catholiques les Cinq Propositions condamnées par le Pape seroit Hérétique : mais qu'elles soient dans Jansénius ou non, ce n'est point matière de Foi, quoiqu'il ne faille pas pour cela se diviser ni faire schisme. Ajoutons, mon révérend père, que vos Adversaires ont déclaré qu'ils ne se mettoient pas en peine si ces Propositions étoient ou n'étoient pas dans Jansénius, et qu'en quelques Livres qu'elles soient ils les condamnent. Où est donc leur Hérésie, pour dire et répéter avec tant de hardiesse qu'ils sont Hérétiques ?

Ne me répondez pas, je vous prie, que, le Pape et les Évêques disant qu'elles sont dans Jansénius, c'est Hérésie de le nier. Car je maintiens que ce peut bien être péché de le nier, si l'on n'est assuré du contraire. Je dis plus, ce seroit schisme de se diviser d'avec eux pour ce sujet, mais ce ne peut jamais être Hérésie. Que si quelqu'un qui a des yeux pour lire ne les y a point trouvées, il peut dire : Je ne les y ai pas lues, sans que pour cela on puisse l'appeler Hérétique.

Que direz-vous donc, mon révérend père, pour prouver que vos Adversaires sont Hérétiques? Vous direz sans doute que M. Arnauld, en sa seconde Lettre, a renouvelé une des Cinq Propositions. Mais qui le dit? Quelques Docteurs de la Faculté, divisés sur cela d'avec leurs frères. Et sur quoi se sont-ils fondés pour le dire? Non pas sur ses paroles, car elles sont de saint Chrysostome et de saint Augustin, mais sur un sens qu'ils prétendent avoir été dans l'Esprit de M. Arnauld, et que M. Arnauld nie avoir jamais eu. Or, je crois que la Charité oblige tout le monde à croire un Prêtre et un Docteur qui rend raison de ce qui est caché dans son esprit, et qui n'est connu que de Dieu. Mais d'ailleurs, mon révérend père, la Faculté, non pas divisée, mais unie, a si souvent condamné vos Auteurs, et même votre Société tout entière, que vous avez trop d'intérêt de ne pas vouloir qu'on regarde comme des Hérétiques tous ceux qu'elle condamne.

Je ne trouve donc point en quoi et comment ces personnes que vous appelez *Jansénistes* sont Hérétiques. Cependant, mon révérend père, si dire à son frère qu'il est *fou*, c'est se rendre coupable de la géhenne du feu, selon le témoignage de Jésus-Christ dans son Évangile; lui dire sans preuve et sans raison qu'il est *Hérétique* est bien un plus grand crime, et qui mérite de plus grands châtiments. Toutes ces accusations d'Hérésie, qui ne vous coûtent rien qu'à les avancer hardiment, ne sont bonnes qu'à faire peur aux ignorants et à étonner des femmes; mais sachez que des hommes d'esprit veulent savoir où est cette Hérésie. Quoi! mon révérend père, Lessius sera à couvert quand il aura pour Auteurs et pour Garants de ce qu'il dit Victoria et Navarre; Et M. Arnauld ne le sera pas quand il parlera comme ont parlé saint Augustin, saint

Chrysostome, saint Hilaire, saint Thomas et toute son École? Et depuis quel temps l'Antiquité est-elle devenue criminelle? quand la Foi de nos pères a-t-elle changé?

Vous faites tout ce que vous pouvez pour montrer que MM. de Port-Royal ont le Caractère et l'Esprit des Hérétiques; mais, avant que d'en venir là, il faudroit avoir montré qu'ils le sont; et c'est ce que vous ne pouvez faire, et je veux faire voir clairement qu'ils n'en ont ni la forme ni la marque.

Quand l'Église a combattu les Ariens, elle les a accusés de nier la consubstantialité du Fils avec le Père éternel. Les Ariens ont-ils renoncé à cette proposition? ont-ils déclaré qu'ils admettoient l'égalité et la consubstantialité entre le Père et le Fils? Jamais ils ne l'ont fait, et c'est pourquoi ils étoient Hérétiques. Vous accusez vos Adversaires de dire *que les préceptes sont impossibles.* Ils nient qu'ils l'aient dit. Ils avouent que c'est Hérésie de le dire. Ils soutiennent que, ni avant ni après la Constitution du Pape, ils ne l'ont point dit. Ils déclarent avec vous Hérétiques ceux qui le disent. Ils ne sont donc point Hérétiques.

Quand les Saints Pères ont déclaré Nestorius Hérétique, parce qu'il nioit l'union hypostatique du Verbe avec l'Humanité sainte, et qu'il mettoit deux personnes en Jésus-Christ, les Nestoriens de ce temps-là, et ceux qui ont continué depuis dans l'Orient, ont-ils renoncé à ce dont on les accusoit? N'ont-ils pas dit: Il est vrai que nous admettons deux personnes en Jésus-Christ, mais nous soutenons que ce n'est point Hérésie? Voilà leur langage; et c'est pourquoi ils étoient Hérétiques, et le sont encore. Mais, quand vous dites que MM. de Port-Royal soutiennent que *l'on ne résiste point à la Grâce intérieure,* ils le nient; et confessant avec vous que c'est une Hérésie, ils en détestent la

Proposition : tout au contraire des autres, qui admettent la Proposition, et nient que ce soit Hérésie. Ils ne sont donc pas Hérétiques.

Quand les Pères ont condamné Eutychès, parce qu'il ne croyoit qu'une Nature en Jésus-Christ, a-t-il dit que non, et qu'il en croyoit deux? S'il l'avoit dit, il n'auroit pas été condamné; mais il disoit qu'il n'y avoit qu'une Nature, et prétendoit que de le dire ce n'étoit point Hérésie ; et c'est pourquoi il étoit Hérétique. Quand vous dites que MM. de Port-Royal tiennent « que Jésus-Christ n'est pas mort pour tout le monde, ou pour tous les hommes, et qu'il n'a répandu son sang que pour le salut des Prédestinés », que répondent-ils? Disent-ils qu'il est vrai qu'ils sont de ce sentiment? Tout au contraire, ne déclarent-ils pas qu'ils tiennent ce sentiment pour Hérétique, qu'ils ne l'ont jamais dit, et ne le diront jamais? Et ils déclarent qu'ils croient au contraire qu'il est faux que Jésus-Christ n'ait répandu son sang que pour le salut des Prédestinés, qu'il l'a aussi répandu pour les Réprouvés, qui résistent à sa Grâce. Et enfin ils croient qu'il est mort pour tous les hommes, comme saint Augustin l'a cru, comme saint Thomas l'a enseigné, et comme le Concile de Trente l'a défini. Cela, mon révérend père, ne vaut-il pas pour le moins autant que de dire qu'on le croit comme les Jésuites le croient, et comme Molina l'explique? Ils ne sont donc pas Hérétiques.

Quand on a soutenu contre les Monothélites deux volontés et deux opérations en Jésus-Christ, Cyrus d'Alexandrie et Sergius de Constantinople, et les autres, ont-ils dit qu'on leur imposoit? ont-ils déclaré qu'ils admettoient deux volontés et deux opérations en Notre-Seigneur Jésus-Christ? Non, ils ne l'ont pas fait; c'est pourquoi ils étoient

Hérétiques. Quand vous opposez à MM. de Port-Royal qu'en cet état de la nature corrompue « ils n'excluent et ne rejettent aucune nécessité de l'action méritoire ou déméritoire, sinon la nécessité de contrainte », ils le nient et enseignent au contraire que nous avons toujours en cette vie, dans toutes les actions par lesquelles nous méritons et déméritons, l'indifférence d'agir ou de ne pas agir, même avec la Grâce efficace qui ne nous nécessite pas, quoiqu'elle nous fasse infailliblement faire le bien comme l'enseignent tous les Thomistes. Ils ne sont donc pas Hérétiques.

Enfin, mon révérend père, quand l'Église a repris Luther et Calvin de ce qu'ils nioient nos Sacrements, et de ce qu'ils ne croyoient pas la Transsubtantiation, et n'obéissoient pas au Pape, ces Hérésiarques, auxquels vous comparez si souvent vos Adversaires, se sont-ils plaints de ce qu'on leur imposoit ce qu'ils ne disoient pas? N'ont-ils pas soutenu, et ne soutiennent-ils pas encore ces Propositions? Et c'est pourquoi ils sont Hérétiques. Quand vous dites à MM. de Port-Royal « qu'ils ne reconnoissent pas le Pape, qu'ils ne reçoivent pas le Concile de Trente, etc., » ils se servent, comme ils doivent, du MENTIRIS IMPUDENTISSIME, c'est-à-dire que vous en avez menti, mon révérend père; car, dans les matières de cette importance, il est permis et même nécessaire de donner un démenti. Ils ne sont donc pas Hérétiques; ou, s'ils le sont, ils n'en ont ni le génie ni le caractère. Nous n'en avions point encore vu de cette sorte dans l'Église[1]; et il est plus aisé de montrer

1. Là, en effet, consiste l'originalité des Jansénistes : ils ne veulent pas être retranchés de l'Église; ils lui sont fidèles malgré elle. Il y a derrière cette ardeur à rester dans l'unité un profond calcul. Ils ne tiennent pas seulement à garder les opinions qu'ils ont; ils entendent les inoculer au

dans leurs Adversaires la marque et l'esprit de Calomniateurs et d'Imposteurs, qu'en eux le caractère d'Hérétiques.

Catholicisme. On croirait qu'ils ont fait vœu de le réformer malgré lui. Sans échouer dans leur entreprise, les Protestants, en se séparant de l'Église, s'étaient privés de plusieurs forces qui les auraient pu soutenir et qui n'étaient pas incompatibles avec un retour au Christianisme primitif, la tradition, le culte extérieur, des mœurs séculaires, une hiérarchie puissante, un immense établissement politique. Jansénius et Saint-Cyran voulaient mieux s'y prendre. Ils désiraient conserver tout cela et, dans ce but, éviter à tout prix une rupture avec le Saint-Siège et l'Épiscopat. L'intention était grande. A-t-elle été réelle? Oui ; on n'a qu'à parcourir la correspondance de Jansénius avec Saint-Cyran. Jansénius lui écrit qu'il « n'ose dire à personne du monde ce qu'il pense des opinions de son temps sur la Grâce et la Prédestination ; que « ses découvertes étonneront tout le monde »; que, « si sa Doctrine vient à être éventée, il va être décrié comme le plus extravagant rêveur qu'on ait vu ; qu'il en est effrayé »; qu' « il y a bien des choses dont il n'a jamais ouï parler dans le monde »; qu' « il fera en sorte que son Livre ne paroisse pas de son vivant, pour ne pas s'exposer à passer sa vie dans le trouble »; qu' « il craint qu'on lui fasse à Rome le même tour qu'on a fait à d'autres (Baïus) »; que « ne pouvant espérer que son Livre soit approuvé au delà des Alpes, il pense, comme Saint-Cyran, que cette affaire (l'établissement de leur Doctrine commune) *ne peut réussir qu'à l'aide d'un puissant parti.* » C'était ce parti que Saint-Cyran et Port-Royal s'étaient donné la tâche de constituer. C'est pourquoi ils ne sont pas des hérétiques comme les autres. Jansénius avait pris ses précautions d'avance. Il écrit (*epilogus omnium*, p. 443 de l'édition de Rouen, cité dans un mémoire du père de Montezon sur Port-Royal et les Jésuites, annexé au t. Ier du *Port-Royal* de Sainte-Beuve, p. 520 et suiv.) : « Je suis homme sujet à me tromper ; je soumets donc mon ouvrage — *l'Augustinus* — au jugement du Saint-Siège et de l'Église romaine, ma mère ; je reçois, je rétracte, je condamne, j'anathématise tout ce qu'elle décidera que je dois recevoir, rejeter, condamner, anathématiser ». Cette soumission au *for extérieur* est indépendante du *for intérieur*. C'est dans leur *for intérieur* que Jansénius, Saint-Cyran et Port-Royal se réfugient. C'est de là qu'ils espèrent pouvoir agir au dehors sans trop d'entraves, grâce à leur soumission officielle. Le dessein était grand et il fut bien mené.

Bossuet, qui le voyait à fond et qui y était dans une certaine mesure favorable, car la théorie gallicane dont il fut le défenseur ardent n'était en réalité qu'un essai de transaction entre Jansénius, Saint-Cyran, Port-Royal, d'un côté, et de l'autre l'Église romaine, revient sans cesse, dans le *Journal* de Le Dieu, sur le fait que les Jansénistes ne sont pas des Hérétiques *notoires* et *dénoncés*. Il admirait Arnauld, mais il l'estime « inexcusable d'avoir tourné toutes ses études, au fond, pour persuader au monde que la Doctrine de Jansénius n'avoit pas été condamnée ».

Je trouve bien, mon révérend père, que les Hérétiques ont souvent imposé aux Catholiques des Hérésies. Les Pélagiens ont dit que saint Augustin nioit le Franc Arbitre ; les Eutychiens ont dit que les Catholiques nioient l'union substantielle de Dieu et de l'homme en Jésus-Christ ; les Monothélites accusoient les Catholiques de mettre une division et une contrariété entre la volonté divine et l'humaine de Jésus-Christ ; les Iconoclastes[1] ont dit que nous adorions les images du culte qui n'est dû qu'à Dieu seul ; les Luthériens et les Calvinistes nous appellent *Papolâtres*, et disent que le Pape est l'*Antechrist*. Nous disons que toutes ces Propositions sont Hérétiques, et nous les détestons en même temps ; et c'est pourquoi nous ne sommes pas Hérétiques. Ainsi je crains, mon révérend père, que l'on ne dise que vous avez plutôt le caractère des Hérétiques que ceux que vous accusez d'Hérésie : car les Propositions moliniennes qu'ils vous objectent, vous les

---

1. Briseurs d'images. On donne particulièrement ce titre à une secte de l'Église d'Orient qui florissait au VIIIe siècle. « Le Pape y envoya ses légats (au Concile de 787) ; le Concile des Iconoclastes fut condamné ; ils sont détestés comme gens qui, à l'exemple des Sarrasins, accusoient les Chrétiens d'idolâtrie. Bossuet, *Hist. univ.* » L'Idolâtrie fut, au XVIe siècle, un des griefs principaux de la Réforme contre l'Église romaine. Bossuet avoue indirectement : « Si l'Église est vivante, malgré les Idolâtries dont on l'accuse, ces Idolâtries n'empêchent pas que la Foi et la Charité ne s'y trouvent, ni par conséquent qu'on ne s'y sauve. — 3e Avert. — » Le mot *Idole* (εἴδωλον), dans la langue du Christianisme des premiers siècles, veut dire *image, statue, objet d'art*. L'Ancien Testament est plein d'imprécations contre les Idoles. Il défend de représenter la figure humaine. Les Musulmans, qui sont une secte chrétienne, ont conservé la Tradition sémitique et hébraïque. Elle était très vivante chez les Premiers Chrétiens, ennemis de tout ce qui touche aux arts et au culte de la forme. S'il n'y a plus de tableaux antiques et si les statues antiques ne se retrouvent que dans des fouilles, cela tient à cela. Les Chrétiens ont détruit les tableaux et martelé les statues. Il y a des cimetières d'art en Orient. Les Iconoclastes du VIIIe siècle vouloient revenir à la Tradition qu'on avait abandonnée dans un intérêt politique. Leurs raisons étaient si bonnes que Charlemagne les avait fait adopter dans un Concile réuni à Aix-la-Chapelle.

avouez; mais vous dites que ce ne sont pas des Hérésies. Celles que vous leur objectez, ils les rejettent, disant que ce sont des Hérésies, et par là ils font comme ont toujours fait les Catholiques ; et vous, mon révérend père, vous faites comme ont toujours fait les Hérétiques.

Mais, quand vous vous servez de leur piété et de leur zèle pour la Morale chrétienne comme d'une marque de leur Hérésie[a], c'est le dernier de vos excès. Si vous aviez démontré qu'ils sont Hérétiques, il vous seroit permis d'appeler tout cela hypocrisie et dissimulation ; mais qu'un des moyens dont vous vous servez pour montrer qu'ils sont Hérétiques, ce soit leur piété et leur zèle pour la Discipline de l'Église et pour la Doctrine des Saints Pères, c'est, mon révérend père, ce qui ne se peut souffrir : aussi nous nous donnerons bien de garde de vous suivre en cela.

Cependant, à vous entendre parler, il semble que c'en est fait; ils sont Hérétiques, il n'en faut non plus douter que de Luther et de Calvin. Mais, mon révérend père, permettez-moi, dans une affaire de cette importance, de suspendre mon jugement, ou même de n'en rien croire, jusqu'à ce que je les voie révoltés contre le Pape et soutenir les Propositions qu'il a condamnées, et les soutenir dans leurs propres termes, ainsi qu'elles ont été condamnées. Car, dites-moi, mon révérend père, si ces Messieurs ne sont point Hérétiques, comme je le crois certainement, me justifiez-vous devant Dieu si je les crois Hérétiques? Et tous ceux qui, sur votre parole, les croient Hérétiques, et le disent partout, seront-ils excusés au tribunal du Souverain Juge, quand ils diront qu'ils l'ont lu dans vos Écrits?

---

[a] Quelques exemplaires in-4° ont « marque d'hérésie », au lieu de « marque de leur hérésie ».

Voilà, mon révérend père, tout ce que j'avois à vous dire ; car, pour le détail des falsifications prétendues, je vous laisse à l'Auteur des Lettres. Il a déjà fort malmené vos Confrères, qui lui avoient fait de semblables reproches ; et il ne vous épargnera pas, si ce n'est qu'après tout il seroit bien inutile de vous répondre, puisque vous ne dites rien de considérable que ce que vos Confrères ont dit ; à quoi cet Auteur a très admirablement bien répondu : car le Livre que vous produisez aujourd'hui est un vieil Écrit, que vous dites vous-même avoir fait il y a quatre mois ; aussi vous n'y dites pas une seule parole des 10, 11, 12, 13, 14, et 15e[1], qui ont toutes paru avant votre Écrit, et néanmoins vous promettez, dans le titre, de *convaincre de mauvaise foi les Lettres écrites depuis Pâques*. Que diroit-il donc, mon révérend père, à un Livre rempli d'Impostures[2] jusqu'au titre ?

1. *Lettres Provinciales.*
2. Ce terme *imposture*, aujourd'hui à peu près hors d'usage, revient fort souvent dans les *Provinciales.* Ce n'était pas un si gros mot qu'il en a l'air ; il était presque synonyme d'illusion, comme dans ces vers de La Fontaine, dans *Adonis* :

> Semblable à ces amants trompés par le sommeil
> Qui rappellent en vain pendant la nuit obscure
> Le souvenir confus d'une douce imposture.

Dans les *Provinciales*, il a d'ordinaire le sens d'imputation fausse. Une Imposture n'est pas un mensonge ; c'est une supposition qui n'est pas fondée ou qu'on prétend n'être pas fondée, le plus souvent un fait controuvé ou difficile à établir. Subsidiairement, on accuse celui qui l'avance de manquer d'impartialité. Bref, ce n'était qu'un terme de polémique, signifiant : Vous voulez nous en imposer, nous faire admettre ce qui est faux ou douteux.

Déjà au xviie siècle, Bouhours (*Nouv. Rem.*) constatait que l'usage l'avait repoussé, et le croyait un mot nouveau. C'était, au contraire, un vieux mot qu'on avait essayé de rajeunir.

LETTRE XVIII[1]

ÉCRITE AU RÉVÉREND PÈRE ANNAT, JÉSUITE

On fait voir encore plus invinciblement, par la réponse même du père Annat, qu'il n'y a aucune Hérésie dans l'Église ; que tout le monde condamne la Doctrine que les Jésuites renferment dans le sens de Jansénius, et qu'ainsi tous les Fidèles sont dans les mêmes sentiments sur la matière des Cinq Propositions. On marque la différence qu'il y a entre les disputes de Droit et celles de Fait, et on montre que, dans les Questions de Fait, on doit plus s'en rapporter à ce qu'on voit qu'à aucune autorité humaine[2].

Du 24 mars 1657.

MON RÉVÉREND PÈRE,

Il y a longtemps que vous travaillez à trouver quelque erreur dans vos Adversaires ; mais je m'assure que vous avouerez à la fin qu'il n'y a peut-être rien de si difficile que de rendre Hérétiques ceux qui ne le sont pas, et qui ne fuient rien tant que de l'être[3]. J'ai fait voir, dans ma

---

1. « Dix-huitième Lettre au révérend père Annat, jésuite, sur la copie imprimée à Cologne, le 24 mars 1657, » dans les éditions in-4° et in-12. Comme on a déjà pu le remarquer, cette indication de Cologne est fictive. On ne connaît pas d'exemplaire de cette prétendue impression de Cologne.
Il y a dans l'in-8° : « Dix-huitième Lettre au révérend P. Annat, jésuite, le 24 mars 1657. »

2. Sous-titre de *Nicole*.

3. « Qui ne fuient rien tant que de l'être. » Pascal insiste sur l'assertion de Nicole dans la Lettre précédente. Ne pas être hérétique, c'est un parti pris indomptable chez les Jansénistes. Il s'agit de combattre le Semi-Pélagianisme introduit dans l'Église par la Renaissance et les Jésuites, mais sans toucher à l'Église elle-même. On lui aurait rendu son ancien esprit, on aurait chassé les Jésuites, qu'on accusait d'avoir exclu cet ancien esprit

dernière Lettre, combien vous leur aviez imputé d'Hérésies l'une après l'autre, manque d'en trouver une que vous ayez pu longtemps maintenir ; de sorte qu'il ne vous étoit plus resté que de les [1] en accuser, sur ce qu'ils refusoient de condamner le sens de Jansénius, que vous vouliez qu'ils condamnassent sans qu'on l'expliquât. C'étoit bien manquer d'Hérésies à leur reprocher que d'en être réduit là ; car qui a jamais ouï parler d'une Hérésie que l'on ne puisse exprimer ? Aussi on vous a facilement répondu, en vous représentant que, si Jansénius n'a point d'erreurs, il n'est pas juste de le condamner ; et que, s'il en a, vous deviez les déclarer, afin que l'on sût au moins ce que c'est que l'on condamne. Vous ne l'aviez néanmoins jamais voulu faire ; mais vous aviez essayé de fortifier votre pré-

---

dans un intérêt temporel, politique et mondain. Cela se serait fait sans révolution. C'est le programme de Saint-Cyran dans le *Petrus Aurelius :* rendre à l'épiscopat sa puissance, et supprimer les Jésuites qui la lui ont ravie au nom de la centralisation romaine dont ils sont les instruments. Les Jésuites sont les ennemis de l'Évangile. D'ailleurs, au-dessous de l'entreprise à laquelle ils se sont associés, « ce sont, dit Saint-Cyran, de véritables rejetons de Pélage, ce sont les inventeurs et les propagateurs de funestes doctrines, des hommes qui n'ont presqu'aucune connoissance de la discipline ecclésiastique, qui ont perdu tout respect pour l'Autorité des Prélats de l'Église, toute humilité chrétienne et toute pudeur naturelle ; des ignorants qui se font un jeu de leur ignorance dans les matières importantes de la Grâce ; des directeurs sans lumière et sans conscience, qui font consister la piété des personnes qu'ils conduisent dans le seul usage des Sacrements et dans les Pratiques extérieures, sans se mettre en peine des sentiments de dévotion intérieure et de la préparation du cœur. » Il les appelle *theologastri, ridiculi, inepti, stolidi, scurræ, sacrilegi*. Qu'on en débarrasse le terrain. Mais afin de pouvoir recueillir leur succession, il est indispensable de demeurer dans l'Unité. Il ne faut pas qu'on soit Hérétique. C'est pourquoi *Port-Royal* s'acharne tant à n'être pas Hérétique, et les Jésuites à faire croire qu'il l'est, afin qu'il ne puisse pas leur succéder dans le gouvernement de l'Église. C'est pourquoi aussi le Clergé de France penche visiblement du côté de Saint-Cyran et de *Port-Royal,* qui défendent sa cause contre l'omnipotence romaine.

1. « Que de les en accuser » est une locution vieillie. On dirait maintenant « qu'à les en accuser ».

tention par des Décrets qui ne faisoient rien pour vous, puisqu'on[a] n'y explique en aucune sorte le sens de Jansénius, qu'on dit avoir été condamné dans ces Cinq Propositions. Or ce n'étoit pas là le moyen de terminer vos disputes. Si vous conveniez de part et d'autre du véritable sens de Jansénius, et que vous ne fussiez plus en différend que de savoir si ce sens est Hérétique ou non, alors les jugements qui déclareroient que ce sens est Hérétique toucheroient ce qui seroit[b] véritablement en question. Mais la grande dispute étant de savoir quel est ce sens de Jansénius, les uns disant qu'ils n'y voient que le sens de saint Augustin et de saint Thomas ; et les autres, qu'ils y en voient un qui est Hérétique, et qu'ils n'expriment point ; il est clair qu'une Constitution qui ne dit pas un mot touchant ce différend, et qui ne fait que condamner en général le sens de Jansénius sans l'expliquer, ne décide rien de ce qui est en dispute.

C'est pourquoi l'on vous a dit cent fois que votre différend n'étant que sur ce fait, vous ne le finiriez jamais qu'en déclarant ce que vous entendez par le sens de Jansénius. Mais comme vous vous étiez toujours opiniâtré à le refuser, je vous ai enfin poussé dans ma dernière Lettre, où j'ai fait entendre que ce n'est pas sans mystère que vous aviez entrepris de faire condamner ce sens sans l'expliquer, et que votre dessein étoit de faire retomber un jour cette condamnation indéterminée sur la Doctrine de la Grâce efficace, en montrant que ce n'est autre chose que celle de Jansénius, ce qui ne vous seroit pas difficile. Cela vous a mis dans la nécessité de répondre ; car, si vous vous fussiez encore obstiné après cela à ne point expliquer ce sens,

---

[a] Textes in-4º et in-12 : « *car* on », au lieu de « puisqu'on ».
[b] Textes in-4º et in-12 : « qui *est* », au lieu de « qui *seroit* ».

LETTRE XVIII.

il eût paru aux moins éclairés que vous n'en vouliez en effet qu'à la Grâce efficace ; ce qui eût été la dernière confusion pour vous, dans la vénération qu'a l'Église pour une Doctrine si sainte.

Vous avez donc été obligé de vous déclarer ; et c'est ce que vous venez de faire en répondant à ma Lettre, où je vous avois représenté « que si Jansénius avoit, sur ces Cinq Propositions, quelque autre sens que celui de la Grâce efficace, il n'avoit point de défenseurs ; mais que, s'il n'avoit point d'autre sens que celui de la Grâce efficace, il n'avoit point d'erreurs. » Vous n'avez pu désavouer cela, mon père ; mais vous y faites une distinction en cette sorte, page 21 : « Il ne suffit pas, dites-vous, pour justifier Jansénius, de dire qu'il ne tient que la Grâce efficace, parce qu'on peut la tenir en deux manières : l'une Hérétique, selon Calvin, qui consiste à dire que la volonté mue par la Grâce n'a pas le pouvoir d'y résister ; l'autre, orthodoxe, selon les Thomistes et les Sorbonistes, qui est fondée sur des principes établis par les Conciles, qui est que la Grâce efficace par elle-même gouverne la Volonté de telle sorte, qu'on a toujours le pouvoir d'y résister. »

On vous accorde tout cela, mon père, et vous finissez en disant « que Jansénius seroit catholique, s'il défendoit la Grâce efficace selon les Thomistes : mais qu'il est Hérétique, parce qu'il est contraire aux Thomistes et conforme à Calvin, qui nie le pouvoir de résister à la Grâce. » Je n'examine pas ici, mon père, ce Point de Fait ; savoir, si Jansénius est en effet conforme à Calvin. Il me suffit que vous le prétendiez, et que vous nous fassiez savoir aujourd'hui que, par le sens de Jansénius, vous n'avez entendu autre chose que celui de Calvin. N'étoit-ce donc que cela, mon père, que vous vouliez dire ? n'étoit-ce que l'erreur de Calvin que vous vouliez faire condamner sous le nom du sens de Jansénius? Que ne le déclariez-vous plus tôt? vous vous fussiez épargné bien de la peine; car, sans Bulles ni Brefs, tout le monde eût condamné cette erreur avec vous. Que cet éclaircissement étoit nécessaire! et qu'il lève de difficultés! Nous ne savions, mon père, quelle erreur les Papes et les Évêques avoient voulu condamner sous le nom du sens de Jansénius. Toute l'Église en étoit dans une peine extrême, et personne ne le vouloit expliquer. Vous le faites maintenant, mon père, vous que tout votre parti considère comme le chef et le premier moteur de tous ses Conseils, et qui savez le secret de toute cette Conduite. Vous nous l'avez donc dit, que ce sens de Jansénius n'est autre chose que le sens de Calvin condamné par le Concile. Voilà bien des doutes résolus. Nous savons maintenant que l'erreur qu'ils ont eu dessein de condamner sous ces termes du *sens de Jansénius* n'est autre chose que le sens de Calvin, et qu'ainsi nous demeurons dans l'obéissance à leurs Décrets en condamnant avec eux ce sens de Calvin qu'ils ont voulu condamner. Nous ne sommes plus étonnés de voir que les Papes et quelques Évêques aient été si zélés contre le sens de Jansénius. Comment ne l'auroient-ils pas été, mon père, ayant créance en ceux qui disent publiquement que ce sens est le même que celui de Calvin?

Je vous déclare donc, mon père, que vous n'avez plus rien à reprendre en vos Adversaires, parce qu'ils détestent assurément ce que vous détestez. Je suis seulement étonné de voir que vous l'ignoriez, et que vous ayez si peu de connoissance de leurs sentiments sur ce sujet, qu'ils ont tant de fois déclarés dans leurs Ouvrages. Je m'assure que, si vous en étiez mieux informé, vous auriez du regret de ne vous être pas instruit avec un esprit de paix d'une Doctrine si pure et si chrétienne, que la passion vous fait combattre sans la connoître. Vous verriez, mon père, que non seulement ils tiennent qu'on résiste effectivement à ces Grâces foibles, qu'on appelle excitantes ou inefficaces, en n'exécutant pas le bien qu'elles nous inspirent, mais qu'ils sont encore aussi fermes à soutenir contre Calvin le pouvoir que la volonté a de résister même à la Grâce efficace et victorieuse qu'à défendre contre Molina le pouvoir de cette Grâce sur la Volonté, aussi jaloux de l'une de ces vérités que de l'autre. Ils ne savent que trop que l'homme, par sa propre nature, a toujours le pouvoir de pécher et de résister à la Grâce, et que, depuis sa corruption, il porte un fonds malheureux de Concupiscence, qui lui augmente infiniment ce pouvoir ; mais que néanmoins, quand il plaît à Dieu de le toucher par sa miséricorde, il lui fait faire ce qu'il veut et en la manière qu'il le veut, sans que cette infaillibilité de l'opération de Dieu détruise en aucune sorte la Liberté naturelle de l'homme, par les secrètes et admirables manières dont Dieu opère ce changement, que saint Augustin a si excellemment expliquées, et qui dissipent toutes les contradictions imaginaires que les ennemis de la Grâce efficace se figurent entre le pouvoir souverain de la Grâce sur le Libre Arbitre et la puissance qu'a le Libre Arbitre de résister à la Grâce ; car, selon ce grand saint, que les Papes de l'Église ont donné pour règle en cette matière, Dieu change le cœur de l'homme par une douceur céleste qu'il y répand, qui surmontant la délectation de la chair, fait que l'homme sentant d'un côté sa mortalité et son néant, et découvrant de l'autre la grandeur et l'éternité de Dieu, conçoit du dégoût pour les délices du péché, qui le séparent du bien incorruptible. Trouvant[a] sa plus grande joie dans le Dieu qui le charme, il s'y porte infailliblement de lui-même, par un mouvement tout libre, tout volontaire, tout amoureux ; de sorte que ce lui seroit une peine et un supplice de s'en séparer. Ce n'est pas qu'il ne puisse toujours s'en éloigner, et qu'il ne s'en éloignât effectivement, s'il le vouloit. Mais comment le voudroit-il, puisque la volonté ne se porte jamais qu'à ce qu'il lui plaît le plus, et que rien ne lui plaît tant alors que ce bien unique, qui comprend en soi tous les autres biens? *Quod enim amplius nos delectat, secundum id operemur necesse est,* comme dit saint Augustin[1].

C'est ainsi que Dieu dispose de la volonté libre de l'homme sans lui imposer de Nécessité[2]; et que le Libre

---

[a] Textes in-4° et in-12 : « ; *et* trouvent ». L'in-8° a coupé la phrase en deux et retranché la conjonction *et*.

---

1. Exp. ep. ad Gal., n° 49.
2. En matière de Libre Arbitre, l'assurance de Pascal, ici comme dans les autres passages des *Provinciales* où il en est question, est une assurance officielle. Il expose au P. Annat ce que *Port-Royal* veut qu'on pense de lui, non ce qu'il pense en effet. Pascal se tient en garde. On sait bien qu'il est comme Jansénius, comme Saint-Cyran et *Port-Royal*, de l'école de saint Augustin. Mais on aimerait à connaître, sur le Libre Arbitre, son opinion intime, comme il lui arrive souvent, dans les *Pensées*, de la donner, sans souci de ce qu'on en dira dehors. Il ne l'exprime dans aucun endroit de ses œuvres. Est-ce par prudence? Non, ce serait plutôt qu'on l'a supprimée. « Ceux qui maintiennent le libéral arbitre, dit Calvin, — *Institution chrétienne,* § 180, — le jettent bas en ruine, plus tost qu'ils ne l'establissent ». Lui, Calvin, conclut au *serf arbitre* et établit fort bien que ceux qui admettent le Libre Arbitre font un attribut de l'Intelligence de ce qui est, en réalité, un attribut de la Volonté. Port-Royal est de ce sentiment, qui est celui de saint Paul et de saint Augustin, mais il le dissimule sous un langage métaphysique qui lui permette d'échapper à l'accusation d'Hérésie. C'est ce qui fait dire à De Maistre (*De l'Église gallicane*) : « Ne croyez ni aux livres imprimés avec permission, ni aux déclarations hypocrites, ni aux professions de foi mensongères ou ambiguës; croyez Madame de Sévigné, devant laquelle on pouvait *être aimable* tout à son aise. *Il n'y a point*

Arbitre, qui peut toujours résister à la Grâce, mais qui ne le veut pas toujours, se porte aussi librement qu'infailliblement à Dieu, lorsqu'il veut l'attirer par la douceur de ses inspirations efficaces.

Ce sont là, mon père, les divins principes de saint Augustin et de saint Thomas, selon lesquels il est véritable

d'autre justice en Dieu que sa volonté. Cette miniature fidèle du système mérite d'être encadrée. »

Cette évaporée de marquise, qui était volontiers janséniste, afin d'y trouver des sujets de conversation avec sa fille, qui se piquait d'être cartésienne, écrit à Mme de Grignan, — 21 juin 1680 — : « Madame de la Sablière,.. fait un libre usage de son Libre Arbitre; mais n'est-ce pas Dieu qui le lui fait faire? n'est-ce pas Dieu qui la fait vouloir? n'est-ce pas Dieu qui l'a délivrée de l'empire du Démon? n'est-ce pas Dieu qui a tourné son cœur? n'est-ce pas Dieu qui la fait marcher et qui la soutient? n'est-ce pas Dieu qui lui donne la vue et le désir d'être à lui? C'est cela qui est couronné; c'est cela qui couronne ses dons. Si c'est cela que vous appelez le Libre Arbitre, ah! je le veux bien! »

Et une autre fois — 14 juillet de la même année — : « Vous lisez, donc saint Paul et saint Augustin; voilà les bons ouvriers pour rétablir la souveraine volonté de Dieu. Ils ne marchandent point à dire que Dieu dispose de ses créatures; comme le potier, il en choisit, il en rejette; ils ne sont point en peine de faire des compliments pour sauver sa justice, car il n'y a point d'autre justice que sa volonté : c'est la justice même, c'est la règle, et, après tout, que doit-il aux hommes? que leur appartient-il? Rien du tout. Il leur fait donc justice, quand il les laisse à cause du péché originel qui est le fondement de tout, et il fait miséricorde au petit nombre de ceux qu'il sauve par son fils. Jésus-Christ le dit lui-même : — Je connois mes brebis, je les mènerai paître moi-même, je n'en perdrai aucune. Je les connois, elles me connoissent. Je vous ai choisis, dit-il à ses Apôtres; ce n'est pas vous qui m'avez choisi. — Je trouve mille passages sur ce ton; je les entends tous et, quand je vois le contraire, je me dis : c'est qu'ils ont voulu parler communément; c'est comme quand on dit que Dieu *s'est repenti*, qu'*il est en furie*; c'est qu'il parle aux hommes; et je me tiens à cette première et grande vérité, qui est toute divine, qui me représente Dieu comme Dieu, comme un maître, comme un souverain créateur et auteur de l'univers, et comme un être enfin très parfait, selon la réflexion de *votre père* (Descartes). Voilà mes petites pensées respectueuses, dont je ne tire point de conséquences ridicules. »

On peut croire que c'étaient aussi les petites pensées de Pascal, mais elles ne lui donnaient pas tant d'enjouement. Cela peut servir de commentaire à la théorie contrainte et formaliste de la 18e Provinciale.

que « nous pouvons résister à la Grâce, » contre l'opinion de Calvin ; et que néanmoins, comme dit le pape Clément VIII, dans son Écrit adressé à la Congrégation *De auxiliis*, art. 5 et 6 : « Dieu forme en nous le mouvement de notre volonté, et dispose efficacement de notre cœur, par l'empire que sa majesté suprême a sur les volontés des hommes aussi bien que sur le reste des créatures qui sont sous le ciel, selon saint Augustin. »

C'est encore selon ses principes que nous agissons de nous-mêmes ; ce qui fait que nous avons des mérites qui sont véritablement nôtres contre l'erreur de Calvin ; et que néanmoins Dieu étant le premier principe de nos actions, et « faisant en nous ce qui lui est agréable, » comme dit saint Paul, « nos mérites sont des dons de Dieu, » comme dit le Concile de Trente.

C'est par là qu'est détruite cette impiété de Luther, condamnée par le même Concile, « que nous ne coopérons en aucune sorte à notre salut, non plus que des choses inanimées ; » et c'est par là qu'est encore détruite l'impiété de l'École de Molina, qui ne veut pas reconnoître que c'est la force de la Grâce même qui fait que nous coopérons avec elle dans l'œuvre de notre salut : par où il ruine ce principe de Foi établi par saint Paul, « que c'est Dieu qui forme en nous et la volonté et l'action. »

Et c'est enfin par ce moyen que s'accordent tous ces passages de l'Écriture, qui semblent les plus opposés : « Convertissez-nous à Dieu : Seigneur, convertissez-nous à vous. Rejetez nos iniquités hors de vous : c'est Dieu qui ôte les iniquités de son peuple. Faites des œuvres dignes de pénitence : Seigneur, vous avez fait en nous toutes vos œuvres. Faites-nous un cœur nouveau et un esprit nouveau : Je vous donnerai un esprit nouveau, et je créerai en vous un cœur nouveau, etc. »

L'unique moyen d'accorder ces contrariétés apparentes qui attribuent nos bonnes actions, tantôt à Dieu, et tantôt à nous, est de reconnoître que, comme dit saint Augustin, « nos actions sont nôtres, à cause du Libre Arbitre qui les produit; et qu'elles sont aussi de Dieu, à cause de sa Grâce qui fait que notre Arbitre[a] les produit. » Et que, comme il dit ailleurs, Dieu nous fait faire ce qu'il lui plaît, en nous faisant vouloir ce que nous pourrions ne vouloir pas : *A Deo factum est ut vellent quod nolle potuissent.*

Ainsi, mon père, vos Adversaires sont parfaitement d'accord avec les nouveaux Thomistes mêmes, puisque les Thomistes tiennent comme eux, et le pouvoir de résister à la Grâce, et l'Infaillibilité de l'effet de la Grâce, qu'ils font profession de soutenir si hautement, selon cette maxime capitale de leur Doctrine, qu'Alvarez[1], l'un des plus considérables d'entre eux, répète si souvent dans son Livre, et qu'il exprime, *Disp.* 72, l. VIII, n. 4, en ces termes :

---

[a] Textes in-4° et in-12 : « qui fait que notre *libre* arbitre les produit ».

---

1. Alvarez (Diego, en latin *Didacus*), théologien espagnol, de l'Ordre de Saint-Dominique, né vers le milieu du XVIᵉ siècle, à Rio-Seco, dans la Vieille-Castille, mort à Naples en 1635. Envoyé à Rome, en 1596, afin d'y soutenir, dans la Congrégation dite *De Auxiliis,* les intérêts de la Grâce selon le principe de l'École de saint Thomas, contre les disciples de Molina, il acquit bientôt une réputation théologique qui lui a survécu.

On a de lui : *De auxiliis divinæ gratiæ,* Rome, 1610, in-folio; Lyon, 1611, 1620, in-folio, dont il existe des éditions nombreuses; 2° *Concordia liberi arbitrii cum prædestinatione,* Lyon, 1622, in-8°. Ces deux ouvrages lui avaient valu l'archevêché de Trani (royaume de Naples). Devenu archevêque, il continua la lutte soutenue par lui contre les Molinistes dans un dernier ouvrage intitulé : *De origine pelagianæ heresis.* Trani, 1629, in-4°. Il est d'accord avec Saint-Cyran à traiter les Jésuites de Semi-Pélagiens, ou comme on dirait aujourd'hui de rationalistes mitigés.

« Quand la Grâce meut le Libre Arbitre, il consent infailliblement, parce que l'effet de la Grâce est de faire qu'encore qu'il puisse ne pas consentir, il consente néanmoins en effet. » Dont il donne pour raison celle-ci de saint Thomas, son maître, 1, 2, q. 112, a. 3 : « Que la volonté de Dieu ne peut manquer d'être accomplie; et qu'ainsi, quand il veut qu'un homme consente à la Grâce, il consent infailliblement, et même nécessairement, non pas d'une nécessité absolue, mais d'une nécessité d'Infaillibilité. » En quoi la Grâce ne blesse pas « le pouvoir qu'on a de résister si on le veut; » puisqu'elle fait seulement qu'on ne veut pas y résister, comme votre père Pétau le reconnoît en ces termes, T. I, *Théol. dogm.*, l. IX, c. VII, p. 602 : « La Grâce de Jésus-Christ fait qu'on persévère infailliblement dans la Piété, quoique non par Nécessité : car on peut n'y pas consentir si on le veut, comme dit le Concile; mais cette même Grâce fait que l'on ne le veut pas. »

C'est là, mon père, la Doctrine constante de saint Augustin, de saint Prosper[1], des Pères qui les ont suivis, des Conciles, de saint Thomas, et de tous les Thomistes en

---

1. Saint Prosper, dit d'*Aquitaine*, afin de le distinguer de plusieurs saints du même nom, docteur de l'Église, né aux environs de Bordeaux, vers 403, mort on ne sait où, mais après 463. Il était à Marseille en 426, quand on y apporta deux Écrits de saint Augustin contre les Pélagiens; c'étaient les traités connus sous le nom *De la Correction* et *De la Grâce*. Il écrivit à saint Augustin, qu'il ne connaissait pas, mais dont il avait lu plusieurs ouvrages. Saint Augustin lui répondit et lui dédia, collectivement avec Hilaire de Syracuse, les deux traités *De la Prédestination des saints* et *Du Don de la persévérance*. Prosper était dès lors un zélé disciple de l'évêque d'Hippone contre les Pélagiens. La gloire de saint Augustin, déjà répandue partout, et l'honneur qu'il avait fait à Prosper, en lui dédiant deux de ses principales œuvres, en ajoutant au crédit de celui-ci, contribuèrent sans doute aussi à augmenter son zèle pour les Doctrines de l'illustre apôtre de la Grâce.

Saint Prosper, rhéteur, poète, théologien, controversiste, est une des grandes figures du Christianisme au Ve siècle.

général. C'est aussi celle de vos Adversaires, quoique vous ne l'ayez pas pensé. Et c'est enfin celle que vous venez d'approuver vous-même en ces termes : « La Doctrine de la Grâce efficace, qui reconnoît qu'on a le pouvoir d'y résister, est orthodoxe, appuyée sur les Conciles, et soutenue par les Thomistes et les Sorbonistes. » Dites la vérité, mon père : si vous eussiez su que vos Adversaires tiennent effectivement cette Doctrine, peut-être que l'intérêt de votre Compagnie vous eût empêché d'y donner cette approbation publique : mais, vous étant imaginé qu'ils y étoient opposés, ce même intérêt de votre Compagnie vous a porté à autoriser des sentiments que vous croyiez contraires aux leurs; et par cette méprise, voulant ruiner leurs principes, vous les avez vous-même parfaitement établis. De sorte qu'on voit aujourd'hui, par une espèce de prodige, les défenseurs de la Grâce efficace justifiés par les défenseurs de Molina : tant la conduite de Dieu est admirable pour faire concourir toutes choses à la gloire de sa vérité!

Que tout le monde apprenne donc, par votre propre déclaration, que cette vérité de la Grâce efficace, nécessaire à toutes les actions de Piété, qui est si chère à l'Église, et qui est le prix du sang de son Sauveur, est si constamment catholique, qu'il n'y a pas un catholique, jusques aux Jésuites mêmes, qui ne la reconnoissent pour orthodoxe. Et l'on saura en même temps, par votre propre confession, qu'il n'y a pas le moindre soupçon d'erreur dans ceux que vous en avez tant accusés, car, quand vous leur en imputiez de cachées sans les vouloir découvrir, il leur étoit aussi difficile de s'en défendre qu'il vous étoit facile de les en accuser de cette sorte ; mais maintenant que vous venez de déclarer que cette erreur qui vous oblige à les combattre est celle de Calvin, que vous pensiez qu'ils soutinssent, il n'y a personne qui ne voie clairement qu'ils sont exempts de toute erreur, puisqu'ils sont si contraires à la seule que vous leur imposez, et qu'ils protestent, par leurs discours, par leurs Livres, et par tout ce qu'ils peuvent produire pour témoigner leurs sentiments, qu'ils condamnent cette Hérésie de tout leur cœur, et de la même manière que font les Thomistes, que vous reconnoissez sans difficulté pour Catholiques, et qui n'ont jamais été suspects de ne le pas être[1].

1. Au fond, Pascal et Port-Royal sont de l'avis de Calvin sur la Grâce et le Libre Arbitre; Calvin est un Thomiste, plus la liberté de langage. Les Thomistes sont les disciples prudents de saint Augustin, qui traduit lui-même les sentiments de saint Paul, et saint Paul, c'est le Christianisme doctrinal. La question de la Grâce est la question même du Surnaturel. Plus on accorde à la Grâce, plus on accorde au Surnaturel et plus on est chrétien. Mais il ne faut pas prêter au scandale, c'est-à-dire être plus royaliste que le roi. Il y a des siècles, et ce sont les siècles où le mysticisme domine, qui accordent beaucoup à la Grâce. Le xviie siècle n'en était pas un; les Jésuites l'avaient compris et tiraient de là leur force dans les discussions théologiques. Luther et Calvin, qui n'avaient rien à ménager, avaient mis, comme on dit, les pieds dans le plat. Baïus, Jansénius, Saint-Cyran, Port-Royal, Pascal, sont de l'avis de Luther et de Calvin sur la Grâce, contre Molina et les Molinistes, qui sont des Rationalistes et des Semi-Pélagiens. Ils ne l'avouent pas, s'en défendent comme ils peuvent, se cachent au besoin derrière les Thomistes, comme fait ici Pascal. Ils avaient puisé dans saint Augustin des conseils prudents. « Cette question de la volonté de l'homme et de la *Grâce* de Dieu, dit saint Augustin, est tellement difficile à exposer que l'on semble toujours nier l'une ou l'autre. Parce que l'Apôtre (saint Paul) a dit que c'est Dieu qui opère en nous le vouloir et le faire, selon sa bonne volonté, il ne faut pas croire qu'il anéantisse le Libre Arbitre. Assurément Dieu opère dans l'homme le désir de croire et sa miséricorde nous prévient en toutes choses; mais répondre à l'appel de Dieu ou s'y refuser, c'est le propre de la volonté. Détruisons-nous donc le Libre Arbitre par la Grâce? A Dieu ne plaise; nous établissons plutôt le Libre Arbitre. » L'affaire de la Grâce, mise à l'ordre du jour par la Réforme, avait soulevé une tempête, même en dehors de la Réforme, c'est-à-dire au sein de l'Église catholique. Clément VIII dut intervenir entre les Thomistes et les Molinistes vers la fin du xvie siècle. Il imposa silence à la controverse, pria les chefs des deux partis de lui résumer leur opinion sur la matière.

Que direz-vous donc maintenant contre eux, mon père? Qu'encore qu'ils ne suivent pas le sens de Calvin, ils sont néanmoins Hérétiques, parce qu'ils ne veulent pas reconnoître que le sens de Jansénius est le même que celui de Calvin? Oseriez-vous dire que ce soit là une matière d'Hérésie? Et n'est-ce pas une pure Question de Fait qui n'en peut former? C'en seroit bien une de dire qu'on n'a pas le pouvoir de résister à la Grâce efficace ; mais en est-ce une de douter si Jansénius le soutient? est-ce une vérité révélée? est-ce un article de Foi qu'il faille croire sur peine de damnation? et n'est-ce pas malgré vous un Point de Fait pour lequel il seroit ridicule de prétendre qu'il y eût des Hérétiques dans l'Église?

Ne leur donnez donc plus ce nom, mon père, mais quelque autre qui soit proportionné à la nature de votre différend. Dites que ce sont des ignorants et des stupides, et qu'ils entendent mal Jansénius; ce seront des reproches assortis à votre dispute ; mais de les appeler Hérétiques,

Afin d'examiner le pour et le contre, il institua une congrégation de cardinaux et de consulteurs, dite *De Auxiliis,* dont la première réunion eut lieu le 2 janvier 1598 et la dernière le 28 août 1607. Sans pouvoir être réglée, la question tourna contre Molina, dont vingt propositions furent condamnées, comme nous avons déjà dit. Il y avait eu soixante-dix-sept réunions des consulteurs. Le Pape refusa de décider sur le fond du conflit et provoqua une séance solennelle au Vatican (20 mars 1602). On ne put aboutir à rien. La Congrégation *De auxiliis* n'obtint pas un meilleur résultat sous les deux successeurs de Clément VIII. Les discussions sur la Grâce, reprises par les Jansénistes d'une part et les Jésuites de l'autre, ne réussirent qu'à troubler les consciences. Comme fait Pascal dans sa Dix-huitième Provinciale, où il feint d'être d'accord avec les Thomistes, afin d'avoir la paix, l'Église catholique, en vue aussi d'avoir la paix, a proscrit dans les Écoles de théologie, au moins jusqu'à nouvel ordre, l'examen contradictoire de la Doctrine de la Grâce, ranimé un moment à la fin du xviie siècle par la querelle du *Quiétisme*, qui, lui aussi, est une forme de Fatalisme providentiel, dont la Grâce est le nom historique. Les *Maximes des Saints*, de Fénelon, et les *États d'Oraison*, de Bossuet, sont des fruits littéraires de cette dernière levée de boucliers.

cela n'y a nul rapport. Et comme c'est la seule injure dont je les veux défendre, je ne me mettrai pas beaucoup en peine de montrer qu'ils entendent bien Jansénius. Tout ce que je vous en dirai est qu'il me semble, mon père, qu'en le jugeant par vos propres règles il est difficile qu'il ne passe pour catholique, car voici ce que vous établissez pour l'examiner.

« Pour savoir, dites-vous, si Jansénius est à couvert, il faut savoir s'il défend la Grâce efficace à la manière de Calvin, qui nie qu'on ait le pouvoir d'y résister; car alors il seroit Hérétique : ou à la manière des Thomistes, qui l'admettent, car alors il seroit Catholique. » Voyez donc, mon père, s'il tient qu'on a le pouvoir de résister, quand il dit, dans des traités entiers, et entre autres, au tome III, liv. VIII, ch. xx, « qu'on a toujours le pouvoir de résister à la Grâce, selon le Concile : QUE LE LIBRE ARBITRE PEUT TOUJOURS AGIR ET N'AGIR PAS, vouloir et ne vouloir pas, consentir et ne consentir pas, faire le bien et le mal, et[a] que l'homme en cette vie a toujours ces deux libertés, que vous appelez de contrariété et[b] de contradiction. » Voyez de même s'il n'est pas contraire à l'erreur de Calvin, telle que vous-même la représentez, lui qui montre, dans tout le chapitre xxi, « que l'Église a condamné cet Hérétique, qui soutient que la Grâce n'agit pas sur le Libre Arbitre en la manière qu'on l'a cru si longtemps dans l'Église, en sorte qu'il soit ensuite au pouvoir du Libre Arbitre de consentir ou de ne consentir pas, au lieu que, selon saint Augustin et le Concile, on a toujours le pouvoir de ne consentir pas, si on le veut, et que, selon saint Prosper, Dieu donne à ses Élus mêmes la volonté de persévérer, en sorte

---

[a] « Et » a été retranché dans l'in-8°.
[b] « De contrariété et » est également retranché dans l'in-8°.

qu'il ne leur ôte pas la puissance[1] de vouloir le contraire. »
Et enfin jugez s'il n'est pas d'accord avec les Thomistes,
lorsqu'il déclare, c. IV, « que tout ce que les Thomistes
ont écrit pour accorder l'efficacité de la Grâce avec le pouvoir d'y résister est si conforme à son sens, qu'on n'a qu'à
voir leurs Livres pour y apprendre ses sentiments : *Quod
ipsi dixerunt, dictum puta.*[2] »

1. Pascal n'explique pas que, dans le sens de Jansénius « la puissance de vouloir le contraire » que Dieu laisse à ses Élus, signifie qu'il ne les contraint pas *physiquement* par voie de *coaction*.
2. Cette prétendue conformité des sentiments de Jansénius et des Thomistes, invoquée par Pascal, est un moyen de polémique. Jansénius écrit, en effet, dans l'*Augustinus* : « Cette Théologie moderne — celle des Thomistes — diffère si fort de saint Augustin, qu'il faut, ou qu'Augustin lui-même se soit trompé en mille sens, autant qu'on se peut tromper en si grave matière, ou bien que, s'il a enseigné selon le sens de l'Église catholique, la vérité tant sur les autres articles que sur ceux en particulier de la Grâce et de la Prédestination contre les Pélagiens, les Théologiens modernes, à leur tour, se soient à coup sûr écartés du seuil de la véritable Théologie, — et, je le dis sans inculper leur Foi, — mais écartés de telle sorte qu'ils paroissent ne plus comprendre, ni cette Foi chrétienne, qu'ils gardent pourtant en leur cœur comme Catholiques, ni l'Espérance, ni la Concupiscence, ni la Charité, ni la Nature, ni la Grâce, — la Grâce à aucun degré et sous aucune forme, ni celle des Anges, ni celle des Hommes, — ni avant la Chute ni depuis, — ni la Grâce suffisante, ni l'efficace, ni l'opérante, ni la coopérante, ni la prévenante, ni la subséquente, ni l'excitante, ni l'adjuvante; ni le vice, ni la vertu; ni la bonne œuvre, ni le péché, soit originel, soit actuel; ni le mérite et sa récompense; ni le prix et le supplice de la créature raisonnable; ni sa béatitude ni sa misère; ni le Libre Arbitre et son *Esclavage*[1], ni la Prédestination et son effet; ni la crainte, ni l'amour de Dieu ni la justice; ni sa miséricorde; enfin, ni l'*Ancien* ni le *Nouveau Testament;* — qu'ils semblent, dis-je, ne plus rien comprendre à toutes ces choses, mais plutôt, à force de raisonnements, avoir fait de la Théologie morale une Babel pour la confusion, et pour l'obscurité, une région cimmérienne. »
Tout cet ensemble d'idées avait été adopté à Port-Royal, par l'entremise de Saint-Cyran. Lancelot parle des « chimères des Thomistes, que M. d'Ypres avoit voulu éviter. » Port-Royal entier voulait débarrasser le terrain théologique des broussailles de la Scolastique et du Thomisme, à l'exception peut-être d'Arnauld, qui était un dissolvant à Port-Royal et qui

1. Comparer ce mot avec le titre du livre de Luther : *De Servo Arbitrio*.

Voilà comme il parle sur tous ces chefs, et c'est sur quoi je m'imagine qu'il se croit le pouvoir de résister à la Grâce; qu'il est contraire à Calvin, et conforme aux Thomistes, parce qu'il le dit, et qu'ainsi il est Catholique selon vous. Que si vous avez quelque voie pour connoître le sens d'un Auteur autrement que par ses expressions, et que, sans rapporter aucun de ses passages, vous vouliez soutenir, contre toutes ses paroles, qu'il nie le pouvoir de résister, et qu'il est pour Calvin contre les Thomistes, n'ayez pas peur, mon père, que je vous accuse d'Hérésie pour cela : je dirai seulement qu'il semble que vous entendez mal Jansénius; mais nous n'en serons pas moins enfants de la même Église.

D'où vient donc, mon père, que vous agissez dans ce différend d'une manière si passionnée, et que vous traitez comme vos plus cruels ennemis, et comme les plus dangereux Hérétiques, ceux que vous ne pouvez accuser d'aucune erreur, ni d'autre chose, sinon qu'ils n'entendent pas Jansénius comme vous? Car de quoi disputez-vous, sinon du sens de cet Auteur? Vous voulez qu'ils le condamnent, mais ils vous demandent ce que vous entendez par là. Vous dites que vous entendez l'erreur de Calvin; ils répondent qu'ils la condamnent : et ainsi, si vous n'en voulez pas aux syllabes, mais à la chose qu'elles signifient, vous devez être satisfait. S'ils refusent de dire qu'ils condamnent le sens de Jansénius, c'est parce qu'ils croient que c'est celui de saint Thomas. Et ainsi, ce mot est bien équivoque entre vous. Dans votre bouche il signifie le sens de Calvin;

nourrissait l'espoir chimérique d'une alliance avec les Thomistes contre les Jésuites. Arnauld, dans le cas présent, est derrière Pascal et dirige sa plume. Pascal avait auparavant ridiculisé (Deuxième *Provinciale*) l'attitude des Thomistes dans le procès d'Arnauld. La lâcheté des « foibles qui sont pires que les méchants », c'était la lâcheté des Thomistes.

dans la leur, c'est le sens de saint Thomas ; de sorte que ces différentes idées que vous avez d'un même terme, causant toutes vos divisions, si j'étois maître de vos disputes, je vous interdirois le mot Jansénius de part et d'autre. Et ainsi, en n'exprimant que ce que vous entendez par là, on verroit que vous ne demandez autre chose que la condamnation du sens de Calvin, à quoi ils consentent ; et qu'ils ne demandent autre chose que la défense du sens de saint Augustin et de saint Thomas, en quoi vous êtes tous d'accord.

Je vous déclare donc, mon père, que, pour moi, je les tiendrai toujours pour Catholiques, soit qu'ils condamnent Jansénius, s'ils y trouvent des erreurs, soit qu'ils ne le condamnent point quand ils n'y trouvent que ce que vous-même déclarez être catholique ; et que je leur parlerai comme saint Jérôme à Jean, évêque de Jérusalem, accusé de tenir huit propositions d'Origène. « Ou condamnez Origène, disoit ce saint, si vous reconnoissez qu'il a tenu ces erreurs, ou bien niez qu'il les ait tenues : *Aut nega hoc dixisse eum qui arguitur; aut, si locutus est talia, eum damna qui dixerit.* »

Voilà, mon père, comment agissent ceux qui n'en veulent qu'aux Erreurs, et non pas aux Personnes, au lieu que vous, qui en voulez aux Personnes plus qu'aux Erreurs, vous trouvez que ce n'est rien de condamner les Erreurs, si on ne condamne les Personnes à qui vous les voulez imputer.

Que votre procédé est violent, mon père, mais qu'il est peu capable de réussir ! Je vous l'ai dit ailleurs, et je vous le redis encore, la violence et la vérité ne peuvent rien l'une sur l'autre. Jamais vos accusations ne furent plus outrageuses, et jamais l'innocence de vos Adversaires ne fut plus connue : jamais la Grâce efficace ne fut plus artificieusement attaquée, et jamais nous ne l'avons vue si affermie. Vous employez les derniers efforts pour faire croire que vos disputes sont sur des points de Foi, et jamais on ne connut mieux que toute votre dispute n'est que sur un Point de Fait. Enfin vous remuez toutes choses pour faire croire que ce Point de Fait est véritable, et jamais on ne fut plus disposé à en douter. Et la raison en est facile : c'est, mon père, que vous ne prenez pas les voies naturelles pour faire croire un Point de Fait, qui sont de convaincre les sens, et de montrer dans un Livre les mots que l'on dit y être. Mais vous allez chercher des moyens si éloignés de cette simplicité, que cela frappe nécessairement les plus stupides. Que ne preniez-vous la même voie que j'ai tenue dans mes Lettres pour découvrir tant de mauvaises maximes de vos Auteurs, qui est de citer fidèlement les lieux d'où elles sont tirées? C'est ainsi qu'ont fait les Curés de Paris ; et cela ne manque jamais de persuader le monde. Mais qu'auriez-vous dit, et qu'auroit-on pensé, lorsqu'ils vous reprochèrent, par exemple, cette Proposition du père Lamy : « Qu'un Religieux peut tuer celui qui menace de publier des Calomnies contre lui ou contre sa Communauté, quand il ne s'en peut défendre autrement, » s'ils n'avoient point cité le lieu où elle est en propres termes ; que, quelque demande qu'on leur en eût faite, ils se fussent toujours obstinés à le refuser ; et qu'au lieu de cela, ils eussent été à Rome obtenir une Bulle qui ordonnât à tout le monde de le reconnoître? N'auroit-on pas jugé sans doute qu'ils auroient surpris le Pape, et qu'ils n'auroient eu recours à ce moyen extraordinaire que manque des moyens naturels que les Vérités de Fait mettent en main à tous ceux qui les soutiennent? Aussi ils n'ont fait que marquer que le père Lamy enseigne cette Doctrine au T. V, disp. 36, n. 118, p. 544 de l'édition de Douai; et ainsi tous ceux qui l'ont voulu voir l'ont trouvée, et personne n'en a pu douter. Voilà une manière bien facile et bien prompte de vider les Questions de Fait, où l'on a raison.

D'où vient donc, mon père, que vous n'en usez pas de la sorte? Vous avez dit, dans vos *Cavilli*, « que les Cinq Propositions sont dans Jansénius mot à mot, toutes en propres termes, IISDEM VERBIS[a]. » On vous a dit que non. Qu'y avoit-il à faire là-dessus, sinon ou de citer la page, si vous les aviez vues en effet, ou de confesser que vous vous étiez trompé? Mais vous ne faites ni l'un ni l'autre, et, au lieu de cela, voyant bien que tous les endroits de Jansénius, que vous alléguez quelquefois pour éblouir le monde, ne sont point les « Propositions condamnées, individuelles et singulières » que vous vous étiez engagé de faire voir dans son Livre, vous nous présentez des Constitutions qui déclarent qu'elles en sont extraites, sans marquer le lieu.

Je sais, mon père, le respect que les Chrétiens doivent au Saint-Siége, et vos Adversaires témoignent assez d'être très résolus à ne s'en départir jamais. Mais ne vous imaginez pas que ce fût en manquer que de représenter au Pape, avec toute la soumission que des enfants doivent à leur père, et les membres à leur chef, qu'on peut l'avoir surpris en ce Point de Fait; qu'il ne l'a point fait examiner depuis son pontificat, et que son prédécesseur Innocent X avoit fait seulement examiner si les Propositions étoient Hérétiques, mais non pas si elles étoient de Jansé-

---

[a] « Iisdem verbis » est la leçon de l'in-8° substituée à celle de l'in-4° et des in-12, qui ont « totidem verbis ».

nius[1]. Ce qui a fait dire au commissaire du Saint-Office, l'un des principaux examinateurs, « qu'elles ne pouvoient être censurées au sens d'aucun auteur : *non sunt qualificabiles in sensu proferentis;* parce qu'elles leur avoient été présentées pour être examinées en elles-mêmes, et sans considérer de quel Auteur elles pouvoient être : *in abstracto, et ut præcindunt ab omni proferente,* » comme il se voit dans leurs suffrages nouvellement imprimés : que plus de soixante docteurs, et un grand nombre d'autres personnes habiles et pieuses ont lu ce Livre exactement sans les y avoir jamais vues, et qu'ils y en ont trouvé de contraires;

1. Dans son bref aux vicaires généraux de Paris, Alexandre VII, successeur d'Innocent X, déclare que cette assertion de Pascal est un « mensonge insigne. » Son affirmation a d'autant plus de poids, qu'ennemi des Jansénistes et ami des Jésuites, c'était lui qui avait fait condamner, par Innocent X, les Cinq Propositions extraites du livre de Jansénius. Du reste, à Rome comme à Paris, la condamnation des Cinq Propositions avait été une affaire politique, plus qu'une question de théologie. Le Saint-Siège défendait la cause de Mazarin, qui était celle de la royauté et de l'ordre public, contre la Fronde et les Jansénistes. L'attitude du cardinal de Retz, alors réfugié à Rome, n'avait pas été favorable aux Jansénistes. « Ce n'est pas, dit un Libelle du temps, — *Lettre écrite à M. le Cardinal de Retz, par un de ses confidents, dont la copie lui a été envoyée à Rome, 1655,* — ce n'est pas qu'en cette occasion — il accuse Retz d'avoir animé les esprits les uns contre les autres à propos de Jansénius — il ne se soit trouvé très embarrassé, tout fin qu'il est, parce que, n'ayant pas vu les Jansénistes assez bien établis (à Rome) pour s'en appuyer, et reconnoissant que s'il les favorisoit ouvertement, il y auroit plus à perdre qu'à gagner pour lui, à cause de la puissance du parti contraire, il ne s'en est servi que secrètement pour jeter la division dans les familles, et a été même contraint de manquer de parole à ceux de cette Doctrine (en nommant du Saussay, hostile aux Jansénistes, à la charge de vicaire-général de Paris), auxquels il avoit promis sa protection pour les engager dans ses intérêts; néanmoins, pour ne rien faire qui lui puisse nuire auprès de l'un et de l'autre parti, *il se tient clos et couvert sur cette matière* (les Cinq Propositions); *ne se déclare ouvertement ni pour ni contre,* mais assure les deux en particulier de sa faveur et de sa protection, faisant, à Rome, l'antijanséniste, et faisant dire ici (à Paris) tout le contraire, par ses émissaires, à ceux qu'il croit encore partisans de Jansénius. » Il n'en avait pas moins dû quitter Rome et se retirer en Hollande.

que ceux qui ont donné cette impression au Pape pourroient bien avoir abusé de la créance qu'il a en eux, étant interessés, comme ils le sont, à décrier cet Auteur, qui a convaincu Molina [1] de plus de cinquante erreurs ; ce qui rend la chose plus croyable, est qu'ils ont cette maxime, l'une des plus autorisées de leur Théologie, « qu'ils peuvent calomnier sans crime ceux dont ils se croient injustement attaqués ; » et qu'ainsi leur témoignage étant si suspect, et le témoignage des autres étant si considérable, on a quelque sujet de supplier Sa Sainteté, avec toute l'humilité possible, de faire examiner ce Fait en présence des Docteurs de l'un ou de l'autre parti, afin d'en pouvoir former une décision solennelle et régulière. « Qu'on assemble des juges « habiles, » disoit saint Basile sur un semblable sujet, ép. 75; « que chacun y soit libre ; qu'on examine mes Écrits ; qu'on voie s'il y a des erreurs contre la Foi ; qu'on lise les objections et les réponses, afin que ce soit un jugement rendu avec connoissance de cause et dans les formes, et non pas une diffamation sans examen. »

Ne prétendez pas, mon père, de faire passer pour peu soumis au Saint-Siége ceux qui en useroient de la sorte. Les Papes sont bien éloignés de traiter les Chrétiens avec cet empire que l'on voudroit exercer sous leur nom. « L'Église, dit le pape saint Grégoire, *In Job.*, L. VIII,

---

1. « De plus de cinquante erreurs. » Voici, à ce qu'on prétend, l'origine de la haine des Jésuites contre Jansénius. Quand on imprima l'*Augustinus* de Jansénius, en 1640, Libertus Fromond, célèbre professeur de Louvain, s'avisa de mettre à la fin du Livre de son ami, qui était mort deux ans auparavant, un parallèle de la Doctrine des Jésuites sur la Grâce avec les erreurs des Marseillais ou Semi-Pélagiens. Les Jésuites, qui prirent faussement Jansénius pour l'Auteur de ce parallèle, commencèrent, dans les Pays-Bas mêmes, à s'élever contre son Livre, par un grand volume de thèses théologiques, qui sont fort singulières et très rares, *in-folio*, 1641. (*Note de l'édit. de 1812.*)

ch. I, qui a été formée dans l'école d'humilité, ne commande pas avec autorité, mais persuade par raison ce qu'elle enseigne à ses enfants qu'elle croit engagés dans quelque erreur : *recta quæ errantibus dicit, non quasi ex auctoritate præcepit, sed ex ratione persuadet.* » Et bien loin de tenir à déshonneur de réformer un jugement où on les auroit surpris, ils en font gloire au contraire, comme le témoigne saint Bernard, Ép. 180. « Le Siége Apostolique, dit-il, a cela de recommandable, qu'il ne se pique pas d'honneur, et se porte volontiers à révoquer ce qu'on en a tiré par surprise; aussi est-il bien juste que personne ne profite de l'injustice, et principalement devant le Saint-Siége. »

Voilà, mon père, les vrais sentiments qu'il faut inspirer aux Papes, puisque tous les Théologiens demeurent d'accord qu'ils peuvent être surpris, et que cette qualité suprême est si éloignée de les en garantir, qu'elle les y expose au contraire davantage, à cause du grand nombre de soins qui les partagent. C'est ce que dit le même saint Grégoire à des personnes qui s'étonnoient de ce qu'un autre Pape s'étoit laissé tromper. « Pourquoi admirez-vous, dit-il, Liv. I, ch. IV, *Dial.*, que nous soyons trompés, nous qui sommes des hommes? N'avez-vous pas vu que David, ce roi qui avoit l'Esprit de Prophétie, ayant donné créance aux Impostures de Siba, rendit un jugement injuste contre le fils de Jonathas? Qui trouvera donc étrange que des Imposteurs nous surprennent quelquefois, nous qui ne sommes point Prophètes? La foule des affaires nous accable; et notre esprit, qui, étant partagé en tant de choses, s'applique moins à chacune en particulier, en est plus aisément trompé en une. » En vérité, mon père, je crois que les Papes savent mieux que vous s'ils peuvent être surpris ou non. Ils nous déclarent eux-mêmes que les Papes et les plus Grands Rois sont plus exposés à être trompés que les personnes qui ont moins d'occupations importantes. Il les en faut croire; et il est bien aisé de s'imaginer par quelle voie on arrive à les surprendre. Saint Bernard en fait la description dans la Lettre qu'il écrivit à Innocent II, en cette sorte, Ep. 327 : « Ce n'est pas une chose étonnante, ni nouvelle, que l'esprit de l'homme puisse tromper et être trompé. Des Religieux sont venus à vous dans un Esprit de mensonge et d'illusion. Ils vous ont parlé contre un Évêque qu'ils haïssent, et dont la vie a été exemplaire. Ces personnes mordent comme des chiens, et veulent faire passer le bien pour le mal. Cependant, très saint père, vous vous mettez en colère contre votre fils. Pourquoi avez-vous donné un sujet de joie à ses adversaires? Ne croyez pas à tout Esprit, mais éprouvez si les Esprits sont de Dieu. J'espère que, quand vous aurez connu la Vérité, tout ce qui a été fondé sur un faux rapport sera dissipé. Je prie l'Esprit de Vérité de vous donner la Grâce de séparer la Lumière des Ténèbres, et de réprouver le Mal pour favoriser le Bien. » Vous voyez donc, mon père, que le degré éminent où sont les Papes ne les exempte pas de surprise, et qu'il ne fait autre chose que rendre leurs surprises plus dangereuses et plus importantes. C'est ce que saint Bernard représente au pape Eugène, *De Consid.*, L. II, c. ult. : « Il y a un autre défaut si général, que je n'ai vu personne des Grands du monde qui l'évite. C'est, saint père, la trop grande crédulité d'où naissent tant de désordres; car c'est de là que viennent les persécutions violentes contre les innocents, les préjugés injustes contre les absents, et les colères terribles pour des choses de néant, *pro nihilo*. Voilà, saint père, un mal universel, duquel, si vous êtes exempt, je dirai que vous êtes le seul qui ayez cet avantage entre tous vos confrères [1]. »

Je m'imagine, mon père, que cela commence à vous

---

[1]. Il y avait de l'habileté, de la part de Pascal, à invoquer le nom de saint Bernard, un des plus grands hommes de l'Église, dont l'orthodoxie ne pouvait être suspecte ni l'autorité contestée. Fabert écrit à M. d'Andilly — 16 mai 1657 — : « La Dix-huitième (Provinciale) est une chose à admirer et que chacun doit savoir, ce me semble. Il y a beaucoup de choses à apprendre en sa lecture, et, à mon avis, une seule à craindre, qui est qu'elle ne donne aux Jésuites autant d'aversion pour saint Bernard, qu'ils en ont pour Jansénius ». Manuscrits de la Bibliothèque de l'Arsenal : *Papiers de la famille Arnauld*, t. II.

Saint Bernard jouissait à Port-Royal d'un crédit sans bornes. Il y avait été introduit par Saint-Cyran, qui honorait en lui le génie joint au véritable esprit du Christianisme, à l'amour de la solitude. Saint Bernard créait de préférence des monastères au fond des vallées désertes, et Clairvaux, avant qu'il y vînt, s'appelait *la vallée de l'absinthe*, de la pauvreté. Saint-Cyran admirait aussi en lui l'éloquence abrupte, et sans doute la puissance de caractère qui lui avait fait acquérir une si grande influence dans le monde. On fêtait saint Bernard à Port-Royal comme un des patrons de la maison. Dans le Recueil des propos de Santeul, fait par Louail, on lit : « Qu'il ne manque point d'y (à Port-Royal) venir deux fois l'an, à la fête du Saint-Sacrement et à la fête de saint Bernard ; qu'il avoit fait, en la considération des Religieuses de Port-Royal, les hymnes de saint Bernard, et qu'il leur avoit obtenu de Monseigneur l'archevêque de Paris permission de les chanter. » Les Écrivains de Port-Royal citent fréquemment saint Bernard. Il est juste d'ajouter que ce que Saint-Cyran et les siens admirent le plus chez saint Bernard, c'est le franc parler, surtout en ce qui concerne les mœurs de la Cour Romaine. La mère Angélique Arnauld disait à M. Le Maître, à la date du 26 avril 1653 (*Mémoires pour servir à l'histoire de Port-Royal*, — recueil d'Utrecht, — t. II, p. 308) : « Le Cardinal de Bérulle, ami intime de M. de Genève — saint François de Sales — voyoit et déploroit ces mêmes abus de la Cour de Rome, et en entretenoit M. de Saint-Cyran, qui me disoit qu'il voyoit une éminence de lumière et de discernement merveilleux en ce saint homme et qu'ils se confirmoient ensemble dans le silence que les vrais enfants de l'Église devoient garder dans la vue de ces maux intérieurs et de ces plaies intestines, que saint Bernard a dit, il y a déjà cinq cents ans, être incurables ; qu'il falloit couvrir au moins la nudité de sa mère lorsqu'on voyoit qu'on ne la pouvoit guérir de ses maladies, et dire bien plus aujourd'hui que saint Grégoire de Nazianze ne disoit de son temps : nous n'avons rien à donner à l'Église que nos larmes. »

persuader que les Papes sont exposés à être surpris. Mais, pour vous le montrer parfaitement, je vous ferai seulement ressouvenir des exemples que vous-même rapportez dans votre Livre, de Papes et d'Empereurs, que des Hérétiques ont surpris effectivement. Car vous dites qu'Apollinaire [1] surprit le pape Damase, de même que Célestius [2]

1. Apollinaire, fils d'Apollinaire l'*Ancien,* d'abord lecteur, puis évêque de Laodicée de Syrie, enfin chef de la secte des *Apollinaristes,* vivait au IVᵉ siècle. C'était un grammairien et un sophiste d'une grande renommée. En 362, l'Empereur Julien ayant défendu aux Chrétiens d'étudier les Lettres humaines, Apollinaire, en vue de leur venir en aide, publia un grand nombre d'ouvrages en prose et en vers. Par exemple, il mit en vers les Livres Historiques de l'Ancien Testament. On lui donna en récompense l'évêché de Laodicée. Son imagination exubérante et la fertilité de son esprit l'ayant fait tomber dans une sorte de Gnosticisme, il fut abandonné de ses amis, saint Basile, saint Grégoire de Nazianze, saint Athanase, les chefs de l'Église en un mot, qui se mirent à écrire contre lui, l'accusant, entre autres erreurs, de Manichéisme. Saint Athanase le fit condamner au Concile d'Alexandrie (368). Le pape Damase le fit condamner à son tour dans un Concile tenu à Rome en 373. La plupart de ses Livres sont perdus, hors une traduction en vers des Psaumes, qu'on trouve dans la Bibliothèque des Pères. Il a joué un rôle considérable. Les anciens écrivains ecclésiastiques, entre autres Sozomène, Socrate, Vincent de Lérins, l'ont beaucoup discuté, ainsi que parmi les modernes, Bellarmin, Baronius, le père Sirmond, Possevin. Lire sur lui *La* XLIVᵉ *harangue de Grégoire de Nazianze adressée à Nectaire.*

2. Célestius, né au IVᵉ siècle, mort dans la première moitié du Vᵉ. Il était d'origine irlandaise ou écossaise. C'était un homme éminent, disciple de Pélage, très remuant, qui vécut à Rome puis en Afrique, où il fut condamné en 412 par un Synode réuni à Carthage. Il continua de lutter avec Pélage. Ils furent condamnés encore en 417 par Innocent Iᵉʳ, sur la plainte de saint Augustin. Cependant Celestius parvint à surprendre la bonne foi du pape Zozime, successeur d'Innocent Iᵉʳ, qui reçut ses Écrits comme orthodoxes et écrivit en sa faveur aux évêques d'Afrique. Ceux-ci résistèrent, en appelèrent à l'empereur Honorius, qui chassa Célestius en 418. Il s'enfuit à Constantinople, puis revint à Rome, d'où il fut de nouveau expulsé en 422, et se retira définitivement en Bretagne avec son maître Pélage. Ce dernier fait est révoqué en doute dans les *Antiquités britanniques* d'Usserius, archevêque d'Armagh et de Stillingfleet, évêque de Worcester, qui ont essayé d'élucider ce point d'histoire religieuse. Voir sur lui saint Augustin : *De la perfection de la justice* et *De la rémission des péchés,* et Baronius *ad ann.* 411, 412.

surprit Zozime. Vous dites encore qu'un nommé Athanase[1] trompa l'empereur Héraclius, et le porta à persécuter les Catholiques ; et qu'enfin Sergius[2] obtint d'Honorius[3] ce Décret qui fut brûlé au Sixième Concile, *en faisant*, dites-vous, *le bon valet auprès de ce Pape*.

Il est donc constant par vous-même que ceux, mon père, qui en usent ainsi auprès des Rois et des Papes, les engagent quelquefois artificieusement à persécuter ceux qui défendent[a] la Vérité de la Foi en pensant persécuter des Hérésies. Et de là vient que les Papes, qui n'ont rien tant en horreur que ces surprises, ont fait d'une Lettre d'Alexandre III[4] une loi ecclésiastique, insérée dans le Droit Canonique, pour permettre de suspendre l'exécution de leurs Bulles et de leurs Décrets quand on croit qu'ils ont été trompés. « Si quelquefois (dit ce pape à l'archevêque de Ravenne, c. v, *Extr. de Rescript.*) nous envoyons à votre fraternité des Décrets qui choquent vos sentiments, ne vous en inquiétez pas. Car ou vous les exécuterez avec révérence, ou vous nous manderez la raison que vous

---

[a] « Ceux qui défendent » manque dans la plupart des exemplaires de l'édition in-4° et dans les éditions in-12.

---

1. Cet Athanase nous est inconnu. Ne serait-ce point Anastase, partisan d'Eutychès, avec qui Héraclius eut maille à partir à Hiérapolis, au retour de son expédition contre les Perses (624-627)?
2. Sergius, premier du nom, patriarche de Constantinople en 608, mort en 639. Il était Syrien d'origine et affilié secrètement aux erreurs des Acéphales et des Jacobites, ce dont on ne s'aperçut qu'en 629 quand il se déclara chef de la secte des Monothélites, à laquelle il parvint un moment à associer l'empereur Héraclius. Sa mémoire fut condamnée au VIe Concile général de 681.
3. L'Honorius dont il s'agit est le pape Honorius Ier, né dans la campagne romaine, successeur de Boniface V au souverain pontificat, en 626, mort en 638. Le souvenir de sa complaisance pour Sergius, cité tout à l'heure, continue de peser sur sa mémoire.
4. Pape de 1159 à 1181.

croyez avoir de ne le pas faire, parce que nous trouverons bon que vous n'exécutiez pas un Décret qu'on auroit tiré de nous par surprise et par artifice. » C'est ainsi qu'agissent les Papes qui ne cherchent qu'à éclairer les différends des Chrétiens, et non pas à suivre la passion de ceux qui veulent y jeter le trouble. Ils n'usent pas de Domination, comme disent saint Pierre et saint Paul après Jésus-Christ; mais l'Esprit qui paroît en toute leur conduite est celui de paix et de vérité. Ce qui fait qu'ils mettent ordinairement dans leurs Lettres cette clause, qui est sous-entendue en toutes : *Si ita est ; si preces veritate nitantur* : « Si la chose est comme on nous la fait entendre, si les faits sont véritables ». D'où il se voit que, puisque les Papes ne donnent de force à leurs Bulles qu'à mesure qu'elles sont appuyées sur des Faits véritables, ce ne sont pas les Bulles seules qui prouvent la Vérité des Faits; mais qu'au contraire, selon les Canonistes mêmes, c'est la Vérité des Faits qui rend les Bulles recevables.

D'où apprendrons-nous donc la Vérité des Faits ? Ce sera des yeux, mon père, qui en sont les légitimes juges, comme la Raison l'est des choses naturelles et intelligibles, et la Foi des choses surnaturelles et révélées. Car, puisque vous m'y obligez, mon père, je vous dirai que, selon les sentiments de deux des plus grands Docteurs de l'Église, saint Augustin et saint Thomas, ces trois principes de nos connoissances, les Sens, la Raison et la Foi, ont chacun leurs objets séparés, et leur certitude dans cette étendue. Et comme Dieu a voulu se servir de l'entremise des Sens pour donner entrée à la Foi, *fides ex auditu*, tant s'en faut que la Foi détruise la Certitude des Sens, que ce seroit au contraire détruire la Foi que de vouloir révoquer en doute le rapport fidèle des Sens. C'est pourquoi saint Thomas remarque expressément que Dieu a voulu que les accidents sensibles subsistassent dans l'Eucharistie, afin que les Sens, qui ne jugent que des Accidents, ne fussent pas trompés : *Ut sensus a deceptione reddantur immunes.*

Concluons donc de là que, quelque proposition qu'on nous présente à examiner, il en faut d'abord reconnoître la nature, pour voir auquel de ces trois principes nous devons nous en rapporter. S'il s'agit d'une chose surnaturelle, nous n'en jugerons ni par les Sens, ni par la Raison, mais par l'Écriture et par les Décisions de l'Église. S'il s'agit d'une proposition non révélée et proportionnée à la Raison Naturelle, elle en sera le premier juge. Et s'il s'agit enfin d'un Point de Fait, nous en croirons les Sens, auxquels il appartient naturellement d'en connoître.

Cette règle est si générale que, selon saint Augustin et saint Thomas, quand l'Écriture même nous présente quelque passage, dont le premier sens littéral se trouve contraire à ce que les Sens ou la Raison reconnoissent avec certitude, il ne faut pas entreprendre de les désavouer en cette rencontre pour les soumettre à l'Autorité de ce sens apparent de l'Écriture; mais il faut interpréter l'Écriture, et y chercher un autre sens qui s'accorde avec cette vérité sensible; parce que la parole de Dieu étant infaillible dans les Faits mêmes, et le rapport des Sens et de la Raison agissant dans leur étendue étant certain aussi, il faut que ces deux vérités s'accordent; et comme l'Écriture se peut interpréter en différentes manières, au lieu que le rapport des Sens est unique, on doit, en ces matières, prendre pour la véritable interprétation de l'Écriture celle qui convient au rapport fidèle des Sens. « Il faut, dit saint Thomas, 1re part., q. 68, a. 1, observer deux choses, selon saint Augustin : l'une, que l'Écriture a toujours un sens véritable ; l'autre que, comme elle peut recevoir plusieurs sens, quand on en trouve un que la Raison convainc certainement de fausseté, il ne faut pas s'obstiner à dire que c'en soit le sens naturel, mais en chercher un autre qui s'y accorde. »

C'est ce qu'il explique par l'exemple du passage de la Genèse, où il est écrit « que Dieu créa deux grands luminaires, le soleil et la lune, et aussi les étoiles » ; par où l'Écriture semble dire que la lune est plus grande que toutes les étoiles : mais parce qu'il est constant, par des démonstrations indubitables, que cela est faux, on ne doit pas, dit ce saint, s'opiniâtrer à défendre ce sens littéral, mais il faut en chercher un autre conforme à cette Vérité de Fait; comme en disant : « Que le mot de grand luminaire ne marque que la grandeur de la lumière de la lune à notre égard, et non pas la grandeur de son corps en lui-même ».

Que si on vouloit en user autrement, ce ne seroit pas rendre l'Écriture vénérable, mais ce seroit au contraire l'exposer au mépris des Infidèles ; « parce, comme dit saint Augustin, *De Gen. ad Lit.*, L. I, c. xix, que, quand ils auroient connu que nous croyons dans l'Écriture des choses qu'ils savent certainement[a] être fausses, ils se riroient de notre crédulité dans les autres choses qui sont plus cachées, comme la Résurrection des Morts et la Vie Éternelle ». « Et ainsi, ajoute saint Thomas, ce seroit leur rendre notre Religion méprisable, et même leur en fermer l'entrée ».

Et ce seroit aussi, mon père, le moyen d'en fermer l'entrée aux Hérétiques, et de leur rendre l'Autorité du Pape méprisable, que de refuser de tenir pour Catholiques ceux qui ne croiroient pas que des paroles sont dans un

---

[a] Textes in-4° et in-12, « parfaitement » au lieu de « certainement ».

Livre où elles ne se trouvent point, parce qu'un Pape l'auroit déclaré par surprise. Car ce n'est que l'examen d'un Livre qui peut faire savoir que les paroles y sont. Les Choses de Fait ne se prouvent que par les Sens. Si ce que vous soutenez est véritable, montrez-le ; sinon ne sollicitez personne pour le faire croire ; ce seroit inutilement. Toutes les puissances du monde ne peuvent par autorité persuader un Point de Fait, non plus que le changer ; car il n'y a rien qui puisse faire que ce qui est ne soit pas.

C'est en vain, par exemple, que des Religieux de Ratisbonne obtinrent du pape saint Léon IX un Décret solennel, par lequel il déclara que le corps de saint Denis, premier évêque de Paris, qu'on tient communément être l'Aréopagite, avoit été enlevé de France, et porté dans l'église de leur monastère. Cela n'empêche pas que le corps de ce saint n'ait toujours été et ne soit encore dans la célèbre abbaye qui porte son nom, dans laquelle vous auriez peine à faire recevoir cette Bulle, quoique ce Pape y témoigne avoir examiné la chose « avec toute la diligence possible, *diligentissime*, et avec le conseil de plusieurs évêques et prélats ; de sorte qu'il oblige étroitement tous les François, *districte præcipientes*, de reconnoître et de confesser qu'ils n'ont plus ces saintes reliques ». Et néanmoins les François, qui savent la fausseté de ce fait par leurs propres yeux, et qui, ayant ouvert la châsse, y trouvèrent toutes ces reliques entières, comme le témoignent les Historiens de ce temps-là, crurent alors, comme on l'a toujours cru depuis, le contraire de ce que ce saint Pape leur avoit enjoint de croire, sachant bien que même les Saints et les Prophètes sont sujets à être surpris[1].

---

1. L'abbé Maynard déclare cette Bulle apocryphe et invoque le témoignage de Baronius (ad an. 1052, n° 13). Baronius ne va pas si loin. Il se

LETTRE XVIII.

Ce fut aussi en vain que vous obtîntes contre Galilée un décret de Rome, qui condamnoit son opinion touchant le Mouvement de la Terre [1]. Ce ne sera pas cela qui prou-

contente de dire : *at ista esse commentitia exclamant Franci* : «Les Français la déclarent fausse ». Lui, ne se prononce pas. Il est vrai que son commentateur Pagius est d'avis que la Bulle aux Religieux de Ratisbonne est fausse. Ne s'aventure-t-il pas? Les Bulles de ce genre ressemblent un peu aux titres de propriété : il y en a qui sont contradictoires. Là où il y a des intérêts en jeu, la vérité historique court souvent le risque de n'être pas respectée.

1. Nous avons déjà cité les paroles d'un mathématicien du collège des Jésuites à Rome, qui disait de Galilée : « Se il Galileo si avesse saputo mantenere l'affetto dei padri di questo collegio, viverebbe glorioso al mondo e non sarebbe stato nulla delle sue disgrazie, e avrebbe potuto scrivere ad arbitrio suo di ogni materia, dico anche del moto della terra. » — Il est constant que les Jésuites ne molestaient pas leurs amis. Dans toutes les corporations, il y a l'Esprit de Corps. Il n'en est pas moins vrai que la haine des Jésuites, de la Cour de Rome et de l'Église a défiguré cette affaire de Galilée. La Cour de Rome a eu des ménagements pour lui, les Jésuites aussi; l'Inquisition n'a pas été féroce comme on se plaît à le répéter sans cesse. Elle a toujours été débonnaire. Les autorités romaines n'ont jamais été fanatiques. Il est resté à Rome quelque chose de la tolérance infinie de la vieille Rome des Césars. L'habitude de manier les grandes affaires du monde a émoussé, dans ce milieu trop politique depuis deux mille ans, la pointe d'intolérance qu'on remarque partout ailleurs. Pascal est beaucoup moins tolérant que l'Inquisition romaine. Il n'accuse d'ailleurs pas l'Inquisition d'intolérance dans le procès de Galilée et il n'y avait pas de quoi. La vérité est qu'en 1612, Bellarmin, ami personnel de Galilée, intervint avec l'assentiment du Pape dans les démêlés de l'illustre astronome avec l'Inquisition. Guichardin, ministre de Toscane, à Rome à cette époque, désirait que le Saint-Siège et le Saint-Office déclarassent fondé sur la Bible le système de Copernic, qui était un chanoine, ce que les Sciençards du XIXe siècle s'abstiennent de mentionner. Le système du chanoine Copernic est celui de Galilée. On nomma une Commission de savants et de cardinaux présidée par Bellarmin. Il y avait des préjugés sur l'interprétation des textes bibliques, qu'il convient d'entendre dans le sens indiqué par saint Thomas et Pascal concernant le passage de la Genèse où il est écrit que « Dieu créa deux grands luminaires, le Soleil et la Lune et aussi les Étoiles »; « par où, observe Pascal, l'Écriture semble dire que la lune est plus grande que toutes les étoiles; mais parce qu'il est constant par des démonstrations indubitables que cela est faux, on ne doit pas, a dit ce saint, s'opiniâtrer à défendre ce sens littéral; mais il faut en chercher un autre conforme à cette Vérité de Fait, comme en disant que le mot de grand luminaire ne marque que la grandeur de la lumière de la Lune à notre

vera qu'elle demeure en repos; et si l'on avoit des observations constantes qui prouvassent que c'est elle qui tourne, tous les hommes ensemble ne l'empêcheroient pas de tourner, et ne s'empêcheroient pas de tourner aussi

égard et non pas la grandeur de son Corps en lui-même ». C'est évident; les Écrivains bibliques parlaient aux hommes dans leur langue et avec leurs idées.

Bellarmin, convaincu de la nécessité de ménager cette langue et ces idées, conseilla à Galilée de ne pas insister, et Galilée se rendit à ses raisons. En 1620, et sur la proposition de Bellarmin, Galilée fut autorisé à enseigner son système comme Théorie Astronomique, sans essayer de le concilier avec la Bible. Ce ne fut qu'en 1633, après la mort de Bellarmin, et sans que les Jésuites y fussent pour rien, que Galilée qui était opiniâtre et qui s'obstinait à vouloir faire de la théologie au lieu de rester sur le terrain de l'astronomie, fut condamné à trois ans de prison, par une commission composée de sept cardinaux. Le Saint-Siège avait le droit de se défendre contre lui, comme tout gouvernement a le droit de se défendre contre ceux qui veulent le détruire. On ne le mit pas en prison; on se contenta de le garder durant huit jours à la Minerve, siège de l'Inquisition, dans l'appartement d'un des chefs du Saint-Office, et il y fut traité comme un prince; puis il retourna chez Guichardin, ministre de Florence, et de là en Toscane, où il mourut tranquillement (19 janvier 1642) à l'âge de soixante-dix-huit ans. A cela revient la persécution dont il fut l'objet : l'Inquisition lui fut moins dure qu'il ne le fut lui-même à Kepler.

Une foule de Barnums modernes ont mis le *procès de Galilée* en guise d'enseigne à leur boutique. L'art n'a pas manqué de se joindre à eux. Il y a un *Galilée étudiant le mouvement de la Terre* (E pur si muove), de Paul Delaroche, un *Galilée devant le Saint-Office*, de Robert-Fleury. On regrette de rencontrer parmi eux cet infortuné Ponsard (*Galilée*, drame en trois actes et en vers, 1867). On ne dira pas qu'ils ne sont pas au courant de la science. Ils pratiquent tous le conseil d'un des personnages de la pièce de Ponsard :

> Ah! que n'imitez-vous ces dignes professeurs
> Qui disent ce qu'ont dit tous leurs prédécesseurs?
> Voilà des gens chez qui l'ordre et le bon sens règnent;
> Ils enseignent sans bruit ce qu'on veut qu'ils enseignent,
> Et sans se travailler à débattre en public
> S'il faut croire Aristote ou croire Copernic,
> Ils tiennent sagement que l'opinion vraie
> Doit être celle-là pour laquelle on les paie;
> Et que, puisqu'Aristote ouvre le coffre-fort,
> Aristote a raison et Copernic a tort.

Aujourd'hui que l'Inquisition n'a plus de dents, ils l'accablent d'injures posthumes; au commencement du XVIIe siècle, ils auraient loué le Saint-Office et jeté Galilée aux gémonies.

avec elle. Ne vous imaginez pas de même que les Lettres du pape Zacharie pour l'excommunication de saint Virgile[1], sur ce qu'il tenoit qu'il y avoit des Antipodes, aient anéanti ce nouveau monde; et qu'encore qu'il eût déclaré que cette opinion étoit une erreur bien dangereuse, le roi d'Espagne ne se soit pas bien trouvé d'en avoir cru Christophe[a] Colomb qui en venoit, que le jugement de ce Pape qui n'y avoit pas été; et que l'Église n'en ait pas reçu un grand avantage, puisque cela a procuré la connoissance de l'Évangile à tant de peuples qui fussent[2] péris dans leur infidélité.

Vous voyez donc, mon père, quelle est la nature des Choses de Fait, et par quels principes on en doit juger; d'où il est aisé de conclure, sur notre sujet, que, si les Cinq Propositions ne sont point de Jansénius, il est impossible qu'elles en aient été extraites, et que le seul moyen d'en bien juger et d'en persuader le monde, est d'examiner ce Livre en une conférence réglée, comme on vous le demande depuis si longtemps. Jusque-là vous n'avez aucun droit d'appeler vos Adversaires opiniâtres : car ils seront sans blâme sur ce Point de Fait, comme ils seront sans

---

[a] Tous les textes du temps portent « *Christofle* Colomb ».

---

1. Saint Virgile, noble Irlandais, familier du roi Pépin le Bref, collaborateur de saint Boniface, apôtre de la Germanie, puis évêque de Saltzbourg, mort en 784. Il ne fut point excommunié par le pape Zacharie. Il s'agissait d'ailleurs d'un prêtre ignorant qui baptisait *in nomine patris et filia et spiritua sancta*. Boniface prétendait que le baptême était nul, Virgile, qu'il était valable. Ce fut à lui que le Pape donna gain de cause. Quant à ses antipodes, il s'agissait plutôt de la pluralité des mondes peuplés d'une descendance différente de celle d'Adam. Fontenelle n'a pas inventé la pluralité des mondes.

2. Comme nous avons eu déjà l'occasion de le remarquer à propos du même verbe, cette expression « fussent péris » serait maintenant considérée comme incorrecte.

erreurs sur les Points de Foi ; Catholiques sur le Droit, Raisonnables sur le Fait, et Innocents en l'un et en l'autre.

Qui ne s'étonnera donc, mon père, en voyant d'un côté une justification si pleine, de voir de l'autre des accusations si violentes? Qui penseroit qu'il n'est question entre vous que d'un fait de nulle importance, qu'on veut faire croire sans le montrer? Et qui oseroit s'imaginer qu'on fît par toute l'Église tant de bruit pour rien, *pro nihilo*, mon père, comme le dit saint Bernard[a]? Mais c'est cela même qui est le principal artifice de votre conduite, de faire croire qu'il y va de tout en une affaire qui n'est de rien; et de donner à entendre aux personnes puissantes qui vous écoutent qu'il s'agit dans vos disputes des erreurs les plus pernicieuses de Calvin, et des principes les plus importants de la Foi; afin que dans cette persuasion ils emploient tout leur zèle et toute leur autorité contre ceux que vous combattez, comme si le salut de la Religion catholique en dépendoit : au lieu que, s'ils venoient à connoître qu'il n'est question que de ce petit Point de Fait, ils n'en seroient nullement touchés, et ils auroient au contraire bien du regret d'avoir fait tant d'efforts pour suivre vos passions particulières en une affaire qui n'est d'aucune conséquence pour l'Église.

Car enfin, pour prendre les choses au pis, quand même il seroit véritable que Jansénius auroit tenu ces Propositions, quel malheur arriveroit-il de ce que quelques personnes en douteroient, pourvu qu'ils les détestent, comme ils le font publiquement? n'est-ce pas assez qu'elles soient

---

[a] A comparer avec un fragment du Manuscrit Autographe relatif au même sujet : « Vous êtes bien ridicules de faire du bruit pour les propositions. Ce n'est rien. Il faut qu'on l'entende ». Voir l'édition Faugère des *Pensées*, t. Ier, p. 310.

condamnées par tout le monde sans exception, au sens même où vous avez expliqué que vous voulez qu'on les condamne? En seroient-elles plus censurées, quand on diroit que Jansénius les a tenues? A quoi serviroit donc d'exiger cette reconnoissance, sinon à décrier un docteur et un évêque qui est mort dans la Communion de l'Église? Je ne vois pas que ce soit là un si grand bien, qu'il faille l'acheter par tant de troubles. Quel intérêt y a[a] l'État, le Pape, les Évêques, les Docteurs et toute l'Église? Cela ne les touche en aucune sorte, mon père, et il n'y a que votre seule Société qui recevroit véritablement quelque plaisir de cette diffamation d'un Auteur qui vous a fait quelque tort. Cependant tout se remue, parce que vous faites entendre que tout est menacé. C'est la cause secrète qui donne le branle à tous ces grands mouvements, qui cesseroient aussitôt qu'on auroit su le véritable état de vos disputes. Et c'est pourquoi, comme le repos de l'Église dépend de cet éclaircissement, il étoit d'une extrême importance de le donner, afin que, tous vos déguisements étant découverts, il paroisse à tout le monde que vos Accusations sont sans fondement, vos Adversaires sans erreurs, et l'Église sans Hérésie.

Voilà, mon père, le bien que j'ai eu pour objet de procurer, qui me semble si considérable pour toute la Religion, que j'ai de la peine à comprendre comment ceux à qui vous donnez tant de sujet de parler, peuvent demeurer dans le silence[1]. Quand les injures que vous leur faites ne les

---

[a] Il faudrait « quel intérêt y ont ».

---

1. Ils n'y demeuraient pas tout à fait. On lit dans une Lettre du père Annat (voir l'abbé Maynard, t. II, p. 380 — en note — de son édition des *Provinciales*) au Général de son Ordre, Paul Oliva, du 16 avril 1663 :

toucheroient pas, celles que l'Église souffre, devroient, ce me semble, les porter à s'en plaindre : outre que je doute que les Ecclésiastiques puissent abandonner leur réputation à la Calomnie, surtout en matière de Foi. Cependant ils vous laissent dire tout ce qui vous plaît ; de sorte que, sans l'occasion que vous m'en avez donnée par hasard, peut-être que rien ne seroit opposé aux impressions scandaleuses que vous semez de tous côtés. Ainsi leur patience m'étonne, et d'autant plus, qu'elle ne peut m'être suspecte ni de timidité, ni d'impuissance, sachant bien qu'ils ne manquent ni de raison pour leur justification, ni de zèle pour la Vérité. Je les vois néanmoins si religieux à se taire que je crains qu'il n'y ait en cela de l'excès. Pour moi, mon père, je ne crois pas pouvoir le faire. Laissez l'Église en paix, et je vous y laisserai de bon cœur. Mais pendant que vous ne travaillerez qu'à y entretenir le trouble, ne doutez pas qu'il ne se trouve des enfants de la paix qui se croiront obligés d'employer tous leurs efforts pour y conserver la tranquillité.

« Depuis trois ans, personne des nôtres, que je sache, n'a écrit contre les Jansénistes. Depuis ce temps, ils ont publié une telle quantité de livres et de libelles, que je pourrois à peine en faire le catalogue ».

FRAGMENT

D'UNE DIX-NEUVIÈME LETTRE PROVINCIALE ADRESSÉE
AU PÈRE ANNAT[1]

Mon révérend père,

Si je vous ai donné quelque déplaisir par mes autres Lettres, en manifestant l'innocence de ceux qu'il vous importoit de noircir, je vous donnerai de la joie par celle-ci, en vous y faisant paroître la douleur dont vous les avez remplis. Consolez-vous, mon père, ceux que vous haïssez sont affligés ; et si MM. les Évêques exécutent dans leurs diocèses les conseils que vous leur donnez, de contraindre à jurer et à signer qu'on croit une Chose de Fait qu'il n'est pas véritable qu'on croie, et qu'on n'est pas obligé de croire, vous réduirez vos Adversaires dans la dernière tristesse, de voir l'Église en cet état[2]. Je les ai vus, mon père

---

1. Les *Mémoires* de Marguerite Périer contiennent une copie de ce fragment d'une *Dix-Neuvième Provinciale* adressée au père Annat, fragment trouvé par Bossut dans les papiers de Pascal, et publié par lui pour la première fois dans son édition des *OEuvres* (1779). « De plus, dit Cousin (*Des Pensées de Pascal*, p. 361 de l'édit. de 1843), ces *Mémoires* font connaître diverses phrases, qui étaient aux marges de ce fragment ; et une de nos copies, celle qui renferme plusieurs pièces relatives à Pascal, figure ces phrases telles qu'elles étaient aux marges de l'original. Les voici dans l'ordre où les mettent les *Mémoires* de Mlle Périer, p. 37. » On les trouvera ici au bout du fragment édité par Bossut, et dans l'ordre indiqué par Cousin.

2. Il s'agit du formulaire à faire signer par les simples Ecclésiastiques et même par les Religieuses, imaginé en 1655 par M. de Marca, alors arche-

(et je vous avoue que j'en ai eu une satisfaction extrême), je les ai vus, non pas dans une générosité philosophique, ou dans cette fermeté irrespectueuse qui fait suivre impérieusement ce qu'on croit être de son devoir; non aussi dans cette lâcheté molle et timide qui empêche, ou de voir la Vérité, ou de la suivre, mais dans une piété douce et solide, pleins de défiance d'eux-mêmes, de respect pour les puissances de l'Église, d'amour pour la paix, de tendresse et de zèle pour la Vérité, de désir de la connoître et de la défendre, de crainte pour leur infirmité, de regret d'être mis dans ces épreuves, et d'espérance néanmoins que Dieu daignera les y soutenir par sa lumière et par sa force, et que la Grâce de Jésus-Christ qu'ils soutiennent, et pour laquelle ils souffrent, sera elle-même leur lumière et leur force. J'ai vu enfin en eux le caractère de la Piété chrétienne qui fait paroître une force...

Je les ai trouvés environnés de personnes de leur connoissance, qui étoient venues sur ce sujet pour les porter à ce qu'ils croient le meilleur dans l'état présent des choses. J'ai ouï les conseils qu'on leur a donnés; j'ai remarqué la manière dont ils les ont reçus et les réponses qu'ils y ont faites. En vérité, mon père, si vous y aviez été présent, je crois que vous avoueriez vous-même qu'il n'y a rien en tout leur procédé qui ne soit infiniment éloigné de l'air de Révolte et d'Hérésie, comme tout le monde pourra connoître par les tempéraments qu'ils ont apportés, et que

vêque de Toulouse, et décrété par l'Assemblée générale du Clergé de 1656. En voici le texte : — Je me soumets sincèrement à la Constitution de N. S. P. le pape Innocent X, et je condamne de cœur et de bouche la Doctrine des Cinq Propositions de Cornélius Jansénius, contenues dans son livre intitulé : *Augustinus*, que le Pape et les Évêques ont condamnées ; laquelle Doctrine n'est point celle de saint Augustin que Jansénius a mal expliquée contre le vrai sens de ce saint docteur.

vous allez voir ici, pour conserver tout ensemble ces deux choses qui leur sont infiniment chères, la Paix et la Vérité.

Car après qu'on leur a représenté, en général, les peines qu'ils vont s'attirer par leur refus, si on leur présente cette nouvelle Constitution à signer, et le scandale qui pourra en naître dans l'Église, ils ont fait remarquer...

Notes trouvées par Cousin aux marges du fragment qui précède et publiées par lui dans son livre intitulé : *Des Pensées de Pascal,* p. 361-362 de l'édition de 1843 :

« C'est donc là, mon père, ce que vous appelez le Sens de Jansénius; c'est donc cela que vous faites entendre au Pape et aux Évêques.

Si les Jésuites étoient corrompus et qu'il fût vrai que nous fussions seuls, à plus forte raison devrions-nous demeurer.

Quod bellum firmavit, pax ficta non aufferat.

Neque benedictione, neque maledictione movetur sicut Angelus Domini.

On attaque la plus grande des vérités chrétiennes qui est l'Amour de la Vérité.

Si la signature signifie cela, qu'on souffre que nous l'expliquions; afin qu'il n'y ait point d'équivoque, car il faut demeurer d'accord que signer demande un consentement [a].

On n'est pas coupable de ne pas croire et on seroit coupable de jurer sans croire.

Mais vous pouvez vous être trompé? — Je jure que je crois que je puis m'être trompé; mais je ne jure pas que je crois que je me suis trompé.

Si le rapporteur ne signoit pas, l'arrêt seroit invalide; si

---

[a] « La copie : — demeurer d'accord que plusieurs croient que signer marque consentement. » — Note de Cousin.

la Bulle n'étoit pas signée, elle seroit véritable : ce n'est donc pas...

Cela avec Escobar les met au haut bout ; mais ils ne le prennent pas ainsi, en témoignant le déplaisir de se voir entre Dieu et le Pape.

Je suis fâché de vous dire tout, mais je ne fais qu'un récit » [1].

---

1. M. Faugère, qui publia ces notes en 1844 sans avertir qu'elles avaient été déjà publiées l'année précédente par Cousin, ne donne pas un texte exactement conforme à l'original. Il y a au début dans l'Autographe : « le Jour du jugement », puis « et au Pape et aux Évêques, » au lieu de « aux Papes et aux Évêques ».

M. Faugère reproduit également une note isolée qui se trouve à la page 110 de l'Autographe et qui est barrée : — Il faut sobrement juger des ordonnances divines, mon père.

Saint Paul en l'Ile de Malte. —

Cela ne fait pas partie de la *Dix-Neuvième Provinciale* dont il n'y a que le début; mais cela devait y servir.

Pascal semble en outre avoir recueilli des notes destinées à Deux autres Provinciales restées en projet. L'une devait traiter des *Établissements des Jésuites*, l'autre de leurs *Constitutions*. M. Faugère a réuni ces notes (t. Ier, p. 292 et suivantes de son édition des *Pensées*), que le lecteur trouvera dans les *Appendices* aux *Pensées*. Elles sont fort décousues, mais la forte empreinte du génie de Pascal est sur chacune. Elles débutent par ces mots : « Lettre des établissements violents des Jésuites partout. » Ce n'est qu'un titre. Les notes suivantes, qui sont comme des titres de paragraphe, peuvent servir à indiquer le sens dans lequel Pascal aurait traité le sujet :

« Aveuglement surnaturel.

Cette morale qui a en tête un Dieu crucifié.

Voilà ceux qui ont fait vœu d'obéir *tanquam* Christo.

La Décadence des Jésuites.

. . . .

C'est une chose étrange qu'il n'y a pas moyen de leur donner l'idée de la Religion. »

La Lettre relative aux *Constitutions* des Jésuites était un vieux projet de Pascal, qui écrit dans la Treizième Provinciale : « Il n'y a rien de plus contraire aux ordres exprès de saint Ignace et de vos premiers Généraux que ce mélange confus de toutes sortes d'opinions. Je vous en parlerai peut-être quelque jour, mes pères, et on sera surpris de voir combien vous êtes déchus du premier Esprit de votre Institut, et que vos propres Généraux ont prévu que le dérèglement de votre Doctrine dans la Morale pourroit être funeste non seulement à votre Société, mais à l'Église universelle. »

Pascal avait là-dessus des idées plus précises et mieux coordonnées que sur les Établissements violents des Jésuites, ce qui était un point d'histoire un peu hors de sa portée. Les Constitutions de la Société lui offrent un point d'appui plus sûr. Il sent néanmoins combien l'unité de vues et de direction qu'elles prévoient est difficile à obtenir : « Nous-mêmes, dit-il (t. Ier, p. 293 de l'éd. Faugère des *Pensées*), n'avons pu avoir des maximes générales. Si vous voyez nos Constitutions, à peine nous connoîtrez-vous... Elles nous font mendiants et ennemis des Cours et cependant... Mais ce n'est pas les enfreindre, car la gloire de Dieu est partout.

Il y a diverses voies pour y arriver. Saint Ignace a pris les unes ; et maintenant d'autres. Il étoit meilleur pour le commencement de proposer la pauvreté et la retraite. Il a été meilleur ensuite de prendre le reste. Car cela eût effrayé de commencer par le haut ; cela est contre nature.

Ce n'est pas que la règle générale ne soit qu'il faut s'en tenir aux Instituts, car on en abuseroit. On en trouveroit peu comme nous qui sachions nous élever sans vanité.

Deux obstacles : l'Évangile ; Lois de l'État, *A majori ad minus*. Junior. »

Voilà en effet où les Jésuites ont trouvé une pierre d'achoppement : ils ont voulu servir deux maîtres, l'Évangile et le Monde, et c'est précisément dans cette entreprise qu'ils ont été amenés à édifier leur Doctrine du Casuisme et à constituer leur Esprit de Corps :

« Nous nous soutenons jusqu'à périr. Lamy.

Nous poussons nos ennemis. M. Puys.

Tout dépend de la Probabilité.

Le monde veut naturellement une Religion, mais douce.

..... Accordez-moi ce principe et je vous prouverai tout. C'est que la Société et l'Église courent même fortune. Sans ces principes, on ne peut rien.

. . . .

Des particuliers qui ne veulent pas dominer par les armes, je ne sais s'ils pouvoient mieux faire.

. . . .

Princes et politiques.

. . . .

Pour passer le temps et se divertir plus que pour aider les âmes.

. . . .

Les commodités de la vie croissent aux Jésuites.

. . . .

Plaintes des Généraux. Point de saint Ignace. Point de Laynez ; quelques-unes de Borgia et d'Acquaviva. Infinies de Mutius, ect.

Le P. Le Moine, 10,000 écus hors de sa province.

Voyez combien la prévoyance des hommes est foible : toutes les choses dont nos premiers Généraux craignoient la perte de notre Société, c'est par là qu'elle s'est accrue, par les Grands, par la contrariété à nos Constitutions, par la multitude des Religieux, la diversité et la nouveauté d'opinions, etc. » (Voir Faugère, t. Ier, p. 293 à 300.)

Si Pascal avait poussé sa pointe, c'eût été une autre affaire que celle de la Grâce et de la Morale des Casuistes.

LETTRE[1]

Qui a couru sous le titre de Lettre d'un Avocat au Parlement à un de ses amis, touchant l'Inquisition qu'on veut établir en France à l'occasion de la Nouvelle Bulle du pape Alexandre VII.

Du 1er juin 1657.

Monsieur,

Vous croyez que toutes vos affaires vont bien, parce que votre procès ne va pas mal ; mais vous allez bien apprendre que vous ne savez guère ce qui se passe. Vous

---

1. Cette lettre, « La Lettre de l'avocat contre laquelle M. le Nonce étoit si animé », lit-on dans les *Mémoires* manuscrits de M. Hermant, un des chroniqueurs de Port-Royal, a été attribuée à diverses personnes. Elle paraît être réellement de M. Le Maitre (Antoine), avocat, fils d'Isaac Le Maitre et petit-fils d'Antoine Arnauld, l'avocat. Le Maitre, frère du traducteur de la Bible, et par sa mère neveu de grand Arnauld, mort à Port-Royal des Champs en 1658, est une des grandes figures de Port-Royal et même du xviie siècle. « M. Le Maitre est un grand caractère, dit Sainte-Beuve (*Port-Royal*, t. Ier, p. 391 de la 4e édition) ; j'ai parlé de ses *Plaidoyers* assez sévèrement pour le goût ; mais il y a autre chose dans l'homme que le goût, et il avait toutes ces autres choses : force et véhémence d'esprit, chaleur et foyer de cœur, puissance d'étude, droiture de judiciaire, flamme d'imagination, fécondité de plume qui avait succédé au fleuve de la parole ; et tant de qualités si diverses durant les vingt années qu'il vécut après sa conversion, ne servirent plus qu'à l'accomplissement sous toutes les formes et à la pratique multipliée de la Pénitence. Ç'a été véritablement, comme on disait de lui alors, *un grand pénitent*, le premier de Port-Royal, à ce titre et le chef des Solitaires. Par sa priorité de conversion, par sa constante et infatigable ardeur, par je ne sais quoi d'irrégulier qu'il garda toujours sous la discipline, il les domine tous... Il y avait en lui du saint Antoine, son patron, et surtout du saint Jérôme. Comme celui-ci, il était un grand lutteur des déserts, ne sachant qu'inventer pour se mater lui-même et se roulant presque dans l'arène enflammée, du moins bêchant la terre,

êtes bien heureux de voir les affaires de loin. Nous nous sommes trouvés à la veille d'une Inquisition qu'on vouloit établir en France, et dont nous ne sommes pas tout à fait dehors. Les Agents de la Cour de Rome, et quelques Evêques qui dominoient dans l'Assemblée, ont travaillé de concert à cet établissement, dont ils ont pris pour fondement la Bulle du pape Alexandre VII sur les Cinq Propositions. Ils l'ont fait recevoir au Clergé, et avec des suites propres à leur dessein ; car il a été arrêté dans l'Assemblée, qu'elle seroit souscrite[1] par tous les Ecclésiastiques du Royaume sans exception, et qu'il seroit procédé contre ceux qui refuseroient de la signer, par toutes les peines ordonnées contre les Hérétiques, c'est-à-dire par la perte de leurs Bénéfices, et par bien d'autres violences, comme tout le monde le sait.

Vous voyez bien ce que cela veut dire, et que l'Inquisition est établie, si le Parlement ne s'y oppose. Cependant on parle d'y envoyer cette Bulle ; de sorte que, si elle

---

sciant les blés, faisant les foins par la chaleur de midi, se rasseyant son chapelet en main au soleil, s'interdisant le feu dans les durs hivers, puis replongé, au sortir de ces travaux manuels, dans l'étude opiniâtre, dans l'Hébreu qu'il dévorait, pour arriver à l'Esprit le plus caché de l'Écriture, compulsant toute la Doctrine des Pères, les traduisant, en divulguant les petits traités, en écrivant des vies savantes, y ramassant des matériaux pour les Écrits de M. Arnauld, son oncle, — son *jeune* oncle, — et passant de là à l'apologie de la vérité présente attaquée. » Au demeurant, le Maître était un esprit médiocre, inquiet et remuant, qui avait transporté dans la pratique austère des vertus chrétiennes les habitudes de la basoche où il avait été élevé.

Il a été l'objet de travaux récents et étendus : Oscar de Vallée : *De l'Éloquence judiciaire au* xviie *siècle ; Antoine Le Maistre et ses contemporains*, 1856 ; Sapey : *Guillaume du Vair et Antoine Le Maistre*, 1858 ; Rapetti : *Antoine Le Maistre et son nouvel historien* (1857), publication faite à l'occasion du livre de M. Oscar de Vallée.

1. Ce Formulaire a été publié et souscrit dans toute la France, quelquefois avec plus, quelquefois avec moins de rigueur, selon le caractère des évêques.

y est reçue, voilà la France assujettie et bridée comme les autres peuples.

Je pense souvent à tout ceci, et je n'y trouve rien de bon. Le monde ne sait pas où cela va, ni quelles en sont les conséquences. Ce n'est point ici une affaire de Religion, mais de Politique, et je suis trompé si le Jansénisme, qui semble en être le sujet, en est autre chose en effet que l'Occasion et le Prétexte ; car, pendant qu'on nous amuse de l'espérance de le voir abolir, on nous asservit insensiblement à l'Inquisition, qui nous opprimera avant que nous nous en soyons aperçus.

Je veux que ce soit un louable dessein de faire croire que ces Cinq Propositions soient de Jansénius ; mais le moyen ne m'en plaît nullement. Je trouve que cette manière de priver les gens de leurs Bénéfices est une nouveauté de mauvais exemple et qui touche tel qui n'y pense pas : car croyez-vous, monsieur, que nous n'y ayons point d'intérêt, parce que nous ne sommes pas Ecclésiastiques? Ne nous abusons pas, cela nous regarde tous tant que nous sommes, sinon pour nous-mêmes, au moins pour nos parents, pour nos amis, pour nos enfants. Monsieur votre fils, qui étudie maintenant en Sorbonne, ne peut-il pas avoir les Bénéfices de son oncle? et mon fils le Prieur n'y est-il pas intéressé pour lui-même? Vous me direz qu'ils n'ont qu'à signer pour se mettre en assurance. J'en demeure d'accord. Mais qu'avons-nous affaire que leur assurance dépende de là? Quoi! si mon fils se va mettre dans la tête que ces Propositions ne sont point de Jansénius, comme j'ai peur qu'il le fasse, car il voit souvent son cousin le Docteur, qui dit qu'il ne les y a jamais pu trouver, et qu'ainsi ne croyant pas qu'elles y soient, il ne peut signer qu'il croit qu'elles y sont, parce qu'il dit que ce seroit mentir, et qu'il aime mieux tout perdre que d'offenser Dieu ; si donc mon fils se met tout cela dans la fantaisie, adieu mes Bénéfices que j'ai tant eu de peine à lui procurer.

Vous voyez donc bien que tel qui n'y a point d'intérêt aujourd'hui peut y en avoir demain, et que tout cela ne vaut guère. Que ne cherchent-ils d'autres voies pour montrer que ces Propositions sont dans ce Livre, sans inquiéter tout un royaume ? Voilà bien de quoi faire tant de vacarme ! Quand ils ne faisoient que disputer par Livres, je les laissois dire sans m'en mêler. Mais c'est une plaisante manière de vider leurs différends, que de venir troubler tant de familles qui n'ont point de part à leurs disputes, et de nous planter en France une nouvelle Inquisition qui nous mèneroit beau train. Car Dieu sait combien elle croîtra en peu de temps, si peu qu'elle puisse prendre racine[1] : nous verrons, en moins de rien, qu'il n'y aura personne qui puisse être en sûreté chez soi, puisqu'il ne faudra qu'avoir de puissants ennemis qui

---

1. Il n'y avait aucun danger. L'Inquisition est née en France et n'y a pas fait fortune. Imaginée par Innocent III, constituée en tribunal permanent au Concile de Latran en 1215 et à celui de Toulouse en 1229, ayant son siège à Toulouse à cause de l'Hérésie des Albigeois, elle a toujours été mal vue du Clergé Séculier et en particulier de l'Autorité Épiscopale sur les droits de laquelle elle était un empiétement; elle végéta dans le midi de la France jusqu'en 1567, où les états du Languedoc en sollicitèrent la réorganisation. On la leur accorda et l'Inquisition ne s'en porta pas mieux. Les mœurs y étaient hostiles. Il paraît qu'elle fut supprimée sur la demande de l'archevêque de Toulouse, Charles de Montchal, par arrêt du conseil du roi du 30 avril 1645. La même année, un arrêt du Parlement de Toulouse lui ôta toute juridiction. Elle subsista néanmoins de nom à Toulouse jusqu'en 1772, où le dernier inquisiteur français fut cassé aux gages par l'influence de Mme Du Barry. L'Inquisition française ne pouvait mourir d'une plus belle mort. Elle était d'ailleurs inoffensive. Si elle ne l'avait pas été, les Parlements, qui étaient ses ennemis naturels, y auraient mis bon ordre. Les craintes de Le Maître sont donc à peu près feintes.

vous défèrent et vous accusent d'être Jansénistes, sur ce que vous aurez de leurs Livres dans votre cabinet, ou sur un discours un peu libre touchant ces Nouvelles Bulles, comme vous savez que nous autres avocats en faisons assez souvent; sur quoi on mettra votre Bien en compromis. Et quand on ne vous feroit par là qu'un procès, n'est-ce pas toujours un assez grand mal? Or il n'y a rien de si facile que d'en faire, et à ceux qui en sont les moins suspects. Nous en avons déjà des exemples. Ce n'est pas d'aujourd'hui qu'ils méditent ce dessein; ils se sont appris à tourmenter les gens sur la Bulle et sur les Brefs d'Innocent X, sur le sujet desquels vous savez combien les Chanoines de Beauvais ont été inquiétés, quand on les voulut forcer à y souscrire, à peine de perdre leurs Prébendes, dont ils seroient peut-être dépossédés aujourd'hui, sans l'Appel comme d'Abus qu'ils en firent au Parlement; ce qui a ruiné tous ces desseins.

Car il n'y a rien si bon contre l'Inquisition que les Appels comme d'Abus[1]. Aussi ils le savent bien, et ils ne manquent pas de fermer cette porte quand ils veulent tyranniser quelqu'un à leur aise. C'est ainsi qu'ils en ont usé contre le Curé de Libourne en Guienne, qu'ils firent accuser de Jansénisme par des Récollets, et le citèrent devant des commissaires qu'ils lui firent donner par les Gens du Conseil de M. l'archevêque de Bordeaux. Mais comme ils n'étoient pas ses Juges Naturels, et qu'ils paroissoient

1. C'étaient les Parlements, et en particulier le Parlement de Paris, qui jugeaient les appels comme d'abus, et comme par la force des choses et depuis des siècles les Parlements étaient devenus les adversaires de la Cour de Rome, qu'ils contenaient en leur qualité de défenseurs de la société civile, l'Inquisition, si elle avait pu s'établir en France, aurait été paralysée par eux. Elle aurait rencontré d'ailleurs des ennemis autrement acharnés dans l'Épiscopat, à qui elle prétendait contester sa Juridiction en matière de Foi.

d'ailleurs fort passionnés, il en appela, et demanda d'être renvoyé par-devant les Grands Vicaires, ou par-devant l'Official de M. de Bordeaux, ce qu'on lui refusa. De sorte qu'il en appela à M. de Bordeaux même, et enfin au Pape, sans que ces commissaires aient voulu se désister de sa cause. Mais il en appela enfin comme d'Abus au Parlement, qui lui donna des Défenses, par où il alloit leur échapper, quand ils obtinrent un arrêt du Conseil qui défendit au Parlement de connoître de cette affaire, et le remit entre les mains de ces premiers commissaires. De sorte qu'ils l'ont maltraité durant plus de six mois, pendant lesquels il a été obligé de quitter sa Cure et de venir à Paris avec beaucoup de peine et de dépense, pour en demander justice au Roi et à son Archevêque; d'où j'ai appris qu'il s'en étoit retourné depuis peu de jours dans sa Cure après toute cette fatigue que ses Accusateurs ont eu le plaisir de lui causer, sans s'exposer eux-mêmes à aucun péril.

Ne trouvez-vous donc pas que l'Inquisition est une manière bien sûre et bien commode pour travailler ses ennemis, quelque innocents qu'ils soient? Car celui-ci n'a pu être accusé d'aucune faute, non plus que le Curé de Pomeyrol, encore en Guienne, qu'ils firent mettre d'abord en prison et dans un cachot, sans information précédente, et sans lui dire pourquoi, selon le style de l'Inquisition romaine. Ensuite de quoi ils cherchèrent des preuves pour le convaincre de Jansénisme. Mais les Juges qui travailloient à son procès furent bien surpris de voir, par l'information qu'ils en firent, l'innocence de ce bon homme, et les superstitions incroyables de ses paroissiens; car un des plus grands chefs de leur accusation, et où ils insistoient le plus, étoit celui-ci : « Qu'il leur avoit prêché que Jésus-Christ étoit dans le saint Sacrement, et non pas dans leur Bannière; » parce qu'il les avoit repris de ce que, lorsqu'on levoit la Sainte Hostie, ils se tournoient vers leur Bannière où Jésus-Christ étoit peint, et non pas vers le saint Sacrement pour l'adorer. Ce qui combla tellement les Juges de confusion, qu'ils le firent sortir incontinent de la prison où il avoit été deux mois; et quelque demande qu'il fît qu'on achevât son procès, et qu'on punît ou Lui, ou ses Accusateurs, il ne put avoir aucune raison de tant de mauvais traitements.

En vérité, monsieur, cela n'est pas tant mal pour des Inquisiteurs qui ne font encore que commencer : et s'ils ont bien usé de ces violences sur des Constitutions et des Brefs qui n'ont pas été reçus au Parlement, que ne feroient-ils point sur une Bulle qui y auroit été reçue! Car on me fait mourir de rire quand on me dit que la déclaration du Roi pour l'enregistrement de la Bulle portera que ce sera sans établir d'Inquisition, et sans préjudice de nos Libertés. J'aimerois autant qu'on nous fît mourir sans préjudice de notre vie. Ce n'est pas le mot d'Inquisition qui nous fait peur, mais la chose même. Or, de quelque mot qu'on l'appelle, c'en est bien une effective, et un véritable violement[1] de nos Libertés, que de nous traiter comme le Clergé le prétend.

Et ne trouvez-vous pas de même que c'est aussi une foible consolation de nous dire que le Parlement sera tou-

---

1. Violement. Mot aujourd'hui à peu près hors d'usage, mais très employé chez les écrivains du xviie siècle : « Les violements de la Charité que vous faites. » Pascal, *Onzième Provinciale*. — « Le violement et le mépris de cet avis de l'Apôtre. » Nicole, *Essais*, t. IX, p. 307 dans Pougens. — « Tout impôt levé dans une autre vue que celle du bien public est un violement des droits essentiels de l'humanité. » Fénélon. — « Le violement des sépulcres de Port-Royal excita l'indignation publique. » Saint-Simon.

jours maître des Appels comme d'Abus, puisqu'en recevant la Bulle, il ôteroit l'un des plus grands moyens d'Appeler comme d'Abus qu'on auroit, si elle avoit été refusée? Mais, quoi qu'on pût toujours en appeler, combien persécuteroit-on de gens dans les provinces éloignées qui ne pourroient se servir de ce remède! Car, que ne souffriroit point un pauvre Curé du Lyonnois ou du Poitou plutôt que de venir à Paris!

Ils sont donc assez forts si cette Bulle est reçue, encore que les Appels comme d'Abus soient permis. De sorte que je trouve qu'ils ont été mal conseillés de prendre la délibération qui se voit dans leur dernier procès-verbal imprimé chez Vitré, page 2 : « Que le roi sera très humblement supplié d'envoyer à tous les Parlements une défense générale de connoître des Appels comme d'Abus qu'on pourroit faire à raison de ces Signatures. » Qu'ont-ils gagné par-là, sinon de témoigner qu'ils sentent bien eux-mêmes l'injustice de leur dessein, puisqu'ils ont craint les Parlements, et qu'ils ont pensé à leur lier les mains pour le faire réussir ? Pouvoient-ils mieux marquer la passion qu'ils ont d'agir en maîtres et en Souverains Inquisiteurs ? Ils ne sont donc pas adroits d'avoir ainsi averti tout le monde de leur intention. Car ce n'étoit pas le moyen d'obtenir l'enregistrement qu'ils demandent, que de montrer ainsi par avance à quoi ils s'en veulent servir. Aussi l'ont-ils bien reconnu, mais trop tard. Car, après avoir laissé courir ce procès-verbal imprimé, dont ils ont même envoyé aux Évêques des exemplaires en forme, et signés par les Agents du Clergé; quand ils se sont aperçus que cela leur faisoit tort, ils se sont avisés d'essayer de le supprimer, ce qui ne fait que montrer de mieux en mieux leur artifice. Cependant ils s'imaginent que, parce qu'ils ne demandent maintenant qu'une simple attache, la plus douce du monde en apparence, le Parlement se prendra à ce piège, et ne s'arrêtera qu'à considérer simplement cette Bulle qu'on lui présente, sans prendre garde à la fin à laquelle on la destine, et qu'ils ont fait paroître si à découvert dans des pièces authentiques. Ils sont admirables de vouloir prendre le Parlement pour dupe. Mais je suis trompé, s'ils ne sont trompés eux-mêmes. Je vois assez l'air que cette affaire prend. Je parle tous les matins à des Conseillers au sortir du Palais, et il n'y en a point qui ne voient clair en tout cela. Votre Rapporteur me disoit encore ce matin qu'il ne regardoit pas cette affaire comme une affaire ordinaire, et qu'on ne devoit pas considérer cette Bulle comme une simple Bulle qui décide quelque point contesté, ce qui seroit de peu de conséquence, mais comme le fondement d'une Nouvelle Inquisition qu'on veut former, et à laquelle il ne manque que le consentement du Parlement pour être achevée.

J'ai été bien aise de voir que le Parlement prend ainsi les choses à fond. Et en effet, quand il n'y auroit rien en cette Bulle qui la rendît rejetable par elle-même, au lieu qu'elle est toute pleine de nullités essentielles, néanmoins le Parlement ne pourroit la recevoir aujourd'hui, dans la seule vue des suites qu'on en veut faire dépendre. Car combien y a-t-il de choses que l'on peut recevoir en un temps, et non pas en un autre? C'est ce que la Sorbonne représenta fort bien lorsqu'on voulut obliger tous les Docteurs de protester « qu'ils ne diroient rien de contraire aux Décrets des Papes, sans restriction, et sans ajouter que ce seroit sauf les Droits et les Libertés du royaume; » à quoi on essayoit de les porter par l'exemple de quelques Docteurs anciens que l'on disoit l'avoir fait. Mais ils déclarèrent, dans l'examen de cette matière, que M. Filesac[1], doyen de Sorbonne, fit imprimer alors en 1628, premièrement, « que si quelques-uns avoient fait cette protestation autrefois, c'étoit une chose extraordinaire qui ne leur imposoit point de Loi ; et de plus, qu'on pourroit l'avoir fait en d'autres temps en conscience sans qu'on pût le faire aujourd'hui, à cause de la nouvelle disposition des choses. » Et les raisons qu'ils en donnent, page 89, sont : « Que depuis quelques siècles les Papes ont fait un grand nombre de Décrets, de Décrétales, de Bulles et de Constitutions contraires aux Anciens Décrets, et même à l'Écriture sainte, » dont ils donnent plusieurs exemples, tant de ceux qui sont contre l'Écriture, que de ceux qui sont contre les Libertés de l'Église gallicane et l'Autorité de nos Rois, et entre autres celui du pape Boniface VIII, qui déclare Hérétiques ceux qui ne croiront pas que le Roi de France lui est soumis, même dans les choses temporelles, et qui définit, dans sa Bulle *Unam sanctam*, « qu'il est de nécessité de salut de croire que le Pape est maître de l'un et de l'autre glaive, tant spirituel que temporel, et que toute humaine créature lui est sujette. » De sorte que c'est être Hérétique, selon ce Pape, que de dire le contraire. A quoi ces Docteurs joignent la Bulle *Cum ex apostolatu*, qui déclare « que toutes sortes de personnes, Rois et Particuliers, qui tombent dans l'Hérésie, ou qui favorisent, retirent, ou recèlent des Hérétiques, sont déchus et pour jamais rendus incapables de tous honneurs, dignités et biens, lesquels il expose au premier qui s'en pourra emparer. »

---

1. Filesac (Jean du), docteur de Sorbonne, mort doyen de l'Université de Paris en 1638. On a de lui plusieurs ouvrages qui ne font pas de bruit dans le monde. Il intervint dans l'Impression du *Petrus Aurelius* de Saint-Cyran.

Ils témoignent donc sur cela que, dans l'air présent de la Cour de Rome, il est impossible de s'obliger à leur obéir sans restriction ; et c'est ce qu'ils confirment par la disposition des esprits de ce temps-là, comme ils disent, page 47, en ces termes : « Nous sommes arrivés en un temps où, depuis cinquante ans en çà, on a vu publier plusieurs Bulles semblables, et qui s'attribuent ce Droit imaginaire de disposer des Royaumes. Nous avons vu en même temps plusieurs Livres de cette trempe, au grand préjudice de l'État, et de la vie même de nos Rois ; et entre autre le Livre exécrable intitulé *Admonitio*[1], et celui de Santarel, jésuite, fait pour soutenir ces maximes contre le Roi et ses États. D'où l'on voit clairement, disent-ils, pag. 53 et 95, quel est le dessein de ceux qui poursuivent ces nouvelles protestations qu'on nous demande, qui n'est autre que de renverser finement les maximes fondamentales de cet État, qui sont ruinées par les Décrets des Papes ; n'étant que trop évident et manifeste que les pratiques et menées qu'ils font pour cette Nouveauté n'est pour autre sujet et autre fin que pour autoriser les Bulles

---

[1]. Cet ouvrage parut en 1625 sous le titre suivant : *G. R. Theologi ad Ludovicum XIII, Admonitio*, 1 vol. in-4°, *Augustae Vindelicorum* (Augsbourg). Il y en a une édition allemande de la même année (1 vol. in-4°) et une édition française (1 vol. in-4°, *Francheville*, 1627). On l'avait cru de Jean Boucher, ligueur célèbre, jadis curé de Saint-Benoît, à Paris, puis réfugié à Tournai, où il était devenu archidiacre de la Cathédrale. Il était en réalité du père jésuite André-Æudemon Johannès, qui avait accompagné en France le légat du Pape Barberini. Ce jésuite mourut à Rome le 24 décembre 1625. Le fond du Livre est consacré à flétrir l'alliance conclue par Richelieu avec les États protestants d'Allemagne durant la première période de la guerre de Trente ans. On y trouve aussi des attaques virulentes contre les Doctrines gallicanes, dites Libertés de l'Église gallicane. Le Livre a été condamné en France.

Quant aux Écrits du père Santarel, aussi de la Compagnie de Jésus, ils ont également été condamnés. (Voir la *Collectio judiciorum* de M. d'Argentri, évêque de Tulle).

contraires à l'Autorité du Roi, et pour éluder les censures des Livres de Santarel et de Mariana, jésuite[1], comme aussi les Arrêts du Conseil et du Parlement, qui condamnent une telle Doctrine comme détestable. » D'où ils concluent ce qu'ils avoient dit, pag. 46 et 47, « que, quand il seroit vrai que depuis longtemps on auroit consenti à faire ces protestations, ce qui n'est pas, il seroit à présent nécessaire de les refuser ».

J'en dis de même sur notre affaire. Quand il seroit vrai, ce qui n'est pas, que cette Bulle pourroit être reçue, en ne la regardant qu'en elle-même, on ne devroit pourtant point la recevoir maintenant, parce que ce seroit favoriser les desseins visibles de ceux qui n'en demandent la réception que pour en abuser, et nous asservir à ce vilain tribunal de l'Inquisition, sous lequel presque toute la Chrétienté gémit. Mais je dis de plus qu'elle est tellement pleine de Nullités en elle-même, qu'elle ne peut être reçue sans blesser toutes les formes de la Justice. Je vous dirai ici quelques-unes de ces Nullités, car je n'ai pas encore oublié tout mon Droit Canon.

Ne pensez pas rire de la première, qui est le gros solécisme connu de tout le monde dans le mot *imprimantur*. Car cela la rend nulle par les Décrets du pape Luce III, *C. ad Audientiam, tit. de Rescriptis,* et si indubitablement nulle, que la glose ajoute « que selon le sentiment

---

1. L'ouvrage de Mariana dont il s'agit est le *De rege et regis institutione,* qui a fait tant de bruit au xviie siècle à cause de la Doctrine du Tyrannicide que l'Auteur défend. Elle n'était pas nouvelle. La plupart des Moralistes et des Historiens de l'antiquité l'ont soutenue, comme nous avons eu déjà l'occasion de le faire remarquer. Elle était considérée par les Anciens comme une maxime du Droit des gens. Mais les guerres civiles du xvie siècle, l'aassssinat de Henri III et de Henri IV, les théories qu'il y avait derrière, toutes plus ou moins attentatoires à la Raison d'État, l'avaient rendue odieuse.

de tous les Canonistes, on ne doit écouter aucune preuve de la validité d'une Bulle contre une telle présomption de fausseté : *contra istam præsumptionem non est admittenda probatio,* » tant cela marque qu'elle a été faite par légèreté et par surprise. Aussi on en a fait beau bruit en Flandre, car il est constant que cette faute est dans l'Original, et qu'ainsi il n'a de rien servi de la réformer dans les dernières impressions qu'on en a faites, parce que, l'Original étant nul, les copies le sont aussi ; outre qu'il est porté dans le Droit, « que le moindre changement, même d'un point, » rend une Bulle nulle, et que celui qui l'a fait est « excommunié »; *In bulla Cœnæ, c. licet, Reb. in praxi.*

Une autre nullité, et qui nous touche de plus près, est que le Pape y menace de peines ceux qui n'obéiront pas à sa Bulle. Sur quoi je laisse au Parlement à juger s'il appartient au Pape de menacer de peines les sujets du Roi : *sub pœnis ipso facto incurrendis.*

Mais une autre nullité importante est la manière injurieuse dont on y a rabaissé l'ordre sacré et suprême de l'Épiscopat[1], en le mettant au rang des moindres ordres,

1. La défense des droits de l'Épiscopat était une des causes du crédit que le Jansénisme avait obtenu auprès des Évêques et du Clergé séculier du royaume. Nous avons déjà eu l'occasion de montrer que l'Église féodale du moyen âge, menacée par le Saint-Siège qui avait essayé de créer contre elle une Centralisation comparable à la Centralisation civile dont le Pouvoir royal était le symbole, tentative opérée au moyen des ordres monastiques qui auraient fait au Saint-Siège un personnel administratif plus obéissant et plus dévoué, tendait au XVIIe siècle à réagir avec violence. Saint-Cyran, dans le *Petrus Aurelius*, s'était fait le champion de cette réaction, et c'est pourquoi l'Assemblée générale du Clergé de France avait fait imprimer le *Petrus Aurelius* à ses frais. Saint-Cyran s'était de fait associé à l'œuvre des juristes de la royauté : Pithou, De Thou, Edmond Richer, Simon Vigor, Jérôme Bignon, Du Puy. Ceux-ci travaillaient contre la Suprématie du Saint-Siège dans l'intérêt de la Monarchie, Saint-Cyran dans l'intérêt de l'Épiscopat et du Clergé séculier. Afin de résister à la Cour de

dans la clause où le Pape, parlant de soi, quand il étoit cardinal et évêque, dit qu'il étoit alors *in minoribus;* ce qui est une expression qui rend la Bulle nulle, selon le chapitre, *Quam gravi, titul. de crimine falsi,* où il est dit que, si un Pape, parlant d'un Évêque, l'appelle *son fils* au lieu de l'appeler *son frère,* au préjudice de la Société qui est entre lui et tous les Évêques du monde dans l'Épiscopat, l'acte où se trouvera une telle expression soit nul. Que dira-t-on donc de celle-ci, où le Pape traite les Évêques, non pas de *fils,* mais de *mineurs;* ce qui est un terme si choquant et si méprisant, que l'Assemblée du Clergé, qui n'a pas eu d'ailleurs trop de zèle pour les intérêts de l'Épiscopat, l'a changé dans la version qu'elle a faite de la Bulle, où l'on a réformé cette période comme on a pu? Mais ils n'ont pas relevé par là l'honneur de leur caractère, qui demeure flétri dans l'Original, et dans le latin même qu'ils rapportent. De sorte que cette correction ne rend que plus visible l'outrage qui a été fait à leur dignité, et la foiblesse qu'ils ont témoignée en le souffrant.

En voulez-vous d'autres? Que direz-vous de ce que le Pape ne se contente pas de défendre d'écrire, de prêcher, et de rien dire de contraire à ses Décisions, comme on reconnoît qu'il en a le pouvoir par le rang suprême qu'il tient dans l'Église? Mais il veut aller au delà, et nous imposer de croire ce qu'il a décidé lui seul. *Teneant :* et

Rome, la Royauté et l'Église de France avaient réuni leurs efforts. Le fruit de ces efforts, ce furent les *Libertés de l'Église gallicane.* Dans son Traité *de l'Église gallicane,* de Maistre brouille la question à plaisir, d'accord, du reste, avec un grand nombre d'Historiens. Il a l'air de croire que les Gallicans ne sont que des juristes royaux, ou si ce sont des gens d'Église, que ces gens d'Église sont des valets du Pouvoir. Ce n'est pas exact. Il y a peut-être eu quelque chose de cela chez quelques évêques courtisans. La question est ailleurs : l'Église Séculière défend son indépendance traditionnelle contre les Réguliers, ministres de la Centralisation romaine.

c'est ce que nous ne pourrions reconnoître sans confesser que « Nous et nos Rois sommes ses sujets dans le temporel même », puisque les Bulles déclarent nettement « que c'est une Hérésie de dire le contraire : » *aliter sentientes hæreticos reputamus,* disoit Boniface VIII à notre roi Philippe le Bel. Il est donc sans doute que, si nous tenons le Pape pour infaillible, il faut que nous nous déclarions pour ses esclaves, ou que nous passions pour Hérétiques, puisque nous résisterions à une autorité infaillible. Aussi jamais l'Église n'a reconnu cette Infaillibilité dans le Pape, mais seulement dans le Concile Universel [1], auquel on a toujours appelé des jugements injustes des Papes. Et au lieu que, pour établir leur souveraine domination, ils ont souvent entrepris de traiter comme Hérétiques ceux qui appelleroient d'eux aux Conciles, comme firent Pie II, Jules II et Léon X, l'Église au contraire soutient, comme il a été déterminé en plein Concile universel, que le Pape lui est soumis. Et c'est pourquoi nos Rois, leurs Procureurs généraux, les Universités entières, et les Particuliers, ont si souvent appelé des Bulles au Concile, ainsi qu'il se voit dans tout le chapitre XIII des *Libertés de l'Église gallicane.* Aussi le principal fondement de nos Libertés, et dont M. Pithou [2] les fait presque toutes dépendre, est cette

1. Ce pauvre Le Maitre serait maintenant obligé de tenir un autre langage.
2. Pithou (Pierre), sieur de Savoyedie, natif de Troyes, mort à Nogent-sur-Seine en 1596, élève de Turnèbe et de Cujas, est maintenant une gloire presque oubliée. D'abord avocat au Parlement, puis sous Henri III, procureur général en Guyenne, il eut une part importante à la reddition de Paris à Henri IV. Il a laissé de nombreux ouvrages qui lui ont valu de son temps le nom de *Varron de la France.* Il a rédigé les *Coutumes de Troyes.* Passerat lui a consacré cette épitaphe :

    Hic, Pithæe, jaces quondam memorabile nomen
      Parisioque foro, Pierioque choro.

ancienne maxime : « Qu'encore que le Pape soit souverain ès choses spirituelles, néanmoins en France sa puissance souveraine n'a point de lieu, mais qu'elle est bornée par les Canons et Règles des anciens Conciles : *et in hoc maxime consistit libertas Ecclesiæ gallicanæ*, selon l'Université de Paris ». Sur quoi M. Du Puy[1], dans ses Commentaires sur ces Libertés, dédiés à feu M. Molé, premier président et garde des sceaux, imprimés chez Cramoisy avec bon privilège, rapporte, page 30, que nos Théologiens appellent cette pleine puissance du Pape, « une tempête consommée et une parole diabolique, *plenam tempestatem et verbum diabolicum* ».

Voilà les sentiments de nos Docteurs, selon lesquels nous avons toujours tenu « que la Décision du Pape n'oblige point à croire ce qu'il a décidé, même en matière de Foi, parce qu'il est sujet à errer dans la Foi; mais seulement à n'y rien dire de contraire, s'il n'y en a de grandes raisons : *In causis fidei, determinatio solius papæ ut papæ non ligat ad credendum, quia est deviabilis a fide*[2], » comme dit Gerson. Le Pape entreprend donc sur

---

Ossa licet teneant qui te genuere Tricasses
Longa tibi in libris vita futura tuis.

Son frère, François Pithou, mort en 1621, avait découvert un manuscrit des *Fables de Phèdre* qu'ils publièrent de concert, pour la première fois. Pierre Pithou est un des théoriciens des *Libertés de l'Église gallicane*, dont la première édition est de 1594.

1. Du Puy (Pierre), historien, juriste, né à Agen en 1582, mort en 1651, conseiller au Parlement de Paris et conservateur de la Bibliothèque du roi. Le plus connu de ses nombreux Écrits est son *Traité des droits et des libertés de l'Église gallicane*. Paris, 1639, 2 vol. in-folio. On cite aussi de lui une *Histoire des plus illustres favoris anciens et modernes*. 1 vol. in-4° et in-8. Leyde (Elzévir), 1659.

2. *Deviabilis a fide*, faillible en matière de Foi. Gerson (Jean Charlier, dit Gerson), parce qu'il était né à Gerson, village voisin de Réthel, en 1363, — il est mort à Lyon en 1429 — chancelier de l'Université de Paris, et à qui

nos Libertés dans cette Bulle, où il nous veut obliger de croire ses Décisions ; et ainsi c'en est une nullité manifeste.

C'en est aussi une autre plus considérable qu'il ne semble, lorsque le Pape dit qu'on a employé à examiner cette matière la plus grande diligence qui se puisse désirer, *qua major desiderari non possit,* car il y a ici un artifice secret qu'il faut découvrir : c'est que, comme je vous l'ai déjà dit, les Papes veulent qu'on croie qu'ils peuvent seuls Décider les Points de Foi, en sorte qu'après cela il ne faut rien désirer davantage ; au lieu que nous soutenons qu'il n'y a que les Conciles qui puissent obliger à croire, et qui ne laissent rien à désirer. Et ainsi le Pape fait fort bien, selon sa prétention, de nous vouloir faire avouer qu'on a apporté en cette matière *tout ce qui se peut désirer,* quoiqu'il n'ait fait autre chose que consulter quelques Réguliers. Mais nous ferions fort mal d'y consentir, puisque ce seroit le reconnoître pour infaillible, blesser infiniment nos Libertés, ruiner les appels au Concile Général, et même rendre tous les Conciles inutiles, puisque le Pape suffiroit seul, s'il étoit Infaillible. Et ne doutez point que les partisans de la Cour de Rome ne fissent bien valoir un jour la réception de cette Bulle, pour en tirer ces conséquences.

Il y a bien d'autres Nullités essentielles que je serois trop long de rapporter. Jamais Bulle n'en eut tant. Mais ce qui la met le plus hors d'état d'être reçue au Parlement,

l'on a souvent attribué faussement la paternité de l'*Imitation de Jésus-Christ,* est un des pères de la fameuse théorie des *Libertés de l'Église gallicane,* théorie qui avait dans son *Credo* la non infaillibilité du Pape. Gerson, un des chefs du parti conservateur (les Armagnacs) au xve siècle, était conservateur dans l'Église comme dans l'État. Il exerça à ce titre un grand ascendant au Concile de Constance (1414).

est qu'ayant été faite par le Pape seul, sans Concile, et même sans l'avis du Collège des Cardinaux, elle ne peut être considérée que comme ayant été faite par le propre mouvement du pape, *motu proprio*[1], que l'on ne reconnoît point en France : car on n'y a jamais reçu les Bulles faites *motu proprio* en matière de Foi ou de chose qui regarde toute l'Église, quelque effort qu'aient fait les Papes pour cela, comme fit Innocent X, dans sa Bulle de la Résidence des Cardinaux, de l'an 1646, où il déclare « qu'encore qu'elle soit faite par son propre mouvement, il entend qu'elle ait la même force que si elle avoit été faite par le Conseil des Cardinaux». Sur quoi feu M. l'avocat général Talon[2] dit que c'étoit en vain que dans cette clause le Pape avoit voulu suppléer, par la voie de puissance, à l'essence d'un acte important; » de sorte qu'elle fut rejetée comme abusive. Et la dernière Constitution du même Pape, sur les Cinq Propositions, quoiqu'elle décidât

1. Ce n'était pas un *motu proprio*. Le Maitre essaye de transformer la Bulle en *motu proprio* parce qu'une maxime de l'Église gallicane était qu'un *motu proprio* n'était pas recevable en France, et cela de droit, *de jure*, dans la langue des parlements. Cette législation a disparu avec l'Ancien Régime. Néanmoins l'article premier des articles organiques annexés au Concordat de 1801 défend de recevoir, publier, imprimer ni autrement mettre à exécution aucun *Bref*— les *Bulles* sont comprises sous ce nom de *Brefs*—, sans autorisation du gouvernement. Il est vrai que le Conseil Ecclésiastique de l'empire français émit en 1809 et 1810 l'avis qu'une exception fût faite en faveur des *Brefs* émanant de la Pénitencerie romaine, et qu'un décret du 28 février 1810 porte, article premier : Les *Brefs* de la Pénitencerie, pour le for intérieur seulement, pourront être exécutés sans aucune autorisation. Tout cela est tombé en désuétude. Le pouvoir conserve son droit, mais il intervient rarement. D'autre part, le Saint-Siège procède comme s'il n'y avait ni articles organiques, ni articles de 1682, ni Droits et Libertés de l'Église gallicane. L'Église et l'État tendent de plus en plus à une séparation, au moins en matière de Foi.

2. Mort en 1652, père de Denys Talon, également avocat général au Parlement de Paris, et qui eut plusieurs fois maille à partir avec Port-Royal contre qui ses fonctions d'avocat général le forçaient à procéder avec rigueur, une rigueur verbale.

des Points de Foi qui étoient reconnus de tous les Théologiens sans exception, néanmoins, par cette seule raison que le Pape y parloit seul, on n'osa pas seulement en demander l'enregistrement, quelque désir que l'on en eût. Comment donc celle d'Alexandre n'y seroit-elle pas refusée, puisque, quand elle n'auroit point tant d'autres nullités, ce défaut essentiel d'être faite par le Pape seul la rend incapable d'y être admise?

Il est donc constant, monsieur, qu'il n'y eut jamais de Bulle moins recevable que celle-ci, puisqu'on la devroit rejeter à cause de ses Nullités, quand on n'en voudroit point faire de mauvais usage, qu'on la devroit encore rejeter à cause du mauvais usage qu'on médite d'en faire, quand elle n'auroit point de Nullités. Que sera-ce donc si l'on en considère tout ensemble et les Nullités et l'Usage? N'est-il pas visible que, si celle-ci passe, il n'y en aura point qu'on ne soit obligé d'admettre, et qu'ainsi nous voilà exposés à toutes celles qui pourront arriver de Rome, ce qui n'est pas d'une petite conséquence! Car on peut juger de ce qui en peut venir par ce qui en est déjà venu. Ne voyez-vous pas qu'on ne tâche qu'à multiplier les Bulles, afin que ce soient autant de titres de l'Infaillibilité, qui en a besoin, et que le monde s'accoutume peu à peu à y ajouter une créance aveugle? Quand ils se seront ainsi rendus maîtres de l'esprit des peuples, ce sera en vain que les Parlements s'opposeront aux entreprises de Rome sur la puissance temporelle de nos Rois. Leur opposition ne passera que pour un effet de politique, et non pas pour une décharge de conscience. On les fera passer eux-mêmes pour Hérétiques, quand il plaira à Rome; car le moyen de faire croire qu'une autorité infaillible se soit trompée? De sorte qu'après les Bulles de Boniface VIII, et ses semblables, il n'y a point de différence entre dire que le Pape est infaillible, et dire que nous sommes ses sujets[1].

Vous voyez par tout cela, monsieur, et combien cette Bulle est dangereuse par la fin où l'on veut la faire servir, et combien elle est défectueuse dans la manière dont elle est dressée. Il ne me reste qu'à vous faire remarquer combien elle est peu considérable dans le fond, et dans la matière qui y est décidée, laquelle n'étant qu'un simple Point de Fait[2], est bien éloignée de mériter tout le bruit qu'on en veut faire; car il est constant, selon tous les Théologiens du monde, que ce Fait ne peut rendre Hérétiques ceux qui le nient, mais tout au plus téméraires. Or, qu'une témérité mérite qu'on prive les gens de leurs Biens et Bénéfices, et qu'on les punisse comme des Hérétiques, cela n'est pas raisonnable : car pourquoi traiter comme Hérétiques ceux qui ne le sont point, la dispute n'étant que sur un Point de Fait qui ne peut faire d'Hérésie ? Cependant quelques évêques, qui ont résolu de déposséder les Bénéficiers, et qui n'en ont de prétexte que sur ce Point de Fait,

---

1. L'argumentation de Le Maitre n'est pas sans duplicité : il essaye constamment de mettre la politique de son côté, d'exploiter le préjugé national contre la Cour de Rome. Pascal n'aurait pas consenti à des moyens de ce genre.

2. La distinction du Fait et du Droit, qui tient une si grande place dans les *Provinciales*, est descendue dans la rue. Il n'y a pas jusqu'à Loret qui ne s'en égaye dans sa *Gazette* rimée, où il écrit à la fin de 1662 :

> Je n'aurois jamais cru être homme
> A pouvoir pester contre Rome :
> Depuis deux ou trois mois entiers
> Je l'ai pourtant fait volontiers.
> Mais ce seroit un cas inique
> De m'en juger moins catholique.
> Grâce à Dieu, je sais, quant à moi,
> Distinguer le Fait de la Foi.
> Le Fait est une chose humaine
> Bien souvent trompeuse, incertaine;
> Mais la Foi n'a rien de douteux,
> Et l'Église et Rome sont deux.

ont arrêté, dans leur Lettre circulaire du 17 mars dernier, « que ceux qui refuseront de souscrire le Fait seront traités comme s'ils refusoient de souscrire le Droit ». Ils ont beau faire néanmoins, ils ne sauroient confondre par toute leur puissance ces choses qui sont séparées par leur nature. Un simple Fait demeurera toujours un simple Fait, et celui-ci ne sauroit jamais donner lieu de priver les gens de leurs Bénéfices; car j'en reviens toujours là.

N'est-il donc pas plus clair que le jour, qu'en tout ceci ils n'ont point du tout songé à nous instruire dans la Foi, mais seulement à nous assujettir à l'Inquisition ? C'est ce que je vous montrerois au long, si j'en avois le loisir, tant pour le point qu'ils ont choisi pour objet de leurs Décisions, que par la manière dont ils s'y prennent. Car n'est-ce pas un bel Article de Foi de croire que des Propositions que tout le monde condamne sont dans un Livre? Et peut-on s'imaginer que ce soit seulement pour faire croire ce point qu'on exige des Signatures de toute l'Église? Il faudroit être bien simple. S'ils avoient tant voulu le faire croire, ils n'avoient qu'à en citer les pages : et s'ils avoient eu dessein de nous éclairer tout de bon, ils nous auroient expliqué ce sens de Jansénius, qu'ils condamnent sans dire ce que c'est, comme dit fort bien la Dix-Huitième[1], que mon fils m'a montrée ce matin. Reconnoissez-le donc, monsieur : ils n'ont pensé qu'à eux, et non pas à nous. Ils n'ont choisi ce point que parce qu'il leur étoit favorable, à cause de la passion qu'on a contre Jansénius. Ils ont voulu ménager cette occasion, et, tournant à leurs fins le désir qu'on a témoigné de voir condamner cette Doctrine, ils ont cru que nous y serions assez échauf-

---

1. *Lettre provinciale.*

fés pour acheter leurs Bulles par la perte de nos Libertés.

Comme j'écrivois ces dernières lignes, je viens de voir un Conseiller des plus habiles, qui m'a dit que c'est une maxime constante dans les Parlements, qu'ils sont les juges légitimes et naturels des Questions de Fait qui se rencontrent dans les matières ecclésiastiques[1]; et qu'ainsi n'étant question ici que de savoir si les Cinq Propositions condamnées sont tirées de Jansénius, il leur appartient d'examiner si elles y sont, au cas qu'on leur présente cette Bulle. De même que dans la célèbre Conférence de Fontainebleau, où le cardinal Du Perron accusa de faux cinq cents passages des Pères, allégués par Du Plessis Mornay, le roi Henri IV nomma des commissaires laïques pour juger cette affaire[2], où il étoit question d'examiner si ces Passages étoient véritablement dans les Pères, comme il s'agit ici de savoir si ces Propositions sont dans Jansénius; et quelque bruit que fît le Nonce d'abord, de ce qu'on ne prenoit pas des Ecclésiastiques pour connoître d'une Matière Ecclésiastique, ils en demeurèrent les Juges, parce qu'il n'étoit question que d'examiner des Points de Fait. Il m'en donna encore d'autres exemples; mais celui-là suffit pour mettre la chose hors de doute, et pour montrer que, si l'on presse le Parlement sur le sujet de la Bulle, nous aurons le plaisir de leur voir examiner régulièrement, et en pleine Assemblée des Chambres, si ces Cinq Propositions

---

1. Dans les matières ecclésiastiques ayant un effet civil, et ce n'est pas ici le cas. Le Maitre abuse des Libertés gallicanes.

2. Le procédé d'Henri IV était purement arbitraire. Il s'agissait du livre de Du Plessis Mornay intitulé : *Institution de l'Eucharistie*. Du Perron eut l'avantage et n'était guère un meilleur théologien que Du Plessis Mornay. C'est de lui et de Du Plessis Mornay que l'illustre Huet disait : « Tous les deux ont eu plus de réputation que de savoir, et l'on cherche en vain aujourd'hui dans leurs Écrits sur quoi cette réputation pouvoit être fondée ». La conférence de Fontainebleau eut lieu en 1600.

sont dans le Livre de Jansénius : nous saurons s'il est vrai que ce soit une témérité de ne le pas croire, et nous verrons le jugement du Pape exposé au jugement du Parlement.

Ainsi, je ne puis assez admirer combien ce dessein d'Inquisition a été mal concerté, pour avoir été conduit par de si habiles gens; car ils ne pouvoient choisir de base plus foible et plus ruineuse que cette Bulle, qui, n'étant que sur un Fait, ne pouvoit jamais être assez considérable pour soutenir une si grande entreprise. Car ne seroit-ce pas une chose honteuse et insupportable que l'Inquisition, qu'on n'a point voulu souffrir en France pour les choses mêmes de la Foi, s'introduisît aujourd'hui sur ce Point de Fait ; et que tout le monde y contribuât volontairement, les Évêques en l'établissant par leur autorité, et le Parlement en les laissant faire?

Je ne crois pas qu'il soit disposé à cela. Il n'y a point ici de raillerie. Cela les touche eux-mêmes, comme j'ai dit tantôt, au moins pour leurs parents et amis, n'y ayant guère de personnes qui puissent être sans intérêt dans une affaire générale. Le moins de servitude qu'on peut est le meilleur. Les gens sages ne s'en attireront jamais de gaieté de cœur. Qu'ils cherchent donc d'autres manières de faire croire que ces Propositions sont dans ce Livre. Qu'ils écrivent tant qu'ils voudront, ou plutôt qu'ils se taisent tous. On n'a que trop parlé de tout cela. Qu'ils laissent le monde en repos, et nos Bénéfices en assurance.

Si le Parlement prend connoissance de cette affaire, j'ai d'assez bons mémoires pour montrer combien il y a de différence entre la Primauté que Dieu a véritablement donnée au Pape pour l'édification de l'Église, et l'Infaillibilité que ses flatteurs lui voudroient donner pour la destruction de l'Église et de nos Libertés [1].

1. Cette Lettre, qui menaçait de faire intervenir les Parlements d'une manière plus directe, produisit beaucoup d'effet. On laissa dormir le Formulaire durant quatre ans (1656-1660). Le Parlement se frottait les mains, Mazarin était fatigué, les Jésuites étourdis du coup des *Provinciales*. On le reprit en 1661, et même une Déclaration royale du 26 avril 1664 en avait fait une Loi de l'État. Mais les troubles qui suivirent cette Déclaration obligèrent d'y renoncer : cela s'est appelé *la paix de l'Église* (1669). Clément IX consentit à proclamer que le Saint-Siège ne prétendait pas que la signature du Formulaire obligeât à croire que les Cinq Propositions fussent implicitement ou explicitement dans le livre de Jansénius. Il exigeait seulement qu'on les condamnât comme Hérétiques en quelque lieu qu'elles fussent.

Malebranche, qui était cartésien, c'est-à-dire rationaliste et hostile par tempérament à la Grâce conçue à la manière de saint Paul, de saint Augustin, de Luther et de Calvin, avait signé le Formulaire, puis rétracté sa signature et il avait eu l'attention d'envoyer à Port-Royal, où on la conservait, une copie de sa rétractation. Dans une querelle qu'il eut plus tard avec Malebranche, Arnauld écrit au père Quesnel (15 février 1681) : « J'ai bien songé au papier qu'il a donné, il y a dix ou douze ans, mais j'aimerois mieux qu'on m'eût coupé la main que de lui en faire aucun reproche; rien ne seroit plus malhonnête que d'abuser de cette confiance. Mais sachant cela, comment ose-t-il dire dans un livre imprimé (il venait de publier son *Traité de la nature et de la Grâce*, 1680, et son *Éclaircissement ou suite du Traité de la Nature et de la Grâce*, 1681) qu'il n'a jamais été dans nos sentiments touchant la Grâce ?... Il m'est fort indifférent qu'il en ait été ou qu'il n'en ait pas été. » A cette époque, du reste (1684), la Question du Formulaire était enterrée.

F. Delannoy sc

ANTOINE ARNAULD DIT LE GRAND ARNAULD

né en 1612, mort en 1694.

d'après le portrait de Philippe de Champagne gravé par Simonneau

APPENDICE

FACTUMS ET PIÈCES DIVERSES RELATIFS AUX PROVINCIALES
A LA MORALE RELACHÉE DES CASUISTES
ET A LA PLUPART DESQUELS PASCAL A EU PART

Le désir de défendre *Port-Royal* et de se venger des Jésuites n'était pas le seul objet poursuivi par Pascal et ses amis. Ils n'aimaient pas le scandale pour lui-même. On ne saurait disconvenir qu'ils n'aient eu à cœur l'honneur de l'Ancien Christianisme, les principes de sa Morale, et, par suite, le redressement des griefs énumérés dans les *Provinciales* contre les Casuistes. On voulait jeter hors du temple « *les ordures des Casuistes* ». L'expression est de Bossuet. Les Jansénistes proprement dits s'acharnèrent jusqu'à la fin du siècle à accumuler sur les seuls Jésuites toutes les misères morales de la Casuistique du temps. Ceux qui poursuivirent cette tâche, utile si l'on veut, mais injuste dans ses procédés, c'étaient le docteur Perrault, exclu de la Sorbonne pour avoir refusé de signer la Censure d'Arnauld, et frère de Charles Perrault, l'homme aux *Contes des fées;* Varet, vicaire général de M. de Gondrin, à Sens, habitué à cacher Arnauld et Nicole dans sa maison, auteur d'une *Histoire du Jansénisme;* Pontchâteau, d'une des meilleures familles de France, apparenté à tous les grands noms de l'Église et de la Monarchie; enfin Arnauld et Nicole. Il y eut une avalanche d'extraits de la Morale des Jésuites. On lit dans la préface du Livre d'Arnauld, intitulé : *la Morale pratique des Jésuites,* et qui n'a pas moins de huit volumes (1669-1694) : « On désire de tout son cœur que ce travail puisse être utile aux Jésuites, car, quoi qu'ils en puissent dire, *on les aime,* et l'on a pour eux toute la charité que l'on doit. » Ce sont là des propos de crocodile. Arnauld avait mis vingt ans de sa vie à ramasser partout les anecdotes les plus odieuses à leur imputer. Sainte-Beuve en est écœuré : « Après la victoire décisive des *Provinciales,* écrit-il *(Port-Royal,* t. III, p. 216 de la quatrième édition), cela me fait l'effet du gros train et des fourgons qui, en traversant le champ de bataille, achèvent les blessés et broient sous leurs roues les morts. Je crois bien que ces volumes ont été grandement utiles au parti qui les publiait; il est en toute matière des esprits lents et communs qui ne saisissent un résultat qu'à la seconde et à la troisième rédaction, et qui ont besoin qu'on s'appesantisse : il faut bien leur donner le temps d'arriver. D'ailleurs, ce qui nous paraît aujourd'hui une suite d'avanies à des victimes, n'était que des représailles quand le père de la Chaise régnait encore. Mais ces Livres manquent par trop aussi d'esprit et d'équité, ou tout au moins de malice intelligente; ils me dégoûtent et m'ennuient à n'en pouvoir parler. Que vous dirai-je? Il y a eu la *queue* de Pascal, comme il y a eu la *queue* de Voltaire. »

Pascal était plus pratique. Il y avait aussi le Clergé de France qui sentait la Morale de l'Église atteinte dans la Morale des Casuistes. Il importait de l'en dégager. Ce devait être la sanction des *Provinciales,* et ce le fut.

On trouve dans le *Septième Factum des curés de Paris, ou journal de tout ce qui s'est passé tant à Paris que dans les provinces au sujet de la Morale et de l'Apologie des Casuistes jusqu'à la publication des censures de nosseigneurs les archevêques et évêques de la Faculté de Théologie de Paris,* factum daté du 8 février 1659, le récit de la manière dont l'affaire s'est engagée. C'est d'abord M. de Saint-Roch, syndic des curés de Paris, qui défère à l'Assemblée ordinaire des Curés, dès le 12 mai 1656, les Propositions alléguées dans les *Provinciales* contre les Casuistes. Si les extraits de Pascal sont vrais, il faut condamner ces maximes pernicieuses; s'ils ne le sont pas, c'est-à-dire si on ne les trouve pas dans les Auteurs d'où Pascal dit les avoir tirés, c'est lui qu'il faut condamner. Mais le cardinal de Retz, archevêque de Paris, n'était pas là, et pour le moment il n'y avait pas de vicaires généraux qui pussent le remplacer et poursuivre l'affaire.

Ce furent les Curés de Rouen qui s'en chargèrent sur la plainte de l'un d'entre eux, M. Du Four, abbé d'Aulnay et curé de Saint-Maclou, qui tonna contre les Casuistes dans une réunion de plus de douze cents prêtres, présidés par l'Archevêque de Rouen, le 30 mai suivant. Il n'avait pas nommé les Jésuites, mais le père Brisacier, recteur du Collège que les Jésuites avaient à Rouen, se plaignit à l'Archevêque. Alors les Curés, piqués au jeu, nommèrent une commission chargée de vérifier les assertions de Pascal. La commission, surprise de voir que Pascal n'avait pas dit le quart de la vérité, car si les citations qu'il fait sont parfois inexactes, les passages des Casuistes ne gagnent pas à être examinés de plus près, la commission, disons-nous, fit requête à M. de Harlai, afin qu'on examinât les passages des Casuistes cités par Pascal, et en particulier certaines Propositions extraites par elle des Casuistes. M. de Harlai renvoya l'affaire à l'Assemblée générale du Clergé de France, alors réunie à Paris.

Les Curés de Paris, encouragés par l'exemple, vérifient à leur tour les passages des *Provinciales*. On fait réimprimer *Escobar* comme pièce à consulter, puis on en appelle à l'Assemblée générale du Clergé, quoiqu'on sût qu'elle était en ce moment un peu à la dévotion de Mazarin et des Jésuites. On s'excuse du reste auprès d'elle de l'initiative qu'on a prise. « Quand nous avons sollicité les Curés des autres diocèses de se joindre aussi avec nous, disent les Curés de Paris dans leur *Requête* à l'Assemblée Générale du Clergé, nous avons été très éloignés de prétendre que ce fût en se détachant de l'Ordre de leurs Évêques. Nous savons, messeigneurs, et les obligations et les bornes de notre devoir. »

Le fait est qu'une grande partie du Bas Clergé était janséniste et que la plupart des Évêques l'étaient intérieurement au même degré. A quelque rang qu'ils fussent placés dans la hiérarchie, les membres du Clergé Séculier étaient hostiles aux Réguliers, par qui la Cour de Rome aspirait à les remplacer dans l'administration de l'Église.

On allait se séparer. On nomma pourtant une commission qui examinerait les griefs des Curés de Paris, de Rouen et d'un grand nombre d'autres villes du Royaume, contre la Morale des Casuistes. En attendant, et comme première satisfaction, l'Assemblée fit imprimer à ses frais une édition des *Instructions de saint Charles Borromée sur la Pénitence*.

En quoi l'Assemblée Générale du Clergé, composée des représentants du Haut Clergé imbus des maximes gallicanes quant à l'indépendance de l'Autorité Épiscopale menacée par les Réguliers, mais inféodée à Mazarin, qui en ce moment avait besoin des Jésuites et de la Cour de Rome, résiste à la pression des Curés représentants de la Morale austère de la vieille église gallicane, de la tradition nationale opposée à la mollesse italienne et ne se rendant pas un compte exact des exigences politiques de la situation. Ils ne considéraient que l'intérêt de l'Église, offensée dans ses mœurs et dans son crédit sur l'opinion par les maximes des Casuistes. Les Curés, c'était la Fronde ecclésiastique, et le Haut Clergé c'était le parti des princes.

Il y eut une année de répit. On se mesurait du regard. Mais en 1657, l'*Apologie pour les Casuistes contre les Calomnies des Jansénistes* [1], œuvre imprudente du père Pirot, jésuite, mit le feu aux poudres.

Le père Pirot, rappelait à quelques égards la verve grossière et abondante du père Garasse. Nous en avons déjà cité quelque chose. Les injures personnelles décochées contre le Secrétaire de Port-Royal méritaient d'ailleurs de ne pas rester impunies. « Que si je ne considérois que sa personne, écrit le père Pirot (page 19 de l'*Apologie*), et ceux qui l'emploient pour railler, je le mépriserois avec ses bouffonneries et conseillerois aux Casuistes et Canonistes de se comporter envers ces bouffons ainsi que les conseillers et présidents ont accoutumé de faire envers les Clercs du Palais, avec qui ils dissimulent une fois l'an et souffrent qu'ils érigent des tribunaux et qu'ils créent des Magistrats de la Basoche qui, pendant le temps de carême prenant, font plaider des causes, rendent des sentences aux parties et font des ordonnances pour régler les abus des Sièges et des Parlements. » Pirot ajoute ailleurs (page 22) : « Outre les Pères de l'Église, les Casuistes lisent d'autres Auteurs de Morale que ceux dont ce janséniste railleur a fait une liste grotesque. Si ce Secrétaire-là se donne la patience de lire Silvestre, il trouvera sur la fin une liste des Auteurs que ce casuiste a lus pour composer sa Somme, et il y en comptera plus de cent soixante, entre lesquels

---

1. *Apologie pour les Casuistes contre les calomnies des Jansénistes*, où le lecteur trouvera les vérités de la morale chrétienne, si nettement expliquées et prouvées avec tant de solidité qu'il lui sera aisé de voir que les maximes des Jansénistes n'ont que l'apparence de la vérité et qu'effectivement, elles portent à toutes sortes de péchés, et au grand relâchement qu'elles blâment avec tant de sévérité, par un théologien et professeur en droit canon. A Paris, 1657. »

C'est une brochure in-4° de 191 pages, sans nom d'auteur ni d'imprimeur, ce qui laisserait croire que si le père Pirot ne l'a pas publiée de son chef, la Compagnie n'en voulait pas prendre publiquement la responsabilité.

on n'y trouvera pas un de ceux que le Secrétaire a mis dans ses ridicules Lettres. » Citant le passage de la *Quatrième Provinciale*, où Pascal parle sans doute des gens qu'il a fréquentés durant sa vie mondaine : « Les vices ont prévenu leur raison dit Pirot ; leur vie est dans une recherche de toqtes sortes de plaisirs, dont le moindre remords n'a pas interrompu le cours ! » Pirot s'écrie (page 35) : « Il y a quelque apparence que le Secrétaire de Port-Royal parle ici de lui-même ou de ses intimes amis, puisqu'il connoît si particulièrement les mouvements intérieurs de leur cœur, qu'il ne sauroit les avoir appris d'autres que de ces gros pécheurs. C'est pourquoi, pour lui témoigner que je n'ai pas d'aigreur contre lui, je veux, pour toutes les injures qu'il a vomies contre les Casuistes, lui donner un avis qui peut lui servir et à ces gros pécheurs ses bons amis. » L'aigreur ne manque pas plus à Pirot que la suffisance, quoique son aigreur et sa suffisance soient aussi lourdes l'une que l'autre : « Les Dévotes de Port-Royal, dit-il, que vous tâchez de divertir aux dépens des Casuistes, peuvent-elles se plaire à ces sortes de railleries et faut-il, pour les mettre en belle humeur, que vos Lettres leur disent des Nouvelles de ce qui se passe dans les lieux infâmes? » Ailleurs, il plaint Pascal de s'être jeté « à l'aveugle contre des gens d'une autre trempe qu'il n'avoit cru. » Il termine en protestant qu'il « porte au cœur le salut de tous les Jansénistes et nommément du Secrétaire. »

Le Libelle du père Pirot était une belle cible. Les Jésuites n'osaient désavouer un pauvre homme qui avait fait de son mieux. Il fut censuré par la Sorbonne (juillet 1658). Ce fut durant les délibérations qui précédèrent la Censure que les Curés de Paris commencèrent la série de leurs *Factums*. C'étaient eux qui, de concert avec Arnauld, avec Nicole, Périer, Hermant et d'autres amis de Port-Royal, recueillaient des faits et des arguments. Pascal tenait la plume. Le second *Factum*, daté du 1er avril 1658, est tout entier de Pascal. Il l'écrivit en un jour. La Censure n'avançait pas. Les Jésuites y faisaient de l'opposition, publiaient des Écrits. C'est à ces Écrits que répondent les Troisième et Quatrième Factums. Le Cinquième, intitulé : *Sur les avantages que les Hérétiques prennent contre l'Église, de la Morale des Casuistes et des Jésuites,* est un morceau d'éloquence digne de ce qu'il y a de meilleur dans les *Pensées* ou dans les *Provinciales*. Il est aussi de Pascal en entier et il aimait ce petit chef-d'œuvre « comme le meilleur qu'il eût fait. » Il a le don de se transformer comme il veut. Il affecte le ton d'un curé qui fait son prône. C'est un acteur. Que lui importent le costume et l'attitude, pourvu qu'il puisse faire échec à « la plus puissante Compagnie et la plus nombreuse de l'Église, qui gouverne les consciences presque de tous les Grands, liguée et acharnée à soutenir les plus horribles maximes qui aient jamais fait gémir l'Église, » selon les termes qu'il emploie lui-même dans ce Cinquième *Factum* où se trouve le parallèle des Calvinistes et des Jésuites dans lequel Pascal, toute réflexion faite, préfère les Jésuites sur ce qu'au moins ils ont gardé l'Unité.

Le Cinquième *Factum* fit autant de bruit dans le monde que la plus favorisée des *Provinciales*. On peut en avoir une idée par le fragment suivant d'une lettre de Mme de Longueville, qui écrit de Rouen (14 février 1658) à quelqu'un qui la tenait au courant de ce qui se passait à Paris : « Vous pouvez juger avec quelle joie j'apprends le bon succès que Dieu a donné au zèle de MM. les Curés de Paris. Comme ceux de Rouen soutiennent la même cause et par le même principe, ils ont reçu aussi la même bénédiction. — Mme de Longueville, qui vient de se convertir, a un style approprié à ses nouveaux sentiments. — Le *soit montré*, — c'était la formule de prise en considération, — leur fut hier accordé par le Parlement, quoique la veille on fût fort éloigné d'attendre cet événement favorable. Quand on soutient la cause de Dieu et qu'on le fait plutôt par la chaleur de la Charité que par celle que notre amour-propre nous inspire, on doit tout attendre de sa protection. J'espère qu'il la donnera à son Évangile en cette rencontre, et que les Juges Spirituels feront au moins aussi bien que les Séculiers. MM. les Curés ont envoyé leur Requête à M. notre Archevêque, à quoi j'ai joint une de mes Lettres. Priez Dieu que l'indignité qui est en moi pour soutenir une cause si sainte ne nuise pas à l'œuvre de Dieu. Je vous demande une relation fidèle de tout ce qui s'est passé depuis la première que vous m'envoyâtes jusque à cette heure, et depuis cette heure jusqu'à la consommation de l'affaire. Il faut, s'il vous plaît, que cela soit séparé de vos Lettres, parce que je veux en faire part à quelqu'un de mes amis qui sont (*sic*) dans une grande ferveur pour le soutien de la Morale chrétienne. Prenez donc ce soin, je vous supplie, avec votre ponctualité ordinaire. Je commence à bien espérer contre ma coutume, et à croire que Dieu protégera la vérité et la sainteté de son Évangile contre le mensonge et la corruption des hommes. Mais en même temps je commence aussi à craindre dans l'occasion du petit triomphe qui se prépare pour la bonne cause. J'appréhende, avec grande justice, de m'en réjouir trop humainement, et que je sois moins touchée en cela de la gloire de Dieu que de la mienne : je dis de la mienne, parce qu'il y en a toujours à être du parti victorieux. Priez donc Notre-Seigneur que je reçoive cette joie comme chrétienne, et non pas comme une séculière ; c'est-à-dire que je m'humilie d'être si peu digne d'être du bon parti, lorsque tant d'autres, qui ne l'ont pas tant offensé que moi, sont du mauvais ; que je ne me répande point trop sur la victoire que Jésus-Christ va remporter, mais qu'au lieu de cela je recoure à lui pour le supplier d'achever son œuvre et de me préserver, de me l'approprier à cause du peu de zèle qu'il m'a donné pour cette cause que je le supplie de me faire regarder comme la sienne et non pas comme la mienne. » La sœur de Condé conspire toujours. Quand la Fronde politique est terminée, elle se jette dans la Fronde ecclésiastique, et déjà elle a su acquérir le style de l'emploi.

Le Sixième *Factum* des Curés de Paris (24 juillet 1658) est encore bien plus évidemment de Pascal que le précédent. On y retrouve la véhémence des *Provinciales*, l'art et la dialectique pressante de ses meilleurs jours. Les Jésuites avaient entrepris de faire comprendre la Censure des *Provinciales* dans celle de l'*Apologie pour les Casuistes*. Les *Provinciales*, disaient-ils, avaient été condamnées à Rome. Ce n'était pas l'avis du Parlement ni surtout de l'avocat général Talon. On aurait eu l'air de reconnaître en France la juridiction de l'Inquisition romaine. Les Jésuites appuyèrent leur prétention par un Écrit : *Sentiments sur l'Apologie*. Ils se lavaient les mains, comme Pilate, affectaient de vouloir rester neutres dans la cause du père Pirot. C'est là-dessus que Pascal fond sur eux : « Quoi ! mes pères, toute l'Église est en rumeur dans la dispute présente : l'Évangile est d'un côté et l'*Apologie des Casuistes* est de l'autre ; les Prélats, les Docteurs et les Peuples sont ensemble d'une part, et les Jésuites, pressés de choisir, déclarent qu'ils ne prennent point de parti dans cette guerre ! Criminelle neutralité ! Est-ce donc là tout le fruit de nos travaux, que d'avoir obtenu des Jésuites qu'ils demeureroient dans l'indifférence entre l'erreur et a vérité, entre l'Évangile et l'*Apologie,* sans condamner ni l'un ni l'autre? Si tout le monde étoit en ces termes, l'Église n'auroit guère profité et les Jésuites n'auroient rien perdu ; car ils n'ont jamais demandé la suppression de l'Évangile. Ils y perdroient ; ils en ont affaire pour les gens de bien ; ils s'en servent quelquefois aussi utilement que des Casuistes. Mais ils perdroient aussi si on leur ôtoit l'*Apologie* qui leur est si souvent nécessaire. Leur Théologie va uniquement à n'exclure ni l'un ni l'autre et à se conserver un libre usage de tout. Ainsi on ne peut dire ni de l'Évangile seul, ni de l'*Apologie* seule, qu'ils contiennent leurs sentiments. Le dérèglement qu'on leur reproche consiste dans cet assemblage, et leur justification ne peut consister qu'à en faire la séparation, et à prononcer nettement qu'ils reçoivent l'un et qu'ils renoncent à l'autre : de sorte qu'il n'y a rien qui les justifie moins et qui les confonde davantage, que de ne nous répondre autre chose, lorsque tout le fort de notre accusation est qu'ils unissent, par une alliance horrible, Jésus-Christ avec Bélial, sinon qu'ils ne renoncent pas à Jésus-Christ, sans dire en aucune manière qu'ils renoncent à Bélial. »

Pascal est opiniâtre et vise à un résultat. Il ne lui suffit pas que les *Provinciales* aient ameuté le public contre les Casuistes. Il faut que les Casuistes et les Jésuites qui les représentent fassent amende honorable dans la personne du P. Pirot. Il a su intéresser l'Église gallicane tout entière. Que les Jésuites abjurent leurs Doctrines mondaines et opportunistes. Ce n'est plus l'Auteur des *Provinciales* qui les met en demeure de le faire : ce sont les Curés de Paris, de Rouen, des Provinces, le Haut Clergé qu'il charge et force en quelque sorte d'exécuter la sentence prononcée dans les *Provinciales*. Et la sentence fut exécutée. Les Mandements d'Évêques, les Réunions de Curés, les Écrits de toutes sortes avaient soulevé une tempête générale dans l'Église. Depuis saint Bernard, aucun Livre n'avait pu opérer de cette façon au sein du Christianisme. *L'Apologie pour les Casuistes* ne put éviter une condamnation à Rome (août 1659). On a prétendu que le malheureux P. Pirot en était mort de chagrin. Qu'il en ait eu du chagrin, il est permis de le croire, mais il n'est pas mort de cela. On lit dans une lettre de M. de Pontchâteau, du 26 mars 1665, à M. de Neercassel : « Le P. Pirot est mort d'un cancer qui lui a mangé toute la langue ; la punition des autres qui ont commis de pareils excès n'est pas si visible ; elle n'en est pas moins terrible pour cela, puisqu'elle sera éternelle. » C'est un argument de sectaire.

Cependant la Censure de la Sorbonne n'arrivait pas. L'agitation continuait de se répandre. Les Évêques tonnaient dans leurs Mandements, les Curés des principales villes de province, ceux de Nevers, d'Amiens, d'Évreux, de Lisieux, publiaient à leur tour des Factums sur le modèle des *Factums* des Curés de Paris et de Rouen.

Enfin la Censure fut prononcée et les vicaires généraux du cardinal de Retz s'empressèrent d'en annoncer la publication dans un Mandement. Il y avait dans les papiers de Pascal un projet de Mandement qu'on lui avait demandé à l'Archevêché de Paris. Comme c'était lui qui avait conduit la campagne contre *l'Apologie,* il était fondé à réclamer l'honneur d'être parvenu au but : c'était la revanche de la condamnation d'Arnauld.

Le Septième Factum (2 février 1659) est, comme on a déjà vu, le résumé des négociations relatives à la Censure de *l'Apologie pour les Casuistes* et l'énumération d'un grand nombre de Censures prononcées par les Évêques; on y reconnaît partout la touche de Pascal. A quoi, le P. Annat ayant répondu par un écrit intitulé : *Recueil de plusieurs faussetés et impostures contenues dans le journal* (7ᵉ factum) *des curés de Paris,* Pascal le prend à la gorge (8º factum): « Il avoit couru un bruit, dit-il au P. Annat, que votre Général vous avoit défendu très expressément de faire aucune réponse aux Écrits qui attaquoient votre Morale; et toutes les personnes sages avoient jugé que si cet avis n'étoit pas entièrement conforme aux maximes du Christianisme, qui demandoient de vous une réparation publique pour des excès publics, il l'étoit au moins à celles de la Politique, qui obligent de dissimuler et de couvrir par une apparence de modestie les justes reproches dont on ne sauroit se purger. Mais quand on voit maintenant que la passion qui transporte votre Compagnie ne l'a pas rendue capable de se ranger à ce parti, que peut-on juger autre chose, sinon qu'elle est aussi bien abandonnée de la prudence des enfants du siècle que de celle des enfants de la lumière; que Dieu, en punition de tant d'erreurs si opiniâtrément soutenues, y a répandu un esprit d'étourdissement; et que ce n'est plus qu'une troupe d'hommes emportés qui agissent au hasard; qui ne gardent plus aucune mesure dans leur conduite; qui parlent, qui se taisent, qui publient des Écrits et qui les suppriment aussitôt; qui avouent et qui désavouent; qui contrefont les humiliés et les abattus, et s'élèvent en même temps avec une insolence insupportable; et qui ne représentent dans leurs procédés que l'état de ceux dont l'Écriture dit dans e Douzième Chapitre de Job : *Palpabunt quasi in tenebris et non in luce; et errare faciet eos quasi ebrios.* »

Il y a là autant de génie, de savoir et d'effort que dans les *Provinciales,* quoique les *Factums* n'en aient pas la réputation. La lutte durait depuis trois ou quatre ans; la victoire était assurée. On était fatigué, moins sensible qu'au premier moment aux éclats de l'éloquence de Pascal. On éprouvait ce qu'il dit luimême de l'éloquence continue, qu'elle finit par être ennuyeuse.

Le miracle de la sainte Épine, accompli à Port-Royal en faveur de sa nièce, l'avait encouragé et confirmé dans son dessein contre les Jésuites, corrupteurs du Christianisme. Il était évident que Dieu avait pris le parti de Port-Royal et de Pascal contre les Jésuites : « Injustes persécuteurs de ceux que Dieu protège visiblement, leur crie-t-il (*Réponse à un écrit publié sur le sujet des Miracles qu'il a plu à Dieu de faire à Port-Royal*), votre dureté surpasse donc celle des Juifs, puisqu'ils ne refusoient de croire Jésus-Christ innocent que parce qu'ils doutoient si ses Miracles étoient de Dieu? Au lieu que vous, ne pouvant douter que les Miracles de Port-Royal ne soient de Dieu, vous ne laissez pas de douter encore de l'innocence de cette maison... Ce lieu qu'on dit être le Temple du Diable, Dieu en fait son Temple. On dit qu'il faut en ôter les enfants : Dieu les y guérit. On dit que c'est l'arsenal de l'Enfer : Dieu en fait le Sanctuaire de ses grâces. »

Dans le dernier Factum des Curés de Paris dont le P. Annat fait les frais avec le P. Tambourini, un des Casuistes fouettés par Pascal dans les *Provinciales,* les griefs articulés prennent un caractère d'acrimonie et de triomphe dont les Jésuites se vengeront tout à l'heure par l'évocation du *Formulaire,* car les *Factums* sont la préface de la Signature du *Formulaire.* Il fallait bien que les Curés payassent leurs dettes.

AVIS

De MM. les Curés de Paris à MM. les curés des autres Diocèses de France sur le sujet des mauvaises maximes de quelques Nouveaux Casuistes.

Messieurs,

Si tous les vrais Chrétiens sont unis ensemble par un même esprit et un même cœur, et sont obligés, par les devoirs de la Charité divine, de prendre part aux intérêts spirituels les uns des autres dans les occasions que Dieu leur en présente, tous les Pasteurs de l'Église catholique le sont encore davantage; et leur Charité devant être plus grande que celle des Particuliers, puisqu'elle en est l'exemple et le modèle, elle les lie aussi plus étroitement ensemble, et les engage beaucoup plus à s'aider mutuellement pour le bien des âmes que Dieu a commises à leur conduite. C'est ce qui nous a portés à écouter favorablement ce qui nous a été représenté de la part de nos vénérables confrères MM. les Curés de Rouen, dans nos dernières Assemblées : savoir, que M. le Curé de Saint-Maclou, l'un des plus considérables d'entre eux, s'étant cru obligé de parler, dans un sermon synodal, en présence de Mgr l'Archevêque de Rouen, de plus de huit cents Curés et de plusieurs autres personnes de condition, contre les mauvaises maximes de quelques Casuistes, qui troublent l'ordre de la Hiérarchie et corrompent la Morale Chrétienne, et ayant depuis déclaré, dans un autre sermon fait en sa paroisse, qu'en prêchant contre ces pernicieuses maximes il ne les attribuoit à aucun Ordre, ni à aucun Corps, mais les combattoit seulement en elles-mêmes : les Jésuites de la ville de Rouen n'ont pas laissé de se tenir tellement offensés du décri de cette Doctrine, qu'ils ont présenté à M. l'Archevêque de Rouen, au nom de frère Jean Brisacier, Recteur de leur Collège en ladite ville, une requête remplie d'injures et de calomnies contre la personne dudit sieur Curé de Saint-Maclou, afin que, l'ayant ruiné d'honneur et de crédit, il ne se trouvât plus personne qui osât entreprendre de décrier publiquement ce que ces Auteurs scandaleux osent soutenir et écrire publiquement; que ce traitement si injurieux qu'on faisoit à leur confrère les avoit obligés de s'assembler pour examiner les points touchant les Mœurs qui avoient donné lieu à ce différend; que pour cela ils avoient lu les Livres desquels ils ont été tirés, et qu'en ayant fait des extraits fidèles, ils y avoient trouvé des Propositions si étranges et si capables de corrompre les âmes, que cela les avoit encore plus engagés à se joindre à leur confrère, pour en demander tous ensemble la condamnation : qu'à cette fin ils avoient présenté une requête à Mgr l'Archevêque de Rouen, qui, leur ayant dit que cette affaire étoit commune et regardoit toute l'Église, leur témoigna vouloir la renvoyer par-devant nosseigneurs de l'Assemblée Générale du Clergé de France, qui se tient maintenant à Paris : ce qui les avoit encore portés davantage à s'adresser à nous, afin qu'étant joints ensemble, nous pussions travailler plus utilement à obtenir la Censure de ces maximes entièrement opposées aux règles et à l'esprit de l'Évangile, dont ils nous ont envoyé les extraits, et à arrêter la violence de ceux qui voudroient, par leur crédit, fermer la bouche aux Pasteurs de l'Église, qui, étant établis de Dieu pour servir de sentinelles à la maison d'Israël, selon les paroles de l'Écriture, doivent crier et avertir de tout ce qui peut porter préjudice aux âmes, et dont Dieu leur demandera un compte si rigoureux. Cet avis, plein de prudence et de zèle, nous ayant puissamment touchés, nous a fait résoudre dans notre dernière Assemblée, non seulement de nous joindre à MM. les Curés de Rouen, mais aussi de les imiter, en vous faisant part de cette affaire, qui nous est commune à tous, puisque nous avons tous le même intérêt que l'Église, cette pure et chaste épouse de Jésus-Christ, dont la conduite nous est confiée sous l'autorité de nos seigneurs les Évêques, ne reçoive aucune souillure dans ses Mœurs par des maximes corrompues et toutes contraires à ses règles saintes; et qu'elle ne souffre pas davantage les reproches scandaleux que lui font les Hérétiques, ses ennemis, qui veulent la rendre responsable de ces sentiments pernicieux de quelques Casuistes particuliers, qu'elle a toujours improuvés par ses Canons et par ses Décrets. C'est dans ce dessein, et dans la seule vue de rendre quelque service à l'Église, que, pour vous instruire de tout ce qui s'est passé en cette rencontre, nous vous envoyons une copie de la Requête que MM. les Curés de Rouen ont présentée à M. leur Archevêque, avec un extrait fidèle de quelques-unes des Propositions que nous avons prises parmi le grand nombre d'autres semblables, qui contiennent une Doctrine dont toute personne qui a quelque soin de son salut aura sans doute de l'horreur, et entre lesquelles nous n'avons mis que celles qui regardent la Morale, et non celles qui concernent la Hiérarchie. C'est afin que, dans un même esprit de paix, de concorde et de charité, et dans un même désir de profiter aux âmes qui nous sont commises, vous vous unissiez à nous, comme plusieurs de MM. les Curés des autres Diocèses offrent déjà de le faire, et envoyiez pour cela vos procurations aux Syndics de notre Compagnie, qui soient en bonne forme devant notaire, et mises au pied de l'extrait que nous vous envoyons des Propositions à condamner, pour demander et poursuivre conjointement, tant par-devant nosseigneurs de l'Assemblée Générale du Clergé de France, qu'ailleurs où il appartiendra, la Censure et condamnation de ces mauvaises maximes, qui corrompent la Morale chrétienne, et troublent même la Société civile, telles que sont celles dont nous vous envoyons les extraits, et autres semblables, à ce que les peuples que Dieu a commis à notre garde, sous nosseigneurs les Prélats, soient désormais préservés de ce venin mortel, qui les porte au relâchement et au libertinage, et que nous puissions tous ensemble louer et bénir le Père des miséricordes, de ce qu'il nous aura donné la force de nous acquitter de notre devoir sans aucune crainte, ni considérations humaines, et de ce qu'il nous aura fait la grâce de contribuer, par ce moyen, au salut de tant d'âmes, qui ont été rachetées par le précieux sang de Notre-Seigneur Jésus-Christ.

A Paris, le 13 septembre 1656.

PREMIER FACTUM

Pour les Curés de Paris, contre un Livre intitulé : « Apologie pour les Casuistes, contre les Calomnies des Jansénistes, » à Paris, 1657; et contre ceux qui l'ont composé, imprimé et débité.

Notre cause est la cause de la Morale chrétienne : nos parties sont les Casuistes qui la corrompent. L'intérêt que nous y avons est celui des consciences dont nous sommes chargés; et la raison qui nous porte à nous élever, avec plus de vigueur que jamais, contre ce nouveau Libelle, est que la hardiesse des Casuistes augmentant tous les jours, et étant ici arrivée à son dernier excès, nous sommes obligés d'avoir recours aux derniers remèdes, et de porter nos plaintes à tous les Tribunaux où nous croirons devoir le faire, pour y poursuivre sans relâche la condamnation et la Censure de ces pernicieuses maximes.

Pour faire voir à tout le monde la justice de notre prétention, il n'y a qu'à représenter clairement l'état de l'affaire, et la manière dont les Nouveaux Casuistes se sont conduits depuis le commencement de leurs entreprises, jusqu'à ce dernier Livre qui en est le couronnement; afin qu'en voyant combien la patience avec laquelle ils ont été jusqu'ici soufferts a été pernicieuse à l'Église, on connoisse la nécessité qu'il y a de n'en plus avoir aujourd'hui. Mais il importe auparavant de bien faire entendre en quoi consiste principalement le venin de leurs méchantes Doctrines, à quoi on ne fait pas assez de réflexion.

Ce qu'il y a de plus pernicieux dans ces Nouvelles Morales, est qu'elles ne vont pas seulement à corrompre les mœurs, mais à corrompre la règle des mœurs; ce qui est d'une importance tout autrement considérable. Car c'est un mal bien moins dangereux et bien moins général d'introduire des déréglements, en laissant subsister les Lois qui les défendent, que de pervertir les Lois et de justifier les déréglements; parce que, comme la nature de l'homme tend toujours au mal dès sa naissance, et qu'elle n'est ordinairement retenue que par la crainte de la Loi, aussitôt que cette barrière est ôtée, la Concupiscence se répand sans obstacle; de sorte qu'il n'y a point de différence entre rendre les vices permis et rendre tous les hommes vicieux.

Et de là vient que l'Église a toujours eu un soin particulier de conserver inviolablement les Règles de sa Morale, au milieu des désordres de ceux qu'elle n'a pu empêcher de les violer. Ainsi, quand on y a vu de mauvais chrétiens, on y a vu au même temps des Lois saintes qui les condamnoient et les rappeloient à leur devoir; et il ne s'étoit point encore trouvé, avant ces Nouveaux Casuistes, que personne eût entrepris dans l'Église de renverser publiquement la pureté de ses règles.

Cet attentat étoit réservé à ses derniers temps, que le Clergé de France appelle « la lie et la fin des siècles, où ces Nouveaux Théologiens, au lieu d'accommoder la vie des hommes aux préceptes de Jésus-Christ, ont entrepris d'accommoder les préceptes et les règles de Jésus-Christ aux intérêts, aux passions et aux plaisirs des hommes. » C'est par cet horrible renversement qu'on a vu ceux qui se donnent la qualité de Docteurs et de Théologiens substituer à la véritable Morale, qui ne doit avoir pour principe que l'Autorité divine, et pour fin que la Charité, une Morale toute humaine, qui n'a pour principe que la raison, et pour fin que la Concupiscence et les Passions de la nature. C'est ce qu'ils déclarent avec une hardiesse incroyable, comme on le verra en ce peu de maximes qui leur sont les plus ordinaires. Une action, disent-ils, est Probable et Sûre en conscience, si elle est appuyée sur une raison raisonnable, *ratione rationabili*, ou sur l'autorité de quelques Auteurs Graves, ou même d'un seul, ou si elle a pour fin un objet honnête. Et on verra ce qu'ils appellent un « objet honnête » par ces exemples qu'ils en donnent. « Il est permis, disent-ils, de tuer celui qui nous fait quelque injure, pourvu qu'on n'ait en cela pour objet que le désir d'acquérir l'estime des hommes, *ad captandam hominum œstimationem*. On peut aller au lieu assigné pour se battre en Duel, pourvu que ce soit dans le dessein de ne pas passer pour une poule, mais de passer pour un homme de cœur, *vir et non gallina*. On peut donner de l'Argent pour un Bénéfice, pourvu qu'on n'ait d'autre intention que l'avantage temporel qui nous en revient, et non pas d'égaler une chose temporelle à une chose spirituelle. Une femme peut se parer, quelque mal qu'il en arrive, pourvu qu'elle ne le fasse que par l'inclination naturelle qu'elle a à la vanité, *ob naturalem fastus inclinationem*. On peut boire et manger tout son saoul sans nécessité, pourvu que ce soit pour la seule Volupté et sans nuire à sa santé, parce que l'appétit naturel peut jouir sans aucun péché des actions qui lui sont propres, *licite potest appetitus naturalis suis actibus frui.* »

On voit, en ce peu de mots, l'Esprit de ces Casuistes, et comment, en détruisant les Règles de la Piété, ils font succéder au précepte de l'Écriture, qui nous oblige de rapporter toutes nos actions à Dieu, une permission brutale de les rapporter toutes à nous-mêmes : c'est-à-dire, qu'au lieu que Jésus-Christ est venu pour amortir en nous les concupiscences du vieil homme, et y faire régner la Charité de l'homme nouveau, ceux-ci sont venus pour faire revivre les concupiscences et éteindre l'amour de Dieu, dont ils dispensent les hommes, et déclarent que c'est assez pourvu qu'on ne le haïsse pas.

Voilà la Morale toute charnelle qu'ils ont apportée, qui n'est appuyée que « sur le bras de chair », comme parle l'Écriture, et dont ils ne donnent pour fondement, sinon que Sanchez, Molina, Escobar, Azor, etc., la trouvent raisonnable; d'où ils concluent « qu'on peut la suivre en toute sûreté de conscience et sans aucun risque de se damner. »

C'est une chose étonnante, que la témérité des hommes se soit portée jusqu'à ce point! Mais cela s'est conduit insensiblement et par degrés en cette sorte.

Ces opinions accommodantes ne commencèrent pas par cet excès, mais par des choses moins grossières, et qu'on proposoit seulement comme des Doutes. Elles se fortifièrent peu à peu par le nombre des sectateurs, dont les maximes relâchées ne manquent jamais : de sorte qu'ayant déjà formé un Corps considérable de Casuistes qui les soutenoient, les Ministres de l'Église, craignant de choquer ce grand nombre, et espérant que la douceur et la raison seroient capables de ramener ces personnes égarées, supportèrent ces désordres avec une patience qui a paru par l'événement, non seulement inutile, mais dommageable : car, se voyant ainsi en liberté d'écrire, ils ont tant écrit en peu de temps, que l'Église gémit aujourd'hui sous cette monstrueuse charge de volumes. La licence de leurs opinions, qui s'est accrue en même mesure que le nombre de leurs Livres, les a fait avancer à grands pas dans la corruption des sentiments et dans la hardiesse de les proposer. Ainsi les maximes qu'ils n'avoient jetées d'abord que comme de simples pensées furent bientôt données pour Probables; ils passèrent de là à les produire pour Sûres en conscience, et enfin pour aussi sûres que les opinions contraires, par un progrès si hardi, qu'enfin les puissances de l'Église commençant à s'émouvoir, on fit diverses Censures de ces Doctrines. L'Assemblée générale du Clergé de France les censura en 1642, dans le Livre du P. Bauny, jésuite, où elles sont presque toutes ramassées; car ces Livres ne font que se copier les uns les autres. La Sorbonne les condamna de même; la Faculté de Louvain ensuite, et feu M. l'Archevêque de Paris aussi, par plusieurs Censures. De sorte qu'il y avoit sujet d'espérer que tant d'autorités jointes ensemble arrêteroient un mal qui croissoit toujours. Mais on fut bien éloigné d'en demeurer à ce point : le P. Héreau fit, au Collège de Clermont, des leçons si étranges pour permettre l'Homicide, et les PP. Flahaut et Le Court en firent de même à Caen de si terribles pour autoriser les Duels, que cela obligea l'Université de Paris à en demander justice au Parlement, et à entreprendre cette longue procédure qui a été connue de tout le monde. Le P. Héreau ayant été, sur cette accusation, condamné par le Conseil à tenir prison dans le Collège des Jésuites, avec défenses d'enseigner dorénavant, cela assoupit un peu l'ardeur des Casuistes; mais ils ne faisoient cependant que préparer de nouvelles matières, pour les produire toutes à la fois en un temps plus favorable.

En effet, on vit paroître, un peu après Escobar, le P. Lamy, Mascarenhas, Caramuel et plusieurs autres, tellement remplis des opinions déjà condamnées, et de plusieurs nouvelles plus horribles qu'auparavant, que nous, qui, par la connoissance que nous avons de l'intérieur des consciences, remarquions le tort que ces déréglements y apportoient, nous nous crûmes obligés à nous y opposer fortement. Ce fut pourquoi nous nous adressâmes, les années dernières, à l'Assemblée du Clergé qui se tenoit alors, pour y demander la condamnation des principales Propositions de ces derniers Auteurs, dont nous leur représentâmes un extrait.

Ce fut là que la chaleur de ceux qui vouloient les défendre parut : ils employèrent les sollicitations les plus puissantes, et toutes sortes de moyens pour en empêcher la Censure, ou au moins pour la faire différer, espérant qu'en la prolongeant jusqu'à la fin de l'Assemblée, on n'auroit plus le temps d'y travailler. Cela leur réussit en partie ; et néanmoins, quelque artifice qu'ils y aient apporté, quelques affaires qu'eût l'Assemblée sur la fin, et quoique nous n'eussions de notre côté que la seule vérité, qui a si peu de force aujourd'hui, cela ne put empêcher, par la Providence de Dieu, que l'Assemblée ne résolût de ne point se séparer sans laisser des marques authentiques de son indignation contre ces Relâchements, et du désir qu'elle avoit eu d'en faire une condamnation solennelle, si le temps le lui eût permis.

Et pour le faire connoître à tout le monde, ils firent une Lettre circulaire à tous nosseigneurs les Prélats du royaume en leur envoyant le Livre de saint Charles, imprimé l'année dernière par leur ordre avec cette Lettre, où, pour combattre ces méchantes maximes, ils commencèrent par celle de la Probabilité, qui est le fondement de toutes. Voici leurs termes · « Il y a longtemps que nous gémissons, avec raison, de voir nos Diocèses pour ce point, non seulement au même état que la province de saint Charles, mais dans un qui est beaucoup plus déplorable. Car si nos Confesseurs sont plus éclairés que les siens, il y a grand danger qu'ils ne s'engagent dans de certaines opinions modernes, qui ont tellement altéré la Morale Chrétienne et les maximes de l'Évangile, qu'une profonde ignorance seroit beaucoup plus souhaitable qu'une telle science, qui apprend à tenir toutes choses problématiques, et à chercher des moyens, non pas pour exterminer les mauvaises habitudes des hommes, mais pour les justifier, et pour leur donner l'invention de les satisfaire en conscience. »

Ils viennent ensuite aux accommodements qu'ils ont établis sur ce principe de la Probabilité. « Car, disent-ils, au lieu que Jésus-Christ nous donne ses Préceptes et nous laisse ses Exemples, afin que ceux qui croient en lui y obéissent et y accommodent leur vie, le dessein de ces Auteurs paroît être d'accommoder les Préceptes et les Règles de Jésus-Christ aux intérêts, aux plaisirs et aux passions des hommes : tant ils se montrent ingénieux à flatter leur avarice et leur ambition par des ouvertures qu'ils leur donnent pour se venger de leurs ennemis, pour prêter leur argent à Usure, pour entrer dans les dignités ecclésiastiques par toutes sortes de voies, et pour conserver le faux honneur que le monde a établi par des voies toutes sanglantes ! » Et après avoir traité de ridicule *la méthode des Casuistes de bien diriger l'intention,* ils condamnent fortement l'abus qu'ils font des Sacrements.

Enfin, pour témoigner à toute l'Église que ce qu'ils ont fait étoit peu au prix de ce qu'ils eussent voulu faire, s'ils en eussent eu le pouvoir, ils finissent en cette sorte : « Plusieurs Curés de la ville de Paris et des autres villes principales de ce Royaume, par les plaintes qu'ils nous ont faites de ces désordres, avec la permission de MM. leurs Prélats et par les conjurations d'y apporter quelque remède, ont encore augmenté notre zèle et redoublé notre douleur ; s'ils se fussent plus tôt adressés à notre Assemblée qu'ils n'ont fait, nous eussions examiné, avec un soin très exact, toutes les Propositions nouvelles des Casuistes dont ils nous ont donné les extraits, et prononcé un jugement solennel qui eût arrêté le cours de cette peste des consciences. Mais ayant manqué de loisir pour faire cet examen avec toute la diligence et l'exactitude que demandoit l'importance du sujet, nous avons cru que nous ne pouvions, pour le présent, apporter un meilleur remède à un désordre si déplorable, que de faire imprimer, aux dépens du Clergé, les instructions dressées par saint

APPENDICE.

Charles Borromée, pour apprendre à ces Confesseurs de quelle façon ils doivent se conduire en l'administration du Sacrement de Pénitence, et de les envoyer à tous MM. les Évêques du Royaume. »

Les sentiments de nosseigneurs les Évêques ayant paru par là d'autant plus visiblement, qu'on ne peut douter que ce ne soit la seule force de la vérité qui les a obligés à parler de cette sorte, nous croyions que les Auteurs de ces Nouveautés seroient désormais plus retenus ; et qu'ayant vu tous les Curés des principales villes de France et nosseigneurs leurs Prélats unis à condamner leur Doctrine, ils demeureroient à l'avenir en repos, et qu'ils s'estimeroient bien heureux d'avoir évité une Censure telle qu'ils l'avoient méritée, et aussi éclatante que les excès qu'ils avoient commis contre l'Église.

Les choses étoient en cet état, et nous ne pensions plus qu'à instruire paisiblement nos peuples des maximes pieuses et chrétiennes, sans crainte d'y être troublés, lorsqu'on a vu paroître ce nouveau Livre dont il s'agit aujourd'hui ; Livre qui, étant l'Apologie de tous les Casuistes, contient seul autant que tous les autres ensemble, et renouvelle toutes les Propositions condamnées avec un scandale et une témérité d'autant plus dignes de Censure, qu'on les ose produire après tant de Censures méprisées, et d'autant plus punissables, qu'on doit reconnoître, par l'inutilité des remèdes dont on a usé jusqu'ici, la nécessité qu'il y a d'en employer de plus puissants pour arrêter, une fois pour toutes, un mal si dangereux et si rebelle.

Nous venons maintenant aux raisons particulières que nous avons de poursuivre la condamnation de ce Libelle. Il y en a plusieurs bien considérables, dont la première est la hardiesse tout extraordinaire dont on soutient dans ce Livre les plus abominables Propositions des Casuistes : car ce n'est plus avec déguisement qu'on y agit ; on ne s'y défend plus comme autrefois, en disant que ce sont des Propositions qu'on leur impute ; ils agissent ici plus ouvertement ; ils les avouent et les soutiennent en même temps, comme sûres en conscience, « et aussi sûres, disent-ils, que les opinions contraires. Il est vrai, dit ce Livre en cent endroits, que les Casuistes tiennent ces maximes ; mais il est vrai aussi qu'ils ont raison de les tenir. » Il va même quelquefois au delà de ce qu'on leur avoit reproché. « En effet, dit-il, nous soutenons cette Proposition qu'on blâme si fort, et les Casuistes vont encore plus avant. » Et ainsi il n'y a plus ici de

Question de Fait ; il demeure d'accord de tout ; il confesse que, selon les Casuistes, *il n'y a plus d'Usure* dans les contrats les plus usuraires, par le moyen qu'il en donne pages 179, 189, 190, 191, etc. Les Bénéficiers seront exempts de *Simonie,* quelque trafic qu'ils puissent faire, en dirigeant bien leur Intention (p. 109). Les blasphèmes, les parjures, les impuretés, « et enfin tous les crimes contre le Décalogue, ne sont plus péchés, si on les commet par ignorance, ou par emportement et passion (p. 47, 50). » « Les Valets peuvent voler leurs Maîtres pour égaler leurs gages à leurs peines, » selon le P. Bauny qu'il confirme (p. 143). « Les Femmes peuvent prendre de l'argent à leurs Maris pour jouer (p. 269). Les Juges ne sont pas obligés à restituer ce qu'ils auroient reçu pour faire une injustice (p. 217). On ne sera point obligé de quitter les occasions et les professions où l'on court risque de se perdre, si on ne le peut facilement (p. 86). On recevra dignement l'Absolution et l'Eucharistie, sans avoir d'autre regret de ses péchés que pour le mal temporel qu'on en ressent (p. 287 et 288). On pourra, sans crime, Calomnier ceux qui médisent de nous, en leur imposant des Crimes que nous savons être faux » (p. 225, 226 et 227).

Enfin tout sera permis, la Loi de Dieu sera anéantie, et la seule raison naturelle deviendra notre lumière en toutes nos actions, et même pour discerner quand il sera permis aux Particuliers de tuer leur Prochain, ce qui est la chose du monde la plus pernicieuse, et dont les conséquences sont les plus terribles. « Qu'on me fasse voir, dit-il (p. 153, etc.), que nous ne devons pas nous conduire par la lumière naturelle, pour discerner quand il est permis ou défendu de tuer son Prochain. » Et pour confirmer cette proposition : « Puisque les Monarques se sont servis de la seule raison naturelle pour punir les Malfaiteurs, ainsi la même raison naturelle doit servir pour juger si une personne particulière peut tuer celui qui l'attaque, non seulement en sa vie, mais en son Honneur et en son Bien. » Et pour répondre à ce que la Loi de Dieu le défend, il dit au nom de tous les Casuistes : « Nous croyons avoir raison d'exempter de ce commandement de Dieu ceux qui tuent pour conserver leur Honneur, leur Réputation et leur Bien. »

Si on considère les conséquences de cette maxime, que « c'est à la raison naturelle à discerner quand il est permis ou défendu de tuer son Prochain, » et qu'on y ajoute les maximes exécrables des Docteurs très graves, qui, par leur raison naturelle, ont jugé

APPENDICE. 337

qu'il étoit permis de commettre d'étranges Parricides [1] contre les personnes les plus inviolables, en de certaines occasions, on verra que, si nous nous taisions après cela, nous serions indignes de notre ministère ; que nous serions les ennemis, et non pas les Pasteurs de nos peuples ; et que Dieu nous puniroit justement d'un silence si criminel. Nous faisons donc notre devoir en avertissant les Peuples et les Juges de ces abominations ; et nous espérons que les Peuples et les Juges feront le leur, les uns en les évitant, et les autres en les punissant comme l'importance de la chose le mérite.

Mais ce qui nous presse encore d'agir en cette sorte, est qu'il ne faut pas considérer ces Propositions comme étant d'un Livre anonyme et sans autorité, mais comme étant d'un Livre soutenu et autorisé par un Corps très considérable. Nous avons douleur de le dire, car, quoique nous n'ayons jamais ignoré les premiers Auteurs de ces désordres, nous n'avons pas voulu les découvrir néanmoins ; et nous ne le ferions pas encore, s'ils ne se découvroient eux-mêmes, et s'ils n'avoient affecté de se faire connoître à tout le monde. Mais, puisqu'ils veulent qu'on le sache, il nous seroit inutile de le cacher, puisque c'est chez eux-mêmes qu'ils ont fait débiter ce Libelle ; que c'est dans le Collège de Clermont que s'est fait ce trafic scandaleux ; que ceux qui y ont porté leur argent en ont rapporté autant qu'ils ont voulu d'*Apologies pour les Casuistes;* que ces Pères les ont portées chez leurs amis à Paris et dans les provinces ; que le P. Brisacier, Recteur de leur Maison de Rouen, les a distribuées ; qu'il a fait lire cet ouvrage en plein réfectoire, comme une pièce d'édification et de piété ; qu'il a demandé permission de le réimprimer à l'un des principaux magistrats ; que les Jésuites de Paris ont sollicité deux Docteurs de Sorbonne pour en avoir l'approbation ; qu'ils en ont demandé le privilège à M. le Chancelier. Puisque enfin ils ont levé le masque, et qu'ils ont voulu se faire connoître en tant de manières, il est temps que nous agissions, et que, puisque les Jésuites se déclarent publiquement les Protecteurs de l'*Apologie des Casuistes,* les Curés s'en déclarent publiquement les Dénonciateurs. Il faut que tout le monde sache que, comme c'est dans le Collège de Clermont qu'on débite ces maximes pernicieuses, c'est aussi dans nos paroisses qu'on enseigne les maximes chré-

---

1. Allusion à la doctrine du tyrannicide professée par les Casuistes. Les Curés enseignent que le Prince est un Père.

tiennes qui y sont opposées, afin qu'il n'arrive pas que les personnes simples, entendant publier si hautement ces erreurs par une Compagnie si nombreuse, et ne voyant personne s'y opposer, les prennent pour des vérités, et s'y laissent insensiblement surprendre; et que le jugement de Dieu s'exerce sur les Peuples et sur leurs Pasteurs, selon la Doctrine des Prophètes, qui déclarent contre ces nouvelles opinions, que les uns et les autres périront: les uns, faute d'avoir reçu les instructions nécessaires, et les autres, faute de les avoir données.

Nous sommes donc dans une obligation indispensable de parler en cette rencontre; mais ce qui l'augmente encore beaucoup, est la manière injurieuse dont les Auteurs de cette *Apologie* y déchirent notre ministère; car ce Livre n'est proprement qu'un Libelle diffamatoire contre les Curés de Paris et des provinces, qui se sont opposés à leurs désordres. C'est une chose étrange de voir comment ils y parlent des Extraits que nous présentâmes au Clergé de leurs plus dangereuses Propositions, et qu'ils ont la hardiesse de nous traiter pour ce sujet (p. 5 et 341) « d'ignorans, de factieux, d'hérétiques, de loups et de faux pasteurs! »
— « Il est bien sensible à la Compagnie des Jésuites, disent-ils (p. 31), de voir que les accusations se forment contre elle par des ignorans qui ne méritent pas d'être mis au nombre des chiens qui gardent le troupeau de l'Église, qui sont pris de plusieurs pour les vrais Pasteurs, et sont suivis par les Brebis qui se laissent conduire par ces Loups. »

Voilà le comble de l'insolence où les Jésuites ont élevé les Casuistes. Après avoir abusé de la modération des Ministres de l'Église pour introduire leurs opinions impies, ils sont aujourd'hui arrivés à vouloir chasser du ministère de l'Église ceux qui refusent d'y consentir.

Cette entreprise séditieuse et schismatique, par laquelle on essaye de jeter la division entre le Peuple et ses Pasteurs légitimes, en l'incitant à les fuir comme de faux pasteurs et des loups, par cette seule raison qu'ils s'opposent à une Morale toute impure, est d'une telle importance dans l'Église, que nous ne pourrions plus y servir avec utilité, si cette insolence n'étoit réprimée. Car enfin il faudroit renoncer à nos charges et abandonner nos Églises, si, au milieu de tous les Tribunaux chrétiens rétablis pour maintenir en vigueur les Règles Évangéliques, il ne nous étoit permis, sans être diffamés comme des loups et de faux pasteurs, de dire à ceux que nous sommes obligés d'instruire, que c'est toujours un crime de calomnier son prochain ; qu'il est plus sûr, en conscience, de tendre l'autre joue après avoir reçu un soufflet, que de tuer celui qui s'enfuit après l'avoir donné ; que le Duel est toujours un crime, et que c'est une fausseté horrible de dire que « c'est à la raison naturelle de discerner quand il est permis ou défendu de tuer son prochain. » Si nous n'avons la liberté de parler en cette sorte, sans qu'on voie incontinent paroître des Livres soutenus publiquement par le Corps des Jésuites, qui nous traitent de factieux, d'ignorans, et de faux pasteurs il nous est impossible de gouverner fidèlement les troupeaux qui nous sont commis.

Il n'y a point de lieu, parmi les Infidèles et les Sauvages, où il ne soit permis de dire que la Calomnie est un crime, et qu'il n'est pas permis de tuer son prochain pour la seule défense de son Honneur ; il n'y a que les lieux où sont les Jésuites, où l'on ose parler ainsi. Il faut permettre les Calomnies, les Homicides et la profanation des Sacremens, ou s'exposer aux effets de leur vengeance. Cependant nous sommes ordonnés de Dieu pour porter ses Commandemens à son peuple, et nous n'oserons lui obéir sans ressentir la fureur de ces Casuistes de chair et de sang ! En quel état sommes-nous donc réduits aujourd'hui ! Malheur sur nous, dit l'Écriture, si nous n'évangélisons ! et malheur sur nous, disent ces hommes, si nous évangélisons ! La colère de Dieu nous menace d'une part, et l'audace de ces hommes de l'autre, et nous met dans la nécessité, ou de devenir en effet de faux pasteurs et des loups, ou d'être déchirés comme tels par trente mille bouches qui nous décrient.

C'est là le sujet de nos plaintes ; c'est ce qui nous oblige à demander justice pour nous et pour la Morale Chrétienne, dont la cause nous est commune, et à redoubler notre zèle pour la défendre, à mesure qu'on augmente les efforts pour l'opprimer. Elle nous devient d'autant plus chère, qu'elle est plus puissamment combattue, et que nous sommes plus seuls à la défendre ; et dans la joie que nous avons que Dieu daigne se servir de notre foiblesse pour y contribuer, nous osons lui dire, avec celui qui étoit selon son cœur : « Seigneur, il est temps que vous agissiez, ils ont dissipé votre Loi ; c'est ce qui nous engage encore plus à aimer tous vos préceptes, et qui nous donne plus d'aversion pour toutes les voies de l'iniquité. »

C'est cependant une chose déplorable de nous voir abandonnés et traités avec tant d'outrages par ceux dont nous devrions le plus attendre de secours; de sorte que nous ayons à combattre les passions des hommes, non seulement accompagnées de toute l'impétuosité qui leur est naturelle, mais encore enflées et soutenues par l'approbation d'un si grand Corps de Religieux : et qu'au lieu de pouvoir nous servir de leurs instructions pour corriger les égaremens des peuples, nous soyons obligés de nous servir de ce qui reste de sentiment de piété dans les peuples pour leur faire abhorrer l'égarement de ces Pères!

Voilà où nous en sommes aujourd'hui; mais nous espérons que Dieu inclinera le cœur de ceux qui peuvent nous rendre justice, à prendre en main notre défense, et qu'ils y seront d'autant plus portés, qu'on les rend eux-mêmes complices de ces corruptions. On y comprend le Pape, les Évêques et le Parlement, par cette prétention extravagante, que les Auteurs de ce Libelle établissent en plusieurs pages, comme une chose très constante : « Que les Bulles des Papes contre les Cinq Propositions sont une approbation générale de la Doctrine des Casuistes. » Ce qui est la chose du monde la plus injurieuse à ces Bulles, et la plus impertinente en elle-même, puisqu'il n'y a aucun rapport de l'une de ces matières à l'autre. Tout ce qu'il y a de commun entre ces Cinq Propositions et celles des Casuistes, est qu'elles sont toutes Hérétiques; car, comme il y a des Hérésies dans la Foi, il y a aussi des Hérésies dans les mœurs, selon les Pères et les Conciles, et qui sont d'autant plus dangereuses, qu'elles sont conformes aux passions de la nature, et à ce malheureux fonds de Concupiscence dont les plus saints ne sont pas exempts. Nous croyons donc que ceux qui ont tant témoigné de zèle contre les Propositions condamnées, n'en auront pas un moindre en cette rencontre, puisque le bien de l'Église, qui a pu être leur seul objet, est ici d'autant plus intéressé, qu'au lieu que l'Hérésie des Cinq Propositions n'est entendue que par les seuls Théologiens, et que personne n'ose les soutenir, il se trouve ici, au contraire, que les Hérésies des Casuistes sont entendues de tout le monde, et que les Jésuites les soutiennent publiquement.

DEUXIÈME FACTUM

Des Curés de Paris, pour soutenir celui par eux présenté à MM. les vicaires généraux, pour demander la Censure de « l'Apologie des Casuistes, » contre un Écrit intitulé : « Réfutation des calomnies nouvellement publiées par les auteurs d'un Factum sous le nom de MM. les Curés de Paris, etc. »

Après la dénonciation solennelle que nous avons faite, avec tant de justice et de raison, devant le Tribunal Ecclésiastique, de l'*Apologie des Casuistes,* dont nous avons découvert les plus pernicieuses maximes et les étranges égaremens, qui ont rempli d'horreur tous ceux à qui Dieu a donné quelque amour pour ses vérités, il y avoit lieu d'espérer que ceux qui s'étoient engagés à la défendre, par un désir immodéré de soutenir leurs Auteurs les plus relâchés, dont ce Livre n'est qu'un extrait fidèle, répareroient, par leur humilité et par leur silence, le tort qu'ils s'étoient fait auprès de toutes les personnes équitables, par leur témérité et par leur aveuglement.

Mais nous venons de voir que rien n'est capable de réprimer leurs excès. Au lieu de se taire, ou de n'ouvrir la bouche que pour désavouer des erreurs si insoutenables et si visiblement opposées à la pureté de l'Évangile, ils viennent de produire un Écrit où ils soutiennent toutes ces erreurs, et où ils déchirent, de la manière du monde la plus outrageuse, le Factum que nous avons fait contre leur Doctrine corrompue.

C'est ce qui nous oblige à nous élever de nouveau contre cette nouvelle hardiesse, afin qu'on ne puisse pas reprocher à notre siècle que les Ennemis de la Morale Chrétienne aient été plus ardens à l'attaquer, que les Pasteurs de l'Église à la défendre ; et qu'il n'arrive pas que pendant que les peuples se reposent sur notre vigilance, nous demeurions nous-mêmes dans cet assoupissement que l'Écriture défend si sévèrement aux Pasteurs.

Cet Écrit, qui vient d'être publié contre notre Factum, est un nouveau stratagème des Jésuites, qui s'y sont nommés, et qui, pour se donner la liberté de le déchirer, sans paroître toutefois offenser nos personnes, disent qu'ils ne le considèrent pas comme venant de nous, mais comme une pièce qu'on nous suppose.

Et encore qu'il ait été fait par nous, examiné et corrigé par huit de nos députés à cette fin, approuvé dans l'Assemblée générale de notre Compagnie, imprimé en notre nom, présenté par nous juridiquement à MM. les vicaires généraux, distribué par nous-mêmes dans nos paroisses, et avoué en toutes les manières possibles, comme il paroît par les registres de notre Assemblée des 7 janvier, 4 février et 1er avril 1658; il leur plaît toutefois de dire que nous n'y avons point de part; et, sur cette ridicule supposition, ils traitent les Auteurs du Factum avec les termes les plus injurieux dont la vérité puisse être outragée, et nous donnent au même temps les louanges les plus douces dont la simplicité puisse être surprise.

Ainsi ils ont bien changé de langage à notre égard. Dans l'*Apologie des Casuistes,* nous étions « de faux pasteurs; » ici nous sommes « de véritables et dignes pasteurs. » Dans l'*Apologie,* ils nous haïssoient comme « des loups ravissans; » ici ils nous aiment comme « des gens de piété et de vertu. » Dans l'*Apologie,* ils nous traitoient « d'ignorans; » ici nous sommes « des esprits éclairés et pleins de lumière. » Dans l'*Apologie,* ils nous traitoient « d'Hérétiques et de Schismatiques; » ici « ils ont en vénération non seulement notre caractère, mais aussi nos personnes. » Mais, dans l'un et l'autre ouvrage, il y a cela de commun, qu'ils défendent, comme la vraie Morale de l'Église, cette Morale corrompue. Ce qui fait voir que leur but n'étoit autre que d'introduire leur pernicieuse Doctrine, ils emploient indifféremment, pour y arriver, les moyens qu'ils y jugent les plus propres; et ainsi ils disent de nous que nous sommes des Loups ou de légitimes Pasteurs, selon qu'ils le jugent plus utile pour autoriser ou pour défendre leurs erreurs : de sorte que le changement de leur style n'est pas l'effet de la conversion de leur cœur, mais une adresse de leur Politique, qui leur fait prendre tant de différentes formes en demeurant toujours les mêmes, c'est-à-dire toujours ennemis de la Vérité et de ceux qui la soutiennent.

Car il est certain qu'ils ne sont point en effet changés à notre égard, et que ce n'est pas nous qu'ils louent, mais qu'au contraire c'est nous qu'ils outragent, puisqu'ils ne louent que des Curés qui n'ont point de part au Factum, ce qui ne touche aucun de nous, qui l'y avons tout entière; et qu'ils en outragent ouvertement les Auteurs et les Approbateurs, ce qui nous touche tous visiblement : et ainsi tout le mal qu'ils semblent ne pas dire de nous comme Curés, ils le disent de nous comme Auteurs du Factum, et ils ne parlent avantageusement de nous, en un sens, que pour avoir la liberté de nous déchirer plus injurieusement en l'autre.

C'est un artifice grossier, et une manière d'offenser plus lâche et plus piquante, que si elle étoit franche et ouverte ; et cependant ils ont la témérité d'en user, non seulement contre nous, mais encore contre ceux que Dieu a établis dans les plus éminentes dignités de son Église ; car ils traitent de même la Lettre circulaire que nosseigneurs les Prélats de l'Assemblée du Clergé ont adressée à tous nosseigneurs les Evêques de France pour préserver leurs diocèses de la corruption des Casuistes : et ils disent de cette Lettre (p. 7), que c'est « une pièce subreptice, sans aveu, sans ordre et sans autorité, » quoiqu'elle soit véritablement publiée par l'Ordre des Prélats de l'Assemblée, composée par eux-mêmes, approuvée par eux, imprimée par leurs commandements chez Vitré, imprimeur du Clergé de France, avec les *Instructions* de saint Charles et l'extrait du procès-verbal du 1er février 1657, où ces Prélats condamnent les relâchements de ces Casuistes, et se plaignent si fortement « qu'on voit avancer en ce temps des maximes si pernicieuses et si contraires à celles de l'Évangile, et qui vont à la destruction de la Morale chrétienne.

Mais quoi ! cette Lettre n'approuve pas la Doctrine des Casuistes : c'en est assez pour être traitée par les Jésuites de fausse et de subreptice, quelque authentique qu'elle soit, et quelque vénérable que puisse être la dignité de ceux de qui elle part. Qui ne voit par là qu'ils veulent, à quelque prix que ce soit, être hors des atteintes et des corrections des Ministres de l'Église, et qu'ils ne les reconnoissent qu'en ce qui leur est avantageux, comme s'ils tenoient la place de Dieu, quand ils leur sont favorables, et qu'ils cessassent de la tenir, quand ils s'opposent à leurs excès ? Voilà la hardiesse qui leur est propre. Parce qu'ils se sentent assez puissamment soutenus dans le monde pour être à couvert des justes châtimens qu'on feroit sentir à tout autre qu'à eux, s'il tomboit en de bien moindres fautes ; c'est de là qu'ils prennent la licence de ne recevoir de l'Église que ce qui leur plaît. Car qu'est-ce autre chose de dire comme ils font : « Nous honorons nosseigneurs les Prélats, et tout ce qui vient d'eux ; mais pour cette Lettre circulaire, envoyée par leur ordre et sous leur nom à tous les Prélats de France contre nos Casuistes, nous ne l'honorons point, et la rejetons, au contraire, comme une pièce fausse, sans aveu et sans autorité : et nous avons de même de la vénération pour MM. les Curés de Paris; mais pour ce Factum imprimé sous leur nom, qu'ils ont présenté à MM. les vicaires généraux, nous déclarons que c'est un Écrit scandaleux, et que ceux qui l'ont fait sont des Séditieux, des Hérétiques et des Schismatiques ? » Qu'est-ce à dire autre chose de parler ainsi, sinon de faire connoître qu'ils honorent les Ministres de l'Église quand ils ne les troublent point dans leurs désordres; mais que, quand ils osent l'entreprendre, ils leur font sentir par leurs mépris, par leurs Calomnies et par leurs Outrages, ce que c'est que de les attaquer ?

Ainsi, il leur sera permis de tout dire ; et les Prélats et les Pasteurs n'oseront jamais les contredire sans être incontinent traités d'Hérétiques ou de Factieux, ou en leurs personnes, ou en leurs ouvrages! Ils auront vendu dans leur Collège et semé dans toutes nos paroisses l'exécrable *Apologie des Casuistes,* et nous n'oserons faire un Écrit pour servir d'antidote à un venin si mortel !

Ils auront mis le poignard et le poison entre les mains des furieux et des vindicatifs, en déclarant en propres termes : « que les Particuliers ont droit, aussi bien que les Souverains, de discerner par la seule lumière de la raison, quand il sera permis ou défendu de tuer leur prochain ; » et nous n'oserons déférer aux juges ecclésiastiques ces maximes meurtrières, et leur représenter, par un Factum, les monstrueux effets de cette Doctrine Sanguinaire !

Ils auront donné indifféremment à tous les hommes ce Droit de vie et de mort, qui est le plus illustre avantage des Souverains ; et nous n'oserons avertir nos peuples que c'est une fausseté horrible et diabolique de dire qu'il leur soit permis de se faire justice à eux-mêmes, et principalement quand il il y va de la mort de leurs ennemis ; et que bien loin de pouvoir tuer en sûreté de conscience, par une Autorité particulière et par le discernement de la raison naturelle, on ne le peut jamais, au contraire, que par une Autorité et par une lumière divine !

Ils auront mis en vente toutes les dignités de l'Église, et ouvert l'entrée de la maison de Dieu à tous les Simoniaques,

par la distinction imaginaire *de motif et de prix;* et nous n'oserons publier qu'on ne peut entrer sans crime dans le ministère de l'Église que par l'unique porte, qui est Jésus-Christ, et que ceux qui veulent que l'argent donné comme motif en soit une autre, ne font pas une véritable porte par où puissent entrer de légitimes Pasteurs, mais une véritable brèche, par où il n'entre que des Loups, non pas pour paître, mais pour dévorer le troupeau qui lui est si cher!
Ils auront exempté de crime les Calomniateurs, et permis, par l'Autorité de Dicastillus, leur confrère, et de plus de vingt célèbres Jésuites, « d'imposer de faux crimes contre sa concience propre, pour ruiner de réputation ceux qui veulent nous en ruiner nous-mêmes; » ils auront permis aux Juges « de retenir ce qu'ils auront reçu pour faire une injustice; » aux Femmes, « de voler leurs Maris; » aux Valets, « de voler leurs Maîtres; » aux Mères, « de souhaiter la mort de leurs Filles quand elles ne peuvent les marier; » aux Riches, « de ne rien donner de leur Superflu; » aux Voluptueux, « de boire et de manger tout leur saoûl pour la seule volupté, et de jouir des contentemens des sens comme de choses indifférentes; » à ceux qui sont dans les occasions prochaines des plus damnables péchés, « d'y demeurer, quand ils n'ont pas la facilité de les quitter; » à ceux qui ont vieilli dans l'habitude des vices les plus énormes, « de s'approcher des Sacremens, quoique avec une résolution si foible de changer de vie, qu'ils croient eux-mêmes qu'ils sont pour retomber bientôt dans leurs crimes, et sans autre regret de les avoir commis que pour le seul mal temporel qui leur en est arrivé; » enfin, ils auront permis aux Chrétiens tout ce que les Juifs, les Païens, les Mahométans et les Barbares auroient en exécration; ils auront répandu dans l'Église les ténèbres les plus épaisses qui soient jamais sorties du puits de l'abîme! Et nous n'oserons faire paroître, pour les dissiper, le moindre rayon de la lumière de l'Évangile, sans que la Société en Corps s'élève et déclare : que ce ne peuvent être que des Séditieux et des Hérétiques qui parlent de la sorte contre leur Morale; que leur Doctrine « étant la vraie Doctrine de la Foi, ils sont obligés en conscience, quelque dévoués qu'ils soient aux souffrances et à la Croix, de décrier les Factieux et les Schismatiques qui l'attaquent; » qu'en cela ils ne parlent pas contre nous, parce que nous avons trop de piété pour être Auteurs d'une pièce qui

les combat ; et qu'autrement nous serions coupables de troubler la paix et la tranquilllité de l'Église, en les inquiétant dans la libre publication de leurs Doctrines !

C'est ainsi qu'ils essayent de nous décrier comme des adversaires de la tranquillité publique. « Qui pourroit croire, disent-ils, que MM. les Curés, qui, par le devoir de leurs charges, sont les médiateurs de la paix entre les Séculiers, soient les Auteurs d'un Écrit qui veut jeter le schisme et la division entre eux et les Religieux ? » Et dans la suite : « L'esprit de Dieu et la piété chrétienne est-elle aujourd'hui réduite à porter les disciples de l'Agneau à s'entre-manger comme des loups ? » Et ainsi ils font de grands discours pour montrer qu'ils veulent la paix, et que c'est nous qui la troublons.

Que l'insolence a de hardiesse, quand elle est flattée par l'impunité ; et que la témérité fait en peu de temps d'étranges progrès, quand elle ne rencontre rien qui réprime sa violence ! Ces Casuistes, après avoir troublé la paix de l'Église par leurs horribles Doctrines, qui vont à la destruction de la Doctrine de Jésus-Christ, comme disent Nos Seigneurs les Évêques, accusent maintenant ceux qui veulent rétablir la Doctrine de Jésus-Christ, de troubler la paix de l'Église. Après avoir semé le désordre de toutes parts, par la publication de leur détestable Morale, ils traitent de perturbateurs du repos public ceux qui ne se rendent pas complaisants à leurs desseins, et qui ne peuvent souffrir que ces *Pharisiens de la Loi Nouvelle*, comme ils se sont appelés eux-mêmes, établissent leurs traditions humaines sur la ruine des traditions divines.

Mais c'est en vain qu'ils emploient cet artifice. Notre amour pour la paix a assez paru par la longueur de notre silence. Nous n'avons parlé que quand nous n'eussions pu nous taire sans crime. Ils ont abusé de cette paix pour introduire leurs damnables opinions, et ils voudroient maintenant en prolonger la durée, pour les affermir de plus en plus. Mais les vrais enfans de l'Église savent bien discerner la véritable paix que le Sauveur peut seul leur donner, et qui est inconnue au monde, d'avec cette fausse paix que le monde peut bien donner, mais qui est en horreur au Sauveur du monde. Ils savent que la véritable paix est celle qui conserve la Vérité en possession de la croyance des hommes, et que la fausse paix est celle qui conserve l'Erreur en possession de la Crédulité des hommes ; ils savent que la véritable paix est inséparable de la Vérité, qu'elle n'est jamais interrompue aux yeux de Dieu par les disputes qui semblent l'interrompre quelquefois aux yeux des hommes, quand l'ordre de Dieu engage à défendre ses vérités injustement attaquées, et que ce qui seroit alors une paix devant les hommes seroit une guerre devant Dieu. Ils savent aussi que, bien loin de blesser la Charité par ces corrections, on blesseroit la Charité en ne les faisant pas, parce que la fausse Charité est celle qui laisse les méchans en repos dans les vices, au lieu que la véritable Charité est celle qui trouble ce malheureux repos; et qu'ainsi, au lieu d'établir la Charité de Dieu par cette douceur apparente, ce seroit la détruire, au contraire, par une indulgence criminelle, comme les saints Pères nous l'apprennent par ces paroles : *Hæc charitas destruit charitatem.* Aussi c'est pour cela que l'Écriture nous enseigne que Jésus-Christ est venu apporter au monde, non seulement *la paix,* mais aussi *l'épée et la division,* parce que toutes ces choses sont nécessaires chacune en leur temps pour le bien de la vérité, qui est la dernière fin des Fidèles ; au lieu que la paix et la guerre n'en sont que les moyens, et ne sont légitimes qu'à proportion de l'avantage qui en revient à la Vérité. Ils savent que c'est pour cela que l'Écriture dit « qu'il y a un temps de paix et un temps de guerre, » au lieu qu'on ne peut pas dire qu'il y a un temps de Vérité et un temps de Mensonge ; et qu'il est meilleur qu'il arrive des scandales, que non pas que la Vérité soit abandonnée, comme disent les saints Pères de l'Église.

Il est donc indubitable que les personnes qui prennent toujours ce prétexte de Charité et de Paix pour empêcher de crier contre ceux qui détruisent la Vérité, témoignent qu'ils ne sont amis que d'une fausse Paix, et qu'ils sont véritablement ennemis, et de la véritable Paix, et de la Vérité. Aussi c'est toujours sous ce prétexte de paix que les Persécuteurs de l'Église ont voilé leurs plus horribles violences, et que les faux amis de la Paix ont consenti à l'oppression des vérités de la Religion et des Saints qui les ont défendues.

C'est ainsi que saint Athanase, saint Hilaire et d'autres saints évêques de leur temps ont été traités de rebelles, de factieux, d'opiniâtres, et d'ennemis de la Paix et de l'Union ; qu'ils ont été déposés, proscrits et abandonnés de presque tous les Fidèles, qui prenoient pour un violement de la Paix le zèle qu'ils avoient pour la Vérité. C'est ainsi que le saint et fameux moine Étienne étoit accusé de troubler la tranquillité de l'Église par les trois cent trente évêques qui vouloient ôter les images des églises[1], ce qui étoit un point qui assurément n'étoit pas des plus importans pour le salut; et néanmoins parce qu'on ne doit jamais relâcher les moindres vérités sous prétexte de la Paix, ce saint Religieux leur résista en face, et ce fut pour ce sujet qu'il fut enfin condamné, comme on voit dans les *Annales de Baronius* (ann. 754).

C'est ainsi que les saints Patriarches et les Prophètes ont été accusés, comme fut Élie, *de troubler le repos d'Israël,* et que les Apôtres et Jésus-Christ même ont été condamnés comme des Auteurs de trouble et de dissension, parce qu'ils déclaroient une guerre salutaire aux passions corrompues et aux funestes égaremens des Pharisiens hypocrites et des Prêtres superbes de la Synagogue. Et c'est enfin ce que l'Écriture nous représente généralement, lorsque, faisant la description de ces faux Docteurs, qui appellent divines les choses qui sont diaboliques, comme les Casuistes font aujourd'hui de leur Morale, elle dit dans *la Sagesse* (chap. xiv), qu'ils donnent aussi le nom de *Paix* à un renversement si déplorable. « L'égarement des hommes, dit le sage, va jusqu'à cet excès, qu'ils donnent le nom incommunicable de la Divinité à ce qui n'en a pas l'essence, pour flatter les inclinations des hommes, et se rendre complaisans aux volontés des Princes et des Rois ; et ne se contentant pas d'errer ainsi touchant les choses divines, et de vivre dans cette erreur qui est une véritable guerre, ils appellent Paix un état si rempli de troubles et de désordres : *In magno viventes inscientiæ bello tot et tanta mala pacem appellant.* »

C'est donc une vérité capitale de notre Religion, qu'il y a des temps où il faut troubler cette possession de l'erreur que les Méchans appellent *Paix;* et on ne peut en douter, après tant d'autorités qui le confirment. Or, s'il y en eut jamais une occasion et une nécessité indispensable, examinons si ce n'est pas aujourd'hui qu'elle presse et qu'elle contraint d'agir.

Nous voyons la plus puissante Compagnie et la plus nombreuse de l'Église, qui gouverne les consciences presque de tous les Grands, liguée et acharnée à soutenir les plus horribles maximes qui aient jamais fait gémir l'Église. Nous les voyons, malgré tous les avertissements charitables qu'on leur a donnés en public et en particulier, autoriser opiniâtrément la ven-

---

1. Guerre des Iconoclastes.

geance, l'avarice, la volupté, le faux honneur, l'amour-propre, et toutes les passions de la nature corrompue, la profanation des sacremens, l'avilissement des Ministres de l'Église et le mépris des anciens Pères, pour y substituer les Auteurs les plus ignorans et les plus aveugles ; et cependant ce débordement de corruption étant prêt à submerger l'Église sous nos yeux, nous n'oserons, de peur de troubler la paix, crier à ceux qui la conduisent : « Sauvez-nous, nous périssons ! »

Les moindres vérités de la Religion ont été défendues jusqu'à la mort ; et nous relâcherions les points les plus essentiels de notre Religion et les maximes les plus importantes et les plus nécessaires pour le salut, parce qu'il plaît, non pas à trois cents Évêques, ni à un seul, ni au Pape, mais seulement à la Société des Jésuites, de les renverser !

« Nous voulons, disent-ils, conserver la Paix avec ceux mêmes qui n'en veulent point. » Étranges Conservateurs de la Paix, qui n'ont jamais laissé passer le moindre Écrit contre leur Morale sans des réponses sanglantes, et qui, écrivant toujours les derniers, veulent qu'on demeure en Paix, quand ils sont demeurés en possession de leurs injustes prétentions !

Nous avons cru à propos de réfuter un peu au long ce reproche qu'ils font tant valoir contre nous, parce qu'encore qu'il y ait peu de personnes à qui ils puissent persuader que les Casuistes sont de Saints Auteurs, il peut néanmoins s'en rencontrer à qui ils fassent accroire que nous ne laissons pas d'avoir tort de troubler la Paix par notre opposition ; et c'est pour ceux-là que nous avons fait ce discours, afin de leur faire entendre qu'il n'y a pas deux questions à faire sur ce sujet, mais une seule ; et qu'il est impossible qu'il soit vrai tout ensemble que la Morale des Casuistes soit abominable, et que nous soyons blâmables de troubler leur fausse Paix en la combattant.

Nous n'abandonnerons donc jamais la Morale chrétienne, nous aimons trop la Vérité. Mais, pour leur témoigner aussi combien nous aimons la Paix, nous leur en ouvrons la porte tout entière, et leur déclarons que nous les embrasserons de tout notre cœur, aussitôt qu'ils voudront abjurer les pernicieuses maximes de leur Morale, que nous avons rapportées dans notre Factum et dans nos Extraits, après les avoir prises et lues nous-mêmes dans leurs Auteurs en propres termes, et qu'ils voudront renoncer sincèrement à la pernicieuse *Apologie des Casuistes,* et à la méchante *Théologie* d'Escobar, de Molina, de Sanchez, de

Lessius, de Hurtado, de Bauny, de Lamy, de Mascarenhas, et de tous les Livres semblables que Nos Seigneurs les Évêques appellent *la peste des consciences*. Voilà de quoi il s'agit entre nous. Car il n'est pas ici question, comme ils tâchent malicieusement de le faire croire, des différends que les Curés peuvent avoir avec les Religieux. Il n'est point ici question de contester les privilèges des Jésuites, ni de s'opposer aux usurpations continuelles qu'ils font sur l'Autorité des Curés. Quoique leurs Livres fussent remplis de mauvaises maximes sur ce sujet, nous les avons dissimulées à dessein dans les Extraits que nous avons présentés à l'Assemblée du Clergé, pour ne rien mêler dans la cause générale de l'Église qui nous regardât en particulier. Il ne s'agit donc ici que de la pureté de la Morale chrétienne, que nous sommes résolus de ne pas laisser corrompre ; et nous ne sommes pas seuls dans ce dessein : voilà les Curés de Rouen qui, par l'autorité de M. leur Prélat, nous secondent avec un zèle chrétien et véritablement pastoral ; et nous avons en main quantité de procurations des Curés des autres villes de France, qui, par la permission aussi de Nosseigneurs leurs Prélats, s'opposeront avec vigueur à ces nouvelles corruptions, jusqu'à ce que ceux qui les soutiennent y aient renoncé.

Jusque-là, nous les poursuivrons toujours, quoi qu'ils puissent dire de nous en bien ou en mal ; et nous ne renoncerons point aux vérités que nous avons avancées dans notre Factum pour acheter à ce prix les louanges qu'ils nous donneroient alors. « Nous ne serons point détournés, ni par leurs malédictions, ni par leurs bénédictions, » selon la parole de l'Écriture. Ils ne nous ont point intimidés comme ennemis, ils ne nous corrompront point comme flatteurs. Ils nous ont trouvés intrépides à leurs menaces, ils nous trouveront inflexibles à leurs caresses ; et nous serons insensibles à leurs injures et à leurs douceurs. Nous présenterons toujours un même visage à tous les visages différents, et nous n'opposerons à la duplicité des enfants du siècle que la simplicité des enfants de l'Évangile.

Paris, 1ᵉʳ avril 1658.

TROISIÈME ET QUATRIÈME FACTUM [1]

Des Curés de Paris, où ils font voir que tout ce que les Jésuites ont allégué des saints Pères et Docteurs de l'Église pour autoriser leurs pernicieuses maximes, est absolument faux et contraire à la Doctrine de ces Saints, et que les Nouveaux Casuistes n'ont aucune autorité dans l'Église.

Les moyens que les Jésuites emploient pour défendre leur méchante Morale dans les Écrits qu'ils viennent de publier, consistent principalement en deux choses : l'une à citer une foule d'Auteurs de leur Société, ou quelques autres Nouveaux Casuistes aussi corrompus qu'eux, auxquels ils veulent donner une Autorité souveraine dans l'Église; l'autre à alléguer faussement les saints Pères et les Docteurs de l'Eglise, comme étant de leurs sentiments. Ainsi ils font deux injures signalées à l'Église : la première de donner pour la règle des Fidèles, des Auteurs pernicieux, qui doivent être l'horreur des Fidèles; la seconde, d'oser, par des Impostures horribles, appuyer leurs sentiments par les Saints que Dieu a suscités pour avoir une véritable autorité dans l'Église, qui sont aussi éloignés de ces corruptions que le ciel l'est de la terre. Nous avons donc été obligés de détruire ces deux prétentions, et de séparer cet Écrit en deux parties. Dans la première, nous ferons voir que de toutes les citations qu'ils ont faites des saints Docteurs de l'Église pour autoriser leurs prétentions, il n'y en a pas une qui ne soit fausse, et que ces Saints ont enseigné si formellement le contraire, qu'on s'étonnera de la hardiesse avec laquelle ils osent ainsi leur imposer : et nous ferons voir, dans la seconde, combien il est ridicule de prétendre que leurs Nouveaux Casuistes doivent servir de règle pour la Décision de leurs propres sentiments.

1. Les deux parties qui composent ce Factum ont été publiées séparérément; la première avec le titre de *Troisième Factum*, et la seconde avec le titre de *Quatrième Factum*.

PREMIÈRE PARTIE. — I. *Saint Thomas faussement allégué sur les Occasions Prochaines.*

Le premier des saints Docteurs de l'Église qu'ils citent est saint Thomas, qu'ils rapportent pour autoriser la Doctrine de l'*Apologie des Casuistes* sur les Occasions Prochaines, contre laquelle nous nous sommes élevés, comme contre une Doctrine capable d'entretenir tous les Pécheurs dans leurs désordres en les dispensant de se faire la moindre violence, et en leur permettant de demeurer dans les occasions et même dans les professions où ils sont en danger de se damner, s'ils n'ont pas de facilité à les quitter; ce qui est horriblement contraire à l'Évangile, qui oblige à s'arracher et les mains, et les yeux même si on en reçoit du scandale, pour nous apprendre qu'on doit se priver des choses qu'on ne peut quitter qu'avec une extrême douleur, quand elles nous sont occasion de péché. Cependant les Jésuites osent, non seulement soutenir ces pernicieux sentimens mais ils veulent encore les autoriser par saint Thomas, qu'ils citent pour cela (2-2. *quæst.* x, art. 9). Mais on jugera de leur mauvaise foi, en voyant les paroles de ce Saint, qu'ils se sont bien gardés de rapporter, parce qu'elles contiennent la condamnation expresse de la Doctrine de ces Casuistes. Les voici :

« L'Église, dit-il, défend aux Fidèles d'avoir communication avec quelques personnes, pour deux raisons : la première, pour punir celui que l'on retranche de la communion avec les Fidèles (ce qui n'a pas lieu à l'égard des Païens, parce que l'Église n'a point d'autorité sur eux) ; la seconde est pour la sûreté de ceux à qui on défend d'avoir communication avec d'autres ; sur quoi il faut faire distinction des personnes, des affaires et des temps. Car si quelques fidèles sont fermes en la Foi, de sorte que par la communication qu'ils auroient avec les Infidèles, on puisse plutôt espérer la conversion des Infidèles que craindre que les Fidèles ne se pervertissent et ne quittent la Foi, on ne doit pas les empêcher, principalement quand il y a quelque nécessité qui les y engage. Mais si ce sont des personnes simples et foibles dans la Foi, desquels on puisse craindre probablement qu'elles ne se pervertissent, on doit leur défendre d'avoir communication avec les Infidèles et principalement d'avoir grande familiarité avec eux et de les hanter sans nécessité. » Ce Saint ajoute que c'est pour cette raison que Dieu avoit défendu aux Israélites de s'allier avec les Idolâtres de la terre de Chanaan ; et il confirme cette Doctrine dans la réponse au troisième argument, où il dit : « qu'un esclave qui est soumis au commandement de son maître embrassera plutôt la Religion de son maître fidèle, que non pas il fasse changer son maître de Religion ; et c'est pourquoi il n'est pas défendu aux Fidèles d'avoir des esclaves infidèles. Si néanmoins il y avoit du danger pour le maître, par la communication d'un tel esclave, il seroit obligé de l'éloigner d'auprès de lui, selon le commandement de Jésus-Christ dans l'Évangile : si votre pied vous scandalise, coupez-le et le jetez arrière de vous. »

Il est donc visible que ce passage est ridiculement allégué, pour montrer qu'on peut demeurer sans péché dans les Occasions Prochaines de péché, puisque ce Saint y établit des principes tout opposés.

Mais ceux qui sont accoutumés à voir leur hardiesse ne s'étonneront pas de celle-ci : car ils se sont servis de ce même passage pour appuyer une Doctrine qui y est contraire en propres termes. Au lieu que ce Saint déclare qu'il n'est pas permis aux foibles d'aller entreprendre la conversion des Infidèles, ils allèguent ce même endroit pour dire que cela leur est permis. C'est ce que fait le P. Bauny (*Théol. mor.*, t. IV, quest. xiv, p. 94). Il distingue premièrement les Occasions de péché en *Prochaines* et *Éloignées ;* il dit « que les éloignées sont tout ce qui peut être à l'homme cause de péché ; mais que les Occasions Prochaines sont seulement ce qui est en soi péché mortel, ou ce qui est tel de sa nature, qu'il fasse fréquemment tomber dans le péché mortel les hommes de pareille condition ; de sorte que le Confesseur juge par le passé que le Pénitent ne sera jamais, ou rarement, dans cette Occasion sans péché mortel. » Il enseigne ensuite dans cet endroit, et dans la *Somme des péchés* (6ᵉ édit., p. 190), deux choses : l'une « que l'on n'est point obligé de quitter une Occasion Prochaine de péché, quand on ne peut le faire sans donner sujet au monde de parler ou sans en recevoir de l'incommodité ; » l'autre, « qu'on peut même rechercher une Occasion Prochaine de péché pour quelque bien temporel ou spirituel de nous ou de notre prochain. » Il en apporte deux exemples : l'un, « que tous peuvent aller au pays des Infidèles pour travailler à leur conversion, *cum manifesto peccandi periculo :* » l'autre, « qu'on peut aller en de mauvais lieux pour faire concevoir aux femmes débauchées la haine de leurs péchés ; encore qu'il y ait beaucoup d'apparence que ces personnes tomberont, parce qu'ils ont souvent éprouvé, à la perte et à la ruine de leurs âmes qu'ils se laissent aller au péché par les cajoleries des femmes perdues. »

Et c'est pour confirmer ces horribles maximes qu'il cite saint Thomas (2-2, quæst. X, art. 9), où il a dit ce que nous avons rapporté. Et le P. Caussin, dans sa *Réponse à la Théologie morale*, renvoie au même lieu pour défendre la même Doctrine des Occasions Prochaines : par où on peut juger s'il y eut jamais de fausseté plus insigne que celle que ces Pères emploient pour défendre leur méchante cause.

II. *Saint Basile faussement allégué sur le même sujet.*

Les Jésuites attribuent encore dans cette même page leur méchante Doctrine des Occasions Prochaines à saint Basile, en le citant après le P. Caussin (*Const. monac.*, cap. IV), où il n'y a pas un seul mot de ce sujet. C'est dans le chapitre III où se trouve ce qu'en rapporte le P. Caussin, mais qui est une condamnation formelle de la Doctrine de ces Casuistes, n'y ayant rien de si pur et de si contraire au relâchement de ces Nouveaux Docteurs, que ce que ce Père enseigne en ce lieu.

Car voici les conseils qu'il donne à ses Religieux : « Nous ne devons pas seulement travailler à régler nos pensées et nos mouvemens intérieurs, mais nous devons aussi, autant qu'il se peut, nous éloigner des choses qui, frappant nos sens et renouvelant la mémoire à nos passions, causent du trouble dans notre esprit, et font souffrir à notre âme une guerre et un combat importun. Car, lorsque nous sommes engagés dans le combat contre notre volonté, c'est une nécessité de le souffrir; mais c'est une grande folie de nous y engager nous-mêmes volontairement. C'est pourquoi nous devons fuir, avant toutes choses, l'entretien des Femmes, et nous ne devons jamais nous trouver avec elles que lorsqu'une nécessité indispensable nous y force; et alors même il faut s'en garder comme d'un feu, et nous en défaire le plus promptement que nous pourrons. » Ce qu'il répète encore à la fin du chapitre : « Ayons soin, dit-il, autant qu'il nous est possible, d'éviter la conversation avec les Femmes; et, si cela ne se peut entièrement, il faut au moins que nos entretiens avec elles soient très rares et très courts. »

Voilà tout ce que dit saint Basile sur ce projet; et les Jésuites ont si peu de conscience que de vouloir se servir de ses règles si saintes et si sévères, pour permettre à des débauchés d'aller faire des leçons de chasteté à des femmes perdues, encore qu'ils aient souvent reconnu, par une funeste expérience, qu'ils succombent à la tentation qu'ils vont chercher : « *Etsi malo suo sœpe experti sunt,* » comme dit le P. Bauny, « *blandis se muliercularum sermonibus ac illecebris flecti solitos ad libidinem.* »

III. *Saint Ambroise faussement allégué sur le même sujet.*

Ils n'abusent pas moins indignement de saint Ambroise, en nous renvoyant à ce qu'il dit, Liv. III, chap. xv de ses *Offices,* où il ne fait autre chose que de louer Judith, laquelle, par une inspiration particulière de Dieu, qui l'assuroit de sa protection, comme remarque ce Père, alla tuer Holopherne au milieu de son camp. Car quel rapport y a-t-il de l'action toute miraculeuse et toute extraordinaire de cette sainte, avec les actions honteuses que les Casuistes veulent autoriser par cet exemple ? Ils parlent de personnes qui ont reconnu, par leur propre expérience, que ces occasions les perdent et les font tomber dans le péché mortel. Peut-on penser la même chose de Judith, dont l'Écriture loue si hautement la chasteté ? Mais qui ne sait, de plus, que ces sortes d'actions des Saints, qui n'ont été entreprises que par des mouvemens singuliers de l'Esprit de Dieu, ne peuvent autoriser des actions semblables qui seroient faites sans ce mouvement, parce que l'esprit de Dieu, qui les poussoit et leur donnoit une confiance presque certaine en son secours, faisoit que ces actions, quelque périlleuses qu'elles fussent en elles-mêmes, ne l'étoient point à leur égard, et ainsi n'étoient nullement des Occasions Prochaines de péché : au lieu que ceux qui les entreprennent sans ce mouvement extraordinaire tombent dans une témérité criminelle, et méritent de périr dans le danger qu'ils ont recherché, ou qu'ils n'ont pas eu soin d'éviter, selon cette parole du Sage : « *Qui amat periculum peribit in eo ?* »

IV. *Saint Thomas faussement allégué touchant la Simonie.*

Les Jésuites ne pouvoient pas mieux faire paroître qu'ils sont capables de tout pour défendre leurs erreurs, qu'en alléguant saint Thomas pour autoriser la Doctrine de l'Apologiste, qui soutient, après Valentia, Milhart et plusieurs autres, que quiconque est dans une volonté actuelle ou habituelle de ne pas égaler une chose temporelle à une spirituelle (ce qu'il appelle ne pas la donner par forme de prix) peut donner de l'argent comme motif principal pour avoir un Bénéfice, sans commettre une Simonie contre le Droit Divin ; et que même, s'il le donne sans aucun pacte obligatoire, il ne commettra pas de Simonie contre le Droit Ecclésiastique.

Car il est si visible que c'est contre leur conscience qu'ils allèguent saint Thomas sur ce sujet, que leur Apologie même (p. 61) reconnoît formellement que saint Thomas est contraire à cette opinion de Valentia ; et que, sans s'arrêter à cette distinction chimérique entre *prix* et *motif*, il condamne de Simonie tous ceux qui reçoivent de l'argent pour des choses spirituelles, lorsque leur fin principale est de recevoir cet argent.

« Il semble, dit-il, que saint Thomas tienne que, si la fin principale que prétend celui qui fait la fonction spirituelle est de recevoir de l'argent, il est censé vendre la fonction spirituelle, et est Simoniaque. Maior est de même sentiment. » Voilà la Doctrine qu'il a reconnue être de saint Thomas, mais qu'il dit avoir été rejetée avec raison par les Casuistes, avec lesquels il soutient que, quoique l'on ait pour fin principale, en donnant de l'argent, d'obtenir un Bénéfice, on ne commet pourtant point de Simonie contre le Droit Divin, pourvu qu'on ne le donne pas comme égal à la chose spirituelle : ce qu'il appelle le donner comme prix.

Cependant les Jésuites voyant qu'on étoit prêt de censurer cette Doctrine en Sorbonne, pour arrêter les esprits par une autorité plus considérable que celle des Casuistes, allèguent hardiment, dans une feuille nouvellement imprimée, le même saint Thomas, qu'ils avoient eux-mêmes reconnu être contraire à cette Doctrine. « Outre, dit-il, ce qui a été dit dans les éclaircissemens, pour prouver que, sans la volonté d'égaler une chose temporelle à une spirituelle, il n'y a point de Simonie contre le Droit Divin, j'ajoute l'autorité de deux théologiens, saint Thomas et Gerson. Saint Thomas (4 dist. xxv, quæst. 1) : « *Sacramenta emi aut vendi non possunt sine simonia, quia pretium emptionis ponitur quasi mensura adæquens ad illud quod emitur.* »

Il est vrai que ces paroles sont de saint Thomas : mais il est vrai que c'est en abuser indignement, que d'y donner le sens que cet Apologiste y donne, étant clair par toute la suite de sa Doctrine, qu'il a cru que donner un Bénéfice pour de l'Argent, comme pour la fin et le motif principal, et le donner comme prix, n'étoit que la même chose ; et que de là il a conclu que tous ceux qui donnoient ainsi des Bénéfices pour recevoir de l'Argent, le donnoient comme prix, et par ce moyen égaloient véritablement les choses spirituelles aux temporelles, encore qu'ils n'y pensassent pas.

Ce qui paroîtra par quelques remarques que nous ferons sur la Doctrine de ce Saint, non pour faire un crime aux Jésuites de ne pas la suivre en tout, car on auroit tort d'attendre d'eux une si grande pureté; mais pour leur faire voir seulement combien ils imposent à ce Saint.

La première est, que saint Thomas n'a jamais cru que pour être Simoniaque, en donnant de l'Argent pour obtenir une Dignité ecclésiastique, il fût nécessaire d'avoir la pensée que cet Argent étoit un prix égal à cette Dignité; car cette pensée seroit fausse et Hérétique. Or saint Thomas dit que pour l'ordinaire la Simonie n'est point accompagnée de faux jugements dans l'esprit, mais seulement de dépravation dans la volonté. Voici ses paroles (in 4, dist. xxv, quæst. 5, art. 1) : « *Sicut dicit philosophus quod Milesii stulti non sunt, sed operantur qualia stulti; secundum hoc dicendum quod simoniaci non sunt proprie et per se loquendo hæretici, quum non habeant falsam opinionem : sed dicuntur hæretici propter similitudinem actus : quia ita operantur ac si æstimarent donum Spiritus sancti pecunia possideri, quæ æstimatio esset hæretica.* »

Il n'est donc pas nécessaire, selon saint Thomas, de croire ou de vouloir que l'Argent soit égal au don du Saint-Esprit; ce qui est une folie, qui ne tombe en l'esprit de personne : mais il suffit d'agir comme si on le croyoit; ce que font, selon saint Thomas, tous ceux qui offrent de l'Argent, comme un motif pour se faire donner les dignités de l'Église; et tous ceux qui donnent des Bénéfices, ayant pour motif principal d'en recevoir de l'Argent, ou quelque autre chose temporelle.

La seconde, que, quoique saint Thomas se serve souvent des mots de vente, d'achat et de prix, pour expliquer en quoi consiste le Crime de la Simonie, il n'a jamais voulu néanmoins entendre autre chose par là, sinon donner une chose spirituelle, par le seul motif d'en recevoir une temporelle, ou bien donner une chose temporelle, afin d'obtenir, par ce moyen, une chose spirituelle. De sorte qu'un collateur, un patron ou un titulaire, qui donne un Bénéfice à Pierre, seulement parce que Pierre lui a donné de l'Argent, quelque volonté qu'il ait de ne point égaler cet Argent qu'il reçoit au Bénéfice qu'il donne, et encore qu'il n'y soit obligé par aucun pacte, il ne laisse pas de le vendre véritablement, et d'être Simoniaque devant Dieu.

Pour en donner des preuves décisives, il ne faut que considérer ce que dit saint Thomas (in 4, dist. xxv, quæst. 3, art 3), où considérant les jugemens des juges ecclésiastiques comme des choses spirituelles, il demande si un juge ecclésiastique rendant une sentence en faveur de celui qui lui auroit fait un petit présent, seroit Simoniaque. A quoi il répond en ces termes : « L'Église ne juge que selon ce qui paroît à l'extérieur : ainsi n'étant pas probable qu'un petit présent ait servi de motif à un juge ecclésiastique pour donner une sentence, elle ne juge pas que cet ecclésiastique qui a reçu un petit présent ait commis une Simonie. Mais devant Dieu qui voit le cœur, soit que les présens soient grands ou petits, c'est une Simonie, s'ils ont servi de motif à ce juge pour donner une sentence : « *Sed apud Deum qui cor videt, Simonia est et in parvis et in magnis rebus, si animus judicis ex eis flectatur.* »

C'est par ce même principe qu'il conclut qu'un collateur qui donne un Bénéfice ayant pour motif principal les prières qu'on lui a faites, et la faveur et les louanges qu'il en recevra, commet une Simonie. Voici ses paroles au même lieu : « *Qui dat aliquod spirituale pro favore vel laude acquirenda, non est dubium quin Simoniam committeret. Et ideo quando preces fiunt pro indigno, quod nihil aliud movet nisi favor, manifeste simonia committitur, si propter hoc Beneficium ecclesiasticum detur. Si autem pro digno fiant, quantum ad judicium hominum probabile est quod dans magis moveatur intuitu dignitatis personæ, quam favore precum; et ideo non reputatur Simonia. Si tamen principaliter moveatur favore precum vel timore rogantis, quantum ad judicium divinum simoniam committit et rogatus et rogans.* »

Il est clair que saint Thomas ne suppose point que celui qu'on prie de conférer un Bénéfice, pense qu'il y ait égalité entre les Prières et le Bénéfice; et qu'il ne suppose pas non plus qu'il ait fait un pacte obligatoire, puisque personne n'a jamais fait pacte d'être prié et d'être loué. Et cependant il décide que ce collateur est Simoniaque, si le principal motif qui le pousse à donner le Bénéfice est qu'il a été prié et qu'il espère d'être loué.

Le sentiment de saint Thomas ne paroît pas moins par cette autre décision touchant ceux qui donnent des Bénéfices à leurs parens : « *Ille qui dat ratione consanguinitatis præbendam alicui principaliter, aut intendit temporale bonum illius cui datur, et non alterius; et sic peccat graviter, sed Simoniam non committit;*

quia non vendit, quum nihil accipiat : aut intendit aliquod bonum in seipsum redundans ; sic quod magnificetur per hoc, et nobilitetur domus sua ; vel quod ipse in consanguineis sit fortior, et sic ipse aliquid accipere sperat pro quo spiritualia dat ; et simoniam committit. »

Je ne sais s'il y a personne assez ridicule pour s'imaginer que quelqu'un puisse faire pacte avec tout le monde, que, s'il donne un Bénéfice à son parent, on en croira sa maison plus illustre et plus relevée. Cependant saint Thomas condamne de Simonie toutes ces collations, où l'on recherche l'élèvement de sa maison, lequel non seulement s'obtient sans pacte, mais qu'il est même impossible d'obtenir par un pacte.

Le même saint Thomas conclut dans sa *Somme* (2-2, quæst. c, art. 5) qu'un évêque qui donne un Bénéfice pour des services temporels qu'on lui a rendus, ou à ses parens, commet une Simonie : « *Si sit obsequium ad carnalia ordinatum, puta quia servivit prælato ad utilitatem consanguineorum, erit munus ab obsequio, et est Simoniacum.* » Et il n'ajoute point toutes ces restrictions qu'il y ait une obligation de justice de payer ses services, ou qu'on y ait fait un pacte de donner un Bénéfice, quand on auroit rendu ces services. Car il suffit, selon sa Doctrine, que ces services temporels soient le principal motif qui porte ce prélat à donner ce Bénéfice.

Il est si certain que c'est là le sentiment de saint Thomas, que les Jésuites mêmes ne font point de difficulté de le reconnoître, et d'avouer que c'est aussi celui de presque tous les Anciens Théologiens et Canonistes. Voici comme en parle Suarez dans son *Traité de la Simonie* (l. IV, chap. III) : « *Sæpissime,* dit-il, *legimus apud auctores tam theologos quam canonistas, Simoniam mentalem committi, quoties per spiritualem actionem vel dationem principaliter intenditur acquisitio alicujus commodi temporalis. Ita tenet Glossa, Hostiensis, Panormitanus, Navarrus, Covarr., sanctus Thomas, Cajet., Maior, Durandus Altissiodorensis, Adrianus, Antonius Corduba, Gerson, etc.* » Ce qui fait voir avec quelle conscience l'Apologiste a osé avancer (p. 61), que le sentiment de saint Thomas étoit abandonné des Canonistes et des autres Théologiens.

Ainsi, pour renfermer en peu de mots la Doctrine de ce Saint Docteur, il a cru que les choses spirituelles devant, par l'ordre de Jésus-Christ, se donner gratuitement et acquérir gratuitement, c'est-à-dire sans rien recevoir pour les donner, ni rien donner pour les obtenir, c'étoit violer cet ordre et tomber dans le péché de Simonie, que de donner des choses spirituelles, ayant pour motif principal d'obtenir ou d'avoir obtenu quelque chose temporelle, soit service, soit louange, soit Argent; ou bien de donner une chose temporelle, ayant pour motif principal d'en obtenir une spirituelle. De sorte que toutes les fois qu'il dit de ceux qui font ces sortes d'échanges, qu'ils vendent, qu'ils achètent et qu'ils donnent comme prix, il n'a voulu dire autre chose par ces mots, sinon qu'ils donnent l'un pour avoir l'autre.

Que si l'on prétend chicaner, et dire que la vente, dans son essence, enferme un pacte obligatoire et onéreux, il est facile de répondre que le langage ecclésiastique ne se règle pas sur les formules de Jurisconsultes; et que saint Thomas, qui s'est servi de ces mots après les Pères, nous ayant expliqué ce qu'il vouloit dire par ces mots, il faut en prendre la signification, non des Jurisconsultes, mais de saint Thomas et des Pères de l'Église; et conclure plutôt que la Simonie n'est pas une vente selon la rigueur de ce terme, que non pas de ne point enfermer sous le nom de Simonie tout ce que les Pères y ont enfermé.

V. *Gerson faussement allégué sur le même sujet de la Simonie.*

L'Apologiste joint Gerson à saint Thomas, et lui impose, aussi bien qu'à ce saint, de ne point avoir reconnu de Simonie de Droit Divin, que lorsqu'on met une égalité de prix entre une chose temporelle et une spirituelle. Il cite pour cela ces paroles de Gerson, qui semblent dire ce qu'il désire : « *Finis principaliter intentus accipiendi temporalia tanquam ibi sit adæquatio vera pretii ad pretium, sicut est in commutatione temporalium ad invicem, reddit hominem proprie Simoniacum.* »

A la vérité, ceux qui ne se défient pas des Jésuites auront pu être surpris de la lecture de ces paroles, et croire que Gerson est en effet favorable à l'Apologiste : mais ceux qui, connoissant les Jésuites, ont pris la peine de consulter ce passage, ont sans doute été surpris de la hardiesse et de l'impudence avec laquelle ils s'exposent à être convaincus publiquement d'une Imposture si inexcusable; car il n'y en eut jamais de moins palliée que celle-ci. Gerson, dans son *Traité de la Simonie,* en marque deux espèces différentes en deux propositions différentes : la première est celle dans laquelle on considère seulement le bien temporel, comme le motif principal de l'action spirituelle; et la seconde, dans laquelle on le considère de plus comme un prix égal à la chose spirituelle. « *Prima propositio*, dit-il : *Finis principaliter intentus recipiendi temporalia pro ministratione spiritualium, reddit hominem proprie simoniacum in foro conscientiæ et ad Deum. Et si hanc intentionem apertis ad extra monstret indiciis, censendus est in ecclesiastico foro Simoniacus, vel de Simonia vehementer suspectus. Secunda propositio : Finis principaliter intentus accipiendi temporalia pro administratione spiritualium, tanquam ibi sit adæquatio vera pretii ad pretium, sicut est in commutatione temporalium ad invicem, reddit hominem proprie Simoniacum.* »

L'Apologiste, pour montrer, par l'autorité de Gerson, que toute Simonie enferme cette pensée d'égaler les choses spirituelles, rapporte ces dernières paroles de Gerson, et dissimule les précédentes, dans lesquelles Gerson reconnoît une vraie espèce de Simonie devant Dieu, qui n'enferme point cette pensée d'égalité. Peut-on abuser plus hardiment de la crédulité du monde ? Car la question n'est pas, entre les Jésuites et nous, si celui qui donneroit de l'Argent pour un Bénéfice, avec cette pensée d'égaler l'Argent au Bénéfice, seroit véritablement Simoniaque. Personne n'en a jamais douté. Mais il est question, si cette réflexion et cette formalité d'égalité et de prix est nécessaire, et si l'on peut être Simoniaque sans cela. C'est ce qu'ils prétendent faire dire à Gerson. Et c'est néanmoins ce que Gerson désavoue formellement, en reconnoissant dans une proposition expresse une autre espèce de Simonie, qui n'enferme point cette égalité ni cette formalité de prix.

Ce qu'il ajoute ensuite est encore plus net et plus formel : car il distingue quatre sortes de vue d'esprit : *Resolvendo*, dit-il, *materiam de Simonia, possumus invenire distinctionem quadruplicem de intuitu vel respectu commodi temporalis pro spirituali. Potest enim intuitus ferri ad temporale commodum, primo tanquam ad pretium rei spiritualis, quasi sit adæquatio valoris unius rei ad alteram, sicut inest in emptione et venditione civilibus.* Voilà l'unique espèce de Simonie que les Jésuites reconnoissent. *Potest 2°*, ajoute Gerson, *ferri intuitus ad commodum temporale, tanquam ad motivum principale dandi spiritualia, vel ad finem ultimum in quo consistit intuitus spirituale conferentis.* Voilà ce qu'ils prétendent ne point être Simonie. *Potest 3° ferri intuitus commodi temporalis tanquam ad motivum minus principale, vel ad finem subordinatum sub ultimo fine. Potest 4° ferri intuitus commodi temporalis, tanquam ad rem debitam jure divino pro sustentatione illius qui spiritualia administrat.* » Voilà les cas que Gerson propose ; et voici ses décisions sur ces cas : « *Tunc ad propositum dicimus quod primus intuitus et secundus sunt vere Simoniaci de jure divino et humano.* » C'est-à-dire que c'est une Simonie de Droit divin et humain, non seulement de regarder les choses temporelles comme prix des spirituelles, mais aussi de les regarder comme le principal motif qui porte à conférer les spirituelles. Mais pour le troisième et quatrième regard, Gerson déclare qu'ils ne sont pas Simoniaques, pourvu qu'on observe ce que l'Apôtre ordonne par ces paroles : « *Ab omni specie mala abstinete vos.* »

Ainsi on ne peut condamner plus expressément les Jésuites, que Gerson les condamne en ce Traité; et on ne peut abuser avec plus de mauvaise foi de ce Traité de Gerson, que les Jésuites en abusent.

VI. *Le même Gerson faussement allégué sur la matière de l'Usure.*

Il est difficile de trouver une plus manifeste palliation d'Usure, que l'invention que les Jésuites autorisent dans l'*Apologie* et dans leur Factum, de créer une rente pour un an, en sorte qu'au bout de l'an, celui qui a pris, par exemple, dix-huit mille livres soit obligé d'en rendre dix-neuf mille. Mais il n'y eut jamais de fausseté plus hardie que celle qu'ils commettent en citant Gerson, comme ayant enseigné cette Doctrine dans son *Traité des Contrats.*

« Gerson, dit-il, est un des premiers qui, en la seconde partie de ses œuvres, au Traité *De contract.* (prop. XIX), dit que les rentes qui peuvent se vendre à perpétuité, peuvent pareillement se vendre pour un temps limité, tant à l'égard du vendeur que de l'acheteur, pourvu que la même matière se trouve dans le contrat à perpétuité, et dans celui qui se fait pour un temps. » Voilà ce qu'ils font dire à Gerson, n'ayant pour le prouver que ces paroles qu'ils rapportent, mais qui n'ont, en aucune sorte, le sens qu'ils y donnent : « *Omnis contractus quo licite venduntur vel emuntur reditus perpetui, potest similiter esse licitus, si eodem contractu similiter se habente, detur facultas mutua redimendi præsertim in foro conscientiæ.* »

Car, pour bien comprendre la Doctrine de Gerson dans tout ce Traité, il faut remarquer qu'anciennement les rentes étoient non rachetables, et que c'est en ce sens qu'on les appeloit *perpétuelles*; mais qu'environ le temps de Gerson, on commença à les rendre rachetables comme elles sont aujourd'hui. C'est ce que Gerson appelle : « *Venditio reddituialis, quæ potest redimi*, ou *Venditio census perpetui cum facultate redimendi.* »

Mais cette faculté de racheter étoit de deux sortes; car quelquefois on marquoit un temps préfix, comme de dix ans, pendant lequel celui qui avoit pris de l'argent à rente pouvoit la racheter en rendant l'argent, mais après lequel il ne pouvoit plus la racheter. Et c'est ce que Gerson appelle, en plusieurs lieux de ce Traité : *Facultas redimendi ad certum tempus*. L'autre manière est celle qui s'observe maintenant, qui est que celui qui avoit pris de l'Argent à rente pouvoit la racheter quand il lui plaisoit; ce qui est appelé, dans Gerson, *Facultas redimendi toties quoties*.

Voilà tout ce que Gerson autorise, et encore avec beaucoup de modération; et c'est une Imposture visible de l'alléguer, ainsi que font les Jésuites, comme ayant approuvé une palliation d'Usure aussi manifeste qu'est leur cens constitué pour un an, ou que celui qui l'a acheté ait droit de revendre au bout d'un an ; en sorte que celui qui l'a vendu soit obligé de rendre l'argent qu'il a pris, avec une année d'intérêt.

Cela paroît : 1° parce que Gerson parle toujours de la faculté de racheter, qui ne se donne jamais qu'au vendeur; et jamais de la faculté de revendre, qui se donneroit à l'acheteur. Or, dans la constitution des rentes, celui qui prend de l'Argent à rente est l'acheteur, et celui qui le donne est le vendeur; et, par conséquent, la faculté dont parle Gerson étant une faculté de racheter et non de vendre, elle ne peut que donner droit à celui qui a pris de l'Argent à rente de rembourser le fonds de la rente; et non pas à celui qui l'a donné de se faire rendre son argent, lorsqu'on ne manque point de lui payer les arrérages.

2° Il fonde la justice de ces rentes rachetables (part. I, consid. v) sur ce que, dans l'Ancienne Loi, il étoit permis de vendre une maison avec faculté de la racheter dans l'année. Or il est bien certain que cette faculté de racheter ne convenoit qu'à celui qui l'avoit vendue; et il seroit ridicule de s'imaginer que l'acheteur eût droit par là de l'obliger à lui rendre son argent en reprenant sa maison.

3° Après avoir établi, dans la première partie de ce Traité, les principes nécessaires pour résoudre le cas qu'il avoit entrepris d'examiner, il propose ce cas au commencement de la seconde partie, qui est : « qu'un monastère avoit acheté d'une ville une rente annuelle de cent livres en lui donnant deux mille livres *cum facultate redimendi.* » Voilà le contrat qu'il a dessein de justifier, et pour lequel il a fait tout ce Traité *De contractibus.* Or, pour montrer évidemment qu'il n'a considéré cette rente que comme elles sont aujourd'hui, c'est-à-dire rachetables seulement du côté de celui qui prend à rente, c'est qu'il met pour la principale circonstance, qui fait voir que ce contrat n'est point usuraire, que la vente avoit été tellement effective de la part des Religieux qu'ils ne s'étoient réservé aucune faculté de ravoir l'argent qu'ils avoient donné : *Quarta circumstantia est, quod venditio tam efficax fuit ex parte Religiosorum, tam in voluntate quam in opere translationis, quod nullam sibi retinuerint facultatem retrahendi pretium datum.* Il est donc très faux que Gerson parle des contrats où l'on retient le pouvoir de retirer son argent au bout d'un an ; car il l'exclut en termes exprès.

4° Enfin il a été si éloigné d'approuver ce pouvoir de retirer l'Argent avec intérêt, que c'est principalement sur cette quatrième circonstance qu'il établit sa décision ; savoir, que ce contrat n'est point usuraire, parce que ce n'est point un prêt, ni un contrat qui tienne de la nature du prêt, puisque ces Religieux ne s'étoient point réservé le pouvoir de retirer leur argent : *Prædictus contractus non est mutuum, nec per modum mutui. Patet ex quarta circumstantia principaliter junctis aliis.* D'où il s'ensuit que Gerson auroit condamné d'Usure le contrat des Jésuites, où celui qui donne son Argent se réserve le pouvoir de le retirer, et ne laisse pas d'en prendre intérêt.

Il est visible, par ces preuves convaincantes, que les Jésuites abusent malicieusement d'une parole ambiguë de Gerson, pour lui faire approuver une chose dont il ne parle en aucune manière dans tout son Traité, et qui est contraire à tous ses principes. Car le passage qu'ils rapportent est dans la proposition xx, où il parle toujours, comme dans tout le reste de son Traité, de la faculté de racheter qu'a celui qui prend l'Argent à rente, de laquelle seule il s'agissoit alors. Et ainsi de ce qu'il appelle cette faculté de racheter, *facultas mutua redimendi,* c'est qu'auparavant il étoit bien au pouvoir du vendeur de racheter sa rente, pourvu que l'acheteur consentît à recevoir le rachat : au lieu que, par cette loi dont parle Gerson, on lui donnoit pouvoir, non seulement de racheter, mais aussi de faire accepter son rachat, ce qu'il appelle *facultas mutua redimendi*. C'est une chose honteuse à des Théologiens, qui ne doivent rien tant aimer que la sincérité, de chicaner sur un mot ambigu, au lieu de prendre le sens d'un Auteur de toute la suite de sa Doctrine.

S'ils avoient bien étudié celle de Gerson, ils auroient appris de lui la foiblesse d'un argument qu'ils font beaucoup valoir dans leurs réponses, qui est qu'il y a des Parlemens où les prêts usuraires sont autorisés pour le civil; car Gerson montre fort bien qu'il ne s'ensuit pas de là qu'ils soient permis selon Dieu, parce que les Lois Civiles et les Magistrats permettent beaucoup de choses qui ne laissent pas d'être illégitimes selon la Loi de Dieu ou de l'Église, sans que l'on puisse dire pour cela que ces Lois Civiles soient mauvaises et contraires à la Loi de Dieu ou de l'Église.

C'est la proposition XVII de ce même *Traité des Contrats*. « Encore, dit-il, qu'une loi civile tolérât quelques Usures, on ne doit pas dire pour cela qu'elle est contraire à la Loi de Dieu ou de l'Église; car le législateur civil a pour but de conserver la République, en y entretenant la paix et l'union entre les citoyens, et empêchant qu'on n'y commette des voleries, des rapines, des homicides, et autres crimes qui troublent la Société Humaine... Mais, parce que la malice des hommes ne peut pas toujours être entièrement réprimée, il tolère quelquefois de moindres maux pour en éviter de plus grands, comme Moïse a fait dans l'Ancienne Loi en permettant le Divorce. »

Aussi nous voyons que les Pères n'ont pas laissé de condamner les Usures, quoiqu'il soit certain que, de leur temps, les Lois Civiles les permettoient. Ce qui fait dire à saint Augustin sur ces paroles du psaume LIV : *In plateis ejus Usura et Dolus; fœnus etiam professionem habet; fœnus etiam ars vocatur, corpus dicitur, corpus quasi necessarium civitati, et de professione sua vectigal impendit; usque adeo in platea est, quod saltem abscondendum erat.*

VII. *Saint Ambroise faussement allégué sur le sujet des Valets qui prennent du bien de leurs Maîtres pour égaler leurs gages à leurs peines.*

Nous avons de la peine à comprendre la hardiesse de cet Apologiste, qui ose dire dans ses Nouvelles Feuilles, qu'on a malicieusement imposé au P. Bauny, en prenant son objection pour sa réponse, lorsqu'on lui a reproché, comme nous avons fait dans nos Extraits présentés à l'Assemblée Générale du Clergé (prop. XXI), qu'il ouvre la porte aux vols domestiques, en permettant « aux Valets qui se plaignent de leurs gages de les croître d'eux-mêmes en certaines rencontres (comme est celle de ne les avoir acceptés qu'y étant contraints par la nécessité de leurs affaires), en se garnissant les mains d'autant de bien appartenant à leurs Maîtres, qu'ils s'imaginent être nécessaire pour égaler lesdits gages à leurs peines. » Il ne faut que lire le passage entier du P. Bauny, que nous avons rapporté dans cet extrait, pour rougir du peu de conscience de ces personnes, qui ne se mettent pas en peine du jugement de Dieu ; pourvu qu'ils puissent embrouiller, au moins pour quelque temps, les jugemens des hommes, en niant les choses les plus constantes.

Il y a encore plus de sujet de s'étonner de ce qu'au même temps qu'ils témoignent être prêts de se soumettre au jugement de la Faculté pour en retarder la Censure par cette feinte soumission, ils n'ont pas craint de traiter avec injure ceux qui n'ont fait que suivre, dans la condamnation du P. Bauny, le jugement de la Faculté de Paris, qui, en 1641, l'a censuré en ces termes : *Hoc propositio falsa est et perniciosa, etiam additis restrictionibus, et domesticis furtis viam aperit.*

Mais ce qui nous touche le plus est l'injure qu'ils font aux Saints Pères, de les alléguer comme favorables à cette méchante Doctrine. « Saint Ambroise, dit l'Apologiste (p. 81, lib. *de Tobia,* cap. XV), dit qu'on peut prendre de l'Usure pour s'indemniser d'une personne qui nous porte quelque préjudice : *Ab illo usuram exigis, cui merito nocere desideras.* D'où j'infère que, s'il m'est permis de prendre de l'Usure pour me récompenser et recouvrer ce qu'une personne me doit, je puis me récompenser par quelque autre voie. » Ils répètent la même chose dans leurs Nouveaux Imprimés.

Mais il ne faut que considérer le passage entier de saint Ambroise, pour juger de l'abus qu'ils en font, et des horribles conséquences qui pourroient s'en tirer en le prenant au sens qu'ils le prennent. Ce Père ayant déclaré que l'Usure est défendue par la Loi de Dieu, et que, selon les Païens mêmes, il n'est non plus permis de s'enrichir par des Usures que de s'enrichir par des Homicides, il s'objecte ce passage du *Deutéronome* (XXIII), où Dieu défendant aux Israélites d'exiger des Usures de leurs Frères, le leur permet à l'égard des Étrangers : *Fratri tuo non fœnerabis ad Usuram, sed alienigena exiges*. A quoi il répond en ces termes : « Qui étoit alors étranger, sinon les Amalécites, les Amorrhéens, et les autres ennemis du peuple juif? Voilà, dit le Seigneur, de qui vous pouvez exiger des Usures. Ceux à qui vous pouvez justement désirer de nuire; ceux à qui vous avez le droit de faire la guerre, vous avez droit aussi d'exiger des Usures d'eux. Ne pouvant les vaincre par la guerre, vous pouvez vous en venger en tirant d'eux tous les mois le centième de ce que vous leur prêterez. Exigez des intérêts de celui que vous pouvez tuer sans crime. Où il y a donc droit de faire la guerre, il y a droit aussi de prêter à Usure. *Ab hoc Usuram exige, quem non sit crimen occidere. Ergo ubi jus belli, ibi etiam jus Usuræ.*

Comment les Jésuites appliqueront-ils ces paroles de saint Ambroise aux Valets à qui le P. Bauny permet de voler leurs Maîtres pour égaler leurs gages à leurs peines? Les Valets ont-ils droit de faire la guerre à leurs Maîtres? ont-ils droit de les tuer? ont-ils droit de les piller même à force ouverte, comme on en a droit dans les guerres justes? Voilà les circonstances dans lesquelles saint Ambroise dit que Dieu permit aux Juifs de prêter à Usure aux Chananéens, par le même droit de souverain maître des hommes et de juste vengeur des Méchants, par lequel il avoit commandé à son peuple de tuer tous les habitants de la Palestine; parce que leurs crimes énormes, qui sont particulièrement décrits dans le Livre de la *Sagesse,* avoient mérité ce châtiment. Or, qui doute que ce que Dieu donne ne soit légitimement donné à ceux à qui il le donne?

Mais qu'y a-t-il ici de semblable? Un Valet qui est convenu de ses gages, quelque petits qu'ils puissent être, et quelque nécessité qui l'ait porté à les accepter, a-t-il reçu de Dieu, par une révélation particulière, le droit de se faire justice à soi-même, et de voler son Maître, sous prétexte que ses gages ne sont pas égaux à ses peines? La Sorbonne n'a-t-elle pas eu raison de dire que cette Doctrine est fausse et pernicieuse, et ouvre la porte aux vols domestiques?

VIII. *Saint Augustin faussement allégué sur le même sujet des Valets.*

L'Apologiste joint saint Augustin à saint Ambroise pour autoriser la même Doctrine du P. Bauny; et les Jésuites disent, dans leurs Nouveaux Imprimés, que le passage de saint Augustin cité dans l'*Apologie* est si clair pour cela, qu'il n'a pas besoin d'interprétation. Mais nous ferons voir aisément qu'ils avoient besoin qu'on le leur interprétât, puisqu'ils l'ont fort mal entendu.

Voici les paroles de ce Père dans sa Lettre LIV à Macédonius : *Non sane quidquid ab invito sumitur, injuriose aufertur. Nam plerique nec medico volunt reddere honorem suum, nec operario mercedem; nec tamen hæc qui ab invito accipiunt, per injuriam accipiunt, quæ potius per injuriam non darentur.*

L'Apologiste prétend que saint Augustin dit qu'un Médecin qui prendroit en cachette à son malade ce que son malade n'auroit pas voulu lui payer, et qu'un artisan qui feroit la même chose à celui qui l'auroit mis en besogne, ne pêcheroit point. Mais il se trompe. Saint Augustin ne parle point de prendre, mais seulement de recevoir; et son sens est que, quoiqu'il se rencontre des personnes qui payent malgré eux ce qu'ils doivent, et qui voudroient ne pas le payer, ne le faisant que parce qu'ils y sont contraints par justice, ou parce qu'ils ont peur d'y être contraints; ceux néanmoins qui reçoivent ce qui leur est dû ne leur font point tort en le recevant, parce que ce seroient les autres, au contraire, qui commettroient une injustice en ne le donnant pas : *Nec tamen hæc qui ab invito accipiunt* (il ne dit pas *surripiunt*), *per injuriam accipiunt, quæ potius per injuriam non darentur.* Il suppose donc que *dantur,* quoique malgré ceux qui le donnent, parce qu'ils voudroient bien ne pas le donner. Et en effet il est visible que saint Augustin parle d'un cas ordinaire, et qui se rencontre souvent parmi les hommes. Or, où est-ce que les Médecins ont accoutumé de dérober à leurs malades le prix de leurs peines qu'on n'auroit pas voulu leur payer?

Ce qui a pu tromper les Jésuites est le mot de *sumitur,* dans le commencement de ce passage : *Non sane quidquid ab invito sumitur*; s'étant imaginés sans doute que ce mot ne pouvoit pas convenir à celui qui prend ce qu'on lui donne, mais seulement à celui qui le prend de soi-même. Mais sans parler des Auteurs Profanes qui ont pris ce mot au sens que nous soutenons qu'il doit être pris dans ce passage de saint Augustin, comme lorsque Cicéron dit : *Tu qui a Nævio vel sumpsisti multa si fateris, vel si negas surripuisti,* opposant ainsi *sumere* à *surripere;* on ne peut pas soutenir avec la moindre apparence de raison, qu'il ne peut pas avoir ce sens dans le passage dont il s'agit; puisqu'il s'en sert deux autres fois au même lieu, le prenant toujours pour *recevoir ce qu'on donne.* Car on ne peut pas entendre autrement ce qu'il dit des mauvais juges et des faux témoins : *Cum judicia et testimonia, quæ nec justa nec vera vendenda sunt, iniqua et falsa venduntur, multo sceleratius utique pecunia sumitur; quia scelerate etiam quamvis a volentibus datur.* Non plus que ce qu'il dit des Huissiers, à qui la coutume permettoit de prendre des deux parties : *Magis reprehendimus qui talia inusitate repetiverunt, quam qui ea de more sumpserunt.* Pourquoi ne se prendra-t-il pas de même, lorsqu'il dit au même endroit : *Non sane quidquid ab invito sumitur?* Et pourquoi vouloir qu'il signifie là *surripitur*, ce qui y est opposé, selon Cicéron, et tout à fait contraire au sens que saint Augustin donne à ce terme toutes les autres fois qu'il s'en sert dans ce même lieu ?

Enfin, une preuve démonstrative que ce passage de saint Augustin ne peut s'entendre au sens que les Jésuites le prennent, pour autoriser les vols domestiques, sous prétexte de compensation de gages, c'est que ce Père a décidé ce même cas dans une espèce incomparablement plus favorable, en condamnant de larcin les Israélites qui emportèrent les richesses des Égyptiens, si Dieu ne leur en eût donné une permission expresse; encore qu'il reconnoisse au même lieu que ce bien étoit dû aux Israélites pour les récompenser de leurs travaux. C'est dans le XXII° livre *Contre Fauste* (chap. LXXI et LXXII), où, ayant soutenu d'abord que Moïse n'avoit pas péché « en dépouillant les Égyptiens, parce que Dieu le lui avoit commandé, et qu'il eût péché au contraire en n'obéissant pas à Dieu, » il montre ensuite, contre les Manichéens, que Dieu n'avoit rien fait de contraire à sa bonté, en faisant ce commandement à Moïse; parce que les Égyptiens méritoient de perdre ces biens dont ils abusoient pour honorer les Démons, et que d'ailleurs ils en devoient davantage aux Hébreux pour les récompenser de leurs travaux : *Quid absurdum*, dit-il, *si Ægypti ab Hebræis, homines inique dominantes ab hominibus liberis, quorum etiam mercedis pro eorun tam duris et injustis laboribus fuerant debitores, rebus terrenis quibus etiam ritu sacrilegio in injuriam Creatoris utebantur, privari debuerunt?* Mais il ajoute aussitôt après (ce qui condamne entièrement la Doctrine des Jésuites), que si Moïse avoit fait ce commandement de lui-même, ou que les Hébreux d'eux-mêmes, sans en avoir reçu le commandement de Dieu, eussent dépouillé les Égyptiens, ils eussent sans doute été coupables : *Quod tamen si Moyses sua sponte fecisset, aut hoc Hebræi sua sponte fecissent, profecto peccassent.*

IX. *Le même saint Augustin faussement allégué dans la Lettre* LIV, *sur le sujet de la Corruption des Juges.*

Il ne sera pas inutile de joindre ici une autre falsification de la même Lettre à Macédonius, dont l'Apologiste abuse encore pour autoriser les corruptions des Juges. C'est en la page 97 où il entreprend de soutenir les relâchements des Casuistes touchant les Juges, qu'il propose lui-même en ces termes : « Les Casuistes soutiennent que les Juges peuvent recevoir des présents, à moins qu'il n'y eût quelque loi particulière qui le leur défendît, lorsque les parties les leur donnent, ou par amitié, ou par reconnoissance de la justice qu'ils ont rendue, pour les porter à la rendre à l'avenir, ou pour les obliger à prendre un soin particulier de leurs affaires, ou pour les engager à les expédier plus promptement, ou pour les préférer à plusieurs. »

Il ne se contente pas de justifier tous ces abus, il ose encore les attribuer à saint Augustin en ces termes : « C'est l'opinion de saint Augustin dans l'Épître LIV *ad Macedonium,* où, parlant des Juges qui reçoivent des présents, il dit que la coutume les excuse : *Sunt aliæ personæ inferioris loci quæ ab utraque parte non insolenter accipiunt, sicut officialis et a quo amovetur, et cui admovetur officium. Ab iis extorta per immoderatam improbitatem repeti solent, data per tolerabilem consuetudinem non solent; magisque reprehendimus qui talia inusitate repetiverunt, quam qui talia de more sumpserant.* Il y a d'autres sortes de gens qui ne sont pas de si haute qualité, qui ont coutume de prendre des présents. De ce nombre sont les Juges qui ont leur office par commission, ou bien en titre. »

Il y a autant d'ignorance que de mauvaise foi dans cette citation. L'ignorance consiste tant en ce qu'il a cru que parce que le nom d'*official* signifie maintenant un juge ecclésiastique, le mot latin *officialis* signifioit un juge dans saint Augustin, qu'en ce qu'il traduit ces autres mots, *et a quo amovetur, et cui admovetur officium,* les Juges qui ont leur office, ou par commission, ou en titre, ce qui est ridicule. Le mot d'*officialis,* du temps de saint Augustin, ne signifioit point un juge, mais un sergent, un huissier, ou autres semblables personnes qui sont ministres des Juges. Cela se voit par cette loi du Code : *De officio diversorum judicum. Nemo judex aliquem officialem ad eam domum in qua materfamilias degit, cum aliquo præcepto existimet esse imitandum, ut eamdem in publicum protrahat.* Et dans un autre titre du même Code :

De lucris Advocatorum, et concussionibus Officiorum sive Apparitorum; par où il paroît que *officia* ou *officiales* sont la même chose que *apparitores;* d'où vient que Tertullien appelle les anges *officia Dei.* Et c'est dans ce sens qu'on doit prendre le mot d'*officium* dans le passage de saint Augustin, et il doit être lu en cette sorte : *Sicut officialis et a quo admovetur* (et non pas *amovetur*), *et cui admovetur officium;* par où saint Augustin veut dire que, selon la coutume de ce temps-là, ces petits officiers de justice prenoient, et de ceux qui les employoient, *et a quo admovetur,* et de ceux envers qui on les employoit, *et cui admovetur;* ce qui ne leur étoit point défendu, pourvu que ce qu'ils prenoient fût modéré.

Mais la mauvaise foi est encore plus grande que l'ignorance; car saint Augustin, dans cette Lettre LIV, où il parle des personnes qui ne peuvent point recevoir rémission de leurs péchés, qu'en restituant ce qu'ils ont pris, *non remittitur peccatum, nisi restituatur ablatum,* met de ce nombre les Juges qui prennent des présents des parties, soit qu'ils les prennent pour rendre la Justice, soit qu'ils les prennent pour rendre l'Injustice. « Les Juges, dit-il, ne doivent pas vendre un jugement juste, ni les témoins un témoignage véritable, encore que les Avocats reçoivent de l'argent pour plaider une cause juste, et les Jurisconsultes pour donner un bon conseil; car les premiers sont pour examiner l'affaire entre les deux parties, et les derniers ne sont que pour aider l'une des parties. Mais lorsque l'on vend un jugement injuste ou un témoignage faux, qui ne doivent point être vendus, quand même l'un seroit juste et que l'autre seroit véritable, on commet un bien plus grand crime en recevant cet argent, parce que c'est un crime à celui même qui le donne sans contrainte. Néanmoins, celui qui a donné de l'argent pour une sentence juste, a accoutumé de le redemander en justice, parce qu'on n'a point dû lui vendre cette sentence. Mais celui qui en a donné pour en obtenir une injuste, voudroit bien aussi le redemander, s'il n'avoit honte du crime qu'il a commis en l'achetant, ou s'il n'avoit peur d'être puni. » Et ensuite il ajoute : *Sunt aliæ personæ inferioris loci,* etc., » que cet auteur explique des Juges, au lieu que saint Augustin les distingue manifestement des Juges, comme nous l'avons montré. Il est difficile de voir une falsification plus hardie et plus évidente.

X. *Falsification d'un passage de saint Thomas touchant l'Homicide.*

Il n'y a rien de plus horrible, dans la Doctrine de l'Apologiste et de ses défenseurs, que la permission qu'ils donnent à tous les particuliers de tuer leur prochain sans autre autorité, sinon que leur raison naturelle leur fait juger qu'ils ont cause légitime de le tuer. Mais cela n'a pas empêché les Jésuites de défendre cette Doctrine, et de l'appuyer même sur l'Autorité de saint Thomas dans leurs nouveaux Imprimés. « L'Apologiste, disent-ils, se sent obligé d'apporter quelques preuves de sa proposition. Il la prend d'un axiome communément reçu des Théologiens; à savoir, que Jésus-Christ n'a point laissé dans le Christianisme de nouveaux préceptes moraux, et n'a point décidé les cas particuliers auxquels il seroit permis ou défendu de tuer. D'où il s'ensuit que les Théologiens chrétiens doivent se servir de la lumière naturelle, aidée de celle de la Foi, pour les résolutions qu'ils donnent touchant l'Homicide, encore qu'ils ne trouvent pas ces cas décidés dans l'Ancien ou dans le Nouveau Testament. Saint Thomas a suivi cet axiome commun (1-2, quæst. CVIII, art. 12), et tient que Jésus-Christ n'a point laissé aux Chrétiens de nouveaux préceptes moraux. » Sur quoi il cite à la marge ces paroles de saint Thomas : « *Idcirco non cadunt sub præcepto novæ legis; sed relinquuntur humano arbitrio.* »

Ce discours des Jésuites n'est qu'un amas de falsifications, de déguisemens et de raisonnemens absurdes. Car, premièrement, il est faux que les paroles latines qu'ils allèguent de saint Thomas regardent les préceptes moraux, et que ce saint ait jamais dit que ces préceptes moraux aient été laissés à la détermination du Libre Arbitre de l'homme; mais, au contraire, ayant distingué les œuvres extérieures en deux sortes, dont les unes sont nécessaires pour acquérir ou pour conserver la Grâce, comme celles qui sont commandées par les préceptes moraux, et par l'institution des sacremens; et les autres n'ont point de liaison nécessaire avec l'acquisition ou la conservation de la Grâce, comme les cérémonies extérieures, ou ce qui ne regarde que la police, il dit que les premières ont dû être déterminées dans la Loi Nouvelle, parce qu'elles sont de nécessité de salut; mais que les dernières, qui sont les cérémonies et les règlemens de police, ont été laissées à la liberté des hommes pour être réglées par les Supérieurs ou par la volonté de chaque particulier, quand les Supérieurs ne les avoient point réglées : « *Determinatio exteriorum operum in ordine ad cultum Dei, pertinet ad præcepta cæremonialia legis; in ordine vero ad proximum, ad judicialia; ut supra dictum est. Et ideo quia istæ determinationes non sunt secundum se de necessitate interioris gratiæ in qua lex consistit, idcirco non cadunt sub præcepto novæ legis, sed relinquuntur humano arbitrio; quædam quidem quantum ad subditos, quæ scilicet pertinent sigillatim ad unumquemque; quædam vero ad prælatos temporales vel spirituales.* » C'est donc une falsification insigne aux Jésuites d'appliquer aux préceptes moraux ce que saint Thomas ne dit que des préceptes cérémoniaux et judiciaires, en tant qu'ils sont distingués des moraux. Ce qui paroît encore plus clairement par ces paroles qu'il ajoute immédiatement après : « Ainsi donc la Loi Nouvelle n'a dû déterminer aucunes autres œuvres extérieures, en les commandant ou les défendant, sinon les Sacremens et les Préceptes moraux qui appartiennent par eux-mêmes à la Vertu, comme de ne point tuer, de ne point dérober, et autres semblables : « *Sic igitur lex nova nulla alia exteriora opera determinare debuit præcipiendo, vel prohibendo, nisi sacramenta et moralia præcepta, quæ de se pertinent ad rationem virtutis, puta non esse occidendum, non esse furandum, aut alia ejusmodi.* »

Ainsi on voit qu'au même lieu où saint Thomas dit que le précepte de ne point tuer n'est point du nombre de ceux qui ont été laissés au Libre Arbitre des hommes, mais qu'il a dû être déterminé dans la Loi Nouvelle, les Jésuites lui font dire : « Qu'il n'est point déterminé par la Loi Nouvelle, mais qu'il a été laissé au Libre Arbitre des hommes : « *Non cadunt sub præcepto novæ legis, sed relicta sunt libero arbitrio.* »

La seconde falsification est qu'ils veulent faire croire que saint Thomas, en disant que Jésus-Christ n'a point ajouté de nouveaux préceptes moraux à ceux de l'Ancienne Loi, a voulu dire par là qu'il n'a point expliqué, déterminé et montré l'étendue de ces préceptes, et qu'ainsi il n'a point donné de lumière pour décider les cas qui regardent ces préceptes nouveaux, mais a remis le tout à la raison. Ce qui est entièrement contraire à la Doctrine de saint Thomas dans toute cette question : car, outre que nous venons de voir que saint Thomas dit expressément que les préceptes moraux ont été déterminés dans la Loi Nouvelle, il fait encore un article exprès pour montrer que la Loi Nouvelle a accompli et perfectionné l'Ancienne, où il dit, entre autres choses : « que Jésus-Christ, par sa Doctrine, a accompli les préceptes de la Loi : premièrement, en marquant le vrai sens auquel ils doivent être entendus, comme il paroît en celui de l'Homicide et de l'Adultère : « *Sua autem doctrina adimplevit præcepta legis tripliciter : primo quidem verum intellectum legis exprimendo, sicut patet in homicidio et adulterio.* » Secondement, en ordonnant ce qui servoit à observer avec plus de sévérité ce que la Loi avait commandé, comme de ne point jurer sans nécessité, afin de ne point tomber dans le parjure, et en ajoutant des conseils de perfection. »

Mais quand il seroit vrai (ce que nous venons de faire voir être très faux, selon saint Thomas) que Jésus-Christ n'eût donné aucune lumière nouvelle touchant les préceptes moraux de l'Ancien Testament, la conséquence que cet auteur tire de ce principe ne laisseroit pas d'être extravagante, puisqu'il ne s'ensuivroit pas de là que ce soit à la lumière de la raison à juger quand il faut tuer ou quand il ne faut pas tuer, ni qu'on doive regarder les cas touchant l'Homicide comme des cas qui ne sont décidés ni par l'Ancien ni par le Nouveau Testament.

Jésus-Christ a-t-il aboli, par la Loi Nouvelle, le précepte du Décalogue qui défend de tuer, et ce précepte est-il devenu soumis à notre raison ; et ne nous a-t-il pas été donné, au contraire, pour arrêter les égaremens de la raison, par l'autorité de la loi de Dieu? C'est ignorer tout à fait la nécessité que l'homme a eue de la Loi de Dieu, et la fin que Dieu s'est proposée en la donnant, de prétendre, comme font les Jésuites, que lorsque Dieu nous fait une défense générale, comme est celle de ne point tuer, ce soit nonobstant cela à la raison naturelle de juger quand cette Loi oblige, et quand elle n'oblige pas.

Car, quoique les préceptes moraux de la Loi de Dieu soient conformes à la raison naturelle, et que Dieu les ait gravés dans le cœur de l'homme en le créant à son image, on ne peut néanmoins nier, sans être non seulement Pélagien, mais aveugle, que notre raison n'ait tellement été obscurcie par le péché, qu'elle n'est plus capable de se conduire elle-même dans le discernement du bien et du mal. Les étranges erreurs dans lesquelles les plus sages du Paganisme sont tombés, les vices qu'ils ont excusés, l'incertitude dans laquelle ils ont été dans toute la conduite de leur vie, sont une preuve et une conviction sensible de cette dépravation de l'esprit humain. Ç'a été pour en convaincre les hommes que Dieu a attendu plus de deux mille ans à leur donner sa Loi, et ç'a été pour y apporter quelque remède qu'il la leur a enfin donnée. Saint Thomas nous enseigne l'un et l'autre (1-2, *quæst.* XCVIII, art. 6), où il dit : « qu'il a été à propos que la Loi ne fût donnée qu'au temps où elle l'a été, parce que l'homme se glorifioit de sa science, comme si la raison naturelle eût pu lui suffire pour le salut : et qu'ainsi, pour convaincre son orgueil, Dieu l'a laissé longtemps à la conduite de sa propre raison sans le secours de la Loi écrite, afin qu'il reconnût, par sa propre expérience, combien sa raison étoit défectueuse : « *Ut de hoc ejus superbia convinceretur, permissus est homo cgimini suæ rationis absque adminiculo legis scriptæ; et experimento homo discere potuit quod patiebatur rationis defectum.* »

Et dans la question suivante (art. 2), s'étant objecté : « qu'il semble que la Loi divine ne devoit point secourir l'homme en ce qui est des préceptes moraux, parce que sa raison lui suffisoit pour cela, » il répond : « que Dieu ne devoit pas seulement aider l'homme par sa Loi dans les choses qui sont tout à fait au-dessus de la raison, mais en celles-là mêmes dans lesquelles la raison se trouvoit embarrassée. Or la raison humaine ne pouvoit pas se tromper à l'égard des préceptes moraux, dans les principes très communs et très généraux de la Loi de la nature : mais elle étoit obscurcie dans les cas particuliers par l'habitude du vice. Et de plus, la raison de plusieurs étoit dans l'erreur à l'égard des autres préceptes, qui sont comme des conclusions tirées des principes communs de la Loi de la nature ; de sorte qu'elle jugeoit permis ce qui est mauvais de soi-même : c'est pourquoi il a été nécessaire que l'autorité de la Loi divine remédiât à l'un et à l'autre de ces défauts. »

Nous apprenons de ce passage que la Loi de Dieu n'a pas été donnée pour nous apprendre seulement les principes très communs de la Loi naturelle, comme seroit, en général, de ne pas tuer indifféremment et sans raison toutes sortes de personnes ; car il n'étoit pas besoin de loi pour cela, puisque personne n'a jamais erré dans ce point. Les Cannibales, les Brasiliens, les Canadois, les Indiens, les Japonois, les Tartares, et tous les peuples les plus inhumains, n'ont jamais cru qu'il fût permis de tuer sans raison. Ainsi les Juifs à qui Dieu avoit donné sa Loi n'auroient eu aucun avantage sur les Païens, s'ils n'avoient appris autre chose par le Décalogue, sinon qu'il ne faut pas tuer sans cause, et qu'il eût été laissé à leur raison aussi bien qu'à celle des Païens, à décider quelles sont les causes légitimes pour lesquelles il est permis à chaque particulier de tuer ou de ne pas tuer.

Pour reconnoître donc la Grâce singulière que Dieu nous a faite de nous manifester sa Loi, et pour pouvoir dire avec un sentiment de gratitude : *Non fecit taliter omni nationi, et judicia sua non manifestavit eis,* nous devons suivre un principe tout opposé à celui de l'Apologiste : savoir, que lorsque Dieu a défendu généralement une chose par sa Loi, comme l'Homicide, l'Adultère, le faux témoignage, il ne nous est plus permis de prendre notre raison pour juge de sa défense, ni d'apporter des exceptions par nous-mêmes qui en resserrent l'étendue. Mais si cette Loi souffre des exceptions, ce n'est point de la raison qu'il faut les tirer, mais de la parole de Dieu même, ou écrite, ou venue à nous par la Tradition ; puisque autrement nous retomberions dans la confusion du Paganisme, et ce ne seroit plus la parole divine, mais notre raison, qui régleroit nos mœurs dans les choses mêmes les plus importantes comme l'observation du Décalogue.

Car s'il est permis de dire que « c'est par la lumière de la Raison que nous devons discerner quand ce que Dieu a défendu généralement est permis ou défendu ; qu'il faut un texte exprès pour cela ; que les défenses générales ne prouvent autre chose, sinon qu'on ne peut pas le faire sans cause légitime et que c'est la raison qui en est le juge ; » quel précepte y aura-t-il qu'on ne puisse violer ? Suzanne n'auroit-elle pas pu croire qu'elle pouvoit s'abandonner aux deux vieillards qui la menaçoient d'une mort ignominieuse, en se persuadant, selon la pensée des Jésuites, que la défense de commettre Adultère ne doit s'entendre que de ne point le faire sans cause légitime, et que c'en étoit une légitime que de s'y voir contrainte, à moins que d'être exposée à une mort infâme ? Celles qui se trouveroient dans une semblable nécessité ne pourroient-elles pas demander un texte exprès aux Jésuites, qui ne leur défendît pas seulement, en général, de commettre Adultère, mais qui le leur défendît en ces occasions particulières, où il s'agiroit de sauver leur vie et leur honneur ?

Ne pourroit-on pas dire que les Chrétiens pouvoient, sans crime, présenter de l'encens aux Idoles, surtout en dirigeant leur intention à Dieu, parce que le commandement de ne point rendre d'honneur aux Idoles doit s'entendre de ne point le faire sans cause légitime, de quoi c'est à la raison à juger, comme le prétend l'Apologiste? Et il est certain qu'elle jugera facilement que la nécessité de sauver sa vie en est une cause assez légitime, puisque les plus sages d'entre les Païens ont cru par leur raison, pour des causes beaucoup moins grandes que celle-là, avoir droit d'adorer extérieurement les Dieux adorés par le peuple, dont ils connoissoient la fausseté; et que des Jésuites mêmes ont porté les Chinois à faire la même chose, dont on a fait tant de plaintes au Pape.

Et pour revenir au commandement de ne point tuer, ne pourra-t-on pas dire que les Athéniens et plusieurs autres peuples, qui tuoient leurs enfans nouvellement nés, lorsqu'ils étoient trop chargés d'enfans, ou qu'ils étoient nés hors du mariage, n'étoient point pour cela coupables; parce que la raison leur avoit fait juger qu'ils avoient alors une cause légitime de se dispenser du commandement général de ne point tuer? Ne pourra-t-on pas dire avec encore plus de couleur, que tous les Païens qui se sont tués eux-mêmes, et ceux principalement qui ne le faisoient qu'après en avoir demandé permission aux Magistrats, comme il se pratiquoit en quelques villes, n'ont point violé ce commandement, parce que leur raison leur faisoit juger qu'ils avoient une cause légitime de s'ôter la vie, et que même cette cause avoit été approuvée par la République?

Nous avons horreur de découvrir les suites étranges qui peuvent naître de ce principe; car les plus détestables parricides ne se sont commis que par des personnes à qui la raison avoit fait juger qu'ils avoient une cause légitime de tuer; et il est aisé de voir que ceux qui sont dans les plus grandes fortunes sont les plus exposés à ces exceptions diaboliques du commandement de Dieu, dont la seule raison est le juge; puisque tout homme qui sera persuadé que Dieu ne défend autre chose, sinon de ne point tuer sans cause légitime, et que c'est par la lumière naturelle qu'il doit discerner quand il est permis, ou quand il est défendu de tuer son prochain, trouvera cent occasions où il croira, par sa raison, avoir une cause légitime de tuer ceux à qui il imputera, ou la ruine de sa fortune, ou le dommage de la Religion, ou quelque autre chose semblable. C'est à ceux qui ont le plus d'intérêt, et pour eux-mêmes, et pour le public, à étouffer ces monstrueuses opinions, avant qu'elles aient pris racine dans l'esprit des hommes.

Pour nous, nous en déchargeons nos consciences; et les plaintes que nous en faisons, serviront de témoignage à toute la postérité que nous n'avons rien oublié de tout ce qui étoit en notre pouvoir pour arrêter ces désordres.

Ce 7 mai 1658.

Seconde partie.

Après avoir défendu l'Honneur des saints Pères contre les Impostures des Jésuites, en faisant voir la mauvaise foi avec laquelle ils ont falsifié les passages qu'ils en rapportent, l'intérêt de l'Église nous oblige de leur répondre d'une autre manière touchant les Casuistes qu'ils nous opposent. Car quoique nous puissions montrer qu'ils altèrent souvent leurs sentimens pour se les rendre favorables, nous croyons néanmoins qu'il est beaucoup plus utile de faire connoître à tout le monde le peu de croyance qu'on doit avoir aux Casuistes, et combien il est ridicule de vouloir les rendre juges en une cause où ils ne sont que nos parties.

Nous n'avons jamais considéré les Jésuites que comme les principaux défenseurs des maximes pernicieuses dont nous nous sommes plaints, et dont nous nous plaignons encore, et non pas comme les seuls qui les aient enseignées. C'est pourquoi, sans les marquer en particulier plutôt que les autres, nous avions demandé à l'Assemblée du Clergé de France la condamnation de ces opinions, par quelques Auteurs modernes qu'elles eussent été soutenues. Ainsi c'est la défense du monde la plus foible, que de produire contre nous ces mêmes Auteurs dont nous poursuivons la Censure, que le Clergé a déjà condamnés par un préjugé si visible, et qu'il a appelés *la peste des consciences*.

Tant s'en faut que leur nombre nuise à notre cause, quand il seroit aussi grand que les Jésuites nous le représentent, que c'est ce nombre même qui justifie davantage la justice et la nécessité de nos poursuites. Si cette méchante Doctrine étoit renfermée dans les Livres de deux ou trois casuistes inconnus, peut-être qu'il seroit utile de la laisser étouffer par l'oubli et par le silence. Mais étant répandue dans un grand nombre de Livres, dont les Jésuites se déclarent ouvertement les protecteurs, il est impossible d'en empêcher les mauvais effets, qu'en la condamnant publiquement, et privant en même temps d'autorité et de croyance ceux qui ont eu la témérité de l'avancer. L'un sans l'autre ne remédieroit pas assez à un si grand mal, puisque autrement ce

APPENDICE.

que l'on détruiroit par la censure de ces erreurs seroit rétabli par l'autorité que les Jésuites donnent à leurs Casuistes, dont ils font passer tous les sentimens pour probables et pour sûrs en conscience.

Il est donc très-important de s'élever contre cette prétendue autorité que les Casuistes s'attribuent, et de montrer combien l'Église y a toujours eu peu d'égard, lorsqu'il a été question de soutenir sa Discipline et sa Morale contre les relâchemens qui s'y introduisent.

C'est ignorer entièrement les règles qu'elle suit en sa conduite, que de s'imaginer, comme font les Jésuites, qu'elle ne puisse condamner ce qui est contraire à la Tradition et à la pureté de l'Évangile, quand il est autorisé par les Théologiens modernes, puisqu'au contraire les Conciles n'ont jamais fait de réformation que pour corriger des abus soutenus par plusieurs particuliers corrompus.

C'est ainsi que dans le IXe siècle, les Évêques de France voulant rétablir la véritable Pénitence, ils n'en furent point empêchés par les Auteurs de ces Livres pénitentiaux qui corrompoient alors quelques points de la Discipline, comme les Casuistes font aujourd'hui presque toute la Morale : mais rappelant toutes choses à leur première origine, ils ordonnèrent que tous ces Livres seroient brûlés, comme trompant les âmes par une fausse douceur.

Jamais l'Église n'a agi autrement, et dans les siècles passés, et dans celui où nous sommes. Car, sans en chercher d'exemple ailleurs, l'Assemblée générale du Clergé de France de l'an 1642 n'en a pas moins condamné les Livres du P. Bauny, parce que ce jésuite alléguoit plusieurs Auteurs nouveaux qui favorisoient ses sentimens. Et cela n'a pas aussi empêché les Facultés de Paris et de Louvain de censurer le même P. Bauny, le P. Lamy, et plusieurs autres casuistes, comme Milhard, Bénédicti, Bertin-Bertaut, quoiqu'elles n'ignorassent pas que ces Auteurs en avoient suivi beaucoup d'autres.

Mais la Sorbonne a particulièrement montré le peu d'état qu'elle faisoit d'un grand nombre de ces Auteurs Nouveaux, en condamnant la pernicieuse doctrine de Santarel touchant la déposition des Rois, comme *erronée et contraire à la parole de Dieu*, encore qu'elle fût soutenue par une foule prodigieuse de Casuistes et de Jésuites.

De sorte qu'il est constant, par la Doctrine et par la Pratique de l'Église, qu'elle a toujours consideré l'antiquité pour la vraie règle de sa Morale aussi bien que de sa Foi ; et que, n'ayant fait état des Auteurs Nouveaux qu'autant qu'ils étoient conformes à cette règle, elle n'a point fait difficulté de les rejeter quand ils s'en sont écartés.

Voilà ce que nous dirions contre des particuliers qui se seroient éloignés de la Doctrine de l'Antiquité, qui est celle de l'Église, par un simple défaut de lumière, et plutôt par imprudence que par dessein. Mais nous sommes bien en plus forts termes contre la plupart de ces Nouveaux Casuistes; car ils n'ont pas seulement quitté la règle, mais ils font même profession de la mépriser. Caramuel, tant loué par les Jésuites, déclare dans sa préface qu'il ne perd pas beaucoup de temps à lire les Anciens Pères. « *Non multum temporis perdo in veterum scriptis legendis.* » Le jésuite Réginaldus, voulant empêcher que les lecteurs ne s'attendissent de trouver dans son Livre les sentimens de l'Église ancienne touchant la Morale, a soin de les prévenir par cette remarque : « Que dans les matières de Foi, plus les Auteurs sont anciens, plus leur autorité est considérable, comme étant plus proches de la Tradition apostolique; mais que, pour ce qui est des mœurs, il faut avoir plus d'égard aux Nouveaux qu'aux Anciens. » Enfin, il n'a pas tenu au P. Cellot (liv. VIII, chap. XVI), que nous ne reçussions pour règle cette maxime de sa Compagnie : « *Doctrina morum a recentioribus petenda.* »

Que si l'autorité des Casuistes est beaucoup diminuée par cette présomption de leur esprit, elle ne l'est pas moins par la disposition de leur cœur, qu'ils font paroître dans leurs Livres. Car quelle espérance peut-on avoir que des Théologiens opposeront la rigueur de l'Évangile et la sévérité des Lois de l'Église à l'inclination corrompue de la nature, qui tend toujours au relâchement, lorsqu'ils prennent pour maxime d'embrasser toujours les opinions les plus douces, et qui favorisent davantage ce relâchement? Diana, qui a fait tant de volumes de cette nouvelle science, en avertit les lecteurs dans le titre même de son Livre, et Escobar en fait une règle expresse pour le choix des opinions : « *Mitiorem,* dit-il, *elige opinionem.* »

C'est par cet esprit, que ces Casuistes ne prennent pas seulement ce que l'Église permet, en s'accommodant à la foiblesse de ses enfans, pour ses lois primitives et originelles; mais que, poussant ces condescendances beaucoup au delà de l'intention de l'Église, ils s'en servent pour autoriser des abus qu'elle ne peut avoir qu'en horreur. Ainsi, parce que l'Église a beaucoup relâché de la sévérité des Anciens Canons, touchant la Pénitence de plusieurs crimes, dont elle n'absolvoit qu'après plusieurs années, ils ont passé si avant, qu'ils veulent que, dans quelque habitude qu'on soit des crimes les plus énormes, un confesseur ne fasse point de difficulté d'en donner l'absolution sur-le-champ. Combien ont-ils étendu de même les justes indulgences de l'Église pour le Jeûne, pour le rétablissement des prêtres qui se seroient rendus indignes de leur ministère par de grands péchés, pour les collations et les résignations des Bénéfices?

Ils n'en demeurent pas même à leurs propres relâchemens. Une méchante opinion, qui a été la conclusion d'un méchant principe, sert elle-même après de principe pour en établir d'autres. « Il est probable dit Caramuel, par l'Autorité de plusieurs Casuistes, qu'on peut, sans péché mortel, imposer un faux crime à celui qui nous calomnie. » Donc, conclut-il, il est encore plus probable qu'on peut le tuer. Et, par un cercle merveilleux, ils emploient cette même conclusion pour établir le principe dont elle est tirée. C'est ainsi que l'Apologiste raisonne sur ce point. « Beaucoup d'excellens Théologiens, dit-il (p. 128), enseignent qu'on peut tuer les Calomniateurs; donc Dicastillus doit être estimé bien plus doux et bien plus humain, puisqu'il permet seulement qu'on les Calomnie. »

Voilà quel est l'esprit de ces Casuistes, et le dessein qu'ils ont eu d'élargir la voie du ciel par une indulgence toute charnelle : mais, ce qui est de plus étrange, c'est qu'ils veulent faire croire qu'ils rendent, en cela, un service très-important à l'Église, et qu'ils contribuent au salut des hommes. C'est pourquoi ils n'appellent point ces opinions relâchées, des maximes foibles et molles, mais des maximes fortes et vigoureuses, comme on peut le voir par ces paroles extravagantes de Caramuel, dans sa Lettre à Diana, par lesquelles il prouve que plus une opinion est douce, plus elle est mâle et généreuse. « Les opinions des Docteurs, dit-il, sont de divers genres : les unes sont du masculin, les autres du féminin. Il y avoit autrefois plusieurs opinions morales, qui étoient inconstantes et difficiles, et qui tenoient de l'imperfection des Femmes. Celles qui sont venues depuis, étant douces et aisées, sont armées, fermes, constantes, et l'on doit les appeler mâles. Et ceux qui les suivent sont non seulement soldats, mais vierges. Et pourquoi? Je m'en vais vous l'expliquer par un exemple. Tous ceux qui croient que, pour bien réciter l'office divin, il est nécessaire d'avoir l'attention intérieure, concluent qu'il est difficile qu'un homme puisse satisfaire à ce précepte sans quelque distraction vénielle. Et c'est avec cette rigueur qu'ils philosophent sur les autres préceptes. Mais pour nous qui avons des opinions plus généreuses, et qui les fortifions par des raisonnements armés, nous sommes non seulement soldats, mais aussi vierges. Car nous pouvons satisfaire à la récitation de l'office et autres préceptes de l'Église, sans commettre le moindre péché véniel, puisque nous ne nous croyons obligés qu'à la récitation vocale et extérieure, ce qui est très facile. Or la conscience, qui ne commet point de péché véniel, est vierge, et c'est un soldat invisible, d'autant qu'elle ne craint point d'être vaincue. C'est là notre sentiment. Et parce que Diana, ce doux agneau, nous conduit dans la route de ces opinions généreuses et clémentes, nous pouvons dire de nous que nous suivons l'agneau, savoir Diana, partout où il va. »

Il faudroit aimer bien peu son salut, et avoir bien peu de croyance en la parole de Dieu, qui nous assure que le chemin qui mène à la vie est étroit, pour mettre sa confiance dans les avis de ces Docteurs, qui sont relâchés, non seulement par erreur, mais profession même, qui mettent leur gloire dans cette corruption et leur force dans cette mollesse.

Mais les principes dont ils se sont servis pour exécuter cette entreprise montrent encore davantage combien l'on doit peu considérer leur autorité prétendue ; car si la solidité des conclusions dépend de la solidité des principes, quel état peut-on faire de celle de ces Casuistes, puisqu'ils les établissent presque toutes sur la Doctrine de la Probabilité, qui consiste à tenir pour sûr en conscience le vrai et le faux indifféremment, pourvu qu'il soit appuyé sur l'autorité de quelques Casuistes, ou sur une raison raisonnable, *ratione rationabili*.

On peut juger à quels excès les a pu conduire cette déférence qu'ils ont pour l'Autorité de cette sorte de gens, qui fait la première partie de la Probabilité. La seconde qu'ils mettent dans la raison, en prétendant que tout ce qui est fondé sur une « raison raisonnable » est sûr en conscience, est encore aussi dangereuse et aussi fausse. Car il faut remarquer que, par cette « raison raisonnable », ils n'entendent point une raison qui soit vraie, puisqu'ils reconnoissent que, de deux opinions Probables qui sont contraires, il y en a nécessairement une qui est fausse. Ils n'entendent pas non plus une raison qui paroisse raisonnable à tout le monde, puisqu'ils mettent, entre ces raisons qui excusent de péché, celles par lesquelles les Juifs rejettent la foi de Jésus-Christ : car c'est sur ce principe qu'ils soutiennent, comme font Sanchez (Liv. II, dec., chap. II, n. 6), Sancius (*Select.*, disp. XIX, n. 9), Diana (Part. II, tract. XIII, resol. IX), cités par Escobar (*Theol. mor.*, p. 39), que les Juifs ne sont point obligés de se convertir à la foi de Jésus-Christ, pendant que leur Religion leur paroît encore Probable. Ils n'entendent pas aussi que cette raison ne soit pas contraire à l'Écriture sainte ou à la Tradition, vu que les raisons des Juifs qui suffisent, selon eux, pour les dispenser de se convertir, y sont certainement contraires. Et ainsi tout se réduit à une raison qui paroît Probable à celui qui s'en est laissé persuader, et qu'il ne juge pas contraire à l'Écriture ou à la Tradition, quoique en effet elle y soit peut-être contraire.

Or, si l'on s'imagine qu'une raison de cette sorte suffit pour nous mettre en sûreté de conscience, quel désordre ne deviendra point permis ? Et ne peut-on pas reprocher à ces Casuistes ce que saint Augustin reproche aux Académiciens, comme une suite de leur opinion (Lib. III, *Contra Academ.*, cap. XVI) : « que s'il est permis de faire tout ce que l'on croit probablement être permis, il n'y aura point de crime que l'on ne puisse commettre quand on le croira permis, parce que ceux qui se conduisent par la Probabilité ne se règlent pas sur ce qui paroît Probable aux autres, mais sur ce qui leur paroît Probable à eux-mêmes. »

Aussi ces Casuistes se sont portés jusques aux dernières extrémités ; et les passages mêmes où les Jésuites nous renvoient, comme contenant leurs opinions, peuvent en servir de preuves. Nous souhaiterions qu'ils les eussent tous cités au long ; ils en seroient bien plus tôt condamnés. Car est-ce un moyen, par exemple, de diminuer l'horreur qu'on a eue de ce qu'ils enseignent, touchant les pécheurs d'habitude, que d'alléguer, comme ils font dans leurs Nouveaux Écrits, que Sancius a enseigné la même chose qu'eux, *Select.*, disp. X, n. 19, où il dit : « que dans quelque habitude de crime qu'un homme puisse être, il a droit d'obliger son confesseur à ne pas lui différer pour cela l'absolution et qu'ainsi s'il juge probablement que le confesseur ne la lui donneroit pas, sachant l'habitude qu'il a de tomber dans le crime, il peut lui dire : « Je ne suis point dans cette habitude », en usant de cette restriction mentale, qu'il n'a pas cette habitude de péché pour la lui dire ? « *Ut fiat sensus : consuetudine*

careo peccandi, non absolute, sed ad confitendum tibi de præsenti.
« Ce qu'il peut faire aussi, ajoute-t-il, encore qu'il crût que, nonobstant cette habitude, on lui donneroit l'absolution, parce qu'il n'est pas obligé de souffrir deux fois la confusion de son péché. »

Est-ce de même un moyen d'empêcher qu'on ne condamne leur méchante Doctrine touchant les Occasions Prochaines, de nous dire, comme ils font encore dans leurs Écrits, qu'elle est autorisée par Jean Sancius (*Select.*, disp. x), dont voici les termes : « On ne doit point refuser l'absolution à celui qui retient sa Concubine dans sa maison, si, lui ayant prêté cent écus, il n'avoit aucune espérance de pouvoir les recouvrer en la chassant de chez lui. Il en est de même d'une femme qui ne pourroit recouvrer une semblable dette, si elle abandonnoit la maison de son Concubinaire... Un Concubinaire n'est point aussi obligé de chasser sa Concubine, si elle lui est fort utile pour gagner de l'argent par le moyen du négoce. Je dis plus : si la Concubine étoit fort utile pour réjouir, ou, comme l'on dit, pour régaler le Concubinaire, *si concubina nimis utilis esset ad oblectamentum concubinarii, vulgo regalo,* de sorte qu'étant hors de chez lui, il en passeroit la vie trop tristement, et ce qu'une autre lui apprêteroit, dégoûteroit trop ce Concubinaire, et qu'il fût trop difficile de trouver une autre servante qui lui rende les mêmes services, il n'est pas obligé de la chasser de chez lui, parce que cette réjouissance, par elle-même, est de plus grande considération que tout autre bien temporel qui suffit à chacun pour admettre de nouveau une femme à son service, quelque danger qu'il craigne de tomber dans le péché, *quantumcumque metuat labendi periculum,* s'il ne peut en trouver une autre qui lui soit aussi utile. »

Voilà les Auteurs dont les Jésuites prétendent que l'autorité doit empêcher la Censure des plus méchantes maximes. C'est ce Sancius qu'ils ont appelé depuis peu, en un de leurs Libelles, « un des plus savans maîtres de la Théologie Morale, » et qui est en effet estimé tel parmi tous les Nouveaux Casuistes, jusque-là que Diana dit de lui que c'est un homme très docte, *vir doctissimus,* d'un esprit très subtil, *vir acutissimi ingenii,* et que ses ouvrages sont très dignes de l'immortalité : *Prædictæ Sancii disputationes sunt immortalitate dignissimæ;* et enfin qu'il faut souhaiter que ce docteur mette au jour plusieurs autres productions de son esprit : *Utinam alios ingenii sui fœtus in lucem emilleret*. Et ce qui est le plus admirable, c'est qu'il lui donne tous ces éloges après avoir rapporté l'un de ces passages.

Qui n'admirera, dans ces louanges que les Jésuites et Diana donnent à ce Misérable Casuiste, la dépravation de jugement que l'accoutumance aux principes et à la lecture de ces Auteurs produit dans l'esprit? Mais qui n'admettra encore davantage que les Jésuites soient si impudents, que, pour empêcher la Censure de la Faculté, ils allèguent les Auteurs mêmes que la Faculté a censurés comme des corrupteurs de la Morale, tels que sont Milhart et Bénédicti? Les autres qu'ils entassent ne sont pas, pour la plupart, de plus grande autorité. Et quand ils seroient en beaucoup plus grand nombre qu'ils ne sont, ils ne devroient point empêcher qu'on ne condamnât des maximes qui choquent si visiblement les principes de la Piété chrétienne. Mais ce qui montre encore le peu d'égards qu'on doit avoir à ce nombre, c'est que ceux qui ont un peu lu ces Auteurs savent qu'ils ne font que se copier les uns les autres sans examen et sans jugement. Et ils le reconnoissent eux-mêmes, comme fait Escobar après Navarre, Décius, Alexander et Castro Palao. « Je vois souvent, dit-il, *passim video,* que plusieurs embrassent une opinion, parce qu'ils suivent un Auteur comme des moutons, des oiseaux et autres bêtes de compagnie, qui ne vont par un chemin que parce qu'une autre y a été la première. » Et Sanchez, avant lui, confesse la même chose (*Sum.,* lib. I, cap. IX, n. 9), où il dit « qu'une opinion ne doit pas être appelée commune, pour être embrassée par un grand nombre d'Auteurs qui, comme des oiseaux, ont suivi, sans discernement, ceux qui les ont précédés. »

Ce que ces Casuistes avouent est tellement véritable, qu'ils copient jusques aux faussetés de ceux qui ont écrit avant eux : de sorte que, quand quelque casuiste plus ancien a corrompu quelque passage des Pères, on ne manque guère de trouver la même falsification dans ceux qui les ont suivis. Nous en avons déjà rapporté un exemple dans la première partie de cet Écrit, qui est la falsification de saint Thomas sur le sujet des Occasions prochaines. En voici encore un autre, qui fait voir tout ensemble leur peu de lumière et leur peu de soin dans l'examen de ce qu'ils écrivent. Saint Thomas dit, dans son *Quodl.* (III, art. 10) : « que, pour ce qui regarde la Foi et les bonnes mœurs, nul n'est excusé, s'il suit l'opinion erronée de quelque docteur, parce qu'en ces choses l'ignorance n'excuse point. *In iis quæ pertinent ad fidem et bonos mores, nullus excusatur si sequatur erroneam opinionem alicujus magistri. In talibus enim ignorantia non excusat.* Cependant Thomas Sanchez, jésuite (*In Sum.*, lib. I, cap. IX, n. 7), citant ce passage de saint Thomas, lui fait dire tout le contraire. « Saint Thomas, dit-il, favorise mon opinion (*Quodl.*, III, art. 10), où il dit que chacun peut embrasser l'opinion qu'il a reçue de son maître dans ce qui regarde les mœurs. » Filiucius et Layman, jésuites, qui ont écrit après Sanchez, en rapportant le même lieu de saint Thomas, n'ont pas manqué de le falsifier de la même sorte : le premier (T. II, tract. XXI, n. 134); et l'autre (Liv. I, tract. I, chap. V, § II, n. 6). Et encore depuis, le P. Caussin, dans la *Réponse à la Théologie morale* (p. 2) oppose ce même endroit de saint Thomas, comme y ayant enseigné la Doctrine de ses confrères. Et enfin depuis peu, le P. Annat, dans sa *Bonne Foi,* se sert du même passage de saint Thomas pour autoriser l'opinion de Sanchez. De sorte qu'il n'y a rien de moins considérable que le nombre de ces sortes d'écrivains, qui n'ont lu les Livres que par les yeux des autres ; et il ne faut les regarder que comme un aveugle qui en conduit plusieurs autres.

Mais enfin quand on n'auroit point d'égard à cette considération, qu'est-ce qu'une douzaine de casuistes en comparaison, non seulement de toute l'Antiquité qui condamne ces opinions, mais aussi de toutes les personnes de piété répandues maintenant dans l'Église, qui ont témoigné publiquement l'aversion qu'ils en avoient? Les Jésuites sont forcés de le reconnoître, et leur Apologiste s'en plaint lui-même bien tendrement (p. 175) jusqu'à dire : « Que les bannissemens ont été moins fâcheux aux Jésuites, et plus aisés à supporter que cet abandonnement, et qu'en cette rencontre, quelque contenance qu'ils tiennent, on les traite mal. »

Aveugles, qui ne reconnoissent pas qu'ils n'ont été abandonnés, comme ils sont encore tous les jours, de ceux même qui font profession d'être leurs amis, que parce que les principes les plus communs et les premières notions du Christianisme font détester ces opinions sitôt qu'elles sont connues, et qu'il n'y a qu'un petit nombre de personnes dont le jugement s'est corrompu par la lecture de ces méchans Livres, qui soient capables de les souffrir.

Voilà ce qu'ils se sont attiré par l'extravagance de leur Doctrine, jointe à l'orgueil insupportable avec lequel ils la proposoient;

car ils traitoient d'ignorans tous les autres hommes, et eux seuls de doctes. « Nous autres doctes, dit Caramuel, nous jugeons tous que l'opinion du P. Lami, qui permet aux Religieux de tuer ceux qui médiroient de leur ordre, est la seule soutenable. *Doctrinam Amici solam esse veram, et oppositam improbabilem censemus omnes docti.* Le même Caramuel, parlant de Diana, dit « que ceux qui murmurent contre ses décisions ne sont pas des Doctes : *Si qui obmurmurant docti non sunt.* Et le P. Zergol, jésuite, dit, écrivant à Caramuel (*Theol. fundam.*, p. 543) : « Qu'on doit être couvert de honte d'avoir osé condamner une opinion défendue par le grand Caramuel. »

C'est donc par un juste jugement de Dieu, qui sait proportionner les châtimens à la qualité des vices, que ces hommes superbes sont devenus aujourd'hui les plus méprisés des hommes ; que ceux qui vouloient passer pour les maîtres de la Morale Chrétienne, en sont publiquement reconnus les corrupteurs ; et que ceux qui s'étoient élevés en juges de la Doctrine de l'Église, sont jugés et condamnés par la même Église. C'est une nécessité où ils se sont mis eux-mêmes ; car ils avoient réduit les choses à tel point, que l'on ne pouvoit plus supporter leurs erreurs sans exposer l'honneur de l'Eglise, comme nous espérons le faire voir pas un autre Écrit.

A Paris, le 23 mai 1658.

CINQUIÈME FACTUM[1]

Des Curés de Paris, sur l'avantage que les Hérétiques prennent contre l'Église, de la Morale des Casuistes et des Jésuites.

C'est une entreprise bien ample et bien laborieuse, que celle où nous nous trouvons engagés de nous opposer à tous les maux qui naissent des Livres des Casuistes, et surtout de leur Apologie. Nous avons travaillé jusques ici à arrêter le plus considérable,

1. L'auteur des *Annales* des soi-disant Jésuites attribue ce Factum et le suivant à Pascal seul. (Voir l'Avertissement placé en tête de l'*Appendice* ».

en prévenant, par nos divers Écrits, les mauvaises impressions que ces maximes relâchées auroient pu donner aux Fidèles qui sont dans l'Église. Mais voici un nouveau mal, d'une conséquence aussi grande, qui s'élève du dehors de l'Église et du milieu des Hérétiques.

Ces ennemis de notre Foi qui, ayant quitté l'Église romaine, s'efforcent incessamment de justifier leur séparation, se prévalent extraordinairement de ce Nouveau Livre, comme ils ont fait de temps en temps des Livres semblables. Voyez, disent-ils à leurs peuples, quelle est la croyance de ceux dont nous avons quitté la Communion ! *La licence* y règne de toutes parts : on en a banni l'amour de Dieu et du prochain. « On y croit, dit le ministre Drélincourt, que l'homme n'est point obligé d'aimer son Créateur ; qu'on ne laissera pas d'être sauvé sans avoir jamais exercé aucun acte intérieur d'amour de Dieu en cette vie ; et que Jésus-Christ même auroit pu mériter la rédemption du monde par des actions que la Charité n'auroit point produites en lui, comme dit le P. Sirmond. » — « On y croit, dit un autre ministre, qu'il est permis de tuer plutôt que de recevoir une injure ; qu'on n'est point obligé de restituer, quand on ne peut le faire sans déshonneur ; et qu'on peut recevoir et demander de l'Argent pour le prix de sa Prostitution, *et non solum femina quæque, sed etiam mas,* comme dit Emmanuel Sa, jésuite. »

Enfin ces Hérétiques travaillent de toutes leurs forces, depuis plusieurs années, à imputer à l'Église ces abominations des Casuistes corrompus. Ce fut ce que le Ministre Du Moulin entreprit des premiers dans ce Livre qu'il en fit, et qu'il osa appeler *Traditions romaines*. Cela fut continué ensuite dans cette dispute qui s'éleva, il y a dix ou douze ans, à La Rochelle, entre le P. d'Estrade, jésuite, et le ministre Vincent, sur le sujet du Bal, que ce ministre condamnoit comme dangereux et contraire à l'esprit de pénitence du Christianisme, et pour lequel ce père fit des Apologies publiques, qui furent imprimées alors. Mais le ministre Drélincourt renouvela ses efforts les années dernières, dans son Livre intitulé : *Licence que les Casuistes de la Communion de Rome donnent à leurs dévots*. Et c'est enfin dans le même esprit, qu'ils produisent aujourd'hui par toute la France cette nouvelle *Apologie des Casuistes* en témoignage contre l'Église, et qu'ils se servent plus avantageusement que jamais de ce Livre, le plus méchant de tous, pour confirmer leurs peuples dans l'éloignement de notre Communion, en leur mettant devant les yeux ces horribles maximes, comme ils le pratiquent de tous côtés, et comme ils l'ont fait encore depuis peu à Charenton.

Voilà l'état où les Jésuites ont mis l'Église. Ils l'ont rendue le sujet du mépris et de l'horreur des Hérétiques : elle, dont la sainteté devroit reluire avec tant d'éclat, qu'elle remplît tous les peuples de vénération et d'amour. De sorte qu'elle peut dire à ces Pères ce que Jacob disoit à ses enfants cruels : « Vous m'avez rendu odieux aux peuples qui nous environnent ; » ou ce que Dieu dit dans ses Prophètes à la Synagogue rebelle : « Vous avez rempli la terre de vos abominations, et vous êtes cause que mon saint nom est blasphémé parmi les Gentils, lorsqu'en voyant vos profanations ils disent de vous : « C'est là le peuple du Seigneur, c'est celui qui est sorti de la terre d'Israël qu'il leur avoit donnée en Héritage. » C'est ainsi que les Hérétiques parlent de nous, et qu'en voyant cette horrible Morale, qui afflige le cœur de l'Église, ils comblent sa douleur, en disant, comme ils font tous les jours : « C'est là la Doctrine de l'Église Romaine, et que tous les Catholiques tiennent, » ce qui est la proposition du monde la plus injurieuse à l'Église.

Mais ce qui la rend plus insupportable est qu'il ne faut pas la considérer comme venant simplement d'un Corps d'Hérétiques, qui, ayant refusé d'ouïr l'Église, ne sont plus dignes d'en être ouïs; mais comme venant encore d'un Corps des plus nombreux de l'Église même, ce qui est horrible à penser. Car en même temps que les Calvinistes imputent à l'Église des maximes si détestables, et que tous les Catholiques devroient s'élever pour l'en défendre, il s'élève, au contraire, une Société entière pour soutenir que ces opinions appartiennent véritablement à l'Église. Et ainsi quand les ministres s'efforcent de faire croire que ce sont des Traditions Romaines, et qu'ils sont en peine d'en chercher des preuves, les Jésuites le déclarent, et l'enseignent dans leurs Écrits, comme s'ils avoient pour objet de fournir aux Calvinistes tout le secours qu'ils peuvent souhaiter ; et que sans avoir besoin de chercher dans leur propre invention de quoi combattre les Catholiques, ils n'eussent qu'à ouvrir les Livres de ces Pères pour y trouver tout ce qui leur seroit nécessaire.

Nous savons bien néanmoins que l'intention des Jésuites n'est pas telle en effet ; et comme nous en parlons sans passion, bien loin de leur imputer de faux crimes, nous voulons les défendre de ceux dont ils pourroient être suspects, quand ils n'en sont point coupables : notre dessein n'étant que de faire connoître le mal qui est véritablement en eux, afin qu'on puisse s'en défendre. Nous savons donc que cette conformité qu'ils ont avec les Calvinistes, ne vient d'aucune liaison qu'ils aient avec eux, puisqu'ils en sont au contraire les ennemis, et que ce n'est qu'un désir immodéré de flatter les passions des hommes qui les fait agir de la sorte ; qu'ils voudroient que l'inclination du monde s'accordât avec la sévérité de l'Évangile, qu'ils ne corrompent que pour s'accommoder à la nature corrompue ; et qu'ainsi quand ils attribuent ces erreurs à l'Église, c'est dans un dessein bien éloigné de celui des Calvinistes, puisque leur intention n'est que de faire croire par là qu'ils n'ont pas quitté les sentimens de l'Église; au lieu que l'intention des Hérétiques est de faire croire que c'est avec raison qu'ils ont quitté les sentimens de l'Église.

Mais encore qu'il soit véritable qu'ils ont en cela des fins bien différentes, il est vrai néanmoins que leurs prétentions sont pareilles, et que le Démon se sert de l'attache que les uns et les autres ont pour leurs divers intérêts, afin d'unir leurs efforts contre l'Église, et de les fortifier les uns par les autres dans le dessein qu'ils ont de persuader que l'Église est dans ces maximes. Car comme les Calvinistes se servent des Écrits des Jésuites pour le prouver en cette sorte, il faut bien, disent-ils, que ces opinions soient celles de l'Église, puisque le Corps Entier des Jésuites les soutient ; de même les Jésuites se servent, à leur tour, des Écrits de ces Hérétiques pour prouver la même chose en cette sorte : il faut bien, disent-ils, que ces opinions soient celles de l'Église, puisque les Hérétiques, qui sont ses ennemis, les combattent. C'est ce qu'ils disent dans des Écrits entiers qu'ils ont faits sur ce sujet. Et ainsi on voit, par un prodige horrible, que ces deux Corps, quoique ennemis entre eux, se soutiennent réciproquement, et se donnent la main l'un à l'autre pour engager l'Église dans la corruption des Casuistes ; ce qui est une fausseté d'une conséquence effroyable, puisque si Dieu souffroit que l'abomination fût ainsi en effet dans le sanctuaire, il arriveroit tout ensemble, et que les Hérétiques n'y rentreroient jamais, et que les Catholiques s'y pervertiroient tous : et qu'ainsi il n'y auroit plus de retour pour les uns, ni de sainteté pour les autres ; mais une perte générale pour tous les hommes.

Il est donc d'une extrême importance de justifier l'Église en cette rencontre, où elle est si cruellement outragée, et encore par tant de côtés à la fois, puisqu'elle se trouve attaquée non seulement par ses ennemis déclarés qui la combattent au dehors, mais encore par ses propres enfans qui la déchirent au dedans. Mais tant s'en faut que ces divers efforts, qui s'unissent contre elle, rendent sa défense plus difficile, qu'elle en sera plus aisée, au contraire : car dans la nécessité où nous sommes de les combattre tous ensemble, sur une calomnie qu'ils soutiennent ensemble, nous le ferons avec plus d'avantage que s'ils étoient seuls; parce que la Vérité a cela de propre, que plus on assemble de faussetés pour l'étouffer, plus elle éclate par l'opposition du mensonge. Nous ne ferons donc qu'opposer la véritable règle de l'Église aux fausses règles qu'ils lui imputent, et toutes leurs impostures s'évanouiront. Nous demanderons aux Calvinistes qui leur a appris à tirer cette bizarre conséquence : les Jésuites sont dans cette opinion, donc l'Église y est aussi; comme si sa règle étoit de ne suivre que les maximes des Jésuites ! et nous dirons à ces Pères que c'est aussi mal prouver que l'Église est de leur sentiment, de ne faire autre chose que montrer que les Calvinistes les combattent, parce que sa règle n'est pas aussi de dire toujours le contraire des Hérétiques. Nous n'avons donc pour règle, ni d'être toujours contraires aux Hérétiques, ni d'être toujours conformes aux Jésuites. Dieu nous préserve d'une telle règle, selon laquelle il faudroit croire mille erreurs, parce que ces Pères les enseignent ; et ne pas croire des articles principaux de la Foi, comme la Trinité et la Rédemption du monde, parce que les Hérétiques les croient ! Notre Religion a de plus fermes fondemens. Comme elle est toute divine, c'est en Dieu seul qu'elle s'appuie; elle n'a de Doctrine que celle qu'elle a reçue de lui, par le canal de la Tradition, qui est notre véritable règle, qui nous distingue de tous les Hérétiques du monde, et nous préserve de toutes les erreurs qui naissent dans l'Église même : parce que, selon la pensée du grand saint Basile, nous ne croyons aujourd'hui que les choses que nos évêques et nos pasteurs nous ont apprises, et qu'ils avoient eux-mêmes reçues de ceux qui les ont précédés, et dont ils avoient reçu leur mission : et les premiers qui ont été envoyés par les Apôtres n'ont dit que ce qu'ils en avoient appris : et les Apôtres qui ont été envoyés par le Saint-Esprit n'ont annoncé au monde que les paroles qu'il leur avoit données : et le Saint-Esprit qui a été envoyé par le Fils, a pris ces paroles du Fils, comme il est dit dans l'Évangile; et enfin le Fils, qui a été envoyé du Père, n'a dit que ce qu'il avoit ouï du Père, comme il le dit aussi lui-même.

Qu'on nous examine maintenant là-dessus, et si on veut convaincre l'Église d'être dans ces méchantes maximes, qu'on montre que les Pères et les Conciles les ont tenues, et nous serons obligés de les reconnoître pour nôtres. Aussi c'est ce que les Jésuites ont voulu quelquefois entreprendre ; mais c'est aussi ce que nous avons réfuté par notre Troisième Écrit, où nous les avons convaincus de faussetés sur tous les passages qu'ils en avoient rapportés. De sorte que si c'est sur cela que les Calvinistes se sont fondés pour accuser l'Église d'erreur, ils sont bien ignorans de n'avoir pas su que toutes ces citations sont fausses; et s'ils l'ont su, ils sont bien de mauvaise foi d'en tirer des conséquences contre l'Église, puisqu'ils n'en peuvent conclure autre chose, sinon que les Jésuites sont des faussaires, ce qui n'est aucunement en dispute; mais non pas que l'Église soit corrompue, ce qui est toute notre question.

Que feront-ils donc désormais, n'ayant rien à dire contre toute la suite de notre Tradition? Diront-ils que l'Église vient de tomber dans ces derniers temps, et de renoncer à ses anciennes vérités pour suivre les nouvelles opinions des Casuistes modernes? en vérité, ils auroient bien de la peine à le persuader à personne en l'état présent des choses. Si nous étions demeurés dans le silence, et que l'*Apologie des Casuistes* eût été reçue partout sans opposition, c'eût été quelque fondement à leur calomnie, quoiqu'on eût pu encore leur répondre que le silence de l'Église n'est pas toujours une marque de son consentement; et que cette maxime, qui est encore commune aux Calvinistes et aux Jésuites qui en remplissent tous leurs Livres, est très fausse. Car ce silence peut venir de plusieurs autres causes, et ce n'est le plus souvent qu'un effet de la foiblesse des pasteurs; et on leur eût dit de plus, que l'Église ne s'est point tue sur ces méchantes opinions, et qu'elle a fait paroître l'horreur qu'elle en avoit par les témoignages publics des personnes de piété, et par la condamnation formelle du Clergé de France, et des Facultés Catholiques qui les ont censurées plusieurs fois.

Mais que nous sommes forts aujourd'hui sur ce sujet, où toute l'Église est déclarée contre ces corruptions, et où tous les pasteurs des plus considérables villes du royaume s'élèvent plus fortement et plus sincèrement contre ces excès, que les Hérétiques ne peuvent faire! Car y a-t-il quelqu'un qui n'ait entendu notre voix? N'avons-nous pas publié de toutes parts que les Casuistes et les Jésuites sont dans des maximes impies et abominables? Avons-nous rien omis de ce qui étoit en notre pouvoir pour avertir nos peuples de s'en garder comme d'un venin mortel? Et n'avons-nous pas déclaré dans notre premier Factum, que « les Curés se rendoient publiquement les dénonciateurs des excès publics de ces Pères, et que ce seroit dans nos paroisses qu'on trouveroit les maximes évangéliques opposées à celles de leur Société? »

Peut-on dire après cela que l'Église consent à ces erreurs, et ne faut-il pas avoir toute la malice des Hérétiques pour l'avancer, sous le seul prétexte qu'*un Corps qui n'est point de la Hiérarchie,* demeure opiniâtrément dans quelques sentimens particuliers condamnés par ceux qui ont autorité dans le Corps de la Hiérarchie? On a donc sujet de rendre grâces à Dieu de ce qu'il a fait naître en ce temps un si grand nombre de témoignages authentiques de l'aversion que l'Église a pour ces maximes, et de nous avoir donné par là un moyen si facile de la défendre de cette calomnie, et de renverser en même temps les avantages que les Calvinistes et les Jésuites avoient espéré de tirer de leur imposture. Car la prétention des Hérétiques est absolument renversée. Ils vouloient justifier leur sortie de l'Église par les erreurs des Jésuites, et ce sont ces mêmes erreurs qui montrent avec le plus d'évidence le crime de leur séparation ; parce que l'égarement de ces Pères, aussi bien que celui des Hérétiques, ne venant que d'avoir quitté la Doctrine de l'Église pour suivre leur esprit propre, tant s'en faut que les excès où les Jésuites sont tombés pour avoir abandonné la Tradition, favorisent le refus que les Hérétiques font de se soumettre à cette Tradition ; que rien n'en prouve, au contraire, plus fortement la nécessité, et ne fait mieux voir les malheurs qui viennent de s'en écarter. Et la prétention des Jésuites n'est pas moins ruinée. Car l'intention qu'ils avoient, en imputant leurs maximes à l'Église, étoit de faire croire qu'ils n'en avoient point d'autres que les siennes. Et il est arrivé de là, au contraire, que tout le monde a appris qu'elles y sont étrangement opposées ; parce que la hardiesse d'une telle entreprise a excité un scandale si universel, et une opposition si éclatante, qu'il n'y a peut-être aucun lieu en tout le Christianisme où l'on ne connoisse aujourd'hui la contrariété de sentimens qui est entre leur Société et l'Église : contrariété qui auroit sans doute été longtemps ignorée en beaucoup de lieux, si par un aveuglement incroyable ils n'avoient eux-mêmes fait naître la nécessité de la rendre publique par tout le monde.

C'est ainsi que la vérité de Dieu détruit ses ennemis, par les efforts mêmes qu'ils font pour l'opprimer, et dans le temps où ils l'attaquent avec le plus de violence. La leur étoit enfin devenue insupportable, et menaçoit l'Église d'un renversement entier. Car les Jésuites en étoient venus à traiter hautement de Calvinistes et d'Hérétiques tous ceux qui ne sont pas de leurs sentimens; et les Calvinistes, par une hardiesse pareille, mettoient au rang des Jésuites tous les Catholiques sans distinction; de sorte que ces entreprises alloient à faire entendre qu'il n'y avait point de milieu, et qu'il falloit nécessairement choisir l'une de ces extrémités, ou d'être de la Communion de Genève, ou d'être des sentimens de la Société. Les choses étant en cet état, nous ne pouvions plus différer de travailler à y mettre ordre, sans exposer l'honneur de l'Église et le salut d'une infinité de personnes. Car il ne faut pas douter qu'il ne s'en perde beaucoup parmi les Catholiques dans la pernicieuse conduite de ces Pères, s'imaginant que des Religieux soufferts dans l'Église n'ont que des sentimens conformes à ceux de l'Église. Et il ne s'en perd pas moins parmi les Hérétiques, par la vue de cette même Morale, qui les confirme dans le schisme, et leur fait croire qu'ils doivent demeurer éloignés d'une Église où l'on publie des opinions si éloignées de la pureté évangélique.

Les Jésuites sont coupables de tous ces maux; et il n'y a que deux moyens d'y remédier : la réforme de la Société, ou le décri de la Société. Plût à Dieu qu'ils prissent la première voie! Nous serions les premiers à rendre leur changement si connu, que tout le monde en seroit édifié. Mais tant qu'ils s'obstineront à se rendre la honte et le scandale de l'Église, il ne reste que de rendre leur corruption si connue, que personne ne puisse s'y méprendre, afin que ce soit une chose si publique, que l'Église ne les souffre que pour les guérir, que les Fidèles n'en soient plus séduits; que les Hérétiques n'en soient plus éloignés; et que tous puissent trouver leur salut dans la voie de l'Évangile : au lieu qu'on ne peut que s'en éloigner en suivant les erreurs des uns et des autres.

Mais encore qu'il soit vrai qu'ils soient tous égarés, il est vrai néanmoins que les uns le sont plus que les autres; et c'est ce que nous voulons faire entendre exactement, afin de les représenter tous dans le juste degré de corruption qui leur est propre, et leur faire porter à chacun la mesure de la confusion qu'ils méritent. Or il est certain que les Jésuites auront de l'avantage dans ce parallèle entier; et nous ne feindrons point d'en parler ouvertement, parce que l'humiliation des uns n'ira pas à l'honneur des autres, mais que la honte de tous reviendra uniquement à la gloire de l'Église, qui est aussi notre unique objet.

Nous ne voulons donc pas que ceux que Dieu nous a commis s'emportent tellement dans la vue des excès des Jésuites, qu'ils oublient qu'ils sont leurs frères, qu'ils sont dans l'Unité de l'Église, qu'ils sont membres de notre Corps, et qu'ainsi nous avons intérêt à les conserver; au lieu que les Hérétiques sont des membres retranchés qui composent un Corps ennemi du nôtre; ce qui met une distance infinie entre eux, parce que le schisme est un si grand mal, que non seulement il est le plus grand des maux, mais qu'il ne peut y avoir aucun bien où il se trouve, selon tous les Pères de l'Église.

Car ils déclarent que « ce crime surpasse tous les autres; que c'est le plus abominable de tous; qu'il est pire que l'embrasement des Écritures Saintes; que le martyre ne peut l'effacer, et que qui meurt martyr pour la Foi de Jésus-Christ hors de l'Église, tombe dans la damnation, comme dit saint Augustin. Que ce mal ne peut être balancé par aucun bien, selon saint Irénée. Que ceux qui ont percé le corps de Jésus-Christ n'ont pas mérité de plus énormes supplices que ceux qui divisent son Église, quelque bien qu'ils puissent faire d'ailleurs, » comme dit saint Chrysostome. Et enfin tous les Saints ont toujours été si unis en ce point, que les Calvinistes sont absolument sans excuse, puisqu'on ne doit en recevoir aucune, et non pas même celle qu'ils allèguent si souvent, *que ce ne sont pas eux qui se sont retranchés, mais l'Église qui les a retranchés elle-même injustement.* Car outre que toute cette prétention est horriblement fausse en ses deux chefs, parce qu'ils ont commencé par la séparation, et qu'ils ont mérité d'être excommuniés pour leurs Hérésies, on leur soutient de plus, pour les juger par leur propre bouche, que, quand cela seroit véritable, ce ne seroit point une raison, selon saint Augustin, d'élever autel contre autel comme ils ont fait; et que, comme ce Père le dit généralement, « il n'y a jamais de juste nécessité de se séparer de l'Unité de l'Église. »

Que si cette règle, qu'il n'est jamais permis de faire schisme, est si générale, qu'elle ne reçoit point d'exception, qui souffrira que les Calvinistes prétendent aujourd'hui de justifier le leur par cette raison, que les Jésuites ont des sentimens corrompus? comme si on ne pouvoit pas être dans l'Église sans être dans leurs sentimens! comme si nous n'en donnions pas l'exemple nous-mêmes qui sommes, par la grâce de Dieu, et aussi éloignés de leurs méchantes opinions, et aussi attachés à l'Église qu'on peut l'être ! ou comme si ce n'étoit pas une des principales règles de la conduite chrétienne, d'observer tout ensemble ces deux préceptes du même Apôtre, « et de ne point consentir aux maux des impies, » et néanmoins « de ne point faire de schisme ; *ut non sit schisma in corpore !* »

Car c'est l'accomplissement de ces deux points qui fait l'exercice des Saints en cette vie, où les Élus sont confondus avec les Réprouvés, jusqu'à ce que Dieu en fasse lui-même la séparation éternelle. Et c'est l'infraction d'un de ces deux points qui fait, ou le relâchement des Chrétiens qui ne séparent pas leur cœur des méchantes Doctrines, ou le schisme des Hérétiques qui se séparent de la Communion de leurs frères, et, usurpant ainsi le jugement de Dieu, tombent dans le plus détestable de tous les crimes.

Il est donc indubitable que les Calvinistes sont tout autrement coupables que les Jésuites ; qu'ils sont d'un ordre tout différent, et qu'on ne peut les comparer, sans y trouver une disproportion extrême. Car on ne sauroit nier qu'il n'y ait au moins un bien dans les Jésuites, puisqu'ils ont gardé l'Unité ; au lieu qu'il est certain, selon tous les Pères, qu'il n'y a aucun bien dans les Hérétiques, quelque vertu qui y paroisse, puisqu'ils ont rompu l'Unité. Aussi il n'est pas impossible que parmi tant de Jésuites, il ne s'en rencontre qui ne soient point dans leurs erreurs ; et nous croyons qu'il y en a, quoiqu'ils soient rares, et bien faciles à reconnoître. Car ce sont ceux qui gémissent des désordres de leur Compagnie, et qui ne retiennent pas leur gémissement. C'est pourquoi on les persécute, on les éloigne, on les fait disparoître, comme on en a assez d'exemples ; et ainsi ce sont proprement ceux qu'on ne voit presque jamais. Mais parmi les Hérétiques, nul n'est exempt d'erreur, et tous sont certainement hors de la Charité, puisqu'ils sont hors de l'Unité

Les Jésuites ont encore cet avantage, qu'étant dans l'Église, ils ont part à tous ses sacrifices, de sorte qu'on en offre par tout le monde pour demander à Dieu qu'il les éclaire, comme le Clergé de France eut la charité de l'ordonner il y a quelques années, outre les prières publiques qui ont été faites quelquefois pour eux dans des diocèses particuliers : mais les Hérétiques, étant retranchés de son corps, sont aussi privés de ce bien ; de sorte qu'il n'y a point de proportion entre eux, et qu'on peut dire, avec vérité, que les Hérétiques sont en un si malheureux état, que pour leur bien, il seroit à souhaiter qu'ils fussent semblables aux Jésuites.

On voit, par toutes ces raisons, combien on doit avoir d'éloignement pour les Calvinistes, et nous sommes persuadés que nos peuples se garantiront facilement de ce danger; car ils sont accoutumés à les fuir dès l'enfance, et élevés dans l'horreur de leur schisme. Mais il n'en est pas de même de ces opinions relâchées des Casuistes; et c'est pourquoi nous avons plus à craindre pour eux de ce côté-là. Car encore que ce soit un mal bien moindre que le schisme, il est néanmoins plus dangereux, en ce qu'il est plus conforme aux sentimens de la nature, et que les hommes y ont d'eux-mêmes une telle inclination, qu'il est besoin d'une vigilance continuelle pour les en garder; et c'est ce qui nous a obligés d'avertir ceux qui sont sous notre conduite, de ne pas étendre les sentimens de charité qu'ils doivent avoir pour les Jésuites, jusques à les suivre dans leurs erreurs, puisqu'il faut se souvenir qu'encore que ce soient des membres de notre Corps, c'en sont des membres malades, dont nous devons éviter la contagion; et observer en même temps, et de ne pas les retrancher d'avec nous, puisque ce seroit nous blesser nous-mêmes, et de ne point prendre de part à leur corruption, puisque ce seroit nous rendre des membres corrompus et inutiles.

A Paris, le 11 juin 1658.

SIXIÈME FACTUM

Des Curés de Paris, où l'on fait voir, par la dernière pièce des Jésuites, que leur Société entière est résolue de ne point condamner l'Apologie; et où l'on montre, par plusieurs exemples, que c'est un principe des plus fermes de la conduite de ces Pères, de défendre en Corps les sentimens de leurs Docteurs particuliers.

La poursuite que nous faisons depuis si longtemps contre l'*Apologie des Casuistes* réussit avec tant de bonheur, que nous ne pouvons rendre assez d'actions de grâces à Dieu, en voyant la bénédiction qu'il donne au travail que le devoir de nos charges nous avoit obligés d'entreprendre.

Nous avions désiré que les peuples s'éloignassent de cette Morale corrompue, que les Prélats et les Docteurs la censurassent, et que les Hérétiques fussent confondus dans le reproche qu'ils nous font d'y adhérer. Et nous voyons, par la miséricorde de Dieu, que les peuples à qui nous étions premièrement redevables, ont conçu une telle horreur de ces maximes impies, que nous avons désormais peu à craindre les maux qu'elles eussent pu produire sans notre opposition; que nos confrères des provinces s'élèvent de même avec tant de courage pour défendre leurs Églises de ce venin, qu'il y a sujet d'espérer qu'il ne pourra infecter personne en aucun lieu du Royaume; que tant de prélats se disposent aussi à le flétrir par leurs Censures, comme a déjà fait M. l'évêque d'Orléans, qui a eu la gloire de commencer; que leurs condamnations, quoique séparées, formeront comme un Concile contre ces corruptions. Et si MM. les vicaires généraux de Paris diffèrent encore de quelques jours leur Censure, à laquelle ils travaillent avec tant de soin, ce n'est que pour la faire paroître avec plus de force et d'utilité. Enfin la Sorbonne, malgré tant d'intrigues que les Jésuites y ont voulu former, a terminé, conclu, relu et confirmé la Censure, à laquelle la dernière main fut mise le 16 de ce mois : de sorte qu'après un consentement si général de tous les corps de l'Église, il ne reste plus le moindre prétexte aux Hérétiques de la calomnier. Et ainsi nous pourrions dire que tous nos désirs sont accomplis, s'il n'en restoit un de ceux qui nous sont les plus chers, mais dont nous commençons à désespérer maintenant. Car un de nos principaux souhaits a été que les Jésuites mêmes renonçassent à leurs erreurs, afin qu'étant supprimées dans leur source, on n'eût plus à en craindre les funestes ruisseaux qui se répandent dans tout le Christianisme. C'étoit le moyen d'en purger l'Église le plus prompt et le plus sûr, et plût à Dieu qu'il eût été le plus facile! Mais bien loin de l'être, en effet, nous y avons trouvé des difficultés invincibles; et il nous a été plus aisé d'exciter tous les pasteurs et de remuer toutes les Puissances de l'Église, que de porter ces Pères à renoncer à la moindre des erreurs où ils se trouvent engagés.

Leur Dernier Écrit nous en ôte toute espérance. Ils y parlent en leur propre nom, et de la part de tout le Corps. Ils l'ont intitulé : *Sentimens des Jésuites,* etc., et l'ont produit pour montrer tout ce qu'on devoit attendre d'eux. Or nous n'y voyons aucune marque de retour, ni qu'ils aient fait un seul pas vers la vérité. Nous les y trouvons toujours disposés à se servir de ces maximes dont nous demandons la suppression ; et nous n'y trouvons en effet que de véritables sentimens de Jésuites. L'on y remarque la même résolution à demeurer dans ces méchantes opinions, quoiqu'ils en parlent avec un peu plus de timidité, se trouvant embarrassés dans la manière de s'exprimer. Car comme ils conduisent une infinité de personnes qui veulent vivre dans le relâchement, et passer néanmoins pour dévots, ces maximes leur sont absolument nécessaires ; et ainsi ils sont déterminés à ne jamais les condamner : mais comme ils veulent d'ailleurs s'accommoder à la disposition présente des esprits, et ne pas s'attirer l'horreur des peuples qui va directement contre ces excès, ils n'osent plus les soutenir si ouvertement. Et ainsi pour se mettre en état de pouvoir s'en servir au besoin, sans néanmoins heurter le monde trop rudement, ils ont cru ne pouvoir mieux faire que de dire qu'ils ne s'engagent dans aucun parti ; mais qu'ils veulent demeurer sans condamner ni approuver l'*Apologie*.

C'est sur ce projet que roule tout leur Écrit ; et au lieu des discours naturels que la vérité ne manque jamais de fournir, quand on veut la dire sincèrement, ils ne se servent que de discours artificieux et indéterminés, qui les laissent toujours en liberté de prendre tel parti qu'il leur plaira. S'ils avoient voulu renoncer aux maximes horribles de l'*Apologie,* ils n'avoient qu'à dire, en deux mots, qu'ils y renoncent. Mais c'est ce qu'ils ont évité d'une étrange sorte ; et, au lieu de cela, on ne voit autre chose, sinon ces expressions répandues dans toutes les pages de leur Écrit : « Il n'y a aucune de ces questions arbitraires, où nous nous intéressions pour la combattre ou pour la défendre. Vous dites que cette Doctrine est criminelle ; mais l'Auteur dit qu'il l'a prise de Docteurs qui sont tous excellens. Si elle est bonne, n'en ôtez pas la gloire à ceux qui l'ont enseignée. Si elle est mauvaise, c'est à vous à le montrer par de bonnes raisons, et à eux à se défendre. Ne blessez donc pas l'honneur qui est dû à ces grands hommes. Pour nous, nous ne voulons ni l'autoriser, ni la condamner. »

Voilà leur caractère. Par là ils demeurent en pouvoir de contenter tout le monde. Ils diront à ceux qui seront scandalisés de ces maximes, qu'ils ont raison, et qu'aussi ils ont déclaré dans leurs *Sentimens,* « qu'ils ne vouloient point approuver ces opinions ». Et ils diront à ceux qui voudront vivre selon ces maximes, qu'ils le peuvent, et qu'aussi ils ont déclaré dans leurs *Sentimens,* « qu'ils ne condamnent point ces opinions ». Et ainsi ils produiront leurs *Sentimens* équivoques pour satisfaire toutes sortes d'inclinations, selon leur méthode ordinaire.

Ils osent, après cela, s'élever comme les personnes du monde les plus irrépréhensibles, et nous demander (p. 8) *pourquoi nous attaquez-vous sur une Doctrine que nous ne voulons ni autoriser, ni condamner?* Mais nous leur répondons : C'est pour cela même que nous vous combattons, parce que vous ne voulez pas condamner une Doctrine si condamnable qui est sortie de chez vous, et que vous voulez qu'on se satisfasse de ce que vous dites, « que vous n'approuvez pas cette *Apologie* ». Ce n'est rien faire que cela. Ce n'est pas reconnoître que ce Livre est pernicieux et plein d'erreurs, ni se déclarer contre un ouvrage, que de dire simplement qu'on ne l'approuve pas : une infinité d'intérêts personnels, ou de légères circonstances indépendantes du fond de la matière, étant capables de faire qu'on n'approuve pas un bon Livre; et c'est pourquoi nous nous plaignons de vous. C'est cela que nous vous reprochons. Il s'agit entre nous de savoir si on peut faire son salut sans aimer Dieu, et en persécutant son prochain jusqu'à le calomnier et le tuer; et vous dites là-dessus, « que vous ne vous intéressez ni à défendre, ni à combattre aucune de ces opinions arbitraires ». Qui peut souffrir cette indifférence affectée, qui ne témoigne autre chose, sinon que vous voudriez et que vous n'oseriez les défendre; mais que vous êtes au moins résolus à ne point les condamner?

Quoi, mes pères, toute l'Église est en rumeur dans la dispute présente : l'Évangile est d'un côté, et l'*Apologie des Casuistes* est de l'autre, les Prélats, les Docteurs et les peuples sont ensemble d'une part; et les Jésuites, pressés de choisir, déclarent (p. 7) « qu'ils ne prennent point de parti dans cette guerre! » Criminelle neutralité! Est-ce donc là tout le fruit de nos travaux, que d'avoir obtenu des Jésuites qu'ils demeureroient dans l'indifférence entre l'erreur et la vérité, entre l'Évangile et l'*Apologie,* sans condamner ni l'un ni l'autre? Si tout le monde étoit en ces termes, l'Église n'auroit guère profité, et les Jésuites n'auroient rien perdu; car ils n'ont jamais demandé la suppression de l'Évangile. Ils y perdroient : ils en ont affaire pour les gens de bien : ils s'en servent quelquefois aussi utilement que des Casuistes. Mais ils perdroient aussi, si on leur ôtoit l'*Apologie* qui leur est si souvent nécessaire. Leur Théologie va uniquement à n'exclure ni l'un ni l'autre, et à se conserver un libre usage de tout. Ainsi on ne peut dire, ni de l'Évangile seul, ni de l'*Apologie* seule, qu'ils contiennent leurs sentimens. Le déréglement qu'on leur reproche consiste dans cet assemblage; et leur justification ne peut consister qu'à en faire la séparation, et à prononcer nettement qu'ils reçoivent l'un et qu'ils renoncent à l'autre : de sorte qu'il n'y a rien qui les justifie moins, et qui les confonde davantage, que de ne nous répondre autre chose, lorsque tout le fort de notre accusation est qu'ils unissent, par une alliance horrible, Jésus-Christ avec Bélial, sinon qu'ils ne renoncent pas à Jésus-Christ, sans dire en aucune manière qu'ils renoncent à Bélial.

Tout ce qu'ils ont donc gagné par leur Écrit, est qu'ils ont fait connoître eux-mêmes à ceux qui n'osoient se l'imaginer, que cet esprit d'indifférence et d'indécision entre les vérités les plus nécessaires pour le salut, et les faussetés les plus capitales, est l'esprit non seulement de quelques-uns de ces Pères, mais de la Société entière; et que c'est en cela proprement que consistent, par leur propre aveu, *les sentimens des Jésuites*.

Ainsi c'est par un aveuglement étrange, où la Providence de Dieu les a justement abandonnés, qu'après qu'ils nous ont tant accusés d'injustice, d'imputer à toute leur Compagnie les opinions des particuliers, et que, *pour se faire reconnoître,* ils ont voulu présenter au monde *leur vrai portrait*. Ils se sont en effet représentés dans leur forme la plus horrible : de sorte qu'après leur déclaration, nous pouvons dire que ce n'est plus nous, mais que ce sont eux-mêmes qui publient que leur Compagnie en Corps a résolu de ne condamner ni combattre ces impiétés.

En effet, si cette Société étoit partagée, on en verroit au moins quelques-uns se déclarer contre ces erreurs : mais il faut que la corruption y soit bien universelle, puisqu'il n'en est sorti aucun Écrit pour les condamner, et qu'il en a tant paru pour les soutenir. Il n'y a point d'exemple dans l'Église d'un pareil consentement de tout un corps à l'erreur. Il n'est pas étrange que des particuliers s'égarent; mais qu'ils ne reviennent jamais, et que le Corps déclare qu'il ne veut point les corriger, c'est ce qui est digne d'étonnement, et ce qui doit porter ceux à qui Dieu a donné l'autorité, à en arrêter les périlleuses conséquences. Car ce n'est point une chose secrète : elle est publique, ils en font gloire, et affectent de faire connoître à tout le monde qu'ils font profession de défendre tous ensemble les sentimens de chacun d'eux. Ils espèrent par là se rendre redoutables et hors d'atteinte, en faisant sentir que qui en attaque un, les attaque tous. En effet, cela leur a souvent réussi. Mais c'est néanmoins une mauvaise Politique ; car il n'y a rien de plus capable de les décrier à la fin, et de faire qu'au lieu d'autoriser par là les particuliers, ils décréditent tout le Corps aussitôt que le monde sera informé de ce principe de leur conduite.

C'est pourquoi il importe de bien le faire entendre aujourd'hui ; car puisque ces Pères sont absolument déterminés à ne point rétracter les erreurs de l'*Apologie*, il ne reste plus, pour la sûreté des Fidèles et pour la défense de la Vérité, que de faire connoître à tout le monde que c'est par une profession ouverte et générale que les Jésuites ne quittent jamais une opinion dès qu'ils l'ont une fois imprimée, comme on verra dans la suite qu'ils le disent en propres termes ; afin que cette connoissance étant aussi publique que leur endurcissement, ils ne puissent plus surprendre ni corrompre personne, et que leur obstination ne produise plus d'autre effet, que de faire plaindre leur aveuglement.

Nous donnerons donc ici quelques exemples de leur conduite, où l'on verra que pour horribles que soient les opinions que leurs Auteurs ont une fois enseignées, ils les soutiennent éternellement ; qu'ils remuent toutes sortes de machines pour en empêcher la Censure ; qu'il faut joindre toutes les forces de l'Église et de l'État pour les faire condamner ; qu'alors même ils éludent ces Censures par des déclarations équivoques ; et que si on les force à en donner de précises, ils les violent aussitôt après.

Nous en avons un insigne exemple en ce qui se passa sur le sujet du Livre de leur P. Bécan, si préjudiciable à l'État et même à la personne de nos Rois. Car quand ils en virent la Sorbonne émue, ils pensèrent à empêcher qu'elle ne le censurât, en faisant en sorte qu'on lui mandât que leur Censure n'étoit pas nécessaire, parce qu'il devoit en venir bientôt une du Pape. Et comme on en eut en effet envoyé une de Rome quelque temps après, portant qu'il y avoit dans ce Livre plusieurs propositions *fausses et séditieuses*, etc., avec ordre de le corriger, le P. Bécan, faisant semblant d'obéir à l'ordre qu'il avoit de retrancher cette multitude de propositions criminelles, ne fit autre chose que d'en ôter un seul article, et le dédia au Pape en cet état, comme l'ayant purgé de toutes ces erreurs selon son intention : de sorte que ce Livre, qui a maintenant un cours tout libre, contient ces propositions, outre plusieurs autres furieuses qu'il n'est pas temps de rapporter maintenant : « que le Roi doit être excommunié et déposé, s'il l'a mérité; que pour savoir s'il l'a mérité il faut en juger par le prudent avis des gens de piété et de doctrine; et qu'il doit être excommunié et privé de ses États, s'il viole les privilèges accordés aux Religieux. » Ainsi la Sorbonne s'étant soulevée contre ces maximes détestables, et contre les autres qui y sont encore, ils la jouèrent insensiblement, premièrement en faisant, par leurs artifices, qu'elle ne prit point connoissance de cette affaire, sous prétexte d'une Censure de Rome, et en éludant ensuite cette Censure en la manière que nous venons de dire, qui est si familière aux Jésuites.

Ils en usèrent de la même sorte sur la condamnation que la Faculté de Louvain fit de cette proposition, « qu'il est permis à un religieux de tuer ceux qui sont prêts à médire, ou de lui, ou de sa communauté, s'il n'y a que ce moyen de l'éviter. » Ce fut ce que P. L'Amy, jésuite, osa avancer dans la Théologie qu'il composa selon la méthode présente de l'École de la Société de Jésus : « *Juxta scholasticam hujus temporis societatis methodum.*» Car au lieu que ces Pères devoient être portés, non seulement par piété, mais encore par prudence, à supprimer cette Doctrine et à en prévenir la Censure : bien loin d'agir de la sorte, ils résistèrent de toutes leurs forces et à la Faculté qui la censura *comme pernicieuse à tout le genre humain,* et au conseil souverain de Brabant, qui l'y avoit déférée. Il n'y eut point de voie qu'ils ne tentassent. Ils écrivirent incontinent de tous côtés pour avoir des approbateurs, et les opposer à cette Faculté. Ce qui rendit cette question *célèbre par toute l'Europe,* comme dit Caramuel, *Fund.* LV, p. 542, où il rapporte cette Lettre, que leur P. Zergol lui en écrivit en ces termes : « Cette Doctrine, dit ce jésuite, a été censurée bien rudement, et on a même défendu de la publier. Ainsi j'ai été prié de m'adresser aux savans et aux illustres de ma connoissance. J'écris donc à plusieurs docteurs, afin que, s'il s'en trouve beaucoup qui approuvent ce sentiment, ce juge sévère, qui n'a pu être éclairé par la solidité des raisons, le soit par la multitude des Docteurs. Mais je me suis voulu d'abord approcher de la lumière du grand Caramuel, espérant que si ce flambeau des esprits approuve cette Doctrine, ses adversaires seront couverts de confusion, *rubore suffundendos,* d'avoir osé condamner une opinion dont le grand Caramuel aura embrassé la protection. »

On voit en cela l'esprit de ces Pères, et les bassesses où ils se portent pour trouver les moyens de résister aux condamnations les plus justes et les plus authentiques. Mais cette première résistance leur fut inutile. On ne s'arrêta point à la multitude de ces Docteurs qui les secoururent en foule, et encore que Caramuel eût décidé nettement en ces termes : « La Doctrine du P. L'Amy est seule véritable, et le contraire n'est pas seulement probable : c'est l'avis de tout ce que nous sommes de doctes. » Malgré tout cela, le Livre du P. L'Amy demeura condamné; et l'ordre fut si exactement donné par le Conseil de Brabant d'en ôter cet article, que ces Pères n'eurent plus de moyen de s'en défendre. Ne pouvant donc plus s'en sauver par une désobéissance ouverte, ils pensèrent à l'éluder par une obéissance feinte, en ne faisant autre chose que retrancher la fin de cette proposition, et laissant le commencement, qui la comprend tout entière : de sorte que, malgré la première Faculté de Flandre et le Conseil souverain du roi d'Espagne, on voit encore aujourd'hui, dans le Livre de ce P. L'Amy, cette Doctrine horrible : « qu'un religieux peut défendre son véritable honneur, même par la mort de celui qui veut le déshonorer, *etiam cum morte invasoris,* s'il ne peut l'empêcher autrement. » Ce qui n'est que la même chose que la première proposition que nous avons rapportée : « qu'un religieux peut tuer celui qui veut médire de lui ou de sa Communauté, » laquelle subsiste ainsi dans le premier membre, et y subsistera toujours; car qui entreprendroit pour cela une nouvelle guerre contre des gens si rebelles et si artificieux ?

Voilà comme ils échappent aux condamnations de leurs plus détestables maximes, par des soumissions feintes et imaginaires; et c'est pourquoi, quand Nos Seigneurs les Prélats de France leur ont voulu faire donner des déclarations sur des points importans, ils ont observé soigneusement de ne point laisser de lieu à leurs fuites et à leurs équivoques. Mais, s'ils ont bien eu le pouvoir de leur en faire donner d'exactes, ils n'ont pas eu celui de les empêcher de les violer. Les exemples en seroient trop longs à rapporter. Tout le monde sait leur procédé sur les Livres d'Angleterre contre la Hiérarchie, qu'ils furent obligés de désavouer par leurs PP. de La Salle, Haineuve, Maillant, etc., et qu'ils ont depuis reconnus publiquement et avec éloge dans un Livre céèbre, approuv par leur Général, où ils traitent les Évêques d'opiniâtres et de novateurs, *contumaces, novatores*. Et quelque solennelle que fût cette autre déclaration qu'ils signèrent en présence de feu M. le cardinal de Richelieu, qu'ils ne pouvoient ni ne devoient confesser sans l'approbation des Évêques, ce qui est formellement décidé par le Concile de Trente, ils la violèrent aussi solennellement dans le Livre du P. Bauny, et ensuite plus insolemment dans celui du P. Cellot, lequel ayant été forcé de se rétracter, il fut bientôt soutenu de nouveau par le P. Pinthereau dans sa réponse à leur *Théologie morale* (II° part., p. 87), où il dit que « les Jésuites n'ont pu et n'ont dû renoncer au droit qu'ils ont de confesser sans avoir obtenu l'approbation des Évêques; et que le P. Bauny et les autres sont louables de maintenir par leurs Écrits ce pouvoir, qu'on ne leur dispute que par jalousie. » Et nos confrères d'Amiens viennent de présenter requête le 5 de ce mois à M. leur Évêque, où ils se plaignent, entre autres choses, de ce que le P. Poignant a enseigné depuis peu, dans leur Collège, cette même Doctrine, qu'on les a obligés si souvent de rétracter : tant il est impossible à l'Église d'arracher de ces Pères une erreur où ils sont une fois entrés : tant ce principe est vivant dans leur Société, qu'ils doivent tous défendre ce qu'un des leurs a mis une fois dans ses Livres.

L'exemple que *leur grand flambeau* Caramuel en rapporte, en pensant leur faire honneur, est remarquable. C'est sur un cas effroyable de la Doctrine du même P. L'Amy, savoir : « Si un religieux, cédant à la fragilité, abuse d'une femme de basse condition, laquelle tenant à honneur de s'être prostituée à un si grand personnage, *honori ducens se prostituisse tanto viro,* publie ce qui s'est passé, et ainsi le déshonore : si ce religieux peut la tuer pour éviter cette honte? » Ne sont-ce pas là de belles questions de la Morale de Jésus-Christ? et ne doit-on pas gémir de voir la Théologie entre les mains de cette sorte de gens, qui la profanent si indignement par des propositions si infâmes? Et qui pourra souffrir que toute cette Société s'arme pour les défendre par cette seule raison que leurs Pères les ont avancées? C'est cependant ce qu'ils ne craignent point de déclarer, comme on le voit dans Caramuel, *Fund.* LV, p. 551, où il rapporte l'opinion d'un de ces Pères sur ce cas horrible, qui mérite d'être considérée; la voici : « Le P. L'Amy eût pu omettre cette résolution; mais puisqu'il l'a une fois imprimée, il doit la soutenir, *et nous devons la défendre,* comme étant probable; de sorte que ce religieux peut s'en servir pour tuer cette femme, et se conserver en honneur : « *Potuisset Amicus hanc resolutionem omisisse; at semel impressam debet illam tueri, et nos eamdem defendere.* » Si l'on pèse le sens de ces paroles, et qu'on en considère les conséquences, on verra combien nous avons de raison de nous opposer à une Compagnie si étendue, si remplie de méchantes maximes et si ferme dans le dessein de ne jamais s'en départir.

Nous avons voulu faire paroître cette étrange liaison qui est entre eux par plusieurs exemples, afin qu'on voie que ce qu'ils font aujourd'hui pour l'*Apologie* n'est pas un emportement particulier où ils se soient laissés aller par légèreté, mais l'effet d'une conduite constante et bien méditée, qu'ils gardent régulièrement en toutes rencontres; et qu'ainsi c'est en suivant l'esprit général qui les anime que le P. de Lingendes, qui a eu la principale direction de la défense de l'*Apologie,* a fait tant de démarches pour la soutenir, et en Sorbonne et ailleurs; et qu'en sollicitant MM. les vicaires généraux pour éviter la Censure de ce Livre, et leur présentant une déclaration captieuse qui fut rejetée, il ne craignit pas de leur dire tout haut ce qu'il a dit en tant d'autres lieux, « qu'ils étoient fâchés du bruit que ce Livre causoit, mais que maintenant ils y étoient engagés, et que, puisque ce Livre avoit été fait pour la défense de leurs Casuistes, ils étoient obligés de le soutenir. »

Il faudroit avoir bien peu de lumière pour ne pas voir de quelle conséquence est cette maxime dans une Société qui est remplie de tant d'opinions condamnées, qui, malgré toutes les Censures et les défenses des Puissances spirituelles et temporelles, est résolue de ne jamais les rétracter; qui se fait gloire de souffrir plutôt toutes sortes de violences que de les désavouer; et qui se roidit tellement contre le mal qui lui en arrive, qu'elle prend sujet de là de comparer ses souffrances à celles de Jésus-Christ et de ses martyrs. C'est là le comble de la hardiesse, mais qui leur est devenu ordinaire, et qu'ils renouvellent dans leur dernier Écrit. « Notre Société, disent-ils (p. 2), ne souffre qu'après le Fils de Dieu, que les Pharisiens accusoient de violer la Loi. Il est honorable aux Jésuites de partager ces opprobres avec Jésus-Christ; et les Disciples ne doivent pas avoir de honte d'être traités comme le Maître. »

Voilà comme cette superbe Compagnie tire sa vanité de sa confusion et de sa honte. Mais il faut réprimer cette audace tout à fait impie, d'oser mettre en parallèle son obstination criminelle à défendre ses erreurs, avec la sainte et divine constance de Jésus-Christ et des martyrs à souffrir pour la Vérité. Car quelle proportion y a-t-il entre deux choses si éloignées? Le Fils de Dieu et ses martyrs n'ont fait autre chose qu'établir les vérités évangéliques, et ont enduré les plus cruels supplices et la mort même par la violence de ceux qui ont mieux aimé le mensonge. Et les Jésuites ne travaillent qu'à détruire ces mêmes vérités, et ne souffrent pas la moindre peine pour une opiniâtreté si punissable. Il est vrai que les peuples commencent à les connoître; que leurs amis en gémissent; que cela leur en ôte quelques-uns, et que leur crédit diminue de jour en jour. Mais appellent-ils cela persécution? Et ne devroient-ils pas plutôt le considérer comme une grâce de Dieu, qui les appelle à quitter tant d'intrigues et tant d'engagemens dans le monde que leur crédit leur procuroit, et à rentrer dans une vie de retraite plus conforme à des Religieux, pour y pratiquer les exercices de la Pénitence, dont ils dispensent si facilement les autres?

S'ils étoient chassés de leurs maisons, privés de leurs biens, poursuivis, emprisonnés, persécutés (ce que nous ne souhaitons pas, sachant que ces rigueurs sont éloignées de la douceur de l'Église), ils pourroient dire alors qu'ils souffrent; mais non pas *comme chrétiens,* selon la parole de saint Pierre; et ils n'auroient droit de s'appeler ni bienheureux ni martyrs pour ce sujet : puisque le même apôtre ne déclare heureux ceux qui souffrent que lorsqu'ils souffrent pour la justice : *Si propter justitiam, beati;* et que, selon un grand Père de l'Église, et grand martyr lui-même, ce n'est pas la peine, mais la cause pour laquelle on endure, qui fait les martyrs, *non pœna, sed causa.* (Saint Cyprien.)

Mais les Jésuites sont si aveuglés en leurs erreurs, qu'ils les prennent pour des vérités, et qu'ils s'imaginent ne pouvoir souffrir pour une meilleure cause. C'est l'extrême degré d'endurcissement. Le premier, est de publier des maximes détestables. Le second, de déclarer qu'*on ne peut point les condamner,* lors même que tout le monde les condamne. Et le dernier, de vouloir faire passer pour saints et pour compagnons des martyrs, ceux qui souffrent la confusion publique, pour s'obstiner à les défendre. Les Jésuites sont aujourd'hui arrivés à cet état. Nous ne croyons pas qu'on puisse avoir des sentiments de piété dans le cœur, sans avoir une sainte indignation contre une disposition si criminelle et si dangereuse. Il est question, en cette dispute, d'erreurs qui renversent la Morale chrétienne dans les points les plus importants; et une Société entière de prêtres, qui gouvernent une infinité de consciences, prétend qu'il lui est glorieux de souffrir pour ne jamais s'en rétracter. Il faut assurément être tout à fait insensible aux intérêts de l'Église, pour ne point s'en émouvoir. Ceux qui n'ont point de connoissance de ces désordres, et qui regardent seulement en général le bien de la paix, peuvent peut-être s'imaginer qu'elle seroit préférable à ces disputes. Mais d'ouvrir les yeux à ces désordres, et, en les envisageant en leur entier, vouloir demeurer en repos, sans en arrêter le cours, c'est ce que nous croyons incompatible avec l'amour de la Religion et de l'Église. Si nous ne regardions que notre intérêt, les choses sont à notre égard dans un état si avantageux, que nous aurions tous sujet d'être satisfaits. Mais comme la vérité ne l'est pas, nous devons solliciter pour elle; et nous avons sujet de craindre, selon la parole de saint Augustin, qu'au lieu que ceux qui sont insensibles à sa défense peuvent accuser notre zèle d'excès, elle ne l'accuse de tiédeur, et ne crie que ce n'est pas encore là assez pour elle : *Hoc illi nimium dicunt esse : ipsa autem veritas fortasse adhuc dicat, nondum est satis.*

Et, en effet, si on compare ce que nous avons dit à ce qu'ont dit ceux qui ont eu le plus de charité pour ces pères, lorsqu'ils ont été obligés de parler contre leurs égaremens, on y trouvera une différence extrême.

Quand on proposa à la Faculté de Théologie de Paris leur établissement en France et qu'elle en eut considéré les conséquences, elle en parla d'une manière si forte, que je ne sais si nous sommes excusables de n'en parler que comme nous faisons, en l'état où ils sont devenus aujourd'hui. Et leurs propres Généraux, qui ont eu tant d'amour pour eux, mais qui ont vu aussi la corruption qui s'y glissoit, leur ont écrit d'une telle sorte que, si nous étions jamais obligés de le faire paroître, on verroit ce que la charité fait dire et comment elle sait soutenir avec vigueur la cause de la vérité blessée. Personne n'en est mieux informé que ces Pères mêmes; et c'est pourquoi il y a apparence qu'ils ne nous engageront pas à nous justifier sur cela. Mais pour nous justifier envers Dieu, nous sommes obligés de demeurer dans nos premiers sentimens, et de leur répéter ici ce que nous leur avons dit dans un de nos Écrits : Qu'aussitôt qu'ils voudront renoncer à l'*Apologie,* nous les embrasserons de tout notre cœur : qu'il ne suffit pas qu'ils reconnoissent qu'on est obligé d'aimer Dieu et qu'il ne faut pas calomnier son prochain. (Ils le diront tant qu'on voudra, parce qu'ils embrassent toutes les opinions, vraies et fausses; c'est par là qu'ils amusent ceux qui ne sont pas instruits du fin de leurs maximes; et c'est ce que nous voulons que tout le monde connoisse, afin qu'on ne se laisse pas surprendre à leurs rétractations équivoques.) Mais qu'il faut qu'ils déclarent que les opinions de ceux qui disent qu'on peut être sauvé sans aimer Dieu, qu'on peut tuer, calomnier, etc., sont fausses et détestables; et qu'enfin ils condamnent la Doctrine de la Probabilité, qui les enferme toutes ensemble. Et alors nous quitterons nos poursuites; mais jamais autrement. Car ils doivent s'attendre de trouver en nous une constance aussi infatigable à les presser de renoncer à ces erreurs, qu'ils auront d'obstination à les défendre; et qu'avec la grâce de Dieu, ce dessein sera toujours celui des pasteurs de l'Église, tant que ces méchantes opinions seront les *sentimens des Jésuites.*

A Paris, le 24 juillet 1658,

SEPTIÈME FACTUM

Des Curés de Paris, ou Journal de tout ce qui s'est passé, tant à Paris que dans les Provinces, sur le sujet de la Morale et de l'Apologie des Casuistes, jusque à la publication des Censures de Nosseigneurs les Archevêques et Évêques, et de la Faculté de Théologie de Paris.

Comme la Morale des Nouveaux Casuistes est un des plus grands maux qui aient été répandus jusques ici dans l'Église, et dont les erreurs sont d'autant plus capables de corrompre les Fidèles, qu'elles ne sont pas sur des points de Théologie disproportionnés à l'intelligence des peuples, mais sur les points les plus populaires et les plus conformes aux inclinations corrompues de la nature, les pasteurs ont eu une obligation indispensable de parler en cette rencontre, parce que le silence, qui est quelquefois utile dans les matières hautes et cachées, eût été criminel et inexcusable en cette occasion. C'est pourquoi, afin de faire voir à tout le monde que nous ni nos confrères des Provinces, n'avons rien omis pour nous acquitter de notre devoir, nous avons jugé à propos de donner un récit de tout ce qui a été fait jusqu'ici sur ce sujet.

Les Écrits intitulés : *Lettres écrites à un Provincial, par un de ses amis,* ayant paru en l'année 1656, qui découvroient un grand nombre de pernicieuses maximes, tirées des Livres des Nouveaux Casuistes, M. de Saint-Roch, syndic des curés de Paris, en donna avis en leur Assemblée Ordinaire du 12 mai 1656, et dit que, si les propositions contenues dans ces Lettres étoient fidèlement tirées des Casuistes, il jugeoit que la Compagnie devoit demander la condamnation de ces pernicieuses maximes ; et que s'il n'étoit pas véritable qu'elles fussent des Auteurs auxquels elles étoient attribuées, il falloit demander la condamnation des Lettres mêmes. Mais comme il n'y avoit point en ce temps-là de Vicaires Généraux dans le diocèse, le dessein des Curés ne put avoir alors son effet, de sorte qu'ils furent, par nécessité, obligés de le différer.

Cependant, M. du Four, abbé d'Aulnay, et qui étoit alors curé de Saint-Maclou de Rouen, ayant parlé avec beaucoup de zèle et de courage contre ces propositions dans quelques-uns de ses sermons, et entre autres dans celui qu'il prononça au Synode de Rouen le 30 mai de la même année, en présence de plus de douze cents Curés et de M. l'Archevêque même, les Jésuites s'en trouvèrent étrangement offensés par le seul intérêt qu'ils prenoient à la défense de ces maximes ; car il n'avoit pas été dit d'eux une seule parole dans ces sermons. Ils en firent donc un grand bruit : et le P. Brisacier, recteur du collège de la même ville, présenta requête à M. l'Archevêque, contre M. du Four : ce qui étant venu à la connoissance des Curés de Rouen, ils crurent être obligés de prendre part à cette querelle de leur confrère, attaqué en une partie qui les touchoit également, puisqu'ils ont intérêt de veiller à la bonne doctrine et à la pureté des mœurs, d'où dépend le salut des âmes qui leur sont commises.

Mais pour procéder mûrement en cette affaire, et ne pas s'y engager mal à propos, ils délibérèrent, dans une de leurs Assemblées, de consulter les Livres d'où les *Lettres Provinciales* rapportent ces propositions, afin d'en faire des recueils et des extraits fidèles, et d'en demander la condamnation par des voies canoniques, si elles se trouvoient dans les Casuistes, de quelque qualité et condition qu'ils fussent ; et, si elles ne s'y trouvoient pas, abandonner cette cause, et poursuivre au même temps la Censure des *Lettres au Provincial,* qui alléguoient ces Doctrines, et qui en citoient les Auteurs.

APPENDICE.

Six d'entre eux furent nommés de la Compagnie, pour s'employer à ce travail. Ils y vaquèrent un mois entier avec toute la fidélité et l'exactitude possibles ; ils cherchèrent les textes allégués. Ils les trouvèrent dans leurs originaux et dans leurs sources, mot pour mot, comme ils étoient cités. Ils en firent des extraits, et rapportèrent le tout à leurs confrères dans une seconde Assemblée, en laquelle, pour une plus grande précaution, il fut arrêté que ceux d'entre eux qui voudroient être plus éclaircis sur ces matières, se rendroient, avec les députés, en un lieu où étoient les Livres, pour les consulter derechef, et en faire telles conférences qu'ils voudroient. Cet ordre fut gardé, et les cinq ou six jours suivans, il se trouva dix ou douze curés à la fois, qui firent encore la recherche des passages, qui les collationnèrent sur les Auteurs, et en demeurèrent satisfaits, comme tout cela est rapporté dans une Lettre écrite par un des Curés de Rouen, et imprimée avec la requête qu'ils présentèrent au nom de leur Compagnie, et d'autres procédures qu'ils ont faites dans la poursuite de cette affaire.

Sur cela les Curés de Rouen résolurent de présenter requête en leur nom pour la condamnation de ces maximes impies ; et M. leur Archevêque, suivant les conclusions de son promoteur général, et de l'avis de son Conseil, considérant que cette affaire touchoit toute l'Église, et que le Clergé était alors assemblé à Paris, renvoya l'affaire à l'Assemblée Générale, et même députa un de ses Grands Vicaires pour y présenter de sa part cette requête, et les extraits de ses Curés.

Cependant les Curés de Paris, qui veilloient de leur part pour garantir leurs peuples de ces corruptions, furent derechef avertis par M. le curé de Saint-Roch, syndic, qu'il étoit temps de donner ordre aux maux qui menaçoient l'Église, et de penser à chercher les moyens pour en arrêter le progrès. Les Curés de Rouen, qui espérèrent beaucoup d'assistance des Curés de Paris, leur écrivirent ; et M. le curé de Saint-Paul présenta le septième jour d'août 1656, en leur Assemblée Ordinaire qu'ils font tous les mois pour aviser aux besoins de leurs paroisses, une Lettre qu'il reçut de M. du Four, au nom de ses confrères les Curés de Rouen, pour prier tous ceux de Paris de les assister de leurs conseils, et d'intervenir avec eux pour la défense de l'Évangile. Il fut arrêté que M. de Saint-Paul leur témoigneroit la consolation que toute la Compagnie avoit reçue de leur Lettre, et l'assistance qu'ils pouvoient espérer d'eux.

Dans le mois de septembre suivant, les Curés de Paris donnèrent avis aux Curés des Provinces de cette mauvaise Morale qui menaçoit toute l'Église, afin qu'avec la permission de Nosseigneurs leurs Prélats, ils s'unissent à eux, et intervinssent dans la défense de cette cause. Sur quoi les Curés de Paris reçurent en bonne forme, et gardent en leurs registres les procurations des Curés d'un grand nombre de villes des plus considérables du Royaume.

M. le curé de Saint-Roch ayant remontré à leur Assemblée que, pour procéder en cette affaire plus mûrement et d'une manière irréprochable, il étoit important d'examiner les Livres mêmes des Casuistes, d'en extraire fidèlement les propositions pour demander la Censure à l'Assemblée Générale du Clergé, qui étoit déjà saisie de cette affaire, et d'en députer quelques-uns à cet effet : il fut conclu qu'on présenteroit requête à M. le Grand Vicaire, pour lui demander la condamnation de cette Doctrine, ou le renvoi de l'affaire à l'Assemblée Générale du Clergé.

On députa ensuite plusieurs curés pour examiner les propositions, lesquels y ayant travaillé, et extrait trente-huit propositions de divers Auteurs, il fut délibéré qu'ils les présenteroient à l'Assemblée pour en demander la condamnation; ce qu'ils firent, et quelque temps après ils en présentèrent encore plusieurs autres avec une remontrance à Nosseigneurs de l'Assemblée, qui leur fut portée le 24 novembre, signée par MM. de Saint-Roch et des Saints-Innocens, syndics. L'Assemblée nomma Nosseigneurs l'Archevêque de Toulouse, et les Évêques de Montauban, de Coutances, de Vannes et d'Aire, pour faire droit sur la requête des Curés et sur leurs extraits.

Ces propositions parurent si horribles à tout le monde, qu'on s'attendit d'en voir bientôt une condamnation célèbre; et on l'auroit obtenue en effet, si le grand nombre qui s'en trouva, et le peu de loisir qu'avoit alors l'Assemblée, qui étoit continuellement pressée de finir, n'en eussent ôté le moyen. Mais Nosseigneurs les Prélats, voyant qu'il n'étoit pas en leur pouvoir de rendre alors cette justice, voulurent au moins faire connoître à toute l'Église qu'ils n'avoient manqué que de temps; et pour cela ils ordonnèrent que les *Instructions* de saint Charles seroient imprimées par l'ordre du Clergé, avec une Lettre circulaire à tous Nosseigneurs les Prélats, qui serviroit de préjugé de leurs sentimens, et comme d'un commencement de condamnation de toutes ces maximes en général, en attendant que le temps s'offrit de la faire plus solennelle.

En effet, les *Instructions* de saint Charles furent imprimées par le commandement de l'Assemblée, et par son imprimeur ordinaire, en 1657, avec un extrait du procès verbal :

« Du jeudi, premier jour de février, à huit heures du matin, M. l'Archevêque de Narbonne présidant, M. de Cyron a dit : Que suivant l'ordre de l'Assemblée, il avoit fait venir de Toulouse le Livre des *Instructions* pour les Confesseurs, dressées par saint Charles Borromée, et traduites en françois par feu M. l'Archevêque de Toulouse, pour la conduite des Confesseurs de son diocèse. Et plusieurs de MM. les Prélats qui ont lu ledit Livre, ayant représenté qu'il seroit très utile, et principalement en ce temps où l'on voit avancer des maximes si pernicieuses et si contraires à celles de l'Évangile, et où il se commet tant d'abus en l'administration du sacrement de pénitence, par la facilité et l'ignorance des Confesseurs ; l'Assemblée a prié M. de Cyron de prendre soin de le faire imprimer, afin que cet ouvrage, composé par un si grand saint, avec tant de lumière et de sagesse, se répande dans les diocèses, et qu'il puisse servir comme une barrière pour arrêter le cours des opinions nouvelles, qui vont à la destruction de la Morale chrétienne. » Voilà tout ce que Nosseigneurs les Évêques purent faire : ils ont témoigné à tout le monde le regret qu'ils ont eu de ne pas avoir eu le temps de consommer cette affaire ; et ils continuent tous les jours de le témoigner, comme a fait encore M. de Couserans par cette Lettre :

Réponse de l'Évêque de Couserans à la Lettre de MM. les Curés de Paris.

« Messieurs,

« J'ai fait part à MM. d'Aleth, de Comminges et de Bazas de la Lettre que vous m'avez fait l'honneur de m'écrire, et que M. le curé de Saint-Roch a pris la peine de me faire tenir ; ils vous en rendent leurs très humbles grâces. Ils y ont vu, avec une joie sensible, vos généreux sentimens pour notre commune Censure contre l'*Apologie des Casuistes* ; c'est un acte de justice publique que nous devions à la Doctrine enseignée par Jésus-Christ dans son Évangile, de la défendre en cette occasion contre les dogmes d'une morale relâchée qui corrompt les mœurs des Fidèles, qui met l'homme en la main de son cœur et de sa raison, pour en suivre les conseils souvent criminels, et toujours suspects, depuis que le péché a répandu son venin dans ces deux facultés. Vous, messieurs, avez été les premiers qui avez été touchés de l'outrage qu'alloit recevoir, par cette Morale funeste, toute l'Église du Fils de Dieu. Je suis témoin de ce cri charitable de votre gémissement, qui vint frapper l'oreille de ces Pères assemblés en la dernière Assemblée du Clergé, où j'avois l'honneur d'être un des députés; vous leur en portâtes les plaintes, elles émurent les cœurs sensiblement, et je sais que, sans l'obligation qui les engagea pour lors de se séparer, leurs délibérations eussent confirmé toutes les vôtres sur ce sujet, et qu'ils eussent proscrit par une Censure publique cette Doctrine de relâchement et d'iniquité. Toute la postérité chrétienne bénira votre zèle; les Évêques, qui sont les dépositaires légitimes de la puissance de Jésus-Christ, se souviendront toujours, avec les sentimens d'une reconnoissance particulière, de ce courage fort, persévérant et invincible, qui vous a fait soutenir tant de fois son autorité en la cause de l'Épiscopat, en ces rencontres si difficiles. Je loue Dieu, messieurs, de m'avoir donné lieu d'être le spectateur en vous de tous ces nobles sentimens pendant les cinq années de mon Agence, et durant le cours de notre dernière Assemblée. Je vous confesse que cette vue, qui m'a laissé une profonde estime de vos personnes pour toute ma vie, m'a donné des mouvemens de force pour essayer de faire l'œuvre de mon ministère. Je prie la miséricorde de Celui qui a daigné m'y appeler au milieu de ma profonde indignité, de vouloir m'en rendre digne; je vous demande pour cela auprès de Lui les intercessions efficaces de votre vertu, et de croire que je suis, avec un respect très véritable,

« Messieurs,

« Votre très humble et très affectionné serviteur,

« BERNARD, évêque de Couserans.

« De Couserans, ce 20 décembre 1658. »

Ce fut alors que les Défenseurs de ces Nouvelles Doctrines les voyant condamnés par les Prélats, et décriés parmi les Peuples, se persuadèrent que pour relever le crédit de leurs Casuistes, il falloit les soutenir par quelque ouvrage considérable.

Ce dessein ne fut pas si secret que quelques-uns ne s'en ouvrissent à leurs amis, et l'on sait qu'en plusieurs villes les Jé-

APPENDICE.

suites se vantèrent publiquement, quelque temps devant que l'*Apologie* parût, qu'il viendroit bientôt un Livre qui renverseroit tout ce qu'on auroit écrit contre la Morale de leur Société. Et lorsqu'il fut en état d'être imprimé, les Jésuites mêmes en demandèrent le privilège à M. le Chancelier, qui le leur refusa, et qui a témoigné depuis combien il désapprouvoit ce malheureux ouvrage. Les mêmes Jésuites sollicitèrent M. Grandin et M. Morel, docteurs de Sorbonne, pour en tirer l'approbation, qu'ils refusèrent pareillement. Mais ceux qui avoient espéré un si grand succès de ce Livre ne laissèrent pas pour cela de se résoudre à le produire.

On vit donc paroître, sur la fin de l'année 1657, ce Livre intitulé : *Apologie pour les Casuistes contre les Calomnies des Jansénistes,* dont le dessein étoit de combattre les *Lettres au Provincial* sur les points qu'elles avoient représentés comme étant contraires à l'esprit de l'Évangile.

Cet Apologiste prend pour cela une voie toute différente de ceux qui avoient écrit avant lui ; car il ne prétend plus qu'on ait falsifié la Doctrine des Casuistes ; mais, reconnoissant de bonne foi qu'elle étoit telle qu'on l'a représentée, il la soutient comme étant au moins probable, et par conséquent sûre en conscience.

Encore que ce Livre ne se vendît pas publiquement, parce qu'il n'avoit pas de privilège, on n'avoit pas néanmoins de peine à en recouvrer, les Jésuites ayant bien voulu le débiter et le vendre eux-mêmes dans leur collège de Clermont à Paris, où un grand nombre de personnes en ont fait acheter autant qu'ils en ont voulu. Ces Pères, de plus, en donnèrent en même temps, tant à Paris qu'à Rouen, et aux autres villes du Royaume, à beaucoup de Magistrats et à beaucoup de personnes de qualité, comme le plus excellent ouvrage qui eût paru depuis longtemps.

Mais il en arriva le contraire de leur prétention, car ce Livre ne fit qu'augmenter l'aversion qu'on avoit déjà conçue pour les maximes des Casuistes, et les personnes de qualité furent étrangement scandalisées de la hardiesse avec laquelle on les y représentoit de nouveau comme des vérités de la Morale chrétienne, ainsi qu'il est porté dans le titre même de cette *Apologie*.

Il ne se passa rien sur ce sujet jusqu'au commencement de l'année 1658, que les Curés de Paris étant émus, tant par l'horreur que leur avoit causée la lecture de ce Livre que par les plaintes qu'ils en recevoient tous les jours, prirent dessein d'apporter quelques remèdes aux mauvaises suites qu'il pouvoit avoir.

L'ouverture en fut faite par leurs syndics, MM. les curés de Saint-Roch et des Saints-Innocens, le lundi 8 janvier, en leur Assemblée Ordinaire. Ils y représentèrent, ainsi qu'il est porté par leur registre, que depuis peu de jours il se débitoit sous main, sans nom d'auteur ni d'imprimeur, un Livre intitulé : *Apologie pour les Casuistes,* dans lequel il y avoit grand nombre de fausses et dangereuses propositions, non seulement contre la conduite et le salut des âmes et contre les bonnes mœurs, mais même contre la sûreté publique; et qu'ainsi, non seulement M. le cardinal de Retz, archevêque de Paris, ou MM. ses Grands Vicaires, mais aussi les Magistrats et les Juges, avoient grand intérêt à la condamnation de cette pernicieuse *Apologie*. Et sur ce rapport, la Compagnie, comme il est dit dans le registre, ne voulant pas oublier son zèle ordinaire dans la poursuite d'une affaire de cette qualité, résolut de s'adresser tant à MM. les Vicaires Généraux pour leur faire plainte de ce Libelle, et en demander la Censure, qu'à MM. les Gens du Roi, pour leur dénoncer ce pernicieux Livre, et demander et suivre leurs ordres dans la poursuite de cette affaire. Et pour cet effet, la Compagnie députa MM. de Saint-Paul, de Saint-Roch, syndic, de Saint-André des Arcs, des des Saints-Innocens, de Saint-Eustache, de Saint-Christophe, de Saint-Médard et de Saint-Pierre aux Bœufs pour en conférer ensemble, vérifier sur le Livre même les Extraits de quelques-unes de ces dangereuses propositions, les porter, tant à MM. les Vicaires Généraux qu'à MM. les Gens du Roi, et en poursuivre incessamment la condamnation ; même s'adresser à MM. le Doyen et le Syndic de la Faculté, afin qu'ils le dénonçassent et qu'ils en fissent leur rapport à la Faculté, pour avoir la Censure d'une si malheureuse Doctrine.

Ensuite de cette résolution, les députés, ayant travaillé aux Extraits, allèrent trouver les personnes auxquelles la Compagnie leur avoit ordonné de s'adresser ; et le lundi 4 février 1658, les Curés s'étant assemblés, M. de Saint-Roch ayant fait la lecture de deux requêtes dressées par ordre de la Compagnie, et suivant la conclusion du lundi 7 janvier, l'une à MM. les Vicaires Généraux, et l'autre au Parlement pour la condamnation du Livre intitulé : *Apologie pour les Casuistes,* etc., il fut résolu que ces requêtes seroient signées par les Curés qui étoient présens à l'Assemblée, et qu'elles seroient aussi envoyées à ceux qui ne s'y étoient pas trouvés, pour être signées, parce qu'il s'agissoit d'une affaire qui les touchoit tous également.

Le même M. de Saint-Roch représenta encore qu'un Factum étant une chose qui pouvoit beaucoup servir dans la poursuite de cette affaire, la Compagnie en avoit fait dresser un pour faire voir les causes et les motifs de ses justes procédures contre ce pernicieux Libelle. Sur quoi les huit députés qui ont été nommés, furent priés de le voir et de le faire imprimer pour être distribué partout où il seroit à propos.

Deux jours après cette Assemblée, le Roi manda les curés de Saint-Paul et de Saint-Roch, qui, étant arrivés au Louvre, furent conduits dans la chambre de M. le Cardinal, où étoit le Roi avec Son Éminence, M. le Chancelier, M. Servien, M. le Procureur Général et M. de Brienne. Le Roi dit aux Curés qu'il les avoit mandés sur le sujet que M. le Chancelier leur diroit. M. le Chancelier dit que le Roi vouloit être informé de ce qui s'étoit passé dans leur Assemblée du lundi dernier. Les Curés répondirent que sur le rapport fait par les Syndics qu'un Livre abominable commençoit à paroître, qui alloit à la destruction de toute la Morale chrétienne et de la sûreté publique, ils avoient résolu d'en poursuivre la condamnation, et signé pour cela deux requêtes, l'une à MM. les Vicaires Généraux et l'autre au Parlement.

M. le Cardinal demanda pourquoi on avoit eu recours au Parlement. Que si M. l'Archevêque étoit présent, les Curés auroient eu recours à lui; qu'ainsi, en son absence, ils devoient se contenter de recourir à ses Vicaires Généraux.

Les Curés répondirent que, comme l'*Apologie* n'alloit pas seulement contre les principes de la Religion Chrétienne, mais encore contre les Lois Civiles par les permissions qu'elle donne de voler et de tuer, ce Livre devoit être condamné non-seulement par les Juges Ecclésiastiques, mais encore par les Séculiers; outre qu'étant rempli de calomnies et d'injures contre les personnes des Curés, pour détourner les peuples de la croyance qu'ils devoient avoir en eux, ils étoient obligés, par le devoir de leurs charges, d'en poursuivre l'imprimeur et l'auteur, pour leur faire faire réparation de ce scandale, dont MM. les Vicaires Généraux ni la Faculté de Théologie ne pouvant connoître, ils avoient été conseillés de présenter leur requête au Parlement.

M. le Cardinal repartit que tant pour l'information que pour la réparation d'honneur, les Curés pouvoient s'adresser à l'Official. Les Curés répondirent qu'ils n'avoient osé s'adresser à M. l'Official, et que la raison qui les avoit retenus étoit, qu'ayant un peu auparavant un sujet pareil de se plaindre du P. Bagot, jésuite, qui les avoit traités dans un Livre d'une manière aussi outrageuse, ils s'étoient adressés à M. l'Official pour en avoir justice; mais nonobstant que le P. Bagot eût mis procureur, et qu'i y eût trois appointemens donnés à l'audience avec lui, il ne laissa pas de se pourvoir au Conseil, et y obtint un arrêt sur requête au rapport de M. Balthasar, frère du P. Balthasar, jésuite, en date du troisième jour d'août 1657, signifié aux Syndics, par lequel le P. Bagot avoit été déchargé de l'assignation, et défense faite aux Curés de plus user de telles voies, et à l'Official d'en connoître, à peine de nullité des procédures, de cassation des sentences, et de tous dépens, dommages et intérêts; et que c'est ce qui les avoit retenus de s'adresser à M. l'Official, par la crainte d'un semblable arrêt, qu'il seroit aussi facile d'obtenir que le premier sans appeler les Curés, et en faveur d'un auteur qu'ils savent assurément être le P. Pirot, jésuite, et sur le sujet d'un Livre dont les Jésuites en corps se rendent les défenseurs.

Sur cela Son Éminence dit qu'il ne falloit pas souffrir que les Curés de Paris fussent offensés par des Livres injurieux, et supplia Sa Majesté de commander que l'arrêt dont ils se plaignoient fût cassé et révoqué, ce que le Roi eut la bonté d'ordonner à l'heure même.

Et quant au Livre de l'*Apologie* dont il s'agissoit, M. le Chancelier dit qu'on lui avoit demandé permission de l'imprimer, et qu'il l'avoit refusée. A quoi les Curés repartirent que, puisqu'il connoissoit ainsi ceux qui lui avoient fait cette demande, il étoit de sa bonté et de sa justice de favoriser les Curés dans la poursuite qu'ils faisoient contre des gens qui avoient contrevenu à ses ordres.

M. le Cardinal dit que pour ce qui regarde la suppression du Livre, et pour en empêcher la vente et les autres impressions, les Curés pouvoient se contenter de l'ordonnance faite par M. le Lieutenant civil, et publiée depuis peu de jours.

Les Curés répondirent que tant s'en faut que cette ordonnance leur fût favorable, qu'elle leur étoit plutôt contraire; et qu'il y avoit apparence qu'elle avoit été sollicitée par les Jésuites mêmes, parce qu'elle comprenoit dans une même condamnation, non-seulement l'*Apologie,* mais encore les Écrits des Curés de

Paris, qu'ils avoient présentés à l'Assemblée Générale du Clergé, et qui étoient imprimés en même volume avec les *Lettres Provinciales*, que cette ordonnance défendoit aussi : outre que dans les occasions où il s'agissoit de Livres semblables à l'*Apologie,* qui vont contre la Religion et l'État, on avoit accoutumé de s'adresser directement au Parlement, qui a le pouvoir de la police générale et souveraine ; comme quand il avoit été question de condamner les Livres de Santarel et de Mariana, jésuites. Et qu'il s'agissoit ici d'un Livre plus dangereux que tous les autres, et dont la doctrine est préjudiciable, non-seulement au salut des âmes, mais aussi à la sûreté de la personne des Rois et de leurs Ministres.

Ensuite de quoi M. le Chancelier dit aux Curés que le Roi vouloit qu'ils s'adressassent sur toutes choses aux Grands Vicaires, à l'Official et à la Faculté, et que Sa Majesté n'avoit pas agréable qu'ils s'adressassent au Parlement, mais qu'elle manderoit à la Faculté de théologie de travailler incessamment à l'examen et à la Censure du Livre.

Les Curés ayant appris la volonté du Roi, promirent d'y obéir ponctuellement et se retirèrent.

Le septième jour de février 1658, M. de Saint-Roch fut prié de se trouver chez M. le Lieutenant Civil, où, s'étant rendu, il le trouva accompagné de M. le Lieutenant Criminel et de M. le Procureur du Roi au Châtelet. M. le Lieutenant Civil lui demanda pourquoi MM. les Curés de Paris ne s'étoient point adressés à eux pour la suppression du Livre de l'*Apologie pour les Casuistes*.

M. de Saint-Roch répondit que les Curés avoient été conseillés de s'adresser à la justice et police du Parlement, comme souveraine et ordinaire en matière de livres d'une doctrine aussi méchante que celle de l'*Apologie;* que les Curés ayant dessein, non-seulement de faire supprimer ce Livre, mais aussi de le faire condamner au feu, à quoi ils estimoient l'autorité de la Cour être nécessaire, ils avoient cru devoir s'y adresser : outre que M. le Lieutenant Civil, par son ordonnance du vingt-cinquième jour de janvier 1658, sans ouïr les Curés de Paris, ayant supprimé leurs requêtes, extraits et autres écrits avec les *Lettres au Provincial,* ils ont cru que cette ordonnance avoit été sollicitée et obtenue par les Jésuites mêmes, afin d'éviter une plus sévère condamnation du Parlement. A quoi il ajouta plusieurs autres choses touchant les périlleuses conséquences de ce Livre. Et s'adressant à

M. le Procureur du Roi, il lui dit que ce seroit une chose digne de sa charge et de sa justice de requérir qu'il fût informé de l'auteur et de l'imprimeur de ce méchant Livre : et le lendemain 8 février, on vit paroître une nouvelle sentence de M. le Lieutenant Civil, portant défenses réitérées de débiter, imprimer ou vendre l'*Apologie pour les Casuistes,* sans qu'il y fût parlé des *Lettres au Provincial.*

Cependant les Curés ne pouvant porter leurs plaintes au Parlement, selon l'ordre qu'ils en avoient reçu du Roi, présentèrent leur requête à MM. les Vicaires Généraux, pour leur demander la Censure de ce Livre, signée de trente-un Curés, et la publièrent avec un Extrait des plus dangereuses propositions de ce Livre, et un Factum où, après avoir représenté les principales raisons qui les avoient obligés de s'élever avec plus de vigueur que jamais contre tant de pernicieuses maximes, dont les Casuistes s'efforçoient de ruiner et de corrompre toute la Morale chrétienne, ils déclarent que « ce qui les pressoit le plus d'agir en cette rencontre étoit qu'il ne faut pas considérer ces propositions comme étant d'un livre anonyme et sans autorité, mais comme étant d'un livre soutenu et autorisé par un Corps très considérable : qu'encore qu'ils n'eussent jamais ignoré les premiers auteurs de ces désordres, ils n'avoient jamais voulu les découvrir, et qu'ils ne le feroient pas encore, s'ils ne se découvroient eux-mêmes, et s'ils n'avoient affecté de se faire connoître à tout le monde. Mais que, puisqu'ils vouloient qu'on le sût, il étoit inutile aux Curés de le cacher; que puisque c'étoit chez eux, dans le collége de Clermont et dans leur maison professe de la rue Saint-Antoine, qu'ils avoient fait débiter cet ouvrage; que ces Pères l'avoient porté chez leurs amis à Paris et dans les provinces; que le P. Brisacier, recteur du collége de Rouen, l'avoit donné lui-même aux personnes de condition de la ville; qu'il l'avoit fait lire en plein réfectoire, comme une pièce d'édification et de piété; que les Jésuites de Paris avoient sollicité des docteurs pour en avoir l'approbation; et enfin qu'ils avoient levé le masque, et avoient voulu se faire connoître en tant de manières : il étoit temps que les Curés agissent ouvertement; et que comme les Jésuites se déclaroient publiquement les protecteurs de l'*Apologie des Casuistes* dans les chaires, à la Cour et dans les compagnies particulières, les Curés s'en déclarassent publiquement les dénonciateurs. »

Au même temps que les Curés de Paris témoignoient leur

zèle contre ce Livre, les Curés de Rouen s'adressèrent à M. leur Archevêque; et, ensuite d'une procuration aussi signée de vingt-six Curés, qui donnoient le soin à cinq d'entre eux de poursuivre cette affaire, ils présentèrent leur requête, sur laquelle M. l'Archevêque de Rouen les renvoya pardevant ses Grands Vicaires, auxquels il ordonna d'examiner ce livre sans délai, en présence de M. l'Évêque d'Olonne, et de lui envoyer leur avis doctrinal. Les mêmes Curés de Rouen publièrent aussi un Factum, où ils font voir une grande partie des plus méchantes opinions de l'*Apologie*.

Le onzième de mars, les Curés de Paris s'étant assemblés, et ne voulant pas négliger les poursuites qu'ils avoient commencées contre une si pernicieuse doctrine, députèrent MM. de Saint-André, de Saint-Eustache, avec MM. les Syndics, pour solliciter cette affaire auprès de MM. les Vicaires Généraux, et en demander incessamment la condamnation.

Cependant le carême étant arrivé, plusieurs prédicateurs, à Paris et en d'autres villes de France, se crurent obligés de faire connoître aux peuples le danger qu'il y avoit de se laisser conduire par les maximes des Casuistes, et combien en particulier l'*Apologie* qu'on avoit faite pour les défendre étoit opposée à l'esprit de l'Évangile et à la voie du salut.

On recevoit aussi en même temps divers avis de ce que les Jésuites faisoient dans les provinces pour débiter et soutenir cette *Apologie*. On sut entre autres choses qu'à Amiens ils l'avoient eux-mêmes donnée au Lieutenant Général et au Lieutenant Particulier; et que le recteur des Jésuites de cette même ville, parlant de l'*Apologie* à un de ses amis, lui avoit dit que « c'étoit une pièce qui faisoit bruit, mais que ce n'étoit qu'à l'égard des simples et des ignorans, et que les Savants qui sont et seront, l'estimeront toujours, parce que la doctrine qu'elle contient est la véritable ».

On sait aussi qu'à Rouen un des plus habiles conseillers du Parlement ayant demandé au P. Brisacier, recteur du collège, pourquoi ils défendoient les maximes qui étoient dans l'*Apologie*, ce jésuite lui avoit répondu « qu'elles avoient été soutenues avant la Société par d'autres docteurs ». A quoi ce conseiller répliqua fort sagement : « Véritablement, mon père, quand ce que vous dites seroit vrai, je m'étonne par quel aveuglement votre Société a pris plaisir de rechercher tout ce qui est abominable dans tous les docteurs qui vous ont précédés, ou qui vous sont contemporains, pour en faire un Corps de Morale, et l'attribuer à votre Société, comme étant votre propre ouvrage, et l'esprit avec lequel vous conduisez ceux qui ont croyance en vous. Et ce qui est encore pis, vous remuez ciel et terre, et importunez toutes les puissances, tant ecclésiastiques que séculières, pour faire passer ces erreurs, et condamner d'Hérésie les véritables maximes qui sont contraires aux vôtres. »

A Bourges, un religieux étant allé trouver le P. Ragueneau, jésuite, son cousin, et lui ayant porté la requête et le Factum des Curés de Paris, lui citant les méchantes propositions de l'*Apologie*, ce père lui répondit que « ce Livre de l'*Apologie* étoit très excellent et très bien fait; que les docteurs de Sorbonne qui l'avoient examiné n'y avoient rien trouvé à redire; qu'il ne pouvoit être que très bon, ayant été composé par un savant homme religieux de leur Compagnie, qui se nommoit le P. Pirot, régent depuis longtemps en Théologie, confesseur célèbre, grand ami et compagnon du P. Annat. »

L'affaire de l'*Apologie* demeura quelque temps en cet état, les docteurs députés pour l'examiner n'en ayant encore fait aucun rapport en Sorbonne, et les Curés se contentant d'avoir publié leur Factum, et d'en solliciter la Censure auprès des Vicaires Généraux. Mais les Jésuites voyant le décri public où se trouvoit leur doctrine, par les poursuites des Curés, résolurent de répondre à leur Factum; ce qu'ils firent en diverses feuilles qu'ils publièrent de temps en temps durant l'espace d'environ un mois.

La première portoit ce titre : *Réfutation des calomnies publiées contre les Jésuites, par les auteurs d'un Factum qui a paru sous le nom de MM. les Curés de Paris, à l'occasion d'un Livre intitulé :* « *Apologie pour les Casuistes, contre les calomnies des Jansénistes.* » Dans cet Écrit, pour avoir plus de liberté de décrier les Curés de Paris, ils feignent que le Factum n'est point des Curés : « Qu'il est indigne de leur piété et de leur vertu : et comme nous ne leur imputons point, disent-ils, les faussetés et impostures dont il est rempli, nous ne prétendons point aussi qu'ils aient part à l'infamie qui en revient à ses auteurs. »

Mais il est à remarquer que les Curés ayant déclaré, dans leur Factum, que la raison qui les obligeoit de s'adresser directement aux Jésuites en particulier en agissant contre l'*Apologie,* est qu'eux-mêmes avoient affecté de faire connoître à tout le monde que l'*Apologie* sortoit de chez eux, l'ayant eux-mêmes vendue, donnée à leurs amis, et sollicité des docteurs de l'approuver. Les Jésuites qui parlent en leur nom dans cet Écrit intitulé : *Réfutation,* etc., ne disent pas un seul mot contre ces faits si importans, ni dans cette réponse, ni dans les autres; et ils ne l'ont jamais fait dans aucun de leurs Écrits, et ne désavouent en aucune sorte de l'avoir vendue eux-mêmes, et assez cher, et de l'avoir portée de tous côtés à leurs amis.

Les Curés de Paris ne furent pas peu surpris de la hardiesse avec laquelle la Société osoit soutenir, par un Écrit public, qu'un Factum qu'ils avoient dressé, publié, présenté à MM. les Vicaires Généraux, et distribué dans leurs paroisses, leur étoit supposé. C'est pourquoi, en leur Assemblée ordinaire du 7 avril 1658, ils résolurent, pour détruire entièrement cette fausseté, qu'il seroit fait un acte par lequel les Curés avoueroient ce Factum, comme ayant été fait et publié par eux; et il y eut huit commissaires nommés pour dresser l'original de cet acte : ce qui fut exécuté peu après, et c'est leur second Écrit intitulé : *Réponse des Curés de Paris, pour soutenir le Factum par eux présenté à MM. les Vicaires Généraux, contre un Écrit intitulé :* « *Réfutation des calomnies publiées contre les Jésuites par les auteurs d'un Factum qui a paru sous le nom de MM. les Curés de Paris.* »

Ils représentèrent aussi que les Jésuites avoient usé dans leur Écrit de la même témérité, sur le sujet de la Lettre circulaire que l'Assemblée générale du Clergé a fait adresser à tous les Évêques de France, pour préserver leurs diocèses de la corruption des Casuistes; ayant osé dire de cette Lettre, que « c'est une pièce subreptice, sans aveu, sans ordre et sans autorité. » Sur quoi les Curés de Paris, pour confondre davantage cette hardiesse, jugèrent à propos d'en écrire à M. l'abbé de Cyron, qui avoit eu ordre de l'Assemblée de dresser cette Lettre, pour servir de préface au livre des *Instructions* de saint Charles. M. de Saint-Roch en prit le soin; et voici ce que M. de Cyron lui répondit d'auprès de Toulouse, le 25 mai 1658.

A M. le curé de Saint-Roch, syndic des Curés de Paris.

« Monsieur,

« Je dois rendre témoignage à la vérité, que je n'ai pas tant de part, comme votre Compagnie a cru, à ce bel ouvrage de l'Assemblée, quoique je me glorifie bien d'y en avoir un peu. Ceux qui ne veulent pas reconnoître cette pièce comme un ouvrage de cet auguste corps, en ont conçu des idées bien basses, et lui font une grande injure, puisque non seulement il lui appartient, mais aussi à tous les Évêques qui étoient pour lors à Paris. J'en fis la proposition à la prière de plusieurs prélats de l'Assemblée; et, pour la rendre plus authentique, je pris occasion de la convocation des étrangers qui avoient été appelés pour quelque affaire extraordinaire. Je ne sais pas comment l'on peut se persuader que de telles actions cherchent les ténèbres. J'ai vu toujours MM. les Prélats fort disposés à condamner toutes ces maximes diaboliques qui ont paru dans les Extraits; et l'horreur que tous en témoignoient faisoit bien paroître qu'ils n'étoient retenus que par leur peu de loisir, et par la nécessité qu'on avoit de conclure une si longue Assemblée. En vérité, il me semble qu'il ne faut que croire en Dieu, et n'avoir pas renoncé aux premières notions du Christianisme, pour avoir en exécration une telle Morale. Je m'estimerois heureux de pouvoir la noyer dans mon sang; mais, puisque je n'ai que des désirs fort inutiles pour le soutien d'une cause aussi juste et aussi sainte que la vôtre, je vous supplie d'agréer que je joigne mes vœux et mes prières à vos illustres travaux, et que je dise : *Exsurge, Deus, judica causam tuam.* Souffrez, monsieur, que je joigne à ces foibles souhaits l'assurance de mes respects, en qualité de,

« Monsieur,

« Votre très humble et très obéissant serviteur,

« De Cyron. »

Ce second Écrit des Curés de Paris, par lequel leur Factum est publiquement avoué, et la supposition des Jésuites renversée, est signé des huit curés députés de tout le Corps.

Cependant on procédoit à l'examen de l'*Apologie* dans la Sorbonne. M. Messier, doyen, rapporta que M. l'Évêque de Rodez leur avoit fait dire, à M. le Syndic et à lui, que l'auteur de l'*Apologie* demandoit d'être entendu par les examinateurs de son Livre, avant qu'on fît la Censure : à quoi la Faculté consentit, et pria M. l'abbé Le Camus, docteur de Sorbonne et aumônier ordinaire du Roi, d'assurer M. de Rodez que la Faculté avoit accordé ce qu'il avoit demandé, sans différer néanmoins la délibération qu'on avoit déjà commencée.

C'est pourquoi le lendemain, qui étoit le 9 d'avril, on continua à opiner; et le 10, la Censure de trois opinions touchant la Simonie et les Occasions prochaines fut conclue.

Le même jour, 10 avril, M. l'abbé Le Camus alla trouver M. de Rodez, et lui dit, de la part de la Faculté, qu'elle écouteroit l'auteur de l'*Apologie*, et le 17, le même abbé, qui devoit partir pour aller faire sa charge d'aumônier auprès du Roi, pria M. Gauquelin, le plus ancien des députés de la Faculté pour l'examen de l'*Apologie*, de rapporter à la Faculté ce qu'il avoit dit à M. de Rodez et au P. Annat, touchant l'audience qu'elle avoit accordée à l'auteur de l'*Apologie*. Et sur ce que M. Gauquelin lui dit qu'il pourroit bien arriver que les Jésuites le désavoueroient de la proposition qu'il avoit faite à la Faculté de leur part, il répondit qu'il avoit pour cela une Lettre du P. Annat en bonne forme, et qu'il la gardoit pour la montrer, s'ils le désavouoient.

M. l'Évêque de Rodez continuant toujours de poursuivre cette conférence, M. Gauquelin alla le trouver pour lui dire qu'il conféreroit le samedi d'après. Il rencontra avec lui le P. Annat, qui, ayant entendu cette réponse, lui demanda en quel lieu cette conférence devoit se faire; il lui dit qu'il n'y en avoit pas de plus propre que la maison de la Faculté. Mais le P. Annat ayant fait difficulté d'accepter ce lieu, d'autant qu'il n'y avoit pas là assez de Casuistes, M. Gauquelin répondit qu'il n'avoit ordre que de faire quelques propositions à l'auteur de l'*Apologie*, d'entendre ses réponses, de les écrire, de les lui faire signer, et même avant que de lui faire aucune proposition, de voir s'il étoit autorisé par son supérieur, par un acte qu'on lui mît entre les mains, par lequel il parût qu'il avoit permission de venir défendre le Livre qu'il avoit fait, et qu'il se soumettoit au jugement de la Faculté. Sur quoi ils se séparèrent sans conclure s'ils confereroient le samedi suivant ou non.

Les Jésuites, voyant que tous les efforts qu'ils avoient faits pour la défense de l'*Apologie* étoient inutiles, allèrent trouver M. le Cardinal pour le conjurer de prendre la protection de leur Compagnie, en empêchant que ce Livre ne fût censuré. Mais il leur répondit que « le Roi, par un surcroît de bonté pour eux, avoit arrêté les poursuites que les Curés de Paris avoient commencé de faire au Parlement; mais que leur ayant permis au même temps de s'adresser aux Grands Vicaires et à la Faculté, il n'y avoit aucune apparence qu'il dût maintenant employer son autorité pour empêcher les Vicaires Généraux et la Faculté de condamner un Livre que tout le monde disoit être fort méchant. Sur quoi M. Le Tellier dit aux Jésuites qu'il étoit étonné de la conduite de leur Société; qu'à peine étoient-ils hors de l'affaire que les Curés de Paris avoient portée au Clergé, et que, sans considérer le péril dont ils n'étoient pas encore sortis, ils venoient de mettre au jour un Livre qui renouveloit toutes les propositions que les Curés avoient voulu faire condamner, et dont le Clergé avoit assez témoigné son aversion; qu'au reste, il pouvoit assurer Son Éminence qu'il n'y avoit rien de si pernicieux que ce qu'il avoit lu de l'*Apologie,* et que de toutes les personnes qu'il avoit vues qui eussent lu ce Livre, il n'y en avoit point qui ne lui en eût parlé en cette manière. »

Le vingtième du même mois d'avril, M. l'Évêque d'Olonne avec les Grands Vicaires de M. l'Archevêque de Rouen, et autres par lui députés pour l'examen de l'*Apologie,* lui envoyèrent leur avis doctrinal signé d'eux, en ces termes : « Les soussignés, députés par M. l'illustrissime et révérendissime Archevêque de Rouen, primat de Normandie, pour l'examen du Livre intitulé : *Apologie pour les Casuistes,* après avoir examiné ce Livre sérieusement et avec grand soin, sont d'avis qu'il doit être entièrement défendu et condamné, comme contenant plusieurs propositions scandaleuses, pernicieuses, qui offensent les oreilles chastes, qui ouvrent le chemin aux Usures, à la Simonie, aux Meurtres, aux Larcins et aux autres crimes; qui sont contraires aux principes de l'Évangile, injurieuses aux Sacremens de Jésus-Christ, et calomnieuses; et que pour cela il est nécessaire de défendre, sous de très grièves peines, que personne ne soit si présomptueux, que de soutenir ou de mettre en pratique la Doctrine de ce Livre, et beaucoup moins encore de s'en servir dans la conduite des consciences. A Rouen, le 15 d'avril 1658, et signé : Jean, Évêque d'Olonne, suffragant de l'évêché de Clermont, et vicaire général dans les fonctions pontificales de M. l'Archevêque de Rouen, Antoine Gaulde, docteur de la sacrée-faculté de théologie de Paris, chantre et chanoine de l'église de Rouen; Pierre Le Cornier, docteur de la Faculté de théologie de Paris, et grand archidiacre de l'église de Rouen; Toussaint Thibault, chanoine théologal et grand pénitencier de l'église de Rouen. »

Le dernier d'avril, qui étoit le jour de l'Assemblée Synodale des Curés de Paris, tout ce qui avoit été fait par le passé sur le sujet de l'*Apologie* fut confirmé : on remercia les huit députés de leurs soins, et on les pria instamment de vouloir les continuer. Et comme c'étoit le temps de nommer de nouveaux Syndics, on pria M. de Saint-Roch de continuer ses soins, qui avoient été si utiles à la Compagnie et à l'Église entière, depuis quatorze ans qu'il exerce cette charge; mais comme M. des Saints-Innocens étoit nouvellement élu promoteur, et qu'ainsi il ne pouvoit plus être continué dans le syndicat, on le remercia avec beaucoup d'affection, et on le pria au moins de vouloir demeurer au nombre des députés; et M. le curé de Saint-Eustache fut élu syndic à sa place.

Le deuxième de mai, M. Gauquelin, après avoir rendu compte à la Faculté de ce que M. l'abbé Le Camus avoit dit à M. de Rodez et au P. Annat touchant la conférence qu'avoit demandée l'auteur de l'*Apologie,* et que depuis cet auteur n'étoit point comparu, il fit son rapport de deux autres propositions de ce Livre, l'une touchant le Meurtre, et l'autre touchant la Calomnie. Il fut conclu que la Faculté s'assembleroit le lundi suivant, auquel jour ces deux propositions furent censurées.

Cependant les Jésuites, depuis leur premier Écrit intitulé : *Réfutation,* etc. avoient publié deux ou trois feuilles pour soutenir les propositions qu'on examinoit en Sorbonne; et les Curés, ayant résolu d'y répondre, le firent par leurs troisième et quatrième Écrits. Ils avoient remarqué que les moyens que les Jésuites employoient pour défendre leur méchante Morale, consistoient principalement en deux choses : l'une à citer une foule d'auteurs de leur Société, ou quelques autres Nouveaux Casuistes aussi corrompus qu'eux, auxquels ils vouloient donner une autorité souveraine dans l'Église ; l'autre, à alléguer faussement les saints Pères, comme étant de leurs sentimens. C'est contre ces deux excès que les Curés firent ces deux Écrits : le premier, qui fut revu par les députés le 7 mai, suivant la conclusion de l'Assemblée Synodale du dernier avril, et publié peu de jours après, portoit ce titre : *Troisième Écrit des Curés de Paris, où ils font voir que tout ce que les Jésuites ont allégué des saints Pères et Docteurs de l'Église pour autoriser leurs pernicieuses maximes, est absolument faux et contraire à la doctrine de ces saints.*

L'autre Écrit des Curés, pour renverser les réponses des Jésuites, et qui fut signé par les députés le 23 mai, portoit pour titre : *Quatrième Écrit des Curés de Paris, où ils montrent combien est vaine la prétention des Jésuites, qui pensent que le nombre des Casuistes doit donner de l'autorité à leurs méchantes maximes, et empêcher qu'on ne les condamne.*

Ce fut en ce temps que M. l'Évêque d'Orléans, prenant l'occasion de son Synode Général, qui devoit se tenir à Orléans le mardi 4 juin, se crut obligé de ne pas laisser sans condamnation un livre si préjudiciable au salut des âmes, qui avoit été répandu par les Jésuites en plusieurs lieux de son diocèse. C'est pourquoi en ayant dressé la censure qui condamne cette *Apologie* comme contenant plusieurs très mauvaises et très pernicieuses maximes, qui corrompent la discipline et les mœurs, et qui introduisent un relâchement entièrement opposé aux règles de l'Évangile, elle fut publiée les fêtes suivantes de la Pentecôte. En quoi il eut la gloire d'être le premier entre tous les Prélats qui ait condamné ce méchant Livre.

Le onzième du même mois de juin, le Cinquième Écrit des Curés de Paris fut signé par les huit députés, ayant pour titre : *Cinquième Écrit des Curés de Paris, sur l'avantage que les Hérétiques prennent contre l'Église de la Morale des Casuistes et des Jésuites.* C'étoit peut-être le plus nécessaire de tous leurs Écrits, après lequel il y a sujet d'espérer que les Hérétiques n'auront plus la hardiesse de prendre aucun prétexte de ces corruptions des Jésuites et de quelques autres auteurs particuliers, pour imposer à l'Église des opinions qu'elle abhorre.

Le lendemain, la Faculté s'étant assemblée pour travailler à la Censure de l'*Apologie*, M. le Doyen présenta une feuille ou écrit qu'il dit avoir reçu de la main de M. le Chancelier, sans nom, sans signature, et qui ne parloit ni de l'auteur de l'*Apologie* ni de soumission à la Faculté; mais qui étoit une simple explication des propositions de ce Livre qui avoient été agitées et condamnées dans les Assemblées précédentes. Cette pièce qui fut appelée : *Déclaration des Jésuites sur leur Apologie pour les Casuistes,* avoit été apportée par le Provincial des Jésuites et le P. de Lingendes à M. le Chancelier, qui étoit alors avec M. le Nonce, après avoir été concertée de longue main entre les Jésuites assemblés des provinces sur le sujet de leurs affaires. Cette pièce ayant été lue dans la Faculté, il y eut contestation : quelques-uns prétendoient que cette déclaration, bien que défectueuse dans les formes, devoit être considérée, et qu'il falloit en faire cas, venant de M. le Chancelier et de M. le Nonce : mais d'autres représentèrent qu'il s'agissoit de matières de Théologie, et que les Jésuites, par leur déclaration, avoient offensé M. le Chancelier, et se moquoient de la Faculté, de présenter ainsi une pièce sans seing et sans aveu, et qui ne rétractoit pas, mais qui confirmoit les erreurs de l'*Apologie*. Ce qui ayant été généralement suivi, la Faculté députa à M. le Chancelier, pour lui dire que cette déclaration n'étoit pas suffisante, parce qu'elle n'étoit point signée ; et de plus, parce que, l'ayant lue, on avoit assez reconnu qu'elle ne satisfaisoit pas à ce qu'on trouvoit à redire dans l'*Apologie*.

Ensuite M. Gauquelin exposa l'avis des docteurs députés touchant les contrats usuraires approuvés par l'Apologiste. Il fit voir que le pape Sixte V les avoit censurés expressément dans les mêmes espèces que l'auteur de l'*Apologie* apportoit, et les 13 et 14 de juin, on en conclut la Censure.

Pendant que tout cela se passoit en Sorbonne, les Jésuites ne sollicitoient pas avec moins d'empressement MM. les Vicaires Généraux, pour les empêcher de faire une Censure de l'*Apologie*; et ils ne réussirent pas mieux dans leurs sollicitations. Quelque temps après que MM. les Grands Vicaires en eurent entrepris l'examen, les PP. Annat et de Lingendes firent tous leurs efforts pour les porter à remettre leur Censure à un autre temps. Sur quoi ces messieurs leur déclarèrent qu'ils étoient prêts de recevoir tout ce qu'ils voudroient leur présenter pour les instruire, qu'ils y feroient toute l'attention qu'ils pourroient désirer; mais qu'ils ne pouvoient pas remettre plus longtemps l'examen de cette *Apologie*, après l'avoir différé plusieurs mois.

Depuis, le P. de Lingendes leur présenta la même déclaration qu'ils avoient fait bailler à la Faculté par M. le Chancelier; sur quoi M. le Doyen lui ayant témoigné qu'il s'étonnoit de ce qu'ils s'obstinoient si fort à la défense de ce Livre, le P. de Lingendes répondit : « qu'ils étoient fâchés du bruit que ce Livre causoit, mais que maintenant ils y étoient engagés; que, puisque ce Livre avoit été fait pour la défense de leurs Casuistes, ils étoient obligés de le soutenir. »

Mais les artifices de cette déclaration ne furent pas moins reconnus par les Grands Vicaires qu'ils le furent en Sorbonne; de sorte qu'elle fut absolument rejetée, comme une pièce informe et qui ne méritoit pas qu'on y eût égard.

Ainsi les Jésuites, se voyant déchus de toutes leurs espérances, tournèrent leurs pratiques à faire en sorte que la Censure de Sorbonne fût dressée de la manière la plus avantageuse pour eux qu'ils pourroient, et la moins avantageuse à leurs adversaires; et pour entendre de quelle façon ils s'y prirent, il faut remarquer que les *Lettres au Provincial*, qui traitent de la Morale des Jésuites, ne font principalement que représenter une partie des erreurs dont les Curés de Paris ont demandé la Censure à l'Assemblée générale du Clergé, et qui viennent d'être condamnées par la Faculté; mais parce que les trois premières ne sont pas de morale, les Jésuites crurent qu'ils pourroient se servir avec adresse de ce moyen pour y faire donner quelque atteinte, espérant la faire retomber ensuite sur tous ceux qui combattoient les mêmes excès qui sont combattus dans ces Lettres.

Dans ce dessein, pendant les quinze jours qui avoient été donnés aux députés pour dresser la Censure, ils ménagèrent l'esprit de quelques-uns d'eux, et les portèrent à y insérer une clause contre les *Lettres Provinciales* qui les notoit indirectement. De sorte que le 1er de juillet, la Faculté étant assemblée, M. Gauquelin, après avoir fait le rapport du projet qu'il en avoit dressé, et de quelques difficultés touchant le contrat Mohatra, nonobstant lesquelles la Faculté ordonna que ce contrat demeureroit condamné, il proposa aussi que c'étoit l'avis de quelques-uns des députés d'insérer dans la Censure cette clause : « *Factam esse Apologia occasione Epistolarum Provincialis ad amicum quas non probat Facultas, utpote quas audivit Romæ damnatas.* » Sur cette proposition nouvelle, plusieurs docteurs, et principalement ceux d'entre les Curés de Paris qui étoient dans la Faculté, représentèrent les dangereuses conséquences qu'on pouvoit en tirer, pour établir les corruptions que ces *Lettres* ont combattues, et que les curés de Paris ont déférées à l'Assemblée générale du Clergé. Ils remontrèrent encore que ces *Lettres* n'ayant point du tout été examinées, la Faculté ne pouvoit en parler, ni directement, ni indirectement. Et enfin, que c'étoit reconnoître l'Inquisition en France, que de faire mention d'un jugement qu'on disoit qu'elle avoit fait. Mais comme la partie étoit liée, leur opposition fut inutile, la clause passa à la pluralité, et il fut arrêté qu'on feroit rapport du tout le seizième du même mois.

Mais le onzième de juillet il survint une rencontre qui mit un peu en désordre ceux qui avoient tant travaillé à faire passer la clause contre les *Provinciales :* ce fut que M. Talon, avocat général, ayant appris le projet de ces docteurs, envoya un billet par son secrétaire à M. Messier, doyen de la Faculté, par lequel il le prioit de se rendre le lendemain au parquet à sept heures et demie du matin, accompagné du syndic et de quatre ou cinq anciens docteurs. Il ne manqua pas en effet de s'y trouver, étant assisté, outre le syndic, de MM. Coppin, de Mincé, du

Chesne et de Flavigny. On fit d'abord retirer tout le monde, et quand ils furent seuls, M. Talon leur dit que « le sujet pour lequel on les avoit mandés, étoit qu'on avoit su que dans la dernière Assemblée de Sorbonne, la Faculté avoit arrêté d'insérer dans la Censure de l'*Apologie des Casuistes* une clause contraire aux lois de la France, qui étoit que la Faculté n'approuvoit pas les *Lettres au Provincial, eo quod accepisset Romæ fuisse damnatas*. Que cette façon de parler étoit contraire à la pratique du royaume, et que l'on ne pouvoit en user sans reconnoître l'Inquisition; que si leur Censure eût paru en cet état, les gens du Roi eussent été obligés de la faire réformer. Mais qu'il avoit jugé plus à propos de les avertir qu'ils prévinssent cet inconvénient; qu'on savoit de plus, que les Religieux s'étoient trouvés en cette Assemblée en plus grand nombre qu'ils ne devoient; que la Faculté devoit faire observer ses propres règlemens faits sur ce point, et les arrêts du Parlement; qu'autrement il seroit obligé de faire donner arrêt, les chambres assemblées, pour les réduire à leur nombre; qu'au reste il y avoit lieu de s'étonner que la Faculté eût employé cinq mois entiers à faire la Censure d'un aussi méchant Livre que celui de l'*Apologie*. » Il leur recommanda ensuite d'obéir aux ordres qu'on leur donnoit; et, pour preuve de leur déférence, il leur dit de se rendre au même lieu le lendemain de leur Assemblée, afin d'en rendre compte aux gens du Roi.

Ces docteurs s'étant retirés, firent, le seizième de juillet, leur rapport à la Faculté de ce qui s'étoit passé; et après une longue délibération, il fut conclu qu'on obéiroit à l'ordre de MM. les Gens du Roi, et qu'on ne feroit aucune mention de ce prétendu décret de Rome contre les *Lettres Provinciales*. Après, la Censure fut lue, approuvée et confirmée; et on alloit en ordonner la publication, lorsque tout le monde fut surpris de voir entrer en Sorbonne, à point nommé, M. Percheron, aumônier du Conseil, qui, s'étant présenté à la porte, demanda à parler, de la part de M. le Chancelier, au doyen de la Faculté. Le doyen étant sorti, il lui dit que M. le Chancelier ne vouloit pas empêcher leur Censure, mais qu'il prioit la Faculté d'en différer la publication jusques au retour du Roi, qui devoit être dans huit ou dix jours. Le doyen ayant fait son rapport, on en délibéra; et la conclusion fut que, comme la Faculté ne feroit pas publier sa Censure sans savoir les intentions de M. le Chancelier, aussi elle lui enverroit des députés pour lui remontrer les intérêts qu'elle avoit que cette publication ne fût pas plus longtemps différée, et lui faire connoître le scandale que ce retardement pourroit produire parmi le peuple. M. le Doyen, M. le curé de Saint-Paul, M. le curé de Saint-Eustache et M. le Syndic furent nommés pour cela. On députa de plus le même doyen avec le Syndic vers M. Talon, pour lui témoigner que la Faculté avoit réformé cette clause de sa Censure, et qu'on n'y parloit plus du décret de Rome contre *les Provinciales,* ni de rien qui pût blesser les Libertés de l'Église gallicane.

Ces docteurs exécutèrent ensuite leur commission, tant vers MM. les Gens du Roi, que vers M. le Chancelier, qui insista toujours sur ce délai : « parce, dit-il, que la publication de la Censure pourroit faire trop de bruit parmi les peuples, qui ont aversion de cette méchante doctrine et de ses auteurs; et que la présence du Roi arrêteroit les désordres qui pourroient en arriver. » Ce qui a retardé longtemps cette publication, bien que le Roi fût à Paris, les Jésuites ayant joué toutes sortes de stratagèmes pour essayer de l'empêcher tout à fait.

Cependant les Curés, qui s'étoient assemblés le second de juillet, remercièrent les députés qui avoient signé le Cinquième Écrit, du soin qu'ils avoient pris de composer une pièce si nécessaire et si avantageuse à l'Église. Et les Jésuites, voyant l'effort qu'on faisoit pour détruire leurs maximes, s'obstinèrent à les soutenir, par une pièce qu'ils publièrent sous ce titre : *Sentimens des Jésuites,* etc., où ils déclarent ouvertement qu'ils ne veulent point condamner l'*Apologie*. Ce fut sur quoi les Curés arrêtèrent, le 24 du même mois de juillet, leur Sixième Écrit, qui a pour titre : *Sixième Écrit des Curés de Paris,* où ils font voir par cette dernière pièce des Jésuites, que leur Société entière est résolue de ne point condamner l'*Apologie,* et où ils montrent, par plusieurs exemples, qu'un des principes des plus fermes de la Doctrine de ces Pères est de défendre en Corps les sentimens de leurs docteurs particuliers.

Le samedi, dix-septième jour d'août auquel avoit été remise l'Assemblée ordinaire de la Faculté, il y eut contestation, dont voici le sujet. Quelques-uns de MM. les Curés se plaignirent de ce qu'on avoit ajouté un mot à la Censure; savoir, *nullatenus,* lequel n'y étoit point lorsqu'elle fut arrêtée par la Faculté, et demandèrent acte de l'opposition qu'ils formoient à cette addition.

Tout ce qui regardoit la Censure étoit donc terminé dans la

Faculté, il ne restoit plus qu'à faire lever l'empêchement que M. le Chancelier apportoit à sa publication; ce qui obligea les Curés de Paris de recourir immédiatement à M. le Cardinal, qui leur fit l'honneur de leur promettre que la parole du Roi seroit exécutée. Mais l'effet de cette promesse étant retardé par les grandes occupations de Son Éminence, les Curés de Paris députèrent exprès M. le curé de Saint-Paul vers M. le Cardinal qui étoit à Fontainebleau, pour le prier, au nom de tout le corps, de faire lever la défense de publier cette Censure; à quoi Son Éminence répondit qu'aussitôt qu'il seroit à Paris, il leur donneroit satisfaction.

Pendant que ces choses se passoient à Paris, les Curés des Provinces pensoient de leur côté à la sûreté du salut de leurs peuples, en demandant à leurs Prélats la Censure de l'*Apologie*.

Les Curés de Nevers signalèrent leur zèle pour la pureté de la Morale chrétienne, comme ils avoient fait peu auparavant pour le soutien de la Hiérarchie de l'Église contre les mêmes adversaires. C'est ce qui se voit dans la requête qu'ils présentèrent à M. leur Évêque le 5 juillet 1658, où ils lui parlent en ces termes : « Les supplians se sont déjà pourvus pardevant vous pour le premier de ces abus, qui consiste en de certaines indulgences fausses et subreptices, par le moyen desquelles les Jésuites faisoient accroire qu'on gagneroit les pardons, et qu'on délivreroit des âmes du purgatoire, pourvu qu'on communiât chez eux, et non ailleurs, même aux saints jours de dimanche, où l'on est le plus étroitement obligé d'assister à sa paroisse. Ce qui étant un renversement de l'ordre établi de Dieu, dont ils furent obligés de vous faire leurs plaintes il y a quelques mois, la justice qu'ils en obtinrent leur fait espérer que vous ne serez pas moins porté à leur en rendre une pareille sur le second de ces abus, qui est contre la Morale évangélique, laquelle est toute corrompue par les maximes des Nouveaux Casuistes et des Jésuites, et dont on a fait aujourd'hui un amas dans un Libelle intitulé : *Apologie pour les Casuistes.* »

Le même jour 5 juillet, les Curés d'Amiens présentèrent requête à M. leur Évêque, dans laquelle ils lui remontrent, outre les excès de l'*Apologie,* les erreurs semblables enseignées publiquement dans leur ville par trois jésuites professeurs des cas de conscience. Et le 27 du même mois, ils lui portèrent en sa maison épiscopale de Montiers, un Factum sur ce sujet, avec les Extraits des Écrits de ces mêmes Jésuites.

M. l'Évêque d'Amiens, ayant reçu la requête et le Factum, ne se contenta pas de témoigner aux Curés, par le bon accueil qu'il leur fit, combien il approuvoit leur zèle et leur piété; mais il leur dit positivement : « qu'il n'avoit jamais pu approuver et qu'il n'approuveroit jamais la Doctrine des Jésuites; qu'il en avoit dit très librement ses sentimens, jusque dans le Louvre, en des occasions importantes, et que c'étoit une chose étrange, combien ces maximes se répandoient. » Il leur rapporta sur ce sujet, que, faisant ses visites dans Abbeville, il s'enquit des prêtres qui servent aux paroisses, ce qu'ils répondoient aux serviteurs et servantes qui ne se contentoient pas de leurs gages, et qui, sur ce prétexte, se récompensent en cachette du bien de leurs maîtres, et qu'il s'en trouva plusieurs qui approuvoient ces compensations; parce, disoient-ils, qu'ils avoient appris cette Doctrine des Jésuites. Il ajouta encore, sur ce que quelques curés témoignèrent s'étonner que les Jésuites enseignassent de si étranges choses dans Amiens, que ce qu'ils trouvoient étrange ne le surprenoit pas. « Je suis assuré, dit-il en propres termes, que le P. Poignant ne débite point sa doctrine particulière : sachez qu'autant qu'ils ont de Pères qui enseignent les Cas de Conscience en France, en Italie, en Espagne, en Allemagne et partout ailleurs, ils parlent tous le même langage. » Les Curés crurent être obligés depuis de rendre leur Factum public; et M. l'Évêque d'Amiens étant allé à Paris, ils lui en firent présenter des copies imprimées, en les accompagnant d'une Lettre fort respectueuse, à laquelle il leur fit l'honneur de répondre en cette sorte.

« A Paris, le 5 septembre 1658.

« Messieurs,

« J'ai reçu, par les mains de M. le curé de Saint-Paul, votre Lettre du dernier du mois passé, avec six copies imprimées de la requête, du manuscrit et des Extraits que vous m'avez donnés étant à Amiens. Après avoir examiné le tout, je suis fort convaincu de la nécessité de travailler à l'examen de cette Morale; mais comme c'est une affaire de très grande conséquence, je je suis bien aise de prendre du temps pour en communiquer, non seulement avec MM. mes confrères qui se trouvent ici présentement, mais encore avec des personnes de science et de probité reconnue, pour ne rien faire que dans l'unité de la Doctrine et dans la communication des Églises du Royaume, et pour ne rien décider qui ne tende à l'affermissement de la Foi, à l'honneur de la Religion et à l'édification des Ames. J'espère dans peu de jours retourner dans mon diocèse, où nous en confèrerons plus amplement. Cependant si vous avez quelque chose à me faire savoir, vous pouvez vous adresser à M. le curé de Saint-Paul, qui est de vos amis et des miens. Je me recommande à vos prières, et suis,

« Messieurs,

« Votre très affectionné serviteur et confrère,

« FRANÇOIS, *Évêque d'Amiens.* »

Le 12 novembre 1658, quelque temps après, la contestation s'étant émue entre les Curés et les Jésuites d'Amiens sur le sujet des Écrits de leurs professeurs, dont les Curés s'étoient plaints, M. l'Évêque d'Amiens condamna les Jésuites par contumace aux dépens envers les Curés, et ordonna qu'ils seroient réassignés, pour se voir condamner à révoquer publiquement leurs méchantes propositions.

Les Curés de Beauvais ne firent pas moins paroître combien ils détestent cette *Apologie;* car en leur Synode tenu le 10 juillet, où ils étoient assemblés, ils dressèrent et signèrent, au nombre de plus de trois cents, la requête qu'ils présentèrent à M. leur Évêque.

Les Curés de Sens ont aussi agi en cette poursuite dans les formes les plus canoniques et les plus régulières qu'on puisse observer, et obtinrent de M. leur Archevêque une Censure du 3 septembre 1658, qui qualifie toutes les propositions d'une manière si pleine de piété et de doctrine, qu'encore qu'elle soit faite dans un diocèse particulier, il est vrai néanmoins que c'est une lumière qui peut éclairer toute l'Église.

Le 12 du même mois de septembre, les Curés d'Évreux présentèrent leur requête sur le même sujet à M. leur Évêque, où ils témoignent l'engagement particulier qu'ils ont de s'opposer à ces corruptions, par les instructions et exhortations qu'ils ont reçues de lui-même, de suivre une morale toute opposée, dans l'approbation qu'il donna, étant évêque d'Aire, au Livre de *La Fréquente communion.*

C'est ainsi que les Curés des Provinces travailloient de toutes leurs forces contre ce pernicieux Libelle, lorsque les Jésuites à Paris, voyant que la Censure de la Faculté demeuroit si longtemps sans être publiée, commencèrent à espérer qu'elle ne le seroit point du tout; ensuite de quoi les docteurs s'assemblèrent le 24 septembre, et en députèrent d'entre eux à M. le Cardinal et à M. le Chancelier, pour leur demander avec instance qu'on ne différât plus cette publication.

Ils furent donc chez Son Éminence, où n'ayant pu avoir audience, ils furent chez M. le Chancelier, auquel ayant fait remontrance sur la nécessité de publier leur Censure, il leur promit d'en parler à M. le Cardinal, et d'y faire ce qu'il pourroit.

En effet, le 18 octobre, M. l'Évêque de Rodez vint, de la part du Roi, en Sorbonne, dire à M. Messier, doyen, que Sa Majesté n'empêchoit point la Publication de la Censure qu'on avoit tant demandée; et le lendemain les docteurs s'étant assemblés extraordinairement, conclurent unanimement cette publication, et leur Censure fut imprimée et débitée quelques jours après.

Le 30, MM. les Vicaires Généraux ayant assemblé tous ceux qui ont travaillé avec eux à l'examen de l'*Apologie,* ils signèrent tous la Censure qui en avoit été dressée dès le 23 août, où ils ne se sont pas contentés de flétrir, en général, ce méchant Livre, mais en ont condamné plus de soixante propositions, par trente censures si judicieuses, si équitables et si solides, qu'elles peuvent servir de règle dans un très grand nombre de points importans de la Morale Chrétienne. Cette Censure fut publiée aux prônes de toutes les paroisses de Paris, par l'ordre exprès de MM. les Vicaires Généraux, le premier dimanche de l'Avent, lequel ils choisirent pour la rendre plus solennelle.

Et depuis, Nosseigneurs les Prélats répondant au zèle de leurs Curés, ont fait tant de censures, que toute la France en est aujourd'hui remplie, et qu'il ne peut plus rester à personne le moindre prétexte de suivre ces impiétés proscrites par tant d'Évêques.

M. l'Évêque d'Aleth, dans ce même temps, ayant été visité par quatre autres Évêques de ses amis, Nosseigneurs de Pamiers, de Comminges, de Bazas et de Couzerans, ils crurent qu'ils pouvoient encore mieux faire en commun, et en se consultant mutuellement, ce que chacun d'eux auroit pu faire en particulier, et en consultant de simples théologiens. De sorte que leur Censure, arrêtée le 24 d'octobre 1658, n'étant qu'une par l'union du même esprit et du même zèle, tient véritablement lieu de Cinq Censures; parce qu'elle doit être attribuée à chacun de ces Évêques en particulier, comme faite pour son diocèse, avec l'avis de quatre autres de ses confrères. Et ainsi on doit bénir Dieu de ce qu'une Censure aussi authentique entreprend particulièrement les deux sources principales de ces corruptions, qui consistent en la Probabilité et en la Direction d'Intention, avec une doctrine si sainte et si solide, que quand leur autorité sacrée ne rendroit pas leurs décisions vénérables à tous les fidèles, la force de leurs raisons et des preuves qu'ils rapportent de l'Écriture, suffiroit pour en convaincre toutes les personnes raisonnables.

Un peu après parut celle de M. l'Évêque de Nevers, du 8 novembre de la même année, où il fait voir, avec une sagesse véritablement pastorale, que ce seroit s'abuser que de croire qu'il fût permis de se taire pour le bien de la paix, en un temps où toute la Morale de Jésus-Christ étant attaquée, on est au contraire obligé de parler et de crier pour la défendre. Et comme il y a un temps de parler et un temps de se taire, dont la sagesse divine apprend à faire le discernement, nous sommes aujourd'hui dans celui de parler à l'égard de ces malheureuses maximes.

Le onzième du même mois de novembre, parut la Censure de M. l'Évêque d'Angers, où l'opposition entre la règle que Jésus-Christ a prescrite aux Chrétiens, et celle que donne l'*Apologie*, est découverte avec tant d'évidence, qu'il n'y a personne qui ne conçoive de l'horreur d'un si étrange renversement. Et comme il est arrivé, par une conduite admirable de la Providence de Dieu, que tant de Censures qui ont été faites d'un même Livre, l'ont attaqué principalement par quelque endroit particulier, celle-ci le prend du côté de la Nouveauté, et montre si clairement par l'Écriture et par les Pères combien il est nécessaire de suivre l'Antiquité, qu'on ne doit plus craindre désormais le cours de ces inventions nouvelles.

Dans le même temps, M. l'Évêque de Beauvais, prenant l'occasion du saint temps de l'Avent pour faire instruire ses peuples d'une manière toute contraire à ces pernicieux relâchemens, envoya à tous les Curés de son diocèse cette excellente lettre pastorale du 12 novembre, pour répondre à la requête qu'ils lui avoient présentée, où il les exhorte d'inspirer à leurs peuples l'aversion de ces égaremens, et entre autres de cette témérité, qui est le fondement de tous, qui porte les Casuistes modernes à mépriser l'autorité des Pères, des Canons et des Conciles, pour ne s'appuyer que sur celle de ces Nouveaux Auteurs de relâchement.

M. l'Archevêque de Rouen confirma aussi, le 4 de janvier de cette année 1659, par une Censure solennelle, le jugement doctrinal que son conseil avoit rendu contre ce Livre pernicieux. Et pour apprendre à tous ses diocésains l'horreur qu'ils doivent en avoir, il déclare que « c'est un monstre dans la Théologie Morale, et qu'on peut l'appeler plus justement la condamnation des Casuistes, que leur Apologie; » et montre qu'avec quelque rigueur qu'on y agisse, ceux qui les défendent doivent encore reconnoître la modération que l'Église garde aujourd'hui à leur égard, puisqu'on a condamné autrefois d'une manière bien autrement sévère des livres bien moins dangereux.

Quelques jours après fut faite celle de M. l'Évêque d'Évreux, où, ayant fait le dénombrement des désordres qui sont permis par ce Libelle, il fait voir que dans les malheureux temps où nous sommes, où l'on cherche des docteurs et des maîtres selon le désir de son cœur, c'est exercer une véritable douceur envers les fidèles, que de les préserver de ces doctrines flatteuses, et de les nourrir de la saine doctrine, qui peut seule les guérir et les sanctifier.

Et nous venons présentement de recevoir la Censure de M. l'Évêque de Tulle, qui nous avoit été jusqu'ici inconnue, quoiqu'elle soit faite dès le 18 avril 1658, dans laquelle il déclare que ce livre, qui ne faisoit alors que paroître, quoiqu'il eût été produit si loin de son diocèse, et qu'on y en eût encore si peu de connoissance, est néanmoins si dangereux, qu'il se trouve obligé d'en préserver ses peuples, et de les avertir « de se donner de garde de ces nouveaux Pharisiens, qui, à force de multiplier leurs interprétations sur la loi, l'ont toute corrompue; et plus ils ont voulu l'accommoder au sens ou au goût des hommes, et plus ils ont éteint en elle, autant qu'ils ont pu, tout l'esprit de Dieu. » Et il remarque, par un sage discernement, que « ce qu'il y a de plus dangereux dans cette pièce, n'étoit pas seulement quelque trait de plume qui eût échappé un peu inconsidérément à l'Auteur, en quelque endroit particulier, au milieu d'une théologie bien saine et bien sûre; mais que c'étoit plutôt un assemblage et un ramas de plusieurs propositions sur la plupart des commandemens de Dieu et de l'Église, desquelles on avoit composé comme un cours d'une Morale bien corrompue et bien scandaleuse. »

Voilà ce qui s'est fait jusqu'ici sur le sujet de la Morale des Casuistes; et il y a lieu d'espérer que Dieu donnera d'heureuses suites à de si heureux commencemens, pour le bien de son Église et la défense de sa Vérité.

A Paris, ce 8 février 1659.

HUITIÈME FACTUM

Des Curés de Paris ou réponse à l'Écrit du P. Annat, intitulé : « *Recueil de plusieurs faussetés et impostures contenues dans le Journal, etc.* »

Mon révérend père,

Nous aurions tort de trouver mauvais que vous ayez été sensible aux intérêts de votre Compagnie, et que dans le grand bruit qui s'est excité contre elle sur le sujet de sa Morale, vous ayez jugé ne pas devoir demeurer dans le silence. S'il y a des accusations dans lesquelles non-seulement on doit avoir la liberté de se défendre, que l'on ne peut jamais refuser justement aux accusés, mais où, selon les Pères, il n'est pas même permis de se taire, on peut dire que celle que nous avons formée contre votre Société étoit de ce nombre, puisque, lui ayant attribué publiquement l'*Apologie,* nous l'avons par conséquent accusée de tous les excès et de toutes les erreurs pour lesquelles les Prélats ont condamné ce malheureux Livre; et qu'ainsi nous l'avons réduite à la nécessité de se déclarer, et de satisfaire l'Église sur le scandale que nous lui reprochons d'y avoir causé. Nous ne sommes donc pas surpris que, tenant le rang que vous tenez dans votre Corps, vous ayez entrepris de parler en cette rencontre; mais ce qui nous étonne, est que dans l'expérience que votre âge a dû vous donner, et dans la réputation où vous désirez de vous maintenir, vous vous y soyez conduit d'une manière si peu raisonnable et si peu judicieuse. Vous vous êtes engagé, mon révérend père, à défendre la cause de votre Société, et voici l'état où vous l'avez trouvée.

Il y a plus d'un an que nous nous sommes rendus dénonciateurs contre le Livre de l'*Apologie;* nous l'avons combattu par divers Écrits comme un Livre détestable, et qui renversoit toute la Doctrine de l'Évangile. Nous avons dit nettement que vous en étiez les Auteurs ; nous l'avons justifié par des preuves convaincantes, comme est le débit public que vous en avez fait dans votre Collége de Clermont. Nous avons ruiné toutes les réponses que vous avez opposées pour soutenir la Doctrine de ce méchant Livre, et nous vous avons convaincus d'avoir honteusement abusé de tous les passages des Pères, dont vous avez voulu l'appuyer. Dieu a béni notre travail et le zèle qu'il nous avoit donné pour sa cause ; vous avez vu, malgré toutes vos intrigues, l'*Apologie* censurée par la Faculté de Paris, par MM. les Vicaires Généraux de notre Archevêque, qui sont vos propres juges ; par trois autres Archevêques, et par un grand nombre d'autres évêques, qui sont de droit divin, et par un titre inséparable de leur caractère, les dépositaires de la Vérité et les juges de toutes les erreurs qui la combattent.

Nous avons cru, pour faire rendre gloire à Dieu de ce qu'il avoit fait pour son Église en cette rencontre, devoir représenter toute la suite de cette affaire ; et c'est ce que nous avons fait dans notre Septième Écrit, qui peut se réduire tout entier à ces deux points : l'un, que l'*Apologie* doit être tenue pour un Livre abominable et plein de maximes très-pernicieuses ; l'autre, que les Jésuites en sont les Auteurs et les Protecteurs. Il ne faut que du sens commun, mon révérend père, pour juger qu'il est impossible de vous défendre contre cet Écrit, qu'en ruinant l'un ou l'autre de ces deux points. Les Jésuites passeront toujours pour coupables d'avoir corrompu la Morale chrétienne, tant qu'il demeurera pour constant, et que l'*Apologie* la corrompt, et qu'ils sont les Auteurs de l'*Apologie*. Cependant, par un aveuglement qu'il est difficile de comprendre, votre Compagnie entreprend aujourd'hui de détourner de dessus elle l'infamie de l'*Apologie*, sans faire ni l'un ni l'autre. Nous lisons votre Recueil tout entier, nous y trouvons à chaque page quantité d'injures contre les Curés de Paris ; mais nous n'y trouvons nulle part ni que l'*Apologie* ne soit pas un ouvrage des Jésuites, et ne contienne pas leurs sentimens, ni que ces sentimens ne soient pas contraires à l'Évangile.

En vérité, mon révérend père, nous ne savons quel jugement vous faites du monde, pour croire qu'il est capable de se satisfaire de réponses aussi peu raisonnables que les vôtres. Nous disons aux Jésuites qu'ils empoisonnent les âmes en autorisant la Simonie, le Meurtre et la Calomnie ; et le P. Annat, choisi pour justifier sa Compagnie, nous dit que M. le Nonce n'étoit pas présent lorsque le P. de Lingendes présenta à M. le Chancelier une déclaration sur les erreurs de l'*Apologie,* et qu'il en a un certificat en bonne forme. Nous leur reprochons que, par le principe de la Probabilité, ils ouvrent la porte à toutes sortes de déréglemens et d'erreurs; et le P. Annat nous dit qu'il y avoit des Grands Vicaires dans le diocèse de Paris le samedi 12 février 1656. Nous les accusons de fomenter tous les désordres du Christianisme, en laissant vieillir les pécheurs dans leurs habitudes vicieuses et dans les occasions prochaines du péché; et le P. Annat nous dit que M. Le Tellier n'a point parlé des Jésuites, et n'entend point la matière dont il s'agit, et que M. de Rodez n'a point traité avec M. Gauquelin. Nous ne disons pas, mon révérend père, que vous opposiez précisément ces réponses à ces reproches; mais nous vous disons que toute notre accusation consistant dans ces reproches, nous n'y trouvons point d'autre réponse dans votre Écrit. Ainsi nous n'avons qu'à supposer pour constant ce que vous avouez assez par votre silence, et que la doctrine de l'*Apologie* est si damnable, que, quoique vous osiez tout, vous n'avez osé la soutenir publiquement; et qu'il est si constant que vous en êtes les Auteurs, et qu'elle contient votre doctrine, que vous n'avez pas eu la hardiesse de le nier, ni d'attaquer aucun des faits décisifs par lesquels nous l'avons prouvé.

Nous sommes donc pleinement justifiés, et les Jésuites pleinement convaincus des crimes dont nous les avons accusés à la face de toute l'Église. Et tout ce que fait voir la réponse du P. Annat est que les Jésuites, se trouvant dans une impuissance entière d'éviter le déshonneur de tant de Censures, ont recherché au moins le plaisir malin de se venger en déchirant la réputation de ceux qui les avoient procurées, et la vaine satisfaction de montrer que tout abattus qu'ils sont par les jugemens de l'Église, ils ont encore assez de crédit dans le monde pour y débiter impunément les plus sanglantes injures contre un Corps considérable dans la Hiérarchie de l'Église.

Mais si cette violence, mon révérend père, peut servir à relever votre Compagnie dans l'esprit de ceux qui mettent l'honneur dans l'impunité des crimes, elle ne fait que la déshonorer de plus en plus dans celui de toutes les personnes qui jugent des choses ou selon les règles de la piété, ou même selon celles de la Prudence. Il avoit couru un bruit que votre Général vous avoit défendu très-expressément de faire aucune réponse aux Écrits qui attaquoient votre Morale ; et toutes les personnes sages avoient jugé que, si cet avis n'étoit pas entièrement conforme aux maximes du Christianisme, qui demandoient de vous une réparation publique pour des excès publics, il l'étoit au moins à celles de la Politique, qui obligent de dissimuler et de couvrir, par une apparence de modestie, les justes reproches dont on ne sauroit se purger. Mais quand on voit maintenant que la passion qui transporte votre Compagnie, ne l'a pas rendue capable de se ranger à ce parti, que peut-on juger autre chose, sinon qu'elle est aussi bien abandonnée de la prudence des enfans du siècle, que de celle des enfans de la lumière ; que Dieu, en punition de tant d'erreurs si opiniâtrément soutenues, y a répandu un esprit d'étourdissement ; et que ce n'est plus qu'une troupe d'hommes emportés qui agissent au hasard ; qui ne gardent plus aucune mesure dans leur conduite ; qui parlent, qui se taisent ; qui publient des Écrits, et qui les suppriment aussitôt ; qui avouent, et qui désavouent ; qui contrefont les humiliés et les abattus, et s'élèvent en même temps avec une insolence insupportable, et qui ne représentent dans leur procédé que l'état de ceux dont l'Écriture dit dans le douzième chapitre de Job : « *Palpabunt quasi in tenebris, et non in luce; et errare faciet eos quasi ebrios.* »

Car n'est-ce pas, mon révérend père, ce qu'on a vu dans les diverses démarches pleines d'inconstance que vous avez faites dans cette affaire ? Vous vous êtes déclarés d'abord pour les Auteurs de l'*Apologie,* en la vendant publiquement dans vos Collèges, en la donnant comme un excellent Ouvrage à divers de vos amis dans les plus grandes villes. Mais voyant ensuite l'horreur qu'elle causoit à tout le monde, vous avez commencé à vous servir d'équivoques, et à ne pas l'avouer si nettement. Aussitôt que nous l'avons attaquée, vous avez fait paroître par plusieurs Écrits qui parloient en votre nom, que vous aviez entrepris de la défendre. Et voyant que cela ne vous réussissoit pas, parce que nous avons ruiné par nos réponses tout ce que vous avez produit, vous avez commencé à vous retirer, et à dire que vous n'y preniez point de part. Vous avez publié des satires scandaleuses contre les Curés de Paris; la honte vous a forcés ensuite de les supprimer. Tantôt vous feigniez d'honorer les Évêques, et tantôt vous les déchiriez outrageusement. Depuis quelques mois vous paroissiez un peu plus sage, et on attribuoit cette retenue à la Politique de votre Général; et aujourd'hui sans aucune nouvelle

APPENDICE. 443

raison, vous recommencez cette querelle, non pour vous justifier des excès dont l'on vous a convaincus, mais pour avoir le plaisir de traiter dans un Libelle les Curés de Paris de *menteurs* (p. 2); de *gens qui ont perdu toute honte* (ibid.); de *fourbes* (p. 4); d'*imposteurs* (p. 7); de *généreux en leurs mensonges* (p. 9); et de personnes endurcies, *pour lesquelles il faut prier Dieu qu'il leur donne un esprit assez docile pour écouter les reproches que leur conscience leur fait.*

Nous espérons, mon révérend père, avec la grâce de Dieu, que cette nouvelle tentative ne vous sera pas plus avantageuse que les autres; qu'il ne nous sera pas plus difficile de défendre notre Honneur contre vos outrages, qu'il nous l'a été de défendre la Morale Chrétienne contre vos erreurs; et que nous ferons connoître à tout le monde, que les fondemens sur lesquels vous vomissiez contre nous tant d'injures, sont si faux ou si ridicules, qu'il faut avoir une Morale aussi corrompue que la vôtre, pour en prendre sujet de dire, comme vous faites de tous les Curés d'une grande ville, que « leurs paroissiens doivent être avertis, quand ils les verront monter en chaire pour crier contre les Calomniateurs et les Imposteurs, de se souvenir de l'avis que le Sauveur du monde nous a laissé dans l'Église parlant des Scribes et des Pharisiens, de faire ce qu'ils disent, et de ne pas faire ce qu'ils font, » comme étant eux-mêmes des Imposteurs.

C'est ce que nous allons faire voir dans la réponse précise à toutes vos objections, sans en dissimuler aucune.

Ire *Objection du P. Annat.*

La première des Impostures dont vous nous accusez, est d'avoir dit que ce qui empêcha les Curés d'exécuter leur dessein touchant l'examen de la Morale des Jésuites, suivant la proposition qu'en avoit faite M. de Saint-Roch, le 12 mai 1656, est qu'en ce temps-là il n'y avoit point de Grands Vicaires. Et pour convaincre ce fait de fausseté, vous rapportez des actes du Clergé qui montrent qu'il y en avoit le 12 de février de la même année. Cela vous suffit pour nous appeler des *fourbes découverts*. Mais tout le monde s'étonnera, mon révérend père, de l'emportement qui vous fait fonder une injure si atroce sur un si mauvais raisonnement.

Car ce que vous alléguez du Clergé, « qu'il y avoit des Grands Vicaires, au mois de février, qui exerçoient paisiblement et publiquement la juridiction de M. le Cardinal de Retz, » ne prouve rien contre nous, qu'en supposant que le diocèse soit toujours demeuré en cet état pendant cette année, et qu'il n'y soit arrivé aucun trouble depuis le mois de février, qui ait empêché l'administration paisible et publique des Grands Vicaires.

Cependant, c'est ce qui est très faux ; car M. l'Évêque de Toul, qui l'étoit au mois de février, fut révoqué le 15 de mai de la même année : sa révocation fut rendue publique au mois de juin ; et ceux qui prirent l'administration après lui furent troublés dans l'exercice de leur charge. Or, comme il est certain qu'une Assemblée comme la nôtre avoit besoin d'un temps considérable pour exécuter le dessein dont il est parlé dans notre journal, la simple proposition n'en ayant été faite qu'au milieu du mois de mai, nous ne pouvions être en état d'agir qu'au mois de juin et de juillet, lorsque le diocèse se trouva en effet sans Grands Vicaires qui exerçassent paisiblement cette charge. Dites-nous maintenant, mon révérend père, si c'est là un sujet de traiter de *fourbes* tous les Curés de Paris, et d'apporter cet égarement de votre mémoire comme une preuve bien solide *que nous avons aussi peu de jugement que de bonne foi.*

IIe Objection du P. Annat.

La seconde objection est que nous témoignons ne pas avoir désapprouvé ce que l'Auteur des *Lettres au Provincial* vous a reproché touchant votre Morale, et qu'ainsi nous sommes coupables de toutes les Impostures dont vous dites que ces *Lettres* sont remplies. Nous vous répondons, mon révérend père, que votre Morale étant pleine de maximes extravagantes et impies, tout le monde a droit de la traiter de ridicule et de criminelle ; et qu'ainsi le décri que ces *Lettres* en ont fait, a été juste et avantageux à l'Église. Nous n'avons, au reste, aucun intérêt, ni aucun engagement à la défense de cet Auteur. Mais vous n'êtes pas raisonnable quand vous voulez nous obliger, sur votre seule autorité, à le croire rempli de falsifications et d'Impostures. Vous citez vous-même Wendrockius, qui l'a traduit en latin ; et ainsi vous ne pouvez pas ignorer qu'il a répondu dans ses *Notes* à toutes les chicaneries que vous avez avancées contre ces *Lettres.* On ne voit point que vous y ayez satisfait. Et cependant vous voulez, par provision, que nous ajoutions foi à vos accusations ; et si nous ne le faisons pas, vous croyez avoir droit de nous appeler *les plus grands menteurs du monde.*

L'équité naturelle ne nous permet pas d'agir de la sorte ; et la preuve que vous nous donnez des Impostures que vous prétendez avoir trouvées dans ces *Lettres,* nous y oblige encore moins. Car, ayant choisi la falsification que vous avez crue la plus visible, vous avez été réduit à alléguer que l'on y a fait passer Lessius pour Victoria sur le sujet de l'Homicide. Il falloit donc, mon révérend père, réfuter en même temps la réponse qu'a faite à cette objection l'Auteur même que vous citez, et que nous vous représentons ici comme elle est dans son Livre; parce que, comme c'est une accusation qui ne nous regarde point, nous avons jugé ne devoir la réfuter que par les paroles de ceux à qui vous la faites.

« *Wendrockius in Epistolam XIII, nota unica,* § *1.*

« *Jesuiticus Apologista iterum de Victoria sic cavillatur.* Age dic, *inquit,* non tu hunc Victoriæ locum Lessio tribuisti? (Ep. VII) *Pro Montaltio respondeo, et factum esse, et recte factum. Urget Apologista :* Non tu hunc eumdem locum (Ep. XIII) Victoriæ esse fateris? *Respondeo. Ita fateor esse Victoriæ, ut Lessii simul esse contendam.* An non hæc, *inquit* manifesta falsitas, manifestum Montaltii a seipso dissidium? *Respondeo nec falsitatem esse, nec intestinum dissidium sed manifestam contra impediti Jesuitæ cavillationem.* Sufficitne, *inquit,* Montaltio, ad se purgandum non illic sitam esse controversiam causari? *Sufficit plane, si quidem verum sit non ibi esse controversiam. At certe verum est. Non enim quæritur cujus hæc verba sint; quæritur cujus sit ista sententia. Nec Lessii, nec Victoriæ verba proprie retulerat Montaltius, utpote gallice locutus, quum illi latine scripserint; sententiam tantum ipsorum suis verbis expresserat : sententia autem hujus esse recte dicitur cui probatur, quum sola approbatione alicujus fiat. Ita quum Lessio et Victoriæ illa probetur, et Lessii est et Victoriæ.* At Lessii, *inquit,* non est. *Jam illud bene : attingit enim quæstionem. Audiamus igitur quare Lessii non sit.* Negat, *inquit,* hanc sententiam in praxi facile permittendam. *Quid tum? Ergo saltem speculative Lessii est, quum eam speculative approbet? at aliter ipsi quam speculative tributam a Montaltio jesuita non evincit. Adde quod ejus praxim nec promiscue sinit Victoria, nec universe rejicit Lessius. Non vult iste ejus praxim facile permitti, et rem egere multis cautionibus fatetur. Ne id quidem diffitebitur Victoria. Ita nihil est quod alterum ab altero Jesuitæ dissocient.* »

Voilà ce qu'il dit, et c'est à vous à le réfuter, avant que vous ayez droit de traiter de menteur l'Auteur des *Lettres au Provincial*. Mais pour nous, cela ne nous touche point; et nous n'aurions eu garde de nous mêler d'un aussi petit différend qu'est celui de savoir si une opinion, qu'un auteur rapporte et approuve, ne peut pas lui être attribuée, encore qu'il l'exprime par les paroles d'un autre. Ce qui nous touche, mon révérend père, et qui regarde toute l'Église, est que non-seulement Lessius, mais beaucoup d'autres de vos Auteurs, aient eu la hardiesse de produire une maxime si opposée à la Loi de la Nature, à l'esprit de l'Évangile, aux instructions de Jésus-Christ et à l'exemple de tous les Saints. C'est la onzième de vos maximes que nous avons représentées au Clergé de France dans notre premier extrait : « Qu'il est permis, selon les uns dans la Spéculation, et selon les autres dans la Pratique même, de tuer celui qui nous a donné un soufflet, quoiqu'il s'enfuie. »

Nous y avons rapporté tout ce que dit Lessius, et les raisons impies dont il appuie cette impiété. Nous avons encore marqué les passages exprès et bien cités de Réginaldus, de Filiutius, de Layman, d'Escobar; et nous avons montré que ce dernier ruinoit la vaine distinction de spéculation et de pratique, en enseignant formellement, qu'en évitant les périls de la haine et de la vengeance, elle est probable et sûre dans la pratique même : dont il apporte cette raison tout à fait diabolique, que « l'Honneur peut se recouvrer comme une chose qui nous auroit été dérobée, en donnant des signes d'excellence et se faisant estimer des hommes. Car n'est-il pas véritable, dit-il, que tandis qu'un homme laisse vivre celui qui lui a donné un soufflet, il demeure sans Honneur? « *An non alapa percussus censetur tamdiu honore privatus, quandiu adversarium non interimit?* »

Que dites-vous, mon révérend père, de ces méchantes opinions et de ces paroles exécrables? Si vous les soutenez, ne craignez-vous point d'être en horreur à tous ceux qui ont quelque sentiment de religion? Et si vous les condamnez, n'êtes-vous pas obligé, à moins que d'être coupable d'une prévarication criminelle, de réparer le scandale que les Auteurs de votre Compagnie ont causé dans toute l'Église? Qui peut donc souffrir qu'au lieu d'une condamnation sincère de tant d'erreurs, et au lieu de demander humblement pardon à l'Église des outrages que vous lui avez faits, vous fassiez paroître dans vos Écrits plus d'audace et de fierté que jamais, que vous détourniez des questions si importantes à de vaines chicaneries? et que vous demandiez des satisfactions, pendant que vous refusez celles que vous devez à l'Église.

Vous n'êtes pas mieux fondé, mon révérend père, dans une autre objection que vous nous faites, et qui ne nous regarde pas plus que la précédente. Vous dites que le traducteur latin est tombé dans une contradiction, parce qu'il dit dans sa préface : « Que tout l'Ordre de saint Benoît et de saint Dominique témoignent partout combien ils sont éloignés de ces erreurs; et qu'il n'y a presque que les Jésuites qui soient engagés dans cette mauvaise cause : « *Soli pene Jesuitæ in hoc luto hærent.* » Ce qui est contraire, dites-vous, à ce qu'il reconnoît dans la traduction de la Septième Lettre : « que Lessius rapporte et approuve le sentiment de Victoria, » qui étoit un dominicain. En quoi, mon révérend père, vous commettez deux ou trois fautes insignes.

Premièrement, vous ne devriez pas ignorer que dans les matières morales, une seule exception ne ruine point la vérité d'une proposition générale; et qu'ainsi l'on peut dire que tout l'Ordre de saint Dominique est contraire à une doctrine, quand elle y est communément rejetée, quoique quelque particulier n'y soit pas contraire.

Secondement, le mot de *presque* que cet Auteur a ajouté, « *soli* pene *Jesuitæ in hoc luto hærent,* » détruit cette contradiction prétendue.

Et enfin ce qui est le principal est que vous n'avez point entendu ces paroles, et que vous les avez tronquées pour leur donner un sens qu'elles ne peuvent avoir; car il ne parle point des Anciens Écrivains de l'Ordre de saint Dominique, ni même d'aucun écrivain, mais du sentiment présent qu'a l'Ordre de saint Dominique et de saint Benoît touchant ces maximes dangereuses, et de l'engagement des Jésuites à les soutenir par tout le crédit de leur Compagnie. Voici les termes de la préface à laquelle vous nous renvoyez : « *E sacerdotibus fere omnes hierarchici in ea dogmata insurrexerunt, præcipue vero Galliarum parochi mirum in iis insectandis fidei ardorem ostenderunt : nec obscure tota sancti Benedicti et sancti Dominici Familia, ac Congregationis Oratorii presbyteri, quam ab iis sententiis alieni sint passim significant. Soli pene Jesuitæ in hoc luto hærent, qui ad istius doctrinæ patrocinium universæ Societatis vires conferunt.* »

Il est clair, mon révérend père, qu'il n'a jamais voulu dire par là qu'il n'y eût que les Jésuites qui aient enseigné ces erreurs; et si vous aviez voulu agir de bonne foi, vous n'auriez jamais voulu lui attribuer ce qu'il réfute en termes formels, et dont il fait une note expresse en ces termes (p. 55) : « *Refellitur alia querela Jesuitarum quod ipsis tribuantur quæ ipsi ab aliis hauserint.* » Sur quoi cet auteur fait cette remarque (p. 55) : « *Non is modo opinionis alicujus auctor dicitur qui illam primus extulit; nonnunquam etiam qui majori studio et auctoritate propugnavit. Donatistarum princeps dictus Donatus, nec tamen ille princeps illius schismatis fuit. Simillime Jesuitæ, etiamsi hinc inde corruptelas varias ex quibusdam aliis arripuerint tamen illarum auctores merito dicuntur, quia illas undique disseminant, et suæ per orbem sparsæ Societatis opera omnium animis instillant. Alii scriptores fere sibi peccant, aut certe non multis. Jesuitæ toti Ecclesiæ peccant, quam ubique suis novitatibus inficiunt. Latebant hæc dogmata in bibliothecarum angulis : paucis nota, paucis nocebant. At ipsa Jesuitæ super tecta prædicarunt, in aulas regum, in familias privatorum, in curias magistratuum invexerunt.* » Et cela est conforme, mon révérend père, à la déclaration que nous avons faite dans notre Quatrième Écrit : « que nous n'avons jamais considéré les Jésuites que comme les principaux auteurs des maximes pernicieuses dont nous nous sommes plaints, et dont nous nous plaignons encore, et non pas comme les seuls qui les aient enseignées. » Mais ce que tous les gens de bien déplorent comme particulier à votre Société, est qu'il n'y a qu'elle dont tout le Corps conspire et s'engage à maintenir les relâchemens qui ont été une fois introduits dans ses Écoles; parce que son humeur altière ne lui permet pas de s'humilier, en reconnoissant les fautes d'aucun de ses membres.

IIIe Objection du P. Annat.

Il falloit que vous eussiez bien peu de plaintes solides à faire, puisque vous nous reprochez (p. 7) jusques à une faute de copiste touchant le temps qu'a été publiée l'*Apologie*, qui a été corrigée dans la seconde impression de notre Journal, et effacée dans la plus grande partie des exemplaires de la première. Il nous suffira donc de vous dire, qu'écrivant, comme vous faites, cinq mois après la publication d'un Écrit dont il y a eu plusieurs éditions où cette faute ne se trouve point, cette bassesse n'est pas excusable.

APPENDICE.

IVᵉ Objection du P. Annat.

Vous nous reprochez, mon révérend père, comme une Imposture bien évidente, d'avoir dit dans notre Journal que l'Apologiste a pris une voie toute différente de ceux qui avoient écrit avant lui ; parce qu'il ne prétend pas qu'on ait falsifié la Doctrine des Casuistes, mais la soutient comme étant au moins probable, et par conséquent sûre en conscience. Vous nous alléguez sur cela trois passages de l'Apologiste : l'un où il dit, en général, que « la savante Compagnie des Jésuites a convaincu les Auteurs des *Lettres* d'impostures honteuses et méchantes. » L'autre où, répondant à la Vingtième Objection, il dit que « le père jésuite a convaincu l'Auteur des *Lettres* d'une infâme Imposture. » Et le troisième où, répondant à la Dix-Septième, il dit que « le père jésuite qui a répondu à l'Auteur des *Lettres,* l'a convaincu de mauvaise foi. » D'où vous concluez « qu'il n'est donc pas vrai que l'Apologiste ait reconnu de bonne foi que la Doctrine des Casuistes est telle qu'on l'a représentée dans les *Lettres*. »

Quand il seroit vrai, mon révérend père, que votre Apologiste, dans les deux points particuliers que vous citez, n'auroit pas soutenu comme probable la Doctrine des Casuistes telle qu'elle est représentée dans les *Lettres au Provincial,* il suffiroit qu'il l'eût soutenue dans cinquante autres, pour nous avoir donné sujet de dire ce que nous avons mis dans notre Journal ; et l'accusation d'Imposture que vous nous faites sur ce sujet ne passeroit devant tous les gens d'honneur que pour une pointillerie peu digne d'un homme judicieux. Mais il arrive toujours que vous choisissez fort mal les exemples par lesquels vous prétendez nous convaincre de mauvaise foi. Car il est si vrai que dans ces deux objections, dont l'une regarde l'Homicide, et l'autre les Valets qui volent leurs maîtres pour égaler leurs gages à leurs peines, votre Apologiste a soutenu de bonne foi comme Probable la Doctrine qu'on reprochoit à vos Casuistes, qu'il eût été à souhaiter pour votre honneur qu'il l'eût un peu déguisée : puisque sa sincérité l'a fait condamner par tant de Censures sur ces deux points, et particulièrement sur l'Homicide. Que si, en ne la déguisant point et en la soutenant telle qu'elle est, il dit néanmoins que ceux qui avoient écrit avant lui s'étoient plaints qu'on avoit imposé à vos Casuistes, il prouve justement ce que nous avons dit dans notre Journal, savoir, qu'il tient une voie différente de ceux qui avoient écrit avant lui ; parce que, sans s'arrêter à la Question de Fait, il entre en celle de Droit, et soutient comme probable et sûr en conscience ce qu'on avoit reproché à vos Casuistes comme contraire à l'Évangile. Car il ne s'agit pas, mon révérend père, de ce qu'il dit ni de ce qu'il rapporte avoir été dit par les autres, mais de ce qu'il fait lui-même, et de la manière dont il s'y est pris pour défendre les Casuistes, qui n'est pas de chicaner comme les autres sur des Points de Fait, mais de soutenir nettement les dogmes mêmes qu'on leur avoit reprochés, qui est la voie qu'il tient dans tout son Livre.

Ainsi, tout ce que l'on pourroit trouver à redire dans notre Journal est d'avoir dit que l'Auteur de l'*Apologie* reconnoît de bonne foi les opinions qu'on a attribuées à vos Casuistes. Car il est vrai qu'il les reconnoît, puisqu'il les défend, et qu'il s'est fait condamner en les défendant. Mais il ne les reconnoît pas de bonne foi, parce qu'en même temps qu'il soutient ces opinions il ne laisse pas de se plaindre en l'air qu'on vous les impose. C'est pourquoi nous vous promettons de bon cœur de faire effacer, dans la première édition qui se fera de notre Journal, ces deux mots de *bonne foi,* et d'y substituer même, si vous voulez, *qu'il les reconnoît, mais avec mauvaise foi.*

Vᵉ *Objection du P. Annat.*

La Lettre qui se trouve à la tête des *Instructions* de saint Charles, imprimées par l'ordre du Clergé, fournit matière à une des plus grandes parties de votre Recueil, et vous en tirez un des plus grands sujets de nous traiter de *fourbes* et d'*imposteurs.* Mais quand ce que vous alléguez sur cela ne recevroit aucune difficulté, ne seroit-ce pas l'injustice du monde la plus visible et la plus insoutenable de faire un crime aux Curés de Paris de s'être servis d'une pièce publique, imprimée par l'imprimeur du Clergé, et que les Évêques distribuent tous les jours dans leurs diocèses ? Quand cette pièce seroit supposée, quelle part aurions-nous à cette supposition ? et que pouvions-nous faire davantage que de nous en informer de celui même qui a eu ordre du Clergé de faire imprimer ces *Instructions,* puisque nous n'étions pas même obligés de nous en informer, et qu'il nous suffisoit que la pièce que nous produisions eût été imprimée par l'imprimeur du Clergé, et distribuée et reçue par les Évêques ? Ainsi notre bonne foi ne peut pas être seulement révoquée en doute, et cela suffit pour vous convaincre vous-même de Calomnie dans le reproche que vous nous en faites.

Mais nous vous disons de plus que tout ce que vous alléguez n'est point capable de détruire l'autorité de cette Lettre. Vous dites premièrement que vous ne vous appuyez pas sur une Lettre de M. l'abbé de Cyron. Et pourquoi, mon révérend père, ne vous y appuyez-vous pas, puisque sa suffisance et sa piété sont connues de toute la France : si ce n'est par cette règle générale, selon laquelle il paroît que vous jugez de tous les hommes, qui est que tous ceux qui parlent à votre avantage, sont tellement irréprochables qu'on doit ajouter une croyance aveugle à tout ce qu'ils disent; et que ceux, au contraire, qui n'approuvent pas vos égaremens, ne méritent pas d'être crus, quelque rang qu'ils tiennent dans le monde, et quelque estime qu'ils y aient acquise de sincérité et de vertu? Vous croyez avoir assez repoussé leur témoignage en disant que ce sont des gens qui ont un zèle réformé, sans craindre que l'on vous dise que votre zèle n'est guère réformé, mais qu'il a grand besoin de l'être.

Nous n'imiterons pas votre procédé, et nous ne traiterons pas de même les personnes que vous alléguez contre nous. Mais sans blâmer leur sincérité, nous vous disons seulement que les Lettres que vous avez tirées d'eux ne vous donnent point sujet de traiter de supposée la Lettre qui est à la tête des *Instructions* de saint Charles.

Vos trois témoins disent seulement qu'il n'a été pris aucune autre délibération sur le sujet des *Instructions* de saint Charles, que celle du 1ᵉʳ février, par laquelle M. de Cyron a été chargé de les faire imprimer, et qu'il ne s'en trouve point d'autre dans le procès-verbal qu'ils ont parcouru. Sur quoi, mon révérend père, nous vous disons, premièrement, que, dans l'extrait du procès-verbal que ces messieurs reconnoissent pour véritable, il est porté que « M. de Cyron a dit que, suivant l'ordre de l'Assemblée, il avoit fait venir de Toulouse le Livre des *Instructions* de saint Charles. » Or, comme cet ordre ne pouvoit lui avoir été donné en ce jour-là même, il est clair qu'il avoit été parlé des *Instructions* de saint Charles en un autre jour que le 1ᵉʳ de février, puisqu'il ne les avoit fait venir de Toulouse que par l'ordre de l'Assemblée. D'où il faut conclure, et que M. l'abbé de Carbon, quoique très sincère, ne s'est pas souvenu de tout ce qui s'est fait dans l'Assemblée sur ce sujet, et qu'il peut y avoir eu des délibérations qui ne se trouvent point écrites dans le procès-verbal.

2° Quand il seroit vrai qu'on n'auroit pas fait sur cette Lettre une délibération particulière, il ne s'ensuit pas qu'il soit permis au P. Annat de la traiter de supposée, puisque ce qui est inséré au procès-verbal suffit pour la justifier tout entière. Car l'ordre que M. de Cyron avoit reçu du Clergé de faire imprimer les *Instructions* de saint Charles, « afin que cet ouvrage se répandît dans les diocèses, et qu'il pût servir de barrière pour arrêter le cours des opinions nouvelles, qui vont à la destruction de la Morale chrétienne, » l'autorise suffisamment d'adresser ce Livre au nom du Clergé à tous les diocèses de France, et d'y exprimer le sentiment que l'Assemblée lui avoit fait paroître en lui donnant ordre de procurer cette impression. Or c'est ce qu'il a fait exactement, puisque l'on ne trouve dans cette Lettre que les mêmes points un peu plus étendus qui sont marqués en abrégé dans le procès-verbal. Que s'il n'avoit pas suivi les intentions de l'Assemblée, comme il est clair qu'il a fait, MM. les Agens auroient été obligés, par le devoir de leur charge, d'en faire des plaintes publiques et de supprimer cette Impression ; et de ce qu'ils ne l'ont pas fait, et ne le font pas encore, c'est une marque indubitable que cette Lettre ne contient que les véritables sentimens de l'Assemblée, et est conforme à ses ordres.

3° Ces raisons, mon révérend père, sont encore bien plus fortes dans le différend particulier qui est entre nous ; car nous n'avons jamais cité cette Lettre que pour faire connoître l'horreur que l'Assemblée avoit eue des erreurs des Casuistes, sur lesquelles nous lui avions adressé nos plaintes, et ce n'est aussi que pour détruire ce préjugé de l'Assemblée que vous tâchez d'en affoiblir l'autorité. Voilà proprement ce qui est en question entre vous et nous. S'il est vrai que l'Assemblée a détesté vos maximes, et que ce n'est que faute de temps qu'elle ne les a pas condamnées, cette Lettre ne contient rien que de vrai, et nous avons tout ce que nous prétendons. C'est pourquoi, comme vous avez fort bien connu qu'il n'y a que cela d'important dans cette dispute, vous avez soutenu nettement que « toute l'indignation que l'Assemblée a témoignée en cette rencontre » a été que les Curés se fussent adressés à elle sans la permission de leurs Évêques.

Voilà, mon révérend père, sur quoi il faut que les uns ou les autres soient déclarés *imposteurs*, pour user de vos termes. Car nous soutenons nettement que c'est une fausseté de dire, comme vous faites, que l'Assemblée n'ait témoigné aucune *indignation* contre les maximes des Casuistes. Il faut donc voir qui a de meilleures preuves. Nous vous demandons, mon révérend père, quelles sont les vôtres. Celles que vous produisez ne parlent de ce point en aucune sorte, et nul de ceux dont vous rapportez les Lettres ne témoigne que l'Assemblée n'ait point eu en horreur les corruptions de la Morale que nous avions exposée à son jugement.

Mais si vous nous demandez les nôtres, nous vous produirons, premièrement, l'extrait du procès-verbal autorisé par vos trois témoins, où il est dit en termes exprès que « plusieurs de MM. les Prélats qui avoient lu le Livre des *Instructions* de saint Charles, représentèrent qu'il seroit très-utile, et principalement en ce temps, où l'on voit avancer des maximes si pernicieuses et si contraires à celles de l'Évangile, et où il se commet tant d'abus dans l'administration du Sacrement de Pénitence par la facilité et l'ignorance des Confesseurs. » Et où il est dit encore au nom de toute l'Assemblée que « cet ouvrage devoit être imprimé, afin qu'il se répandît dans les diocèses, et qu'il pût servir comme d'une barrière pour arrêter le cours des opinions nouvelles, qui vont à la destruction de la Morale chrétienne. »

Peut-on désirer un préjugé plus formel et plus exprès contre la Nouvelle Morale des Casuistes? Aussi l'avez-vous bien senti; et c'est ce qui vous a porté à cette étrange hardiesse d'accuser de faux ce procès-verbal, en disant que des personnes dignes de foi vous ont assuré que « ces broderies de la corruption de la Morale, et du mal que causent les Casuistes du temps, » y ont été ajoutées dans un papier à part.

Où est votre jugement, mon révérend père? et pourquoi nous mettez-vous dans la nécessité de vous en remarquer tant de défauts?

1° Sur qui retomberoit cette prétendue corruption du procès-verbal? Seroit-ce sur nous, qui n'y avons nulle part, et qui nous passerions bien de la preuve particulière que nous en tirons, parce que nous en avons d'autres constantes et indubitables? Et ne seroit-ce pas, au contraire, sur les Secrétaires de l'Assemblée et sur les Agents du Clergé, qui doivent répondre de la fidélité du procès-verbal, et qui sont coupables, s'ils y ont fait ou s'ils ont souffert que l'on y fît quelque altération? de sorte que la gratitude que vous leur témoignez pour les Lettres qu'ils vous ont fournies, est de les faire passer pour des falsificateurs.

2° Toute la preuve que vous alléguez contre la Lettre qui est à la tête des *Instructions* de saint Charles, est fondée sur le procès-verbal, et sur ces trois témoins qui disent l'avoir parcouru, et n'y avoir point trouvé d'autre délibération que celle du 1ᵉʳ février, et en même temps vous voulez nous faire passer ce procès-verbal pour corrompu, et ces témoins pour complices de cette corruption. N'est-ce pas tomber dans l'imprudence que saint Augustin reproche aux Manichéens, de vouloir se servir d'un témoin en même temps qu'on prétend qu'il est indigne de croyance ?

3° Comment avez-vous pu croire qu'il y eût des gens assez stupides pour écouter le témoignage prétendu de certaines personnes dignes de foi que vous ne nommez point, contre l'autorité d'une pièce publique et authentique, dont ceux mêmes que vous alléguez pour vous sont les distributeurs et les garans ?

4° Mais ce qui est encore plus surprenant, est qu'il n'y eut jamais de fondement plus frivole d'une accusation de faux, que ce que vous rapportez de ces personnes dignes de foi. Car quand il seroit vrai qu'on n'auroit d'abord écrit autre chose, sinon que l'Assemblée auroit agréé la proposition de M. de Cyron, et que le reste auroit été écrit dans un autre papier, s'ensuivroit-il que ce fût une falsification ? Ne sait-on pas que l'ordinaire dans les Compagnies est que ceux qui tiennent la plume n'écrivent d'abord que la substance des conclusions, et qu'on remet ensuite plus à loisir les raisons et les motifs sur lesquels la conclusion a été faite ?

Ainsi, mon révérend père, il doit demeurer pour constant qu'il n'y eut jamais d'accusation de faux plus téméraire et plus injurieuse au Clergé, que celle que vous formez sur un ouï-dire de personnes inconnues. Et partant, ce témoignage public et authentique subsiste dans toute sa force, et est une preuve convaincante de l'aversion qu'a eue l'Assemblée pour les erreurs de la Nouvelle Morale dont vous vous déclarez les protecteurs.

Mais nous en avons encore d'autres témoignages entièrement irréprochables, et de personnes très-considérables dans l'Assemblée. Vous savez ce que M. de Cyron a écrit à l'un de nous : « J'ai vu toujours, dit-il, MM. les Prélats fort disposés à condamner toutes ces maximes diaboliques qui ont paru dans les Extraits; et l'horreur que tous en témoignoient, faisoit bien paroître qu'ils n'étoient retenus que par leur peu de loisir, et par la nécessité qu'on avoit de conclure une si longue Assemblée. En vérité, il me semble qu'il ne faut que croire en Dieu, et n'avoir pas renoncé aux premières notions du Christianisme, pour avoir en exécration une telle Morale. Je m'estimerois heureux de pouvoir la noyer dans mon sang. Mais puisque je n'ai que des désirs fort inutiles pour le soutien d'une cause aussi juste et aussi sainte que la vôtre, je vous supplie d'agréer que je joigne mes vœux et mes prières à vos illustres travaux, et que je dise : *Exsurge, Deus, judica causam tuam.*

Vous n'ignorez pas non plus ce que nous en a écrit M. l'Évêque de Couserans en ces termes : « Vous avez été les premiers qui avez été touchés de l'outrage qu'alloit recevoir par cette Morale funeste toute l'Église du Fils de Dieu. Je suis témoin de ce cri charitable de votre gémissement qui vint frapper l'oreille de ces Pères assemblés en la dernière Assemblée du Clergé, où j'avois l'honneur d'être un des Députés. Vous leur en portâtes les plaintes : elles émurent leurs cœurs sensiblement ; et je sais que sans l'obligation qui les engagea pour lors de se séparer, leurs délibérations eussent confirmé toutes les vôtres sur ce sujet, et qu'ils eussent proscrit par une Censure Publique cette Doctrine de relâchement et d'iniquité. »

Et enfin vous pourrez apprendre ce que M. l'Évêque de Vence vient de témoigner à toute la France dans sa nouvelle Censure contre votre *Apologie*, publiée dans son Synode dès le 10 mai, où il semble avoir prévu la supposition par laquelle vous aviez voulu noircir l'Assemblée, en prétendant qu'elle étoit demeurée indifférente à la vue de vos excès. Voici ses paroles : « Dans la dernière Assemblée du Clergé tenue à Paris en l'année 1656, les Curés de la ville de Rouen, que M. leur Archevêque y avoit renvoyés, et ceux de Paris, présentèrent un Extrait de plusieurs propositions tirées de quelques Casuistes modernes, afin qu'il lui plût de les examiner. La lecture fit horreur à tous ceux qui l'entendirent, et nous fûmes sur le point de nous boucher les oreilles, comme avoient fait autrefois les Pères du Concile de Nicée, pour ne pas entendre les blasphèmes d'un Livre d'Arius. Chacun fut enflammé de zèle pour réprimer l'audace de ces malheureux écrivains, qui corrompent si étrangement les maximes les plus saintes de l'Évangile, et introduisent une Morale dont d'honnêtes païens auroient honte, et de bons Turcs seroient scandalisés. Mais comme l'Assemblée se trouva sur la fin, et qu'il étoit impossible de lire tous les Auteurs allégués, afin de prononcer un jugement avec connoissance et sans aucune préoccupation, on s'avisa, sur la proposition de M. l'abbé de Cyron, chancelier de l'université de Toulouse, personnage de savoir et de piété, de faire imprimer, aux dépens du Clergé, les *Instructions* de saint

Charles Borromée, cardinal, et archevêque de Milan, aux Confesseurs de son diocèse; et on jugea qu'attendant que les Prélats pussent pourvoir à un mal si pressant par des Censures juridiques, ce livret pourroit servir de quelque digue au torrent des mauvaises opinions qui ruinoient la Morale chrétienne. »

Dites-nous, maintenant, mon révérend père, qui de vous ou de nous a plus de droit de traiter ses adversaires de *fourbes* et d'*imposteurs?* Qui de vous ou de nous a plus de sujet de craindre de passer pour tels dans l'esprit du monde : ou vous qui avancez sans aucune preuve que l'Assemblée n'a eu aucune horreur de vos méchantes maximes; ou nous qui montrons l'extrême aversion qu'elle en a eue par des preuves si décisives?

Quant à ce que vous ajoutez hors de propos, que « l'Assemblée manda les Curés de Paris pour leur faire une correction sèche, » vous n'êtes pas assez informé ni des droits de l'Assemblée, ni de la manière dont elle a agi avec nous. Comme elle ne prétend aucune juridiction dans Paris, elle n'a aucun droit ni d'en mander les Curés, ni de leur faire correction. Aussi n'a-t-elle point agi avec nous de cette sorte. M. Taureau, l'un des agents qui vint trouver nos Syndics de la part de l'Assemblée, usa de ces termes qui sont encore dans nos registres : « Le Clergé prie MM. les Syndics des Curés de Paris de se trouver à l'Assemblée pour l'informer sur quelque doute; » et leur répéta ce mot de *prier* deux ou trois fois, leur faisant remarquer que « l'Assemblée l'avoit chargé d'user de ce terme. » Nous y fûmes reçus et traités avec honneur, et ils furent satisfaits des assurances que nous leur donnâmes, que nous n'avions jamais eu dessein de porter les Curés de province de s'adresser à eux sans la permission de leurs Évêques. Et en effet nous n'avions garde d'avoir ce dessein, puisque ç'auroit été reconnoître l'Assemblée pour un Concile National, à qui tous les Ecclésiastiques peuvent immédiatement s'adresser. Après tout, mon révérend père, il est difficile que les Évêques qui aiment la conservation de l'autorité que Jésus-Christ leur a donnée, se persuadent jamais que nous ne soyons pas aussi disposés à la maintenir, qu'ils savent, par tant d'expériences, que vous êtes disposés à l'affoiblir et la ruiner par toutes sortes de voies; et pour vous en donner quelque preuve, vous trouverez bon que nous vous représentions ici ce qu'un Évêque des plus zélés à maintenir la dignité de son caractère répondit alors à la Lettre que vous rapportez de l'Assemblée.

APPENDICE. 457

Lettre de M. l'Évêque d'Orléans à l'Assemblée générale du Clergé.

« Messeigneurs,

« J'ai reçu, par MM. nos Agens, la Lettre que vous m'avez fait l'honneur de m'écrire, en date du 18 novembre ; et je crois que vous ne trouverez pas mauvais que, par ma réponse, je vous témoigne la surprise où j'ai été d'apprendre par la vôtre le soupçon que vous avez conçu, que MM. les Curés de Paris voulussent entreprendre quelque chose contre l'Autorité Épiscopale. Ce n'est pas à moi, Messeigneurs, à trouver à dire à ce que font tant de grands prélats qui composent notre Assemblée, et je dois avoir les derniers respects pour tout ce qui vient d'une si Auguste Compagnie. Mais, comme vous me nommez dans votre Lettre M. le curé de Saint-Roch, je m'y trouve en quelque façon intéressé, parce qu'il est mon diocésain, qu'il a travaillé dans mon diocèse, et très-dignement, sous mon prédécesseur, en qualité de Vicaire Général, et qu'il est encore présentement un de mes Vicaires Généraux. Sa réputation est si bien établie, comme ayant blanchi dans le travail, qu'il n'a point besoin que je la confirme. Mais, Messeigneurs, s'il en a besoin, je le fais de très-bon cœur, et je ne pourrois lui refuser cet office sans blesser ma conscience. S'il n'y a que lui qui entreprenne contre l'Autorité Épiscopale, nous devons être en sûreté, puisqu'il en a été toujours un très-digne et un très-ferme défenseur. J'oserois bien en dire autant de tous MM. les Curés, que nous pouvons presque appeler dans l'Église la seule portion qui reste attachée à nous, et qui vit dans l'obéissance, que tant de prêtres, à qui nous imposons les mains, nous promettent dans leur Ordination, et qu'ils observent si peu. Pour moi, je ne puis m'empêcher que je ne témoigne quelque gratitude à MM. les Curés, du soin qu'ils ont eu de vous présenter un Recueil de tant de pernicieuses et damnables maximes, afin que, par votre prudence et votre autorité, vous y apportiez l'ordre que Dieu demande de nos soins, à ce que tant d'âmes qu'il nous a confiées ne s'éloignent point des vérités évangéliques pour suivre ces maximes qui leur sont tout à fait opposées, et que la chair et le sang ont révélées. Vous nous exhortez par la vôtre, comme étant en soupçon des Curés, à prendre garde à ce qu'ils n'entreprennent point sur notre autorité : plût à Dieu qu'elle n'eût que ces ennemis-là à combattre ! nous serions bientôt d'accord. Ce ne sont pas ceux-là, Messeigneurs, qui sont à craindre : il y en a d'autres qui l'attaquent par leurs entreprises, et par paroles et par écrit, et qui ouvrent un beau champ au zèle que vous témoignez d'avoir pour notre caractère. Nous l'attendons de vos soins et de la générosité que vous avez fait paroître en toutes sortes de rencontres dans cette Assemblée. Que si vous trouvez à propos d'en user autrement, nous croirons que, comme vous avez de plus grandes lumières, nous devons nous contenter de les admirer, en avouant notre aveuglement. Je ne manquerai pas, Messeigneurs, à veiller à ce qu'il ne se passe rien dans mon diocèse de la part de mes Curés qui puisse choquer la dignité de notre caractère ; et je puis vous assurer qu'il me sera fort aisé, puisqu'ils sont tous dans une parfaite et très-soumise obéissance pour leur Évêque. Je suis,

« Messeigneurs,

« Votre très-humble et très-obéissant serviteur et confrère,

« A. DEL'BÈNE, évêque d'Orléans.

« De Meung, ce 9 décembre 1656. »

VIe Objection du P. Annat.

Ce qui est rapporté dans notre Journal, d'un projet de conférence proposée par M. l'Évêque de Rodez, vous donne sujet de triompher sur une Lettre que vous avez tirée de ce Prélat, par laquelle il témoigne que vous n'avez point eu de conférence chez lui avec Gauquelin, à qui nous avions cru que ces propositions avoient été faites immédiatement par M. de Rodez et le P. Annat ; au lieu que nous avons appris depuis qu'elles ne lui ont été faites que par l'entremise de M. l'abbé Le Camus, qui rapporta de leur part, à M. Gauquelin, ce que nous avons mis dans notre Journal : et c'est la même chose dont M. Gauquelin fit son rapport à la Faculté, en lui rendant compte de ce que M. l'abbé Le Camus lui avoit dit. D'où il est clair qu'il n'y a aucune erreur dans la substance de ce que nous avons écrit, et qu'il est si absurde de nous traiter de *faussaires,* pour avoir rapporté ce que M. l'abbé Le Camus a dit à M. Gauquelin de votre part, comme si vous l'aviez dit à M. Gauquelin même, et que ce M. Gauquelin a prié M. l'abbé Le Camus de vous répondre de sa part, comme s'il vous l'avoit dit à vous-même : il est si absurde, nous le répétons encore, de prendre cela pour une imposture, qu'on ne peut le faire sans donner sujet aux impies de trouver des faussetés dans les paroles mêmes de la vérité, puisque nous voyons que saint Matthieu rapporte, comme dit par le centenier à Jésus-Christ, ce que saint Luc témoigne qu'il fit dire à Jésus-Christ par ses amis, ne s'étant pas jugé digne de venir le trouver lui-même. La seule différence qu'il y a, est que saint Matthieu, sachant bien que le centenier n'avoit pas été lui-même trouver Jésus-Christ, n'a pas laissé de dire qu'il étoit allé le trouver, *Accessit ad eum centurio,* parce que cette manière de parler, comme remarque saint Augustin, a sa vérité dans le langage des hommes, et qu'on peut dire véritablement qu'un homme a fait ou dit ce qu'il a fait ou dit pour un autre. Au lieu que c'est par surprise, et pour ne pas avoir été entièrement bien informés de cette circonstance de nulle importance, que nous avons parlé de la sorte : ce qui nous éloigne encore davantage de l'imposture dont vous nous accusez en des termes si injurieux, puisque, pour être imposteur, il faut déguiser la vérité en la connoissant.

Mais n'avons-nous pas plus de sujet, mon révérend père, de vous accuser vous-même d'un déguisement peu digne d'un homme sincère? Car, si vous aviez voulu agir de bonne foi, ne deviez-vous pas rapporter tout ce qui s'est passé en cette rencontre, afin que le lecteur jugeât en quoi le récit que nous avions fait s'éloignoit de la vérité? Mais vous n'avez eu garde de le faire, parce que votre dessein a été, en attaquant cette circonstance, de faire croire que tout ce récit n'étoit qu'une fable, au lieu que si vous eussiez rapporté la vérité du fait qui vous étoit connue, le lecteur, qui auroit appris de vous-même que toutes les propositions faites de part et d'autre sur le sujet de cette conférence étoient véritables, et qu'il n'y avoit rien d'omis dans notre Journal que l'entremetteur par qui elles avoient été faites, se seroit moqué de l'omission d'une circonstance qui ne touche en rien le fond de l'affaire, et auroit été surpris de la hardiesse avec laquelle vous donnez des démentis à tous les Curés de Paris sur une bagatelle de cette nature.

VIIe Objection du P. Annat.

Nous joignons à l'objection précédente, touchant M. l'Évêque de Rodez, celle qui regarde M. le Nonce, parce qu'elle est de même espèce. Nous avons dit, dans notre Journal, « qu'une certaine déclaration sur l'*Apologie* avoit été portée par le Provincial des Jésuites et le P. de Lingendes à M. le Chancelier, qui étoit alors avec M. le Nonce. » Vous ne désavouez pas que cette déclaration n'ait été portée par vos Pères à M. le Chancelier, qui est la seule chose en ce récit qui soit importante, et qui regarde notre différend. Mais, vous attachant à ce qui est dit en passant, que M. le Chancelier étoit alors avec M. le Nonce, vous en avez tiré une Lettre où il témoigne qu'il n'a jamais vu le Provincial de la Compagnie, ni le P. de Lingendes, chez M. le Chancelier. Permettez-nous, mon révérend père, de vous dire que vous abusez un peu de la bonté de ces messieurs, de leur donner la peine d'écrire des Lettres sur de si petites choses, et qui vous sont si inutiles. Car, premièrement, il pourroit se faire que M. le Nonce eût été avec M. le Chancelier, lorsque vos Pères y arrivèrent, quoiqu'il ne les eût pas vus, parce qu'ils n'auroient eu leur audience qu'après son départ. Mais, de plus, qu'importe que M. le Nonce fût ou ne fût pas chez M. le Chancelier, lorsque vos Pères allèrent y porter votre déclaration? Quel avantage pouvions-nous tirer de cette circonstance? et pourquoi l'aurions-nous insérée dans notre récit, si elle ne nous avoit été rapportée? Mais puisque M. le Nonce témoigne qu'il n'y étoit pas, nous l'effacerons de notre Écrit avec la plus grande indifférence du monde. Nous n'y perdrons rien, et vous n'y gagnerez rien. Mais les reproches injurieux que vous faites aux Curés de Paris sur un sujet si frivole ne laisseront pas de passer pour un effet très-injuste de la passion qui vous anime.

Quant à ce que vous nous attribuez, d'avoir dit que cet Écrit a été porté en Sorbonne, comme venant de la part de M. le Chancelier et de M. le Nonce, vous devriez avoir mieux considéré nos paroles que voici : « Quelques-uns prétendoient que cette déclaration, bien que défectueuse, devoit être considérée, et qu'il falloit en faire cas, venant de M. le Chancelier et de M. le Nonce. » En quoi nous ne faisons que rapporter ce qui fut dit par quelques docteurs, et encore de vos amis, des paroles desquels nous ne sommes point garans. Et pour vous montrer que nous ne nous y sommes point arrêtés, c'est que dans la même page, parlant de nous-mêmes de cette déclaration, nous disons simplement que « vous l'avez fait bailler à la Faculté par M. le Chancelier, » sans rien dire de M. le Nonce. Ainsi l'éclaircissement que vous avez tiré de lui sur ce sujet ne regarde que ces docteurs, et non pas nous.

VIIIe Objection du P. Annat.

Cette déclaration vous fournit encore un autre sujet de nous accuser d'imposture, que vous exprimez en ces termes : « Les Journalistes disent que cette déclaration ayant été lue en Sorbonne, on avoit assez reconnu qu'elle ne satisfaisoit pas ; mais ils en content. Ce ne fut pas là la raison pour laquelle la Faculté la rejeta. » Nous ne disons pas, mon révérend père, que ce fut l'unique raison ; car voici nos paroles : « La Faculté députa à M. le Chancelier pour lui dire que cette déclaration n'étoit pas suffisante; parce qu'elle n'étoit point signée, et de plus, parce que l'ayant lue, on avoit assez reconnu qu'elle ne satisfaisoit pas à ce que l'on trouvoit à redire dans l'*Apologie*. » Or, pour savoir si vous avez eu raison de dire que *nous en contons,* et que cette dernière raison ne fut pas une des deux pour lesquelles on la rejeta, il ne faut que vous représenter les paroles mêmes du registre de la Faculté : « *12 junii 1658, honorab. D. Messier dixit se et syndicum ab amplissimo et illustrissimo Franciæ Cancellario accersitum, et ab eo accepisse declarationem quamdam sine nomine et subscriptione; cujus lectione audita visum est renuntiandum esse dicto domino Cancellario per eosdem Decanum et Syndicum; illam insufficientem, quia sine nomine; nec satis per eam apparet quod auctor satisfaciat.* »

Il n'est donc pas vrai, mon révérend père, que la seule raison pour laquelle votre déclaration fut rejetée par la Faculté est qu'elle étoit sans nom, comme vous avez osé l'assurer; et il est vrai au contraire qu'elle fut rejetée pour toutes les deux raisons marquées dans notre Journal, ce que vous avez osé nier. Sur quoi vous nous permettrez de vous avertir charitablement, qu'il est ordinaire aux personnes les plus sages de se tromper quelquefois, en rapportant simplement ce qu'ils ne savent que par le rapport des autres ; mais que c'est une faute très-considérable, et devant Dieu et devant les hommes, d'accuser publiquement des personnes de fausseté, sur des choses dont on est soi-même mal informé, comme vous avez fait en cette rencontre.

IXe Objection du P. Annat.

Le respect que nous portons à la dignité et au mérite de M. le Chancelier nous auroit fermé la bouche, sur le reproche que vous nous faites de n'avoir pas bien rapporté quelques-unes de ses paroles, si la Lettre que vous avez tirée de M. de Chaumont contenoit un désaveu formel de ce que nous en avons dit en notre Journal. Car nous aimerions mieux nous persuader que ceux d'entre nous qui pensent les avoir ouïes se sont trompés, que de douter le moins du monde de la sincérité d'une personne si illustre. Mais comme vous ne tirez ce désaveu que par des conséquences qui ne nous paroissent pas justes, le respect même que nous avons pour M. le Chancelier nous oblige de vous représenter ici, que ce que M. de Chaumont dit dans sa Lettre ne nous paroît pas contraire à notre Journal; car voici le tour que vous donnez à cette affaire. N'y ayant autre chose dans notre Journal, sinon que M. le Chancelier avoit dit, « que la publication de la Censure feroit trop de bruit parmi les peuples qui ont aversion de cette méchante doctrine et de ses auteurs : » vous voulez faire croire que nous avons voulu dire par là que « M. le Chancelier condamnoit les Jésuites comme auteurs d'une méchante doctrine; » et sur cela vous rapportez une Lettre de M. de Chaumont, qui ne désavoue point proprement les paroles du Journal, mais qui désavoue le sens dans lequel vous prétendez que nous les avons prises, en témoignant qu'il « a eu charge de M. le Chancelier de faire connoître à Votre Révérence qu'il a trop bonne opinion de la Compagnie pour en parler de la sorte. » Nous n'avons point dit aussi qu'il ait parlé de la Compagnie des Jésuites; mais si vous et vos amis prenez comme dit contre vous tout ce qui est dit contre l'*Apologie,* vous nous donnerez lieu d'ajouter cette preuve à tant d'autres qui nous assurent que vous en êtes les Auteurs.

Après tout, quand il plaira M. le Chancelier de nous faire dire en quoi nous nous sommes pu tromper en rapportant ses paroles, nous espérons qu'il demeurera très satisfait, et de la sincérité avec laquelle nous avons dit ce que nous avons cru être véritable, et de la soumission avec laquelle nous recevrons ce qu'il daignera nous en apprendre de plus certain.

Xe *Objection du P. Annat.*

Nous en disons de même de M. Le Tellier. Nous avons une déférence entière pour ce qu'il nous déclare de ses sentimens. Mais nous le supplions de considérer que ce qui nous rend excusables d'avoir cru ce que des personnes dignes de foi, et qui sans doute n'étoient pas assez informées, nous avoient rapporté de ses paroles, est qu'ils ne lui faisoient rien dire touchant les Jésuites, qui ne fût alors dans la bouche de tout le monde, et principalement de ceux qui avoient plus d'affection pour leur Société, qui se plaignoient tous, comme on nous avoit dit qu'il avoit fait, de l'imprudence avec laquelle ils avoient publié l'*Apologie,* après le bruit que les propositions de leurs Auteurs, présentées par les Curés, avoient fait dans le Clergé. Le P. de Lin-

APPENDICE.

gendes même a témoigné à M. le Doyen de Notre-Dame être du même sentiment, en reconnoissant, comme on voit dans notre Journal, « qu'il étoit fâché du bruit que ce Livre causoit : » de sorte que les paroles que nous avons cru avoir été dites par M. Le Tellier, ne contiennent que le sentiment de ceux qui vous sont les plus favorables. Et quant à ce qui est dit contre l'*Apologie* en particulier, sa Lettre ne dit pas expressément qu'il n'en ait point parlé; et il nous semble, mon révérend père, que vous prenez un peu trop à la rigueur quelques termes d'humilité dont il se sert, en avouant « qu'il n'entend pas les matières dont il s'agit. » Car ayant exercé, comme il a fait avec tant d'intégrité, les premiers emplois de la justice, il ne peut pas ne point condamner les excès de votre Morale, qui sont, pour la plupart, aussi contraires aux lois civiles et humaines, qu'aux ecclésiastiques et divines. Et ce seroit bien abuser de la bonté qu'il témoigne pour votre Compagnie, que de vouloir vous en servir pour persuader à toute la France qu'un homme de son rang et de son mérite ne désapprouve point les pernicieuses maximes que les Évêques ont censurées dans votre *Apologie;* qu'il ne trouve pas mauvais qu'on enseigne, par exemple, qu'un gentilhomme chrétien peut en conscience tuer un homme pour éviter un soufflet, et se venger d'un démenti; et qu'il n'y a point de crime à imposer de faux crimes à ceux qui nuisent injustement à notre réputation. C'est pourquoi, mon révérend père, nous ne craignons point de vous dire que vous lui imposez en voulant faire croire qu'il est dans ce sentiment; et nous n'appréhendons point qu'il nous désavoue pour l'avoir défendu contre un soupçon si injurieux.

XI° Objection du P. Annat.

Nous souhaiterions, mon révérend père, de pouvoir nous contenter de dire, à l'égard de M. l'Évêque d'Amiens, ce que nous venons de dire à l'égard de M. Le Tellier; et nous serions tout disposés à rejeter les Mémoires que l'on nous a donnés sur ce sujet, et à croire simplement le désaveu de ce Prélat que vous rapportez, si nous pouvions le faire sans être suspects d'une basse flatterie, dont ceux qui nous ont fourni ces Mémoires pourroient nous convaincre par écrit. C'est pourquoi, ne pouvant pas demeurer dans cette retenue, nous espérons de faire voir par cet exemple que le public auroit été plus satisfait de votre conduite, si, au lieu des désaveux généraux que vous avez tirés de trois ou quatre personnes, vous leur aviez demandé un récit sincère de ce qui s'est passé dans les faits qui sont rapportés dans notre Journal. Car, en ne lisant que la Lettre de M. l'Évêque d'Amiens, on doit en conclure que tout notre récit est une pure fiction, et qu'il n'a rien dit de tout ce que nous lui faisons dire. Et c'est aussi la conclusion que vous en tirez, en disant que « M. l'Évêque d'Amiens, étant à Rouen, désavoua sur-le-champ cette relation comme fausse, et qu'il écrivit aux Curés de Paris que l'on lui imposoit des discours qu'il n'avoit jamais tenus. » Cependant parce que ce Prélat s'est expliqué plus particulièrement, et qu'il a même envoyé le Journal apostillé de sa main, et signé de son nom, en marquant en détail tout ce qu'il avouoit avoir dit, et tout ce qu'il prétendoit n'avoir pas dit, il nous a donné moyen de justifier, dans une occasion signalée, la sincérité avec laquelle nous avons fait ce Journal. C'est pour cela que nous représenterons ici ses Apostilles, telles que nous les avons, écrites et signées de sa main.

Notre Journal ne contient que cinq articles sur son sujet, dont voici le premier : « M. l'Évêque d'Amiens, ayant reçu la Requête et le Factum, ne se contenta pas de témoigner aux Curés, par le bon accueil qu'il leur fit, combien il approuvoit leur zèle et leur piété; mais il leur dit positivement qu'il n'avoit jamais pu approuver et qu'il n'approuveroit jamais la Doctrine des Jésuites, qu'il en avoit dit très librement ses sentimens jusque dans le Louvre en des occasions importantes; et que c'étoit une chose étrange combien ces maximes se répandoient. » M. l'Évêque d'Amiens avoue tout cet article, excepté qu'il change le mot de *Jésuites* en celui d'*Apologie*.

Le second article est celui-ci : « Il leur rapporta sur ce sujet que, faisant ses visites dans Abbeville, il s'enquit des prêtres qui servent aux paroisses, ce qu'ils répondoient aux serviteurs et servantes qui ne se contentoient pas de leurs gages, et qui, sur ce prétexte, se récompensent en cachette du bien de leurs maîtres; et qu'il s'en trouva plusieurs qui approuvoient ces compensations, parce, disoient-ils, qu'ils avoient appris cette Doctrine des Jésuites. « M. l'Évêque d'Amiens avoue encore tout cet article, hormis qu'il change le mot de *Jésuites* en celui de *Casuistes*.

Le troisième article est : « Il ajouta encore, sur ce que quelques curés témoignèrent s'étonner que les Jésuites enseignassent de si étranges choses dans Amiens, que ce qu'ils trouvoient étrange ne le surprenoit pas. Je suis assuré, dit-il en propres termes, que le P. Poignant ne débite point sa doctrine particulière : sachez qu'autant qu'ils ont de pères qui enseignent les cas de conscience en France, en Italie, en Espagne, en Allemagne et partout ailleurs, ils parlent tous le même langage. » M. l'Évêque d'Amiens désavoue tout cet article, et il dit que ce ne fut pas lui qui dit aux Curés, mais les Curés qui lui dirent que partout où il y avoit des Jésuites, on enseignoit les mêmes propositions.

Le quatrième article contient une Lettre fort obligeante, que M. l'Évêque d'Amiens écrivit à ses Curés qui lui avoient envoyé leur Factum ; dans laquelle il dit, entre autres choses, « qu'après avoir examiné le tout, il est fort convaincu de la nécessité de travailler à l'examen de cette morale, etc. » M. d'Amiens ne dit rien sur cet article, comme étant incontestable.

Le cinquième est : « La contestation s'étant émue entre les Curés et les Jésuites d'Amiens, sur le sujet des Écrits de leurs professeurs, dont les Curés s'étoient plaints, M. d'Amiens condamna les Jésuites par contumace aux dépens envers les Curés, et ordonna qu'ils seroient réassignés pour se voir condamner à révoquer publiquement leurs méchantes propositions. »

M. l'Évêque d'Amiens désavoue tout cet article en ces termes : « Il n'est pas vrai que j'aie condamné les Jésuites aux dépens par contumace, et je n'ordonnai point qu'ils fussent réassignés : car ils n'avoient pas encore été assignés. J'avois seulement répondu à la requête des Curés, et mis au bas : *Soient les parties appelées*. Et le jour assigné pour la conférence que j'avois trouvé à propos de faire, les Jésuites se trouvèrent à l'heure marquée, et les Curés ne voulurent pas s'y trouver. En quoi il paroît que celui qui a fait imprimer ces Extraits a eu de fort mauvais Mémoires. *Signé,* FRANÇOIS, *Évêque d'Amiens.* »

Sur cela, mon révérend père, vous remarquerez, premièrement, combien il y a de différence entre la modération d'un Évêque et l'emportement d'un jésuite. Ce Prélat étoit persuadé que nous nous étions trompés en rapportant de lui un fait important, qui est qu'il eût rendu une sentence contre votre Société, laquelle il croyoit n'avoir point rendue. Et cependant il n'a pas seulement eu la pensée de nous traiter de *fourbes* et d'*imposteurs ;* mais il se contente de dire qu'*il faut que nous ayons eu de mauvais Mémoires*. Voilà, mon révérend père, comme parlent tous les gens d'honneur. Mais ce n'est pas là le style de la Compagnie, qui a pour maxime aussi bien de sa Conduite que de sa

Théologie, « *detrahentis auctoritatem sibi noxiam falso crimine elidere.* »

En second lieu, il est bon de remarquer que des quatre faits que M. l'Évêque d'Amiens désavoue, ou en tout, ou en partie, il y en a trois qui ne consistent que dans des paroles qui, n'ayant pas été écrites, ne peuvent se prouver que par des témoins vivans, et un quatrième qui peut se prouver par écrit. Pour les paroles de vive voix, il est vrai, d'une part, que M. l'Évêque d'Amiens croit ne pas les avoir toutes dites. Mais il est vrai, de l'autre, que MM. les Curés d'Amiens croient les avoir toutes entendues. Car ce Prélat étant retourné à Amiens depuis ses apostilles qu'il écrivit à Rouen, et ayant fait quelque reproche à ses Curés, dans la pensée qu'il eut que c'étoient eux qui avoient mandé ces choses, ils lui soutinrent, avec tout le respect qui lui étoit dû, qu'il leur avoit dit positivement tout ce qui se trouve dans le Journal, et afin de lui aider à rappeler sa mémoire par les choses qui ont accoutumé de la réveiller, ils lui marquèrent les temps et les lieux où ils croyoient qu'il leur avoit dit toutes ces paroles, et en particulier le mot de *Jésuites,* au lieu de celui de *Casuistes* et d'*Apologie.*

Nous n'entrons point, mon révérend père, dans ce différend : il est de peu d'importance. Un défaut de mémoire, qui est ordinaire à tous les hommes, n'intéresse en rien, ni la sincérité de M. l'Évêque d'Amiens, ni celle de MM. les Curés. Mais ce qu'il y a de certain, est que l'accusation d'*imposteurs* que vous formez contre nous sur ce sujet, est pleine d'injustice et de calomnie; puisqu'il est clair que nous avons dit de bonne foi ce qui avoit été rapporté par des personnes dignes de foi.

Ce qui donne néanmoins un peu plus de sujet de s'assurer sur la mémoire de MM. les Curés que sur celle de l'Évêque d'Amiens, c'est qu'outre qu'il est plus facile qu'un seul se trompe que plusieurs, et qu'il est plus aisé d'oublier ce qu'on a dit, que de croire avoir ouï ce qu'on n'a point ouï, nous n'avons aucune preuve que la mémoire ait manqué à ces Curés, et nous en avons une certaine qu'elle a manqué à M. l'Évêque d'Amiens, dans l'unique fait duquel pouvoit se justifier certainement, et duquel il est plus étonnant qu'il ne se soit pas ressouvenu. Car il est sans comparaison plus ordinaire d'oublier des paroles qu'on a dites sans beaucoup de réflexion, que d'oublier qu'on ait rendu une sentence. Cependant il faut bien que M. d'Amiens l'ait oublié, puisque nous avons en bonne forme la sentence qu'il nous a mandé si positivement ne point avoir rendue. En voici la copie telle qu'elle est au greffe, et qu'elle a été signée et délivrée par son greffier.

« A tous ceux qui ces présentes Lettres verront, salut : François, par la grâce de Dieu et du saint-siège apostolique, évêque d'Amiens, conseiller du roi en ses conseils, et maître de l'oratoire de Sa Majesté, vu la requête à nous présentée par frère Pierre Boucher, curé de Saint-Firmin-au-Val; Pierre Matissar, l'un des curés de Saint-Firmin le Confesseur; frère Antoine Woignet, curé de Saint-Pierre; Pierre Coulon, curé de Saint-Remi; Louis Desaleux, curé de Saint-Sulpice; Jacques Avisse, curé de Saint-Jacques; Jean du Menil, aussi curé de Saint-Firmin le Confesseur; et Pierre de Flesselles, curé de Saint-Martin, demandeurs sur requête, et le promoteur de notre cour spirituelle joint, contre PP. Longuet, Simon de Lessau et Poignant, tous jésuites de cette ville, défendeurs : ladite requête du 5 juillet dernier, au bas de laquelle est notre permission de faire assigner lesdits défendeurs, pour, après avoir examiné l'*Extrait* des propositions qui s'enseignent publiquement dans le collège de cette ville, et l'*Apologie* où elles sont plus au long reprises et défendues, faire défense d'enseigner cette doctrine pernicieuse, de débiter ou retenir ladite *Apologie,* et voir condamner les propositions contenues dans lesdits *Extrait* et *Apologie,* au bas de laquelle est l'adjonction et réquisitoire dudit promoteur, et notre ordonnance pour faire assigner lesdits défendeurs, et ensuite est l'exploit d'assignation à eux faite par Rouveroy, sergent, le 3 octobre dernier, à laquelle requête sont attachés lesdits *Extrait* et *Apologie,* notre règlement portant ordonnance auxdits défendeurs de défendre à la huitaine, en date du 5 dudit mois ; l'assignation faite auxdits défendeurs au domicile de M⁰ Jean Bucquet, leur procureur, le 14 dudit mois d'octobre, pour voir dire que lesdits demandeurs auroient défaut, faute d'avoir par iceux défendeurs déduit moyens de défenses le défaut accordé auxdits demandeurs, sauf trois jours, à quoi ils n'ont satisfait : Nous, en adjugeant le profit dudit défaut, privons et déboutons lesdits défendeurs de toutes exceptions et défenses, et pour voir condamner lesdites propositions, et par lesdits défendeurs les révoquer publiquement, ordonnons qu'ils seront réajournés, à intimation; et les condamnons ès dépens desdits défauts et jugement. Donné à Amiens, le 12 novembre 1658. *Signé* Picard. »

Cette sentence est énoncée dans une autre, rendue peu après par le même M. d'Amiens dans la même affaire, le 19 du même mois, en ces termes : « Vu par nous la requête, etc., notre sentence du 12 des présens mois et an, au bas de laquelle est le réajournement fait auxdits défendeurs. »

Vous voyez, mon révérend père, que nous n'avons pas eu tort de dire, dans notre Journal, que M. l'Évêque d'Amiens avoit rendu une sentence, où il vous avoit condamnés, par contumace, aux dépens envers MM. les Curés. Et vous jugez assez que c'est un étrange préjugé pour la vérité des autres faits qui demeurent contestés. Mais pour nous, après avoir justifié notre bonne foi, vous trouverez bon que, laissant à part ce que M. l'Évêque d'Amiens révoque en doute, nous prenions droit sur ce qu'il avoue, et que nous y fassions deux réflexions, dont la première est, que tous ces changemens que M. l'Évêque d'Amiens a cru devoir être faits dans notre Journal, ne vous sont nullement avantageux.

Il veut qu'au lieu de dire qu'il « n'avoit jamais approuvé, et qu'il n'approuveroit jamais la doctrine des Jésuites, » il ait seulement dit « la doctrine de l'*Apologie*. » Quel avantage pouvez-vous en tirer, puisqu'il est constant que l'*Apologie* étant un ouvrage des Jésuites, et soutenu par toute la Société, désapprouver la doctrine de l'*Apologie,* c'est désapprouver la doctrine des Jésuites?

Il ne change de même, dans le second article, que le mot de *Jésuites,* en celui de *Casuistes.* Et ainsi il avoue qu'il a dit, pour montrer combien ces maximes se répandoient, que « faisant ses visites dans Abbeville, il trouva plusieurs prêtres qui approuvoient que les serviteurs et servantes qui ne se contentoient pas de leurs gages, se récompensassent en cachette du bien de leurs maîtres; parce, disoient-ils, qu'ils avoient appris cette doctrine des Casuistes. » Il est donc constant, mon révérend père, par un témoignage si authentique, que cette méchante doctrine qui apprend aux serviteurs à voler leurs maîtres, qui corrompt leur fidélité, qui trouble la paix et la sûreté des familles, selon les termes des Censures contre votre *Apologie,* ne s'enseigne pas seulement dans des Livres, mais se pratique encore dans la conduite des consciences, et qu'elle empoisonne également les Serviteurs qui la suivent, et les Confesseurs qui l'approuvent.

Voilà ce qu'il nous étoit important de prouver par le témoignage de cet Évêque, et qu'il étoit utile que toute l'Église sût, afin que l'on connoisse combien il est nécessaire de s'opposer au progrès de cette méchante morale. Mais que M. d'Amiens ait attribué cette doctrine aux Casuistes, ou aux Jésuites, cela nous est fort indifférent : puisque nous n'avons pas besoin du témoignage de personne, mais seulement de nos propres yeux, pour savoir que ces Casuistes sont des Jésuites, que c'est le P. Bauny qui l'a publiée dans un Livre françois, qui est entre les mains de tout le monde, et qui a été condamné sur ce point aussi bien que sur beaucoup d'autres, par la Faculté de Paris; et que votre Apologiste, l'ayant voulu défendre, a encore attiré sur lui les Censures de l'Église.

La seconde réflexion que nous avons à faire sur le sujet de M. l'Évêque d'Amiens est que son procédé nous fait voir, avec douleur, ce que peut la violence de votre Société sur les personnes mêmes qui paroissent les mieux intentionnées. Car ce Prélat reconnoît de bonne foi « qu'il n'approuve point et qu'il n'approuvera jamais la doctrine de l'*Apologie;* qu'il est convaincu de la nécessité de travailler à l'examen de cette Morale; » et enfin que son diocèse en est actuellement infecté. Ainsi on ne peut attribuer le retardement qu'il a apporté jusqu'ici à censurer ce Livre, à aucun doute qu'il ait, ou que la doctrine n'en soit pas mauvaise, ou que ce ne soit pas le temps de travailler à l'examen de cette morale, et à en empêcher le cours, qu'il a reconnu être si grand dans son propre diocèse. Qui pourroit donc l'avoir retenu tant de temps, que l'appréhension d'attirer sur lui les persécutions, ou publiques, ou secrètes, de votre Société, et tout le crédit du P. Annat? Et il n'est pas étrange que ces terreurs aient quelque pouvoir sur des personnes d'ailleurs estimables : puisque, sans avoir égard à aucune considération temporelle, ils peuvent en avoir de spirituelles qui leur font douter s'il est de la prudence de se commettre avec un Corps qui a pour première maxime de sa Politique, de travailler de toutes ses forces à perdre d'honneur tous ceux qui s'opposent à ses intérêts, et à les rendre, s'ils le peuvent, inutiles à l'Église, de peur qu'ils ne nuisent à la grandeur de la Compagnie.

C'est sans doute pour imprimer davantage cette terreur dans les esprits, que vous avez cru devoir nous traiter d'une manière si outrageuse, et si disproportionnée aux reproches frivoles que vous nous faites. Vous n'avez pu ignorer qu'ils ne servoient de rien pour appuyer votre Morale, et pour arrêter l'horreur que tout le monde en a conçue. Mais vous vous êtes persuadés qu'en foulant ainsi aux pieds un Corps qui est de quelque considération dans l'Église, vous vous rendriez par là redoutables à tout le monde; et que si vous ne pouviez pas empêcher qu'on ne détestât dans le cœur vos maximes pernicieuses, vous empêcheriez au moins, par la crainte d'un semblable traitement, qu'on vous les reprochât en public.

Il ne faut donc pas s'étonner qu'il y ait des personnes que ces appréhensions ébranlent : mais il faut plutôt s'étonner qu'il s'en soit tant trouvé qui n'en aient point été ébranlées, et qui, méprisant par une générosité épiscopale, tout ce qui pouvoit leur arriver de la part d'une Société si vindicative, ont rendu à la vérité les témoignages qu'ils lui devoient.

Pour nous, mon révérend père, que vous regardez aujourd'hui comme le principal objet de votre animosité, bien loin de nous repentir de l'engagement où Dieu nous a mis, nous nous sentons obligés de lui rendre grâces de ce qu'il a fortifié notre foiblesse contre ces craintes. Et peut-être aussi que la postérité nous saura gré d'avoir mieux aimé nous exposer à tous les ressentimens d'une haine aussi obstinée et aussi puissante qu'est la vôtre, que d'abandonner la défense de la Morale de Jésus-Christ.

A Paris, le 25 juin 1659.

NEUVIÈME FACTUM

Des Curés de Paris, ou seconde partie de la Réponse au P. François Annat, jésuite, contenant les plaintes qu'il leur a donné sujet de lui faire par son Écrit intitulé : « Recueil de plusieurs faussetés, etc. »

Nous croyons, mon révérend père, que vous serez plus que satisfait sur tous les chefs d'accusation que Votre Révérence a proposés contre nous. Mais il est raisonnable que vous preniez à votre tour la peine de satisfaire à nos plaintes ; et qu'après nous avoir attaqués si injustement, vous vous défendiez vous-même des justes reproches que nous avons à vous faire. Nous espérons qu'ils seront plus considérables que les vôtres, et plus utiles à ceux qui voudront s'instruire de nos différends ; parce que nous rentrerons souvent par là dans l'examen de votre Morale, dont vous essayez de nous retirer, en vous attachant à nos personnes; et que nous ferons voir, par votre conduite, non-seulement que vous enseignez aux autres, mais que vous pratiquez vous-mêmes les maximes corrompues de vos Casuistes.

Ire Plainte des Curés contre le P. Annat.

Notre première plainte est fondée sur ces paroles de la fin de votre Recueil, qui sont comme la conclusion de toutes les injures dont vous nous avez déchirés : « Je ne dis pas, dites-vous, que les Journalistes sont menteurs, imposteurs et faussaires; mais j'espère que le sage lecteur se persuadera que je l'ai bien prouvé. »

Vous ne le dites pas, mon révérend père? Qui a donc écrit dès la seconde page de votre Recueil, que *vous avez résolu d'y faire voir que les auteurs et les distributeurs de ces Écrits sont extrêmement menteurs?* Qui a donc dit en la quatrième page, que *ce sont des fourbes découverts?* Et, au même lieu, que *les Journalistes montrent qu'ils ont aussi peu de jugement que de bonne foi?* Et en la sixième, que *ce sont les plus grands menteurs de tous?* Et en la septième, que *les Journalistes ont bien le courage de paroître plus imposteurs que les Jansénistes?* Et en la neuvième, qu'*ils sont généreux en leurs mensonges?* Comment peut-on excuser une fausseté si visible, qu'en l'attribuant à un défaut de mémoire, qui fait voir qu'on peut bien oublier et désavouer ce qu'on auroit dit il y auroit quelque temps : puisque le P. Annat a oublié, à la fin d'un Libelle de trois feuilles, ce qu'il a dit auparavant sept ou huit fois?

Il est donc certain, mon révérend père, que vous vous êtes emporté à cet excès, que d'appeler tous les Curés de Paris des *menteurs,* des *imposteurs* et des *fourbes.* Et si quelque reste de honte, vous a porté à dissimuler à la fin que vous leur ayez donné ces noms outrageux, c'est pour leur faire en même temps un plus grand outrage, en ajoutant que si vous ne l'avez pas dit, on jugera que vous l'avez bien prouvé.

Ce n'est pas ici une accusation de peu d'importance. Le crime d'un *imposteur* et d'un *faussaire,* étant du nombre de ceux qui *ferment le royaume de Dieu,* comme parle saint Augustin, que les Canons punissent des peines les plus rigoureuses, et que les hommes détestent davantage : dire que *vous avez bien prouvé que nous sommes des faussaires et des imposteurs,* c'est assurer que nous sommes des prêtres criminels, indignes de notre ministère, qui devrions en être séparés par le jugement de l'Église, et qui devons être en horreur à tout le monde, et à ceux même qui nous sont soumis.

Voilà ce qu'enferme le reproche que vous nous faites. Si vous l'avez bien prouvé, comme vous le dites, il ne nous reste qu'à en faire pénitence. Mais si vous ne l'avez point prouvé, et si c'est sans raison que vous nous imposez ces crimes, vous en êtes vous-même coupable : puisque la calomnie est en cela différente des autres péchés, qu'on n'est point, par exemple, homicide pour accuser faussement un autre d'avoir fait un meurtre ; au lieu qu'on est nécessairement calomniateur, quand on accuse faussement un autre de l'être. De sorte que si votre accusation est sans fondement, il ne vous reste aucune voie pour vous réconcilier avec Dieu, que la réparation publique d'un excès si public et si scandaleux.

Voyons donc quelles sont les preuves par lesquelles vous prétendez avoir « bien prouvé que nous sommes des menteurs, des imposteurs et des faussaires. » C'est, dites-vous, « par des témoins les plus irréprochables qu'on puisse jamais trouver. » Nous avons fait voir par l'exemple de celui seul qui a particularisé son désaveu, que la mémoire manque aussi souvent à ceux qui croient n'avoir pas dit des choses, qu'à ceux qui croient les avoir ouïes. Mais supposons que tout ce que disent ces témoins illustres soit indubitable, qu'en pouvez-vous conclure autre chose dans toute la rigueur, sinon, comme a fait M. l'Évêque d'Amiens, que nous avons eu de mauvaise mémoire dans quelques faits de notre Journal, qui ne sont de nulle importance ? Est-ce là, mon révérend père, avoir bien prouvé que *nous sommes des menteurs, des imposteurs et des faussaires ?* Êtes-vous donc si peu instruit dans les règles les plus communes de la Morale, non-seulement chrétienne, mais humaine, que vous ne sachiez pas que ce qui fait un homme *menteur, imposteur* et *faussaire,* n'est pas simplement d'avoir dit des choses qui ne se trouvent pas vraies ; mais de les avoir dites contre sa conscience, et sachant qu'elles étoient fausses ; et que c'est proprement le manquement de sincérité et de bonne foi qui fait ces crimes ? « Nul ne doit être jugé menteur, dit saint Augustin, pour dire une chose fausse, la croyant vraie. « *Nemo sane mentiens judicandus est, qui dicit falsum quod putat verum.* » (In *Ench.,* cap. XVIII.) Et cette maxime est si certaine, qu'on en a fait une règle du

Droit Canonique (22, *quæst.* 2). Or, vos témoins prouvent-ils que nous ayons manqué de sincérité, et que nous ayons parlé contre notre conscience ? Y a-t-il un seul mot dans toutes les Lettres que vous produisez, par lequel il paroisse que nous ayons avancé des choses comme véritables, lesquelles nous savions bien être fausses? Y a-t-il même la moindre couleur et la moindre vraisemblance en cette prétention ? Car y a-t-il homme de bon sens qui puisse s'imaginer que, sachant bien, par exemple, que c'étoit à M. l'abbé Le Camus, et non à M. Gauquelin, à qui M. l'Évêque de Rodez et le P. Annat avoient parlé, nous ayons pris plaisir à dire, contre notre conscience, que c'étoit à M. Gauquelin? Y a-t-il apparence de croire que nous ayons inventé à dessein, que M. le Nonce étoit avec M. le Chancelier, lorsque le P. de Lingendes lui porta votre déclaration, quoique nous sussions bien qu'il n'y étoit pas? Quel avantage pouvions-nous tirer de ces circonstances ? Et qui est l'homme qui, ayant assez peu de conscience pour mentir, a eu jamais assez peu d'esprit pour en choisir des sujets si inutiles et si ridicules? Il est donc clair, mon révérend père, que vous n'avez point « prouvé que nous fussions des *menteurs,* des *imposteurs* et des *faussaires;* et qu'ainsi vous demeurez vous-même convaincu de nous avoir fait une injure, dont vous ne sauriez obtenir le pardon de Dieu, que par une reconnoissance publique de nous avoir injustement calomniés. »

Mais il est encore nécessaire de considérer que les choses sur lesquelles vous nous traitez si injurieusement, sont de si peu d'importance, qu'il est infiniment plus honteux d'en prendre des sujets de reproche et d'accusation, comme vous faites, que d'en avoir été mal informé, comme vous prétendez que nous l'avons été. Car il n'y a personne qui ne sache que dans les choses que l'on dit sur le rapport d'autrui, il faut mettre grande différence entre celles qui sont importantes, et celles qui ne le sont pas. Dans les choses importantes, quoiqu'il suffise d'être sincère pour n'être pas menteur, cela ne suffit pas pour être exempt de toute faute; et il y en a même que l'on ne peut publier, à moins que d'en avoir des preuves certaines, sans une témérité criminelle. Mais dans les choses qui ne sont de nulle conséquence, comme nous avons montré qu'étoient celles que vous nous reprochez, la sincérité suffit non-seulement pour éviter le mensonge, mais même pour éviter toute autre faute; parce que ce seroit détruire la société humaine, que de vouloir obliger les hommes à s'informer des moindres faits avec autant de soin et de diligence que s'il s'agissoit des plus grandes choses. Et c'est pourquoi saint Augustin, dans son exactitude ordinaire, dit que « celui qui tient pour vraies des choses fausses qu'il a crues trop légèrement, ne peut jamais être accusé de mensonge, mais quelquefois de témérité. « *Non itaque mendacii, sed aliquando temeritatis arguendus est, qui falsa incautius credita pro veris habet.* » (*Enchirid.*; cap. xviii.) Il ne dit pas qu'on puisse toujours l'accuser de témérité, mais seulement quelquefois. Or, quand peut-on moins l'en accuser, que lorsque les faits où il se trompe sont de si peu de conséquence, qu'ils ne méritent pas qu'on s'en informe avec plus de soin ? Il y a donc des choses sur lesquelles on peut se contenter d'un ouï-dire, selon les règles mêmes de la prudence chrétienne ; et ainsi nous avons pu déférer, sans une plus grande enquête, à ce qu'on nous avoit dit, que M. le Nonce étoit chez chez M. le Chancelier lorsque le P. de Lingendes y alla. Et comme c'étoit une chose qui étoit dans l'esprit et dans la bouche de tout le monde, et de vos plus grands amis, que vous aviez fait une grande imprudence de publier l'*Apologie*, nous avons encore pu croire que M. Le Tellier vous avoit déclaré librement un sentiment si commun, si juste, si charitable, et dont il ne peut se faire que vous ne soyez vous-mêmes convaincus par l'événement.

Mais il y a des choses que l'on ne peut sans crime publier sur un ouï-dire ; et sans aller bien loin en chercher des exemples, vous nous en fournissez un bien considérable dans la douzième page de votre Recueil, qui sera le sujet de notre seconde plainte.

IIe *Plainte des Curés contre le P. Annat.*

Vous y parlez ainsi : « Je ne puis que je n'admire l'esprit et la conscience des ennemis des Jésuites, qui font un lieu commun d'invectives contre leur Doctrine sur la Direction d'Intention. Je les défie de pouvoir jamais trouver un jésuite qui ait enseigné que l'usage d'un moyen reconnu pour mauvais, devienne bon par la Direction d'Intention ; ou, ce qu'on dit être arrivé dans une paroisse de Paris il y a dix ou douze ans, que, pour ôter un curé qui empêche la sainte intention qu'on a de faire honorer de nouveaux saints dans son Église, et d'y rétablir l'ancienne discipline, on puisse mêler dans son bouillon je ne sais quoi qui l'aide à aller en Paradis devant le temps. »

Ce sont vos paroles, mon révérend père. Il ne s'agit pas ici si M. de Rodez a parlé à M. Gauquelin, il s'agit d'un empoisonnement, qui est l'un des plus horribles crimes devant Dieu et devant les hommes. Ceux qui ne jugeront de ceci que par votre Recueil, ne pourront croire autre chose sinon que vous avez voulu faire retomber sur quelqu'un de nous l'infamie de cette accusation : en quoi vous nous faites une injure signalée, de nous faire passer sur un ouï-dire pour des empoisonneurs de Curés. Nous vous soutenons, mon révérend père, que ce ne sont point là des choses qu'on puisse sans crime publier sur un ouï-dire. Il faut, pour pouvoir ainsi les avancer, ou qu'elles soient notoires à tout le monde, ou qu'on les autorise au moins en les publiant par des preuves claires et convaincantes. A moins de cela, selon toutes les lois et civiles et canoniques, on mérite le même châtiment, que mériteroit le crime dont on accuse les autres : *Qui non probaverit quod objecit,* dit le pape Adrien, *pœnam quam intulit ipse patiatur.* » Où sont donc vos preuves, mon révérend père? où sont ceux qui vous ont dit que « la sainte intention de faire honorer de nouveaux saints a fait empoisonner un curé? » Et s'il y en a qui vous l'aient dit, ce qui n'est nullement croyable, quelles assurances en avez-vous tirées pour le croire, et pour en prendre la hardiesse de le publier? Si vous en avez, produisez-les à la face de toute l'Église ; mais si vous ne pouvez en produire aucune, souffrez que nous vous disions que la plus favorable interprétation qu'on puisse donner à ce reproche calomnieux, aussi bien qu'à toutes les injures que vous nous dites, est que vous avez voulu y pratiquer la doctrine de Dicastillus, qui exempte de crime la Calomnie, lorsqu'on s'en sert pour repousser ceux qui nuisent injustement à notre réputation, comme vous croyez que font à votre égard tous ceux qui décrient votre Morale. L'usage de cette Doctrine sur la Calomnie vous est maintenant devenu plus facile que jamais ; et nous ne voyons pas ce qui pourroit empêcher les plus scrupuleux jésuites de s'en servir dans toutes les occasions où ils croiront en avoir besoin : car votre Dicastillus, qui avoit ôté à la Calomnie, dans ces rencontres, la malice du péché mortel, y avoit laissé au moins une offense vénielle, n'ayant pas trouvé le moyen d'en séparer le mensonge. Mais votre P. Tambourin, si hautement loué et approuvé par votre Général, vient de donner la naissance à une opinion qui mettra bientôt toutes ces sortes de calomnies, et toutes leurs suites, entre les actions tout à fait permises.

Vous trouverez bon, mon révérend père, que nous vous représentions ici ses paroles, et que nous profitions de cette occasion pour continuer d'instruire le monde des principes de votre Morale.

Ce nouveau théologien, dans son explication du Décalogue, imprimée cette année même à Lyon, avec les éloges et approbation de plusieurs de votre Société (Lib. IX, cap. II, § 2, n. 4), propose cette question : « S'il est permis d'imposer à un témoin injuste d'aussi grands crimes qu'il est nécessaire pour notre juste défense, lorsque l'on ne peut s'en défendre autrement. » Sur ce cas il divise sa réponse en deux parties : la première est, « qu'il lui est probable qu'on ne pèche point en cela contre la justice. » Sur quoi il cite Dicastillus, et quelques autres Casuistes, et c'est où vous en étiez demeurés. Mais la seconde réponse contient les nouvelles lumières de ce jésuite. « Il m'est incertain, dit-il, si cela ne peut point se faire sans aucune faute, *sine ulla culpa*. De Lugo croit que non, parce que ce seroit au moins un mensonge, ce qui n'est jamais permis ; et de plus, que s'il falloit prouver ce faux crime par témoins, il faudroit les engager à un parjure, ce qui seroit un péché mortel. J'entends tout cela, dit Tambourin ; mais comme tout le péché se rejette sur le mensonge et le parjure, il s'ensuit, premièrement, que si c'étoit un mensonge sans serment, ce ne seroit pas un péché mortel, ce qu'accordent aussi expressément Hurtado et Bannez dans Diana (part. IX, tr. VIII, resol. XLIII). En second lieu, lorsqu'on seroit obligé de faire serment, on pourroit user d'équivoque, et ainsi éviter le parjure et le mensonge, ce qui seul fait que Lugo et les autres docteurs nient l'opinion qui exempte cela de péché. Et par conséquent, le mensonge étant ôté par l'équivoque, ils ne se trouveront plus contraires à cette opinion. »

Vous voyez, mon révérend père, que, selon cette nouvelle invention d'ajouter l'Équivoque à la Calomnie, elle se trouvera entièrement purgée, tant d'injustice et de péché mortel par le prétexte de repousser un injuste accusateur, que de mensonge et de péché véniel par l'artifice d'ajouter une équivoque. Néanmoins, comme cette opinion ne fait que de naître, et n'est pas encore assez affermie, Tambourin en témoigne quelque défiance, surtout à cause des inconvéniens et des suites qu'il ne rejette pas, mais qu'il dit seulement être dures à digérer. Voici comme il en parle : « Je dis néanmoins que cela m'est encore incertain. Car quoi ? s'il falloit prouver que ce témoin qu'on veut décrier est un abominable, un excommunié, un hérétique ; que ce faux témoin, dira-t-on, s'en prenne à lui-même. J'entends bien, mais je suis encore en peine. Car quoi? s'il falloit falsifier pour cela des pièces publiques, pourroit-on porter un notaire public, qui seroit certain de mon innocence, à les falsifier pour servir de preuves aux crimes qu'on supposeroit à ce faux témoin? Pourquoi non? dira-t-on. *Quidni?* Car ce n'est pas être infidèle envers la République, mais extrêmement fidèle ; puisque c'est pour défendre les personnes innocentes de la République. Mais si on ouvre cette porte, que deviendront les jugemens publics? Qu'on trouve, dira-t-on, de bons témoins, comme les demandent les tribunaux où la justice est bien rendue : car quand on repousse de faux témoins par quelque artifice que ce soit, ce n'est pas affoiblir, mais fortifier les jugemens publics. J'entends bien. Je le dis encore une fois. Mais parce que cela me semble encore dur à digérer, je réserve volontiers à un autre temps à démêler ce nœud. »

Que vous en semble, mon révérend père? La question est si, étant injustement accusé, l'on peut, sans aucun péché, *sine ulla culpa,* imposer de faux crimes, comme l'Hérésie et le Péché Abominable, à celui qui nous accuseroit injustement ; les soutenir même avec serment devant les juges, en se servant d'équivoques ; suborner des témoins qui fassent les mêmes sermens, et aposter un notaire qui falsifie des pièces publiques pour appuyer ces Calomnies.

Sur cela un jésuite, qui écrit par l'ordre de son Général, comme il paroît par ce qu'il dit (p. 1) avec l'approbation de sa Compagnie, dit simplement que « il lui est incertain si cela n'est point. » Et après avoir apporté toutes les raisons qu'il a pu trouver pour montrer que cela est permis, et n'en avoir opposé aucune au contraire, il se contente de dire que « cela est dur, et qu'il réserve à un autre temps à démêler ce nœud. »

Quelle Théologie est-ce là, mon révérend père, que votre Société répand dans le monde! En est-on donc quitte, après avoir proposé les plus horribles renversemens de la Loi de Dieu, pour dire qu'on est en doute, qu'on en est incertain, que cela est dur? Eh quoi! le doute, en matière de vérités si clairement établies par l'Écriture et par le consentement de toute l'Église, n'est-il point impie et hérétique? N'est-ce point une Hérésie, non-seulement de dire que Jésus-Christ n'est point dans l'Eucharistie, mais même de dire que l'on est en doute s'il y est présent ; puisque le doute aussi bien que l'erreur expresse détruit la certitude, sans laquelle il n'y a point de foi? Pourquoi donc ne seroit-ce point une Hérésie de douter si une chose si expressément défendue par un précepte du Décalogue, comme est le faux témoignage, n'est point défendue?

Mais nous vous disons plus, mon révérend père. Ce doute, dans les Écrits de Tambourin, donne sujet à tous les autres de conclure, selon les principes de la Probabilité, qu'on peut faire des actions si damnables avec une entière sûreté de conscience. Car puisqu'il doute si l'on ne peut point les faire, il ne croit donc pas qu'il soit évident que l'Écriture les condamne, ni qu'il y ait aucune raison convaincante qui fasse voir qu'elles sont mauvaises : et cela ne suffit-il pas pour conclure que l'opinion qui permet ces actions, est Probable au jugement de ceux qui soutiennent qu'une opinion est Probable, lorsqu'elle n'est pas évidemment fausse? *Quid requiritur ut sententia sit probabilis a ratione?* « *ut non sit evidenter falsa,* » dit Caramuel. Puisqu'il apporta des raisons pour l'appuyer, qui lui paroissoient si considérables, qu'il n'y répond point, peut-elle manquer d'être sûre en conscience au jugement de ceux qui enseignent, comme fait Tambourin lui-même (Lib. I, cap. III, § 3) : « que la moindre Probabilité, soit d'autorité, soit de raison, suffit pour bien agir : « *Sufficit Probabilitas sive intrinseca, sive extrinseca, quantumvis tenuis,* » et qui veulent même qu'il ne soit pas nécessaire qu'une opinion soit évidemment Probable, mais que c'est assez qu'elle le soit probablement : *Satis est in omnibus casibus constare probabiliter opinionem esse probabilem,* » comme dit encore le même auteur (*Ibid.,* n. 8)?

Qu'il vous sera donc aisé, mon révérend père, de déduire en opinion probable et très sûre en conscience ce doute de Tambourin ! et après cela qu'on juge combien il est dangereux d'attaquer les Jésuites, puisqu'ils ont tant de moyens de s'en venger; car leur amour-propre leur persuadant toujours que tous ceux qui décrient leurs méchantes opinions et leur mauvaise conduite sont de faux et d'injustes accusateurs qui calomnient leur Société, il leur est aisé de conclure ensuite, par leur Morale même, qu'il leur est permis de les faire passer pour Hérétiques, pour empoisonneurs, pour imposteurs et faussaires. Si cela ne suffit, ils pourront y ajouter la subornation des témoins et la falsification des pièces publiques, pour les convaincre de ces crimes supposés. Et enfin, si cela n'est pas encore suffisant, leur P. L'Amy leur fournira de plus fortes armes pour se défendre contre ces prétendus faux accusateurs, *defensione occisiva,* comme parle la Faculté de Louvain, en censurant la doctrine de ce jésuite.

Nous ne nous expliquons pas davantage sur ce sujet; mais nous ajoutons que vous avez encore un moyen qui peut vous rendre redoutable à ceux qui voudroient décrier votre Compagnie. Nous ne l'avons appris que depuis peu ; et il est bon que le public en soit informé. C'est qu'il vous est encore permis de les voler, pour vous récompenser du tort qu'ils feroient à votre réputation, selon cette maxime de Dicastillus (*De just. et jure,* lib. II, tr. II, disp. IX, § 130), et de Tambourin (Lib. I, cap. III, § 5) : « *Probabile est ablationem famæ pecunia compensari;* il est probable, c'est-à-dire sûr en conscience, qu'on peut se récompenser en argent du tort qu'on fait à notre réputation. » Ce qu'il explique plus clairement (*Ibid.,* § 3, n. 25), où il résout, après de Lugo, « qu'il est probable que celui que l'on a diffamé peut retenir l'argent de ceux qui l'ont diffamé, s'ils ne veulent pas, ou qu'ils ne puissent pas réparer le dommage qu'ils lui ont fait en sa réputation. » Et cela sans aucune crainte des juges; parce que, selon le même Tambourin (Lib. VIII, tr. I, cap. V, § 1), lorsque la compensation secrète a été juste, « il est aujourd'hui certain, parmi tous les Casuistes, qu'on peut jurer devant les juges que l'on n'a rien pris, en sous-entendant *qui ne nous fût dû* : « *Non esse in conscientia furem, qui per occultam acceptionem compensat id quod sibi debetur; et posse jurare etiam coram judice se nihil accepisse, intelligendo quod sibi non deberetur, certum jam hodie est apud omnes.* »

III° *Plainte des Curés contre le P. Annat.*

Ce n'est pas sans raison, mon révérend père, que nous nous sommes un peu étendus sur ce sujet. Car cela nous donne moyen de répondre au défi que vous nous faites, « de pouvoir trouver un jésuite qui ait jamais enseigné que l'usage d'un moyen reconnu pour mauvais, devienne bon par la Direction d'une Bonne Intention, » et de nous plaindre en même temps du reproche que vous nous faites ensuite, de pratiquer la Doctrine que nous vous attribuons. Vous dites que « vous admirez en cela l'esprit et la conscience des ennemis des Jésuites. » Mais nous avons bien plus de sujet d'admirer votre imprudence, de nous engager, par ces défis si mal concertés, à renouveler dans l'esprit du monde la mémoire de vos maximes, que vous auriez tant d'intérêt qu'on eût oubliées.

Eh quoi ! mon révérend père, n'est-ce donc pas employer de mauvais moyens sous prétexte d'une bonne fin, que d'employer, pour conserver sa réputation, la calomnie, la subornation des témoins et la falsification des pièces publiques? Dites-nous si c'est un moyen légitime de conserver son bien, son honneur ou sa vie, contre l'injustice d'un accusateur, que de le prévenir en l'assassinant? Or c'est ce que votre P. Dicastillus permet formellement, non-seulement dans la spéculation, mais aussi dans la pratique (Lib. II, tr. I, disp. x, d. 10), où il dit que les raisons de ceux qui l'approuvent dans la spéculation, et le désapprouvent dans la pratique, « lui déplaisent extrêmement : « *Hæ rationes mihi omnino displicent,* » comme en effet il ne les réfute pas mal selon vos principes.

Dites-nous si ce n'est point un mauvais moyen à un Religieux qui a abusé d'une Fille, de s'en défaire, de peur qu'elle ne le diffame. Et cependant vous avez pu voir dans nos Extraits, qu'un habile homme de votre Société, au rapport de Caramuel, décidoit que ce Religieux pouvoit, en ce cas, se servir de la doctrine de votre P. L'Amy, et tuer cette Femme pour conserver son Honneur : « *Inquiris an homo religiosus qui fragilitati cedens feminam vilem cognovit, quæ honori ducens se prostituisse tanto viro, rem enarrat et eumdem infamat, possit illam occidere? Quid scio? At audivi ab eximio patre N. S. theologiæ doctore, magni ingenii et doctrinæ viro : potuisset Amicus hanc resolutionem omisisse : at semel impressam debet illam tueri, et nos eamdem defendere. Doctrina quidem est probabilis, sed qua posset uti religiosus, et pellicem occidere, ne se infamaret.* » (Caramuel, *Theol. Fund.,* p. 551.)

Dites-nous si l'avortement n'est pas un mauvais moyen à une fille pour empêcher qu'on ne connoisse son péché. Cependant nous apprenons de Diana et de Tambourin même (Lib. VI, cap. II, § 4, n. 5), « qu'un très savant théologien de votre Société croyoit ce moyen permis, quand le fruit n'est pas encore animé : « *Teste Diana quidam doctissimus e Societate Jesu id concedit ut probabile.* » Ce que votre P. Héreau ayant enseigné à Paris dans votre collége de Clermont en 1641, quoiqu'il témoignât ne le permettre que dans le cas qu'une fille eût été forcée, il excita contre vous l'indignation de tout Paris, et eut votre collége pour prison par Arrêt du Conseil du Roi, du 3 mai 1644.

Tous ces exemples et beaucoup d'autres vous ayant déjà été proposés, vous deviez les avoir prévus avant que de nous faire ce défi. Il n'est pas difficile de vous en trouver encore de nouveaux; et nous en avons lu depuis peu d'assez rares dans Tambourin. Car, que diriez-vous de ce cas, mon révérend père? Un hôtelier sait certainement qu'un homme ne peut souper sans rompre le jeûne que l'Église l'oblige de garder : peut-il l'inviter de soi-même à souper? Toutes les personnes de piété jugeroient que non; mais votre P. Tambourin est d'un autre avis, et sait bien purifier l'action de cet hôtelier, par la Direction d'Intention à son gain et à son intérêt. « Que doit-on dire, dit-il (Lib. IV, cap. v, art. 95, n. 7), quand on sait certainement qu'un autre violera le jeûne? Il est difficile de permettre d'inviter à manger en ces occasions : nous le permettons néanmoins assez probablement avez Sanchez et Diana. Et la raison de cette permission est que cet hôtelier, en invitant ainsi à manger ceux qui par là violeront le commandement de jeûner, a pour but de gagner de l'argent, et non pas de porter directement à rompre le jeûne et à pécher : « *Concessu est difficilius; concedimus tamen satis probabiliter... quia ministratio illa, imo ultronea invitatio, non fit a caupone directe alliciendo ad non jejunandum, atque adeo ad peccandum, sed ad lucrum expiscandum.* » Voyez-vous, mon révérend père, comme cette Bonne Intention d'attraper de l'argent, *ad lucrum expiscandum,* justifie une action qui, sans cela, seroit criminelle?

En voici un autre exemple du même P. Tambourin (Lib. VIII, tr. I, cap. v, § 4), sur lequel on vous supplie de consulter le Parlement, pour voir s'il approuvera la Doctrine de vos Casuistes. « Si votre débiteur a mis en dépôt chez son ami un vase d'argent, vous pouvez le prendre en cachette dans la maison du dépositaire, en prenant garde néanmoins que la justice ne l'oblige pas de le payer à celui qui le lui a mis en dépôt. Mais si vous ne pouvez éviter ce péril du dépositaire sans perdre votre dette, je réponds que je ne puis vous condamner, puisque vous ne prenez que ce qui vous appartient, et que la nécessité vous excuse de l'obligation de charité que vous auriez d'empêcher le dommage du dépositaire : « *Si periculum immineat (nempe depositario) tu vero illud cavere non possis sine jactura tui debiti, respondeo : te tunc non possum condemnare, si tuum accipias; quia tua necessitas te excusat ab obligatione charitatis, qua deberes illud damnum a te indirecte solum causatum à Petro avertere.* » Tous les juges du monde prendroient cette action pour un vol, et la puniroient comme un vol; mais la Direction d'Intention à ravoir son bien, fait, selon vous, que ce n'est que causer indirectement le dommage du prochain.

Et cette Direction ne va pas seulement à faire perdre innocemment le bien au prochain, mais aussi à lui faire perdre la vie, comme nous avons déjà vu en plusieurs cas, et comme vous pouvez encore voir par celui-ci proposé par Tambourin (Lib. VI, chap. IV, § 4) : « J'ai mêlé, dit-il, du poison dans du vin, pour le faire boire à mon ennemi : mais par hasard mon ami est survenu, qui a bu ce vin, moi le voyant, et n'en disant mot, pour ne pas découvrir mon crime. » Qu'en dites-vous, mon révérend père ? N'est-ce pas un mauvais moyen de cacher son crime, que de tuer son ami en le laissant boire du poison que l'on auroit préparé soi-même ? Tout le monde le croiroit ainsi.

Mais Tambourin en juge autrement ; car voici sa réponse : « Suis-je meurtrier de cet ami, et par conséquent irrégulier ? « *Sumne hujus amici occisor, et ideo irregularis ?* » Je réponds que non : « *Respondeo nequaquam.* » Cela est fort net. Et voici encore l'autorité d'un de vos pères, dont il s'appuie ; « *Sic de Lugo* : Parce que sa mort est arrivée contre mon intention : et d'autre part, je n'en ai pas été une cause injuste ; parce que je n'étois pas obligé, avec tant de danger pour moi, de l'avertir qu'il y avoit du poison dans ce breuvage. » Et par ce moyen cet empoisonnement n'est, selon Tambourin, ni irrégulier, ni meurtrier ; la Bonne Intention qu'il avoit de cacher son crime, et d'éviter son propre péril, lui donnant droit d'user d'un silence qui causoit la mort à son ami.

Cet exemple nous donne lieu de découvrir ici une Équivoque subtile, qui est cachée dans les termes dont vous vous servez. Vous ne dites pas que « jamais jésuite n'a enseigné qu'on peut se servir de mauvais moyens pour une bonne fin, *mais* de moyens reconnus pour mauvais. » C'est où est le mystère, et ce qui nous mettra aisément d'accord ; car il est très vrai, comme nous l'avons fait voir, que par la Direction d'Intention, vous permettez aux hommes de se servir de moyens qui sont en effet très mauvais. Mais il est vrai aussi que ce ne sont pas *des moyens reconnus pour mauvais* par les Jésuites : parce que c'est un des plus grands artifices de votre Morale, de changer le nom des choses, et de permettre le mal, pourvu qu'on ne l'appelle pas mal. C'est ainsi que Tambourin ne justifie pas un meurtrier, et ne dit pas aussi qu'un meurtrier ne soit pas irrégulier : à Dieu ne plaise. Mais il dit que celui qui prépare un poison, et le laisse prendre en sa présence à son ami qui en meurt, ayant une aussi bonne fin que celle de cacher son crime, ne doit pas être appelé meurtrier : *Non est occisor*.

Voilà, mon révérend père, le moyen d'excuser non votre Morale, mais votre défi. Car, ne reconnoissant point pour mauvais moyens les actions les plus criminelles, et tout ce que les autres hommes appellent parjures, falsifications, calomnies et assassinats, ne l'étant point dans votre langage; il est certain que l'on ne trouvera jamais que les Jésuites enseignent à se servir de moyens qu'ils reconnoissent mauvais pour de Bonnes Intentions. Mais comme nous n'avons, grâces à Dieu, ni votre sentiment ni votre langage, nous vous défions à notre tour de prouver cette Calomnie que vous avancez contre nous, en disant « que la doctrine *que vous prétendez* être faussement attribuée aux Jésuites se trouve aujourd'hui fabriquée par ceux qui la leur imputent. Il faut, disent-ils, *ce sont vos paroles,* réformer la Morale des Casuistes qui est corrompue, et qui est cause de tous les maux qui font gémir l'Église. Voilà leur Bonne Intention. Mais quels moyens prendrons-nous pour arriver à une si bonne fin? Il faut supposer une Lettre de l'Assemblée du Clergé; il faut tromper tous les Évêques auxquels elle est envoyée ; il faut falsifier un procès-verbal de la même Assemblée. Tout cela n'est rien. L'Intention de purger la Morale des Jésuites est si sainte, que les moyens d'y parvenir, pour mauvais qu'ils soient, en deviennent bons. »

Voilà les paroles que vous nous mettez dans la bouche; et nous avouons que, si ce que vous nous imputez étoit vrai, nous aurions parfaitement pratiqué la Direction d'Intention que nous avons condamnée dans vos Casuistes. Mais s'il n'y eut jamais de fausseté plus évidente, comme nous l'avons déjà montré dans la première partie de cette réponse, que celle par laquelle vous nous accusez d'avoir supposé une Lettre à l'Assemblée, et d'en avoir falsifié le procès-verbal, apprenez-nous par quelle règle de Morale vous pouvez être dispensé de nous en faire satisfaction, et de lever le scandale que vous avez causé parmi nos peuples, en y publiant que nous sommes des gens qui pratiquons nous-mêmes ce que nous condamnons dans les autres. Ce n'est point ici un jeu, mon révérend père; vous êtes vieux, et vous ne pouvez être beaucoup éloigné du temps où vous paroîtrez devant Dieu, abandonné de tout ce qui vous flatte maintenant, et qui vous donne la liberté d'avancer contre nous des faussetés qu'on puniroit en tout autre. Prévenez donc la rigueur de sa justice; et choisissez plutôt de souffrir la confusion salutaire du désaveu que vous nous devez, que de vous exposer à la confusion qui est préparée à ceux qui noircissent injustement la réputation de leurs frères.

IVe Plainte des Curés contre le P. Annat.

Ce conseil ne vous est pas moins utile que celui que vous nous donnez à la fin de votre Écrit nous est injurieux. Après nous avoir déchirés par toutes sortes d'outrages, vous prétendez nous avoir ôté tout sujet *de nous en plaindre,* en nous disant qu'*il nous est libre de publier qu'on a supposé nos noms à la fin du Journal.* Croyez-vous donc, mon révérend père, qu'il soit *libre* de mentir et de blesser la vérité par des faussetés si manifestes? Sont-ce là vos avis de conscience? Mais si vous êtes capables de les donner, ne vous imaginez pas que les Curés de Paris soient capables de les suivre. S'ils avoient connu de véritables fautes dans leur Journal, ils seroient tout prêts de les réparer par la voie que l'Évangile leur prescrit, qui est celle d'une confession sincère; et ils ne seroient pas si malheureux que de les augmenter encore en voulant les couvrir par un aussi grand mensonge que seroit celui de désavouer une pièce qu'ils ont avouée en tant de manières. Car non-seulement ce Journal est signé des huit députés, mais il est de plus autorisé aussi bien que tous nos autres Écrits, par tous les Corps des Curés, comme il se voit par cette sentence synodale du lundi 21 avril 1659.

Extrait du registre des Synodes de MM. les Curés de la ville et banlieue.

« Aujourd'hui lundi 21 avril 1659, en présence de nous, Nicolas Porcher, docteur en théologie de la Maison et Société de Sorbonne, vice-gérant en l'Officialité de Paris, président en l'Assemblée synodale de ladite Officialité, tenue en la manière accoutumée; M. Jean Rousse, docteur de ladite Société de Sorbonne, curé de Saint-Roch, et messire Pierre Martin, aussi docteur en théologie, curé de Saint-Eustache, syndics de MM. les Curés de Paris, ont représenté, par l'organe dudit sieur Rousse, l'ancien d'iceux :

« Qu'il étoit de l'honneur de la Compagnie, autant que de celui de leur charge, que l'Assemblée approuvât et ratifiât tout ce qui auroit été par eux géré et exécuté, tant pour les affaires communes que celles concernant spécialement le Livre de l'*Apologie des Casuistes,* et tout ce qui avoit été fait, écrit et publié sur ce sujet. »

Ce qui comprend, en général, tous les Écrits qui avoient été publiés, dont le Journal est le septième, qui est même particulièrement nommé dans la suite de la proposition de M. de Saint-Roch, et reconnu pour souscrit par les huit députés. Sur quoi voici ce qui a été ordonné :

« Après avoir ouï et pris l'avis et délibération de l'Assemblée sur les choses proposées par lesdits sieurs Syndics, et ouï ledit promoteur en son réquisitoire sur le tout, avons ordonné et ordonnons, sur le premier chef, que tout ce qui a été géré, écrit et publié par lesdits sieurs Syndics durant la présente année de leur syndicat, particulièrement sur le sujet de l'*Apologie des Casuistes,* demeurera pour ratifié et approuvé. »

C'est pourquoi, mon révérend père, il est bien étrange que notre Journal, portant pour titre *Septième Écrit des Curés de Paris,* et étant signé par huit de nous, vous avez obtenu un arrêt du Conseil d'État pour le faire supprimer, en faisant entendre que c'étoit *un Libelle sans nom d'Auteur,* ce qui est répété par deux diverses fois dans cet arrêt. D'où il s'ensuit, ou qu'il est donné contre un autre Journal que le nôtre, ou qu'il est notoirement subreptice. Il est de même hors d'apparence que, si le Roi avoit été informé que le Journal dont on lui demandoit la suppression n'étoit point un Libelle sans nom d'Auteur, mais une pièce autorisée par tous les Curés de Paris, servant à la poursuite qu'ils ont intentée, par la permission de Sa Majesté, par-devant les Vicaires Généraux de M. l'Archevêque, son Official et la Faculté de théologie de Paris, contre les corrupteurs de la Morale Chrétienne, elle eût trouvé à redire qu'on l'eût imprimé sans permission par Lettres patentes ; puisqu'il est sans exemple qu'on ait jamais étendu ce qui est réglé par les Ordonnances sur ce sujet, à des pièces et écritures d'un procès, autorisées par tout un Corps.

Que si Sa Majesté, en nous faisant l'honneur de nous mander, daigne s'informer par elle-même, et des faussetés qu'on dit être dans notre Journal, et des plaintes que nous avons formées contre vous, nous espérons, mon révérend père, de lui faire voir clairement que vos accusations sont aussi vaines que les nôtres sont importantes, et vous convainquent manifestement de calomnie; et que Sa Majesté est trop juste pour nous ôter la liberté de nous défendre en une cause où nous ne faisons que soutenir le jugement de tant de Prélats, pendant que vous prétendez avoir droit de nous calomnier, et de fouler aux pieds les Censures des Évêques.

Il est bien croyable, mon révérend père, que vous êtes vous-même le promoteur de cet arrêt, puisque vous nous conseillez d'appuyer, par un mensonge, ce que vous y avez fait supposer, que le Journal n'est pas de nous. Mais ce qui diminue pourtant l'injure que vous nous faites en nous proposant un parti si honteux, c'est qu'il y a de l'apparence que vous agissez de bonne foi, puisque vous ne nous conseillez rien qui ne soit conforme à vos exemples et à vos maximes.

Car l'art des Équivoques et des Restrictions Mentales vous donne moyen d'avouer et de désavouer une même chose, sans croire blesser votre conscience. On sait le désaveu que votre P. Coton fit à Henri le Grand, du Livre intitulé l'*Amphithéâtre d'honneur*. Comme il étoit très injurieux à la puissance des Rois, il assura ce Prince qu'il ne venoit point de la Compagnie. Et cependant, peu de temps après, Ribadeneira, jésuite, reconnut, dans son Catalogue des Écrivains de votre Société, que ce Livre étoit du jésuite *Carolus Scribanius,* qui avoit caché son nom sous l'anagramme de *Clarus Bonarscius.*

Mais il n'y a point d'exemple plus remarquable sur ce sujet, que celui qui est arrivé de notre temps, touchant les Livres de vos confrères d'Angleterre, pleins d'erreurs et d'Hérésies contre la Hiérarchie et le sacrement de confirmation. Car les Évêques de France et la Faculté de théologie ayant censuré ces Livres, et le jésuite Jean Floyd ayant combattu ces Censures par des Libelles très injurieux, pour satisfaire les Évêques vous ne fîtes pas de difficulté de leur donner une déclaration, signée de quatre des principaux de vos Pères, où vous les assuriez que, ni les Livres censurés, ni ceux qui avoient été faits contre les Censures, n'avoient point été composés par aucun religieux de votre Compagnie. Et cependant, peu d'années après, votre P. Alegambe, dans un nouveau Catalogue de vos Écrivains, approuvé par votre Général, reconnut de bonne foi que tous ces Livres généralement avoient été composés par des Jésuites, qu'il nomme par nom et par surnom. Et, pour comble de hardiesse, il ose dire qu'ils avoient été faits contre les Novateurs, *contra novatores;* c'est le nom qu'il donne aux Évêques de France et à la Faculté de théologie de Paris.

Voilà, mon révérend père, comment vous en usez dans les rencontres fâcheuses pour le bien de la Société; et comme vous le pratiquez vous-même, vous ne faites pas de difficulté de le conseiller aux autres pour le même intérêt de la Compagnie. C'est ainsi que, lorsque l'Université, en 1643, vous eut prouvé, par des contrats passés par-devant notaire, que vous étiez associés au trafic du Canada, vous ne laissâtes pas de trouver assez de complaisance dans quelques personnes pour en tirer un désaveu. Mais si les Jésuites sont capables de pratiquer et de conseiller ces déguisemens, n'espérez pas, mon père, que les Curés de Paris les imitent jamais en cela. Et ainsi nous vous supplions de ne plus nous donner de tels conseils, qui ne nous offensent pas moins que vos injures.

Ve *Plainte des Curés contre le P. Annat.*

Nous finirons cette réponse, mon révérend père, par la plainte que nous avons à vous faire, touchant la Lettre de l'Évêque d'Angélopolis, qui vous a fourni de la matière au commencement et à la fin de votre Recueil, pour ajouter aux autres accusations d'imposture que vous nous y faites, celle d'avoir fabriqué cette Lettre que vous prétendez être supposée. Sur quoi nous vous dirons premièrement que votre injustice est toute visible, puisque, quelle que soit cette lettre, nous n'y avons aucune part. Ce n'est point nous qui l'avons fait imprimer, ce n'est point nous qui l'avons publiée; et vous êtes entièrement inexcusable de mêler dans un différend que les Curés de Paris ont avec votre Compagnie touchant la Morale, des incidens et des faits qui ne nous regardent point. Mais nous disons de plus que vous prouvez si mal que cette lettre est supposée, qu'il n'y a personne raisonnable qui voyant, et votre premier écrit que nous réfutons, et celui que vous avez fait depuis contre cette lettre, n'en conclue tout le contraire.

Vous n'apportez dans le premier que trois argumens pour en montrer la supposition, qui sont tous trois pitoyables. Le premier est : le Journal des Curés de Paris est plein de mensonges; donc la Lettre d'Angélopolis est supposée. C'est un étrange argument, mon révérend père, qui tire d'une supposition fausse une conséquence très absurde : car il est très faux que notre Journal soit plein de mensonges, comme nous l'avons montré; mais quand il en seroit plein, comment pourroit-on en conclure que la Lettre d'Angélopolis, où nous n'avons aucune part, et de laquelle il n'est fait aucune mention dans notre Journal, est une pièce fabriquée?

Votre second argument n'est pas meilleur. Ceux, dites-vous, qui ont publié la Lettre d'Angélopolis ne revinrent jamais du Mexique; donc cette Lettre est fausse. Jusqu'ici, mon révérend père, on n'avoit jamais ouï dire que pour recevoir une Lettre de Constantinople, ou pour publier une Lettre de Constantinople, il fallût en être revenu. Cette manière de raisonner vous étoit réservée, mon père; et vous êtes le premier qui ayez prétendu pouvoir persuader qu'il ne pouvoit se faire qu'une Lettre du Mexique à Rome tombât entre les mains de ceux qui ne sont jamais revenus du Mexique. Comme s'il y avoit rien de plus facile qu'une Lettre portée du Mexique à Rome par un agent exprès, ou ait été envoyée de Rome à Paris, ou même y ait été apportée par des personnes qui étoient alors à Rome!

Mais trouvez bon, mon révérend père, que nous vous disions que la plupart du monde ne raisonne pas comme vous, et tire une conclusion toute contraire à la vôtre de ce que ceux qui ont publié cette Lettre n'ont point été au Mexique; car on pourroit peut-être, disent-ils, soupçonner des personnes, qui seroient revenues du Mexique, d'avoir feint une Lettre conforme à ce qui se passe dans ce pays-là, la connoissance qu'ils en auroient leur donnant moyen de mêler les noms des personnes et des lieux, et y insérer des incidens et des événemens qu'ils auroient appris dans le pays pour rendre la chose croyable; au lieu qu'il paroît, au contraire, moralement impossible qu'une Lettre qui contient tant de circonstances de lieux, de noms et de qualités de personnes, qui ne peuvent être connues que par ceux du pays, ait été faite par des gens qui n'en revinrent jamais, et qui en sont éloignés de plus de trois mille lieues. En vérité, mon révérend père, ce raisonnement paroît plus concluant que le vôtre, et nous serions bien aises de savoir ce que vous avez à y répondre.

Votre troisième argument concluroit un peu mieux, s'il n'étoit point fondé sur une fausseté visible; car pour rendre cette Lettre suspecte de faux, vous dites que ceux qui en sont les auteurs « trouvent dans leur carte que la colonie appelée des Anges est la plus proche de la Chine, et celle qui reçoit plus facilement les nouvelles de ce qui s'y passe. » Mais nous n'avons pas trouvé que cela fût ainsi dans cette Lettre. Voici tout ce qui y est dit sur ce sujet, au nombre 134 : « Comme je suis l'un des

Prélats les plus proches de ces peuples (de la Chine), je n'ai pas seulement reçu des Lettres de ceux qui les instruisent dans la foi, mais je sais au vrai tout ce qui s'est passé dans cette dispute. » Et au nombre 143 : « Étant l'un des Évêques, tant de l'Amérique que de l'Europe, les plus proches de la Chine, j'avoue, etc. » Vous voyez qu'il ne dit point que « la colonie des Anges est la plus proche de la Chine, » comme vous lui faites dire; mais qu'il est « l'un des Prélats des plus proches de la Chine; » et, en second lieu, qu'il ne se compare pas même avec tous les Prélats du monde en ce qui regarde la proximité de la Chine, et la facilité d'en avoir des nouvelles; mais seulement avec ceux « de l'Amérique et de l'Europe, » comme il dit expressément. Or, mon révérend père, vous êtes vous-même un fort mauvais géographe, si vous ne savez pas que cela est exactement vrai; car consultez mieux votre carte, et vous trouverez que l'Amérique étant plus proche de la Chine que l'Europe, surtout pour ce qui est d'en recevoir des nouvelles, il n'y a point de lieu dans l'Amérique, possédé par les Catholiques, qui soit plus proche de la Chine, et qui entretienne un commerce plus ordinaire avec ce royaume, que la ville et le port d'Acapulco sur la mer Pacifique, qui est sur les confins de l'Évêché d'Angélopolis, et plus près même de cette ville-là que de celle de Mexique : de sorte que ce Prélat a eu raison de dire « qu'il étoit un des Évêques, tant de l'Amérique que de l'Europe, les plus proches de la Chine, et qui pouvoit plus facilement en avoir des nouvelles. » Ainsi la preuve de supposition que vous avez voulu fonder sur cette prétendue faute de géographie est une pure illusion; et vous ferez bien à l'avenir de mieux choisir vos sujets de railleries ou de vous en abstenir entièrement, car elles ne vous réussissent pas.

Voilà tout ce que vous avez dit sur ce sujet dans votre Premier Écrit. Dans le Second, qui porte pour titre : *Faussetés et impostures,* etc., vous y ajoutez deux autres preuves : l'une que l'on n'a pas fait imprimer le latin, ce qui est très foible; car outre que peut-être ceux qui ont fait imprimer cette Lettre, et qui nous sont inconnus, nous satisferont sur ce point, si c'étoit une supposition, il n'étoit pas plus difficile de la faire en latin qu'en françois.

La seconde est que des personnes qui ont été à Rome « avoient des copistes qu'ils payoient libéralement » pour faire copier semblables pièces, ce qui nous semble fort mal prouver qu'elle ait été fabriquée à Paris ; car pour cela il est clair qu'il n'est pas besoin d'avoir des copistes à Rome.

Ce sont, mon révérend père, toutes les preuves que vous alléguez pour persuader une chose aussi incroyable qu'est la supposition d'une Lettre si remplie de faits qui sont entièrement inconnus en France, et sur lesquels il seroit impossible qu'on ne fût tombé en une infinité de contradictions que vous auriez bien su remarquer, puisque vous êtes si bien informé du détail de cette affaire, et que vous en ayez toutes les pièces entre les mains, comme vous le dites vous-même.

Mais on trouve étrange qu'ayant tant d'intérêt de détruire cette Lettre, au lieu de vous amuser à de si foibles raisonnemens, vous n'ayez pas eu recours à une voie naturelle qui étoit de tirer un désaveu de cet Évêque même, qui, selon que vous nous l'apprenez, est maintenant en Espagne, où le roi catholique lui a donné un autre Évêché. Il n'y avoit rien de plus facile que d'en écrire à vos Pères en Espagne, afin qu'ils obtinssent une déclaration de ce prélat qu'il n'a jamais écrit cette Lettre au pape Innocent X, et que tous les faits qui y sont rapportés sont faux et inventés à plaisir. Il n'y a nulle apparence qu'un Évêque à qui on auroit fait une telle injure que de lui supposer une Lettre remplie de faussetés et de mensonges, comme vous le prétendez, refusât une chose aussi juste que seroit celle de la désavouer publiquement, vu même que vous auriez droit de l'y contraindre par justice : et il est encore moins croyable que, pouvant tirer de lui cette déclaration, vous ayez négligé de le faire, puisqu'elle seroit, sans comparaison, plus importante pour l'honneur de votre Société que celle que vous avez obtenue de M. le Nonce, pour montrer qu'il n'étoit pas chez M. le Chancelier, lorsque le P. de Lingendes y alla, ou de M. de Rodez, pour faire voir qu'il n'avoit point parlé à M. Gauquelin.

Vous paroissez donc fort mal fondé dans cette accusation de faux. Aussi, mon révérend père, ceux qui entendent votre langage ont assez jugé, par votre dernier Écrit, que si, d'une part, vous désiriez fort de persuader que cette pièce étoit fausse, vous craigniez aussi beaucoup de l'autre qu'on ne vous convainquît de mauvaise foi en vous prouvant qu'elle est véritable, et que c'est ce qui vous a obligé d'user de tant d'alternatives, « si elle a été écrite, si elle n'a pas été écrite ; si elle a été reçue, si elle n'a pas été reçue ; si on impose à cet Évêque, si on ne lui impose point ; » comme pour vous préparer à toute sorte d'événemens, et pour trouver dans ces termes équivoques quelques excuses au dessein que vous avez eu de faire passer cette pièce pour fabriquée à plaisir.

Mais nous doutons, mon révérend père, que cet artifice diminue beaucoup l'aversion que toutes les personnes sincères auront de la duplicité de votre Compagnie, quand ils sauront ce que nous avons appris depuis peu, qui est que cette Lettre que les Jésuites feignent leur être entièrement inconnue, et qu'ils veulent faire passer pour supposée, leur est tellement connue, qu'ils en ont fait des plaintes publiques dans des Écrits imprimés adressés au roi d'Espagne. C'est ce qu'on nous a fait voir dans un Livre espagnol qui contient, entre autres pièces, une réponse pour l'Évêque d'Angélopolis, au *Mémorial* des Religieux de la Compagnie du nom de Jésus de la Nouvelle-Espagne, dans laquelle réponse ce *Mémorial* des Jésuites est inséré par divers articles, en plusieurs desquels, comme dans le 5, le 13 et le 37, ils parlent de cette Lettre et s'en plaignent, marquant divers points comme y étant contenus, qui se trouvent tous dans celle qui est imprimée à Paris : de sorte, mon révérend père, que c'est une chose assez surprenante qu'après que vos confrères d'Espagne ont objecté plusieurs fois à l'Évêque d'Angélopolis d'avoir écrit cette Lettre, vous qui témoignez avoir lu tous les Écrits qui se sont faits sur ce sujet, ayez néanmoins entrepris de persuader à toute la France que cette Lettre est une pièce supposée et qui a été faite à Paris.

Mais on ne doit pas s'étonner de ce procédé, puisque, vous déclarant plus ouvertement et attaquant cet Évêque même, vous osez dire, dans votre Second Écrit, qu'il n'y a rien dans le Bref du Pape que cet Évêque a obtenu contre vous, « qui montre que les Jésuites fussent coupables, et que les résolutions de la Congrégation des Cardinaux qui y sont insérées sont toutes en faveur des Jésuites. » Pour juger, mon révérend père, quelle foi on doit ajouter à ce que vous assurez de plus, il ne faut que le titre même de ce Bref, tel qu'il a été imprimé à Rome en 1653. Le voici : *Breve S. D. N. Innocentii X, continens nonnullas resolutiones* ad favorem *illustrissimi et reverendissimi domini episcopi Angelopolitani* contra *RR. PP. Societatis Jesu provinciæ Mexicanæ in quatuor congregationibus habitis obtentas ; necnon intimationem ejusdem reverendissimo Generali Jesuitarum, una cum responsione pro illius observatione. Romæ, ex typographia reverendæ cameræ apostolicæ, 1653.* »

Croyez-vous, mon père, que cela veuille dire, que les résolutions contenues dans ce Bref « sont toutes en faveur des Jésuites? » Pour nous, nous croyons que cela doit se traduire ainsi : « Bref de notre très saint père Innocent X, contenant quelques résolutions *en faveur* de l'illustrissime et révérendissime Évêque d'Angélopolis, contre les révérends pères de la Société de Jésus de la province du Mexique, obtenues en quatre congrégations, et la signification qui en a été faite au révérendissime Général des Jésuites, avec sa réponse pour le faire observer. »

Mais de plus, mon père, si les résolutions de la Congrégation étoient toutes en votre faveur, pourquoi se trouve-t-il, comme il est porté par le Bref même, que c'est l'Évêque d'Angélopolis qui en a demandé la confirmation au Pape? Pourquoi avez-vous refusé si longtemps d'y obéir? Pourquoi l'a-t-il fallu renouveler en 1653, à l'instance de l'Évêque d'Angélopolis? Pourquoi, à l'instance du même Évêque, a-t-il fallu se servir d'un moyen nouveau, et qui seul a été capable de vous réduire, qui est de le faire signifier à votre Général, en lui ordonnant de le faire exécuter, sous peine de mille ducats d'amende, « *sub pœna ducatorum mille auri de camera ipsi cameræ apostolicæ applicandorum?* »

N'est-ce pas la chose du monde la plus étrange, qu'après avoir résisté pendant cinq ans, par tout le crédit de votre Compagnie, à la réception d'un Bref, et n'avoir pu être forcés à le recevoir que par la crainte qu'eut votre Général de perdre ses ducats, vous vouliez nous persuader aujourd'hui que ce Bref étoit tout en votre faveur?

Mais nous vous laissons, mon révérend père, ces prétentions imaginaires : elles ne nous regardent pas. C'est aux Évêques qui ont fait traduire et imprimer ce Bref comme leur étant favorable, à voir s'ils ont fait imprimer des décisions qui leur sont contraires. Pour nous, comme nous ne prenons intérêt que dans ce qui regarde plus particulièrement votre Politique et votre Morale, nous eussions été bien aise de voir dans votre nouvel Écrit l'éclaircissement de trois points importans qui sont marqués dans cette Lettre de l'Évêque d'Angélopolis, et qui découvrent parfaitement l'esprit de votre Compagnie.

Le premier est la mascarade que l'on vous reproche d'avoir fait faire par vos écoliers le jour de la fête de saint Ignace, en 1647, que cet Évêque décrit en ces termes :

« Sous prétexte de solenniser la fête de saint Ignace, leur fondateur, ils assemblèrent leurs écoliers pour rendre méprisable ma dignité, ma personne et tous les prêtres de mon diocèce par des danses criminelles, que les Espagnols appellent mascarades. Ces écoliers étant masqués, et sortant de la Maison même des Jésuites, coururent dans toute la ville en représentant les personnes sacrées vêtues d'une manière honteuse. Quelques-uns d'entre eux mêlant des chansons infâmes avec l'oraison du Seigneur, au lieu de la finir en disant : *Délivrez-nous du mal,* ils disoient : *Délivrez-nous de Palafox.* Ils profanèrent aussi de la même sorte la Salutation angélique. D'autres faisoient sur eux, à la vue de tout le monde, comme des signes de croix avec des cornes de bœuf, en criant : *Voilà les armes d'un véritable et parfait chrétien.* Un autre portoit une crosse pendante à la queue de son cheval, et aux étriers une mitre peinte, pour marquer comme ils la fouloient aux pieds. Ils répandirent ensuite parmi le peuple, contre le Clergé et les Évêques, des vers satiriques, et plusieurs épigrammes espagnoles, dont voici l'une : *Vois la Société choisie s'opposer courageusement à cette formelle Hérésie.* »

Il faut vous pardonner, mon révérend père, si vous tâchez de persuader que cette Lettre est supposée, quand ce ne seroit que pour empêcher qu'on ne croie de votre Société une action si indigne de religieux, et qui nous donne entre autres choses un exemple signalé du procédé ordinaire de votre Compagnie contre tous ceux qui s'opposent à ses désordres, qui est de les traiter d'hérétiques, comme vous fîtes ce prélat, parce qu'il n'avoit pu souffrir vos prétentions sacrilèges contre la puissance épiscopale, de pouvoir confesser et prêcher sans l'approbation des Évêques, et l'attentat horrible que vous aviez commis contre sa personne, en le faisant excommunier par vos prétendus conservateurs. Il vous seroit donc fort avantageux de faire passer une histoire si peu honorable à votre Société, et qui en fait si bien connoître l'esprit, pour une fable inventée à Paris par ceux que vous prétendez avoir fabriqué la Lettre où elle est représentée. Mais ce seroit une entreprise bien difficile; car on nous a encore fait voir un Livre imprimé en espagnol, intitulé : *Defensa canonica, dedicada al rey N. segnor, por la dignidad episcopal de la puebla de los Angeles,* qui contient diverses pièces touchant cette affaire, et entre autres deux Lettres, l'une de votre Provincial de la Nouvelle-Espagne à l'Évêque d'Angélopolis, et l'autre, la Réponse de cet Évêque à votre Provincial, dans laquelle cette histoire étant rapportée tout de même que dans sa Lettre au Pape, il est impossible que vous puissiez la faire passer pour un conte fait à plaisir « par ceux qui ne revinrent jamais du Mexique, » comme vous dites dans votre Recueil. Voici les paroles de cet Évêque tirées de la page 329 (n. 29), avec la traduction françoise :

« *V. P. R. se queja, de que algunos de sus discípulos, que acuden á sus estudios, no los he querido ordenar : es verdad; pero ha sido á los que hicieron aquella infame mascara, que salió de sus colegios el dia de San Ignacio anno 1647 en la cual en estatua infamaron la dignidad episcopal, con tan feas y abominables circunstancias, que tal no se havisto en provincias católicas, ni aun heréticas, llevando á la colade los cavallos un vaculo pastoral, y la mitra en los estrivos, y adulterando la Oracion dominica, y angelica : cantando infames coplas contra mi persona y dignidad : esparciendo satíricos motes, y tan escandalosos, como llamarme herege, y decir que era formal heregia el defender el santo Concilio de Trento : diciendo los palabras siguientes en papeles, que leyeron con gran dolor, y guardaron los zelosos del servicio de Dios, para que bolviesse por su Iglesia, con esperanza constante que no la habia de desamparar :* « Oy con gallardo de« nuedo se opone la Compañia á la formal Heregía. »

« Votre Révérence se plaint de ce que je n'ai pas voulu conférer les ordres sacrés à quelques-uns de vos écoliers. J'en demeure d'accord, mais c'est à ceux qui firent cette infâme mascarade qui sortit de votre collège le jour de Saint-Ignace de l'année 1647, dans laquelle, par une honteuse représentation, ils déshonorèrent d'une manière si abominable la dignité épiscopale, qu'il ne s'est jamais rien vu de pareil, ni dans les provinces catholiques, ni même dans celles des Hérétiques. Car on y voyoit une crosse pendue à la queue des chevaux, et la mitre aux étriers. L'Oraison dominicale et la Salutation angélique y furent profanées par un mélange impie. On y chanta des chansons infamantes contre ma personne et ma dignité. On répandit contre moi des vers satiriques et scandaleux, que j'y étois appelé hérétique et qu'on y faisoit passer pour une hérésie formelle de défendre le saint concile de Trente. C'est ce qu'ils firent par les paroles suivantes, écrites dans des billets que ceux qui avoient quelque zèle pour le service de Dieu lurent avec une grande douleur et conservèrent avec soin, ayant toujours une ferme espérance que Dieu n'abandonneroit pas son Église, mais qu'il prendroit enfin sa défense : *Aujourd'hui la Compagnie s'oppose avec une vigoureuse résolution à la formelle Hérésie.* »

Le second fait, qui est rapporté dans la Lettre de l'Évêque d'Angélopolis au Pape, n'est pas de moindre importance. C'est ce qu'il dit au nombre 121 :

« Toute la grande et populeuse ville de Séville est en pleurs, très-saint père. Les veuves de ce pays, les pupilles, les orphelins, les vierges abandonnées de tout le monde; les bons prêtres et les séculiers se plaignent avec cris et avec larmes d'avoir été trompés misérablement par les Jésuites, qui, après avoir tiré d'eux plus de quatre cent mille ducats et les avoir dépensés pour leurs usages particuliers, ne les ont payés que d'une honteuse banqueroute. Mais ayant été appelés en justice et convaincus, au grand scandale de toute l'Espagne, d'une action si infâme et qui seroit capitale dans la personne de quelque particulier que ce pût être, ils firent tous leurs efforts pour se soustraire à la juridiction séculière par le privilége de l'exemption de l'Église, et nommèrent pour leurs juges des conservateurs, jusqu'à ce que l'affaire ayant enfin été portée au Conseil royal de Castille, il ordonna que, puisque les Jésuites exerçoient le commerce qui se pratique entre les laïques, ils devoient être traités comme laïques et renvoyés par-devant des juges séculiers. Ainsi cette grande multitude de personnes qui sont réduites à l'aumône demande aujourd'hui avec larmes, devant les tribunaux séculiers, l'argent qu'ils ont prêté aux Jésuites, qui étoit aux uns tout leur bien, aux autres leur dot, aux autres ce qu'ils avoient en réserve, aux autres ce qui leur restoit pour vivre, et ils déclament en même temps contre la perfidie de ces Religieux et les couvrent de confusion et de déshonneur dans le public. »

Il n'y a rien, mon révérend père, de plus scandaleux pour vous dans toute cette Lettre et qui puisse mettre votre Compagnie en plus mauvaise odeur. On n'aime point les Banqueroutes; mais des Religieux Banqueroutiers ont encore je ne sais quoi de plus odieux. Cependant il ne vous sera pas aisé de montrer qu'une si honteuse affaire n'est pas véritable, puisque nous avons entre les mains les pièces bien imprimées en espagnol, et non seulement les plaintes des créanciers, mais la sentence même rendue contre vous, que ce bon Évêque n'avoit pas encore vue. En voici le titre: *Traslado de la sentencia de revista, que dió toto el consejo supremo de justicia, en el pleito de acresodores de la quiebra que hizo el colegio de la Compañia de Jesus de San Hermenegildo de la ciudad de Sevilla.* Ce qui signifie mot à mot : « Copie de la sentence de revision rendue par tout le Conseil suprême de la justice, dans le procès des créanciers de la Banqueroute faite par le collége de la Compagnie de Jésus de Saint-Hermenigilde, en la ville de Séville. »

En vérité, cela est fort surprenant, et l'on n'auroit jamais cru que vous eussiez quelque intérêt dans les maximes de vos Casuistes en faveur des Banqueroutiers, pour lesquels vous avez tant travaillé. Mais l'on voit à présent que vous avez grand besoin pour vous-mêmes de cette maxime de votre P. Tambourin (Lib. VIII, tr. IV, cap. I, § 9, n. 9) : « Les femmes et les enfans dont les maris et les pères ont mal fait leurs affaires (il vous sera facile de mettre en ce même rang les Religieux que les Supérieurs ont endettés), s'ils se trouvent après leur mort n'avoir pas de quoi payer, ils peuvent soustraire et cacher des biens laissés autant qu'il sera jugé nécessaire pour conserver leur vie et leur état honnêtement : «*Possunt ex bonis relictis tantum subtrahere atque occultare, quantum satis judicetur ad vitam suumque statum honeste conservandum.* » Que si on les appelle en justice, ils peuvent jurer, avec une Équivoque convenable, *æquivocatione congrua,* qu'ils n'ont rien caché, en sous-entendant qui ne leur fût dû ; et, pour la même raison, ils n'encourront point l'excommunication qui pourroit être fulminée contre ceux qui auroient caché ces biens. »

Cette Banqueroute de Séville étoit l'un de ces faits sur lesquels nous aurions désiré d'être éclaircis, et il sembloit assez considérable pour vous obliger d'en dire un mot. Cependant nous le voyons éclipsé dans un grand dénombrement que vous faites des autres, qui tient trois ou quatre pages : ce qui a donné sujet de croire que vous avez eu peur qu'en le contestant, vous ne donnassiez la curiosité à tant de personnes qui peuvent bientôt aller en Espagne de s'en informer plus particulièrement.

Le dernier point est ce qui est dit dans la même Lettre touchant la conduite de vos Pères de la Chine dans l'*Instruction des néophytes,* dont cet Évêque parle ainsi (n. 133) :

« Toute l'Église de la Chine gémit et se plaint publiquement, très saint-père, de ce qu'elle n'a pas été tant instruite que séduite par les instructions que les Jésuites lui ont données touchant la pureté de notre croyance ; de ce qu'ils l'ont privée de toute la juridiction ecclésiastique, de ce qu'ils ont caché la croix de notre Sauveur et autorisé des coutumes toutes païennes ; de ce qu'ils ont plutôt corrompu qu'ils n'ont introduit celles qui sont véritablement chrétiennes; de ce qu'en faisant, si l'on peut parler ainsi, christianiser les Idolâtres, ils ont fait idolâtrer les Chrétiens; de ce qu'ils ont uni Dieu et Bélial en même table, en mêmes temples, en mêmes autels et en mêmes sacrifices. Et enfin cette nation voit avec une douleur inconcevable que, sous le masque du Christianisme, on révère les Idoles, ou, pour mieux dire, que sous le masque du Paganisme on souille la pureté de notre sainte Religion.

« J'ai, très saint-père, un volume tout entier des *Apologies des Jésuites,* par lesquelles non seulement ils confessent avec ingénuité cette très pernicieuse manière de catéchiser et d'instruire les néophytes chinois, dont les religieux de Saint-Dominique et de Saint-François les ont accusés devant le Saint-Siége; mais même Didaque de Moralez, recteur de leur collége de Saint-Joseph de la ville de Manille, qui est métropolitaine des Philippines, soutient opiniâtrément, par un ouvrage de trois cents feuilles, presque toutes les choses que Votre Sainteté a très justement condamnées, le 12 septembre 1645, par dix-sept décrets de la congrégation *De Propaganda Fide;* et s'efforce par des argumens qu'il pousse autant qu'il peut, mais qui ne sont en effet que de fausses subtilités, de renverser la très sainte doctrine contenue dans tous ces décrets. J'ai donné, très saint-père, une copie de ce traité au R. V. Jean-Baptiste de Moralez, dominicain, homme savant, fort zélé pour l'avancement de la foi dans la Chine, et qui, à l'exemple des premiers martyrs, a été cruellement battu et a souffert plusieurs mauvais traitemens pour la Religion, afin qu'il répondit, ainsi qu'il a fait, doctement, sincèrement et en peu de paroles, aux faits contenus dans l'Écrit de ce jésuite. J'ai l'un et l'autre entre mes mains. »

Ce récit, mon révérend père, est merveilleusement circonstancié, et il est difficile qu'il ait été fait à Paris, où l'on ne sait pas seulement s'il y eut jamais un jésuite nommé Moralez, ou si vous avez un collége en la ville de Manille. Mais, pour le fond de l'accusation, il s'accorde parfaitement avec d'autres pièces imprimées, et particulièrement avec le Livre d'un Religieux espagnol, nommé Thomas Hurtado, docteur et professeur en théologie, intitulé : *Resolutiones orthodoxo-morales,* imprimé à Cologne en 1655.

On voit dans ce Livre un grand traité pour expliquer le décret de la Congrégation *De Propaganda Fide,* du 12 septembre 1645, qui fut donné sur la requête que le P. Moralez, dominicain, présenta à cette Congrégation au nom des Ordres de Saint-Dominique et de Saint-François contre la mauvaise doctrine de vos Pères de la Chine. Dans ce décret, tout ce que ces Religieux reprochoient à vos Pères, et que l'Évêque d'Angélopolis marque dans sa Lettre, est expressément condamné, et Thomas Hurtado fait voir sur chaque article, par un mémorial présenté au Roi d'Espagne par les Religieux déchaussés de Saint-François des îles Philippines, *dont j'ai,* dit-il (page 427), *un exemplaire authentique,* que vos Pères ont véritablement pratiqué dans la Chine tous ces abus, et particulièrement celui d'avoir caché la croix de notre Sauveur et d'autoriser des coutumes toutes païennes. Voyez, s'il vous plaît, mon révérend père, les pages 427, 475, 480, 486, 488. Pour éviter la longueur, nous n'en rapporterons qu'un seul cas qui regarde l'Idolâtrie et qui est dans la page 488. « Il a été demandé, dit la Congrégation dans son décret (art 9), si la coutume des Chinois, introduite par le philosophe appelé Keumphuco, doit être observée, qui est qu'ils érigent des temples à leurs pères, aïeux, bisaïeux; qu'ils leur font des sacrifices de diverses choses, comme de chair, de vin, de fleurs, de parfums; lesquels sacrifices ont pour fin parmi ces nations de leur rendre grâces, honneurs et respect pour les bienfaits qu'ils ont reçus d'eux. La Sacrée Congrégation a répondu à cette demande qu'il n'étoit nullement permis aux Chrétiens Chinois d'assister, par feinte et extérieurement, aux sacrifices de leurs Ancêtres, ni à leurs prières, ni à toute autre cérémonie superstitieuse des Païens, et encore moins sera-t-il permis d'exercer quelque ministère au regard de ces choses. »

Sur quoi Thomas Hurtado fait cette réflexion : « Il paroit, par le quatrième point du Mémorial présenté au Roi Philippe IV, que les missionnaires dont il a parlé auparavant, *c'est-à-dire les Jésuites,* enseignoient aux Chrétiens de la Chine cette doctrine condamnée par la Congrégation. C'est pourquoi l'article 3 de ces missionnaires porte que ce n'est pas un péché mortel de servir ou d'assister à ces sortes de sacrifices faits pour ses Ancêtres, ni de prendre et d'apporter avec soi de ces viandes sacrifiées ; et les Religieux qui envoyèrent ce Mémorial au Roi Catholique, avec une information faite juridiquement, le prouvent par cette information et par les Lettres mêmes de ces missionnaires, *c'est-à-dire des Jésuites.* »

Il eût été important, mon révérend père, que vous eussiez

bien éclairci ces points, qui sont de grande conséquence, et qui semblent être assez bien liés avec votre Doctrine des Équivoques. Mais parce que vous paroissez être disposé à donner de temps en temps quelque nouvelle pièce au public, ainsi qu'il paroît par votre privilège général, nous vous avertissons charitablement qu'il y a un Livre à Paris sur lequel il seroit bon que vous préparassiez quelque réponse. Vous ne pourrez pas dire qu'il a été fait en France; car il est très bien imprimé en Espagne, et il pourroit bien prendre envie à quelqu'un de le traduire. C'est la plus belle histoire du monde, et la plus propre pour confirmer celle d'Angélopolis; car elle fait paroître les Jésuites du Mexique fort modérés, en comparaison de ceux du Paraguay, qui est encore une autre province du Nouveau Monde; et les persécutions de M. de Palafox, très médiocres, en comparaison de celles de l'Évêque de la ville de l'Assomption, capitale du Paraguay. C'étoit un bon religieux de l'Ordre de Saint-François, nommé Bernardino de Cardenas, grand prédicateur de l'Évangile, et qui avoit fait des merveilles pour la conversion des Indiens. Le Roi d'Espagne le choisit pour cet Évêché, lorsqu'il avoit déjà près de cinquante années de profession. Vos Pères vécurent près de trois ans en fort bonne intelligence avec lui, et lui donnèrent de grands éloges : car vous n'en êtes pas avares envers ceux qui ne vous incommodent point. Mais ayant voulu visiter quelques provinces où ils dominent absolument, et où sont leurs plus grandes richesses, ce qu'ils ne veulent pas que l'on connoisse, il n'est pas imaginable quelles persécutions ils lui ont faites, et quelles cruautés ils ont exercées contre lui. On y voit qu'ils l'ont chassé plusieurs fois de sa ville épiscopale, qu'ils ont usurpé son autorité, qu'ils ont transféré son siége dans leur église, qu'ils ont planté des potences à la porte pour y pendre ceux qui ne voudroient pas reconnoître cet autel schismatique. Mais ce qui doit en plaire davantage à ceux d'entre vous qui ont l'humeur martiale, c'est qu'on y voit de merveilleux faits d'armes de vos Pères : on les voit à la tête des bataillons d'Indiens levés à leurs dépens, leur apprendre l'exercice, faire des harangues militaires, donner des batailles, saccager des villes, mettre les ecclésiastiques à la chaîne, assiéger l'Évêque dans son église, le réduire à se rendre pour ne pas mourir de faim, lui arracher le saint sacrement d'entre les mains, l'enfermer ensuite dans un cachot, et l'envoyer sur une méchante barque à deux cents lieues de là, où il fut reçu par tout le pays comme un martyr et un apôtre; ce qui mit vos

Pères si fort en colère contre le peuple et plusieurs bons religieux qui soutenoient la cause de ce saint Prélat, que, comme vous avez des poètes en tout pays, il y en eut qui firent contre eux des vers pleins de vanité, où ils relevoient la force de leur Compagnie, et traitoient de canaille les ecclésiastiques et les Religieux qui suivoient l'Évêque, qu'ils appellent une fourmi. Voici ces vers espagnols qui se trouvent au feuillet 55 de ce Livre, avec la traduction françoise :

« ? Vulgo loco, y desatento,
Ya te pagas de mentiras?
Pues con mas afecto miras
Lo que menos te está á cuento,
La enseñanza, y documento
Nos deves, si, que es tu guia,
Porque, aunque toto á porfia
Te acude de polo á polo,
Vàs ciego, perdido, y solo,
Cuendo vàs sin Compañia.
Totos nos han menester,
Frailes, cabildos, y audiencia,
Y totos en competencia
Tiemblan de nuestro poder :
Y pues hemos de vencer
Esta canalla enemiga,
Toto este pueblo nos siga,
Y no quieran inconstantes
Perder amigos gigantes
Por un Obispo hormiga.

« Peuple fou et étourdi,
Est-ce ainsi que tu te payes de mensonges?
Puisque tu fais plus d'état
De ce qui t'est un moindre appui.
Nous sommes tes maîtres et tes docteurs,
Et c'est par nous que tu dois te conduire.
Quand d'un bout de l'univers à l'autre
Chacun seroit de ton parti,
Tu es aveugle, perdu et abandonné,
Si tu es sans la Compagnie.
Tout le monde a besoin de nous
Moines, chanoines, parlemens ;
Et tous, sans exception,
Tremblent sous notre pouvoir.
Puis donc que nous sommes assurés

> De vaincre cette canaille ennemie,
> Tout ce peuple ne doit-il pas nous suivre?
> Et n'y auroit-il pas de l'imprudence
> De perdre l'amitié des géans
> Pour une fourmi d'Évêque? »

C'est un petit abrégé de cette histoire, qui est fort étrange, et en même temps fort autorisée; car elle est comprise dans un Mémorial présenté au Roi d'Espagne par un Religieux de Saint-François, agent de cet Évêque, qui contient des informations fort juridiques, et dont quelques-unes sont signées par plus de deux cents témoins. Et ce qui est remarquable, c'est qu'il est dit dans ce Livre que c'est le troisième Évêque du Paraguay que vous traitez de la sorte.

Nous savons néanmoins que vous avez une réponse générale à tout ce qu'on peut alléguer contre vous, qui est qu'on ne doit pas croire que votre Société soit coupable de rien, parce que l'on ne voit point qu'on la punisse. Et il est certain que, si l'impunité étoit une preuve d'innocence, on devroit vous tenir pour les plus innocens du monde. Mais, mon révérend père, ne vous flattez pas de vous voir en cet état : car Dieu n'est jamais plus en colère que quand il pardonne de la sorte, « *magis irascitur quum parcit* », et le dernier degré de son abandonnement est quand il laisse sans punition ceux qui la méritent davantage. Ainsi, si vos attentats contre la Morale de Jésus-Christ demeurent impunis, nous ne vous en croirons que plus misérables; mais nous n'en perdrons pas le courage d'en poursuivre la condamnation par toutes les voies ecclésiastiques et canoniques.

A Paris, le 25 juin 1659.

DIXIÈME FACTUM

Des Curés de Paris, présenté le 10 d'octobre de l'année 1659 à MM. les Vicaires Généraux de M. l'Éminentissime Cardinal de Retz, Archevêque de Paris, pour demander la condamnation du Livre du P. Thomas Tambourin, jésuite.

Supplient humblement les Curés de Paris, disant que le jugement solennel rendu par vous sur notre requête, contre l'*Apo-*

logie des Casuistes, et tout ce grand nombre de Censures juridiques de tant d'illustres Archevêques et Évêques, et de la Faculté de théologie de Paris, et même le décret de notre Saint-Père le Pape, contre les pernicieuses maximes de ce méchant Livre, seroient entièrement inutiles à l'Église, et au bien des âmes dont Dieu nous a commis la conduite, s'il est permis de publier et de produire ces mêmes maximes avec la même hardiesse, en changeant seulement le nom de l'auteur. C'est néanmoins ce que les Jésuites ont prétendu faire, par l'impression toute récente qu'ils ont procurée à Lyon du Livre d'un de leurs Pères, nommé Thomas Tambourin, dont il est déjà venu à Paris plusieurs exemplaires, où l'on ne voit pas seulement les erreurs de l'*Apologie* soutenues et autorisées, mais où l'on en rencontre un grand nombre d'autres encore plus étranges et plus criminelles : de sorte qu'il semble que cet Auteur a entrepris de faire voir jusques à quel excès l'esprit humain étoit capable de se porter, lorsque, ayant quitté les lumières de la foi et de la tradition, il s'abandonne à ses vains raisonnemens. Vous verrez, messieurs, par l'extrait attaché à cette requête, qu'il n'attaque pas seulement quelque partie de la Religion, mais qu'il la ruine tout entière dans l'intérieur, qui en est comme l'esprit, et dans l'extérieur, qui en est comme le corps, dans tous les devoirs de piété envers Dieu, et dans tous les offices de charité, de justice et de fidélité envers le prochain ; qu'il ne reconnoît aucun vrai précepte de croire en Dieu, d'espérer en Dieu, de prier Dieu, ni d'adorer Dieu ; qu'il réduit celui de l'aimer qui forme l'essence de la loi nouvelle, et le culte spirituel qui fait les chrétiens adorateurs de Dieu en esprit et en vérité, à un cas si extraordinaire, que presque tous les Fidèles sont par là dispensés, durant toute leur vie, de l'amour de Dieu, c'est-à-dire du plus saint, du plus heureux et du plus indispensable de tous leurs devoirs. Vous verrez, messieurs, que tout l'ordre de la justice civile, que tous les liens de la société humaine, que toute la paix, tout l'honneur et toute la sûreté des familles sont absolument renversés par les homicides, les calomnies, les infidélités, les vols, les usures, les mariages déréglés et scandaleux, que cet Auteur soutient comme licites, sous divers prétextes et sous divers noms ; qu'il se joue de toutes les lois ecclésiastiques, et particulièrement de celle du jeûne, par des chicaneries honteuses et ridicules ; et qu'enfin les principes généraux qu'il établit pour autoriser ces corruptions sont si vastes et si étendus, qu'il n'y a point de désordres et de déréglemens si horribles qu'on ne puisse introduire et défendre en les suivant. Ainsi nous pourrons dire, en demeurant dans les bornes d'une exacte vérité, que cette étrange Morale que l'on s'efforce de répandre en notre temps, n'est point chrétienne, puisqu'elle anéantit l'esprit du Christianisme; qu'elle n'est pas seulement judaïque et pharisaïque, puisqu'elle renverse la lettre de la loi et les préceptes extérieurs; qu'elle n'est pas même humaine et philosophique, puisqu'elle ruine la justice, l'équité naturelle, la sincérité, la bonne foi et le sens commun; qu'elle n'est point civile et politique, puisqu'elle détruit tellement tous les fondemens sur lesquels la société humaine est établie; que, si on en suivoit les maximes, les États et les Républiques ne seroient que des assemblées pleines de confusion, sans foi, sans loi, sans ordre, sans sûreté; où l'on ne feroit que se tromper, se piller et se massacrer les uns les autres; mais que c'est proprement cette fausse sagesse dont l'Apôtre saint Jacques dit : « *Non est ista sapientia sursum descendens, sed terrena, animalis, diabolica.* » Quand il ne s'agiroit ici, messieurs, que de l'honneur de l'Église qui est si blessée par cette mauvaise doctrine qu'on lui attribue, ce motif ne seroit que trop suffisant pour obliger ceux qui ont entre leurs mains son autorité à s'opposer à l'outrage qu'on lui fait : mais il s'agit de plus du salut d'une infinité de chrétiens que l'on infecte et que l'on corrompt, dont Dieu demandera compte à ceux qui n'auront pas fait tous leurs efforts pour bannir de l'Église ce poison mortel que l'on y répand. Il est d'autant plus nécessaire de le faire maintenant, et de s'animer d'un nouveau zèle pour réprimer cette licence, que l'on voit que ceux qui s'en sont déclarés les protecteurs, s'animent et se fortifient tous dans la résolution de les soutenir avec une hardiesse encore plus grande qu'auparavant. Car au lieu de s'humilier sous tant de jugemens que l'Église a rendus contre eux, au lieu de se corriger au moins en quelque chose dans les Nouveaux Livres de Morale qu'ils produisent; pour faire paroître, au contraire, à tout le monde combien ils méprisent l'autorité des Évêques, le jugement des Facultés de théologie, et même celui de Sa Sainteté, et combien ils sont fermes dans le dessein de n'abandonner jamais aucune de ces opinions condamnées, ils ont fait imprimer aux yeux de toute la France, dans une des principales villes du Royaume, avec approbation de leur Compagnie et le nom de l'Auteur, l'un des plus pernicieux et des plus abandonnés de leurs Casuistes, comme pour dire à tous les Évêques, à tous les Docteurs, à tous les Curés de France, et même à Sa Sainteté : « Voilà la doctrine que nous soutenons et que nous soutiendrons toujours, malgré toutes vos Censures et tous vos efforts. » C'est ainsi, messieurs, qu'ils ont véritablement justifié leur *Apologie,* mais en la manière que l'Écriture dit que Jérusalem a justifié Sodome et Samarie, en surpassant leurs iniquités : « *Non fecit Sodoma sicut tu, et Samaria dimidium peccatorum tuorum non peccavit; vicisti eas sceleribus tuis, et justificasti sorores tuas.* » Que s'ils se trouvoient dans les ministres de l'Église autant de zèle et de fermeté pour s'opposer à l'établissement de leur méchante Morale qu'ils ont d'opiniâtreté et de hardiesse à la publier et à la défendre, qui ne voit, messieurs, qu'ils viendroient à bout de cette malheureuse entreprise; que vos jugemens seroient anéantis et abolis; que ces corruptions cesseroient de passer pour condamnées, et qu'ainsi elles serviroient de pièges à un grand nombre d'âmes, à qui ils ne manqueroient pas de les inspirer? C'est pourquoi, messieurs, encore que les poursuites que nous avons été obligés de faire auprès de vous sur le sujet de l'*Apologie* aient attiré sur nous une infinité d'outrages et de calomnies scandaleuses de la part de ceux qui l'ont soutenue, dont il nous est impossible de tirer aucune satisfaction, nous avons cru néanmoins qu'il n'étoit pas temps, dans un si grand péril de l'Église, de penser à nos intérêts particuliers, et que la crainte de leur violence, de leurs calomnies et de leur injustice, ne devoit pas nous empêcher de rendre à l'Église ce que nous lui devons en une occasion si importante, qui est de nous rendre Dénonciateurs contre le Livre de Tambourin, comme nous avons fait contre l'*Apologie des Casuistes.* Nous espérons, messieurs, que nos poursuites auront le même succès, et qu'après avoir vu que les maximes dont nous vous demandons la condamnation sont encore plus détestables que celles que vous avez déjà censurées, vous jugerez sans doute qu'il est encore plus nécessaire de les condamner par une Censure juridique. Ce considéré, messieurs, et vu l'extrait ci-attaché, il vous plaise de procéder à l'examen et condamnation dudit Livre de Thomas Tambourin, jésuite, qui contient en soi plusieurs ouvrages séparés, savoir : un grand traité sur le Décalogue, intitulé : *Explicatio Decalogi, in qua omnes fere conscientiæ casus mira brevitate, claritate, et quantum licet* benignitate *declarentur;* un autre sur la confession, intitulé : *Methodus* expeditæ *confessionnis;* un autre sur la communion, intitulé : *De sacratissima com-*

munione expedite *peragenda;* et le dernier : *De sacrificio Missæ* expedite *celebrando; Lugduni, sumptibus Joan. Ant. Huguetan, et Mar. Ant. Ravaud, M. DC. LIX :* comme contenant plusieurs propositions fausses, erronées, scandaleuses, contraires aux lois divines, ecclésiastiques et civiles; exposant la religion catholique aux insultes des hérétiques et aux blasphèmes des impies; et détruisant l'Évangile, les bonnes mœurs et même la société humaine : Faire défenses à toutes personnes du Diocèse de Paris de le vendre, de l'acheter, de le débiter, de le lire, ni de le retenir, sous telles peines et Censures canoniques qu'il vous plaira ordonner. Et vous ferez bien.

CONCLUSION

De MM. les Curés de Paris, pour la publication de la Censure du Livre de l'Apologie pour les Casuistes, faite par MM. les Vicaires Généraux de M. le Cardinal de Retz.

Du lundi 22 novembre 1658.

En l'Assemblée extraordinaire de MM. les Curés de Paris, tenue en la salle presbytérale de Saint-Côme le 22 novembre 1658, M. le curé de Saint-Roch, ancien des syndics en charge, a référé et donné avis à la Compagnie qu'enfin on a imprimé la Censure du Livre d'un Auteur anonyme intitulé : *Apologie pour les Casuistes contre les calomnies des Jansénistes,* etc., imprimée en l'année 1657; faite par messire Jean-Baptiste de Contes, prêtre, doyen de l'église archiépiscopale et métropolitaine de Paris, conseiller ordinaire du roi en ses conseils d'État et privé, et par messire Alexandre de Hodencq, aussi prêtre, docteur de la Société de Sorbonne, curé et archiprêtre de Saint-Séverin, conseiller du Roi en sesdits conseils : Vicaires Généraux de M. le Cardinal de Retz, archevêque de Paris; contenant la condamnation spéciale de trente des plus pernicieuses maximes dudit Livre, avec cette clause expresse et générale, « sans approbation de plusieurs autres propositions et discours contenus audit Livre : » arrêtée au conseil de mondit seigneur Archevêque, le vingt-troisième jour d'août 1658; mais qu'on n'avoit pu imprimer, ni publier jusqu'à présent, à cause des empêchemens notoires apportés par l'auteur anonyme et par les défenseurs de ladite *Apologie* à la publication de la Censure susdite, et de celle de la sacrée Faculté de théologie de Paris; et l'exemplaire de la Censure desdits sieurs Vicaires Généraux mis sur le bureau, et lu le mandement et préface d'icelle; d'autant qu'elle ne contient aucun mandement spécial, ni exprès aux Curés de Paris de la publier aux prônes des messes paroissiales; mais seulement, en général, qu'elle sera publiée partout où besoin sera : ledit syndic a proposé s'il n'est pas bon et nécessaire de demander, de la part de la Compagnie, à MM. les Vicaires Généraux, un mandement spécial adressé aux Curés de Paris, comme de coutume, à ce qu'ils aient à publier ladite Censure aux prônes de leurs messes paroissiales.

Après lesquelles relation et proposition, ledit syndic a requis et pris les fins et conclusions qui suivent :

La première, que MM. les Grands Vicaires seront très humblement remerciés, de la part de la Compagnie, par les députés et syndics d'icelle, de la peine qu'ils ont prise, suivant la requête des Curés de Paris du deuxième jour de janvier 1658, d'examiner très soigneusement et très exactement ledit très méchant livre, et de le condamner par une si ample et si excellente Censure, laquelle sera toujours suivie par tous les amateurs de la justice chrétienne avec une extrême joie et un très profond respect, comme très juridique en son autorité, très méthodique en son ordre, très judicieuse au choix des plus pernicieuses maximes, et très juste en la qualification et condamnation de chaque proposition.

La seconde, que la Censure sera lue présentement en l'Assemblée, et reçue avec le respect qui est dû à M. l'Archevêque de Paris, lequel seul peut, dans son Diocèse, par lui ou par ses Grands Vicaires, juger de la doctrine des mœurs comme de celle de la foi; et que plusieurs exemplaires seront mis au trésor, pour servir à l'avenir de règle juridique dans la décision des cas de conscience, et en l'administration du sacrement de pénitence, quand il se présentera des matières qui auront été jugées par cette Censure.

La troisième, que MM. les Vicaires Généraux seront suppliés de donner et d'envoyer, selon la coutume, aux Curés, un mandedement spécial de publier aux prônes leur Censure, selon sa forme et teneur, et ce fait, qu'elle sera publiée au prône du premier dimanche de l'Avent prochain.

APPENDICE.

La quatrième, que MM. de la Compagnie, dans les conférences qu'ils font avec les prêtres habitués de leurs paroisses, prendront soin de conférer avec eux de la Censure de MM. les Vicaires Généraux, et de leur expliquer plus amplement non seulement la vérité, la justice et l'équité des résolutions qui y sont contenues, mais aussi l'impiété, la fausseté et les dangereuses conséquences des maximes opposées tant dans l'*Apologie* dont est question, que généralement de la méchante morale des Nouveaux Casuistes, afin que les prêtres et les confesseurs des paroisses soient toujours prêts, et plus capables de répondre de la bonne et saine doctrine des mœurs, et de garantir du venin de la fausse et méchante les âmes auxquelles ils administreront le sacrement de pénitence, et dont ils auront la direction en la voie du salut : et tiendront la main lesdits sieurs Curés à ce que les prêtres et les confesseurs de leurs paroisses ne suivent et n'enseignent rien de contraire à la Doctrine de ladite Censure.

Ouï laquelle relation, proposition et réquisition, et l'affaire mise en délibération, il a été conclu qu'il sera fait selon les réquisitions et conclusions dudit sieur syndic : et ont été députés MM. les curés de Saint-Côme, de Saint-André des Arcs, de Saint-Barthélemi, de Saint-Christophe, avec les syndics, pour remercier, de la part de la Compagnie, MM. les Vicaires Généraux de la Censure par eux faite, et pour leur témoigner et les assurer qu'elle a été reçue par la Compagnie avec une grande joie, un sincère respect et une entière soumission aux décisions qu'elle contient, et pour les supplier d'envoyer aux Curés un mandement plus spécial, d'en faire la publication aux prônes des messes paroissiales.

Par conclusion desdits jours et an.

Signé : Rousse, *curé de Saint-Roch, syndic.*

Marlin, *curé de Saint-Eustache, syndic.*

FACTUM

Pour les Curés de Rouen, contre un Livre intitulé : « Apologie pour les Casuistes contre les calomnies des Jansénistes : à Paris, 1657; » et contre ceux qui, l'ayant composé, imprimé et publié, osent encore le défendre.

Nous continuons[1] de combattre pour la Morale chrétienne, contre ceux qui ne cessent point de la corrompre, et qui sont assez téméraires pour en défendre publiquement toute la corruption. Le même Dieu qui nous a mis les armes en main, et de qui nous avons reçu la grâce de nous déclarer les premiers entre tous les Curés de France, pour soutenir la cause de son Évangile contre les nouvelles opinions des Casuistes, qui ne tendent qu'à l'anéantir, nous engage tout de nouveau dans une milice dont nous ne saurions être les déserteurs que par une lâcheté criminelle. Nous implorons l'autorité de l'Église et les tribunaux des magistrats contre ces faux théologiens, qui empoisonnent, par leur doctrine contagieuse, les enfans de cette mère si sainte, et qui troublent la société des hommes, en justifiant les crimes les plus énormes. Et comme ils viennent de rassembler, dans un seul volume, toutes les erreurs qu'ils avoient répandues sur cette matière dans tout le reste de leurs Écrits, nous espérons que Dieu fortifiera notre foiblesse, et nous donnera autant de zèle pour soutenir sa vérité, qu'ils ont d'opiniâtreté et d'ardeur pour défendre leurs imaginations et leurs mensonges.

Jamais l'aveuglement et l'orgueil des hommes ne montèrent à un plus haut point. Il y a un an et demi que nous nous trouvâmes réduits à une pressante nécessité de porter nos plaintes devant le tribunal ecclésiastique de M. l'Archevêque de Rouen, et d'implorer la plus grande et la plus sacrée autorité de ce diocèse, pour nous opposer aux nouveautés dangereuses de ces Casuistes. Ce grand Prélat, qui a autant de zèle pour conserver la pureté de la morale évangélique dans toute sa primatie, que Dieu lui a donné de science et d'efficace pour la prêcher dans

---

1. Les curés de Rouen avaient déjà publié contre les Jésuites deux requêtes adressées, l'une à leur Archevêque, l'autre à l'Official.

des chaires qu'il remplit si dignement, nous reçut avec toute la bonté qui règne au fond de son cœur, et qui reluit sur son visage. Mais comme sa modestie est égale à sa sagesse, il considéra que cette matière étant de la dernière importance pour toute l'Église, elle seroit digne de la piété de tout le Clergé de France, qui étoit assemblé à Paris depuis plusieurs mois; et ce fut ce qui le porta à envoyer nos plaintes à cette Assemblée Générale, afin que tant de Prélats, dont elle étoit composée, joignissent leurs lumières et leur zèle pour découvrir ces erreurs pernicieuses, et pour prononcer sur ce sujet un jugement plus solennel.

Mais nous reconnûmes, en cette rencontre, que ceux qui altèrent la loi de Dieu et de son Église par des inventions humaines n'ignorent rien de la science du siècle, et savent éluder, par leurs intrigues, les plus justes châtimens qu'ils ont mérités. Ils eurent l'adresse de faire former des incidens artificieux qui consumèrent le temps, et empêchèrent le principal effet de la délibération : de sorte que le Clergé, étant enfin convaincu de l'innocence de notre conduite et de la justice de nos plaintes, ne put presque faire autre chose, sinon de laisser à toute la postérité des marques publiques et un monument éternel du déplaisir qu'il ressentoit de ne pas avoir tout le loisir qui lui étoit nécessaire pour porter son jugement sur les extraits qui lui avoient été présentés par l'un des Vicaires Généraux de M. notre Prélat. Le Clergé donc, pour ne pas autoriser, par son silence, les entreprises de ceux qui croient que l'impunité les rend innocens, jugea que le moyen le plus court, et le remède le plus prompt dont on pouvoit se servir dans une occasion de cette importance, étoit d'opposer le nom vénérable de saint Charles Borromée à cette licence prodigieuse de tant de Nouveaux Écrivains, qui empoisonnent les sources publiques des vérités chrétiennes et morales, par les inventions et les songes de leur esprit. Ce fut pour cela que cette Assemblée ordonna que l'on imprimeroit tout de nouveau les *Instructions* de ce saint Archevêque de Milan aux confesseurs de sa ville et de son diocèse, avec la manière d'administrer le sacrement de pénitence; et un recueil que ce grand Cardinal avoit dressé des canons pénitentiaux, suivant l'ordre du *Décalogue*. Car, comme une des plus pernicieuses maximes de ces théologiens humains est « qu'il ne faut consulter les anciens Pères que sur les matières de la foi, et qu'il faut puiser la science des mœurs dans les ouvrages des docteurs modernes, » on ne sauroit détruire cette fausse opinion par des preuves plus claires et plus convaincantes, que par la conduite de saint Charles, qui n'auroit pas obligé ses confesseurs de s'instruire des anciens canons de la pénitence, s'il n'eût jugé que l'Église conserve toujours au fond de son cœur la révérence et l'amour de ces règles salutaires, et que ceux qu'elle a établis pour être les dispensateurs des saints mystères de notre religion doivent les connoître exactement, non pas, à la vérité, pour les observer dans toute l'étendue de leur première sévérité, mais pour se conduire, dans ces terribles fonctions, par la considération continuelle des véritables désirs de leur mère sainte, et par la vue de la foiblesse de ses enfans.

Nous avons sujet de louer Dieu de ce que Nosseigneurs du Clergé de France, qui ont ordonné cette nouvelle édition des *Instructions* de saint Charles pour l'usage de tout le Royaume, l'ont publiée avec une sage et judicieuse préface, qui approuve d'une part nos justes plaintes, et qui déplore de l'autre les funestes égaremens de ces Casuistes charnels, qui sont autant de guides trompeurs et de malheureux corrupteurs de la conscience des peuples. Car, après que ces Prélats ont parlé avec une vigueur véritablement épiscopale contre une science « qui apprend à tenir toutes choses problématiques, qui justifie les mauvaises habitudes des hommes, au lieu de les exterminer, et qui accommode les préceptes et les règles de Jésus-Christ aux plaisirs et aux passions des hommes, pour flatter leur ambition et leur avarice, et pour leur prescrire des moyens de commettre les plus grands crimes en sûreté de conscience », ils brisent le front d'airain de ces lâches approbateurs de toutes les passions humaines, par ces paroles éclatantes qui confondent leurs vaines subtilités. « Autrefois, disent ces Archevêques et ces Évêques, le Fils de Dieu disoit : Bienheureux les pauvres d'esprit, parce que le royaume du ciel est à eux. Mais aujourd'hui, par la subtilité de ces nouveaux docteurs, il n'y a plus que des gens d'esprit qui puissent prétendre d'entrer en ce royaume : suffisant, pour ne pas pécher, si on veut les croire, de bien dresser son intention, et de ne pas se proposer certaines fins mauvaises, que tout homme de bon sens n'a garde d'avoir, quand, sans cela, il peut faire en conscience ce qu'il a envie de faire. »

Et parce que ces vaines spéculations des Casuistes, qui ont fait dégénérer les règles des mœurs en probabilités, en problèmes, en Directions frivoles d'Intention, ne tendent qu'à la destruction générale de la discipline de l'Église, et à rendre entièrement inutile la fréquentation du tribunal de la pénitence et l'approche de nos autels : le Clergé de France a cru devoir déclarer son ressentiment sur un abus si public et si déplorable. « Outre cette corruption de doctrine, disent ces Prélats, qui se glissera aisément dans tous les esprits, si on n'en arrête le cours, nous avons été sensiblement touchés de douleur, voyant la facilité malheureuse de la plupart des confesseurs à donner l'absolution à leurs pénitens, sous les prétextes pieux de les retirer peu à peu du péché par cette douceur, et de ne pas les porter dans le désespoir, ou dans un entier mépris de la Religion. Car nous ne voulons pas croire qu'il y en ait d'assez méchans pour considérer leur intérêt particulier, ou celui de leurs communautés, en la conduite de certaines personnes qui s'approchent souvent du bain de la pénitence, et ne s'y lavent jamais; et qui, au lieu de se fortifier par la fréquente manducation de la chair de Jésus-Christ, en deviennent plus foibles, et paroissent toujours autant remplis de l'amour du monde et d'eux-mêmes que s'ils étoient encore assis à la table des idoles. »

Il y avoit sujet d'espérer que cette conduite du Clergé qui a approuvé nos plaintes, et qui a laissé au public des marques sensibles du redoublement de sa douleur après les avoirs reçues, seroit une digue et une barrière puissante pour arrêter la témérité de ces Écrivains, qui n'ont évité la Censure particulière des Évêques qu'à cause du grand nombre des erreurs dont leurs Livres sont remplis, et du peu de loisir de l'Assemblée. Mais ils viennent de faire voir aux yeux de l'Église et de l'État que rien n'est capable de retenir leur insolence, et que ceux qui veulent épargner leur honte par une indulgence plus que paternelle, leur inspirent, sans y penser, une nouvelle témérité. On en a vu depuis quelques mois un exemple scandaleux, qui doit faire avouer à tout le monde que les remèdes les plus doux ne servent qu'à irriter les plus grands maux, et qu'il faut employer quelque chose de plus fort que les exhortations et les remontrances, pour guérir ceux qui ne se contentent pas de périr s'ils n'entraînent avec eux plusieurs personnes dans la ruine et le précipice. L'impudence n'est pas capable de rougir quand elle est parvenue jusqu'aux dernières extrémités; et lorsque la présomption des hommes superbes est autorisée par la licence, il n'y a rien où ils ne portent l'élévation de leur science ruineuse.

Ces Écrivains, qui traitoient autrefois d'imposteurs et de calomniateurs des Auteurs très Catholiques, et des Universités entières qui les accusoient de ces sentimens abominables, traitent maintenant d'*ignorans* les pasteurs qui ont découvert de si grands emportemens, et qui ont été obligés, par la sainteté de leur ministère, de s'en rendre les dénonciateurs devant les Prélats et devant les Juges. Il ne reste plus aucune question du fait à examiner. Ce qui étoit détestable par leur propre confession est devenu en peu d'années très innocent et très ligitime, à mesure qu'ils ont fait de nouveaux progrès dans la Doctrine de la Probabilité : ils font passer pour la règle de toute l'Église des opinions qui étoient la juste horreur de tous les Fidèles; et ajoutant des erreurs nouvelles à celles dont on les avoit accusés très justement, ils ont consommé tous leurs excès par la plus insolente et la plus insoutenable de toutes les Apologies.

Ce Libelle, qu'ils ont écrit avec du fiel et du sang, et qu'ils ont intitulé : *Apologie pour les Casuistes contre les Calomnies des Jansénistes,* a été reçu avec une aversion générale par tous ceux qui ont encore dans le cœur quelque instinct de religion et quelque sentiment d'humanité. Mais s'il y a eu quelque ville en France qui ait dû ouvrir les yeux pour se défendre d'un poison si pernicieux et si mortel, c'est sans doute notre ville de Rouen, qui a été obligée plus que nulle autre de se garantir de ce venin qu'on lui a offert avec un extrême empressement. Car nous savons qu'il a été ici exposé en vente chez Richard Lallemand, libraire; qu'il a été distribué à des personnes qualifiées de la ville et de la province, par le P. Brisacier, recteur du collège des Jésuites; que dans le réfectoire de sa Maison, où on ne doit lire que des Livres saints et remplis d'édification et de piété, il a fait lire publiquement ce code infâme des Nouvelles Maximes de leurs Casuistes, et qu'il n'a pas eu de honte de s'adresser à un des principaux magistrats pour obtenir la permission de le réimprimer. Quoique nous sussions toutes ces circonstances particulières dès que nous présentâmes notre requête, nous eûmes assez de modération et de retenue pour l'épargner encore sur ce point; mais au lieu de rentrer en lui-même par la considération de notre manière d'agir, qui nous a fait renoncer à nos propres avantages pour le gagner par cette douceur chrétienne et ecclésiastique, il n'en a été que plus ardent et plus emporté dans les sollicitations qu'il a faites ouvertement auprès des Juges pour soutenir cet Ouvrage de Ténèbres, et pour en empêcher la condamnation : ce qui nous a réduits à ne pouvoir plus taire sans

APPENDICE.

crime ce que nous n'avions supprimé que par l'esprit de charité.

Certes, comme un des plus Anciens Auteurs de l'Église a dit autrefois que c'est savoir toutes choses que de ne rien savoir contre la règle de l'Évangile, aussi Nosseigneurs les Prélats ont eu très grande raison d'écrire en cette rencontre « qu'une profonde ignorance seroit beaucoup plus souhaitable qu'une telle science, qui apprend à tenir toutes choses problématiques ». Mais quand ils verront que ces problèmes et ces Opinions Probables sont devenus des règles constantes et des aphorismes indubitables dans ce nouveau Livre, qui est comme la sentine et l'égout de toutes les saletés et les ordures des autres productions de ceux qui le soutiennent, peut-être qu'ils auront regret d'avoir usé de trop de clémence envers ces Docteurs Corrompus, et qu'ils prendront à l'avenir la résolution de réprimer leur témérité par quelque chose de plus ferme et de plus humiliant que ne sont des instructions et des préfaces.

Personne ne pourroit croire un si grand renversement de tous les principes de notre Religion pour la conduite des mœurs, si cette monstrueuse *Apologie* n'étoit répandue par toute la France. Après que le Clergé de France a parlé si nettement dans sa préface contre la science de ces Théologiens Modernes, qui apprend à tenir toutes choses problématiques, cet Écrivain ne laisse pas de soutenir le principe ruineux de la Probabilité, depuis la page 80 jusqu'à la 86, et de condamner comme Jansénistes ceux qui soutiennent le contraire après saint Thomas. Il emploie même six pages entières, depuis la 75 jusqu'à la 81, pour prouver que les papes, les empereurs, les rois, les juges, les avocats, et enfin l'Église et l'État, doivent prendre la protection des Probabilités, avec lesquelles les Casuistes renversent les plus saintes et les plus certaines règles des mœurs des chrétiens, et exterminer ceux qui les combattent; parce que dans la conduite des choses humaines, et dans les jugemens des particuliers, on est souvent obligé de se contenter de raisons probables. Ainsi les Puissances ecclésiastiques et séculières seront obligées, selon cet Auteur, d'embrasser la protection de cette Théologie Pyrrhonienne; la répréhension du Clergé passera pour une plainte sans fondement; comme si MM. nos confrères de Paris n'avoient pas reconnu dans les Extraits qu'ils ont présentés à l'Assemblée « que la question n'est pas s'il y a des Opinions Probables dans la Morale, personne ne doutant qu'il n'y en ait, quoique le nombre en soit infiniment plus petit que ne s'imaginent ces Théologiens problématiques d'*est* et *non est, licet* et *non licet, peccat* et *non peccat, tenetur* et *non tenetur, sufficit* et *non sufficit.* »

Sans considérer que la vérité incarnée nous a obligés d'arracher l'œil qui nous scandalise, ce lâche flatteur de la cupidité des hommes dit en la page 87 : « Que les Théologiens enseignent que l'on n'est pas obligé de renoncer à une profession où l'on est en danger d'offenser souvent Dieu, et même où l'on court risque de se perdre, si on ne peut pas facilement s'en défaire. » Et pour prouver une si horrible fausseté, il ajoute aussitôt après ces paroles : « La pratique de l'Église sert de preuve à ma proposition. Car non seulement l'Église souffre, mais elle approuve des Ordres Militaires qui font vœu de pauvreté, chasteté et obéissance, encore que les occasions fassent succomber plusieurs de ces religieux. La même Église oblige au célibat ceux qui s'engagent aux Ordres Sacrés, quoiqu'elle n'ignore pas que ces Ordres servent à plusieurs d'occasion d'offenser Dieu. »

Le Clergé de France s'étant plaint de la facilité malheureuse de la plupart des confesseurs à donner l'absolution à leurs pénitens, « sous des prétextes pieux de les retirer peu à peu du péché par cette douceur, et de ne pas les porter dans le désespoir », cet Écrivain téméraire accuse ceux qui gardent quelque discipline dans le sacrement de pénitence de suivre « une doctrine qui tend au désespoir, et qui ruine le sacrement de la confession », comme si toute la pénitence étoit réduite à la confession seule, et que le sacrement de la réconciliation des pécheurs n'eût que cette seule partie! « Le prêtre, dit-il (p. 288), doit absoudre le pénitent, quoiqu'il suppose qu'il retournera à son péché. Les Théologiens vont plus avant, et disent que quand même le pénitent jugeroit qu'il est pour retomber bientôt en sa faute, il est toutefois en état de recevoir l'absolution, pourvu que le péché lui déplaise au temps de la confession. » Il approuve, en la page 279, le sentiment du P. Bauny, qui enseigne que hors de certaines occasions qui n'arrivent que rarement, le confesseur n'a pas droit de demander si le péché dont on s'accuse est un péché d'habitude; et toute la restriction qu'il y apporte est que « le confesseur peut interroger le pénitent sur l'habitude, jusqu'à ce qu'il témoigne de la répugnance à répondre; mais après il ne faut pas le presser, beaucoup moins refuser l'absolution ». Enfin pour détruire entièrement l'obligation que nous avons de nous convertir à Dieu par amour, il veut que la crainte des châtimens temporels soit capable de nous justifier d'elle-même dans le tribunal de la pénitence. « Il est vrai, dit-il (p. 289), que quelques Casuistes et Jésuites ont enseigné que la crainte des châtimens temporels dont Dieu nous menace si souvent dans l'Ancien et le Nouveau Testament suffit pour recevoir l'absolution, quand le pécheur est résolu de se corriger de ses crimes; et vous auriez bien de la peine à montrer pourquoi la crainte des peines de l'enfer dont Dieu menace, suffit pour le sacrement, et la crainte des pestes, des guerres et pertes de biens dont Dieu nous menace pour châtier les péchés, n'est pas suffisante. »

Mais, outre ces principes généraux, il n'y a presque point de crime qu'il ne justifie en particulier, et il ne tient pas à lui que les hommes ne s'apprivoisent aux meurtres comme à des actions innocentes; car il emploie douze pages, depuis la 158 jusqu'à la 170, pour soutenir au moins comme Probables les maximes dont on s'étoit plaint dans les Extraits qui ont été fournis au Clergé, comme : « Qu'on peut tuer une personne pour éviter un soufflet ou un coup de bâton; qu'il est permis, selon les uns, dans la spéculation, et, selon les autres, dans la pratique, de blesser et tuer celui qui a donné un soufflet, quoiqu'il s'enfuie. » Tout le monde ayant vu avec horreur les Extraits de cette Damnable Théologie, qui met les épées entre les mains de ceux dont le cœur ne respire que la vengeance, Nosseigneurs les Prélats ont condamné ces excès, en avertissant, dans leur préface, de fuir ces auteurs nouveaux, « qui se montrent ingénieux à donner des ouvertures aux hommes pour se venger de leurs ennemis, et pour conserver le faux honneur que le monde a établi, par des voies toutes sanglantes ». Mais ce qui a été détesté par tous ceux qui ont quelque sentiment d'humanité, paroît raisonnable à cet Apologiste. Il dit généralement de tous ces chefs (p. 162) : « En toute cette doctrine qui regarde l'Homicide, un homme de bon sens jugera qu'il n'y a rien qui choque la raison. » Et en la page 151 : « Si l'on parle de l'actuelle violence qu'on fait ou qu'on veut faire pour ravir les biens, l'honneur ou la réputation, le père jésuite vous a prouvé que les lois civiles et canoniques permettent de tuer l'agresseur, lorsqu'on ne peut autrement conserver son bien (ce qu'il étend aussi à l'honneur et à la réputation), quoique la personne qui tue ne soit pas en danger de sa vie. » Et en la page 162 : « Plusieurs de ces Théologiens jugent autrement de l'honneur que du bien; car ils croient qu'on peut tuer un homme qui s'enfuit après avoir donné un soufflet ou un coup de bâton, parce que, selon leur sentiment, l'honneur ne se soutient que par cette voie. » Et enfin que cette doctrine sanguinaire, qui ne peut avoir de fondement dans l'Écriture et dans les saints Pères de l'Église, soit aussi commune qu'elle lui paroit probable et tout à fait sûre en conscience, il veut que la seule raison naturelle soit capable de faire voir à tous les particuliers en quel cas il est permis quelquefois d'ôter la vie à un homme : « Si c'est, dit-il (p. 153), la seule lumière de la raison qui a conduit les grandes monarchies qui ont gouverné tout le monde dans la punition des malfaiteurs, souffrez que nous nous servions de la même raison naturelle pour juger si une personne particulière peut tuer celui qui l'attaque, non seulement en sa vie, mais encore en son honneur et en ses biens. » Ainsi, il veut que la raison naturelle nous soit une règle suffisante pour en faire le discernement, comme si elle n'avoit jamais reçu aucune blessure. Mais il continue encore de cette sorte : « Vous exceptez de ce commandement fait à Noé ceux qui veulent nous tuer ou nous ravir la pudicité; et nous croyons aussi avoir raison d'exempter de ce précepte ceux qui tuent pour conserver leur honneur, leur réputation et leur bien. » Et pour comble d'abomination, il porte ce raisonnement pernicieux jusqu'à dire : « Faites-nous voir que Dieu veut qu'on épargne la vie des voleurs et des insolens, qui outragent indignement un homme d'honneur; faites-nous voir que cette défense de tuer n'est pas un précepte qui est né avec nous, et que nous ne devons pas nous conduire par la lumière naturelle pour discerner quand il est permis ou quand il est défendu de tuer son prochain. Il faut un texte exprès pour cela. Celui dont vous vous êtes servi ne défend autre chose, sinon de ne point tuer sans cause légitime. » Qui pourroit se dispenser, en conscience, de s'élever contre des maximes si dangereuses, et qui tendent à détruire généralement toute la loi de Dieu, toute la tradition de l'Église, le consentement universel de tous les Conciles et de tous les Pères, et tout ce qu'il y a de plus clair et de plus indubitable dans notre Religion, pour donner à tous les particuliers le droit de discerner, par la lumière de la raison, s'il leur est permis de tuer leurs ennemis? Qui pourroit souffrir que l'on abolisse ainsi la Loi Nouvelle, qui est une loi d'amour, un esprit de croix et une école de souffrances, pour approuver le ressentiment des injures, flatter la haine et la fureur des hommes vindicatifs, et leur faire trouver, dans la dépravation de leurs esprits et de leurs cœurs, le tempérament et la règle de la vengeance et de l'homicide? Qui pourroit lire sans indignation, dans leurs ouvrages sanglans, ces principes diaboliques qui auroient été en exécration à des philosophes païens? Et depuis quand les Chrétiens, qui sont arrosés du sang de l'Agneau, ont-ils appris ces abominables leçons qui leur enseignent à verser le sang de leurs frères? Nous espérons que les Lois Civiles ne dormiront pas en cette rencontre, et que les Magistrats useront de toute leur autorité pour arrêter l'insolence et la fureur de ces Docteurs de Meurtres et d'Homicides, qui confondent les Juges avec les moindres particuliers, et qui égalent les particuliers aux juges, pour donner indifféremment à tout le monde la malheureuse licence de répandre le sang de ceux pour qui le Sauveur du monde a donné jusques à la dernière goutte du sien. Certes, comme nous faisons gloire d'une part, avec saint Paul, « de ne pas avoir d'autre science que celle de Jésus-Christ crucifié », aussi, d'un autre côté, avons-nous appris de cet Apôtre que « ceux qui sont élevés en autorité et en puissance n'ont pas inutilement en leurs mains l'épée qu'ils portent; et qu'étant les ministres de Dieu même, ils ont droit de faire ressentir les effets de leur colère et de leur juste vengeance à ceux qui commettent des crimes ». Mais ces nouveaux Apôtres ne se mettent pas en peine des sentimens de l'Apôtre des nations, pourvu qu'ils flattent les passions des hommes furieux et sanguinaires. Et c'est ici où les Juges doivent particulièrement ouvrir les yeux, puisque les personnes les plus sacrées ne seront pas en sûreté, si ces dogmes inhumains s'enseignent impunément, une triste et funeste expérience n'ayant déjà fait voir que trop souvent que les plus horribles parricides n'ont été commis que par des hommes à qui la raison avoit fait juger qu'ils avoient une cause légitime de tremper leurs mains dans le sang des personnes les plus augustes.

Nous n'osons faire de plus particulières réflexions sur une matière si horrible ; mais nous espérons que les Magistrats en découvriront toutes les suites, et qu'étant les conservateurs des lois, ils étoufferont dès leur naissance ces sentimens si barbares et si monstrueux. L'État y est trop visiblement intéressé, comme l'Église l'est aussi à ne pas souffrir que la Simonie ayant été appelée une Hérésie par les Conciles et par les Pères, cet Apologiste du P. Bauny ne reconnoisse plus pour Simoniaques que ceux qui seroient assez stupides pour ne pas bien diriger leur intention; puisque, selon ces Auteurs de Relâchement, on peut, sans commettre de vraie Simonie, entrer dans toutes les charges de l'Église, en promettant et donnant de l'argent, pourvu qu'on le donne comme motif et non comme prix. Où en sommes-nous réduits par les vaines subtilités des hommes ? Et n'est-il pas déplorable que, selon ces distinctions frivoles, Simon le Magicien, qui est le chef malheureux de tous les Simoniaques, auroit été innocent quand il offrit de l'argent à saint Pierre, étant certain qu'il ne l'offroit que comme un motif qui le portât à lui donner la puissance de conférer le Saint-Esprit ? On voit par là combien Nosseigneurs les Prélats ont eu de raison de condamner particulièrement, dans ces Nouveaux Auteurs, « le dessein qu'ils paroissent avoir de flatter l'avarice et l'ambition des hommes en leur donnant des ouvertures pour entrer dans les dignités ecclésiastiques par toutes sortes de voies». Et la connoissance qu'ils ont de tous les ridicules retranchemens de la subtilité de tous ces Écrivains a porté ces mêmes Prélats à remarquer expressément dans leur préface, « combien c'est une chose éloignée de l'Esprit du Fils de Dieu, de prétendre qu'il suffit, pour ne pas pécher, de bien dresser son intention ». Mais l'autorité du Clergé de France n'a pas eu la force d'arrêter l'impétuosité de cet Écrivain, ni de l'empêcher d'entreprendre la défense de cette méchante doctrine, comme il fait depuis la page 109 jusqu'à la 116. Et surtout ses paroles sont remarquables page 109, où il répond d'une manière insupportable à l'objection qu'il se fait, qu'il n'y aura plus de Simonie : « Il n'y aura donc plus de Simonie, dit-il ; car qui sera assez malheureux que de vouloir contracter pour une messe, pour une profession, pour un bénéfice, sous cette formalité de marchandise et de prix ? Je réponds que tout homme qui seroit actuellement dans cette disposition (je n'ai garde de vouloir jamais égaler une chose spirituelle à une temporelle, ni de croire qu'une chose temporelle puisse être le prix d'une spirituelle) ne commettroit pas une Simonie contre le droit divin, en donnant quelque chose spirituelle en reconnoissance d'une temporelle qu'il auroit reçue. Je dis plus : que la disposition habituelle suffit pour empêcher qu'on ne tombe dans le péché de Simonie. » Ainsi tous les Canons que les Conciles ont fulminés contre les Simoniaques n'ont frappé que des hommes imaginaires ; et quand les Papes et les Pères ont usé de si nettes et si fortes expressions pour condamner le trafic des choses saintes, et cette entrée criminelle dans la maison du Seigneur, ils n'ont condamné que ceux qui n'avoient pas assez d'esprit pour faire cette distinction de prix et de motif!

Après avoir corrompu le sanctuaire de l'Église par ces palliations de la Simonie, il viole celui de la Justice, en prétendant qu'un juge peut retenir en conscience, comme bien acquis, ce qu'il a reçu pour rendre une sentence injuste. « Il est vrai, dit-il (page 123), que ce juge n'est pas obligé à rendre ce qu'il a reçu de l'une des parties pour donner une sentence injuste en sa faveur. Lessius a de bonnes raisons contre Cajétan, que vous deviez réfuter, si vous prétendez que ce juge soit obligé à restituer ce qu'il a reçu de la partie qui a profité de son injustice. »

Nous n'avons pas pu lire aussi sans rougir ce que ce théologien charnel a écrit en faveur du plaisir des sens; et comme s'il avoit oublié ce que saint Paul a dit : « que ceux qui sont à Jésus-Christ ont crucifié leur chair avec tous ses vices et tous leurs mauvais désirs », il soutient que la volupté corporelle peut être recherchée pour elle-même, et condamne d'ignorance ceux qui trouvent à redire à cette maxime brutale rapportée en la page 239, savoir : « Qu'il est permis de manger tout son soûl sans nécessité et pour la seule volupté, pourvu que cela ne nuise point à la santé. » A quoi il répond ainsi en la page 240 : « Je dirai que plusieurs bons théologiens enseignent qu'il n'y a pas plus de mal à rechercher sans nécessité le plaisir du goût, qu'à procurer la satisfaction de la vue, de l'ouïe et de l'odorat ; et plusieurs, tant philosophes que théologiens, tiennent que ces contentemens des sens sont indifférens, et qu'ils ne sont ni bons ni mauvais. Que si vous aviez la première teinture des sciences, vous n'auriez pas condamné ces opinions qui sont probables. » Voilà des paroles plus dignes d'Apicius que d'un théologien, et qui paroissent plutôt avoir été apprises dans la secte de Jovinien que dans l'école d'un Dieu qui nous enseigne à porter tous les jours notre croix, et à renoncer à nous-mêmes. Ce n'est pas que nous ne sachions que la volupté corporelle peut se rencontrer innocemment dans nos actions; mais si elle les accompagne, elle ne doit jamais en être le motif; et ce mélange importun qui se glisse sous le voile des plus naturelles nécessités est une matière de gémissement pour les justes, et ne peut être un sujet de joie que pour les âmes brutales.

Cet Apologiste juge si bassement de la sainteté du sacrifice de la messe, qu'il approuve, en la page 271, l'opinion des Casuistes, qui enseignent qu'on satisfait au commandement d'entendre la messe, lorsqu'on l'entend avec un respect extérieur, quoiqu'en même temps on considère une femme avec de mauvais désirs. Et comme le sentiment d'Escobar, qui estime que c'est entendre la messe, que d'en entendre quatre quarts en même temps à quatre divers autels, a paru ridicule à tout le monde, ce défenseur de toutes les faussetés rapporte l'opinion d'Escobar comme véritable, quoiqu'il la reconnoisse inutile; et comparant le plus ridicule de tous les auteurs à saint Augustin, qu'il prétend avoir proposé quelquefois des questions inutiles, il fait voir, par cette comparaison, que sa seule crainte a été de voir diminuer la réputation d'Escobar, qui est son oracle.

Il n'a pas moins de zèle pour la Doctrine du P. Bauny, qui autorise le Vol Domestique, en approuvant les compensations secrètes des Valets qui se plaignent de leurs gages, quoiqu'on les paye comme on est convenu avec eux; et il est même assez téméraire pour vouloir rendre saint Ambroise et saint Augustin les complices de ces maximes préjudiciables à la sûreté et au repos des familles chrétiennes. Il soutient aussi l'opinion du même P. Bauny, qui avoit écrit que « les femmes peuvent prendre à leurs maris de quoi jouer »; et toute la modération qu'il y apporte est seulement en disant que « la femme doit être de telle condition que le jeu honnête puisse être mis au rang des alimens et de l'entretien ». Il approuve aussi ce qu'a écrit ce Casuiste en la page 84 de la *Somme des péchés*, que, « lorsqu'une fille, qui est en la puissance de son père et de sa mère se laisse corrompre, ni elle ni celui à qui elle se prostitue ne font aucun tort au père et à la mère, et ne violent point la justice pour leur égard, parce qu'elle est en possession de sa virginité, aussi bien que de son corps, dont elle peut faire ce que bon lui semble, à l'exclusion de la mort ou du retranchement de ses membres ». Et cet Apologiste (p. 249) soutient, par une insigne fausseté, que *cette opinion est véritable et commune*. Et, quoique le P. Bauny ne soit pas plus corrompu en quelque matière que ce soit que dans celle de l'Usure, il le défend néanmoins sur ce sujet, avec tant d'artifice et tant de chaleur, depuis la page 173 jusqu'à la page 211, que les Lois Ecclésiastiques et les Ordonnances de nos Rois ne condamnent que des usuriers chimériques, si ces nouvelles subtilités sont recevables.

Ce même zèle de l'injustice porte cet Auteur à montrer, depuis la page 225 jusqu'à la page 231, que l'on a eu tort de se plaindre de la doctrine de Caramuel et de celle des jésuites Hurtado et Dicastillus, qui disent que ce n'est point violer le Décalogue, mais au plus un péché véniel, que d'imposer de faux crimes à ceux qui nuisent à notre réputation, soit en nous calomniant, soit en nous reprochant de véritables crimes, dont ils n'ont pas droit de nous accuser; et il prétend qu'il n'y a rien en cela qui ne soit au moins Probable. « Tout homme de bon sens, dit-il, trouvera que Dicastillus est bien plus doux et plus humain envers les calomniateurs et ceux qui perdent injustement la renommée de leur prochain, que beaucoup d'excellens théologiens, qui, dans les circonstances où Dicastillus permet de médire et détracter, disent qu'on peut les tuer. »

Voilà une partie des excès de cet Avocat des Casuistes corrompus, qui est l'ennemi le plus déclaré que l'on ait jamais vu s'élever, sans retenue et sans honte, contre toutes les importantes vérités de la Morale chrétienne. Mais entre toutes ses prétentions, il n'en est pas de moins juste ni de plus insoutenable que ce qu'il avance, en plusieurs pages de son Livre, comme une chose indubitable : Que les Bulles des Papes contre les Cinq Propositions sont une approbation générale de la Doctrine des Casuistes. Car il est malaisé de dire s'il y a plus de témérité que d'impertinence dans cette prétention ; et nous ne croyons pas que l'on puisse jamais commettre une plus grande indignité que d'attribuer au Saint-Siège l'approbation publique de ces maximes pernicieuses, sous prétexte que Cinq Propositions, que tout le monde condamne et que personne ne soutient, ont été censurées par les Constitutions de deux Papes. Cependant, c'est sur ce fondement ruineux qu'il déchire, comme Jansénistes, ceux qui ne peuvent souffrir que les règles de nos mœurs soient corrompues par des nouveautés, qui seroient même en horreur aux peuples les plus barbares ; comme si, par exemple, il étoit permis de tuer un détracteur, ou d'acheter un bénéfice, parce que le feu pape Innocent X, et celui qui est maintenant assis sur le siége de saint Pierre, ont condamné Cinq Propositions qui n'ont nul rapport avec ces opinions monstrueuses, et qui sont entièrement détachées de toutes les autres matières dans la Morale, dont l'étrange corruption nous touche sensiblement, aussi bien qu'une infinité d'autres ecclésiastiques du royaume, et même plusieurs qui n'ont jamais examiné les questions de la grâce. Quoi donc ! les plus pernicieux sentimens, que les Jésuites rejetoient en apparence comme d'horribles calomnies, seront devenus des vérités toutes constantes, depuis que les Papes nous ont envoyé deux Bulles que nous avons reçues avec respect ; et ceux qui auront quelque reste de fidélité dans le cœur, pour ne pouvoir souffrir, sur tous les points de la Morale chrétienne, une corruption universelle des vérités de l'Évangile, seront décriés par des prêtres, seront déchirés par des religieux, sous des noms odieux de parti et de faction! Certes, quand nous serions assez lâches et assez indifférens à notre réputation pour souffrir une injure si atroce, nous avons trop de zèle envers le Saint-Siége pour pouvoir souffrir que ceux qui s'en disent, en toutes rencontres, les plus véritables défenseurs, le déshonorent par une imposture également noire et insolente, et qu'ils donnent occasion aux ennemis de l'Église de concevoir une opinion si désavantageuse du Père de tous les Fidèles. Comme l'Église romaine est une fidèle dépositaire de la pureté de la foi, qui lui est venue par une succession apostolique, aussi sera-t-elle à jamais la conservatrice des maximes de l'Évangile, qui sont les règles des mœurs. Et, puisque c'est une vérité catholique que les œuvres ne sont pas moins nécessaires pour le salut que la foi, nous espérons que le Saint-Siége n'aura pas moins de soin de conserver la pureté de la doctrine dans la conduite des actions des Chrétiens, qu'il a toujours eu de zèle pour maintenir les principes spéculatifs de notre Religion. Et, afin que ces faiseurs d'Apologie ne croient pas pouvoir éblouir ou épouvanter les simples par leurs imaginations et par leurs spectres, nous avons su que l'Ordre très célèbre des Dominicains a ordonné à tous les particuliers qui se sont trouvés dans le chapitre général qui se tint à Rome l'an 1656, de faire savoir à leurs provinces que notre Saint-Père ne pouvoit souffrir qu'on eût introduit, depuis quelques années, dans la Théologie morale, une nouveauté d'opinions licencieuses qui ne tendent qu'au relâchement de la discipline chrétienne et ecclésiastique, et que, pour y apporter un prompt remède, Sa Sainteté jugeoit nécessaire que les Théologiens de cet Ordre dressassent au plus tôt des sommes de cas de conscience sur les plus certains et les plus sûrs principes de la doctrine de saint Thomas. Nous avons entre nos mains les certificats qu'en ont donnés depuis peu deux définiteurs de l'Ordre, qui sont supérieurs de deux célèbres maisons dans ce royaume. De sorte que ceux qui imposent au Saint-Siége l'approbation publique de leurs plus grands relâchemens, se déclarent, par cet attentat, les ennemis publics de la dignité du Saint-Siége.

Nous laissons néanmoins de très bon cœur aux défenseurs de l'*Apologie* l'avantage de cette malheureuse impunité dont ils se flattent, et qui leur fait croire que le Pape approuve positivement en leur personne tout ce qu'il n'y censure pas, à cause qu'ils ont peut-être eu l'adresse d'empêcher jusqu'ici que Sa Sainteté en ait été avertie. Mais s'il reste encore quelque équité dans ces personnes qui ne flattent les plus signalés pécheurs que pour se donner plus de licence d'outrager les prêtres et les pasteurs de l'Église, nous leur demandons, comme une grâce, la permission de considérer que nous avons à rendre compte à Jésus-Christ, le souverain prêtre et le premier de tous les pasteurs, des âmes qu'il a acquises par le prix inestimable de son sang, et qu'il nous a confiées. Dieu nous oblige, par un prophète, « de crier sans cesse, d'élever hautement notre voix, d'annoncer à Israël les crimes qu'il a commis, et à la maison de Jacob les péchés dont elle est coupable. » Et parce que nous ne sommes pas des « chiens muets qui n'ont pas la force d'aboyer », ces personnes, en la page 314, nous traitent « d'ignorans, qui ne méritent pas d'être mis au nombre des chiens qui gardent le troupeau de l'Église, qui sont pris de plusieurs pour les vrais pasteurs, et sont suivis par les brebis qui se laissent conduire par ces loups ». Si les hommes ne nous font pas raison de ces injures, qui blessent moins nos personnes que la sainteté de notre ministère et les intérêts de toute l'Église, du moins nos ennemis ne nous arracheront pas du fond du cœur la consolation secrète de vouloir imiter la douceur de notre Maître commun, qui, selon saint Augustin, « est un agneau que les loups ont fait mourir, et qui a changé en agneaux ces loups mêmes qui l'ont fait mourir ». Ils n'effaceront pas de l'Évangile les marques du discernement des loups d'avec les brebis; et leurs artifices n'empêcheront pas l'effet des paroles de celui qui a averti les peuples de « se donner de garde des faux prophètes qui se présentent à eux avec des peaux de brebis » c'est-à-dire sous le voile et la couverture d'une doctrine accommodante, « quoiqu'au fond du cœur ce soient des loups ravisseurs, comme on peut connoître par leurs fruits », et par la suite de leurs actions. Ils souffriront que nous nous plaignions publiquement à M. notre Archevêque et aux Magistrats Séculiers de ce qu'au même temps que notre Auguste Monarque fait observer avec une piété véritablement royale les Ordonnances que Sa Majesté a faites sur le sujet des Duels, il se trouve des Religieux qui parlent du faux honneur, comme les amateurs du monde qui en sont les esclaves et les idolâtres, et permettent d'accepter ces combats sanglans et inhumains qui perdent l'âme avec le corps, sous prétexte de conserver une vaine réputation.

Mais, quoi qu'il en soit à leur égard, il nous suffira de nous être rendus, comme nous faisons, les dénonciateurs publics de leurs excès, dont nous ne saurions être complices sans nous perdre d'honneur et de conscience devant Dieu et devant les hommes. Nous n'avons ouvert la bouche que pour faire ouvrir les yeux aux Puissances ecclésiastiques et séculières qui y ont le principal intérêt. Nous nous en déchargeons sur leur prudence, et nous attendons toutes choses de leur justice. Nous les prions seulement de considérer que la dernière inondation qui a fait tant de ravages par tout le royaume, et particulièrement en cette ville, n'est que l'image de l'inondation de toutes sortes de vices qu'il faut attendre de cette corruption publique des règles des mœurs ; car si lorsqu'il ne se forme qu'un seul torrent d'une infinité de torrens, il ne faut attendre de son impétuosité que le renversement et la rupture des plus fortes digues, la désolation des villes, la stérilité des campagnes et la submersion des peuples : ainsi, lorsqu'un seul Auteur, qui fait l'*Apologie* des Auteurs de sa faction, et qui est autorisé par une conspiration générale, ramasse dans un Seul Ouvrage toute l'écume de Bauny, de Sanchez, de Molina, d'Escobar, et d'une infinité d'autres Casuistes, il n'y a point d'impiété contraire à ce qu'il y a de plus sacré dans l'Écriture, de plus saint dans les Conciles, de plus solidement établi dans les Ouvrages des saints Pères, et de plus inviolable dans toute notre Religion, que cet Apologiste ne publie avec insolence, ne justifie pas le torrent de la coutume, ne soutienne comme une vérité constante, et n'appuie sur le grand nombre de ceux qui, ne l'ayant avancé d'abord qu'en tremblant, sont intrépides dans leurs erreurs, quand ils y ont apprivoisé les esprits intéressés et corrompus.

A Rouen, le 15 février 1658.

FACTUM

Des Curés de Nevers, présenté à M. leur Évêque en son hôtel épiscopal, contre le Livre intitulé : « Apologie pour les Casuistes, etc., » imprimé à Paris l'an 1657.

Comme les deux principaux intérêts de l'Église sont de conserver les Fidèles dans la piété, et de rappeler les Hérétiques à la vérité qu'ils ont quittée, nous avons été touchés d'une douleur bien sensible, en voyant le méchant Livre de l'*Apologie des Casuistes* se répandre dans l'Église ; parce que nous avons reconnu qu'il n'y avoit rien de plus capable de retirer les fidèles de la sainteté des mœurs, et de confirmer les hérétiques dans leur obstination et dans leur schisme. Et il ne faut pas douter que nous n'en eussions vu d'étranges effets, si la providence de Dieu, qui veille incessamment sur son Église, n'avait suscité la puissante opposition des pasteurs ordinaires à l'entreprise si dangereuse des Casuistes corrompus.

Nous les avons vus, ces généreux pasteurs, s'élever de tous côtés, et surtout ceux de la ville de Paris, pour défendre l'Église en ces deux parties où elle étoit attaquée. Et nous avons béni Dieu de ce que leur zèle a été conduit avec tant de lumière et de prudence, qu'ils ont pris un soin tout particulier de porter les remèdes à ces deux maux qu'on devoit principalement appréhender.

Car ils ont fait voir, par leurs premiers Écrits, combien les Fidèles seroient coupables de se laisser séduire par ces molles douceurs dont on vouloit les corrompre, puisque les Casuistes ne pourroient pas les excuser devant Dieu par leur autorité ; mais que les saints Pères et Docteurs de l'Église les condamneroient par une doctrine toute contraire. Et ils ont fait voir ensuite dans leur Cinquième Écrit que les Hérétiques n'ont aucun fondement dans les calomnies dont ils entreprennent de noircir l'Église, en lui imputant des erreurs qui n'appartiennent qu'aux Casuistes et aux Jésuites.

Ainsi on a vu l'Église affermie par leurs Écrits contre tous les desseins et des Casuistes, et des Hérétiques, dont nous avons une joie particulière, parce que nous voyons de plus près la nécessité qu'il y avoit de bien établir ces deux chefs, tant à cause du relâchement qui prenoit à nos yeux de nouvelles forces de jour en jour par les entreprises des Casuistes, qu'à cause de l'insolence avec laquelle les Hérétiques, dont nous sommes environnés, triomphoient déjà par les avantages qu'ils tiroient de ces pernicieuses doctrines, qui semblent n'être sorties de l'enfer que pour affoiblir les Fidèles et fortifier les Hérétiques.

Car qu'y a-t-il de plus capable de retirer les peuples du respect de nos saints mystères, et d'exciter le mépris qu'en font les Calvinistes, que d'en parler avec l'irrévérence et l'extravagance que font ces Auteurs? comme quand ils disent (p. 153) : « qu'en entendant la messe avec un respect extérieur, accompagné de désirs impurs, on satisfait par là au précepte de l'Église selon plusieurs théologiens; » sur quoi Escobar, enchérissant par-dessus les autres, dit : « que si on trouve quatre messes si bien ajustées, que les quatre quarts de ces messes en fassent une entière, en entendant ces quatre quarts tous ensemble de différens prêtres, on entendra une messe entière. » Que peuvent dire les Hérétiques, qui ne cherchent que l'occasion de tourner en raillerie ce saint sacrifice, en voyant que les Catholiques mêmes leur en donnent un si grand sujet, et parlent en cette manière de ce mystère qui est appelé terrible par les saints Pères, et de cette action toute sainte, révérée des anges mêmes, où Jésus-Christ est présent pour s'immoler à Dieu pour nous, et où nous sommes obligés d'assister pour nous y immoler avec lui?

Est-ce porter à cette action la révérence que l'on doit, de croire que nous aurons satisfait à ce que l'Église nous en ordonne, en entendant quatre quarts de ces messes ainsi ajustées, avec une contenance extérieurement respectueuse, ayant le cœur cependant occupé de désirs infâmes et criminels? Que ne diroient les ennemis de la Religion, de voir des prêtres et des religieux qui veulent passer pour des Docteurs Graves proposer cette Doctrine au peuple de Dieu, si nous ne nous opposions à ces impiétés avec tant de force et tant de vigueur, que nous fermassions la bouche à ceux qui nous imputeroient ces égaremens?

Ces Casuistes ne causent-ils pas de même un pareil scandale sur le sujet des Ordres Sacrés, qui sont encore l'objet et de la vénération des Fidèles, et du mépris des Hérétiques; lorsque, pour justifier qu'on n'est pas obligé de quitter les Occasions Prochaines de pécher, ils osent dire (p. 49) : « que les Ordres Sacrés sont une occasion de pécher, et que puisque l'Église y engage ainsi les prêtres, c'est une preuve qu'on n'est pas obligé de renoncer à une profession où l'on court risque d'offenser souvent Dieu et de se perdre? » Que ne diroit-on point contre des Hérétiques qui parleroient de cette sorte? Et que peut-on penser de voir des prêtres écrire en ces termes sur le sujet d'un sacrement par lequel les hommes sont élevés à la plus haute dignité où ils puissent arriver en cette vie, et qui les unit à Jésus-Christ pour être participans de sa puissance sacerdotale, et pour ne pas être seulement les plus chastes des hommes, mais encore le soutien de la chasteté du reste des hommes, et un exemple de pureté pour toutes sortes de conditions, et pour les Religieux mêmes?

Car s'ils parlent des prêtres bien appelés, c'est une fausseté horrible, et une injure insupportable au sacrement de l'Ordre, de dire que l'Obligation au Célibat leur soit une Occasion Prochaine de pécher : au lieu que ce sacrement même leur communique une grâce toute particulière pour vivre dans une pureté digne d'un état si sublime. Et s'ils parlent des prêtres mal appelés, et qui s'ingèrent dans ce ministère sans avoir consulté Dieu et éprouvé leurs forces, c'est encore une aussi grande fausseté de dire que l'Église les y engage, ou qu'elle approuve en aucune sorte que ceux qui se sentiroient dans cette foiblesse s'exposent à un aussi grand sacrilège qu'est la profanation d'un ministère si divin, par une vie impure et souillée de crimes.

Mais il n'y a rien de si saint que ces Nouveaux Auteurs ne profanent de cette sorte; et quand on a vu en quels termes ils osent parler des sacremens de Pénitence et d'Eucharistie, on a un juste sujet de rendre grâces à Dieu de tout ce que les pasteurs font aujourd'hui contre ces impiétés, puisqu'on voit assez que l'Église étoit par là attaquée au cœur, et que la plaie qu'on lui faisoit fût devenue bientôt incurable. Certainement on ne peut avoir assez d'horreur de la manière toute profane dont ils portent à user des sacremens sans changement de vie, sans amour de Dieu et sans regret de ses péchés, sinon pour le mal temporel qu'on en ressent. On n'a qu'à voir sur ce sujet les Extraits qui sont publiés de ce Livre, ou le Livre même, et on dira sans doute après cela qu'il étoit temps ou jamais qu'il se fît une opposition générale à la faction générale qu'on avoit faite au milieu de l'Église, pour la destruction de tout ce qu'elle a de plus saint et de plus inviolable.

Nous n'aurions jamais fait si nous voulions rapporter toutes les prises que ces Casuistes donnent aux Hérétiques, soit par le mépris qu'ils font des pasteurs de l'Église, lesquels ils outragent injurieusement dans cette *Apologie;* soit par la manière dont ils déchirent des maisons de vierges religieuses, dont ils parlent comme d'un sérail ; soit par les abus et les faussetés qu'ils mêlent à leurs indulgences, comme nous les en avons convaincus en cette ville; soit par tout le reste de leurs actions et de leur conduite, qui est telle qu'on ne peut avoir trop de zèle pour les réprimer, et qu'on a bien sujet de dire avec MM. les Curés de Paris, nos confrères, que l'Église s'est vue dangereusement attaquée et au dehors et au dedans, c'est-à-dire tant par les Hérétiques qui veulent abolir les sacremens, qui sont les canaux de la grâce, que par les faux Casuistes, qui portent à profaner les sacremens; en sorte qu'on n'y trouve que sa condamnation : et qu'ainsi il n'y a nul salut à espérer, ni en suivant le schisme hérétique des uns, ni en suivant les méchantes doctrines des autres.

C'est ce que nous sommes obligés en conscience de publier de notre part, et de crier incessamment que l'on se garde de ce levain contagieux, qui infecteroit la masse entière des meilleures actions. Et si ce que nous disons ne sert pas à ramener ces personnes égarées, nous espérons qu'il servira à empêcher que nos peuples ne se laissent égarer avec eux, et à porter les puissances de l'Église à interposer l'autorité que Dieu leur a donnée à cette fin : pour le moins cela servira à notre décharge, et à la satisfaction du devoir que Dieu nous a imposé d'instruire nos peuples de la sainte et salutaire doctrine de l'Évangile, et de ne pas souffrir qu'on leur en donne une fausse, pernicieuse, abominable, pire en une infinité de points, que celle non seulement des Hérétiques, mais encore des Païens et des Turcs, étant certains que l'Alcoran défend et l'homicide et la vengeance, et le vol, et la calomnie, que ces misérables Casuistes permettent. De sorte que comme Jésus-Christ, parlant des excès des Juifs et des Pharisiens, qui, ayant ouï sa parole, suivoient néanmoins leurs traditions humaines, dit d'eux qu'ils seront jugés non pas par lui-même, ni par ceux qui ont été envoyés avec autorité de sa part, comme Moïse et les prophètes, mais par des personnes étrangères, et qui n'étoient pas du peuple de Dieu : ainsi on peut dire que pour condamner ces maximes détestables, « qu'on n'est pas obligé d'aimer Dieu; qu'on peut tuer son prochain par la lumière naturelle de sa raison; et qu'on peut le calomnier sans crime s'il médit de nous »; il ne sera pas nécessaire que la parole de Dieu, qui doit juger le commun des chrétiens, se présente; elle est trop disproportionnée à leurs égaremens ; mais que Mahomet et les Infidèles, ennemis de Jésus-Christ et de sa croix, s'élèveront en jugement, et condamneront, par la seule raison humaine, les sentimens que ces Auteurs ont voulu nous donner pour être conformes à la Religion Chrétienne, de laquelle ils sont les ministres. C'est ce qui rend leurs excès si dangereux ; car si ceux qui parlent de cette sorte faisoient profession publique de libertinage, il y auroit peu à craindre qu'on prît croyance en eux ; mais que des gens qui font profession de piété et de science publient de telles doctrines, c'est en cela qu'est le péril. Et c'est en effet ce qui auroit pu corrompre une infinité de monde, si on n'eût pas vu en même temps des personnes bien plus autorisées, et par leur réputation, et par leur dignité, les confondre et les condamner. Mais, grâces à Dieu, il ne reste plus aujourd'hui aucun prétexte de suivre leur lâche et pernicieuse conduite, après qu'elle a été publiquement décriée et condamnée, et par les Prélats, et par les Docteurs, et par tous les Pasteurs ordinaires ; après que ceux de Rouen, qui ont commencé glorieusement cette poursuite, ont été admirablement soutenus par ceux de Paris, qui ont été suivis incontinent de ceux de tant de diocèses ; après que trois cents curés du diocèse de Beauvais ont signé la requête où ils en demandent la condamnation ; après que M. l'Évêque d'Orléans en a depuis peu fait publier sa Censure dans toutes ses paroisses ; après que la Sorbonne (qui ne peut leur être suspecte) l'a censurée, et qu'on voit les ministres de l'Église s'élever de tous côtés pour la purifier de ce venin que le démon y avoit jeté pour la corrompre.

Nous nous trouvons bien heureux d'être au nombre de ceux qui travaillent à un dessein si glorieux à l'Église. Nous demandons à Dieu la grâce de nous y soutenir, et d'incliner les cœurs des peuples qu'il a commis à notre garde à éviter ces corruptions et à préférer les lumières de l'Évangile aux ténèbres de l'esprit humain.

A Nevers, le 15 juillet 1658.

FACTUM

Pour les Curés d'Amiens, présenté à M. leur Évêque, étant en son hôtel épiscopal de Montiers, le 27 juillet 1658, contenant les raisons qu'ils ont eues de lui demander la condamnation des erreurs enseignées par l'Apologie des Casuistes, et dictées par trois professeurs jésuites dans le collège de la même ville.

Lorsque MM. les Curés de Paris et de Rouen, nos confrères, se sont élevés publiquement contre l'*Apologie pour les Casuistes*, et qu'ils ont entrepris de faire condamner un Livre qui sera le déshonneur éternel de notre siècle, nous avons cru qu'il suffisoit de demander à Dieu l'abondance de ses lumières et la force de son esprit, pour ces généreux défenseurs de la Morale chrétienne. Comme ils combattent pour nous, en prenant les armes pour toute l'Église, nous avons tâché de ne pas être d'inutiles spectateurs de cette guerre spirituelle, dont le succès est de la dernière importance; et nous aurions manqué à nous-mêmes, si nous n'avions accompagné leurs travaux de nos souhaits et de nos vœux.

Mais, outre ces devoirs généraux dont nous ne pouvions nous dispenser en qualité de prêtres et de pasteurs, nous sommes maintenant réduits à une pressante nécessité de rompre notre silence. Car l'embrasement funeste qui menaçoit toute l'Église est passé jusqu'à nous; et nous nous rendrions coupables devant Dieu et devant les hommes, si nous n'élevions nos voix pour demander du secours, et si nous ne cherchions nous-mêmes de l'eau pour éteindre cet incendie. Les plus grands excès de l'*Apologie des Casuistes* s'enseignent publiquement par les Jésuites dans leur collège de cette ville. Les plaintes qu'on en a portées depuis deux ans devant plusieurs tribunaux ecclésiastiques n'ont pas empêché le P. Poignant d'établir, dans ses leçons de Théologie Morale, les plus dangereuses erreurs dont on tâchoit de procurer la Censure. Pendant la dernière Assemblée générale du Clergé de France, il dictoit hautement à ses disciples les plus horribles propositions dont on accusoit ses confrères; et pour insulter à l'autorité des Prélats, il enchérissoit en plusieurs points sur les plus étranges relâchemens des Casuistes les plus corrompus.

Nous étions en disposition de nous plaindre d'une hardiesse si insupportable, aussitôt que nous en eûmes quelque connoissance; et nous l'aurions fait dès ce temps-là, si ces Pères n'avoient employé toutes sortes d'artifices pour nous ôter les moyens de les convaincre. Mais comme ils exercent une domination absolue sur leurs disciples, ils ont fait tous leurs efforts pour retirer de leurs mains les Écrits qu'ils avoient dictés, et pour empêcher ces ouvrages de ténèbres d'être confondus par la présence de la lumière. Ils voyoient que l'*Apologie des Casuistes* étoit détestée par toutes les personnes raisonnables; et dans la plupart des conversations, l'instinct de notre Religion et les principes du Christianisme obligeoient quelques-uns de leurs amis à leur reprocher l'énormité de l'excès que leurs confrères sont accusés d'avoir commis, par la publication d'un Livre si scandaleux et si infâme. On les condamnoit sans y penser, en la personne de leurs confrères, dont ils suivoient les égaremens dans leurs leçons; et pour se défendre sous le nom de leurs complices, ils disoient partout qu'il ne s'agit en cela que des mœurs, et non pas de la foi; tâchant par là de donner au peuple cette fausse idée, qu'on ne doit se mettre en peine que des opinions qui sont contre l'intégrité de la foi, et non pas de celles qui ne sont que contre la pureté de la Morale.

Enfin, toutes leurs précautions politiques ont été vaines, et ces Écrits monstrueux nous étant tombés entre les mains, nous avons cru qu'il n'étoit plus temps de nous taire, puisque la providence de Dieu nous obligeoit à la défense de sa vérité, que ces Pères veulent opprimer par la conspiration universelle d'une Société si puissante et si nombreuse.

Comme les prêtres qui travaillent dans nos paroisses, pour y administrer les sacremens, ont souvent écouté ces maîtres, et assisté aux leçons qu'ils leur ont faites dans la chaire de pestilence, nous avons sujet de craindre que ce venin ne se communique jusqu'au cœur de nos paroissiens, et qu'il ne corrompe des âmes dont le souverain Pasteur nous a confié la conduite. Nous savons de plus avec quel empressement ces Pères assiègent les riches et les puissans du siècle, pour leur imprimer ces maximes abominables. Nous ne connoissons que trop, par une continuelle expérience, le soin qu'ils prennent de s'insinuer chez les personnes qualifiées, pour les assister dans leurs maladies, sans même y être mandés. Enfin nous croirions participer à tous leurs excès, si nous n'arrêtions, autant qu'il nous est possible, le cours de cette doctrine pernicieuse, qui flatte si agréablement la cupidité des hommes.

C'est ce qui nous a contraints d'implorer la justice de M. d'Amiens, qui s'étant déclaré si hautement, en tant d'occasions, contre l'*Apologie des Casuistes*, ne souffrira pas sans doute que l'on enseigne impunément dans sa ville, et en sa présence, des dogmes qui ne tendent qu'au renversement général des vérités de l'Évangile. Nous lui avons porté nos justes plaintes par une requête que nous lui avons présentée, et nous y avons joint un extrait des plus grossières erreurs que nous avions remarquées dans les Écrits du P. Poignant : ceux du P. Simon de Lessau, qui avoit occupé ici devant lui la chaire de théologie morale, et ceux du P. Longuet, prédécesseur immédiat du P. de Lessau dans la profession des cas de conscience à Amiens, ne nous étant tombés entre les mains que depuis fort peu de temps.

Après avoir conféré ces Écrits l'un avec l'autre, nous avons remarqué plus que jamais que les erreurs de ces Pères sont une conspiration; qu'ayant partout les mêmes sentimens, ils parlent aussi partout le même langage; qu'ils sont de concert pour donner des inventions de commettre innocemment toutes sortes de Simonies et d'Usures; qu'ils autorisent également en tous lieux les Occasions Prochaines du péché comme des engagemens innocens; qu'ici comme ailleurs, ils permettent le larcin et l'homicide; et qu'ils ne se sont jamais expliqués plus nettement qu'en cette ville sur le sujet de leur Doctrine de la Probabilité, qui est le principe le plus ruineux dont on puisse se servir pour renverser la solidité de toute la Doctrine Chrétienne. Que s'il suffit d'avoir des yeux pour être pleinement convaincu de la conformité de leurs erreurs, aussi est-ce assez d'avoir les premières teintures de la Religion, pour avouer qu'il n'y a rien de plus opposé à ces principes, ni de plus digne d'être réprimé par les anathèmes de l'Église, que cette malheureuse excuse qu'ils allèguent, en prétendant que cette contestation est une chose de peu de conséquence, puisqu'il ne s'y agit pas de la Foi, mais seulement de la Morale.

Certes, nous n'ignorons pas, et le rang que nous tenons dans l'Église nous oblige de le prêcher au peuple, qu'il n'y a pas de justice chrétienne dont la foi ne soit le principe, puisqu'elle est la vie du juste, et que sans elle il est impossible de plaire à Dieu. Mais il n'y a point de catholique qui ne soit obligé de savoir que cette foi doit agir par charité, et que tant s'en faut qu'il faille lui attribuer, et non pas à la charité et aux bonnes œuvres, la dernière fin de notre justification; qu'au contraire la foi n'en est que le moyen, et la charité et les bonnes œuvres en sont la fin : la Foi et la Grâce même n'étant données que pour nous faire vivre d'une vie sainte. Qui peut donc souffrir que des hommes de cette condition entreprennent de diviser Jésus-Christ, qui s'est appelé lui-même la Vérité, et qu'ils aient la hardiesse de vouloir se justifier par cette maxime détestable, que les seules questions de la foi des mystères sont d'importance dans l'Église, et que les Nouveautés qui tendent à la corruption de la Doctrine des Mœurs ne sont nullement considérables? Qui peut souffrir que l'on se contente de dire que c'est une horrible cruauté de crever les yeux des fidèles, en leur faisant perdre la foi par l'Hérésie, et que l'on soutienne en même temps que c'est presque une action indifférente de corrompre le cœur des chrétiens par le poison mortel d'une Morale pernicieuse? Enfin, qui peut souffrir qu'au lieu que le Fils de Dieu, en venant au monde, a voulu faire autant d'images vivantes de sa divinité sainte, qu'il devoit avoir d'adorateurs et de disciples, il ne tienne pas à ceux qui font gloire de porter son nom, que les Chrétiens ne deviennent semblables aux démons qui croient et tremblent, comme dit l'Apôtre saint Jacques? étant certain que toute la doctrine et toute la foi sans les œuvres est morte, et ne sert qu'à nous rendre plus coupables.

Notre divin Maître, qui n'a enseigné aux hommes que la doctrine qu'il a tirée de toute éternité du sein adorable de son Père, n'est pas seulement l'auteur et le consommateur de la foi, selon la parole de l'Apôtre des Nations; mais il est aussi le principe et le modèle de la sainteté de ses membres. Il s'est fait voir sur la terre plein de grâce et de vérité, pour ruiner la tyrannie du diable, qui régnoit dans toute l'étendue de la terre, ou par les ténèbres de l'idolâtrie, ou par le déluge de toutes sortes de vices. Ce docteur céleste n'a commencé à ouvrir la bouche, après un silence de trente ans, que pour rétablir d'abord la véritable morale, qui est comprise dans le merveilleux Sermon qu'il a fait sur la Montagne. Et quoique le témoignage qu'il a rendu depuis ce temps-là à sa divinité ait été la cause de sa mort sanglante, néanmoins il a voulu commencer son ministère par la prédication de la pénitence, et par un discours qui renferme l'intelligence de la loi et la Doctrine des Mœurs, que la malice des hommes et la subtilité des Pharisiens avoient obscurcie. Quand il a voulu donner des règles pour connoître ceux qui sont à lui, il nous avertit d'en considérer les œuvres : un bon arbre ne pouvant produire de mauvais fruits, comme un mauvais arbre n'en peut produire de bons. Quand il parle de ce jugement dernier, qui sera le jour de sa gloire, et la décision terrible de la félicité éternelle, ou du malheur de tous les hommes, il déclare qu'il se fera sur les œuvres. Et pour nous servir de la réflexion de saint Augustin, le même Jésus-Christ qui a dit dans l'Évangile : « Celui qui n'aura pas reçu une seconde naissance de l'eau et de l'esprit n'entrera pas dans le royaume des cieux, » a aussi dit dans l'Évangile : « Si votre justice n'est plus grande que celle des Scribes et des Pharisiens, vous n'entrerez pas dans le royaume des cieux. »

N'est-ce donc pas un attentat inouï de vouloir séparer deux choses que le Sauveur de tous les hommes a unies si étroitement ? Et quel véritable zèle peut-on avoir pour les vérités de la foi, quand on a une si malheureuse indifférence pour celles de la Morale ?

Aussi ses Apôtres, qui avoient été instruits dans son école et dans celle de son esprit saint, n'ont jamais fait cette nouvelle distinction. Ils ont également prêché les maximes de la foi et celles de la justice chrétienne ; et ils ont été obligés de combattre en même temps contre l'orgueil de la sagesse du monde et contre la corruption universelle des hommes sensuels et voluptueux. Mais comme leur divin Maître ne leur avoit enseigné que ce qu'il avoit puisé du sein de son Père, aussi ont-ils fait profession de ne rien avancer d'eux-mêmes et de prêcher les dogmes de son Évangile dans toute son étendue. Et celui d'entre eux qui a travaillé plus que tous les autres pour l'établissement de l'empire spirituel, est si éloigné d'inventer des nouveautés, qu'au contraire il déclare hautement, en écrivant aux Galates, que si un ange descendoit du ciel, et leur enseignoit le contraire de ce qu'il leur a prêché ; ou que si lui-même venoit leur prêcher une doctrine différente de celle qu'ils ont reçue par son ministère, il les oblige de l'avoir en exécration, et de le tenir pour anathème. Ce qui porte Vincent de Lérins à tirer cette juste conclusion, que comme d'un côté il n'a jamais été permis à ceux qui sont chrétiens et catholiques, qu'il ne l'est en nulle rencontre et ne le sera jamais, de rien enseigner de contraire aux choses qu'ils ont apprises : aussi, d'une autre part, il a toujours été nécessaire, il l'est encore en toutes occasions, et il le sera toujours

APPENDICE. 535

à l'avenir, de prononcer anathème contre ceux qui enseignent quelque chose de contraire à celles qu'ils ont apprises.

Si cela est, comme c'est un principe indubitable, quelle horreur ne doit-on pas avoir du principe ruineux de ces personnes qui veulent soutenir une infinité d'erreurs par cette erreur capitale? Où ont-ils appris que l'on peut corrompre toute la Morale, sans blesser la Religion? Est-ce dans l'école du Saint des Saints, qui ne donne point d'autre modèle de perfection à ses disciples que celle de son Père céleste? Est-ce dans les Épîtres des Apôtres, qui sont les règles inviolables de la pureté des mœurs, comme elles sont les premiers commentaires de l'Évangile? Est-ce dans la conduite de l'Église, qui ne s'est pas moins opposée au relâchement et à la dépravation des mœurs, qu'elle a toujours eu de zèle pour conserver l'autorité des oracles de la foi? Ne voit-on pas que cette Mère des Fidèles ne s'est pas moins élevée contre les Hérétiques, qui ont voulu empoisonner la source des bonnes œuvres, en autorisant des actions criminelles et abominables, pour attirer des sectateurs par le charme de la volupté; qu'elle s'est animée contre ceux qui ont voulu substituer leurs imaginations et leurs songes en la place des articles fondamentaux de notre Religion? Quand elle a condamné les Gnostiques, les Manichéens, les Priscillianistes et une infinité d'autres monstres que l'enfer a fait sortir de temps en temps du plus profond de son abîme, ne s'est-elle déclarée que contre les nouveautés spéculatives de ces esprits déréglés? et s'est-elle tenue dans le silence sur le sujet des impuretés et des abominations dont ils vouloient faire des règles et des principes?

Certes, ces Pères, qui veulent éblouir les esprits simples par ces vaines distinctions de questions de la Foi et de la Morale, continuent de plus en plus à faire voir qu'ils ne se mettent nullement en peine de se conduire par l'exemple des saints Pères de l'Église; car s'ils les avoient choisis pour leurs conducteurs et pour leurs maîtres, ils ne seroient pas tombés dans un si funeste égarement; et saint Bernard seul suffiroit pour leur apprendre que ceux qui aiment sincèrement Jésus-Christ ne s'excitent pas d'un moindre zèle contre les nouveautés qui tendent à détruire l'innocence de ses membres, que contre celles qui vont à ruiner les fondemens de la foi. Ce saint abbé, le rare ornement de notre France et de son siècle, ne se fût pas armé avec tant de force et tant de ferveur d'esprit contre Abélard, s'il n'eût considéré que les vaines subtilités de ce philosophe n'étoient pas moins funestes aux mœurs des Chrétiens qu'elles étoient préjudiciables aux vérités primitives de la foi que l'Église garde en dépôt. Que n'a-t-il pas écrit sur ce sujet au pape Innocent II ? Plût à Dieu que les défenseurs de l'*Apologie* y eussent fait une réflexion sérieuse ! « Ses Livres, disoit saint Bernard, continuant de parler d'Abélard, volent maintenant de tous côtés ; on fait avaler à tout le monde du poison au lieu de miel ; ou plutôt on le présente à boire dans du miel. On forge un nouvel Évangile pour les peuples et les nations : on propose une foi nouvelle : on établit un autre fondement que celui qui a été établi : on ne parle pas des vertus et des vices selon la Morale chrétienne, ni des sacremens de l'Église selon la Foi catholique, ni des secrets de la sainte Trinité selon la simplicité et la retenue des Anciens ; mais on altère toute la doctrine : on en fait une nouvelle et différente de celle que nous avons reçue par la tradition de nos Ancêtres. »

N'est-il pas visible, par ces paroles de saint Bernard, qu'il étoit aussi vivement touché des Nouveautés qu'Abélard vouloit introduire dans la Morale chrétienne que de ses rêveries et de ses erreurs sur le mystère de la Sainte Trinité ? Il commence même par les désordres de ce sophiste sur la matière de la Morale, plutôt que par ses égaremens sur ses questions de la sainte Trinité, parce que toutes sortes de personnes étoient capables de se corrompre facilement par la doctrine des choses qu'il enseignoit touchant les mœurs et les sacremens ; au lieu qu'il n'y avoit que les curieux et les doctes qui pouvoient se laisser surprendre par les Nouveautés qu'il avançoit sur le plus incompréhensible de tous nos mystères. Et cela seul ne nous fait-il pas assez paroître que, quand Abélard n'auroit jamais été répréhensible sur les matières de la foi, comme il l'étoit au jugement de saint Bernard, ce saint n'auroit pas laissé de se déclarer contre lui avec toute la générosité chrétienne et ecclésiastique, dont on voit encore dans ses Lettres des étincelles si vives et si embrasées ? Que ne diroit-il donc pas maintenant, s'il voyoit une corruption si publique dans tout le corps de la morale, une destruction si téméraire de l'Évangile du Fils de Dieu, une justification si insolente de toutes les iniquités des hommes, une manière si criminelle de soutenir les plus grands excès par un principe si dangereux ?

Aussi tant s'en faut qu'il soit vrai qu'une erreur ne soit considérable que quand elle est contre la foi, que c'est au contraire une grande erreur contre la foi de dire qu'il n'y ait que celles-là de considérables, si ce n'est peut-être que l'on puisse détruire tout le Décalogue sans blesser la Religion ; et que ce ne soit pas une entreprise contre la foi que de vouloir anéantir, par des Ouvrages de cette nature, toute l'autorité des Livres Saints.

L'Écriture sainte, selon la remarque très solide et très spirituelle de saint Augustin, ne commande que la charité et ne blâme que la cupidité ; et c'est la manière dont elle se sert pour former les mœurs des hommes : « *Non præcipit Scriptura, nisi charitatem ; nec culpat, nisi cupiditatem ; et eo modo informat mores hominum.* » Mais, comme si les oracles du Saint-Esprit devoient céder aux rêveries de ces Écrivains Modernes, on soutient publiquement un Livre qui n'a été écrit que pour dispenser les hommes des effets de la charité, et pour flatter la cupidité des pécheurs en leur promettant toute sorte d'impunité dans la recherche criminelle des biens temporels, des honneurs et des plaisirs. N'est-ce donc pas une chose insupportable que ceux qui avouent avec tout le reste des catholiques que c'est un attentat contre la foi et contre la Religion d'altérer ou de corrompre l'Écriture dans le moindre article, soient assez aveugles et assez téméraires pour vouloir dire que l'on puisse innocemment prescrire aux hommes des règles trompeuses, qui ruinent toute la fin et tout le corps des Écritures, en autorisant la cupidité qui est condamnée par ce Livre auguste et adorable, dont il n'y a que Dieu seul qui soit l'auteur?

Quoi donc! ce n'est pas blesser la Religion que d'enseigner comme a fait le P. Longuet en cette ville, imité en cela par son successeur le P. de Lessau : « Qu'il est permis de tuer pour défendre son honneur et se garantir de l'infamie. Qu'un gentilhomme, pour s'empêcher d'avoir des coups de bâton, peut tuer son ennemi, s'il ne peut s'en défendre d'une autre manière, parce que cela est infâme à un gentilhomme. Que si un homme, étant attaqué par un autre, ne peut fuir sans déshonneur, il n'y est pas obligé ; et que, s'il ne peut éviter d'être blessé, il peut tuer celui de qui il est sur le point de recevoir une blessure. Qu'enfin il est permis de tuer pour la conservation de son bien. »

Si ce que ces deux Jésuites enseignent ne peut être ouï sans horreur par des oreilles chrétiennes, que deviendra cette parole de Jésus-Christ, qui oblige ses disciples d'être dans cette préparation de cœur, que « si on leur donne un soufflet sur la joue droite, ils présenteront encore la gauche ? » Et ne faut-il pas effacer des œuvres de saint Grégoire de Nazianze cette généreuse et charitable expression, que si un chrétien avoit une troisième joue il la présenteroit encore très volontiers pour enseigner la patience à celui qui lui feroit cet outrage, et pour lui persuader par ses actions ce qu'il ne pourroit pas lui apprendre par ses paroles? N'est-il pas étrange qu'après que notre divin Sauveur nous a obligés, dans l'Évangile, à cette préparation de cœur de donner notre manteau à celui qui nous fait un procès pour nous ôter notre robe, le P. de Lessau ait osé avancer cette proposition : « qu'il est permis de tuer un voleur pour la défense de son propre bien, si ce bien est une chose de grande importance, et qu'il n'y ait pas d'apparence probable de pouvoir le recouvrer autrement? »

Notre Roi très chrétien n'a-t-il pas armé son autorité royale pour la défense de la Religion, aussi bien que pour la conservation de son État, quand il a renouvelé la sévérité de ses Ordonnances contre la manie des Duels, qui sont autant de sacrifices sanglans que les hommes vindicatifs et superbes offrent au démon? Et M. d'Amiens n'en a-t-il pas jugé le crime si abominable, qu'il a réservé à sa seule personne d'en absoudre? nonobstant tout cela, les PP. Longuet et de Lessau n'ont-ils pas flatté la passion de ces Malheureux Gladiateurs, en enseignant : « qu'un homme qui est injustement attaqué peut tuer son ennemi en Duel, et qu'il est permis d'offrir ou d'accepter le Duel quand il est absolument nécessaire pour conserver ou pour recouvrer des biens de grande importance? » Et, quoique la justice des édits du Roi condamne aussi bien les rencontres préméditées que les combats singuliers qui se font avec une conspiration réciproque, néanmoins le P. de Lessau prescrit lui-même ces malheureuses défaites et ces vaines palliations. « On peut, dit-il, refuser le Duel sans perdre l'Honneur, 1º si celui qui est attaqué répond en ces termes : « Je ne veux rien faire contre les « édits du Roi et contre les commandemens de l'Église ; mais si « vous m'attaquez devant tout le monde et sans trahison, vous « trouverez que je suis homme de cœur; » 2º Si ce même homme à qui on présente le cartel répond : « Je me mettrai demain en « chemin, et passerai par tel lieu; que si vous m'y rencontrez, « je ne me détournerai pas de mon chemin pour vous. »

La Religion n'a-t-elle rien à souffrir quand des auteurs marquent les moyens de commettre la Simonie en sûreté de conscience? Hé ! qui a jamais été plus hardi pour autoriser ce crime que le P. Longuet, et le P. Poignant, son successeur?

Le P. Longuet a enseigné dans ses Écrits « que ce n'est pas un péché de Simonie de donner un office spirituel, lorsqu'on a pour principale intention d'en tirer quelque profit; parce que l'on suppose qu'on ne regarde point ce profit comme un prix fait; ce qui est, dit-il, nécessaire pour commettre une Simonie ». Il a établi en général ce faux principe : « que toute sorte de don d'une chose sacrée pour une temporelle n'est pas simonie; mais que ce nom ne doit être donné qu'au don que l'on fait d'une chose temporelle pour une spirituelle par manière de prix, de pacte et de récompense. » Et il a même ajouté : « que toute sorte de condition, même par manière de convention et de pacte, ne fait pas la Simonie; mais qu'une condition, pour être Simoniaque, doit tenir lieu de prix et de récompense, et apporter avec elle une nouvelle charge et une obligation qui tienne de la justice commutative. »

Le P. de Lessau s'est servi de la même invention pour autoriser le trafic des choses saintes, et les Ecclésiastiques qui ont étudié sous lui ont appris dans son école cette subtile et solide distinction : « que ceux qui vendent des reliques et les exposent pour en tirer quelque profit, de telle sorte qu'ils ont pour but et pour intention ce profit, en le considérant comme prix d'une chose spirituelle, commettent un grand péché; mais qu'il n'y a pas d'offense d'avoir l'intention de ce profit, en le regardant comme une chose qui est due pour l'entretien et la subsistance temporelle ou en qualité d'aumône. »

Mais le P. Poignant, qui est monté après eux dans la chaire de théologie morale, n'a pas voulu dégénérer de la hardiesse de ses deux prédécesseurs, et il a dicté à ses disciples : « qu'il est de la nature de la Simonie que l'on égale en valeur une chose temporelle avec une spirituelle; que ce n'est pas Simonie de donner une chose temporelle pour une spirituelle par quelque motif que ce puisse être, pourvu que ce ne soit pas comme un prix de cette même chose spirituelle; que, pourvu qu'un homme ait quelque motif honnête, il ne commet pas de Simonie, quoiqu'en donnant de l'argent il ait pour intention immédiate et prochaine de recevoir un Bénéfice, voire même que cette vue soit sa principale intention, pourvu qu'il n'y ajoute pas celle de donner cet argent comme un prix; que ce n'est pas un péché de Simonie d'exprimer, en donnant quelque chose de temporel, le désir que l'on a que celui à qui on fait ce présent témoigne sa reconnoissance en donnant quelque autre chose spirituelle, pourvu que l'on ait précisément l'intention que cette personne s'acquitte de l'obligation qu'elle a de faire un don pour un autre. »

La Religion Chrétienne étant une confirmation du *Décalogue*, elle établit l'autorité paternelle, et commande à tous les enfans de rendre aux Auteurs de leur naissance l'honneur et l'obéissance qui leur sont dus. Mais le P. de Lessau est un nouveau législateur, qui abolit tout d'un coup les plus étroites obligations de la loi de la nature et de celle de Jésus-Christ. Car, pour flatter la révolte et la dureté des enfans, il soutient : « qu'un père ne peut pas obliger son fils de le servir et de demeurer avec lui. »

Ce n'est pas dans l'école de ce père que la sanctification des fêtes consiste en partie à s'abstenir des œuvres serviles, puisqu'il déclare : « que ceux-là ne pèchent point, qui, aux jours des fêtes solennelles, travaillent toute la nuit jusqu'à six heures, voire même jusqu'à neuf heures du matin, pour faire des habits et des souliers dont on a besoin, lorsqu'ils n'ont pu les achever le jour précédent. »

Ce Jésuite fait presque un jeu de la récitation de l'office, et il veut qu'une occupation temporelle soit une raison légitime à un ecclésiastique pour pouvoir s'en dispenser. « Un prêtre, dit-il, qui est occupé en des affaires publiques, même séculières, de grande importance, est excusé de l'office qu'il seroit obligé de réciter, s'il ne peut le faire commodément et sans quelque préjudice. » Et, sans avoir même recours à ces excuses particulières, il décharge de l'obligation de restituer tous les Ecclésiastiques qui ne veulent pas se donner la peine de prier Dieu. Voici ses paroles : « Les Bénéficiers qui ne récitent pas leur office ne sont pas tenus à la restitution des fruits par la nature de la chose et en vertu de leurs Bénéfices, parce que ni l'Église ni les fondateurs n'ont aucun droit sur cela. Les fondateurs n'en ont point, puisqu'une seule récitation de la prière du Seigneur est plus que suffisante pour s'acquitter envers eux de tout le droit qu'ils pourroient s'attribuer, cette prière ne pouvant entrer en compensation avec nul prix temporel. L'Église n'a pas aussi ce droit, quand même elle donneroit ce Bénéfice à condition que l'on réciteroit l'office, parce qu'il n'y a point d'égalité entre l'office, qui n'est pas une chose que l'on puisse estimer à prix d'argent, et le prix du même office. » Ceux qui ont ces sentimens ne se jouent-ils pas de la piété et de la religion des fidèles ?

Comme la charité est l'âme de la Religion et la fin des commandemens de Dieu, n'est-il pas visible que cette divine vertu est ruinée par l'Usure, qui est en même temps la destruction de l'humanité et de la justice? Mais si on en croit le P. Longuet, l'Usure n'est plus un péché que pour ceux qui ne savent pas dresser leurs intentions. Car, selon lui, « il est permis de tirer profit de quelque prêt par le moyen de la bienveillance et de la gratitude; et on peut, en cette rencontre, avoir ce motif devant les yeux, non seulement comme une seconde fin et un accessoire, mais comme la première et principale fin de son action. Il est aussi permis de recevoir effectivement cette sorte de profit. Un homme peut prêter à un autre, à condition qu'il achètera en sa boutique, qu'il moudra à son moulin, ou qu'il lui rendra quelque autre service, s'il est pressé de le faire par le droit de la bienveillance et de l'amitié. Je ne commets pas d'Usure, si je vous fais quelque prêt, à condition que vous donnerez un office temporel, ou à moi, ou à quelque autre personne, par un motif d'amitié, selon le pacte que nous en avons fait l'un avec l'autre. La compensation d'un prêt qui se fait par quelque service temporel, que l'on peut estimer à prix d'argent, n'est pas usure, si ce n'est que cet argent se donne par une espèce d'échange pour satisfaire à la justice commutative. Ce n'est ni Usure ni Simonie, si je vous prête de l'argent, à condition que vous me donnerez un Bénéfice ecclésiastique par un pacte et un traité d'amitié. Quand il y a danger de perdre le sort principal, il est permis d'exiger quelque chose au delà de sa juste valeur. Il est permis de tirer profit d'un prêt, à raison de quelque peine dont on est convenu ; par exemple, si au bout d'un certain temps limité, vous ne me rendez pas ce que je vous prête, vous me payerez une certaine somme d'argent, qui vous tiendra lieu de peine; ou, si au bout d'un temps préfix, vous ne me rendez pas ce que je vous ai prêté, après cela vous m'en payerez l'intérêt. » Ce sont les palliations de ce père pour couvrir l'Usure, ou plutôt les subtilités qu'il invente pour l'anéantir, en l'introduisant comme une pratique innocente dans le commerce du monde.

Ceux qui justifient le Larcin ne sont-ils pas ennemis de la Religion chrétienne, aussi bien que perturbateurs de la société civile? Et n'est-ce pas ce que fait le P. Longuet, quand il permet aux enfans de dérober le bien de leurs pères, en enseignant :

« que si les enfans sont grands, et qu'ayant travaillé pour leurs parens, ou aux champs, ou en leurs boutiques, ils n'en reçoivent pas la satisfaction qui leur est due, après avoir déduit la dépense que font leurs parens pour les nourrir, ils peuvent, à raison de leur travail et de leur industrie, prendre autant de leur argent qu'ils en donneroient à une personne étrangère ? » Pouvoit-il porter plus loin cette dangereuse maxime qu'en disant : « que si les enfans, après avoir souvent prié et sollicité leurs parens de leur donner de quoi se divertir, ne peuvent rien gagner sur eux, il leur est permis d'en prendre en cachette autant que la coutume le souffre, et selon leur condition ? » Enfin pouvoit-il favoriser plus clairement la mauvaise foi qu'en enseignant : « que ceux qui font Banqueroute ne sont pas obligés à restitution ; qu'en ces rencontres, ils peuvent garder pour eux-mêmes et pour les leurs les choses qui leur sont nécessaires pour conserver leur état avec quelque sorte de modération ; que leurs femmes et leurs enfans peuvent faire la même chose, et ne sont pas obligés à restituer avec une si grande perte? »

Le P. de Lessau étoit revêtu de son esprit, quand il a pris sa place pour prononcer les mêmes oracles du haut de sa chaire. Car il a dit nettement : « que les enfans ne sont pas obligés à la restitution du bien qu'ils ont pris à leurs pères et à leurs mères, lorsqu'ils jugent de bonne foi que leurs pères et leurs mères le leur donneroient s'ils avoient la hardiesse de le leur demander.» Il a établi pour principe : « qu'une femme peut, comme il lui plaît, faire des aumônes et des dons, quelque défense que lui en fasse son mari, quand la coutume est telle parmi les autres personnes de son état; qu'il est de l'honnêteté de sa subsistance qu'elle puisse faire les aumônes que les autres ont accoutumé de faire, et qu'elle peut faire de la dépense pour jouer, se divertir et se parer. » Enfin, il a enseigné : « que les domestiques ou autres personnes ne commettent aucun péché s'ils prennent quelque chose à leur maître, en présumant qu'il le veut bien, parce qu'ils se persuadent raisonnablement que leur maître n'en sera pas fâché quand il le saura.» Ce qui est ouvrir la porte à toutes sortes de vols, approuver le libertinage des enfans, l'infidélité des femmes et le larcin des domestiques.

Que si c'est détruire la Religion que de ruiner l'amour de Dieu et la pénitence, il semble que les PP. de Lessau et Poignant aient eu ce dessein quand ils ont enseigné l'un après l'autre les mêmes maximes ; car le P. de Lessau a avancé : « qu'un homme qui sent sa conscience chargée d'un péché mortel à la mort est obligé, à la vérité, d'en avoir de la Contrition; mais il n'y est tenu qu'en vertu du commandement qui l'oblige de s'aimer soi-même, et non pas en vertu d'aucun amour qu'il doive porter à Dieu. » Ce qui est renverser tous les principes de la justification des pécheurs, détruire le fondement des conversions véritables, ruiner la doctrine du saint Concile de Trente, et éteindre la piété des fidèles. Et pour abolir entièrement l'obligation d'aimer Dieu, ce même Jésuite assure encore dans ses Écrits : « qu'un homme n'est tenu d'aimer Dieu en vertu du premier commandement, ni tous les jours de fête, ni à l'article de la mort, ni lorsqu'il a reçu de Dieu quelque bienfait particulier, ni quand il est obligé de faire un acte de contrition, ni quand il entend blasphémer le nom de Dieu, ni quand il faut souffrir le martyre, ni quand il est parvenu à l'usage de la raison ; mais qu'il y est seulement obligé lorsqu'il est pressé de si fortes tentations, qu'il est en danger d'y succomber, s'il ne fait un acte d'amour de Dieu. »

Le P. Poignant, son successeur, l'a secondé dans cette entreprise, qui tend à ruiner d'un même effort le grand commandement de la Loi Nouvelle et le sacrement de pénitence. Car il dit : « que l'Attrition qui suffit avec le sacrement est la douleur d'un péché que l'on a commis avec résolution de ne plus le commettre à l'avenir; douleur qui procède, à la vérité, d'un motif honnête et surnaturel, mais autre que celui de la charité, qui est Dieu même en tant que souverain bien. » Et pour donner encore une plus grande confiance aux pécheurs impénitens, il ajoute : « qu'un homme qui, sans avoir en lui-même cette attrition, s'approche de bonne foi du sacrement de pénitence, tandis que cette bonne foi subsiste, n'est pas obligé à recommencer sa confession; vu principalement que les péchés qu'il a déclarés dans cette confession peuvent être remis indirectement par les bonnes confessions qu'il fera ensuite. »

N'est-ce rien faire contre la Religion que de permettre aux hommes de demeurer dans les Occasions des plus grands crimes, et de dire comme le P. Poignant a donné pour règle à ses disciples : « qu'un pécheur peut recevoir l'absolution quand même il demeureroit dans l'occasion prochaine du péché, pourvu qu'il y ait une cause notable qui empêche cette séparation, comme le scandale, l'infamie, ou quelque grande incommodité qui pourroit en arriver ? » Certes, ce père, qui renvoie ses écoliers au P. Bauny pour s'instruire plus au long de cette détestable maxime, devroit lui-même avoir recours aux lumières du Christianisme, qui, dans ses premières notions, nous apprend à faire moins d'état de la subsistance temporelle que de la grâce de Dieu, et de la nourriture du corps que du pain de l'âme. « La foi, dit Tertullien (*De idol.*, cap. xii), ne craint pas la faim. Elle se sent obligée de la mépriser pour l'amour de Dieu, aussi bien que tout autre genre de mort. Comme elle a appris à ne pas considérer la vie même, seroit-il possible qu'elle eût égard au vivre et à la subsistance temporelle? *Fides famem non timet. Scit etiam famem non minus sibi contemnendam propter Deum, quam omne mortis genus. Didicit non respicere vitam : quanto magis victum.* »

Mais le P. de Lessau, prédécesseur du P. Poignant, avoit sans doute devant les yeux d'autres principes que ceux de la Religion et de l'Évangile, quand il soutenoit dans ses Écrits : « que les taverniers et cabaretiers ne pèchent pas en donnant du vin à ceux qui viennent chez eux pour s'enivrer, quand ils ne peuvent agir autrement sans se causer à eux-mêmes un notable préjudice, tel que seroit celui d'être abandonné par leurs hôtes, et de ne rien vendre dans les lieux où l'ivrognerie est un vice ordinaire; qu'ils peuvent servir de la viande aux jours défendus dans les lieux où il y a grand nombre d'Hérétiques; qu'il leur est aussi permis, aux jours de jeûne, de donner à manger à tous ceux qui leur en demandent, à quelque heure du jour que ce puisse être ; que même ils ne pèchent pas en donnant à souper à ceux qui rompent le jeûne, quand ils ne pourroient en trouver ailleurs. »

Et au lieu que le Fils de Dieu, qui se nomme la Vérité dans l'Évangile, prononce de si effroyables malédictions contre ceux qui donnent aux autres quelque occasion de péché et de scandale, ce jésuite n'apporte point d'autre règle ni d'autre décision que celle de la coutume pour justifier les personnes dont le diable se sert tous les jours pour faire tomber les autres dans ses piéges. Certainement la complaisance de ce père envers les femmes mondaines ne pouvoit le porter à de plus grands relâchemens et de plus déplorables excès, qu'en lui faisant dire : « que les femmes ne pèchent pas mortellement quand elles s'exposent à la vue des jeunes gens, encore qu'elles sachent bien qu'ils les regarderont avec des yeux impudiques, si elles le font par nécessité, ou utilité, ou pour ne pas perdre leur liberté, ou le droit de sortir de leur maison, ou de ne pas se tenir à leurs portes ou à leurs fenêtres; qu'elles ne pèchent pas aussi mortellement quand elles se parent d'ornemens superflus, ou qu'elles se servent d'habits si déliés qu'on voit leur sein, ou quand même elles découvrent leur sein, si elles le font selon la coutume du pays, et non par aucune mauvaise intention. » On ne sauroit, sans rougir, transcrire ces maximes licencieuses. Cependant, ces Pères veulent que ce soient des choses de très petite conséquence, et qui n'importent nullement à la plus pure et à la plus sainte de toutes les Religions.

Saint Augustin, ayant entrepris de répondre à quelques mauvais Politiques qui parloient de l'Évangile comme d'une chose préjudiciable aux intérêts de l'État, se sert de ces excellentes paroles, dans la Cinquième de ses Lettres qu'il écrit à un officier de l'Empire : « Que ceux, dit-il, qui estiment que la Doctrine de Jésus-Christ est contraire à la République, nous donnent une armée qui soit composée de soldats de la qualité de ceux que la Doctrine de Jésus-Christ demande aux personnes qui vivent dans les armées ; qu'ils nous donnent de tels officiers de provinces, de tels maris, de telles femmes, de tels pères, de telles mères et de tels enfans; de tels serviteurs, de tels maîtres, de tels rois, de tels juges, de tels financiers et de tels payeurs de tributs que la doctrine de Jésus-Christ veut qu'ils soient. Mais si cela ne leur est pas possible, ils ne doivent pas aussi se donner la hardiesse de dire que cette doctrine sainte est contraire à la République ; ou plutôt ils ne doivent pas faire difficulté d'avouer que ses maximes sont le salut des États, et leur plus visible conservation. » Cependant, la Religion chrétienne perd tous ces avantages si glorieux par les Nouveautés des Casuistes corrompus, et de leurs Apologistes aussi corrompus. Les Valets qui s'instruisent en leur École y apprennent à se payer de leurs gages par leurs propres mains; les Juges à recevoir des présens devant et après le procès jugé, et à tenir pour constant qu'ils ne sont pas obligés de rendre ce qu'ils ont reçu de ceux en faveur desquels ils ont rendu une sentence ou arrêt injuste; les Filles à disposer de leur virginité contre le gré de leurs parens; les Femmes de condition à dérober à leurs maris de quoi jouer; les Riches à ne pas faire l'aumône de leur superflu, et à traiter de séditieux, de perturbateurs du repos public et suspects d'être possédés par l'esprit de Judas, ceux qui les y tiennent obligés sous peine de péché mortel ou véniel. Y a-t-il donc rien de plus contraire à notre Religion que l'entreprise de ces corrupteurs publics de la fidélité des domestiques, de l'intégrité des juges, de la pureté des filles, de la charité des personnes opulentes, et de la conscience de tous les chrétiens?

Enfin, un des avantages de notre Religion, au-dessus de toutes les sectes du monde, c'est d'être ferme, constante et invariable. Et c'est ce qui a fait dire au grand saint Basile, en sa Lettre LXXXII : « Que les commandemens de l'Évangile ne se changent ni par la considération des temps ni par les différentes circonstances des choses humaines, et qu'ils demeurent toujours dans la même solidité, et dans l'immutabilité toute constante qu'ils ont tirée de la bouche bienheureuse et infaillible de Celui qui les a prononcés : au lieu que les hommes sont semblables aux nuées qui s'emportent deçà et delà par les différentes agitations de l'air et du vent. » Mais dans cette Théologie des Casuistes, et de ceux qui composent des Apologies pour les défendre, toutes choses sont douteuses; et il n'y a rien de si douteux, qui n'y soit très-constant et très-assuré. L'Évangile n'a plus de force dans ses plus indubitables sentimens, depuis que les subtilités de quelque Auteur grave lui ont fait perdre cette ancienne possession d'être consulté comme la règle de la vérité. Les Probabilités de ces Écrivains sont les uniques décisions de l'Église.

Mais cette Doctrine de la Probabilité n'a jamais été enseignée avec plus de particularité et plus d'étendue que par le P. Poignant. Car, après avoir dit qu'une opinion probable est celle qui est appuyée sur l'opinion d'un homme docte, ce professeur se rend l'arbitre souverain de toute la Morale chrétienne, en concluant : « que les écoliers peuvent suivre comme probable l'opinion de leur maître ». Il soutient que « l'on peut suivre une opinion qui est la moins probable et la moins sûre, en abandonnant celle qui est la plus probable : et que dans les choses douteuses, nous ne sommes pas obligés de suivre le sentiment le plus sûr. » Ce qu'il ne dit qu'après avoir supposé que, dans cette opinion moins sûre, il y a, ou danger de mal, ou plus de mal que dans la plus sûre; car voici la définition qu'il en apporte : « L'opinion la plus sûre est celle dans laquelle il n'y a aucun péril de péché, ou dans laquelle il y a moins de mal. »

Ce même Jésuite enseigne : « qu'un confesseur, étant consulté sur un contrat qu'il estime être usuraire, peut répondre qu'il ne l'est pas, selon l'opinion probable des autres; et qu'en cette occasion, il peut condamner l'usurier à la restitution, selon son propre sentiment, ou le dispenser de cette obligation, en abandonnant son propre sentiment, suivant celui des autres. »

Il soutient : « que ce même confesseur, qui répond selon l'opinion des autres, et contre la sienne propre, ne pèche pas, et n'agit pas contre sa propre conscience, et ne s'expose à aucun danger de pécher. »

Mais pour tirer d'horribles conclusions de ce grand principe de toute sorte de relâchement, il ose avancer : « qu'un confesseur doit suivre l'opinion de son pénitent, et s'y soumettre, si elle est probable, quand même il la jugeroit fausse, et qu'il estimeroit le contraire beaucoup plus probable; que ce confesseur ne peut, sans péché mortel, refuser l'absolution à un pénitent, qui suit cette opinion probable, quelque fausse qu'il l'estime. » Ce qui n'est rien moins que de changer en esclaves les dispensateurs de la grâce de Jésus-Christ, établir les criminels sur la tête de leurs juges, et faire, des imaginations d'un seul casuiste lâche et corrompu, la règle unique du gouvernement de l'Église.

Après cela, on ne s'étonnera plus qu'il ait voulu porter sa corruption jusque dans les Tribunaux Séculiers, en soutenant : « que quand des opinions sont probables de part et d'autre du côté du droit, un juge peut dépouiller de son droit celle des parties qu'il voudra ; » et en prouvant cette erreur par la comparaison si ridicule et si disproportionnée d'un collateur de Bénéfice, à qui deux personnes également dignes se présentent, et qui le donne à celui qu'il juge à propos; et il faut encore moins s'étonner qu'il permette aux Juges, « d'abandonner la plus Probable opinion, pour suivre la moins Probable ».

Nous avons donc estimé qu'il étoit temps de nous opposer autrement que par des gémissements et par des prières à une entreprise que nous avons considérée comme la profanation des plus saintes vérités, l'illusion des esprits crédules, le renversement de l'Évangile, la ruine de toute notre Religion. Nous avons été obligés de publier hautement que, comme la nécessité de la doctrine de la foi n'est établie que sur la nécessité de la foi même, ainsi il ne faut considérer la corruption de la Morale que comme la peste de la charité, et par conséquent comme une chose pernicieuse à la foi; puisqu'une foi morte, et qui n'agit point par amour, ne mérite presque le nom de foi qu'en la manière que l'on donne le nom de corps humain à un misérable cadavre.

Enfin, comme nous avons appris du pape Félix III, dans une de ses Lettres à Acace, Évêque de Constantinople : « que c'est approuver l'erreur que de ne pas y résister; et opprimer la vérité que de ne pas la défendre : « *Error cui non resistitur, approbatur ; et veritas quæ minime defensatur, opprimitur ;* » aussi nous ne pouvons plus nous empêcher de nous déclarer hautement contre l'*Apologie des Casuistes,* et contre les Écrits que les Jésuites ont dictés en cette ville, pour répandre parmi nos peuples une si pernicieuse doctrine.

Que si quelques-uns de nos paroissiens, s'étant laissé surprendre par ces Nouveautés, les allèguent pour autoriser leur dérèglement, nous leur répondrons, avec saint Paul : « qu'ils ont appris des maximes bien contraires à celles-là dans l'École de Jésus-Christ, si toutefois ils ont prêté une fidèle attention à ses divines paroles, et s'ils ont été dociles aux instructions de ce grand Maître, qui, n'étant que vérité, n'enseigne aussi que la vérité. « *Vos autem non ita didicistis Christum ; si tamen illum audistis et in ipso edocti estis, sicut est veritas in Jesu.* » Lorsqu'ils nous demanderont des palliations de leurs crime, et des complaisances pareilles à celles que leur rendent ces Casuistes, nous leur répondrons, après saint Augustin (*De diversis,* serm. XXIV) : « que nous ne saurions leur promettre ce que Dieu ne leur promet pas, puisque ce seroit nous rendre les ministres du serpent, qui avoit promis toutes sortes de prospérités à nos premiers pères au milieu de leur péché ; au lieu que Dieu ne les avoit menacés de rien moins que de la mort : « *Non possum promittere quod non promittit Deus ; ero enim sic dispensator serpentis : serpens enim promisit bonum peccanti, Deus autem mortem minatus est.* » Ainsi, nous les conjurons d'avoir plutôt égard aux menaces et aux tonnerres de la justice de Dieu, qu'aux flatteries et aux caresses de ces Théologiens mondains ; et de ne pas nous obliger à les tromper, en les assurant qu'ils ne feront pas mourir leurs âmes, quoiqu'ils commettent des crimes : puisque ce seroit enchérir sur la malice du démon, qui n'a assuré nos premiers pères que de ne pas mourir de la mort du corps.

Mais nous espérons de la générosité épiscopale de M. notre Prélat, qu'après s'être signalé entre tous les Évêques de France pour condamner aux ténèbres l'*Apologie des Casuistes,* comme nous savons qu'il a fait l'hiver dernier à Paris, il ne permettra pas que l'on enseigne impunément dans sa ville les mêmes erreurs qui sont comprises dans cet ouvrage monstrueux. Et la manière obligeante avec laquelle il nous a reçus, lorsque nous lui avons présenté notre requête et nos Extraits, nous donne lieu de nous promettre qu'il continuera d'approuver que nous poursuivions la condamnation d'une doctrine qui doit exciter l'indignation de tous les Curés, comme elle mérite d'être proscrite par l'autorité et par le zèle de tous les Prélats.

A Amiens, le 15 juillet 1658.

REQUÊTE

Des Curés d'Évreux, présentée à M. leur Évêque pour demander la Censure d'un Livre intitulé : « *Apologie pour les Casuistes.* »

Monseigneur,

Nous nous serions contentés de lire avec satisfaction les doctes Écrits de MM. les Curés de Paris et de Rouen, nos confrères; leurs Extraits fidèles de la Morale profane et corrompue des Casuistes de ce temps; leurs justes plaintes, et les requêtes par eux présentées à Nosseigneurs les Prélats en l'Assemblée générale du Clergé, et à Nosseigneurs leurs Archevêques en particulier : nous serions demeurés perpétuellement dans le silence que nous gardons depuis tant d'années, et jamais nous n'aurions voulu le rompre, afin de conserver la charité et la paix avec tout le monde, selon notre pouvoir, suivant le conseil de saint Paul ; si nous n'apprenions des saints Pères qu'il y a des temps et des rencontres dans lesquels on est obligé de troubler son repos, et de s'élever au-dessus de toutes considérations humaines, principalement quand la vérité est attaquée, qu'elle est combattue, et comme détenue captive. Il est vrai que nous devons empêcher le scandale de notre prochain, et divertir l'aigreur de son esprit, si notre conscience n'y est point intéressée ; mais si le scandale vient de la vérité persécutée, il est plus raisonnable de souffrir le scandale que d'abandonner la vérité, comme l'enseigne saint Grégoire (Lib. I, hom. vii, *in Ezech.*) : « *Si autem de veritate scandalum sumitur, utilius permittitur nasci scandalum, quam veritas relinquatur.* »

C'est, Monseigneur, ce qui nous oblige aujourd'hui de parler, et de nous adresser à Votre Grandeur, pour vous faire connoître la justice de notre dessein, en vous exposant les raisons qui nous engagent à la présente requête.

La première, qui est générale et commune, est que l'on distribue maintenant entre les Catholiques tant de Livres dont la Morale est pernicieuse; tant d'autres paroissent au jour dont les sentimens sont abominables; tant de différens Écrits se publient dont les maximes sont horribles et détestables; et particulièrement on voit un Livre anonyme, imprimé sous ce titre : *Apologie pour les Casuistes, contre les Calomnies des Jansénistes, par un Théologien et professeur en droit canon,* etc.

Ce Livre, Monseigneur, est si rempli de faussetés, que nous pouvons le nommer le poison mortel des âmes et la corruption entière des bonnes mœurs. Il altère la pureté du Christianisme et la sincérité des pratiques évangéliques d'une façon si étrange, que nous pouvons dire avec saint Hilaire, écrivant à l'empereur Constance : « *Facta est fides temporum, potius quam Evangeliorum.* » Il a recherché tant de nouveaux déguisemens en faveur du vice, et inventé tant d'accommodemens favorables au siècle corrompu où nous vivons, qu'on peut lui approprier ces paroles d'Optat Milévitain (Lib. I, *Adv. Parmen.*) : « *Omnia pro tempore; nihil pro veritate.* » Il a tellement abandonné l'Antiquité vénérable, et il s'est si fort éloigné de la tradition sainte, que nous pouvons prononcer hautement contre lui et ceux de son parti ce que saint Augustin disoit dans une autre occasion (Lib. III, *Adv. Jul.,* cap. III) : « *Mira sunt quæ dicitis, nova sunt quæ dicitis, falsa sunt quæ dicitis.* »

Enfin, il s'attache tellement à la raison naturelle et au raisonnement humain (que tout le monde sait être corrompu par le péché, et devoir être éclairé par la foi, soutenu et redressé par l'Évangile, et fortifié par la Tradition), qu'il le propose pour la règle des consciences; qu'il apprend à tenir toutes choses problématiques, et à chercher les moyens, non pas pour exterminer les mauvaises habitudes et les désordres des vices, mais pour les justifier, en accommodant les préceptes et les règles de Jésus-Christ aux intérêts, aux plaisirs et aux passions des hommes. Invention funeste! lâcheté criminelle! digne de l'anathème et de la malédiction dernière, conformément à ces paroles de saint Jérôme (*Ep. ad Cteph.*) : « *Semper habui studio audientibus loqui quod publice in Ecclesia didiceram, nec philosophorum argumenta sectari, sed apostolorum simplicitati acquiescere, sciens*

APPENDICE.

illud scriptum : Perdam sapientiam *sapientium, et prudentiam prudentium reprobabo.* »

La seconde raison, monseigneur, qui est personnelle, est que ce Livre infâme combat ouvertement vos propres sentimens touchant la Pénitence : nous voulons dire l'approbation solennelle que vous avez donnée au Livre de *la Fréquente Communion*, que vous recommandez à tous les fidèles comme « un don très particulier de la providence de ce grand père de famille, qui sait lui donner en temps et lieu ce qui lui est nécessaire ».

Ce grand Livre ayant opposé aux erreurs des Nouveaux Casuistes la Doctrine de tous les Pères et des Conciles, qui nous avertissent de prendre garde que les laïques ne soient pas trompés, et jetés dans l'enfer par de fausses pénitences; cet Apologiste, au contraire, ne travaille qu'à rétablir ces abus si dangereux, et à entretenir les pécheurs dans une révolution continuelle de confessions et de crimes. Car, sans parler des divers relâchemens touchant la sincérité de la confession, et la vraie douleur qui est nécessaire pour recevoir le sacrement avec fruit, il veut qu'on absolve ceux qui sont dans les occasions prochaines des plus horribles péchés, en les laissant dans ces occasions malheureuses. Il prétend qu'on ne doit point refuser l'absolution à ceux qui sont les plus engagés dans de fortes habitudes des vices les plus énormes; qu'on ne doit pas même les forcer à reconnoître qu'ils sont dans ces habitudes mauvaises; et enfin qu'un pécheur est en état de recevoir l'absolution, et que le confesseur fait prudemment de la lui donner, quoique l'un et l'autre jugent probablement que le pécheur retombera bientôt dans son péché : ces excès étant encore absolument contraires à la loi si saintement établie dans notre Manuel, au titre *De la pénitence* (§ 1, p. 48, n° 17) : « *Videat autem diligenter sacerdos, quando et quibus conferenda, vel neganda, vel differenda sit absolutio; ne absolvat eos qui talis beneficii sunt incapaces, quales sunt qui nulla dant signa doloris, qui odia et inimicitias deponere, aut aliena si possunt restituere, aut* proximam peccandi occasionem deserere, *aut alio modo peccata derelinquere, et vitam in melius emendare nolunt.* »

La troisième raison, qui est particulière, c'est, monseigneur, que ce malheureux Livre commence de paroître dans votre diocèse. Nous sommes certains que, depuis six mois, il a été présenté comme un Livre divin à des religieux de grande piété, et à un célèbre prédicateur prêchant l'Avent dernier dans une maison religieuse de cette ville. Nous savons aussi qu'une personne ecclésiastique, dans une dignité considérable de ce diocèse, l'a mis comme une pierre précieuse et un dépôt sacré entre les mains de quelques prêtres, qui ont la direction de la plus grande partie de nos paroissiens, auxquels ils peuvent, par ce moyen, inspirer les pernicieux sentimens de ce Livre abominable. Et, en effet, pour témoigner qu'ils sont déjà préoccupés de ces dangereuses maximes, ces mêmes ecclésiastiques ont osé depuis peu insulter un de nos confrères, et traiter publiquement les curés avec des injures basses, scandaleuses, et dans les mêmes termes dont l'*Apologie* se sert pages 175 et 176.

Après toutes ces considérations, Monseigneur, nous nous croirions coupables devant Dieu, et indignes de notre ministère, si nous ne suivions, dans une cause qui est commune à tous les pasteurs, l'exemple des Curés des premières villes de France; et si nous ne vous présentions nos très humbles prières, afin qu'il vous plaise employer l'autorité que Dieu vous a donnée, pour détruire ces monstrueuses erreurs par la censure et condamnation de ce pernicieux Livre.

A Évreux, le 21 septembre 1658.

REQUÊTE

Des Curés des villes et doyennés du diocèse de Lisieux à M. leur Évêque pour le même sujet.

Du 5 février 1659.

Monseigneur,

Puisque Dieu par sa providence nous a commis sous votre autorité le soin des âmes que Jésus-Christ a rachetées de son sang, et desquelles nous serons sans doute comptables au tribunal de sa justice, si nous ne travaillons sans cesse à leur salut; il est de notre devoir de leur enseigner les maximes du ciel, et de les détromper de celles dont le Livre de l'*Apologie des Casuistes* veut les infecter.

Nous avons lu, avec une extrême douleur, le chef-d'œuvre de ces professeurs de Théologie Douce, où nous avons remarqué la morale chrétienne tellement corrompue, les lois de l'Évangile tellement abolies, qu'il est prêt d'empester la plupart de vos peuples, s'il n'y étoit pourvu.

Nous espérions que ces malheureux Écrivains, faisant réflexion sur l'erreur de leurs maximes, se sentiroient enfin responsables de la perte des âmes auxquelles ils ouvrent le chemin et préparent des expédiens pour commettre les crimes les plus noirs. Mais au lieu de désavouer ces infâmes productions qui font aujourd'hui soupirer tous les véritables pasteurs, dans le péril évident où ils voient leurs ouailles exposées, ils tâchent, au contraire, de leur donner plus de vigueur, et de les imprimer plus fortement dans les esprits foibles par cette *Apologie,* qui porte avec soi sa condamnation, puisque l'on voit qu'elle lève le bouclier pour la défense du vice et la ruine de l'Évangile. Et quoiqu'ils se persuadent d'avoir triomphé dans cet ouvrage, les gens de bien, qui remarquent leur égarement, en forment leurs plaintes par les paroles de Salomon : « *Relinquunt iter rectum, ambulant per vias tenebrosas, lœtantur quum malefecerint, exultant in rebus pessimis.* »

En effet, Monseigneur, s'il plaît à Votre Grandeur d'ouvrir les yeux pour voir quel chemin ils tracent à vos peuples pour arriver au ciel, vous connoîtrez qu'il est si doux et si large qu'il ne peut les y conduire, étant entièrement contraire à celui que Jésus-Christ nous a enseigné en son Évangile, et qu'il nous marque pour le suivre à la gloire; puisqu'il a dit : « *Arcta est via quæ ducit ad vitam;* » et que toutes ses actions et toutes ses paroles n'ont point eu d'autre but qu'à nous conduire par cette voie, qui est celle de la véritable vertu.

Néanmoins, ces loups ravissans, travestis en agneaux, montrent aujourd'hui des voies tout opposées à celles de ce divin conducteur. Combien de fois nous a-t-il défendu les vengeances dans l'Écriture sainte, en ayant fait un coup de réserve pour sa seule justice : « *Mihi vindicta, et ego retribuam !* » Bien loin de la permettre, il nous a commandé d'aimer nos ennemis : peut-on croire qu'il veuille nous souffrir de tremper nos mains dans le sang de ceux qui nous offensent, puisque, ayant reçu un soufflet sur une joue, il veut qu'on tende l'autre pour en recevoir un second? Ce n'est pas nous permettre de tuer celui qui nous vole, puisque, après qu'il aura dérobé le manteau, il veut qu'on lui quitte la tunique.

Et néanmoins, ces nouveaux paraphrastes de l'Évangile permettent de tuer pour mettre son honneur à couvert, et pour la conservation d'un bien d'une légère importance. Et quoique nos Rois très chrétiens, divinement inspirés, aient fait publier des ordonnances autant justes que sévères pour empêcher les Duels, qui sont comme des sacrifices que l'orgueil humain, la rage et le désespoir font au démon; et que l'Église lance ses foudres sur les coupables de ce crime : toutefois, ces fauteurs des maximes du siècle trouvent des biais et des détours d'intention pour livrer et accepter le combat singulier, quand il s'agit d'un bien temporel, ou de se conserver une vaine réputation; et ces ingénieux radoucis ont trouvé des moyens de palier la Simonie, et autoriser le commerce des bénéfices par de vaines subtilités et souplesses d'esprit.

Ces hommes charnels, qui succombent si facilement au vice en tant de manières, enhardissent témérairement les autres à rester dans les occasions prochaines du péché. Ils se raillent de ceux qui prétendent qu'on ne peut, sans un péché grief, se gorger de viande et de vin jusqu'à les revomir. Ils suggèrent aux serviteurs des prétextes pour se hasarder à voler leurs maîtres. Mais on ne peut lire sans horreur ce que leurs plumes indiscrètes ont écrit, touchant un péché qui ne doit pas seulement être nommé entre les Chrétiens, si nous en croyons saint Paul.

D'ailleurs, Monseigneur, nous vous supplions de considérer comme quoi ces Corrupteurs de l'Évangile font rouler toutes ces maximes, avec quantité d'autres, sur deux principes qu'ils établissent de leur chef; à savoir, la Probabilité et la Direction d'Intention, lesquels étant supposés et admis, il n'y a rien dans la Morale chrétienne qui ne puisse être altéré et débiaisé en sûreté de conscience. Et c'est sur ces fondemens ruineux que ces serpens, qui n'ont que la prudence humaine et non pas la simplicité de la colombe, séduisent les âmes, comme fit autrefois celui qui précipita nos premiers parens dans le péché, sur l'assurance qu'ils ne mourroient point : « *Nequaquam morte moriemini;* » car, en effet, c'est le langage qu'ils tiennent à ceux qu'ils induisent au vice, en leur ôtant la crainte des jugemens de Dieu, et de mourir de la mort du péché, que leur Théologie Accommodante sépare des plus noires actions.

C'est, Monseigneur, ce qui nous engage à seconder les desseins de nos confrères de divers diocèses, qui ont pris à tâche de découvrir le poison de ce funeste livre par les censures de Nosseigneurs leurs Évêques, qui ont flétri et déshonoré ce misérable ouvrage de telle sorte, que l'on peut dire que ces Auteurs n'ont eu de prudence qu'en ce qu'ils y ont celé leur nom, parce qu'en effet la condamnation de ce monstre auroit été suivie de celle de leur personne.

L'exemple de tant de Prélats qui ont censuré cette *Apologie* nous fait espérer la même justice de votre piété, afin qu'ayant ôté au libertinage cette protection, la pureté de l'Évangile soit désormais la règle de nos mœurs.

MANDEMENT

Des Vicaires Généraux[1] *de M. le Cardinal de Retz, Archevêque de Paris, pour la publication de la Censure par eux faite du Livre intitulé : « Apologie pour les Casuistes, etc. »*

Du 27 novembre 1658.

Les Vicaires Généraux de M. l'Éminentissime Cardinal de Retz, Archevêque de Paris, à tous les Curés de la ville, faubourgs et diocèse de Paris, salut en Notre-Seigneur. Ayant ordonné que la Censure par nous faite d'un Livre intitulé : *Apologie pour les Casuistes,* etc. seroit publiée partout où besoin sera, en la manière accoutumée; et étant nécessaire d'en donner connoissance aux peuples de vos paroises; à ces causes, nous vous mandons de dénoncer dimanche prochain, au prône de vos messes paroissiales, que ledit Livre a été par nous censuré et condamné, ainsi que plus au long il est déclaré par notre Censure du vingt-troisième jour d'août dernier passé, que nous avons fait imprimer par Charles Savreux, imprimeur ordinaire du Chapitre de l'Église de Paris, laquelle nous vous envoyons avec ces présentes; et comme nous avons fait défenses à toutes personnes de cette ville et diocèse de Paris de lire, garder, imprimer, vendre et débiter ledit Livre sous les peines de droit, vous ferez entendre nosdites défenses à vos paroissiens, à ce qu'ils n'en prétendent cause d'ignorance. Fait à Paris, ce 27 novembre 1658.

Ainsi signé, DE CONTES et DE HODENCQ.

Et plus bas, BAUDOUYN.

1. Ce mandement fut donné en conséquence de la conclusion des Curés de Paris, imprimée ci-dessus.

CENSURE

D'un Livre intitulé : « *Apologie pour les Casuistes, etc.,* » *faite par M. l'Archevêque de Rouen, primat de Normandie.*

Du 4 janvier 1659.

François, par la permission divine, Archevêque de Rouen, primat de Normandie, à tous les fidèles soumis à notre autorité, salut et bénédiction.

Ce n'est pas d'aujourd'hui que l'ennemi de notre salut tâche de semer, parmi le bon grain de la doctrine évangélique, l'ivraie de l'erreur et du péché. L'Église, qui veille sans cesse par le ministère de ses pasteurs à conserver sa gloire et à se maintenir agréable à son divin époux, s'est toujours élevée avec vigueur contre les efforts de ce cruel et subtil adversaire. Cependant, quoiqu'elle soit pure et sainte dans ses mœurs, aussi bien que dans sa foi; quoique la discipline de sa conduite soit immaculée et incorruptible dans sa source, aussi bien que la tradition des vérités dont Jésus-Christ l'a rendue dépositaire, elle se voit néanmoins toujours obligée de gémir dans sa douleur, de voir que quelques-uns de ses enfans qui se sont mêlés de composer des Livres de la Doctrine morale, suivant plutôt les égaremens d'une raison obscurcie par la corruption du péché que les lumières et les règles des Écritures divines, des saints canons et de la tradition sacrée, sont tombés en des excès dignes de compassion, et qui font bien voir ce que l'on doit attendre d'un esprit quand il est abandonné à lui-même et à son propre sens.

Nos Pères l'ont bien reconnu dans les siècles passés, et se sont vus obligés, dans l'extrémité du mal et dans l'importance de ses suites, d'user de toute la vigueur que leur inspiroit leur zèle et leur autorité, et de faire même brûler les Livres Pénitentiaux que quelques Auteurs avoient composés contre l'usage et les sentimens de l'Église. Mais nonobstant toutes ces ordonnances et toutes ces précautions, le désordre n'a pas laissé de continuer, et même de s'augmenter avec scandale, le monde s'étant trouvé rempli de Livres qui traitent de la discipline des mœurs. A proportion de leur multitude, le nombre des fautes a crû; et ce qui d'abord avoit été sans autorité la production d'un esprit particulier et l'effet de son égarement, a passé pour probable dans le sentiment de plusieurs qui ont eu la témérité de le soutenir. Ainsi, chacun ayant amour pour ses pensées, et ajoutant quelque chose du sien à ce qui avoit été avancé par les premiers, la corruption est venue jusqu'au dernier excès, et a même donné occasion aux hérétiques de notre temps de blasphémer contre la sainte Église, qu'ils ont voulu rendre responsable de ces erreurs, quoiqu'elle ne les ait jamais approuvées, mais qu'au contraire elle les ait condamnées, et par ses ordonnances sacrées, et par ses pratiques toujours saintes.

Mais comme nous apprenons dans le saint Évangile que le père de famille ne voulut pas que ses serviteurs se missent en devoir d'arracher l'ivraie qui étoit dans son champ, de peur qu'il n'arrachassent aussi le bon grain, dans le dessein qu'il avoit de la faire séparer dans le temps de la moisson, et de la jeter au feu ; ainsi comme les auteurs qui se sont si misérablement trompés dans la Doctrine de la Théologie Morale, étoient catholiques, remplis de suffisance et de piété, et que, suivant la fragilité de la condition humaine, ils avoient laissé échapper ces erreurs en des ouvrages qui d'ailleurs pouvoient être utiles à l'Église et à l'instruction des fidèles : les évêques établis dans la famille de Jésus-Christ pour en être après lui les véritables pères ne se sont pas servis de toute leur puissance, ni de l'extrême sévérité d'une discipline rigoureuse ; ils se sont contentés de donner de temps en temps au public des preuves de l'aversion qu'ils avoient pour le relâchement de la doctrine des mœurs et de la conduite des consciences ; et ils ont attendu qu'il plût à Dieu de leur donner des ouvertures nécessaires et des moyens plus propres pour y mettre la dernière main. Les plaintes en furent faites, il y a quelques années, au Clergé de France assemblé à Paris, et il ordonna que l'on travailleroit incessamment à composer une somme de Théologie Morale conforme aux sentimens de l'Église, après quoi on procéderoit à supprimer tous ces ouvrages si opposés à la sainteté de sa doctrine.

C'est dans cet esprit que nous avons différé jusqu'à présent de déclarer nos sentimens particuliers sur ce sujet, par un acte de notre autorité pastorale ; et que la plainte en ayant été portée devant nous, il y a deux ans, après avoir fait faire plusieurs procédures en notre conseil et en notre cour ecclésiastique, nous renvoyâmes le tout à l'assemblée des Prélats de France ; laquelle dans ce même esprit, et pressée de la multitude des affaires importantes qui l'occupoient, se contenta de faire publier et de recommander à tous ceux qui ont soin de la direction des consciences, les règles de saint Charles Borromée sur l'administration du sacrement de pénitence; espérant que les instructions de ce grand et saint Archevêque, pleines de l'esprit de Jésus-Christ et de son Église, condamneroient en même temps toutes les faussetés de la prudence de la chair, et établiroient fortement les vérités de la Morale chrétienne et évangélique.

Mais nous avons vu depuis peu, avec douleur, paroître un Livre anonyme, ou plutôt une espèce de monstre en la Théologie Morale, que nous pouvons appeler bien plus justement la condamnation des Casuistes que leur *Apologie,* ainsi que son Auteur a voulu le nommer; Libelle dont nous pouvons dire ce que disoient les Pères du Concile de Châlons de certains Livres composés sur un même sujet : « *Quorum sunt certi errores, incerti auctores : de quibus recte dici potest, mortificabant animas quæ moriuntur et vivificabant animas quæ non vivunt;* » et ce que le grave Tertullien reprochoit au faux Évangile de Marcion : « *Non agnoscendum opus, quod non erigat frontem, nullam constantiam præferat, nullam fidem repromittat de plenitudine tituli, et professione debita auctoris;* » ouvrage dont les principes sont faux, les raisonnemens trompeurs, les conséquences pernicieuses et la doctrine opposée à celle de l'Évangile de Jésus-Christ, dans lequel, en un mot, se trouve ramassé, par un étrange dessein, ce qu'il y avoit de corruption et de relâchement épandu dans le grand nombre des auteurs qui ont écrit de la Morale depuis plusieurs siècles.

Nous avons cru que la providence divine, qui sait tirer le bien du mal, l'avoit ainsi permis par ses jugemens toujours équitables, pour prévenir le temps de la moisson dans une occasion si importante pour la justification de son Église; tant pour empêcher le dommage que pourroient recevoir, par une si méchante doctrine, les âmes rachetées par le prix du sang de Jésus-Christ, que pour nous donner le moyen de brûler, pour ainsi dire, cette ivraie, et toutes ces erreurs par le feu d'une Censure également sévère et charitable.

Nous n'avons pu nous dispenser d'un devoir si nécessaire à la gloire du Sauveur et au salut des fidèles qu'il a soumis à notre conduite; et nous avons tâché de suivre l'exemple de Dieu, dont le pape saint Grégoire le Grand nous a laissé cette observation, qu'encore qu'il eût entendu la clameur des crimes de ces deux villes infâmes qui attirèrent sur elles les vengeances et les feux du ciel, et que sa connoissance infinie qui éclaire toutes choses, l'en eût suffisamment instruit; néanmoins, pour s'accommoder à la foiblesse des hommes, et nous apprendre ce que nous avons à faire en ces occasions, le texte sacré dit qu'il voulut s'en éclaircir une seconde fois, en descendant lui-même sur les lieux. Nous avons, à son imitation, voulu procéder, en cette rencontre, avec toute la circonspection qui nous a été possible. Après avoir reçu par diverses fois les plaintes et les requêtes des Curés de notre Église métropolitaine, donné la communication à notre promoteur général, vu ses réquisitions, et fait examiner ce Livre par nos Grands Vicaires en présence de M. l'Évêque d'Olonne, qui prêchoit pour lors dans notre Église cathédrale, nous avons reconnu la vérité des Extraits qui nous en ont été présentés. Nous avons voulu le lire avec soin; et après avoir attendu quelque temps que l'auteur de cette pernicieuse doctrine effaçât lui-même, par ses larmes et par une rétractation chrétienne, les funestes caractères d'un si méchant Livre, nous avons cru être obligés d'y apporter le remède que Jésus-Christ nous a mis entre les mains par la communication de son autorité sacrée.

C'est en son nom que dans l'unité de son esprit, qui remplit son Église et qui anime ses pasteurs, dont plusieurs ont condamné cette même doctrine, vu la Censure qui en a été faite par la Faculté de Théologie de Paris, nous avons déclaré et déclarons ledit Livre intitulé : *Apologie pour les Casuistes contre les Calomnies des Jansénistes,* etc., contenir plusieurs propositions fausses, pernicieuses, erronées, scandaleuses, tendantes au libertinage et à la corruption des mœurs et de la discipline de l'Église, et entièrement opposées aux maximes de l'Évangile; et comme tel, l'avons condamné et condamnons, faisant très expresses défenses, sous peine d'excommunication, à tous les fidèles de notre diocèse, de le lire, de le retenir, ou d'en soutenir la doctrine; à tous curés, vicaires, prêtres, confesseurs et directeurs, de s'en servir pour la conduite des âmes; et à tous imprimeurs et libraires de l'imprimer ou distribuer, sous les mêmes peines. Et afin que personne ne l'ignore, nous avons ordonné que ces présentes seront lues et publiées aux prônes des messes paroissiales dans toutes les églises de notre diocèse, et envoyées aux maisons religieuses à la diligence des doyens; nous réservant, selon l'usage et la pratique de l'Église, à donner en temps et lieu des canons pénitentiaux, pour servir d'instruction et de règle à la direction des consciences. Enjoignons en outre à tous ceux qui ont, sous notre autorité, la conduite des âmes, de veiller soigneusement dans ces temps périlleux sur les peuples que nous avons commis à leurs soins, et de leur remettre souvent en la mémoire cet excellent avis du saint Apôtre : « *Videte ne quis vos decipiat per philosophiam et inanem fallaciam secundum traditionem hominum, secundum elementa mundi, et non secundum Christum.* » Donné à Rouen, en notre palais archiépiscopal, le 4 janvier 1659.

Signé : FRANÇOIS, *Archevêque de Rouen.*

Et plus bas, MORANGE.

CENSURE

D'un Livre intitulé : « *Apologie pour les Casuistes, etc.,* »
faite par M. l'Évêque de Nevers.

Du 8 novembre 1658.

Eustache de Chéry, par la grâce de Dieu et l'autorité apostolique, Évêque de Nevers, conseiller du roi en ses Conseils d'État et Privé : A tous doyens, chanoines et chapitres, abbés, prieurs, curés, vicaires, prédicateurs, et autres ecclésiastiques séculiers et réguliers de notre diocèse, salut.

L'étroite obligation que Jésus-Christ a imposée à ceux qu'il a établis Prélats et Pasteurs sur son peuple, de conserver tout ensemble l'unité des esprits dans le sacré lien de la paix, et sa doctrine saine dans tout le corps mystique de son Église, nous a fait souvent gémir en sa présence, dans la crainte de devenir prévaricateurs dans notre charge, soit en tolérant le mal par une trop longue indulgence, soit en le réprimant par une trop prompte sévérité. Car comme le Fils de Dieu nous a prescrit d'une part de laisser croître l'ivraie jusqu'au jour de la moisson, de peur de cueillir le bon grain en voulant l'arracher ; et que, d'ailleurs, il traite de mercenaires intéressés, de chiens muets, d'idoles sacrilèges, les successeurs des Apôtres qui répriment aussi peu généreusement les corrupteurs des mœurs de son Église, qu'ils défendent lâchement la vérité de sa Doctrine : il faut croire avec le sage qu'il y a un temps de se taire, en dissimulant quelque temps des choses répréhensibles, pour éviter de plus grands maux; et un temps de parler, lorsque, faute de contredire les impies profanateurs de la parole de Dieu, les peuples pourroient donner quelque croyance à leurs sentimens opposés aux plus saintes et plus importantes maximes du Christianisme. C'est pourquoi, après que nous avons jusqu'ici supporté avec douleur la licence insupportable de quelques Nouveaux Casuistes, qui remplissent l'Église de Livres pleins de pernicieuses maximes d'une Morale pharisienne; et entre les autres, le plus méchant et le plus dangereux de tous ayant paru depuis quelques mois dans notre diocèse, sans nom, permission, ni approbation quelconque, intitulé : *Apologie pour les Casuistes contre les Calomnies des Jansénistes,* etc., et qu'on nommeroit mieux le testament nouveau de l'amour de la chair, puisqu'il est opposé à celui de Jésus-Christ, qui apprend aux Fidèles à vivre selon l'Esprit : nous avons cru que nous étions indispensablement obligés de procéder à sa juste condamnation, et de le frapper des foudres que Dieu nous a mises en main pour la destruction de l'erreur. C'est un méchant Livre qui détruit la plupart des préceptes du Décalogue, introduit la profanation des Sacremens, porte à l'irrévérence de nos plus sacrés mystères ; il enseigne aux Valets à voler leurs maîtres, et aux enfans des hommes à souiller leurs mains violentes comme des Caïns dans le sang de leurs frères : il présente aux Libertins, pour rompre les jeûnes commandés de l'Église, des moyens les plus honteux et les plus brutaux : il approuve la Simonie la plus manifeste, et dit qu'un bien temporel peut servir de motif pour en donner ou recevoir un spirituel : il permet aux personnes consacrées aux divins autels, les compagnies domestiques les plus infâmes : il permet encore l'Usure, et fournit des moyens pour en faciliter la pratique contre l'Écriture et les Canons : il autorise les Calomnies les plus noires, et qui imposent malicieusement de faux crimes à des innocens véritables: enfin il soutient la pernicieuse Doctrine de la Probabilité fondée sur le raisonnement purement humain, maxime la plus impie, erreur la plus dangereuse, venin le plus mortel de la Morale chrétienne. Ces opinions détestables, et plusieurs autres qui favorisent les excès les plus honteux de l'Alcoran des Turcs, que nous ne marquons point ici, pour ne pas offenser les oreilles chastes et chrétiennes, nous ont fait connoître combien il étoit nécessaire d'employer l'autorité que Dieu nous a donnée pour arrêter et condamner ce Livre criminel. A quoi nous nous sentons particulièrement excités par la requête qui nous a été présentée à ce sujet par tous les Curés de notre diocèse, nommément par ceux de notre ville épiscopale, qui, dans la juste crainte que cette mauvaise doctrine, nouvellement publiée, devenant contagieuse, ne cause la perte des âmes, dont ils doivent rendre à Dieu un compte très exact, implorent avec instance l'autorité de notre jugement. C'est pourquoi, pour satisfaire à une requête si juste et si charitable, et de notre part au devoir de notre charge; pour empêcher les impressions mauvaises que les Fidèles pourroient en prendre, pour fermer la bouche aux Hérétiques qui s'en prévalent en nous imputant ces erreurs, et pour arrêter désormais la hardiesse de ces Nouveaux Casuistes : après l'avoir vu, lu, examiné et diligemment considéré, et l'avoir fait voir, lire et examiner par plusieurs docteurs et personnes de piété en notre conseil, nous avons condamné et condamnons par ces présentes ce Livre intitulé : *Apologie pour les Casuistes contre les Calomnies des Jansénistes,* etc., comme contenant plusieurs propositions contraires aux lois divines et humaines, qui ouvrent la porte à toutes sortes de dérèglement et de libertinage, et qui détruisent les maximes de l'Évangile les plus saintes et les plus nécessaires pour le salut. Avons fait et faisons très expresses inhibitions et défenses à toutes personnes de notre diocèse de lire, vendre, acheter, ni distribuer ledit Livre, sous peine d'excommunication. Vous enjoignons d'enseigner aux peuples, dans un esprit de paix et de charité, les vertus opposées à ces maximes condamnées, et de les conduire dans la voie du ciel selon les règles de l'Évangile et de l'Église, contraires aux relâchemens épouvantables de ces Nouveaux Casuistes. Et à ce qu'aucun n'en ignore, nous ordonnons que ces présentes seront lues et publiées aux prônes et prédications de notre diocèse par trois dimanches consécutifs, et affichées en la manière accoutumée. Fait en notre palais épiscopal, le 8 novembre 1658.

Ainsi signé, Eustache, Évêque de Nevers.

Et plus bas, Mangeart.

PROJET

De mandement de l'Apologie pour les Casuistes [1].

L'amour que nous avons pour nos peuples nous obligeant à une vigilance continuelle, pour prévenir tout ce qui peut leur nuire, nous nous sommes sentis obligés de la redoubler, quand le pernicieux Livre intitulé : *Apologie pour les Casuistes* a commencé à se répandre dans ce diocèse. Et c'est pourquoi, sur la requête que nos Curés nous ont incontinent présentée pour le censurer, et l'assurance que l'importance de la chose le mérite, nous avons résolu, en leur accordant une demande si juste, de travailler en même temps à fortifier les Fidèles, non seulement contre le relâchement qu'ils pourroient recevoir de ces opinions flatteuses, autorisées par ce nombre étrange de Casuistes, mais encore contre une tentation bien plus importante, et qui iroit au renversement entier de la Foi, si on n'étoit soutenu et confirmé par la pleine connoissance de ses principes; car il est sans doute que les impies tirent de ces abus des conséquences contre la vérité de notre Religion, capables d'ébranler les foibles, en les donnant pour des marques que Dieu ne règle pas la conduite de l'Église, puisque, après l'avoir assurée d'une possession éternelle de la vérité, on la voit abandonnée à des erreurs et à des égaremens si effroyables.

Voilà le plus grand des maux que ces impiétés produisent : elles servent d'armes aux ennemis de la Foi pour nous combattre, et sont également utiles au démon pour corrompre les Fidèles et pour fortifier les Infidèles. Mais comme on ne tombe dans ces erreurs que faute d'entendre les Écritures, nous nous sentons obligés de les expliquer si clairement à ceux auxquels nous sommes redevables des Instructions Évangéliques, que les personnes pieuses soient désormais sans périls, et les simples sans excuse dans les conséquences qu'ils tirent des égaremens des Casuistes. Car tant s'en faut que ces abus qui se glissent dans l'Église puissent rendre suspecte la vérité des promesses de Jésus-Christ, que rien n'en prouve davantage la vérité; et qu'elles

---

[1]. Ce projet a été trouvé parmi les papiers de Pascal, sur quelques feuilles détachées.

seroient fausses, au contraire, si ces abus mêmes n'arrivoient. Si Jésus-Christ, en promettant à l'Église que sa vérité et son esprit reposeroient sur elle éternellement, l'avoit en même temps assurée d'une suite calme et tranquille de vérité et de paix, on auroit sujet d'être surpris de voir le mensonge et l'erreur paroître avec tant d'insolence. Mais quelle raison y a-t-il de l'être, après qu'il a déclaré que plusieurs y jetteroient le trouble, sous l'apparence néanmoins de la piété, et qu'ils viendroient en son nom pour détourner les hommes de la véritable voie : de sorte que ces désordres, qui croîtroient toujours, seroient enfin si grands dans la fin des siècles, que les élus mêmes en seroient séduits, s'il étoit possible de les séduire ? Il est donc indubitable que ces scandales doivent arriver, quoiqu'à la ruine de ceux qui les causent et de ceux qui s'y perdent. Car Dieu les souffre, non pas afin qu'on suive ces désordres, mais afin qu'on les combatte, et qu'il paroisse en cette épreuve qui sont ceux qui lui sont véritablement fidèles ; et c'est pourquoi il est si important de les éviter.

Saint Paul, qui fait la même prédiction, nous donne en même temps la description de ces séducteurs, afin qu'on puisse mieux les connoître, quand il dit à Timothée (II *Tim.*, III, 1 et seq.) qu'il viendra dans les derniers temps des hommes ayant l'apparence de la piété, mais qui en rejetteront l'essence ; qui seront pleins d'ambition et d'amour-propre, superbes, calomniateurs ; qui s'introduiront dans les maisons des particuliers, et s'assujettiront les femmes simples, en les flattant dans leurs péchés et dans les désirs de leurs cœurs ; qui travailleront sans cesse à devenir savans, et n'arriveront jamais à la connoissance de la vérité. Et il finit cette peinture en disant qu'ils ne réussiront pas dans leurs desseins, et qu'enfin leur foiblesse et leur impertinence sera connue de tout le monde.

Qui ne diroit que saint Paul a vu ce qui se passe aujourd'hui à nos yeux, où des hommes, sous l'habit de la piété, présentent aux Fidèles une Morale qui bannit l'amour de Dieu, qui est l'essence de la piété ; autorisent la calomnie, l'orgueil, l'ambition, par leurs préceptes et par leurs exemples ; étudient sans cesse, et ne peuvent arriver aux premières connoissances du Christianisme ; et sont enfin tombés dans des excès qui les ont rendus le sujet de la risée de tout le monde ? On ne peut douter que toutes ces choses ne soient conduites par l'ordre de la même Providence qui les a prédites, et qui les permet pour éprouver ceux qui sont véritablement fidèles. Mais nous apprenons, par ces mêmes prophéties, que ces désordres doivent aller bien plus avant.

Nous voyons, à la vérité, aujourd'hui une Compagnie bien puissante qui soutient ces Corruptions; mais nous en voyons en même temps une autre bien autrement considérable et autorisée qui s'y oppose. Et si on a sujet de gémir de voir quelques Religieux relâchés et quelques Casuistes corrompus qui introduisent ces relâchemens, on a sujet de bénir Dieu de ce que les Pasteurs ordinaires de l'Église leur résistent; et qu'ainsi le Corps de la Hiérarchie, en quoi consiste proprement l'Église, demeure exempt de ce relâchement, n'y ayant que quelques-unes de ces personnes égarées qui sont hors de la Hiérarchie, et qui tiennent entre nous le rang que les faux prophètes tenoient entre les Juifs, qui trempent dans ces impiétés; en quoi il n'arrive rien que de conforme à ce que saint Pierre a prédit (II Pet., II, 1) en cette sorte : « De la même manière qu'il y eut de faux prophètes entre les Juifs, aussi il s'en élèvera entre nous. »

Voilà l'état présent des choses. Quoique la licence y soit grande, elle n'est pas néanmoins sans une puissante opposition. Mais un temps doit venir, duquel il est écrit : « Malheur à celles qui seront enceintes en ce temps-là ! (Matth., XXIV, 19) : et croyez-vous qu'alors le Fils de l'homme trouve de la Foi sur la terre? » (Luc, XVIII, 8.) Et c'est en ce temps que les Prêtres mêmes et le reste des Fidèles, ayant presque tous consenti aux impiétés des faux docteurs, la mesure étant ainsi comblée, la fin de l'Église et de l'univers doit arriver avec la seconde venue du Messie : de même que la destruction de l'Ancien Temple et de la Synagogue est arrivée dans une semblable corruption, les faux prophètes ayant entraîné dans leur parti le peuple et les Prêtres mêmes au premier avènement du Messie. Car, comme toutes choses leur arrivoient en figure, et que la Synagogue a été l'image de l'Église, selon saint Paul (I Cor., x, 6 et 11), nous pouvons nous instruire, par ce qui lui est arrivé, de ce qui doit nous arriver, et voir, dans leur exemple, la source, le progrès et la consommation de l'impiété. L'Écriture nous apprend donc que c'est des faux prophètes que l'impiété a pris son origine; qu'elle s'est de là répandue sur le reste des hommes, comme dit Jérémie (Jérém., XXIII, 15). C'est des Prophètes que l'abomination est née, et c'est de là qu'elle a rempli toute la terre ; ils ont formé une conspiration ouverte contre la vérité au milieu du peuple de Dieu : les Grands du monde ont été les premiers suppôts de leurs doctrines flatteuses ; les peuples en ont été ensuite infectés. Tant que les Prêtres du Seigneur en sont demeurés exempts, Dieu a suspendu les effets de sa colère; mais quand les Prêtres mêmes s'y sont plongés, et que, dès lors, il n'est rien resté pour apaiser la colère divine, les fléaux de Dieu sont tombés sur ce peuple sans mesure, et y sont demeurés jusqu'à ce jour. Les Prophètes, dit Jérémie (Jérém., v, 31), ont annoncé de fausses doctrines de la part de Dieu : les Prêtres y ont donné les mains, et mon peuple y a pris plaisir. Quelle punition leur est donc préparée? C'est alors qu'il n'y a plus de miséricorde à attendre, parce qu'il n'y a plus personne pour la demander. Les Prêtres, dit Ézéchiel (Ezech., xxii, 25 et seq.), ont eux-mêmes violé ma loi. Les princes et les peuples ont exercé leurs violences, et les Prophètes les flattoient dans leurs désordres. J'ai cherché quelqu'un qui opposât sa justice à ma vengeance, et je n'en ai point trouvé. Je répandrai donc sur eux le feu de mon indignation, et je ferai retomber sur leurs têtes le fruit de leurs impiétés.

Voilà le dernier des malheurs où, par la grâce de Dieu, l'Église n'est pas encore tombée, et où elle ne tombera pas, tant qu'il plaira à Dieu de soutenir ses Pasteurs contre la corruption des faux docteurs qui les combattent; et c'est ce qu'il importe de faire entendre à ceux qui sont sous notre conduite, afin qu'ils ne cessent de demander à Dieu la continuation d'un zèle si important et si nécessaire, et qu'ils évitent eux-mêmes les doctrines molles et flatteuses de ces séducteurs qui ne travaillent qu'à les perdre. Car de la même manière que la piété des Saints de l'Ancien Testament consistoit à s'opposer aux Nouveautés des faux prophètes, qui étoient les Casuistes de leur temps : de même la piété des Fidèles doit avoir maintenant pour objet de résister au relâchement des Casuistes, qui sont les faux prophètes d'aujourd'hui; et nous ne devons cesser de faire entendre à nos peuples ce que les vrais prophètes crioient incessamment aux leurs, que l'autorité de ces Docteurs ne les rendra pas excusables devant Dieu, s'ils suivent leurs fausses doctrines; que toute la Société des Casuistes ne sauroit assurer la conscience contre la vérité éternelle; que cette abominable Doctrine de la Probabilité, qui est le fondement de toutes leurs erreurs, est la plus grande de leurs erreurs ; que rien ne sauroit les sauver que la vérité (Joan., viii, 32) ; et que c'est une fausseté horrible que de dire qu'on se sauve aussi bien par l'une que par l'autre de deux opinions contraires, et dont il y en a une par conséquent de fausse. C'est ce qu'ils soutiennent tous, et sans quoi toute leur doctrine tombe par terre; car ils n'ont point d'autre fondement à ces horribles maximes, qu'ils renouvellent encore dans ce nouveau Livre : « Qu'on peut discerner par la lumière de la Raison quand il est permis ou défendu de tuer son prochain; qu'on peut le tuer pour défendre ou réparer son honneur; qu'on peut, sans crime, calomnier ceux qui médisent de nous; que tous nos péchés seront remis, pourvu que nous les confessions sans quitter les Occasions Prochaines, sans faire pénitence en cette vie, et sans avoir d'autre regret d'avoir péché, sinon pour le mal temporel qui en vient, et encore si foible que le pécheur et pénitent juge qu'il est prêt à retomber en peu de temps. » Quand on leur demande sur quoi ils fondent ces horribles maximes, ils n'ont d'autre chose à répondre, sinon que leurs Pères et leurs Docteurs l'ayant jugé probable, cela est sûr en conscience, et aussi sûr que les opinions contraires. Et c'est sur quoi nous annonçons à tous ceux sur qui Dieu nous a donné de l'autorité, que ce sont des faussetés diaboliques, et que tous ceux qui suivront ces maximes sur la foi de ces faux docteurs périront avec eux; de même que les Prophètes de Dieu annonçoient autrefois à leurs peuples, qui se reposoient ainsi sur leurs faux prophètes, que Dieu exterminoit tout ensemble, et ces maîtres, et ces disciples, « *magistros et discipulos* » (Malach., II, 12); et que ceux qui assurent ainsi la conscience des hommes, et ceux qui reçoivent ces assurances, seront ensemble précipités dans une pareille ruine : « *Et qui beatificant, et qui beatificantur.* » (Isaias, IX, 16.) De sorte que tant s'en faut que cette Probabilité de sentimens et cette Autorité de docteurs qui les enseignent excusent devant Dieu ceux qui les suivent; que cette confiance est au contraire le plus grand sujet de la colère de Dieu sur eux, parce qu'elle ne vient en effet que d'un désir corrompu de chercher du repos dans ses vices, et non pas d'une recherche pure et sincère de la vérité de Dieu, qui feroit discerner aisément la fausseté de ces opinions, qui font horreur à tous ceux qui ont de véritables sentimens de Dieu; et c'est pourquoi cette tranquillité dans les crimes les augmente si fort, que Dieu a déclaré par ses Prophètes (Ezech., XIV, 14 et seq.) à la Synagogue, et par elle à l'Église, que toutes les prières des justes ne sauveroient pas de sa fureur ceux qui auroient ainsi suivi ces maîtres des fausses doctrines. C'est ce qu'on voit en Jérémie, lorsqu'il demandoit miséricorde à Dieu pour les

Juifs, et qu'il lui représentoit que c'étoit sur la foi de ces faux prophètes qu'ils étoient demeurés dans leurs crimes. Seigneur, dit-il (Jérém., xiv, 13 et seq.), ils ont agi de la sorte, parce que leurs prophètes les assuroient que vous approuviez leur conduite; et que bien loin de les punir, vous les rempliriez de bonheur et de paix; c'est-à-dire, qu'ils avoient suivi l'autorité de plusieurs grands docteurs qui étoient tenus pour prophètes. Et cependant que répond Dieu à ce saint homme? Les Prophètes ont parlé selon leur propre esprit, et non pas selon le mien, dit le Seigneur. Ce ne sont pas mes paroles, mais leurs propres paroles qu'ils ont annoncées; et c'est pourquoi je perdrai ces docteurs; mais j'exterminerai de même ceux qui les ont écoutés et suivis. Ne priez donc point pour ce peuple (Jérém., xv, 1 et seq.); car quand Moïse et Samuel se présenteroient devant moi pour arrêter ma fureur, je ne leur ferai point miséricorde; et s'ils vous demandent : « Que ferons-nous donc? » dites-leur que ceux qui sont destinés à la mort aillent à la mort, et que ceux qui sont réservés à la famine et au meurtre courent à la fin qui leur est destinée.

Que si Dieu a traité de cette sorte le Peuple Juif, dans les ombres et les ténèbres où il étoit; s'il ne leur a pas pardonné leurs crimes, quoiqu'ils s'y fussent engagés sur l'autorité de tant de docteurs graves et anciens en apparence; s'il n'a pas épargné les hommes des premiers temps, dit saint Pierre (II Pet., ii, 5), comment traitera-t-il un peuple qu'il a rempli de tant de lumières et de tant d'effets de son amour, s'il a assez d'aveuglement et d'ingratitude pour se dispenser de l'aimer sur la foi de quelques Casuistes Modernes qui l'en assurent?

Nous déclarons donc hautement que ceux qui seroient dans ces erreurs seroient absolument inexcusables de recevoir la fausseté de ces mains étrangères, qui la leur offrent au préjudice de la vérité qui leur est présentée par les mains paternelles de leurs propres pasteurs; et qu'ils seroient doublement coupables dans ces impiétés, et d'avoir reçu des opinions qu'ils ne devoient jamais admettre, et pour les avoir reçues de ceux qu'ils ne devoient jamais écouter. Car comme les personnes qui sont hors de la Hiérarchie n'ont de pouvoir d'y exercer aucune fonction que sous nos ordres et selon nos règlemens, tout ce qu'ils disent contre notre aveu doit être regardé comme suspect et irrecevable. Ainsi les Fidèles doivent en demeurer exempts, et demander à Dieu la persévérance des pasteurs naturels de son Église; afin que ce malheureux repos, et ce consentement général à l'erreur qui doit attirer le dernier jugement de Dieu, n'arrive pas de nos jours comme il arriva à la fin de la Synagogue, lorsque les Prophètes se relâchèrent. Les Princes sont dans la corruption, les Prêtres les y accompagnent. Les Prophètes les y confirment, et tous ensemble, en cet état, se reposent encore sur le Seigneur, en disant (Jérém., vii, 4 et seq.) : « Dieu est au milieu de nous; il ne nous arrivera aucun mal. C'est pour cette raison, dit le Seigneur, que Jérusalem sera totalement détruite, et que le Temple de Dieu sera renversé et anéanti. »

RÉPONSE

A un Écrit publié sur le sujet des Miracles qu'il a plu à Dieu de faire à Port-Royal depuis quelque temps, par une Sainte Épine de la couronne de Notre-Seigneur. A Paris, 1656 [1].

Comme de toutes les choses extérieures rien ne réveille tant notre foi et ne fortifie tant notre espérance que les œuvres miraculeuses qui nous rendent comme visible la présence de Dieu invisible (Aug., tr. VIII, *in Joan.*), toutes les personnes de piété qui ont entendu parler des merveilles que Jésus-Christ a faites depuis quelque temps dans l'Église de Port-Royal, par une Sainte Épine de sa Couronne, en ont reçu une sensible consolation, et se sont crues obligées de le bénir de ces marques extraordinaires de sa bonté et de son amour.

Et, en effet, peut-on avoir une véritable affection pour l'Église catholique, et ne pas ressentir beaucoup de joie de ce que Dieu a voulu montrer sa puissance dans une église consacrée au Saint Sacrement, et par une Épine de sa Couronne? Ces Miracles ne servent-ils pas à confondre l'Hérésie calviniste, qui nous accuse d'être idolâtres, parce que nous adorons Jésus-Christ comme présent réellement et substantiellement dans l'eucharistie, et d'être superstitieux, parce que nous révérons les Saintes Reliques : puisque, si ce culte de l'Église catholique n'étoit fondé sur la foi des Apôtres et des Pères et sur la tradition de tous les siècles,

---

1. Cette réponse, qu'on a quelquefois attribuée à Pascal, a paru en une brochure in-4°. Paris, 1656.

c'est-à-dire sur la pierre inébranlable de la vérité divine, Dieu ne feroit pas des Miracles qui l'autorisent?

Mais la parole de saint Paul (II *Cor.*, II, 16) sera toujours véritable, que « ce qui est aux uns odeur de vie pour la vie est aux autres odeur de mort pour la mort ». Il s'est trouvé des esprits assez préoccupés contre des vierges consacrées à Jésus-Christ, pour s'opposer aux faveurs que Dieu leur faisoit, et en prendre même sujet de les déchirer comme des ennemies de Dieu. C'est ce que toutes les personnes sages viennent de voir avec étonnement dans un Écrit qui a été publié depuis peu dans Paris, sous le titre de *Rabat-joie des Jansénistes, ou Observations sur ce qu'on dit être arrivé au Port-Royal, au sujet de la Sainte Épine* (par le P. Annat). Ce seul mot de *Rabat-joie,* dans un sujet si sérieux et si saint, leur a fait juger quel est l'esprit qui anime cet Auteur.

Mais tout le corps de l'Écrit leur a bien fait voir encore davantage qu'il n'y eut jamais de plus étrange aveuglement ni de plus grande malignité. Car qui auroit pu croire que la passion des hommes eût été capable de se porter jusqu'à cet excès, que de s'en prendre aux ouvrages de Dieu même? que d'oser faire aujourd'hui ce que n'osa faire autrefois un prophète corrompu par des présens, qui est de « maudire ceux que Dieu bénit » (*Num.*, XXIV), et d'entreprendre de détourner les Fidèles d'aller implorer son secours dans une église où lui seul les attire et les appelle par les assistances extraordinaires que plusieurs d'entre eux témoignent y avoir reçues?

Tout ce que cet Auteur dit dans cet Écrit peut se rapporter à ces trois points : le premier regarde ces guérisons extraordinaires, et la Relique par laquelle Dieu les a faites; le second est sur les conséquences qu'on doit en tirer; le troisième concerne la dévotion de tant de personnes pieuses, qui viennent adorer Dieu dans cette église, et y révérer cette Sainte Épine ; et c'est le point dont cet Écrivain paroît si blessé, qu'il est visible que son principal but, dans la publication de ce Libelle, a été de détourner cette dévotion publique, en représentant comme « un lieu très dangereux et infecté d'Hérésie » une maison religieuse que Dieu honore si visiblement de ses bénédictions et de ses grâces.

Tout ce dessein est si éloigné de la piété chrétienne et catholique, qu'il semble que cet Auteur a appréhendé lui-même qu'on n'attribuât son Écrit à quelque ministre calviniste, et que c'est autant pour cette raison que pour faire croire, par la plus outrageuse des calomnies, que Port-Royal est hors de l'Église, qu'il a pris la qualité de *docteur de l'Église catholique*. Car il est vrai qu'on n'auroit dû attendre un pareil Écrit que de ceux qui ont quelque raison d'être blessés des Miracles que Dieu fait dans l'Église catholique pour la confusion de toutes les sectes hérétiques et schismatiques. On n'auroit pas été étonné de voir qu'un ministre de Charenton eût produit en cette rencontre un Livre semblable à celui qu'un ministre de Provence mit au jour il y a quelques années, pour s'opposer aux Miracles que Dieu faisoit dans Marseille au tombeau de messire Jean-Baptiste Gault, son dernier Évêque, et empêcher que les Catholiques n'en pussent tirer avantage contre ceux de leur parti.

Mais qui auroit cru que des Catholiques voulussent imiter ces ennemis de l'Église, et travailler si utilement pour l'intérêt de la secte de Calvin, que si les raisonnemens qu'ils font sur ce sujet contre la Maison Religieuse où Dieu a daigné opérer ces merveilles avoient quelque force, ils ôteroient à l'Église tout l'avantage qu'elle peut prendre des Miracles dont Dieu l'honore; puisque si l'abus que cet Auteur fait de cette parole de saint Paul, que « les Miracles sont pour les Infidèles, et non pas pour les Fidèles », devoit porter ces Religieuses, comme il le prétend, à entrer en défiance de leur foi à cause des Miracles que Dieu fait dans leur église, il faudroit aussi, par la même raison, que tous les Miracles qui se font dans l'Église catholique fussent des sujets aux Catholiques de se défier de la vérité de notre Religion et de se regarder comme des Infidèles que Dieu voudroit, par ces merveilles, convertir à la vraie foi : ce qui est seulement horrible à penser.

C'est ce qui me fait espérer que cette réponse sera reçue favorablement par tous ceux qui aiment l'Église, et qu'ils seront aussi touchés de compassion pour les Vierges qu'on tâche de noircir avec tant d'emportement que d'indignation contre ceux qui veulent leur ravir la plus grande consolation qui leur reste dans leurs peines, qui est d'avoir quelque assurance de la part de Dieu qu'elles n'ont pas mérité des traitemens si indignes de la part des hommes.

Cet Auteur travaille à vouloir les en priver dès la première partie de son Écrit. Au lieu que saint Paul dit : « Que lorsqu'un des membres de Jésus-Christ est glorifié, tous les autres s'en réjouissent » (I *Cor.*, XII, 26); celui-ci, au contraire, par un esprit de division et de schisme, s'afflige des œuvres miraculeuses qu'il plaît à Dieu de faire dans ce monastère. Il attribue seulement à *un commun bruit* le premier Miracle dont la vérité constante et visible a réduit quelques-uns des Huguenots mêmes à un silence d'étonnement. Il en parle comme s'il n'étoit appuyé que sur des « rapports de particuliers qu'on ne peut croire sans légèreté de cœur »; au lieu qu'il l'est sur la solennelle attestation que des personnes publiques, tels que sont des médecins et des chirurgiens, en ont donnée par écrit, et sur l'information juridique, composée de vingt-cinq témoins tous irréprochables, que M. l'Évêque de Toul a faite à la requête de M. le Promoteur, à laquelle il a travaillé avec un soin extraordinaire, comme il l'a témoigné lui-même; qu'il a entièrement achevée et signée de sa main, et qu'il auroit confirmée il y a longtemps par son jugement s'il avoit continué de gouverner l'Archevêché de Paris, puisqu'il a témoigné lui-même qu'il avoit écrit et à Rome et à la Cour que la vérité de ce Miracle ne pouvoit être révoquée en doute.

Mais après que cet Écrivain a fait ce qu'il a pu pour donner lieu de douter d'un effet si indubitable de la toute-puissance divine, il veut encore faire un crime à ces Religieuses de la manière dont elles ont reçu cette insigne faveur du ciel. Il les accuse « d'avoir contrevenu aux ordonnances de l'Église portées par le Concile de Trente, en publiant par un excès de joie et voulant faire croire des Miracles qui n'ont point encore été reconnus ni approuvés des Supérieurs ». Et c'est ce qui m'oblige, pour les défendre contre une accusation si injuste, de rapporter en ce lieu quelques circonstances du premier Miracle et de leur conduite, et j'espère que si les lecteurs sont touchés d'admiration pour la merveille que Dieu a opérée dans ce monastère, ils seront édifiés de la manière chrétienne dont elles l'ont reçue.

M. de La Poterie, ecclésiastique de condition et de piété, avoit depuis quelque temps, parmi les autres Reliques de sa chapelle, une Sainte Épine de la Couronne de Notre-Seigneur, laquelle ayant été envoyée aux religieuses carmélites, qui avoient eu une sainte curiosité de la voir, il l'envoya aussi à Port-Royal le vendredi 24 mars dernier. Les Religieuses la reçurent avec beaucoup de dévotion : elles la mirent au dedans de leur chœur, sur une table préparée en forme d'autel, et, après avoir chanté l'antienne de la Sainte Couronne, elles allèrent toutes la baiser. Une petite pensionnaire, nommée Marguerite Périer, qui depuis trois ans et demi avoit une fistule lacrymale, s'approcha pour la baiser en son rang, et la religieuse, sa maîtresse, ayant eu plus d'horreur que jamais de l'enflure et de la difformité de son œil, eut mouvement de faire toucher la Relique à son mal, croyant que Dieu étoit assez bon et assez puissant pour la guérir. Elle n'y fit pas alors d'autre attention. Mais la petite fille s'étant retirée à sa chambre, un quart d'heure après elle s'aperçut que son mal étoit guéri, et l'ayant dit à ses compagnes, on trouva en effet qu'il n'y paroissoit plus rien : il n'y avoit plus aucune tumeur ; son œil, que cette enflure, qui avoit été perpétuelle depuis plus de trois ans, avoit rapetissé et rendu pleurant, étoit devenu aussi sec, aussi sain et aussi vif que l'autre. La source de cette boue qui couloit de quart d'heure en quart d'heure par l'œil, par le nez et par la bouche, et qui avoit encore coulé sur sa joue un moment avant le Miracle, comme elle l'a déclaré dans sa déposition, se trouva toute séchée. L'os, qui étoit carié et pourri, fut rétabli en son premier état. Toute la puanteur qui en sortoit, et étoit si insupportable qu'il avoit fallu la séparer d'avec les autres par l'ordre des médecins et des chirurgiens, se changea en une haleine aussi douce que celle d'un enfant ; elle recouvra aussi au même instant l'odorat qu'elle avoit perdu entièrement par la corruption de ce pus qui lui sortoit par le nez. Et tous ses autres maux, qui étoient une suite de celui-là, ne parurent plus : jusque-là même que son teint, qui étoit pâle et plombé, devint vif et clair autant qu'elle l'eut jamais [1].

Qui est la personne de piété qui pût rien trouver à redire, quand ce miracle auroit causé des éclats et des transports d'une joie spirituelle pareils à ceux que saint Augustin décrit dans *La Cité de Dieu,* où il rapporte la guérison de ce jeune homme qui avoit été maudit par sa mère, et souffroit un continuel tremblement dans tous ses membres ? « L'Église étoit pleine, dit-il ; elle retentissoit de ces cris de réjouissance : « Gloire à Dieu ! louange « à Dieu ! » (Lib. XXII, cap. viii.) Mais la discipline de cette maison, qui observe toujours un fort grand silence, et qui le redouble encore pendant le sacré temps de carême, où elles n'ont pas même entre elles de conférences communes, comme en un autre temps, fit que la nouvelle de cette guérison miraculeuse ne s'y répandit que peu à peu. Les unes la surent seulement le lendemain, les autres trois jours après, les autres au bout de huit, et il s'en trouva quelques-unes qui l'ignoroient encore quinze jours après.

1. Voy. la relation de ce miracle dans l'*Abrégé de l'histoire de Port-Royal,* par Racine, édit. Lahure, t. II, p. 53 et suiv.

Mais ce qui est plus remarquable est que la mère prieure, à qui la relique avoit été adressée, laissa passer une semaine entière sans en rien faire savoir à cet ecclésiastique, son parent, qui la lui avoit envoyée. Néanmoins, après ces huit jours, elle pensa que le respect qu'elle lui devoit l'obligeoit à lui en donner avis par une Lettre, dont j'ai cru d'autant plus devoir rapporter ici les propres paroles, que M. de La Poterie envoyant quelque temps après la même Relique aux religieuses ursulines, il leur envoya aussi l'original de cette Lettre, les priant de la lire avant que d'honorer cette Sainte Épine, parce que le miracle qu'elles y apprendroient la leur feroit encore avoir en plus grande vénération.

Le lecteur jugera par ce billet, qui est du 31 mars, *si sa joie étoit excessive,* comme le reproche cet Écrivain :

« Monsieur mon cousin,

« Je n'ai pu encore vous remercier de la bonne pensée que vous avez eue de nous favoriser de la vue de votre Sacré Reliquaire. Il paroit que ç'a été par une inspiration de Dieu, qui vouloit en tirer un effet merveilleux, dont je dois vous informer, quoique nous n'ayons pas dessein de le faire savoir à personne. »

Elle lui trace ensuite un abrégé de la relation du Miracle, que M. Dalencé, fameux chirurgien, venoit d'en faire ce même jour. Elle finit par ces mots :

« Voilà, monsieur, une attestation bien certaine de votre Relique, dont il a plu à Dieu de nous consoler, et je le prends pour un présage qu'il veut guérir nos âmes, et les sanctifier par les épines des persécutions dont on nous menace. »

Le lecteur jugera, par ces lignes si modestes, avec quelle disposition on a reçu cette grâce à Port-Royal. Cet ecclésiastique même approuva cette modestie dans la réponse qu'il lui fit le 2 d'avril, laquelle étoit conçue en ces propres termes :

« Ma révérende mère et cousine,

« La lecture de la Lettre que vous m'avez fait la charité de m'écrire m'a causé une si grande consolation, que la joie m'a tiré des larmes du cœur et des yeux. Je loue l'humble retenue

APPENDICE.

que vous avez de ne divulguer ce Miracle, parce qu'il est arrivé en votre monastère, dont plusieurs, par la malice du temps, ont une telle aversion, qu'ils ne voudroient pas le croire, mais plutôt que vous l'auriez mis en avant pour donner quelque haute estime de votre maison, ou pour d'autres intérêts que ces personnes se forgeroient en l'esprit, selon leur humeur et leur fantaisie. Mais pour moi je crois être obligé de le faire connoître avec discrétion dans les occasions, pour n'aller au contraire de ce que nous apprend l'Ange dans Tobie, qu'il est bon de cacher le Secret du Roi, mais qu'il est honorable de révéler et confesser les OEuvres de Dieu ; et agissant de la sorte, peut-être que ceux qui entendront ce Miracle si assuré arrivé en votre maison, et non sans un trait particulier de la providence de Dieu, diminueront de l'aversion qu'ils y ont, et auront quelque compassion des persécutions dont vous êtes attaquées sans sujet. Je ne fais aucun doute que Notre-Seigneur ne veuille sanctifier vos âmes par ces persécutions, et je le supplie de tout mon cœur qu'il vous fortifie pour les supporter. »

Certes, ceux qui savent en quel état étoit alors cette maison religieuse, jugeront aisément qu'encore que ce fût une grande consolation à ces pauvres filles de voir que Jésus-Christ, qui est toute leur espérance et tout leur refuge, avoit voulu montrer si visiblement qu'il étoit avec elles en guérissant cette enfant, comme saint Augustin dit qu'il témoigna son affection envers Marthe et Marie, lorsqu'il ressuscita leur frère : néanmoins, l'affliction qui les avoit saisies par la crainte des troubles dont leurs ennemis les menaçoient, les rendoit si éloignées de tout excès de réjouissance que cette faveur ne leur servit que pour soulager un peu leur esprit dans le fort de leurs peines et de leurs douleurs.

C'est donc à tort que cet Écrivain les accuse « d'avoir contrevenu aux ordonnances de l'Église, en publiant par un excès de joie des Miracles qui n'avoient point encore été reconnus ni approuvés des Supérieurs ». Car Port-Royal n'a pas fait la moindre avance ni le moindre Écrit pour publier même le premier, quoique si extraordinaire et si surprenant. Le bruit qui s'en est répandu n'est point venu des Religieuses : elles crurent qu'elles devoient admirer en secret et en silence cette œuvre de Dieu, ainsi qu'elles avoient fait en des rencontres pareilles depuis quinze ans. Mais comme Dieu, en inspirant à ses serviteurs le désir de cacher aux yeux des hommes les grâces qu'ils reçoivent de lui, ne laisse pas souvent de les faire éclater par d'autres moyens, il a voulu en cette occasion que ce miracle fût su de tout Paris et cru même de toute la Cour, sans que les Religieuses y contribuassent en rien.

Les médecins et les chirurgiens, qui étoient touchés d'une si grande merveille, se tinrent obligés en conscience de la dire à tout le monde, pour rendre gloire à celui qui leur avoit fait voir sur l'œil et le visage tout défiguré de cette petite fille les traits vénérables de sa main puissante. C'est ce que fit encore M. Périer, père de la petite, qui est un conseiller de la cour des aides de Clermont en Auvergne, d'où il avoit été mandé par une Lettre écrite le 24 de mars, quatre heures avant le miracle, pour venir assister à l'incision et à l'application du bouton de feu que M. Dalencé devoit faire à l'œil de sa fille aussitôt qu'il seroit arrivé. Il fut si surpris de la trouver parfaitement et miraculeusement guérie, lorsqu'il la vit à Port-Royal le 5 d'avril, qu'il se crut obligé, par un sentiment de reconnoissance envers Dieu, de faire assembler les médecins et les chirurgiens, qui donnèrent tous leur attestation par écrit le jour du vendredi saint. Et ensuite il joignit sa voix à la leur, et imita le zèle du lépreux de l'Évangile (Marc, I, 44 et 45), qui publia partout la grâce qu'il avoit reçue de Jésus-Christ, nonobstant la défense de Jésus-Christ même.

Cependant, toute la certitude d'un effet si merveilleux et toute l'édification qu'il a causée dans l'Église n'ont pu empêcher qu'il ne se soit trouvé des personnes dans l'Église même qui n'ont pu dissimuler qu'ils en étoient scandalisés. Ce que les Hérétiques n'auroient pu faire sans découvrir ouvertement leur animosité contre l'épouse de Jésus-Christ, a été fait par des Catholiques. Ils n'ont travaillé depuis cinq mois qu'à ruiner la vérité de ce Miracle dans l'esprit du peuple, par un grand nombre de faux bruits qu'ils ont répandus partout.

D'abord ils ont dit à plusieurs personnes que c'étoit une fourbe et une supposition, et qu'on produisoit la sœur aînée de la petite fille malade au lieu d'elle. Ce qui obligea de faire voir à M. le Promoteur et à plusieurs autres les deux sœurs ensemble.

Ils publièrent depuis que sa fistule lacrymale étoit revenue, et qu'elle en étoit plus malade que jamais. Ce qui porta M. Dalencé, chirurgien, qui l'avoit vue malade et parfaitement guérie, à venir à Port-Royal avec le médecin d'un prince du sang, pour le convaincre, ainsi qu'il fit par ses propres yeux, de la fausseté de ce bruit.

Ils ont dit enfin que véritablement la guérison de son œil avoit toujours continué, mais que la malignité de l'humeur qui lui causoit cet ulcère à l'œil étoit tombée sur les parties nobles et l'avoit réduite aux derniers soupirs. Ce qui engagea M. Guillard, chirurgien, qui l'avoit vue malade et guérie et avoit aussi attesté ce Miracle par écrit, à venir la revoir au mois de juillet dernier, où il la trouva aussi saine que le premier jour, et depuis encore, M. Félix, premier chirurgien du Roi, qui l'avoit vue dès le mois d'avril, ayant eu la curiosité de la revoir le 8 d'août, et ayant trouvé sa guérison aussi entière et aussi admirable qu'elle lui parut alors, il a déclaré, par un Écrit signé de sa main, « qu'il étoit obligé de confesser que Dieu seul avoit pu produire un effet si subit et si extraordinaire ».

Cet Écrivain reproche encore à ces Religieuses « qu'elles ont exposé cette Nouvelle Relique avant qu'elle eût été reconnue et approuvée par le Supérieur », et prétend qu'en cela elles ont aussi « contrevenu à l'Ordonnance de l'Église portée par le Concile de Trente ». Mais elles ne l'ont point exposée dans leur église comme on y expose les Reliques Ordinaires : elles l'ont tenu enfermée au dedans du Monastère, et jamais elles ne l'en ont tirée, que lorsque plusieurs personnes demandoient à la baiser : ce qu'elles n'ont point fait même sans en donner avis à M. l'Évêque de Toul, qui a trouvé bon qu'elles suivissent en ce point la dévotion du peuple et de plusieurs personnes de condition qui venoient et viennent encore adorer cette Sainte Épine, dont Jésus-Christ même, le supérieur des supérieurs, venoit de justifier la vérité par cette insigne merveille qu'il avoit faite par son entremise. Il n'y a point d'approbation pareille, pour une Relique, à cette attestation du ciel. Un Miracle certain, visible, irréprochable comme est celui-là, en est la plus forte, la plus sainte et la plus divine preuve.

C'est ainsi qu'il fit connoître anciennement sa véritable Croix, comme l'Histoire Ecclésiastique nous l'apprend ; c'est ainsi qu'il a fait reconnoître aujourd'hui cette Épine de sa sainte Couronne. Aussi M. l'Évêque de Toul, comme très instruit dans la science et dans la discipline de l'Église, jugea qu'après un événement si miraculeux, on ne devoit pas refuser à tant de personnes pieuses la liberté de la révérer.

Une autre accusation de cet Auteur est que des personnes de

condition étant à l'extrémité, lorsque eux ou leurs parens ont envoyé prier les Religieuses de Port-Royal de trouver bon que quelqu'un de leurs confesseurs ou quelque ecclésiastique de leur part portât cette Relique chez les malades, « elles leur ont accordé cette demande contre l'ordre du Concile de Trente, qui défend le transport des Reliques chez les malades ».

Mais il devoit savoir : 1° que cet ordre est principalement pour des châsses et pour des Reliques attachées à des églises particulières, que le Concile a jugé à propos de ne point tirer des lieux où elles ont accoutumé d'être révérées, si ce n'est pour des cérémonies publiques ; 2° que cet ordre n'est pas généralement observé dans l'Église de Paris, puisque tout le monde sait qu'il y a des Reliques qu'on transporte assez souvent chez les malades, comme le manteau du bienheureux Pierre de Luxembourg, et une côte de sainte Opportune ; 3° que cette accusation, quelque foible qu'elle soit, ne touche point Port-Royal, puisque la mère abbesse n'a accordé qu'on transportât cette Relique que par l'ordre de M. l'Évêque de Toul, en qualité de Grand Vicaire ; ce que peuvent attester les Religieuses du Val-de-Grâce, lesquelles ont elles-mêmes obtenu cette permission. Et M. Charton, le jeune, qui est à présent pénitencier, peut témoigner aussi que lui-même prit la peine, il y a trois ou quatre mois, d'y venir par deux fois pour la porter avec un ecclésiastique de Port-Royal chez deux personnes mourantes.

Que si ce reproche est déraisonnable en soi, il l'est encore davantage dans la bouche de ceux qui le font, puisque eux-mêmes ont demandé qu'on voulût bien la porter chez un malade qu'ils assistoient. Le P. des Déserts, jésuite, en écrivit une Lettre lui-même à M. l'Évêque de Toul, dont la substance étoit : « Que les Religieuses de Port-Royal ayant témoigné qu'elles ne pouvoient pas donner la Sainte Épine pour être portée hors de chez elles sans sa permission, il le supplioit très humblement de la lui accorder en faveur d'une personne fort malade, qui désiroit d'avoir cette consolation. » Cette Lettre fut rendue à ce Prélat, lorsqu'il étoit dans la sacristie de Port-Royal. Après cela, le lecteur peut juger si c'est *la charité* qui porte cet Écrivain, comme il dit, à former de semblables accusations, et à faire un crime à des Religieuses de ce qu'elles ont fait non seulement par l'ordre de leur supérieur, mais à la prière même de ceux qui les en reprennent.

Il n'est pas plus équitable dans sa seconde partie. Après avoir dit : « qu'il suppose que les Miracles qu'on rapporte sont véritables ; que cette Relique est reconnue par les supérieurs pour une Relique assurée, et que tout s'est fait à Port-Royal selon les lois de l'Église, » il ne veut pas qu'on puisse en tirer aucune conséquence qui soit favorable à cette maison religieuse.

Cette preuve si publique de la miséricorde et de la bienveillance de Dieu envers ses servantes n'a point adouci le cœur de cet ennemi. Il renouvelle encore une partie des calomnies que feu M. l'Archevêque étouffa par une Censure[1] qui fut publiée dans toutes les paroisses de Paris, et que Dieu, qui les en a vu noircir de nouveau, a voulu confondre par ces Miracles. Il leur attribue encore l'*hérésie*, l'*impiété* et le *schisme*. Il les met en parallèle avec les Huguenots, comme des personnes Hérétiques avec d'*autres hérétiques*. Il aime mieux blesser l'honneur de l'Église, et lui ravir un privilège qu'elle a reçu de son époux, qui est le don des Miracles, que de cesser de ravir l'honneur à ces humbles filles de l'Église. Il aime mieux donner lieu de croire, par un horrible scandale, que le Saint-Esprit, qui n'anime que le corps de Jésus-Christ, et qui n'est point dans toutes les synagogues de Satan, ne laisse pas de faire des Miracles dans une maison qu'il appelle le *Siège d'une Nouvelle Hérésie,* que de reconnoître, par ces marques de la vraie Église, l'injustice criminelle de ceux qui veulent l'en diviser.

Et enfin il veut qu'on ajoute plus de foi à de noires médisances qui ont été ruinées par divers Écrits, qu'aux déclarations très sincères de la pureté de leur foi, qu'elles ont toujours données à leur Archevêque ; qu'au jugement de M. l'Évêque de Toul, leur supérieur, qui a témoigné une extrême satisfaction de leur conduite, après une première visite qu'il y a faite, et une seconde qu'il avoit commencée ; et qu'à l'autorité de Jésus-Christ même, qui a confirmé leurs déclarations et le jugement de ce Prélat par les Miracles qu'il a voulu opérer chez elles, pour rendre plus accomplie la justification de leur innocence.

Est-il possible que cet Écrivain ne sache pas ce que l'Évangile nous a appris, que les Miracles sont d'ordinaire les fruits d'une véritable foi ? Jésus-Christ ne dit-il pas au père de la fille morte, « qu'il n'avoit qu'à croire, et que sa fille seroit sauvée ? » (Luc, VIII, 50.) Ne dit-il pas au père du Démoniaque : « Si vous pou-

---

[1]. Livre du P. Brisacier, jésuite, intitulé : *le Jansénisme confondu,* censuré par feu M. l'Archevêque en 1652.

vez croire, tout est possible à celui qui croit? » (Marc., ıx, 22.) Et l'Évangile, parlant de Jésus-Christ même, ne dit-il pas « que l'incrédulité de ceux de Nazareth, qui étoit son pays, étoit cause qu'il ne pouvoit y faire Aucuns Miracles? » (Marc., vı, 5, 6.) Comment donc prendroit-il plaisir à en faire plusieurs parmi des Hérétiques et des Schismatiques, qui, selon l'esprit de l'Église et le sentiment des Pères, sont pires même que les Infidèles?

Mais, pour ne rien dire ici que ce qui est reconnu par tous les Théologiens touchant les Miracles, et ce que cet Écrivain même ne peut pas nier, il est certain que Dieu ne fait jamais des œuvres miraculeuses, qui sont visiblement au delà de toutes les forces de la nature, et qui ne peuvent être attribuées qu'à un coup extraordinaire de sa puissance infinie, en des temps et en des circonstances qui puissent porter les hommes qui en jugent raisonnablement, à entrer ou à se confirmer dans l'erreur. C'est pour cette raison que, selon saint Thomas et les Théologiens après lui, les Miracles sont appelés dans l'Écriture du nom de *Signes*, parce qu'ils signifient et marquent toujours quelque vérité aux hommes, *quasi veritatis alicujus ad homines significativa*. Et ainsi, comme ce langage est encore plus divin que les paroles, il est impossible que Dieu, qui est la vérité même, en fasse jamais qui d'eux-mêmes portent les hommes à embrasser la fausseté.

Si cela n'étoit, le Sauveur n'auroit pu prendre avantage de ses Miracles pour convaincre l'infidélité des Juifs, et les obliger de le reconnoître pour le Messie et pour le Fils de Dieu égal à son Père. Il n'auroit pu leur dire : « Si vous ne me croyez, croyez à mes œuvres. » (Joan., x, 38.) Il n'auroit pas eu droit de prouver la puissance qu'il avoit de remettre les péchés par la guérison du Paralytique comme par un témoignage certain, et auquel ses ennemis mêmes devoient se rendre. Et l'Évangile n'auroit rien dit de convaincant pour la confirmation de la doctrine du même Sauveur, lorsqu'il dit : « que les Apôtres prêchant, le Seigneur coopéroit avec eux, et confirmoit leurs paroles par les Miracles qui les suivoient. » (Marc., xvı, 20.)

Il est donc clair que ce principe, qui est que les Miracles marquent toujours aux hommes quelque vérité, a toujours été le fondement de la véritable religion; et c'est ce que les Apôtres nous témoignent dans les Actes, lorsque, après les menaces que les Juifs leur firent de les châtier s'ils prêchoient encore Jésus-Christ, ils élevèrent tous ensemble leur voix à Dieu, et lui dirent : « Seigneur, regardez leurs menaces, et donnez la force à vos serviteurs d'annoncer votre parole avec toute confiance, en étendant votre main pour faire des prodiges et des Miracles dans la guérison des maladies au nom de votre saint Fils Jésus » (*Act.,* IV, 29, 30) ; comme s'ils lui eussent dit : « Montrez que le ciel est pour nous, que nous sommes vos fidèles serviteurs, et que notre doctrine est la vôtre, puisqu'elle est soutenue de votre puissance. »

L'Histoire Ecclésiastique est pleine d'exemples qui confirment cette vérité. Mais pour n'en rapporter que deux, Dieu ne montra-t-il pas qu'il étoit avec les Catholiques contre les Ariens, lorsque saint Athanase fit venir saint Antoine à Alexandrie pour confirmer la Foi de l'Église par les Miracles que Dieu feroit par son entremise? Et le peuple ne conclut-il pas fort bien que Dieu étoit dans l'Église catholique, où il faisoit des Miracles, et que l'esprit de la vérité étoit avec ceux parmi lesquels l'esprit de la vertu et de la puissance de Dieu, qui n'est que le même, chassoit les démons et guérissoit les malades ?

Ne montra-t-il pas encore qu'il étoit avec saint Ambroise et tout le Parti Catholique, lorsque ayant révélé à ce saint Évêque où étoient les corps des saints martyrs Gervais et Protais, on les tira de terre, et un aveugle connu de tout Milan, s'étant fait approcher de ces deux corps saints, et ayant fait toucher un linge à leur cercueil, n'eut pas plus tôt porté ce linge à ses yeux qu'ils s'ouvrirent à l'heure même? « Le bruit de ce Miracle, dit saint Augustin, se répandit de tous côtés, fit retentir partout les louanges du Seigneur, et arrêta la fureur de la persécution. » (*Confess.*, chap. VII.) Et Paulin, qui a écrit la vie de saint Ambroise, ajoute encore que « parce que Dieu faisoit des Miracles dans l'Église où furent mis les corps de ces saints martys, *qui étoit aux Catholiques*, la Foi Catholique en croissoit de jour en jour, et la perfidie arienne diminuoit ».

Mais il faut remarquer que Dieu ne fait pas seulement des Miracles pour confirmer les vérités de la Foi, et qu'il en fait encore quelquefois pour justifier l'innocence de ses serviteurs et de ses servantes, pour éclaircir des choses cachées, et pour confondre, par une voix divine et une autorité suprême, les impostures de leurs ennemis, lorsqu'ils ne peuvent les détruire par des preuves humaines et ordinaires. Ce fut ainsi qu'il se déclara autrefois pour l'innocence de saint Chrysostome, lorsque, dès la première nuit qui suivit son premier bannissement, il ébranla un quartier de la ville de Constantinople par un tremblement de terre, qui porta l'Empereur, saisi de crainte, à le faire revenir. Ce fut ainsi qu'il découvrit l'innocence de cette femme de Verceil, faussement accusée d'adultère par son mari, en faisant, au rapport de saint Jérôme, que le bourreau ne pût en sept coups entamer seulement sa peau avec son épée. Ce fut ainsi qu'il se rendit protecteur de la chasteté de sainte Cunégonde, impératrice, soupçonnée de n'avoir pas gardé la foi conjugale, en lui faisant tenir dans sa main un fer rouge, ainsi qu'un bouquet de fleurs. Ce fut ainsi que, par la vue qu'il rendit à un aveugle, il montra que saint Bernard n'avoit prêché la Croisade que par son esprit, quoique l'armée eût été ruinée, et qu'il eût été décrié ensuite comme un faux prophète. Ce fut ainsi qu'au rapport de Césarius, religieux de Citeaux, il décida la question qui divisoit et partageoit les Théologiens et les Docteurs de la Faculté de Paris touchant la justice ou l'injustice de la cause de saint Thomas de Cantorbéry, qui s'opposoit lui seul à tous les Évêques catholiques d'Angleterre, en faisant un grand nombre de Miracles à son tombeau.

Nous n'avons maintenant qu'à appliquer ces maximes à ce qui s'est fait à Port-Royal; et je ne doute point que ceux qui en considéreront les circonstances particulières ne reconnoissent que Dieu n'a guère parlé plus intelligiblement, pour soutenir l'innocence persécutée, qu'il l'a fait en cette rencontre.

Une maison religieuse est déchirée depuis plusieurs années par de continuelles impostures. Des personnes ennemies et violentes tâchent de la décrier partout comme infectée d'Hérésie. Ils y emploient jusqu'à des calomnies aussi horribles qu'est celle de publier[1] qu'on n'y croit pas la présence réelle de Jésus-Christ dans le saint sacrement, puisqu'on l'y adore sans cesse par un institut particulier. On les traite d'excommuniées, et on tâche de faire croire à tous ceux qui ne les connoissent pas que c'est un crime de mettre de petites filles entre leurs mains pour les élever et pour les instruire. On veut même persuader qu'on doit fuir leur église comme une église de Schismatiques. On les menace de la dernière persécution. Il ne leur reste aucune consolation qu'en leur innocence, aucune espérance qu'en leurs

1. Livre du P. Meynier, jésuite de Poitiers, intitulé : *le Port-Royal et Genève d'intelligence contre le saint sacrement de l'autel,* imprimé à Poitiers en 1656.

prières, aucun refuge qu'en Dieu. Et dans le point même où il sembloit que tout étoit préparé pour les accabler, Dieu fait éclater parmi elles les marques les plus visibles de sa protection et de son amour. Il y fait apporter une Sainte Épine de sa Couronne. Il s'en sert pour y signaler sa toute-puissance par l'un des Miracles les plus certains et les plus sensibles qu'il ait faits depuis plusieurs siècles. Il agit lui-même dans le cœur des hommes pour le faire croire à tout Paris, et le répandre partout. Il en imprime, par son esprit, une admiration religieuse dans les personnes les plus incrédules. Il donne au peuple catholique des sentimens d'une dévotion particulière, pour venir l'invoquer dans cette Église ; et pour montrer que lui seul les y fait venir, il scelle encore ce premier témoignage de son amour par de nouvelles grâces non moins extraordinaires que la première.

Après cela, peut-on avoir, je ne dis pas quelque lumière de piété, mais seulement quelque étincelle de raison, pour douter encore si Dieu, par cette conduite, s'est déclaré contre les Religieuses de cette maison, ou pour elles? s'il les a tenues pour ses ennemies, ou pour ses servantes? s'il les a traitées comme infidèles, ou comme fidèles? s'il a conspiré avec leurs adversaires pour les perdre, ou avec ceux qui connoissent leur piété et leur innocence pour les sauver?

Lorsque après que, des hommes passionnés ont écrit, ce qui est horrible à penser, que « Port-Royal est plus proche de Genève et de Charenton que de Rome et de Notre-Dame de Paris[1] », Dieu choisit cette maison religieuse pour y faire admirer son pouvoir par des Miracles, c'est-à-dire pour lui faire le même honneur qu'il a fait en divers temps à ces deux Églises, celle de saint Pierre, prince des Apôtres, et celle de la Vierge, mère de Dieu : que doit-on en conclure, sinon qu'il a voulu faire voir qu'elle est aussi éloignée de Genève et de Charenton par sa foi toute catholique et par sa piété toute chrétienne que proche de Rome par sa très humble soumission au Saint-Siège, et de Notre-Dame de Paris par sa fidèle obéissance à son Archevêque?

Lorsque, après que des ecclésiastiques préoccupés ont voulu persuader à tout Paris qu'un Seigneur de la Cour méritoit d'être retranché de la participation des sacrements, parce qu'il refusoit de retirer Mlle sa petite-fille de Port-Royal, qu'ils appeloient une

1. *Le grand chemin du Jansénisme au Calvinisme.*
2. Le duc de Liancourt.

école d'erreur et d'Hérésie pour des enfans. Dieu ne fait pas seulement des Miracles en cette maison, mais veut encore que le premier et le plus éclatant paroisse en la personne d'une des petites filles qu'on élève en sa crainte et en son amour : qu'a-t-il voulu montrer par cette guérison si merveilleuse, sinon que l'éducation qu'elles y reçoivent est aussi salutaire pour leurs âmes que pour leurs corps; et qu'il n'y guériroit pas leurs yeux malades par des voies miraculeuses, si l'on y rendoit leurs esprits et leurs cœurs malades par des doctrines impies et corrompues?

Et après qu'un Auteur très envenimé contre elles (le P. Annat) a osé écrire sur leur sujet : « que les Religieuses mêmes sont bien loin de leur compte, si elles se flattent de leur virginité et de leur profession, puisque saint Augustin dit qu'il y a des Vierges qui sont hors du Temple du Roi, des Religieuses Hérétiques : qu'à la vérité elles sont vierges; mais qu'il ne leur servira de rien d'être vierges, si on ne les conduit dans le Temple du Roi, c'est-à-dire dans l'Église » : peut-on juger autre chose, sinon que Dieu a voulu le faire rougir de sa calomnie, et montrer aux plus aveugles qu'elles sont dans le Temple du Roi, puisque le Roi même qui habite au dedans d'elles comme dans ses Temples, selon la parole de saint Paul, a voulu se montrer encore au dehors d'elles dans leur propre Temple, dans leur propre église, et faire voir à tout Paris, par les merveilles qu'il y opère, l'union étroite qu'il a avec elles comme avec ses très humbles filles, et l'union inséparable qu'elles ont avec son Église, comme avec leur sainte mère?

Et enfin pouvoit-il mieux étouffer que par ses Miracles cette maligne et vraiment diabolique calomnie, qui, ne voyant rien que de pieux et de catholique dans cette maison religieuse, lui attribuoit un *venin caché* d'intentions secrètes et criminelles? Car peut-on appeler des jugemens de celui qui, par sa lumière infinie et sa justice inflexible, ne peut ni être trompé par l'obscurité des replis de l'âme, ni agir en sa faveur que lorsqu'elle est sincère et innocente devant ses yeux? Si Port-Royal « avoit regardé l'iniquité dans son cœur », selon l'expression de David, « le Seigneur ne l'auroit point exaucé ». (*Ps.* LXV, 18.) S'il y avoit eu de la duplicité et de la corruption d'esprit dans son humble soumission aux Constitutions et aux Décrets de l'Église Romaine, que devoit-il attendre, que des châtimens de la justice de Dieu, ennemi des fourbes et des hypocrites? Et si on avoit demandé à ces Écrivains ce que cette maison religieuse devoit espérer de lui au mois de mars dernier, lorsque tout étoit conjuré contre elle, ils ne lui auroient promis que les vengeances dues à des complices d'*une Nouvelle Hérésie*. Mais il a paru qu'ils ont plus de crédit sur la terre que dans le ciel, et qu'ils gouvernent plus les hommes, qui peuvent être surpris, que le Dieu des hommes, qui ne peut l'être. Au lieu de ces châtiments et de ces vengeances dont ils menaçoient Port-Royal plus que jamais, ce juge des vierges a répandu sur cette maison ses bénédictions et ses faveurs les plus singulières. « Il a trompé les trompeurs », selon la parole de l'Écriture (*Prov.*, III, 34.) Il a montré combien la témérité de leurs pensées étoit éloignée de la vérité des siennes; combien l'aveuglement de leur passion étoit contraire à la lumière de sa sagesse : combien la cruauté de leur haine étoit opposée à la douceur de son amour.

Certes, s'ils avoient encore quelque reste de modération et de retenue, ils seroient au moins demeurés dans le silence, se sentant accablés du poids de la main de Dieu, « oppressi pondere manus Dei », comme dit saint Augustin. Car comme en cette rencontre la calomnie ne s'attachant qu'à ce qui est connu de Dieu seul, ne pouvoit être confondue que par lui seul, il semble aussi qu'il a pris plaisir à s'en rendre juge, et « à révéler le secret des cœurs », comme il est dit dans l'Évangile (Luc., II, 35); qu'il a voulu découvrir quel étoit le *venin caché* qui a causé tant de troubles et tant de scandales; que ce n'étoit pas celui de l'erreur, mais de l'envie; que l'Hérésie et l'Impiété n'empoisonnoient pas les âmes de ses épouses; mais que l'animosité et la jalousie envenimoient celles de leurs ennemis. Et ainsi l'on peut dire maintenant de l'innocence de ces Accusées ce que l'Apôtre disoit autrefois : « Deus qui justificat, qui est qui condemnet »? (*Rom.* VIII, 33, 34), et de la malignité de leurs Accusateurs, ce que Jésus-Christ reprochoit aux siens : « Vos estis, qui justificatis vos coram hominibus : Deus autem novit corda vestra » (Luc., XVI, 15.).

Que pouvoit donc faire davantage pour la Protection de cette Maison celui qui est la charité et l'équité souveraine? Et de qu'elle sorte pouvoit-il se déclarer plus hautement contre ceux qui vouloient l'opprimer par leurs impostures et leurs violences? « Les hommes s'expliquent en paroles, dit saint Augustin, mais Dieu parle par actions ». (*Ep*. XLIX.) C'est pourquoi ce saint dit excellemment : « que ses Miracles sont comme son éloquence, qui ne s'entend pas par les oreilles, mais qui se considère par les yeux et par l'esprit : In opere divino quamdam Dei eloquentiam non audire, sed considerare permisi ». (*De Civit. Dei*, III, cap. VIII.) C'est le plus haut et le plus divin langage de sa Providence : et si l'on veut savoir ce qu'elle veut dire, lorsqu'elle se déclare pour l'innocence de ses serviteurs ou de ses servantes persécutés par la calomnie, le grand saint Grégoire, pape, nous l'enseigne, lorsqu'il dit que : « ces Miracles sont les armes dont Dieu les couvre ; mais des armes toutes brillantes d'éclairs, qui frappent et éblouissent leurs persécuteurs, afin qu'ils n'osent plus les persécuter : « Arma miraculorum mentes persequentium fulgurant, ut eos persequi non præsumant ». (Lib. I, *In Ezech.*, hom. v.)

Aussi Jésus-Christ a montré bien clairement que ce n'étoit qu'à Port-Royal qu'il vouloit faire des Miracles par cette Sainte Relique, puisqu'il n'en a fait aucun durant tout le temps qu'elle a été en plusieurs autres lieux. Et cependant s'il n'avoit voulu en faire que pour la Relique même, où sa Providence eût-elle pu en faire plutôt que parmi des Religieuses aussi généralement honorées pour leur piété que le sont les Carmélites et les Ursulines, qui, par leur réputation, auroient donné de l'éclat à ces Miracles, et les auroient fait recevoir avec applaudissement de tout le monde ? Mais il ne l'a pas voulu : parce que, n'ayant point d'ennemis qui les déchirent et les persécutent, elles n'avoient pas besoin, comme quelques-unes d'elles ont dit, qu'il fît un Miracle pour prouver qu'il est avec elles, puisque cette vérité n'est révoquée en doute par qui que ce soit.

M. de La Poterie garda encore cette Sainte Épine dans sa chapelle durant plusieurs jours, après le premier Miracle qui s'étoit fait à Port-Royal. Plusieurs personnes venoient chez lui pour être soulagées dans leurs maladies. C'étoit la même Relique, et néanmoins Dieu ne fit aucun Miracle dans ces différents lieux où elle a été. Mais comme ce serviteur de Dieu se vit accablé par le grand nombre de ceux qui venoient dans son logis, et qui troubloient sa retraite et son repos, il jugea que puisque Dieu n'avoit fait aucun Miracle par cette Sainte Épine qu'à Port-Royal, c'étoit là où il vouloit qu'elle fût. Ce seul mouvement, tout de foi et de piété, le fit résoudre à l'y envoyer de nouveau : et parce que cet Écrivain en a parlé comme d'une *Relique empruntée* par Port-Royal, sa passion altérant partout la vérité, et envenimant les choses les plus innocentes, je rapporterai ici les propres paroles que cet ecclésiastique écrivit à la mère prieure sur ce sujet, le 17 d'avril :

APPENDICE.

« Ma révérende mère et cousine,

« J'ai une très grande consolation et un contentement indicible d'avoir appris combien Notre-Seigneur a été honoré et loué par ses épouses, du Miracle si grand et si évident qu'il a opéré par cette Sainte Épine de sa Sacrée Couronne : et je crois que comme les esprits bienheureux, inférieurs en gloire, n'ont point de jalousie de ce que Dieu est plus hautement loué et glorifié par ceux qui sont au-dessus d'eux, mais au contraire en ont une grande joie, je dois aussi, à leur imitation, me réjouir davantage que cette Sainte Épine soit plus fervemment, plus dignement et par plus de personnes honorée en votre maison qu'elle ne pouvoit l'être en ma chapelle. Dieu a voulu que je vous la laissasse, puisque par elle il a fait un si évident Miracle. J'en suis tout étonné en moi-même, lorsque je considère tout ce qui s'est passé, et la conjoncture en laquelle il est arrivé, vu que je pouvois vous la faire voir il y a deux mois, et vous aussi me la demander comme ont fait les Carmélites. Mais Dieu l'avoit réservé pour ce temps, auquel vous étiez menacées de plus grandes persécutions, pour relever vos esprits et vous donner une grande confiance qu'il ne délaissera point ses épouses. Et ce qui est encore remarquable, est que ce Miracle est arrivé en l'une de vos petites filles, lorsque l'on faisoit courir le bruit, comme vous savez, qu'on vouloit vous les ôter. Je trouve tant de choses si extraordinaires et si remarquables en cette faveur que Dieu vous a faite que je veux entrer plus avant en ce discours. Au reste, vous avez voulu mener une vie cachée, et n'être connues que de Dieu, ne l'étant du monde, sinon par les persécutions qu'il vous faisoit ; mais Dieu a voulu faire connaître au monde votre innocence, et que dorénavant on aille en votre sainte maison pour recevoir des grâces de lui. »

Cette Relique ne fut pas plus tôt revenue à Port-Royal que Dieu commença d'y faire par elle de Nouveaux Miracles. Cette arche sainte (II *Reg.*, VI, 12) a apporté le bonheur et la bénédiction en cette Maison, parce que Dieu l'a ainsi voulu, comme autrefois il voulut que l'arche d'alliance l'apportât, selon l'Écriture, dans la maison d'un pieux Israélite. Je rapporterai ici quelques-unes de ces merveilles.

Une religieuse de condition de la *Maison-Dieu* de Vernon, nommée sœur Marguerite Carré de Merçay, ayant été près de deux ans sans pouvoir marcher qu'avec de grandes difficultés, aidée d'une autre, ou soutenue d'un bâton, à cause d'une espèce de paralysie qui lui étoit tombée sur les jambes, pour laquelle elle avoit usé de plusieurs remèdes sans aucun effet, et étoit même sortie de son monastère pour prendre les eaux de Rouen, que le médecin croyoit lui être salutaires, sans en ressentir de soulagement; enfin ayant été envoyée à Paris avec une autre de ses compagnes, et sa foi l'ayant portée à avoir plutôt recours à Dieu qu'à des remèdes humains, dont elle avoit éprouvé l'inutilité durant tant de temps, elle se fit mener à Port-Royal pour adorer la Sainte Épine et y communier, ce qu'ayant fait, elle sentit un grand engourdissement dans les jambes, qui lui fit craindre de ne pouvoir se lever de sa place; mais sa foi et sa dévotion l'ayant portée à baiser encore une fois cette Sainte Relique, elle en ressentit à l'instant l'effet salutaire, s'étant trouvée aussi forte pour marcher, monter et descendre, qu'avant qu'elle fût malade; jusque-là que, s'en étant retournée peu de jours après en son monastère, elle fit près d'une lieue à pied sans aucune incommodité, comme Mme Le Lectier, sa prieure, l'écrivit aussitôt à M. Malet, chez qui ces deux religieuses avoient demeuré étant à Paris; et depuis, la même prieure a envoyé son attestation avec celle du médecin et du chirurgien.

Mme Durand, femme de M. Durand, procureur de la Cour, entre autres infirmités, en ayant une principale, qui étoit un vomissement continuel depuis deux ans dix mois, qui lui faisoit rejeter toute sorte de nourriture; elle se fit porter à Port-Royal pour demander à Dieu, par l'attouchement de la Sainte Épine, la guérison de ce vomissement; et elle l'obtint si entière le samedi 15 juillet, après avoir adoré et baisé la Sainte Épine, qu'ayant senti un changement en elle qui lui fit croire qu'elle étoit guérie, elle prit ensuite de la nourriture dans le monastère même; et au lieu qu'elle n'avoit encore pu retenir celle qu'elle avoit prise chez elle le matin, elle la retint alors sans peine, comme elle a toujours fait depuis, sans avoir eu ni vomissement, ni mal de cœur.

D'autres personnes qui étoient, ou trop malades pour pouvoir souffrir d'être portées à Port-Royal, ou trop éloignées ou trop foibles pour entreprendre ce voyage, se sont servies des linges qui avoient touché à cette Sainte Épine, et les ayant mis sur elles avec foi dans le temps des neuvaines qui se faisoient pour elles à Port-Royal, elles ont été guéries avec l'admiration de tout le monde.

L'une de ces personnes est une petite fille de treize ans, nommée Angélique, fille de M. Portelot, procureur de la Cour, dont les divers maux étoient si étranges et si inconnus, que nuls remèdes de la médecine n'ont pu les guérir durant près de quatre ans. Elle avoit eu des vomissements pendant six mois, puis la fièvre, qui ne la quittoit point, avec des convulsions horribles, et un retirement de deux vertèbres de l'épine du dos, qui, n'étant plus en leur place naturelle, l'empêchoient de pouvoir se tenir en son séant, et l'obligeoient à être toujours couchée plate, ayant la tête plus basse que les pieds, parce qu'en toute autre assiette elle souffroit d'extrêmes douleurs et jetoit de grands cris; de sorte que pour la mener une fois à Notre-Dame des Vertus, on fut contraint de la faire porter toute couchée sur un petit matelas dans une manne. Enfin, n'ayant pu trouver aucune sorte de soulagement, le bruit des miracles qui se faisoient par la Sainte Épine à Port-Royal porta sa mère à y faire une neuvaine; ce qui donna à la malade une grande confiance de guérir. Le dernier jour de la neuvaine, qui fut un mercredi 5 juillet, sa mère lui ayant apporté des linges qui avoient touché la Sainte Épine, et la malade les ayant mis sur elle, une demi-heure après elle sentit un grand remuement en tout son corps; ses convulsions, qu'elle avoit d'ordinaire cinq ou six fois le jour, et qu'elle avoit encore eues trois fois ce jour-là avec de sensibles douleurs, cessèrent entièrement; la fièvre la quitta, et ses vertèbres s'étant remises en leur place, elle se mit en son séant, ce qu'elle n'avoit pu faire depuis trois ans et demi; elle se leva, marcha par la chambre, se mit à genoux pour rendre grâces à Dieu, et deux jours après vint à Port-Royal se portant fort bien; ce qui a toujours continué depuis, et a fait venir chez son père grand nombre de personnes de condition, qui ont été les spectateurs et les témoins de cette merveille.

Une religieuse du monastère des Ursulines de Noyers en Bourgogne, nommée sœur Claude-Marie de Saint-Joseph, qui, depuis plus de deux ans, étoit étique et paralytique, en telle sorte qu'elle avoit même les pieds renversés, et que les genoux lui trembloient sans cesse lorsqu'elle étoit assise, s'étant fait porter à l'église le dernier jour de la neuvaine qu'on faisoit pour elle, entendit la messe assise, et s'étant fait mettre sur les jambes des linges qui avoient touché la Sainte Épine, elle pria qu'on lui récitât tout haut la Passion de Notre-Seigneur; et lorsque la sœur qui la lisoit vint au couronnement d'épines, et prononça ces mots : *Ave, rex Judæorum,* elle éleva son cœur à Dieu, et lui demanda qu'il lui plût lui faire la grâce de l'adorer dans un autre esprit que celui des Juifs, puisqu'elle le reconnoissoit pour son Dieu, son roi et son père, de qui elle attendoit le secours dont elle avoit besoin. Ensuite de quoi elle sentit une vertu secrète et divine qui se répandit dans ses jambes, qui remit ses pieds dans leur état naturel, et raffermit tellement ses genoux, qu'elle se leva dans cet instant ; et ayant marché toute seule jusqu'à la grille, s'y mit à genoux pour adorer Jésus-Christ comme elle venoit de le lui demander. Sa fièvre, son vomissement continuel et tous ses autres maux disparurent aussitôt. La surprise d'un si grand Miracle fit jeter des cris de joie par les religieuses. Elle entendit toute une messe à genoux ; et les ecclésiastiques et les magistrats étant venus au bruit de cette merveille, on en chanta le *Te Deum,* durant lequel celle qu'on avoit apportée à l'église depuis deux ans se tint toujours debout, et depuis ce jour se trouva dans une si pleine et entière santé, que la maison en fit dresser une attestation signée d'elles toutes, qui sont au nombre de cinquante-cinq religieuses, et l'adressa à un ecclésiastique qui avoit dit la messe pour elles à Port-Royal, et leur avoit envoyé ces linges.

Une des religieuses ursulines de Pontoise, nommée sœur Marie de l'Assomption, avoit été tourmentée durant huit mois d'un si horrible mal de tête, et de si violentes et si continuelles douleurs en cette partie, qu'elle n'avoit repos ni jour ni nuit, sans qu'elle pût tirer de soulagement d'aucuns remèdes, ni même d'une ouverture qu'on lui avoit faite à la tête jusqu'au crâne ; enfin ayant ouï parler des merveilles que Dieu faisoit à Port-Royal par la Sainte Épine, y envoya des linges qui la touchèrent, et qu'elle appliqua à son mal le 17 août dernier, qui fut le premier jour de sa neuvaine ; et depuis ce jour elle sentit une si notable diminution de son mal, que le dernier, qui fut le vendredi 25, toute la communauté en rendit grâces à Dieu avec elle, et que ce fut elle-même qui entonna le *Te Deum* qui en fut chanté ; ce qui a porté les Religieuses à envoyer à la mère abbesse de Port-Royal une attestation de cette guérison miraculeuse, signée des officières de la maison, et accompagnée de l'attestation des deux médecins et du chirurgien, qui déclarent que ce récit des religieuses est très conforme à la vérité, et qu'ayant employé les remèdes de la médecine environ l'espace de huit mois, pour le soulagement de la malade, sans en avoir eu le succès prétendu et espéré, ils voient et jugent que sa guérison vient plutôt du ciel que de ces remèdes de la médecine, et l'estiment tenir entièrement du Miracle. Ces actes sont datés du 14 du présent mois de septembre.

Mme d'Espinay, femme de M. d'Espinay, commis au contrôle général des finances, reconnoît que de ses trois derniers enfants, qui ont été trois filles, la première, qui a vécu jusqu'à l'âge de cinq ans et demi, et la seconde jusqu'à dix-huit mois, n'ont jamais pu mettre un pied devant l'autre pour marcher, et sont mortes dans cette impuissance : la troisième, qui est la dernière, étant encore en ce même état à l'âge de dix-sept mois, il lui étoit survenu une fièvre continue avec un grand dévoiement haut et bas, qui la mettoit en danger. Au mois d'août dernier, sa mère envoya à Cachan, près de Paris, où elle étoit en nourrice, des linges qui avoient touché à la Sainte Épine de Port-Royal, et fit dire la messe pour elle en l'église de ce monastère. Sa nourrice lui ayant mis ces linges, elle s'endormit, et à son réveil se trouva sans fièvre et sans dévoiement ; ce qui ayant convié sa mère à aller la voir, elle fut étonnée de trouver que non seulement elle étoit guérie de sa fièvre, mais que même elle commençoit à marcher ; et peu de jours après, étant seulement soutenue avec la lisière, elle marchoit aussi bien qu'un enfant de cet âge peut faire : ce qui a toujours continué jusqu'à présent, au grand étonnement de tout le voisinage.

Une religieuse de l'abbaye du Thrésor, de l'Ordre de saint Bernard, fille de M. de La Poterie, conseiller d'État, étant malade depuis sept mois d'une fièvre continue, accompagnée de grands maux de tête et d'estomac, et tous les remèdes de la médecine lui ayant été inutiles, elle écrivit, au commencement de septembre, à M. de La Poterie, l'ecclésiastique, son oncle, pour le prier de lui envoyer quelque chose qui eût touché la Sainte Épine, et faire faire une neuvaine pour elle par les Religieuses de Port-Royal, en lui mandant le jour qu'on la commenceroit, et l'heure qu'on célébreroit la sainte messe, afin qu'on fît la même chose et au même temps au Thrésor. M. de La Poterie lui récrivit que l'on commenceroit le 11 septembre, et qu'elle ne mît les linges qu'il lui envoyoit, après les avoir fait toucher à la Sainte Épine, que le dernier jour de la neuvaine. La malade, ayant gardé cet ordre, ne sentit point de soulagement durant les huit premiers jours, et au contraire sa fièvre augmenta notablement, et se trouva si mal le matin du 9, que, voulant communier, et ayant tâché de le faire à genoux, auprès de son lit, cela lui fut impossible. Après la communion, elle mit les linges à sa tête et à son côté droit; et comme nous voyons que, dans l'Évangile, quelques-uns de ceux que Notre-Seigneur vouloit guérir étoient avant leur guérison plus violemment tourmentés, elle ressentit de grandes douleurs et une augmentation de fièvre : mais s'étant assoupie dans la violence de ce mal, fort peu de temps après, entre sept et huit heures, elle se réveilla toute guérie, se leva, s'habilla, marcha, descendit toute seule à l'église, où les sœurs, qui étoient au chœur, furent tellement étonnées par une guérison si soudaine et si merveilleuse, que, pour en témoigner à Dieu leur reconnoissance, elles tirèrent de leur sacristie une autre Sainte Épine qui est dans ce monastère, que la guérie même porta dans une procession qui fut faite par toutes les religieuses après la grand'messe. Elle vint ensuite au parloir voir M. l'abbé de Lauson, chanoine de Notre-Dame, qui se trouva alors en cette abbaye, où il a trois sœurs religieuses, auquel elle dit qu'elle étoit parfaitement guérie, et le pria de dire à Paris, où il s'en retournoit, qu'elle attribuoit sa guérison aux linges qui avoient touché la Sainte Épine de Port-Royal, et aux prières de ces bonnes religieuses. Elle a depuis écrit la même chose à M. de La Poterie, son oncle, ajoutant : « qu'elle fit maigre dès le lendemain, ce qu'elle n'avoit point fait depuis le premier jour de l'an, et qu'elle s'étoit sentie poussée, en priant Dieu, de le supplier d'envoyer un cierge à Port-Royal pour brûler devant la Sainte Épine, et de la recommander aux prières des Religieuses, afin qu'elles lui obtinssent la santé de son âme, aussi bien que celle de son corps »; ce sont ses paroles. Elle lui a aussi envoyé l'attestation du médecin qui l'avoit traitée durant toute cette maladie, qui reconnoit qu'une guérison si prompte et si accomplie n'étoit arrivée ni par aucun mouvement de la nature, ni par aucun secours de la médecine.

On ne rapporte point ici d'autres guérisons semblables, que ceux qui les ont obtenues, ou pour eux, ou pour leurs enfants, ont estimées surnaturelles et toutes divines, comme du P. Bernard Caignet, prieur de Saint-Vincent de Senlis, de l'Ordre des chanoines réguliers de saint Augustin, qui est venu, le 28 septembre, à Port-Royal, dire la messe en actions de grâces; de Mme de Montcheny, demeurant près de Saint-Jacques de l'Hôpital; d'une fille âgée de vingt-quatre ans, nommée Marie-Élisabeth Renard, fille de M. Renard, de la paroisse de Saint-Laurent; d'un garçon tailleur de la Communauté des tailleurs, nommé Claude Le Roy ; d'une petite fille, âgée de deux ans neuf mois, nommée Claude Beche, demeurant en la rue Saint-Antoine, et de plusieurs autres dont on n'a pas retenu les noms, qui viennent tous les jours remercier Dieu à Port-Royal des grâces qu'ils ont reçues.

Il suffit de dire que si Dieu n'y faisoit sentir ou espérer son secours, il n'y a aucune considération humaine qui pût porter tant de personnes à venir au bout de la ville adorer cette Sainte Épine dans l'église de Port-Royal, et y faire leurs prières tous les vendredis. Car on ne les y attire en façon quelconque ; et par la grâce de Jésus-Christ, on ne cherche que la gloire de Dieu dans une affaire toute de Dieu. C'est ce qui a donné le mouvement à M. de La Poterie de faire le don entier de ce qu'il n'avoit au commencement laissé qu'en dépôt : tant de guérisons extraordinaires lui ayant fait juger que Dieu demandoit de lui qu'il se privât de ce trésor de bénédictions et de grâces, quelque dévotion qu'il eût de le révérer dans sa chapelle avec plusieurs autres Saintes Reliques, pour le donner, comme il a fait, au monastère de Port-Royal où Jésus-Christ faisoit paroître de jour en jour, par les merveilles qu'il y opère, que c'est là où il veut que cette Sainte Épine de sa Couronne soit honorée.

Cependant cet Écrivain est si aveuglé de la passion qui l'anime que, bien loin de reconnoître le doigt de Dieu dans une si visible protection de ses servantes, il prétend, au contraire, que toutes ces merveilles que Dieu a faites en leur faveur et dans leur église ne prouvent autre chose que leur infidélité, et justifient contre elles toutes les accusations de leurs ennemis.

Cette prétention est si étrange qu'elle suffit toute seule pour ôter croyance à des personnes si déraisonnables ; et les exemples qu'ils produisent pour l'appuyer ne servent qu'à faire voir davantage combien elle est injuste et contraire à l'esprit de l'Église.

Le premier qu'ils allèguent est une aussi grande preuve de leur suffisance et de leur sincérité, que l'application qu'ils en font l'est de leur équité et de leur sagesse. « Le cardinal Baronius, dit cet Écrivain, au sixième tome de ses *Annales,* en l'année 474, rapporte qu'une femme veuve, juive de nation et de religion, avoit en sa maison une des robes de la très sainte Mère de Dieu, et que, nonobstant sa fausse religion et son incrédulité, Dieu ne laissoit pas de faire plusieurs grands Miracles par le moyen de cette précieuse Relique ; de sorte qu'il y avoit tous les jours en ce lieu un grand concours, non-seulement de chrétiens, mais aussi de Sarrasins et autres infidèles, qui étoient miraculeusement guéris de plusieurs maladies : ce qui n'empêcha pas que cette misérable juive ne demeurât toujours dans son infidélité. »

Mais il est très faux que Baronius dise rien de tout cela, ni en cette année 474, ni en aucune autre. Il ne fait que renvoyer sur ce sujet à Métaphrasta et à Nicéphore, qu'on sait être des Auteurs très fabuleux et de fort peu d'autorité parmi les savants. Les cardinaux Bellarmin et Baronius remarquent du premier qu'il a ajouté aux Vies des Saints qu'il a écrites beaucoup de fausses circonstances et principalement des Miracles ; et ils ne font guère plus d'estime du second, pour la vérité de l'histoire. Et cependant cet Écrivain ne s'est pas contenté de supposer à Baronius ce qu'il n'a jamais dit, mais il altère même par beaucoup de déguisements et de faussetés ce qui a été dit par ces deux Grecs.

1° Il dissimule le fondement de toute cette histoire, qui est qu'ils disent l'un et l'autre que la Vierge, étant prête de mourir, laissa deux de ses robes à deux veuves (ou deux vierges, selon Métaphraste) « qui avoient eu plus d'affection pour elle pendant sa vie, » selon les propres paroles de Nicéphore (Lib. II, cap. XXI), avec ordre de les laisser toujours de main en main à des vierges dignes de posséder un si grand trésor, comme Métaphraste le remarque plus particulièrement. Or, il seroit contre le sens commun, et même contre l'honneur de la sainte Vierge, de croire que ses deux plus grandes amies fussent des juives de religion, c'est-à-dire des ennemies de son fils ; et qu'elle les eût préférées à toutes les femmes chrétiennes, en les faisant dépositaires de ses robes. Que si ces premières étoient chrétiennes, comme on ne peut pas en douter, on ne peut pas croire aussi qu'ayant eu un ordre exprès de les laisser à d'autres vierges qui eussent le même respect pour ces robes, et cet ordre ayant toujours été exécuté, selon Métaphraste, elles les aient laissées à d'autres qu'à des filles qui crussent comme elles en Jésus-Christ, et qui révérassent sa sainte mère : outre que parmi les Juifs, toutes les filles se marient, et il n'y en a point qui demeurent vierges de profession.

2° Aussi Nicéphore ne dit point, comme fait cet Auteur, que cette *vierge hébreue*, entre les mains de laquelle se trouva cette robe du temps de l'empereur Léon, étoit *juive de nation et de religion*. C'est cet Auteur qui l'ajoute, ayant bien vu que le seul nom d'*hébreue* ne suffisoit pas pour cela, parce qu'il pouvoit ne marquer que la *nation*. Et quant à Métaphraste, qui semble le dire en témoignant qu'elle faisoit difficulté de manger avec des chrétiens, il se contredit si visiblement sur ce sujet, qu'il ne mérite aucune croyance; car il fait dire ensuite à cette fille, qu'elle savoit que cette robe qu'elle gardoit étoit celle de *Marie, mère de Dieu,* ce qui marque qu'elle n'étoit point juive de religion, puisqu'on cesse de l'être lorsqu'on reconnoît que Marie, mère de Jésus, est mère de Dieu, et par conséquent que Jésus est Dieu.

3° Il impose encore à ces deux Auteurs, en disant que cette femme, qu'il appelle *une misérable juive,* « demeura toujours dans son infidélité », dont aucun d'eux ne dit pas un mot: et bien loin que Métaphraste l'appelle *une misérable juive,* il dit d'elle, au contraire, « qu'elle n'eût jamais été élevée pour être gardienne de ce trésor, si elle n'eût été ornée de la beauté des vertus et de la pureté de l'âme ».

4° Aucun de ces Auteurs ne parle de « ce grand concours de Sarrasins et autres infidèles qui étoient miraculeusement guéris ». Métaphraste parle bien des Miracles qui se faisoient chez cette fille hébreue, selon sa coutume d'en faire entrer partout, comme Bellarmin l'a remarqué; mais, outre qu'il en parle de telle sorte qu'on ne peut le lire sans juger que c'est une fable qu'il raconte, il ne dit point qu'il y eût des Sarrasins et des infidèles qui fussent guéris par cette robe. Ce sont des faussetés de cet Écrivain, qui a inventé ces circonstances pour mieux ajuster son conte, et pour donner lieu de comparer les Religieuses de Port-Royal *à une misérable juive,* et ceux qui vont y adorer la Sainte Épine *à un grand concours de Sarrasins infidèles*. Mais il n'a pas pris garde combien son mensonge étoit ridicule; car au temps dont il parle, qui est l'an 474, le mot de *Sarrasins* ne se prenoit que pour un peuple de l'Arabie appelé *Saraceni,* qui n'étoit point infidèle, ayant été converti à la foi chrétienne plus de cent ans auparavant, sous la reine Maurice, du temps de l'empereur Valens, et qui, étant alors renfermé dans ses limites, ne pouvoit pas faire *tous les jours un grand concours* chez une femme qui demeuroit en Galilée, à plus de deux cents lieues de là. Il faudroit donc, pour rendre cette fausseté vraisemblable, qu'on pût entendre par le mot de *Sarrasins* des infidèles répandus par la Judée; ce qui n'est arrivé que plus de cent cinquante ans depuis, lorsque Mahomet, ayant infecté ce peuple de son impiété environ l'an 630, et ses successeurs s'étant rendus maîtres de la Judée, de la Syrie et de plusieurs autres provinces, on a commencé à entendre par le mot de *Sarrasins* des Mahométans infidèles. Mais, quoi qu'il en soit de cette histoire, il est visible qu'on ne peut en tirer aucun avantage pour le dessein de cet Auteur, puisque des miracles faits par la robe de la Vierge ne pouvoient porter des Juifs qu'à se convertir à la Religion Chrétienne.

Il en est de même du deuxième exemple, où cet Auteur est aussi peu sincère que dans le premier. Car Baronius, en l'année 874, citée par cet Auteur, dit seulement qu'il y avoit une chapelle où étoit une image de la Vierge qui faisoit des Miracles, et que plusieurs Chrétiens et Sarrasins y étoient miraculeusement guéris. Il ne dit quoi que ce soit de « ce prince sarrasin de Damas qui étoit aveugle », et que cet Écrivain dit « qui se fit porter dans cette chapelle, où il recouvra la vue; nonobstant quoi il persista toujours dans son incrédulité ». Mais qui ne voit que cette histoire, vraie ou fausse, ne peut servir qu'à confondre cet Écrivain, et que la réflexion qu'il y fait, est sa propre condamnation? « Si donc, dit-il, quelque Sarrasin, adressant alors la parole à un chrétien, lui eût dit : « Puisque Dieu a fait un miracle en faveur « de notre prince, et lui a rendu la vie miraculeusement, c'est un « témoignage par lequel il a voulu déclarer que la Religion des Sar- « rasins est bonne. » Cette conséquence eût-elle été bien tirée? et le chrétien en fût-il demeuré d'accord? » Voilà son raisonnement, qui suffit seul pour ruiner tout son Libelle; car qui peut douter que cette conséquence de ce Sarrasin n'eût été très mal tirée, et que le Chrétien n'eût eu une très grande raison de s'en moquer? Mais il ne voit pas, au contraire, que c'étoit au Chrétien à en tirer une qui étoit aussi juste en elle-même qu'avantageuse pour Port-Royal, puisqu'il n'avoit qu'à dire à ces Sarrasins : « Ne voyez-vous pas que notre religion est divine, puisque le Dieu que nous adorons dans cette chapelle, qui lui est consacrée en l'honneur de sa sainte Mère, vous y a rendu la vue? Il n'y a que lui qui fasse de ces merveilles, et lui seul mérite d'être adoré et servi. » Cette conséquence ne seroit-elle pas très bien tirée? Et si un Huguenot aveugle, étant allé prier Dieu dans l'église de Port-Royal, et ayant baisé la Sainte Épine, y recouvroit miraculeusement la vue, n'auroit-on pas sujet de lui dire comme à ces Sarrasins : « Confessez que la Religion Catholique est la seule véritable, puisque Dieu vous a guéri dans une église de vierges catholiques, qui adorent Jésus-Christ comme étant sans cesse réellement présent sur nos autels, ce que vous tenez pour idolâtrie; et par une sainte Relique qu'elles révèrent, ce que vous tenez pour superstition ? »

Et ce même raisonnement qu'on pourroit tirer de ce miracle pour la Religion catholique contre ce Calviniste que Dieu y auroit guéri étoit celui que les Premiers Chrétiens tiroient autrefois contre les Juifs et les Païens, lorsque ces infidèles venoient les trouver pour être délivrés, par leurs prières, de la possession des démons. Nous le voyons dans saint Justin, martyr (*Dial. cum Tryph.*), qui prouve aux Juifs que Jésus-Christ étoit le Fils de Dieu, et que le Père l'avoit établi rédempteur et sauveur de tous les hommes; parce que, lorsque les Chrétiens invoquoient le nom de Jésus crucifié sous Ponce-Pilate, les Démons qui possédoient les corps de quelques juifs obéissoient à la puissance de Dieu, qui agissoit par l'entremise de ses disciples. Et nous le voyons encore dans Tertullien (*Ad Scapul.*, cap. IV), qui prouve la divinité de la même Religion chrétienne contre les Païens, par les guérisons miraculeuses, soit des énergumènes, soit des autres malades, que les Païens venoient chercher parmi eux. Et ne fut-ce pas aussi ce raisonnement que suivit Gabinien, idolâtre, ami de saint Augustin (*Ep.* LXVII), lorsque, ayant promis à Dieu de se faire baptiser, s'il guérissoit sa fille unique, qui étoit fort malade, et ayant manqué à exécuter son vœu, il fut frappé d'aveuglement, et « étant dompté par ce nouveau Miracle », comme dit ce Père, il se fit chrétien? Il est donc visible que ce second exemple, même comme il est falsifié et supposé par cet Écrivain, peut servir, par une très juste conséquence, à prouver tout le contraire de ce qu'il prétend : savoir, que les miracles que Dieu fait à Port-Royal justifient qu'il y est adoré avec pureté de foi, comme ceux qu'il faisoit dans cette chapelle de la Vierge justifioient la même chose.

Le troisième exemple qu'il allègue est véritable, étant rapporté dans les actes du Septième Concile Œcuménique, tenu à Nicée, touchant les Saintes Images; mais il n'en sauroit aussi rien conclure de raisonnable que contre lui-même. Il est dit dans ce Concile que, les Juifs ayant percé une image de Jésus-Christ par le côté, il sortit beaucoup de sang et d'eau de cette plaie, comme lorsque le côté du Sauveur fut percé d'une lance sur la croix; et que ce sang miraculeux ayant guéri plusieurs malades d'entre eux, ils se convertirent tous et se firent chrétiens.

Qu'a de commun cette histoire avec le fait dont il s'agit? Le sang que Jésus-Christ fit sortir d'une de ses images outragée par les Juifs pouvoit-il les porter à autre chose qu'à concevoir de l'horreur de leur sacrilège et à avoir du respect pour celui qu'ils outrageoient? Et les guérisons qui furent faites ensuite par ce sang miraculeux ne les poussoient-elles pas encore davantage à quitter, comme ils firent, leur fausse religion? Mais qui peut en conclure que des religieuses adorant une Sainte Épine de la Couronne du même Sauveur avec une profonde vénération, et Dieu ayant daigné en même temps regarder leur foi et faire un Miracle en leur faveur, elles ont dû inférer de là « qu'elles n'étoient pas dans la vraie foi », et que leurs ennemis avoient eu raison de les traiter d'hérétiques et d'infidèles?

Y eût-il jamais une pensée plus extravagante? Cependant, c'est de là que cet Écrivain conclut : « qu'il y a sujet de croire que Dieu a fait ce Miracle pour la conversion de ces religieuses qui n'avoient pas la vraie foi; parce que les Miracles et les signes, comme dit l'Apôtre, sont pour les Infidèles et non pas pour les Fidèles. » Je ne sais ce qu'on doit admirer davantage en cette rencontre, ou l'abus que cet Auteur ose faire de la parole de saint Paul, ou la malignité de son esprit contre une maison consacrée à Dieu. Car quand saint Paul dit, parlant du don des langues, ce que Tarase, patriarche de Constantinople, appliqua aux Miracles, en général, dans le Septième Concile Œcuménique, que « ces signes sont pour les Infidèles, et non pas pour les Fidèles », a-t-il voulu dire que ceux parmi lesquels se font ces Miracles, et qui les obtiennent par leurs prières, doivent être tenus pour suspects d'infidélité, et ont besoin de se convertir pour devenir fidèles? Si cela étoit, tant s'en faut que l'Église catholique pût jamais se servir du témoignage des Miracles pour confondre les Hérétiques, qu'au contraire, tous les Miracles qui se font dans notre Religion pourroient servir aux Hérétiques pour nous persuader que ces signes n'étant que pour les Infidèles, et non pas pour les Fidèles, Dieu ne les fait parmi nous que pour nous porter à changer de croyance, et à sortir de notre infidélité pour embrasser leur communion.

Que si ce raisonnement étoit ridicule, ne l'est-il pas autant en la bouche de cet Écrivain? Et n'est-il pas étrange que ces personnes ne puissent combattre la pureté de la foi de ce monastère, que par des argumens qui retomberoient sur toute l'Église catholique, s'ils ne se ruinoient d'eux-mêmes, et ne retomboient sur leurs propres auteurs?

Et en effet, lorsque Dieu fit des Miracles à Milan par les corps des saints martyrs Gervais et Protais, ainsi que nous avons déjà dit, le peuple de Milan raisonna-t-il comme font aujourd'hui les ennemis de Port-Royal? Dit-il, à leur exemple, que les corps de ces martyrs pouvoient faire des Miracles parmi les Hérétiques et les Infidèles, et qu'il y avoit même sujet de croire que ceux parmi lesquels ils les faisoient étoient de ce nombre ; parce que les Miracles, selon saint Paul, sont pour les Infidèles, et non pas pour les Fidèles? Jamais une pensée si folle n'entra dans l'esprit de personne, non pas même des Ariens, dont plusieurs se convertirent, au rapport de Paulin, et les autres en étant frappés, furent au moins plus retenus à persécuter les Catholiques ; car tout le monde jugea sagement que, Dieu ne faisant les Miracles que par sa volonté absolue, et lui seul agissant par les Reliques de ces martyrs, il montroit qu'il étoit avec ceux entre les mains desquels et avec lesquels il faisoit paroître ces merveilles en un temps où leurs ennemis s'efforçoient de les opprimer.

Il est donc vrai que Dieu fait des Miracles principalement pour la conversion des Infidèles, mais cela n'empêche pas qu'il n'en fasse aussi pour la consolation et la justification des Fidèles ; ou plutôt tous ceux qu'il fait peuvent contribuer à ces deux fins, étant toujours propres d'eux-mêmes à confondre la fausse religion et à confirmer la véritable. Mais ils ne peuvent servir à la conversion des Infidèles qu'en l'une ou l'autre de ces deux manières. La première est quand les Miracles enferment en eux-mêmes ou dans les circonstances des temps, des lieux et des moyens dont Dieu se sert, des marques sensibles qui soient contraires aux erreurs de ceux qu'il veut convertir. Et c'est ce qu'on voit dans les trois exemples que cet Écrivain rapporte, puisque des Miracles faits par la robe de la sainte Vierge, ou dans une église de la même Vierge, ou par du sang miraculeux sorti d'une image de Jésus-Christ, ne pouvoient porter des Sarrasins et des Juifs qu'à embrasser la Religion Chrétienne, où la Vierge est révérée et Jésus-Christ adoré. La seconde manière est quand les Miracles font comme partie du culte de la vraie Religion, en ce qu'ils s'obtiennent par les adorations et les prières des vrais fidèles : en sorte que tout homme qui les considère puisse être naturellement porté à les prendre pour des témoignages de l'amour que Dieu a pour eux. Et alors il est visible que, s'il y a des personnes pour la conversion desquelles on peut croire que ces Miracles se font, ce n'a garde d'être ceux parmi lesquels et en faveur desquels ils se font : mais que ce doit être nécessairement ceux qui leur sont opposés, soit qu'ils combattent leur foi par une croyance contraire, comme toutes les Hérésies combattent celle de l'Église, soit qu'ils attaquent leur vertu et leur innocence par des faussetés et des calomnies que Dieu veut confondre par ces Miracles.

C'est pourquoi cet Écrivain a raison de soutenir « que c'est non-seulement une fausseté, mais aussi un blasphème, de dire que Dieu fasse des Miracles pour autoriser des erreurs condamnées par son Église, et pour justifier ceux qui les soutiennent avec obstination contre l'autorité de la même Église ». Mais quelle est la conséquence que la lumière de la foi, la charité du prochain et l'honneur de Dieu même doivent en faire tirer, sinon que quand une maison religieuse a été noircie par des accusations sans preuve, lesquelles on a convaincues de calomnie par des Écrits sans réplique ; et que Dieu y fait ensuite des Miracles certains et visibles, on doit juger, non que Dieu veut justifier des personnes qui soutenoient des erreurs (ce seroit un blasphème que de le dire), mais justifier la sincérité de leur foi contre les impostures de ceux qui les accusoient de soutenir des erreurs ?

Et y a-t-il rien encore de moins raisonnable que de prétendre, comme fait cet Écrivain dans près de deux pages entières, que Dieu a eu pour but, dans ces Miracles, d'apprendre aux filles de Port-Royal que Jésus-Christ « est mort pour tous les hommes ? » Car ne leur a-t-il pas enseigné cette vérité par la bouche de son Apôtre et par la voix de toute l'Église ? Qu'est-ce que tous les Miracles qu'il a faits par sa Vraie Croix, et ceux qu'il a faits depuis peu par cette Sainte Épine de sa Couronne, peuvent leur apprendre davantage sur ce sujet ? Il est donc clair que Dieu n'a point fait ces Miracles pour donner à ces religieuses cette instruction, dont elles n'avoient aucun besoin, mais plutôt pour convaincre leurs ennemis qu'il approuve la sincérité avec laquelle elles ont toujours cru cet article de la foi chrétienne et catholique ; et qu'il condamne la calomnie de ces Écrivains qui les accusent « de dénier le mérite et la vertu de son sang, et de symboliser avec les Calvinistes en plusieurs de leurs erreurs ».

Aussi n'y a-t-il rien de si foible que le fondement de cette imposture, puisqu'ils n'en ont point d'autre que de ce que, dans la traduction des hymnes de l'Église, la contrainte des vers a été cause qu'on n'a pu conserver en quelques-unes l'épithète de *Rédempteur de tous*. Car, outre que les religieuses n'ont aucune part à ces ouvrages, ils dissimulent qu'en cinq endroits de ces mêmes Heures on a mis, en termes formels, que « Jésus-Christ est mort pour tous les hommes, et pour sauver tout le monde », lorsqu'il n'étoit pas dans le latin, et que même, dans les passages de l'Écriture où l'on a choisi ceux qu'on a voulu, on a mis celui de saint Paul, où il dit plus clairement que « Jésus-Christ est mort pour tous les hommes ». Ainsi, ce qu'ils objectent de l'omission de cette épithète en quelques hymnes ne peut être qu'un effet de leur malignité; et ils devroient considérer que le pape Urbain VIII, d'heureuse mémoire, a si peu cru que l'omission de cette épithète en vers pût apporter le moindre préjudice à la foi de l'Église, qu'il l'a lui-même ôtée avec beaucoup moins de nécessité dans sa correction des hymnes, ayant mis au lieu de ce vers de l'hymne de la Toussaint : « *Christe redemptor omnium,* » celui-ci : « *Placare, Christe, servulis.* »

Nous avons vu dans quelles absurdités cet Auteur se jette, pour persuader aux hommes que les merveilles que Dieu a faites depuis quelque temps dans le Monastère des Religieuses de Port-Royal, non-seulement ne servent de rien pour justifier leur innocence, mais doivent même être prises pour un témoignage de leur infidélité. Et nous avons fait voir, au contraire, par les exemples mêmes qu'il a allégués, qu'il n'y eut jamais de prétention plus injuste et plus préjudiciable à l'Église catholique; puisque ce seroit donner sujet à ses ennemis de tourner contre elle tous les miracles dont Dieu daigne la favoriser. Voyons maintenant les efforts qu'emploie ce même Écrivain, pour faire réussir le dessein si peu digne d'un catholique qu'il témoigne avoir, d'empêcher que les fidèles ne viennent implorer le secours du ciel dans leurs besoins temporels et spirituels, en un lieu saint consacré au Saint des Saints.

Il ose dire : « que cette dévotion du peuple est un sujet de scandale pour le prochain, s'il est infirme dans la foi. » Et n'est-ce pas, au contraire, un sujet d'édification pour le prochain, quand même il seroit infirme en la foi, puisque l'infirmité de la foi ne peut être plus fortifiée que par les Miracles qu'elle voit s'obtenir dans une maison religieuse de l'Église catholique ? Et quel peut être le scandale que cet Auteur veut nous faire appréhender, sinon un *scandale de Pharisiens*, comme les Théologiens mêmes l'appellent, *scandalum Pharisæorum*, auquel nous sommes obligés, selon l'Évangile (Matt., xv, 14), de n'avoir aucun égard, et de ne pas laisser de bénir Dieu dans la vue de ses merveilles, quoiqu'il se trouve des personnes assez mal disposées pour se scandaliser de ce qui donne de la joie à toute l'Église ?

Il les avertit encore de « regarder le Port-Royal comme un écueil, dont la rencontre pourroit leur causer quelque funeste naufrage en la foi ». Et Dieu, au contraire, leur fait connoître que c'est pour eux un port de grâce et de bénédiction, qui leur est favorable dans leurs maux.

Enfin il leur dit, par un pitoyable aveuglement, « qu'ils doivent quitter tous ces pèlerinages, neuvaines et dévotions; parce, dit-il, qu'étant préjudiciables au bien spirituel du prochain, elles ne peuvent être agréables à Dieu ». Et Dieu, au contraire, leur montre et leur fait sentir qu'elles lui sont très-agréables, puisqu'il les approuve et les santionne en les exauçant.

Les Anciens Pères honoroient d'une révérence particulière les chapelles ou les églises dans lesquelles Dieu faisoit des Miracles. Ainsi nous voyons que saint Augustin (*De Civit. Dei*, lib. XXII, cap. vIII) respectoit la petite chapelle où étoient les Reliques de saint Étienne premier martyr, et où furent guéris ce frère et cette sœur qui, ayant été maudits par leur mère, trembloient toujours. Et nous voyons encore que ce grand saint obligea un de ses prêtres et un de ses clercs, qui avoient un grand différend sur un fait dont il n'y avoit point de témoins, « de s'en aller ensemble en pèlerinage à un lieu saint, où les œuvres terribles que Dieu faisoit pourroient découvrir plus facilement lequel des deux avoit conservé la pureté de sa conscience ». Sur quoi il dit ces belles paroles : « Il est bien vrai que Dieu est partout : que celui qui a créé toutes choses n'est contenu ni enfermé dans aucun lieu; et qu'il doit être adoré en esprit et en vérité par ses véritables adorateurs, afin que, les exauçant en secret, il les justifie aussi et les couronne en secret. Mais quant aux choses secrètes qui doivent venir à la connoissance publique des hommes, qui peut sonder par quelle conduite de la sagesse ces sortes de Miracles extérieurs se font en quelques lieux saints, et ne se font pas dans les autres? Il y en a plusieurs d'entre vous, à qui la sainteté du lieu où repose le corps de saint Félix de Nole est très-connue, et c'est là où j'ai voulu qu'ils allassent; parce qu'on pourroit nous écrire de là avec plus de fidélité et plus de facilité ce qui auroit été révélé divinement touchant le point de leur contestation. Nous savons aussi qu'à Milan les démons qui possèdent des corps font des confessions merveilleuses et terribles dans la Basilique des martyrs. L'Afrique est pleine de corps de martyrs ; et néanmoins nous ne savons point qu'il s'y fasse aucun de ces sortes de Miracles. D'où vient cela ? De ce qu'ainsi que tous les saints, selon l'Apôtre, n'ont pas le don de guérir les maladies, ni celui de discerner les esprits ; aussi Dieu, qui divise à chacun comme il veut les dons de sa grâce, ne veut pas que ces Miracles se fassent dans toutes les églises où il y a des corps saints ». (*Ep.* XIII, 78.)

Qu'est-ce donc que les Pères révéroient dans ces opérations miraculeuses? Ce n'étoit pas seulement les Reliques qui leur étoient vénérables; car il y en avoit partout, et Dieu ne produisoit ces effets extraordinaires qu'en quelques lieux particuliers ; mais c'étoit sa main toute-puissante, qui seule agit dans les anges et dans les saints « *ipso Deo in illis operante* »; c'étoit le « choix qu'il faisoit, par un conseil immuable, du lieu et du temps » où il vouloit agir d'une manière divine : « *Ubi et quando faciat, incommutabile consilium penes ipsum est* ». (Aug., *de Civit. Dei,* lib. X, cap. XII.)

De quel esprit sont donc animés ceux qui veulent, malgré Dieu même, donner encore à toute la France de l'horreur et de l'exécration d'une maison religieuse, lorsqu'il paroît visiblement à toutes les personnes pieuses et équitables que Dieu veut la mettre en bonne odeur dans toute l'Église ? Il y envoie lui seul le peuple fidèle et catholique. Les Grands et les Petits y vont avec révérence, parce qu'ainsi que saint Augustin dit, rien n'est plus vénérable que ces effets divins et surnaturels, « qui semblent, dit-il, rendre visite aux yeux des hommes l'efficace de sa puissance comme présente » (Tr. IX, *in Joan.*) au lieu où elle produit ses opérations miraculeuses. Et ces personnes, voulant leur persuader de ne plus y aller, veulent leur ôter ce respect que l'esprit de Dieu forme dans leur cœur. Jésus-Christ agit aussi véritablement par cette Sainte Épine de sa couronne, qu'il faisoit étant dans le monde par l'attouchement de sa propre chair. « Celui, dit saint Augustin, qui a fait par sa propre chair les miracles rapportés dans l'Évangile, est celui-là même qui en fait par ses serviteurs, *ou par des Reliques* ». (*In Psal.*, LXV.) Et il se trouvera encore des imitateurs des Pharisiens qui détourneront les peuples de recourir au même Jésus, lequel paroît, aux yeux de la foi, agissant à Port-Royal, comme il paroissoit, aux yeux du corps, agissant dans les maisons de ses disciples et de ses amis, pour la guérison des maladies corporelles.

Ne peut-on pas dire ici avec saint Jérôme : « Malheur sur nous, misérables, qui sommes tombés dans les vices des Pharisiens ! « *Væ nobis miseris ad quos Pharisæorum vitia transierunt !* » (Lib. IV, *in cap.* XXIII *Matth.*) « Ils n'étoient pas fort échauffés, dit saint Chrysostome, lorsque, voyant les Apôtres tirer des grains de blé de quelques épis, un jour de sabbat, pour les manger, ils se contentèrent de lui dire : « Vos disciples font là une chose qu'il n'est pas permis de faire en ce jour. » Ils expriment cette accusation en des paroles simples et tranquilles. Mais quand ils le voient guérir, le même jour du sabbat, la main sèche et paralytique de l'homme qu'on lui avoit amené, ils sont embrasés d'une si violente fureur, qu'ils délibèrent entre eux de le tuer. Lorsqu'il ne fait rien de grand ni de sublime, ils sont plus paisibles ; mais quand ils voient que, d'une seule parole, il rend la santé aux malades, ils deviennent furieux comme des bêtes farouches. Ils s'élèvent contre lui avec plus de malignité et de rage que jamais ; et étant empoisonnés du venin de l'envie qui les ronge et qui les dévore, ils persécutent ses miracles mêmes, qu'il fait pour le bien des hommes. » (Hom. XXX, *in Matth.*)

Et le même parlant d'eux sur le sujet de l'Évangile où Jésus-Christ délivra un démoniaque de la possession d'un démon qui le rendoit aveugle et muet, il dit ces belles paroles : « Ces misérables étoient plus affligés de ce Miracle que le démon même ; car le démon sortit aussitôt de cet homme, et s'enfuit sans dire mot : au lieu qu'eux conspirèrent contre la vie de Jésus. Et parce que leur volonté sanguinaire étoit alors impuissante, ils tâchèrent de ruiner, par des calomnies, la réputation que ces merveilles lui acquéroient dans le monde. Tant l'envie est une passion maligne et ardente ! Lorsqu'elle voit que Dieu fait du bien aux hommes, et que cela retourne contre elle-même, elle en pâlit, elle en tremble, elle conspire pour empêcher la continuation de ces grâces en perdant celui par qui Dieu les fait ; et néanmoins, dit-il, ce vice ne se connoît point, personne ne pleure d'y être tombé, personne n'en demande pardon à Dieu. » (Hom. XLIX, *in Matth.*)

Mais si cet Écrivain et ceux de son parti ont pour Port-Royal une passion d'ennemis, on ne doit pas laisser d'avoir pour eux une charité de frères. C'est ce qui me porte à les avertir de se garder désormais d'une si déplorable jalousie. Ils entreprennent de décrier et de détruire les œuvres de Dieu. Ils veulent changer l'ordre de ses conseils, et arrêter le cours de sa Providence. Ils censurent sa conduite. Ils lui disent en effet : « *Cur ita facis?* » Qu'ils se souviennent de cet avis que les ennemis mêmes de saint Paul prirent dans les *Actes :* « Si l'Esprit de Dieu, dirent-ils, ou un ange du ciel lui a parlé, ne combattons pas contre Dieu ; » (*Act.,* XXIII, 9) car l'Écriture nous apprend « qu'il n'est pas facile de combattre contre lui. » (*Ecclesiast.,* XLVI, 8.) Et c'est ici combattre directement contre Dieu, puisque c'est lui seul qui fait ces merveilles, *et au lieu où il veut,* dit saint Augustin. (*De Civ. Dei,* lib. X, cap. XII.)

Que si leur envie s'allume de nouveau par la durée et l'éclat de ces Miracles ; s'ils continuent d'en murmurer et de s'en plaindre par des Écrits, comme d'un *scandale;* s'ils éteignent en eux-mêmes l'esprit de la piété catholique et de la charité chrétienne, lorsqu'ils veulent persuader que celui de la foi est éteint dans Port-Royal, ils doivent appréhender que Jésus-Christ, qu'on voit agir si hautement dans cette maison, qui est toute à lui, « ne les regarde avec colère du haut du ciel, et avec tristesse de voir l'aveuglement de leurs cœurs », comme il regarda autrefois, selon l'Évangile (Marc, III, 5), ceux qu'ils imitent dans leur envie.

Ils peuvent méditer utilement sur cette parole de saint Ambroise : « Que ceux qui portent envie aux fruits et aux bénédictions de la vertu de leurs frères attendent en vain le secours de la miséricorde du ciel ; parce que Dieu rejette les envieux, et détourne les Miracles de sa puissance de ceux qui persécutent dans les autres ses grâces et ses faveurs. » (Lib. IV, *in* cap. XLVI, *Lucæ.*) Qu'ils ne s'aveuglent pas tellement eux-mêmes que de vouloir imposer silence à Dieu, parce qu'il parle en faveur de ceux qu'ils ont résolu de perdre, et dont lui seul soutient la foiblesse contre leur passion et leur violence.

Que s'ils continuent de les décrier par toutes sortes de calomnies, et secrètes, et publiques, qu'ils souffrent au moins qu'on interroge ces œuvres de Dieu, et qu'on entende leur langage qui justifie Port-Royal : « *Interrogemus ipsa miracula; habent enim, si intelligantur, linguam suam.* » (Aug., tr. XXIV, *in Joan.*) Qu'ils cessent de haïr une maison religieuse qu'il paroît visiblement que Dieu ne hait pas ; qu'ils cessent de la persécuter, puisque Dieu la défend et la protège ; et qu'ils considèrent avec un esprit tranquille, sage, chrétien, qu'il n'y a point de honte à craindre lorsqu'on ne cède qu'à la voix de Dieu, qu'il n'y a point de sûreté à espérer lorsqu'on s'oppose à la souveraineté de son pouvoir, et qu'il n'y a point d'honneur à attendre lorsque l'on veut étouffer l'éclat de sa gloire.

ORDONNANCE

De MM. les Vicaires Généraux de M. le Cardinal de Retz, Archevêque de Paris, pour la signature du Formulaire de foi, dressé en exécution des Constitutions de nos Saints-Pères les papes Innocent X et Alexandre VII.

Jean-Baptiste de Contes, prêtre, docteur ès droits, doyen de l'Église de Paris, conseiller du roi en ses Conseils d'État et privé; et Alexandre de Hodencq, aussi prêtre, docteur en théologie de la Société de Sorbonne, curé et archiprêtre de Saint-Séverin, conseiller du roi en sesdits conseils, Vicaires Généraux de M. le Cardinal de Retz, Archevêque de Paris. A tous ceux qui ces présentes Lettres verront, salut en Notre-Seigneur. Comme il est impossible de plaire à Dieu sans la foi, et de vivre de la vie d'un véritable chrétien sans cette vertu, qui est le fondement de ce qu'on espère et la démonstration des choses que l'on ne voit pas : aussi est-il très important que les Prélats de l'Église veillent de telle sorte sur ceux que Dieu a commis à leur conduite, que cette foi, de laquelle ils sont les principaux dépositaires, ne puisse être aucunement altérée par des contentions de doctrine, qui souvent ne blessent pas moins la foi qu'elles détruisent la charité, laquelle, comme dit saint Paul, est la fin du précepte, et procède d'un cœur pur, d'une bonne conscience et d'une foi non feinte, ajoutant que ceux qui s'en départent s'emportent à des discours de vanité et de questions inutiles, qui ne produisent que des querelles, de l'envie, de la médisance et de mauvais soupçons : et quand il arrive de telles contentions dans l'Église, il n'est pas moins du devoir épiscopal d'en arrêter le cours de bonne heure, et de réprimer la témérité de ceux qui en sont les auteurs, ou qui entreprennent de les soutenir, qu'il est de la piété et charité chrétienne de tâcher, par tous moyens, de les réunir en un même esprit dans le centre de l'Unité Catholique, qui est l'Église Romaine. C'est ce que le pape Innocent X, d'heureuse mémoire, a voulu faire au sujet des Cinq Propositions concernant la matière de la Grâce, qui lui avoient été présentées de la part de plusieurs Évêques de France, par sa Constitution du dernier mai 1653, après la publication de laquelle nous espérions que chacun demeurcroit dans le respect et la soumission dus au Saint-Siége, et que toutes ces contentions et disputes touchant lesdites propositions cesseroient. Mais le malin esprit, qui envie toujours la paix de l'Église, et s'efforce d'y entretenir la division, a renouvelé ces disputes : et quoiqu'il ne s'agît, du temps d'Innocent X, que de savoir si lesdites Propositions étoient véritables et catholiques, ou si elles étoient fausses et hérétiques ; et que ce Pape les ayant condamnées comme hérétiques, il n'y eût plus rien à désirer, et que chacun dût se soumettre à la décision qu'il en avoit faite par sadite Constitution : néanmoins, on a mû une autre Question de Fait, et prétendu que ces Propositions n'étoient pas de Cornélius Jansénius, Évêque d'Ypres, et n'avoient point été condamnées au sens de cet Auteur ; ce qui ayant de nouveau troublé la tranquillité de l'Église, a donné sujet à notre saint-père Alexandre VII de prononcer sur cette question par sa Bulle du 16 octobre 1656, laquelle nous avions fait publier en cette ville et diocèse de Paris, par notre Mandement du 12 avril 1657, et ordonné de la recevoir avec tout l'honneur et révérence qui est dû au Saint Siège apostolique, et de l'observer de point en point selon sa forme et teneur, sous les peines y portées ; ce qui eût dû entièrement calmer les esprits. Cependant le contraire est arrivé, et les disputes ont continué comme auparavant ; ce qui a obligé le Roi, par sa piété accoutumée, et le zèle qu'il a pour procurer et maintenir la paix et l'union dans l'Église ainsi que dans son État, de désirer que MM. les Évêques avisassent entre eux à trouver des moyens convenables pour faire cesser toutes ces divisions, et rétablir la Paix en l'Église sur le sujet desdites Cinq Propositions. A quoi lesdits sieurs Évêques ayant travaillé, et proposé à Sa Majesté de faire signer un Formulaire de profession de foi, Sa Majesté l'a autorisé par arrêt de son Conseil d'État du 13 du mois d'avril dernier, et nous a fait l'honneur de nous écrire le 20 du même mois, et exhorté de nous conformer à ce moyen proposé. A ces causes, désirant satisfaire aux bonnes intentions de Sa Majesté, et contribuer, autant qu'il nous est possible à ses pieux et louables desseins, nous avons ordonné et ordonnons par ces présentes que ledit Formulaire ci-après transcrit sera signé par tous les doyens, chanoines, chapitres, abbés, prieurs, couvens, communautés séculières et régulières, monastères de religieux et religieuses, curés, vicaires, prêtres habitués, bénéficiers, et généralement de tous ecclésiastiques, principaux des collèges, docteurs, régens, professeurs et maîtres d'école de cette ville, faubourgs et diocèse de Paris, soi-disant exempts et non exempts, ou de nul diocèse; et ceux qui composent lesdits corps ecclésiastiques séculiers ou réguliers feront mettre sur le registre notre présente Ordonnance et ledit Formulaire, et y souscriront, et nous rapporteront un acte original et authentique de leurs souscriptions au bas des présentes dans quinze jours après la publication et signification d'icelles. Et quant aux autres particuliers ecclésiastiques qui ne font corps ou communauté et autres ci-dessus exprimés, ils viendront signer dans ledit temps au secrétariat de l'Archevêché de Paris; autrement, à faute de ce faire, et ledit temps passé, sera procédé contre eux par les voies de droit, conformément auxdites Constitutions et Arrêt, sans néanmoins que par ledit Formulaire et la Signature d'icelui il soit innové auxdites Constitutions. Et, pour ôter tout prétexte de dispute et de contention à l'avenir sur ces questions, et tâcher, par toutes voies, de réunir les esprits, nous ordonnons et enjoignons qu'à l'égard même des faits décidés par lesdites Constitutions, et contenus audit Formulaire, tous demeurent dans le respect entier et sincère qui est dû auxdites Constitutions, sans prêcher, écrire et disputer au contraire, et que la Signature que chacun fera dudit Formulaire en soit un témoignage, promesse et assurance publique et inviolable, par laquelle ils s'y engagent, comme de leur croyance pour la décision de foi, après laquelle signature, la foi de chacun étant reconnue, nous faisons très-expresses inhibitions et défense à tous les diocésains de Mondit Seigneur l'Archevêque, sous peine d'excommunication, de se diffamer l'un l'autre du nom de *Janséniste* et de *Semipélagien*, et leur enjoignons de nous avertir de ce qu'ils sauront avoir été dit ou fait au préjudice desdites Constitutions et de notre présente Ordonnance, pour y être pourvu ainsi que de raison. Si donnons à l'archiprêtre de Sainte-Marie-Madeleine, aux doyens ruraux de ce diocèse, au premier prêtre ou appariteur sur ce requis, que ces présentes ils signifient à tous doyens, chanoines, etc., à ce qu'ils n'en prétendent cause d'ignorance, et aient à y satisfaire dans le temps y porté, sous lesdites peines, de ce faire leur donnons pouvoir. Et seront les présentes publiées au prône des messes paroissiales, et affichées aux portes des églises et ailleurs où besoin sera. Donné à Paris, sous le

APPENDICE.   609

sceau des armes de Mondit Seigneur l'Archevêque, le huitième jour de juin 1661. *Signé* DE CONTES et DE HODENCQ.

Ensuit ledit Formulaire.

Je me soumets sincèrement à la Constitution du pape Innocent X du 31 mai 1653, selon son véritable sens, qui a été déterminé par la Constitution de notre Saint-Père le pape Alexandre VII du 16 octobre 1656. Je reconnois que je suis obligé en conscience d'obéir à ces Constitutions, et je condamne de cœur et de bouche la Doctrine des Cinq Propositions de Cornélius Jansénius, contenues dans son Livre intitulé : *Augustinus,* que ces deux Papes et les Évêques ont condamnées; laquelle doctrine n'est point celle de saint Augustin, que Jansénius a mal expliquée contre le vrai sens de ce saint docteur. Et au-dessous, *signé* BAUDOUYN.

DÉCLARATION

Des Curés de Paris sur le Mandement de MM. les Grands Vicaires de M. le Cardinal de Retz.

Par-devant les notaires apostoliques de la Cour archiépiscopale de Paris, soussignés, furent présens vénérables et scientifiques personnes Me Noël de Bry, docteur ès droits, curé de Saint-Côme; Me Nicolas Mazuré, docteur en théologie, curé de Saint-Paul; Me Louis Le Noir, docteur en théologie, curé de Saint-Hilaire, et autres, etc., trouvés à l'issue de leur Assemblée tenue en l'Archevêché, lesquels ont dit et déclaré que, s'étant aujourd'hui assemblés en la salle de l'Archevêché en la manière ordinaire et accoutumée pour les besoins communs de leurs paroisses, sur ce qu'ils ont représenté qu'ils avoient intérêt, pour le dû de leurs charges, de satisfaire à la plainte de leurs Ecclésiastiques, et d'un grand nombre de personnes de piété, lesquels ayant ouï dire avec une extrême satisfaction la publication faite de l'ordre de MM. les Vicaires Généraux de M. le Cardinal de Retz, Archevêque de Paris, en date du 8 juin dernier, touchant la signature du Formulaire, ont été extrêmement surpris d'apprendre que quelques-uns de MM. les Évêques ont publié que ladite Ordonnance a donné du scandale aux Catholiques, ce qui est inculquer manifestement lesdits sieurs comparans qui l'ont tous publiée, et la plupart signée et fait signer par leurs Ecclésiastiques incontinent après la publication d'icelle, et les autres étant disposés à la signer. C'est pourquoi lesdits sieurs comparans ayant une entière connoissance de l'édification que tous les fidèles en ont reçue, ils se seroient trouvés obligés d'en rendre témoignage à la vérité, et pour cet effet auroient tous unanimement déclaré dans leur Assemblée tenue cejourd'hui, ainsi qu'ils font encore de présent par-devant nous notaires susdits, que tant s'en faut que ladite Ordonnance ait scandalisé aucun des catholiques soumis à leur conduite, qu'au contraire elle les a extrêmement édifiés aussi bien que tous les prêtres de leurs paroisses; et que tous ceux qui ont l'amour de la Paix et de l'Unité gravé dans le cœur ont regardé aussi bien qu'eux ladite Ordonnance comme le seul et unique moyen d'apaiser les contestations présentes, et d'affermir la paix, l'union et le repos parmi les fidèles de ce diocèse de Paris, dont et de laquelle déclaration lesdits sieurs comparans nous ont requis acte, pour leur servir en temps et lieu ce que de raison, à eux octroyé. Fait et passé à l'issue de ladite Assemblée, ce vendredi vingtième jour de juillet 1661, et ont signé en la minute des présentes, demeurée en la possession de Roger, l'un desdits notaires soussignés. *Ainsi signé,* TERRIER et ROGER.

FIN

TABLE DES MATIÈRES

DU DEUXIÈME VOLUME

                                                                          Pages.

AVERTISSEMENT 1

LETTRE XI. — Qu'on peut réfuter par des railleries les erreurs ridicules. Précautions avec lesquelles on le doit faire; qu'elles ont été observées par Montalte et qu'elles ne l'ont point été par les Jésuites. Bouffonneries impies du Père Lemoine et du Père Garasse.   1

LETTRE XII. — Réfutation des chicanes des Jésuites sur l'Aumône et sur la Simonie. 31

LETTRE XIII. — Que la doctrine de Lessius sur l'Homicide est la même que celle de Victoria. Combien il est facile de passer de la spéculation à la pratique; pourquoi les Jésuites se sont servis de cette vaine distinction et combien elle est inutile pour les justifier   80

LETTRE XIV. — On réfute par les saints Pères le⸱ suites sur l'Homicide. On répond, en passan⸱ leurs calomnies, et on compare leur doctri⸱ s'observe dans les jugements crim⸱

Pages.

Lettre XVI. — Calomnies horribles des Jésuites contre de pieux ecclésiastiques et de saintes religieuses. 160

Lettre XVII. — On fait voir, en levant l'équivoque du sens de Jansénius, qu'il n'y a aucune hérésie dans l'Église. On montre, par le consentement unanime de tous les Théologiens et principalement des Jésuites, que l'autorité des Papes et des Conciles œcuméniques n'est point infaillible dans les questions de fait. 200

Lettre au Révérend Père Annat, confesseur du Roi, sur son récit qui a pour titre : *la Bonne foi des Jansénistes*, etc.. 239

Lettre XVIII, écrite au Révérend Père Annat, jésuite. — On fait voir encore plus invinciblement, par la réponse même du Père Annat, qu'il n'y a aucune hérésie dans l'Église ; que tout le monde condamne la doctrine que les Jésuites renferment dans le sens de Jansénius, et qu'ainsi tous les fidèles sont dans les mêmes sentiments sur la matière des Cinq Propositions. On marque la différence qu'il y a entre les disputes de droit et celles de fait, et on montre que, dans les questions de fait, on doit plus s'en rapporter à ce qu'on voit qu'à aucune autorité humaine. 250

Fragment d'une dix-neuvième *Lettre provinciale*, adressée au Père Annat. 287

Lettre, qui a couru sous le titre de *Lettre d'un avocat au parlement*, à un de ses amis, touchant l'Inquisition qu'on veut établir en France à l'occasion de la nouvelle bulle du pape Alexandre VII . . 293

APPENDICE. — Factums et pièces diverses relatifs aux *Provinciales*, à la Morale Relâchée des Casuistes et à la plupart desquels Pascal a eu part.

Notice. 317

Avis de MM. les curés de Paris à MM. les curés des autres diocèses de France sur le sujet des mauvaises maximes de quelques Nouveaux Casuistes. 327

Premier Factum pour les curés de Paris contre un livre intitulé :

TABLE DES MATIÈRES.

Pages.

Apologie pour les Casuistes contre les Calomnies des Jansénistes, à Paris, 1657, et contre ceux qui l'ont composé, imprimé et débité . . 329

Deuxième Factum des curés de Paris pour soutenir celui par eux présenté à MM. les vicaires généraux pour demander la Censure de l'*Apologie des Casuistes*, contre un écrit intitulé : *Réfutation* des calomnies nouvellement publiées par les auteurs d'un Factum sous le nom de MM. les curés de Paris, etc. 341

Troisième et Quatrième Factums des curés de Paris, où ils font voir que tout ce que les Jésuites ont allégué des saints Pères et des Docteurs de l'Église pour autoriser leurs pernicieuses maximes est absolument faux et contraire à la doctrine de ces saints, et que les Nouveaux Casuistes n'ont aucune autorité dans l'Église 351

Cinquième Factum des curés de Paris sur l'avantage que les Hérétiques prennent contre l'Église, de la morale des Casuistes et des Jésuites. 387

Sixième Factum des curés de Paris, où l'on fait voir, par la dernière pièce des Jésuites, que leur Société entière est résolue de ne point condamner l'*Apologie;* et où l'on montre, par plusieurs exemples, que c'est un des principes les plus fermes de la conduite de ces Pères de défendre en *corps* les sentiments de leurs docteurs particuliers. 397

Septième Factum des curés de Paris, ou journal de tout ce qui s'est passé tant à Paris que dans les provinces, sur le sujet de la Morale et de l'*Apologie* des Casuistes, jusqu'à la publication des Censures de nosseigneurs les archevêques et évêques et de la Faculté de théologie de Paris. 409

Huitième Factum des curés de Paris, en réponse à l'écrit du Père Annat intitulé : *Recueil de plusieurs faussetés et impostures contenues dans le Journal*, etc. 439

Neuvième Factum des curés de Paris, ou seconde partie de la réponse au Père François Annat, jésuite, contenant les plaintes qu'il leur a donné sujet de lui faire par son écrit intitulé : *Recueil de plusieurs faussetés*, etc. 470

TABLE DES MATIÈRES.

Pages.

Dixième Factum des curés de Paris, présenté le 10 octobre de l'année 1659 à MM. les vicaires généraux de l'éminentissime cardinal de Retz, archevêque de Paris, pour demander la condamnation du livre du Père Thomas Tambourin, jésuite. 501

Factum des curés de Nevers, présenté à M. leur évêque en son hôtel épiscopal, contre le livre intitulé : *Apologie pour les Casuistes*, etc., imprimé à Paris l'an 1657. 525

Factum pour les curés d'Amiens, présenté à M. leur évêque étant en son hôtel épiscopal de Montiers, le 27 juillet 1658, contenant les raisons qu'ils ont eues de lui demander la condamnation des erreurs enseignées par l'*Apologie des Casuistes* et dictées par trois professeurs jésuites dans le collège de la même ville 530

Requête des curés d'Évreux, présentée à M. leur évêque pour demander la Censure d'un livre intitulé : *Apologie pour les Casuistes*. . 549

Requête des curés des villes et doyennés du diocèse de Lisieux à M. leur évêque pour le même sujet. 552

Mandement des vicaires généraux de M. le cardinal de Retz, archevêque de Paris, pour la publication de la Censure par eux faite du livre intitulé : *Apologie pour les Casuistes*, etc. 555

Censure d'un livre intitulé : *Apologie pour les Casuistes*, etc., faite par M. l'archevêque de Rouen, primat de Normandie. 556

Censure d'un livre intitulé : *Apologie pour les Casuistes*, etc., faite par M. l'évêque de Nevers. 560

Projet de mandement (par Pascal) de l'*Apologie pour les Casuistes*. . 563

Réponse à un écrit publié sur le sujet des Miracles qu'il a plu à Dieu de faire à Port-Royal, depuis quelque temps, par une Sainte Épine de la couronne de Notre-Seigneur 569

Ordonnance de MM. les vicaires généraux de M. le cardinal de Retz, archevêque de Paris, pour la signature du *Formulaire* de foi dressé en exécution des constitutions de nos saints Pères les papes Innocent X et Alexandre VII. 606

Déclaration des curés de Paris sur le *Mandement* de MM. les grands vicaires de M. le cardinal de Retz. 609

Paris. — Typ. A. QUANTIN, 7, rue Saint-Benoît.

ŒUVRES COMPLÈTES
DE VOLTAIRE

Nouvelle édition avec Notices, Préfaces, Variantes, Table analytique

LES NOTES DE TOUS LES COMMENTATEURS, ET DES NOTES NOUVELLES

Conforme pour le texte à l'édition de Beuchot

Enrichie des découvertes les plus récentes et mise au courant des travaux qui ont paru jusqu'à nos jours.

Cette nouvelle édition des ŒEuvres complètes de Voltaire, publiée sous la direction de M. Louis Moland, a supplanté celle de Beuchot ; c'est un travail remarquable et digne de l'érudition de notre temps. Cinquante volumes in-8°, le volume . . . . **7 fr.**

SUITE DE 90 GRAVURES MODERNES

Dessins de STAAL, PHILIPPOTEAUX, etc.

POUR LES ŒUVRES COMPLÈTES DE VOLTAIRE

Ces quatre-vingt-dix gravures modernes, qui viennent s'ajouter aux gravures de l'édition de Kehl, sont des œuvres excellentes, pour lesquelles aucun soin n'a été épargné, et qui représentent dignement l'art actuel à côté de l'art ancien . . . . **30 fr.**

Il a été tiré 150 épreuves sur papier de Chine, 60 fr.

Suite de 109 gravures, d'après les dessins de MOREAU jeune

POUR LES MÊMES ŒUVRES DE VOLTAIRE

Nouvelle édition tirée sur les planches originales

Les gravures exécutées d'après les dessins de MOREAU jeune, pour la célèbre édition des ŒUVRES DE VOLTAIRE imprimée à Kehl à la fin du siècle dernier, jouissent d'une réputation qui en faisait désirer vivement la réimpression par les amateurs. Nous mettons en vente une nouvelle édition de ces gravures, tirées sur les planches originales parfaitement conservées, que nous avons eu le bonheur de retrouver et d'acquérir. Le travail de cette édition a été confié à un de nos meilleurs imprimeurs en taille-douce ; il ne laisse rien à désirer. **30 fr.**

Il a été tiré 150 épreuves sur papier de Chine et 150 sur papier Whatmann, **60 fr.**

ŒUVRES COMPLÈTES
DE DENIS DIDEROT

Comprenant tout ce qui a été publié à diverses époques et tous les manuscrits inédits conservés à la Bibliothèque de l'Ermitage. Revues avec soin sur les éditions originales et accompagnées de Notices, Notes, Table analytique,

Par J. ASSÉZAT

Cette édition véritablement complète des Œuvres de Diderot forme 20 volumes in-8° cavalier, imprimés par M. Claye sur beau papier du Marais, à 7 fr. le volume.

Le mérite de cette édition a été proclamé par toute la critique. Les parties nouvelles qu'elle a introduites dans l'œuvre du grand philosophe ont produit une vive sensation dans le monde littéraire. Aucune bibliothèque ne saurait plus se passer de cette publication remarquable.

CORRESPONDANCE LITTÉRAIRE, PHILOSOPHIQUE ET CRITIQUE
Par GRIMM
DIDEROT, RAYNAL ET MEISTER

Nouvelle édition collationnée sur les textes originaux, comprenant, outre ce qui a été publié à diverses époques et les fragments supprimés en 1813 par la censure, les parties inédites conservées à la Bibliothèque ducale de Gotha et à l'Arsenal de Paris.

Notice, Notes, Table générale, par Maurice TOURNEUX

16 vol. in-8° cavalier ; le caractère et le papier sont semblables à ceux des Œuvres complètes de Diderot, le volume. . . . . **7 fr.**

Il a été tiré 100 exemplaires numérotés sur papier de Hollande
Le volume. . . . . . . **15 francs.**

PARIS. — Typ. A. QUANTIN, 7, rue Saint-Benoît.

www.ingramcontent.com/pod-product-compliance
Lightning Source LLC
Chambersburg PA
CBHW071154230426

43668CB00009B/948